Abfindungen von Minderheitsaktionären

Regensburger Beiträge zur betriebswirtschaftlichen Forschung

Band 38

PETER LANG
Frankfurt am Main · Berlin · Bern · Bruxelles · New York · Oxford · Wien

Bettina Orlopp

Abfindungen von Minderheitsaktionären

Eine komparative, ökonomische Analyse zu den Regelungen in Deutschland, USA und England

PETER LANG
Europäischer Verlag der Wissenschaften

Bibliografische Information Der Deutschen Bibliothek
Die Deutsche Bibliothek verzeichnet diese Publikation in der Deutschen Nationalbibliografie; detaillierte bibliografische Daten sind im Internet über <http://dnb.ddb.de> abrufbar.

Zugl.: Regensburg, Univ., Diss., 2002

D 355
ISSN 1430-7375
ISBN 3-631-50822-0

www.peterlang.de

VORWORT

Abfindungsregelungen bei Aktiengesellschaften dienen dazu, in bestimmten Situationen, z.B. Unternehmensverbindungen, Aktionären den Ausstieg zu angemessenen Konditionen zu ermöglichen. Die vorliegende Arbeit untersucht die bestehenden Abfindungsregelungen in Deutschland, USA und England hinsichtlich ihrer Wirkung für Minderheitsaktionäre, Mehrheitsaktionäre und die Gesamtwohlfahrt.

Die Arbeit entstand im Rahmen meines Fellowship-Programms bei McKinsey & Company, der ich an dieser Stelle für die geleistete Unterstützung danken möchte.

Ganz besonderer Dank gilt meinem Doktorvater Herrn Professor Dr. Dr. h.c. Jochen Drukarczyk, der mir die Anregung zu diesem Thema gab und mich bei der Fertigstellung der vorliegenden Arbeit unterstützte. Darüber hinaus möchte ich mich bei Herrn Professor Dr. Kurt Bohr für die Übernahme des Korreferats bedanken.

Dank gebührt vor allem aber auch meinem Mann, der mit viel Geduld meine Wochenendarbeit in Kauf genommen hat und jeweils als erster Korrekturleser neuer Abschnitte herhalten musste. Widmen möchte ich diese Arbeit meinem Vater, Dr. Friedrich Schiefer, der auf gewisse Weise immer bei mir war und mich dazu angetrieben hat, diese Arbeit trotz aller Schwierigkeiten fertigzustellen.

Bettina Orlopp
München, im Januar 2003

INHALTSVERZEICHNIS

ABKÜRZUNGSVERZEICHNIS

2d Dis	Second District
A.2d	Atlantic Reporter, Second Series
Abb.	Abbildung
Abs.	Absatz
AG	Aktiengesellschaft
AktG	Aktiengesetz
Akt.	Aktionäre
All ER	All England Law Reports
a.o.	außerordentlich
Art.	Artikel
BAWe	Bundesaufsichtsamt für den Wertpapierhandel
BB	Betriebs-Berater
BCC	British Company Cases
BCLC	Butterworths Company Law Cases
Bd.	Band
BFuP	Betriebswirtschaftliche Forschung und Praxis
BGH	Bundesgerichtshof
BL	Business Lawyer
bspw.	beispielsweise
BV	Beherrschungsvertrag
BVerfGe	Entscheidungen Bundesverfassungsgericht
BZ	Börsenzeitung
CA	Companies Act 1985
Cal.Corp.Code	California Corporation Code
Cal.App.	California Appeal
Cal.Rpter	California Reporter
CAPM	Capital Asset Pricing Model
CAR	Cumulative Abnormal Return
Card.LR	Cardozo Law Review
CEO	Chief Executive Officer

Ch	Law Reports, Chancery Division
Cir	Circuit
CLR	California Law Review
CoLR	Columbia Law Review
Corp.	Corporation
Corp.LR	Corporation Law Review
d.h.	das heißt
DB	Der Betrieb
DCF	Discounted Cash-flow
Del.Gen.Corp.Law	Delaware General Corporation Law
ders.	derselbe
dies.	dieselben
DStR	Deutsches Steuerrecht
DSW	Deutsche Schutzvereinigung für Wertpapierbesitz
EG	Europäische Gemeinschaft
EU	Europäische Union
F.2d	Federal Reporter, Second Series
F.Supp.	Federal Reporter Supplement
FAZ	Frankfurter Allgemeine Zeitung
FM	Financial Management
FR	Financial Review
FSA	Financial Services Act
GAV	Gewinnabführungsvertrag
GK	Grundkapital
HBR	Harvard Business Review
HFA	Hauptfachausschuß
HGB	Handelsgesetzbuch
HLR	Harvard Law Review
HR	Handelsregister
Hrsg.	Herausgeber
HV	Hauptversammlung
i.V.m.	in Verbindung mit

IDW	Institut der Wirtschaftsprüfer
IDW S 1	IDW Standard: Grundsätze zur Durchführung von Unternehmensbewertungen
Jg.	Jahrgang
JoBL	Journal of Business Law
JoF	Journal of Finance
JoFE	Journal of Finance and Economics
JoLE	Journal of Law and Economics
JoLE&O	Journal of Law, Economics & Organization
JoPE	Journal of Political Economy
JZ	Juristenzeitung
KGaA	Kommanditgesellschaft auf Aktien
KonTraG	Gesetz zur Kontrolle und Transparenz im Unternehmensbereich
LQR	Law Quarterly Review
LBO	Leveraged Buy-Out
Max.	Maximum
M&A	Mergers & Acquisitions
m.E.	meines Erachtens
MBO	Management Buy-Out
Min.	Minimum
MLR	Michigan Law Review
MoLR	Modern Law Review
MSCSA	Model State Control Share Act
N.E. 2d.	North Eastern Reporter, Second Series
N.Y.Bus.Corp.Law	New York Business Corporation Law
NJW	Neue Juristische Wochenschrift
NYSE	New York Stock Exchange
NYULR	New York University Law Review
plc	public
Rdnr.	Randnummer
RIW	Recht der Internationalen Wirtschaft
RMBCA	Revised Model Business Corporation Act

SA	Securities Act 1933
SARs	Rules Governing Substantial Acquisitions of Shares
SdK	Schutzgemeinschaft deutscher Kleinaktionäre
SEA	Securities Exchange Act 1934
Sec	Section
SEC	Securities Exchange Comission
SLR	Stanford Law Review
SMJ	Strategic Management Journal
SPD	Sozialdemokratische Partei Deutschland
SZ	Süddeutsche Zeitung
U.	Unternehmen
u.a.	und andere
Ü-GE	Entwurf eines Gesetzes zur Regelung von öffentlichen Angeboten zum Erwerb von Wertpapieren und von Unternehmensübernahmen
UmwG	Umwandlungsgesetz
USA	United States of America
UV	Unternehmensvertrag
Vgl.	Vergleiche
v.	englische Abkürzung für versus
vs.	versus
WiST	Wirtschaftswissenschaftliches Studium
WLR	Wisconsin Law Review
WM	Wertpapiermitteilungen
WP	Wirtschaftsprüfung
WpHG	Wertpapierhandelsgesetz
WpÜG	Wertpapiererwerbs- und Übernahmegesetz
WuB	Wirtschaft und Bankrecht
YLJ	Yale Law Journal
z.B.	zum Beispiel
ZBB	Zeitschrift für Bankrecht und Bankwirtschaft
ZfB	Zeitschrift für Betriebswirtschaft
ZfbF	Zeitschrift für betriebswirtschaftliche Forschung

ZGR	Zeitschrift für Unternehmens- und Gesellschaftsrecht
ZHR	Zeitschrift für das gesamte Handelsrecht und Wirtschaftsrecht
ZIP	Zeitschrift für Wirtschaftsrecht
z.T.	zum Teil

ABBILDUNGS-/TABELLENVERZEICHNIS

KAPITEL I: EINFÜHRUNG

1. PROBLEMSTELLUNG

Die Unternehmensform "Aktiengesellschaft" mit der Grundidee einer zersplitterten Aktionärsstruktur birgt eine Reihe von Vorteilen:[1] Als einer der Hauptgründe werden die Vorteile der Kapitalbeschaffung durch die Kapitalgesellschaft genannt, durch die sich auch große Investitionen als realisierbar gestalten. Als zweiter Vorteil wird die Vergrößerung des Pools fähiger Manager angeführt, da Manager einer Kapitalgesellschaft nur das Know-how, aber nicht das Kapital mitbringen müssen. Ein dritter Vorteil basiert auf der Möglichkeit von Investoren, ihr Kapital in kleineren Tranchen auf verschiedene Unternehmen verteilen und dadurch einen Risikoausgleich vornehmen zu können.

Diese Vorteile können jedoch nicht darüber hinwegtäuschen, dass es aufgrund der Streuung des Aktionärsbesitzes zu einer Trennung von Eigentum und Kontrolle kommt. Dadurch kann sich der außenstehende, mit der Geschäftsführung beauftragte, Manager ("Agent") der Kontrolle durch die Aktionäre ("Principals") entziehen und weitgehend seine eigenen Interessen verfolgen,[2] da es den perfekten Vertrag, der die "Principal-Agent"-Beziehung bis ins kleinste Detail regelt, nicht gibt.[3] Das Problem der fehlenden Kontrolle basiert vor allem darauf, dass sich für den einzelnen Minderheitsaktionär die Strategie der Kontrollausübung nicht lohnt, sondern vielmehr Passivität das rationale Verhalten darstellt. Die Begründung hierfür liegt in dem Zeit- und Geldaufwand, den der einzelne Aktionär in eine aktive Kontrollausübung investieren müsste, während er über seinen Anteil nur einen Bruchteil der durch die Kontrolle erzeugten Effizienzgewinne erzielen würde.[4] Dieses Verhalten, welches gegebenenfalls auf der Hoffnung basiert, dass andere Investoren aktive Kontrolle ausüben und der einzelne Aktionär passiv an den erzielten Effizienzsteigerungen teilhaben kann, wird mit dem Begriff "Free-Rider"-Verhalten umschrieben.[5] Problematisch ist jedoch, dass die Interessen von "Principal" und "Agent" erheblich differieren können, da das Management in der Regel nur in geringem Maße an einem Unternehmen beteiligt ist und deshalb sowohl an den Erfolgen als auch an den Misserfolgen selbst bei einem

---

[1] Vgl. Fama, E.F./ Jensen, M.C. (1983a), S. 302; ders. (1983b), S.329/330; Meier-Schatz, C.J. (1985), S. 92; Hahn, D. (1992), S. 13; Blair, M. (1995), S. 96; Weston, F.J./Chung, K.S./ Siu, J.A. (1998), S. 393.

[2] Schon Adam Smith widmete sich 1776 dieser Problematik, welche von Berle/Means in den 30iger Jahre verdeutlicht wurde. Vgl. Berle, A.A./ Means, G.C. (1932), S. 64/65, 67-116; Easterbrook, F.H./ Fischel, D.R. (1982a), S. 700; Meier-Schatz, C.J. (1985), S. 89; Drukarczyk, J. (1993), S. 620/621.

[3] Vgl. Fama, E.F./ Jensen, M.C. (1983a), S. 304; Hart, O. (1995), S. 679/680; Shleifer, A./ Vishny, R.W. (1997), S. 741.

[4] Vgl. Easterbrook, F.H./ Fischel, D.R. (1981a), S. 1171; Drukarczyk, J. (1993), S. 629/630.

[5] Vgl. Easterbrook, F.H./ Fischel, D.R. (1981a), S. 1171; Shleifer, A./ Vishny, R.W. (1997), S. 741; Weston, F.J./ Chung, K.S./ Siu, J.A (1998), S. 73.

leistungsbezogenen Entlohnungssystem nur bedingt partizipiert.[6] Hauptsächlich wird dem Management vorgeworfen, dass es Investitions- und Finanzierungsstrategien verfolgt, welche weniger der Maximierung des Unternehmenswertes als vielmehr dem eigenen Wachstumsstreben und der Jobsicherung dienen.[7] Die durch das "Principal-Agent"-Problem[8] entstehenden Kosten werden mit dem Begriff "Agency-Costs" umschrieben und bestehen aus drei Bestandteilen:[9]

¶ den "Monitoring-Costs", resultierend aus der Überwachung und Disziplinierung des Managements durch die Aktionäre,

¶ den "Bonding-Costs", die dadurch entstehen, dass das Management seine Strategien auf das Wohlwollen der Aktionäre ausrichtet und damit beengt, sowie

¶ dem sogenannten "Residual Loss", welcher sich aus der Differenz der finanziellen Position bei einer rein auf Aktionärsinteressen ausgerichteten Geschäftspolitik und einer finanziellen Position bei einer auf das Managerinteresse ausgerichteten Politik ergibt.

Ziel von Kontrollmechanismen und Regularien muss es sein, diese "Agency-Costs", die bestimmend für die "Principal-Agent"-Beziehung sind, zu minimieren, zugleich aber die oben genannten Vorteile einer Kapitalgesellschaft zu wahren.[10] Als Kontrollmechanismen sind sowohl interne, wie etwa der Aufsichtsrat, die Hauptversammlung sowie die internen Berichts- und Controllingsysteme, als auch externe, wie etwa die Kapitalmärkte, der Markt für Führungskräfte bzw. der Markt für Unternehmenskontrolle, von Bedeutung.[11] Zur internen Kontrollausübung stehen den Aktionären neben Individualrechten, wie den Vermögens- und Informationsrechte, auch bestimmte Herrschaftsrechte zur Verfügung, mit denen sie ihren Einfluss in der Hauptversammlung ausüben können.[12] Erneut wird jedoch die Qualität der internen Kontrollmechanismen durch das "Free-Rider"-Problem negativ beeinflusst, da die Herrschaftsrechte Gruppenrechte darstellen, die bei einer

---

[6] Vgl. Easterbrook, F.H./ Fischel, D.R. (1982a), S. 701.

[7] Vgl. Demsetz, H. (1983), S. 375-390; Jensen, M.C. (1986), S. 659-665; DeJong, H.W. (1992), S. 147; Drukarczyk, J. (1993), S. 622.

[8] Neben dem hier beschriebenen Management-Anteilseigner-Konflikt (Management Agency) können noch eine Reihe weiterer Agency-Konflikte (Political Agency, Debt Agency, Social Agency) entstehen, die hier jedoch nicht weiter erläutert werden können. Vgl. hierzu John, K./ Senbet, C.W. (1998), S. 374-379.

[9] Vgl. Jensen, M./ Meckling, W.H. (1976), S. 308/309, 312-330; Fama, E.F./ Jensen, M.C. (1983b), S. 327; Blair, M. (1995), S. 97.

[10] Vgl. Meier-Schatz, C.J. (1985), S. 92.

[11] Vgl. Easterbrook, F.H./ Fischel, D.R. (1982a), S. 701; Hahn, D. (1992). S. 42/43, 58/59; Prowse, S. (1994), S. 13; Boros, E. (1995), S. 3; Dufey, G./ Hommel, U./ Riemer-Hommel, P. (1998), S. 50/51.

[12] Vgl. Lutter, M. (1993), S. 211/212; Pellens, B. (1994), S. 47-51.

stark zersplitterten Aktionärsstruktur eine Koordination unter den Minderheitsaktionären erfordern.[13]

In den angelsächsischen Ländern gilt deshalb der Markt für Unternehmenskontrolle als eines der wichtigsten Mittel zur Disziplinierung des Managements. Die Konzeption des "Marktes für Unternehmenskontrolle" ist erstmals von Manne in den 60iger Jahren beschrieben worden.[14] Sie zielt darauf ab, dass die oben genannten Missbrauchsmöglichkeiten nur begrenzt ausgenutzt werden könnten, da Marktkräfte das Management dazu zwingen, im Sinne der Aktionäre zu handeln.[15] Andernfalls würden bei Missmanagement die Kurse fallen und sich dadurch die Gefahr des Aufkaufs von Anteilen in Höhe einer Kontrollmehrheit durch einen Außenseiter erhöhen, welcher wiederum seinen Einfluss zum Austausch des alten Managements nutzen könnte, um eine auf Aktionärsziele ausgerichtete Unternehmenspolitik durchzusetzen.[16] Somit kann der Markt für Unternehmenskontrolle als Markt definiert werden, bei dem verschiedene Managementteams in Wettbewerb treten, um darüber zu streiten, wer das Unternehmen am besten führen kann.[17] Der Kontrollwechsel kann dabei über private Kontrolltransaktionen, öffentliche Übernahmeangebote bzw. Verschmelzungen erfolgen.[18] Gemäß Manne stellt diese Art von Kontrolle das beste Mittel dar, um einerseits eine freie Entfaltung des Managements zu erlauben, andererseits aber vor allem Kleinaktionäre vor Schädigungen zu schützen und gleichzeitig Effizienzgewinne zu erzielen.[19]

Die Verschiebung der Machtverhältnisse zugunsten eines Kontrollaktionärs kann zwar die oben beschriebenen "Agency-Costs" verringern, gleichzeitig jedoch Interessenkonflikte zwischen Kontroll- und Minderheitsaktionären verursachen. Dieser Fall kann immer dann eintreten, falls sich der Kontrollaktionär nicht mit der Rolle eines kontrollausübenden Aktionärs mit der

---

[13] Darüber hinaus hängt die Qualität der Kontrollorgane stark davon ab, mit welcher Qualität und Verfügbarkeit Informationen zum Unternehmen bereitstehen, wie sich die Gremien zusammensetzen und mit welcher Motivation und Unabhängigkeit die Mitglieder der Kontrollorgane ihre Überwachungsfunktion wahrnehmen. Vgl. Dufey, G./ Hommel, U./ Riemer-Hommel, P. (1998), S. 50; John, K./Senbet, L.W. (1998), S. 373. Diese Probleme stellen jedoch einen eigenen Themenkomplex dar und sind für vorliegende Arbeit von untergeordneter Bedeutung.

[14] Vgl. Manne, H.G. (1965), S. 110-120; Fama, E.F./ Jensen, M.C. (1983a), S. 313; Jensen, M.C./ Ruback, R.S. (1983), S. 7.

[15] Vgl. Blair, M. (1995), S. 61.

[16] Vgl. Easterbrook, F.H./ Fischel, D.R. (1981a), S. 1172/1173; Shleifer, A./ Vishny. R.W. (1997), S. 754; Hahn, D. (1990), S. 11; Reul, J. (1991a), S. 128/120; Blair, M. (1995), S. 100; Weston, F.J./ Chung, K.S./ Siu, J.A. (1998), S. 81.

[17] Vgl. Jensen, M.C./ Ruback, R.S. (1983), S. 6. Von einigen Autoren wird dieser Vorgang auch mit der Redensart beschrieben, dass die Ressource - hier das Unternehmen - zum besseren Wirt wechselt. Vgl. Weizsäcker, C.C.v. (1987), S. 33.

[18] Vgl. Meier-Schatz, C.J. (1985), S. 79; Jarrell, G.A./ Brickley, J.A./ Netter, J.M. (1988), S. 51; Bittlingmayer, G. (1998), S. 5/6.

[19] Vgl. Manne, H.G. (1965), S. 119.

Zielsetzung der Unternehmenswertmaximierung für das beherrschte Unternehmen begnügt, sondern die Ressourcen des beherrschten Unternehmens für die Verfolgung eigener Ziele nutzt. Mit Hilfe von Unternehmensverbindungen, wie etwa dem faktischen Konzern, dem Vertragskonzern, der Eingliederung oder auch der Verschmelzung kann der Kontrollaktionär seinen Einfluss erweitern, um damit z.B. Synergievorteile für sich nutzbar zu machen, die eigene Wettbewerbsposition zu verbessern oder auch seine Machtposition als Schutz gegen feindliche Übernahmen auszubauen. Im Idealfall können sich die Interessen der Ober- und Untergesellschaft decken und die Strategien des Kontrollaktionärs zu Wohlfahrtsgewinnen bei den Minderheitsaktionären des beherrschten Unternehmens führen. Realistischer ist jedoch ein Szenario, in welchem sich die Durchsetzung der Strategien des Kontrollaktionärs nachteilig auf die Position der Minderheitsaktionäre auswirkt und es zu einer Ausbeutung des Unternehmens zu Lasten der Minderheitsaktionäre kommt, was bei diesen zu Beeinträchtigungen des Wertes ihrer Anteile bzw. zu einem Verlust der eigenen Vermögens- und Herrschaftsrechte führen kann. Im Extremfall lohnt sich die Übernahme eines anderen Unternehmens für den Kontrollaktionär nur aufgrund der Möglichkeit der Benachteiligung der Minderheitsaktionäre.

Zur Abschwächung dieser Interessenkonflikte sind vom deutschen Gesetzgeber im Aktiengesetz in den §§305, 320b AktG und im Umwandlungsgesetz in den §§29, 207 UmwG sowie im seit 1. Januar 2002 geltenden Übernahmegesetz (WpÜG), welches den von der Börsensachverständigenkommission konzipierten, freiwilligen Übernahmekodex abgelöst hat, Abfindungsregelungen vorgesehen worden. Mit diesen Individualrechten soll in bestimmten Situationen der Ausstieg von außenstehenden Aktionären zu angemessenen Konditionen sichergestellt werden. Die Abfindungsregelungen stellen neben den Einwirkungs-, Klage- und Blockaderechten der Minderheitsaktionäre sowie den Verhaltensvorschriften für den Kontrollaktionär einen wichtigen Bestandteil des Minderheitenschutzes dar, mit dem ein schädigendes Verhalten seitens der Mehrheitsaktionäre verhindert werden soll.[20] Gleichzeitig sollen jedoch mit diesen Abfindungsregelungen auch effiziente, d.h. die Gesamtwohlfahrt steigernde, Unternehmenszusammenschlüsse gefördert werden, da den Kontrollaktionären ein Instrument zur Verfügung gestellt wird, in vordefinierten Prozessen Minderheitsaktionäre gegen Barabfindung aus einem Unternehmen zu drängen bzw. ihnen Aktien des eigenen Unternehmens anzubieten.

Ziel dieser Arbeit ist die Analyse und Beurteilung der bestehenden Abfindungsregelungen. Hierzu sind die folgenden Fragestellungen zu beantworten:

¶ Wie weitreichend sollte der Minderheitenschutz in bezug auf Abfindungsregelungen überhaupt sein?

---

20 In allen Fällen, in denen die konzernrechtlichen Vorschriften nicht anwendbar sind, wird ein Mehrheitsaktionär nur durch seine Treuepflicht gegenüber den Minderheitsaktionären begrenzt.

¶ Zu welchem Zeitpunkt sollte der Minderheitenschutz einsetzen: bereits bei Erwerb einer Kontrollbeteiligung oder erst bei Besitz und Ausübung der Kontrollbeteiligung?

¶ Welche Wirkungen haben die bestehenden Abfindungsregelungen auf Minderheitsaktionäre, Kontrollaktionäre und Gesamtwohlfahrt?

¶ Welche Probleme hinsichtlich ihrer Anwendbarkeit in der Praxis weisen die bestehenden Abfindungsregelungen auf? Dazu zählen beispielsweise Probleme bei der Durchsetzbarkeit der Abfindungsansprüche bzw. bei der Bemessung der Abfindungen.

Bei Beantwortung dieser Fragestellungen ist zu berücksichtigen, dass die Gestaltung der Abfindungsregelungen direkten Einfluss auf die Menge potentieller Übernahmen ausübt. Damit stellt sich die in Literatur und Praxis umstrittene Frage, inwieweit Abfindungsregelungen den Markt für Unternehmenskontrolle als ein Instrument zur Managementdisziplinierung und allgemein die Effizienzwirkungen von Übernahmen negativ beeinflussen. Grundsätzlich würden bei schwachen Abfindungsregelungen, welche ausschließlich der Bereitstellung einer Möglichkeit zum "billigen" Herausdrängen von Minderheitsaktionären dienen, sowie bei Nichtexistenz anderer Maßnahmen zum Minderheitenschutz alle Strategien, die sich für den Kontrollaktionär als vorteilhaft erweisen, ungeachtet der Wirkungen auf die Minderheitsaktionäre bzw. auf die Gesamtwohlfahrt durchgeführt. Je stärker die Abfindungsregelungen zu Gunsten der Minderheitsaktionäre konzipiert sind, desto mehr wird die Menge potentieller Transaktionen zum Herbeiführen eines Kontrollwechsels eingeschränkt, da die Kontrollaktionäre in ihr Wirtschaftlichkeitskalkül die Verpflichtungen gegenüber den Minderheitsaktionären aufnehmen werden.

Befürworter starker Abfindungsregelungen halten einen weitreichenden Minderheitenschutz für dringend erforderlich, um Zusammenschlüsse, welche zu Lasten der Minderheitsaktionäre erfolgen, auszuschließen und damit eine Flucht der benachteiligten Minderheitsaktionäre aus dem Kapitalmarkt, eine Schwächung desselben sowie eine Erhöhung der Kapitalkosten zu verhindern. Bei Durchsetzung dieser Forderung würden nur Übernahmen zugelassen, die den Anspruch von Effizienz in der Weise erfüllen, dass eine Gesamtwohlfahrtsverbesserung ohne Schlechterstellung einzelner Beteiligter erreicht wird.

Gegner starker Abfindungsregelungen fordern dagegen eine Minimallösung, da sie auf die Funktionsfähigkeit des Kapitalmarktes bauen und gleichzeitig allen Übernahmen unterstellen, dass sie nur aus Effizienzgesichtspunkten durchgeführt werden. Sie befürchten bei einem Aufbau von Abfindungsbarrieren die Abschreckung potentieller Bieter und damit eine Beeinträchtigung des Marktes für Unternehmenskontrolle. Jede Regelung zum Schutz der Minderheitsaktionäre bedeutet für sie eine Verteuerung von Übernahmen, welche dazu führen kann, dass bei einem zu weitreichenden Minderheitenschutz Übernahmen, die einen Wohlfahrtsgewinn für die Gesamtwirtschaft erzeugen, nicht durchgeführt werden. Das heißt, dass gemäß dieser Meinung auch Übernahmen zugelassen werden sollten, die mit Hilfe einer Umverteilung zu Lasten der Minderheitsaktionäre einen gesamtwirtschaftlichen Gewinn erzeugen (Kaldor-Hicks-Effizienz). Gleichzeitig warnen die Gegner von starken Aktionärsrechten vor dem Missbrauch dieser Rechte, durch die Kleinaktionäre teilweise zur Erpressung von Rücknahmegeldern bzw. zum "Free-Rider"-Verhalten aufgefordert werden.

In diesen beiden konträren Meinungen spiegelt sich auch die Sichtweise des einzelnen Minderheitsaktionärs wider. Unwissend, ob er zu einem späteren Zeitpunkt die Rolle eines Abzufindenden einnehmen wird, möchte er den Gegenwartswert seiner Anteile maximieren, welcher sich gewichtet mit Wahrscheinlichkeiten aus dem Wert bei einer möglichen Abfindung und dem Wert bei Unabhängigkeit zusammensetzt: Einerseits wünscht er sich also einen maximalen Schutz im Falle einer Übernahme, andererseits strebt er jedoch die Förderung aller effizienten Übernahmen und eine Minimierung der "Agency Costs" an.

Zur Beantwortung der oben genannten Fragestellungen werden neben den einschlägigen deutschen Regelungen auch die Regelungen der USA und von England in die Analyse einbezogen, da sich die drei Länder bezüglich der gesetzten Schwerpunkte bei den Regelungen und ihrer Ausgestaltung erheblich unterscheiden: In den angelsächsischen Ländern spielt der Markt für Unternehmenskontrolle aufgrund der ausgeprägteren Streuung der Aktionärsstruktur, der hohen Anzahl an Publikumsgesellschaften sowie dem Fehlen wechselseitiger Beteiligungen eine deutlich größere Rolle als in Deutschland.[21] Die USA und auch England legen mit dem "Williams Act" und einer Reihe einzelstaatlicher Gesetze bzw. mit dem "City Code of Takeovers and Mergers" den Schwerpunkt auf die Regulierung des Mehrheitserwerbs und wollen den Schutz des Minderheitsaktionärs schon in der Kontrollerwerbsphase bewirken. Die USA sind in diesem Zusammenhang aufgrund des weit entwickelten Diskussionsstands und der Vielzahl empirischer Untersuchungen hinsichtlich der Ausgestaltung von Regulierungen von Interesse, während sich eine komparative Analyse Englands vor allem wegen der strikten Anwendung des Pflichtangebots ab Erreichen einer bestimmten Beteiligungsschwelle für die vorliegende Arbeit lohnt. Dagegen verzichten beide Länder jedoch auf einen weitreichenden Schutz in der Phase des Besitzes einer Kontrollbeteiligung. Im Gegensatz zu den angelsächsischen Ländern setzte Deutschland bisher mit einem auf persönliche Netzwerke und private Transaktionen ausgerichteten System mehr auf die Regelung von Konzernverhältnissen und Umwandlungen in Form von Verschmelzungen, da in der Vergangenheit öffentliche Übernahmeangebote - vor allem feindlicher Art - aufgrund struktureller und legaler Hindernisse eher die Ausnahme darstellten. Durch Einführung der Finanzmarktförderungsgesetze, Steuerreform und Über-

---

[21] Vgl. DeMott, D. (1988), S. 398-400; Cosh, A./ Hughes, A./ Singh, A. (1990), S. 9; Pound, J. (1993), S. 1014/1015; Gaugham, P. (1994), S. 2/3; Prowse, S. (1994), S. 35/36; Blair, M. (1995), S. 67; Miller, G. (1998), S. 60; Dufey, G./ Hommel, U./ Riemer-Hommel, D. (1998), S. 56.

nahmeregelungen sowie durch die verstärkte Tätigkeit von Venture-Capital und Private Equity Gesellschaften ist jedoch ein deutlicher Anstieg der Übernahmetätigkeit erkennbar und auch weiterhin zu erwarten. Nachdem der 1995 eingeführte und 1998 angepasste Übernahmekodex - angelehnt an die europäische Übernahmerichtlinie - aufgrund seiner Freiwilligkeit und zahlreichen Ausnahmeregelungen nur begrenzte Wirkung gezeigt hat, ist vor allem die Untersuchung des Anfang 2002 eingeführten Übernahmegesetzes für die vorliegende Arbeit von Bedeutung.

2. GANG DER UNTERSUCHUNG

Nach einer Definition von Basisannahmen werden in den Kapiteln II, III und IV die länderspezifischen Analysen zu den Abfindungsregelungen durchgeführt. Diese erfolgen jeweils in der Weise, dass nach einem kurzen Überblick über die rechtlichen Rahmenbedingungen die zur Verfügung stehenden Strategien zum Erwerb einer Kontrollbeteiligung und die daraus resultierenden Abfindungsansprüche dargestellt werden. Aufbauend auf dem Besitz einer Kontrollbeteiligung werden im Anschluss die verschiedenen Möglichkeiten zur Intensivierung des Beherrschungsverhältnisses und die dabei entstehenden Effekte für den Kontrollaktionär sowie für die Minderheitsaktionäre getrennt nach dem Grad der Verbindung vorgestellt. Die Arbeit konzentriert sich primär auf die Analyse von Abfindungsregelungen. Jedoch ist es notwendig, die bei den oben genannten Transaktionen zusätzlich zur Verfügung stehenden Minderheitenrechte, wie etwa Klagerechte, zu berücksichtigen, da die Position der Minderheitsaktionäre und damit auch eine Beurteilung der Abfindungsregelungen entscheidend vom Zusammenspiel aller Minderheitenrechte abhängt.[22] Die Position der Minderheitsaktionäre wird dabei jeweils als Residuum der zulässigen Aktivitäten der agierenden Kontrollaktionäre herausgearbeitet. Ausführungen zur Frage nach der Quantifizierung von Abfindungsansprüchen finden sich am Ende der jeweiligen Kapitel in einem gesonderten Abschnitt.

In Kapitel V werden die Hauptunterschiede und -gemeinsamkeiten der einzelnen Regulierungsmodelle zusammengefasst und die Effekte der Abfindungsregelungen auf die Position eines Minderheitsaktionärs mit Hilfe einer Beispielrechnung verdeutlicht. Kapitel VI schließt mit einer Gesamtbeurteilung.

---

22 Auf eine Darstellung zur Treuepflicht des Mehrheitsaktionärs gegenüber dem Minderheitsaktionär wird jedoch verzichtet, da für die im Zusammenhang mit der vorliegenden Arbeit relevanten Fragestellungen der Gesetzgeber in Deutschland explizite Regelungen getroffen hat. Vgl. Ausführungen zur Treuepflicht bei Lutter, M. (1989), S. 446-471; Kort, M. (1990), S. 294-297; Schriefers, M. (1996), S. 52-55; Lutter, M. (1998), S. 165-185; Henze, H. (1998), S. 186-196.

Abb. I-1: Entscheidungsstufen eines Kontrollaktionärs

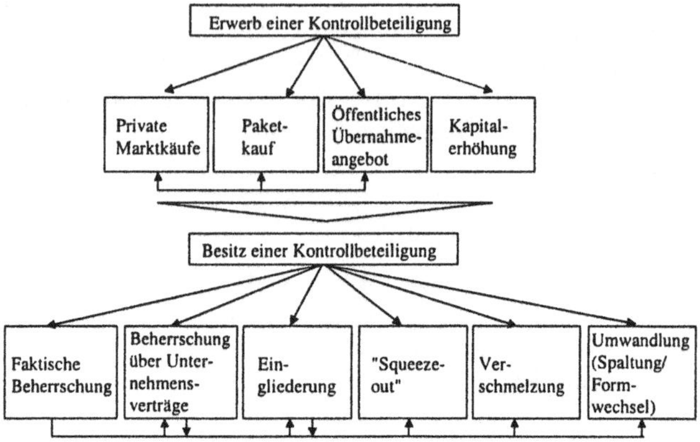

3. ANNAHMEN

In einem komparativen Ansatz, der drei Länder mit differierenden Regelungsmodellen umfasst, sind Umfang und Tiefe der Untersuchung Grenzen gesetzt, so dass ein Abarbeiten aller Teilaspekte in einer Arbeit nicht geleistet werden kann. Deshalb sollen nachfolgende Einschränkungen gelten:

Die vorliegende Untersuchung wird sich bezüglich der Rechtsform auf die Behandlung von Abfindungsansprüchen bei der Aktiengesellschaft (Deutschland), der "Public Corporation" (USA) bzw. der "Public Company limited by shares" (England) beschränken. Außerdem wird bei dieser Arbeit unterstellt, dass in den meisten Fällen der Bieter bzw. Kontrollaktionär ebenfalls ein Unternehmen ist.

Die Arbeit behandelt den Schutz der Minderheitsaktionäre im Zielunternehmen, so dass die individuellen Belange anderer Stakeholder im Unternehmen, wie etwa Arbeitnehmer und Gläubiger, weitgehend unberücksichtigt bleiben. Dieses gilt gleichermaßen für eventuelle Minderheitsaktionäre in der kontrollierenden Gesellschaft. Fragen, ob etwa ein Unternehmen ohne Zustimmung seiner Aktionäre ein anderes Unternehmen übernehmen darf, werden ausgeklammert.[23]

Die Arbeit verzichtet darauf, die länderspezifischen Unterschiede hinsichtlich Ausgestaltung und Qualität der Corporate Governance-Systeme detaillierter zu betrachten, da diese bei der Beurteilung der Abfindungsregelungen nur von untergeordneter Bedeutung sind.

---

23 Es gibt in den USA eine Reihe von Untersuchungen, wie sich Übernahmen auf die Positionen der Aktionäre der übernehmenden Gesellschaft auswirken. Vgl. hierzu Ausführungen von Lee, W.-H. (1987); Assmann, H.-D./ Bozenhardt, F. (1990); Bühner, R. (1990b); Gerke, W./Garz, H./ Oerke, M. (1995); Knoll, H.-C. (1992).

Die vorliegende Arbeit wird die verschiedenen Meinungen der Literatur und Rechtsprechung zur Diskussion über die Effizienzwirkung von Maßnahmen zum Schutz der Minderheit, insbesondere von Abfindungsregelungen, darstellen und soweit vorhanden, empirische Untersuchungen zur Unterstützung oder Widerlegung der einzelnen Meinungen und Hypothesen heranziehen. Die Arbeit folgt jedoch der durch empirische Untersuchungen gestützten Basisthese, dass nicht alle Übernahmen aus Effizienzsteigerungsgründen[24], sondern vielfach auch aus Umverteilungs-[25], Macht-[26] bzw. Selbstüberschätzungsgründen[27] erfolgen. Dadurch wird die Argumentation derjenigen geschwächt, die jegliche Abfindungsregelungen ablehnen, da sie automatisch die Einschränkung effizienter Übernahmen befürchten.[28]

Darüber hinaus wird darauf verzichtet, kartellrechtliche, steuerrechtliche und bilanzielle Aspekte bezüglich Abfindungsansprüchen näher zu betrachten.

Die Arbeit geht nicht auf den Erwerb durch Anteilsemissionen ein, da die wesentlichen Aussagen bereits beim Erwerb über Börsen- bzw. Paketkäufe sowie beim öffentlichen Übernahmeangebot dargestellt werden.

Von den europäischen Richtlinien werden ausschließlich die verschiedenen Fassungen der Übernahmerichtlinie vorgestellt, da sie in Deutschland als Grundlage für den Übernahmekodex sowie das am 1. Januar 2002 eingeführte Übernahmegesetz dienten.

---

[24] Vgl. zur "Effizienzsteigerungshypothese": Bradley, M. (1980), S. 346; Coffee, J.C. (1984), S. 1166, Clark, R.C. (1986), S. 535/536; Williamson, O.E. (1990), S. 3; Reul, J. (1991a), S. 169; Brealey, R.A./ Myers, S.C. (1991), S. 821-824; Lenel, H.O. (1992), S. 15-17; Prantl, J. (1994), S. 39/40; Gilson, R.J./ Black, B.S. (1995), S. 275/276; Weston, F.J./ Chung, K.S./ Siu, J.A. (1998), S. 75/76.

[25] Vgl. zur "Umverteilungshypothese": Coffee, J.C. (1984), S. 1169; Clark, R.C. (1986), S. 536/537; Reul, J. (1991a), S. 197-199; Prantl, J. (1994), S. 50/51; Gilson, R.J./ Black, B.S. (1995), S. 636-638; Weston, F.J./ Chung, K.S./ Siu, J.A. (1998), S. 83-86.

[26] Vgl. zur "Empire-Building-Hypothese": Coffee, J.C. (1984), S. 1167; Bebchuk, L.A. (1982a), S. 1033; ders. (1982b), S. 37; Clark, R.C. (1986), S. 537; Jensen, M.C. (1986), S. 323; Weizsäcker, C.C. v. (1987), S. 40/41; Cosh, A./ Hughes, A./ Singh, A. (1990), S.12; Reul, J. (1991a), S. 193; Kallfass, H.H. (1991), S. 45; Prantl, J. (1994), S. 47/48.

[27] Vgl. zur "Hybris-Hypothese": Roll, R. (1994), S. 47, 57; Weston, F.J./ Chung, K.S./ Siu, J.A. (1998), S. 80. In eine ähnliche Richtung geht die sogenannte Winner's Curse Theorie, gemäß der immer derjenige Bieter einen Übernahmekampf gewinnt, welcher das Unternehmen überbewertet hat. Vgl. Varaiya, N.P./ Ferris, K.R. (1987), S. 64.

[28] Vgl. zusammenfassende Darstellungen von Jensen, M.C./ Ruback, R. (1983); Roll, R. (1987), S. 74-91; Caves, R.E. (1988); Black, B.S. (1989), S. 597-660; Bühner, R. (1990b); Reul, J. (1991a), S. 151-207; Gilson, R.J./ Black, B.S. (1995); Krause, H. (1996b), S. 94-118; Weston, J.F./ Chung, K.S./ Siu, J.A. (1998). Analysen zu deutschen Zusammenschlüssen finden sich bei: Bühner, R. (1990a), ders. (1990c); Grandjean, B. (1992); Gerke, W./Garz, H./ Oerke, M. (1995). Analysen zu englischen Zusammenschlüssen finden sich bei: Franks, J./ Broyles, J.E./ Hecht, M.J. (1977), S. 1513-1525; Firth, M. (1980), S. 235-260; Franks, J./ Harris, R.S./ Mayer, C. (1988), S. 221-263.

KAPITEL II: DEUTSCHLAND

1. RECHTLICHE GRUNDLAGEN

1.1. Gesetzliche Rahmenbedingungen

Bis Anfang diesen Jahrhunderts gab es kaum Regelungen zum Schutz von Minderheitsaktionären: Die Entscheidungen des Managements wurden durch Mehrheitsaktionäre direkt über das Mehrheitsprinzip bei Abstimmungen in den Hauptversammlungen und indirekt über die Schaffung von Abhängigkeiten des Vorstands und des Aufsichtsrats beeinflusst. Damit konnten Mehrheitsaktionäre ungehindert ihre Interessen zu Lasten der Minderheitsaktionäre durchsetzen.[1] Während dieser Zustand starker Benachteiligung der Minderheitsaktionäre noch Anfang des Jahrhunderts in Rechtsurteilen bekräftigt wurde,[2] mehrte sich in den 20iger Jahren erste Kritik an dieser Haltung.[3] Dieses führte zwar bei Einführung des Aktiengesetzes im Jahre 1937 zur Aufnahme vereinzelter konzernrechtlicher Regelungen, wie z.B. der Konzerndefinition gemäß §15 AktG,[4] doch herrschte immer noch das Leitbild einer Aktiengesellschaft mit stark gestreutem Aktienbesitz vor, welches einen weitergehenden Schutz von Minderheiten gegenüber einem Mehrheitsaktionär unnötig erscheinen ließ.[5] Erst im Aktiengesetz von 1965 wurden dezidierte Abfindungsregelungen bei Abschluss von Unternehmensverträgen bzw. bei Eingliederung konzipiert, die im dritten Buch zusammengefasst worden sind.[6] Die früher im vierten Buch des Aktiengesetzes geregelten Abschnitte zur Verschmelzung sind 1995 in geänderter Fassung in das zweite Buch des Umwandlungsgesetzes übertragen worden, so dass die Abgrenzung der bis dahin parallel laufenden und teilweise konkurrierenden Regelungen von Umwandlungs- und Aktiengesetz vereinfacht wurde.[7] Aufgrund seiner Bedeutung bei dem Erwerb von Mehrheitsbeteiligungen ist das zweite Finanzmarktförderungsgesetz von 1994 zu erwähnen, welches zur Verabschiedung des Wertpapierhandelsgesetzes sowie zur Änderung von aktien- und börsenrechtlichen Bestimmungen führte.[8] Primäres Ziel des ersten und zweiten wie auch des dritten Finanzmarktförderungsgesetzes ist die Erhöhung der Attraktivität des deutschen Kapitalmarktes durch Beseitigung

---

[1] Zur historischen Entwicklung der Minderheitenrechte und konzernrechtlichen Bestimmung vgl. Niemann, C. (1968), S. 71-92; Seisler, H. (1983), S.3-10.

[2] Vgl. Niemann, C. (1968), S. 72; Semler, J. (1983), S. 1566/1567.

[3] Vgl. Emmerich, V./ Sonnenschein, J. (1992), S. 4.

[4] Vgl. Emmerich, V./ Sonnenschein, J. (1992), S. 5.

[5] Vgl. Sieben, G. (1969), S. 403.

[6] Vgl. Bernhardt, W. (1966), S. 257; Kirchheim, C. (1994), S. 5.

[7] Vgl. Streck, M./ Mack, A./ Schwedhelm, R. (1995), S. 160; Neye, H.-W. (1995), S. 2/3.

[8] Vgl. ausführliche Beschreibung der Änderungen durch das 2. Finanzmarktförderungsgesetz bei Riepe, S. (1994), S. 1236-1240.

bestehender Hürden.[9] Bis zur Einführung des Übernahmegesetzes am 1. Januar 2002 beschränkten sich die gesetzlichen Vorschriften beim Erwerb einer Kontrollbeteiligung auf die Festlegung von Publizitätsvorschriften (§§20, 21 AktG bzw. §§21ff. WpHG: Offenlegung Beteiligung bei Erreichen Schwellenwert von 25%, 50% bzw. von 5%, 10%, 25%, 50% und 75%).[10]

Nachfolgende Abbildung zeigt die wichtigsten gesetzlichen Regelungen bei Besitz von Kontrollbeteiligungen im Überblick.

Abb. II-1: Überblick gesetzliche Regelungen in Deutschland bei Besitz einer Kontrollbeteiligung

Faktischer Konzern	• Weisungsbefugnis bei Nachteilsausgleich (§311 AktG), Berichtspflichten Vorstand (§312 AktG), Prüfungspflichten (§§313-316 AktG), Schadenersatzregelung (§§317, 318 AktG), kein Abfindungsrecht
Vertrags-konzern	• Abschluss bzw. Kündigung von Unternehmensverträgen (§§293,296 AktG) • Rechte Minderheitsakt: Ausgleich (§304 AktG), Abfindung (§305 AktG), Spruchverfahren (§306 AktG), Schadenersatzansprüche (§§309, 310 AktG)
Eingliederung	• Wirksamkeit Eingliederung (§§319, 320 AktG), Gläubigerschutz (§§321, 322 AktG), Auskunftsrechte (§326 AktG) • Rechte Minderheitsaktionäre: Abfindung, Spruchverfahren (§320b AktG)
"Squeeze-out"	• Möglichkeit zum Ausschluss von Minderheitsaktionären gegen Barabfindung bei Vorliegen einer 95%igen Beteiligung (§§327a-e AktG); Recht auf gerichtliche Nachprüfung (§§327f,306 AktG)
Verschmelzung	• Wirksamkeit Verschmelzung durch Aufnahme (§§4-35,60-72 UmwG) und Neugründung (zusätzlich §§36-38,72-77 UmwG) • Rechte Minderheitsaktionäre: Klagerecht (§14 UmwG), Barabfindung (§29 UmwG) und Spruchverfahren (§§15,34,307 UmwG)
Umwandlung	• Wirksamkeit Spaltung (§§123-130,135ff.,141-146 UmwG) bzw. Formwechsel (§§192-199,230,246,247 UmwG) • Rechte Minderheitsaktionäre: Barabfindung bei Spaltung (§125 UmwG), Formwechsel (§207 UmwG), Spruchverfahren (§§125,196,212,307 UmwG)

Von Einfluss ist zudem das am 5.3.1998 verabschiedete Gesetz zur Kontrolle und Transparenz im Unternehmensbereich (KonTraG), dessen Regelungen, wie etwa die Abschaffung der Höchststimmrechte, die erschwerten Bedingungen bei Mehrstimmrechtsaktien sowie die Einschränkung des Depotstimmrechts für Banken, die Corporate Governance Strukturen in Deutschland erheblich verändern.[11] Andere Gesetze, wie das Börsengesetz bzw. Börsenzulassungsgesetz, sind von untergeordneter Bedeutung,[12] so dass sie im weiteren Verlauf nur am Rande in die Untersuchung einbezogen werden.

---

9 Vgl. Beispiele für Veränderungen bei: Mattern, F./ Seifert, W./ u.a. (1997), S. 85/86. Derzeit befindet sich gerade das 4. Finanzmarktförderungsgesetz im Gesetzgebungsverfahren, welches sich vor allem auf Änderungen zur Ad-hoc Publizität und damit zusammenhängenden Schadenersatzsprüchen fokussiert. Vgl. Nieding, K. (2001), S. 5.

10 Vgl. Ausführungen unter Kapitel II, Abschnitt 1.2.3.

11 Vgl. KonTraG von 1998; Claussen, C. (1998), S. 177-185; Lingemann, S./ Wasmann, D. (1998), S. 853-862.

12 Im Falle eines Umtauschangebots sehen die §§36ff. BörsG und §§41,45 BörsZulV besondere Publizitätsvorschriften vor. Vgl. Bozenhardt, F. (1990), S. 49; Beckmann, R. (1995), S. 53.

1.2. Rahmenbedingungen zur Regelung von Übernahmen

1.2.1. 13. Richtlinie des Europäischen Parlaments und des Rates auf dem Gebiet des Gesellschaftsrechts über Übernahmeangebote

Das Hauptziel einer europäischen Richtlinie zu öffentlichen Übernahmeangeboten besteht in der Schaffung europaweit ähnlicher Rahmenbedingungen bei der Durchführung von Übernahmen, um eine Gleichbehandlung der Aktionäre und eine Verbesserung des Anlegerschutzes innerhalb Europas zu garantieren. Zu diesem Zweck sollte der Markt für öffentliche Übernahmen durch Informations- und Verhaltenspflichten geregelt und mit der Verpflichtung zum öffentlichen Angebot eine Gleichbehandlung aller Aktionäre durchgesetzt werden.[13]

Abb. II-2: Meilensteine der EU-Übernahmerichtlinie

1987	Vorentwurf für Übernahmerichtlinie
1989	Annahme von 1. Vorschlag für 13. Richtlinie über Übernahmeangebote durch Kommission
1990	Vorlage eines geänderten 1. Vorschlags durch Komission
1996	Vorlage eines 2. Vorschlags für die 13. Richtlinie durch Komission, Annahme durch europäisches Parlament unter Vorgabe von 20 Änderungsvorschlägen
1997	Vorlage eines geänderten 2. Vorschlags durch Komission
2000	Annahme eines gemeinsamen Standpunktes zum geänderten 2. Vorschlag durch europäischen Rat; Annahme Standpunkt durch Komission; Befürwortung Standpunkt durch Parlament unter Vorgabe von 15 Änderungen
12.2.01	Veröffentlichung Stellungnahme der Kommission zu Parlaments-änderungen; Annahme von vier Änderungen (eine teilweise); Zurückweisung der übrigen
6.6.01	Einigung im Vermittlungsausschuss auf Kompromisslösung in bezug auf umstrittene Regelungen zur Neutralitätspflicht
4.7.01	Ablehnung der Richtlinie im Europäischen Parlament mit 273:273 Stimmen

Quelle: Stellungnahme der Kommission vom 12.2.2001; Land, V. (2001), S. 1707

Im Jahre 1974 wurde zu diesem Thema der Pennington-Entwurf vorgestellt,[14] der sich stark am englischen Modell orientierte, jedoch aufgrund mangelnden Interesses in Vergessenheit geriet.[15] Mitte der 80iger Jahre wurde die Diskussion durch eine Reihe feindlicher Übernahmeversuche neu entfacht[16] und endete 1987 in einem ersten Richtlinienentwurf. In den Folgejahren wurden eine Reihe von

---

[13] Vgl. Baums, T. (1989), S. 1377. Der Grundsatz der Gleichbehandlung lässt sich in den neueren Entwürfen nur indirekt wieder finden, während im ersten Entwurf von 1989 noch ein direkter Hinweis gemäß Art. 3 bestand. Vgl. Peltzer, M. (1990), S. 187.

[14] Für eine ausführliche Darstellung zum Pennington-Entwurf, vgl. Behrens, P. (1975), S. 433-458; Bess, J. (1976), S. 169-176, 206-210; Hopt, K.J. (1990), S. 300.

[15] Vgl. Basaldua, N. (1990), S. 158. In einem Zwischenschritt wurden 1977 die europäischen Wohlverhaltensregeln bei Wertpapiertransaktionen entworfen, deren Bedeutung jedoch minimal war. Vgl. Hopt, K.J.(1990) S. 301/302.

[16] Vgl. Assmann, H.-D./Bozenhardt, F. (1990), S. 3; für weitere Beispiele siehe Basaldua, N. (1990) S. 157.

Entwürfen diskutiert, die jedoch immer wieder an dem Widerstand einzelner Länder scheiterten.[17] Im Jahre 1996 wurde ein stark veränderter Vorschlag vorgelegt, der noch mehrfach abgeändert wurde. Dieser enthielt erstmals nicht detaillierte Vorgaben, sondern setzte nur grobe Rahmenbedingungen fest.[18]

Abb. II-3: Überblick Regelungen der EU-Übernahmerichtlinie

Art. 1-3	Regelungen zum Anwendungsbereich, Begriffsbestimmungen, allg. Grundsätze
Art. 4	Aufsichtsorgan: Mitgliedstaaten sind verpflichtet eine oder mehrere Stellen zu benennen, die für die Beaufsichtigung des Angebotsvorgangs zuständig sind; zuständig ist immer das Aufsichtsorgan des Mitgliedstaates, in dem die Zielgesellschaft ihren Sitz hat
Art. 5	Schutz der Minderheitsaktionäre und obligatorisches Angebot; Übergangsfrist von einem Jahr zur Einführung eines Pflichtangebots
Art. 6	Informationspflichten: Mindestvorschriften für Angebotsunterlage (z.B. Konditionen, Personalien Bieter, Gegenleistung, Mindest-/Höchstanteil, Bedingungen, Absichten des Bieters, Fristen, Finanzierung)
Art. 7	Annahmefrist: mindestens zwei Wochen, maximal 10 Wochen nach Bekanntmachung der Angebotsunterlage
Art. 8	Bekanntmachungsvorschriften: Unverzüglich und ausführlich
Art. 9	Pflichten des Leitungs- oder des Verwaltungsorgans der Zielgesellschaft: Pflicht zur Stellungnahme; Pflicht zur Unterlassung aller Maßnahmen, durch die Angebot vereitelt werden könnte
Art. 10	Verfahrenregeln: z.B. Hinfälligkeit, Angebotsänderung, konkurrierende Angebote (Regelung obliegt Midgliedstaaten)
Art. 11-16	Regelungen zum Kontaktausschuss, Sanktionen, Überprüfung von Art. 4, Änderung der Richtlinie 88/627/EWG, Umsetzung der Richtlinie, Inkrafttreten der Richtlinie

Quelle: Gemeinsamer Standpunkt des Rates (EU) Nr. 1/2001; Amtsblatt C23 vom 24.1.2001

Damit sollte die Forderung einzelner EU-Länder erfüllt werden, die exakte Ausgestaltung der Richtlinie den einzelnen Ländern zu überlassen, um sie länderspezifisch in die bestehenden Rechtssysteme einzugliedern.[19] Die Regelungen dieses geänderten Vorschlags waren jedoch derart allgemein gehalten, dass das Scheitern der Richtlinie am 6. Juni 2001 zwar bedauerlich ist, die Schaffung wirkungsvoller Bedingungen bei Übernahmen aber ohnehin nur durch nationale Regelungen der einzelnen EU-Mitgliedstaaten erfolgen kann. Aus diesem Grund beziehen sich die nachfolgenden Abschnitte fast ausschließlich auf den Übernahmekodex sowie das am 1. Januar 2002 in Kraft getretene Übernahmegesetz.

1.2.2. Übernahmekodex von 1995

Die Leitsätze für öffentliche Übernahmen der Börsensachverständigenkommission von 1979 waren der erste Versuch, Rahmenbedingungen für das Verfahren des öffentlichen Übernahmeangebots beim Erwerb von Mehrheitsbeteiligungen in

---

[17] In Deutschland wurde vor allem die in Art. 4 vorgeschriebene Verpflichtung zum Gesamtangebot als überflüssig und volkswirtschaftlich schädlich abgelehnt. Vgl. Reul, J. (1991b), S. 13. Vgl hierzu auch Kapitel II, Abschnitt 2.2.3.3; Baums, T. (1996), S. 1.

[18] Vgl. Krause, H. (1996a), S. 209; Feuillat, F. (1996), S. 46; Hopt, K.J. (1997a), S. 373.

[19] Vgl. Hommelhoff, P. (1993), S. 469; Wenger, E./ Hecker, R./ Knoesel, J. (1997), S. 102; Monti, M. (1999), S. 18.

Deutschland zu schaffen.[20] Da das Regelwerk nur eine Empfehlung an die handelnden Parteien darstellte[21] und wichtige Aspekte, wie die Verpflichtung zum öffentlichen Übernahmeangebot ab einem bestimmten Schwellenwert bzw. die Festlegung von Preisuntergrenzen, nicht beinhaltete, war die Wirkung in der Praxis verschwindend gering.[22] Gleichzeitig gab es während der 80iger Jahre in Deutschland zu wenige - vor allem feindliche - Übernahmen, um die Schwächen der Leitsätze offenzulegen und eine Verschärfung herbeizuführen.[23] Aus diesen Gründen wurde in Deutschland überwiegend die Meinung vertreten, dass aufgrund der geringen Anzahl von Übernahmen eine Regulierung, die allen Beteiligten bei einem Übernahmeangebot Grenzen setzt, um schädliche Übernahmen rechtzeitig zu verhindern, positive Übernahmen zu fördern und eine Benachteiligung der Anleger zu vermeiden, nicht notwendig sei.[24]

Erst die verstärkten Diskussionen auf europäischer Ebene[25] und die zunehmende Zahl von Übernahmeangeboten führten 1995 zur Einführung des Übernahmekodex, welcher 1998 nochmals überarbeitet und verschärft wurde.[26] Der Übernahmekodex sollte durch eine formale Anerkennungserklärung durch börsennotierte Unternehmen eine gewisse Rechtswirkung erhalten.[27] Gleichzeitig wurden einzelne Problemkreise, wie z.B. der Zeitpunkt und die Höhe des Angebots, konkreter behandelt und das Pflichtangebot eingeführt. Zudem wurde mit der Übernahmekommission[28] ein Exekutivorgan geschaffen, welches zur Durchsetzung des Kodex beitragen und die Transparenz sowie Seriosität bei Übernahmen deutlich erhöhen sollte,[29] ohne mit den Nachteilen einer amtlichen Aufsichtsbehörde – Bürokratisierung, Verlängerung der Entscheidungswege, etc. – belastet zu sein.[30] Die Aufgaben der Kommission waren vielfältiger Natur, wie

---

20 Vgl. Assmann, H.-D. (1995), S. 563. Sie bestanden neben einer Präambel und allgemeinen Grundsätzen aus drei Abschnitten zu Vorbereitung, Inhalt und Durchführung des Angebotes. Vgl. Leitsätze für öffentliche freiwillige Kauf- und Umtauschangebote (1979). Eine ausführliche Zusammenfassung der Leitsätze bieten Nick, A. (1991) S. 863/864 und Bozenhardt, F. (1990), S. 52-56.

21 Baumbach, A./ Duden, K./ Hopt, K.J. (1989), S. 1481.

22 Vgl. Stoll, J. (1989b), S. 1490; Weisgerber, T. (1997), S. 422; Loehr, H. (1999), S. 150.

23 Vgl. Reul, J. (1991b), S. 12; Assmann, H.-D. (1995), S. 563.

24 Vgl. Grunewald, B. (1989), S. 1233; Assmann, H.-D./ Bozenhardt, F. (1990), S.2/3; Otto, H.-J. (1988), S. 3.

25 Vgl. nächster Abschnitt 1.2.1.

26 Vgl. FAZ vom 22.10.1997; Übernahmekodex von 1998.

27 Vgl. Assmann, H.-D. (1995), S. 563, 564. Häufig wird auch von einer de facto Regelung aufgrund von Culpa in Contrahendo gesprochen. Vgl. Grunewald, B. (1989), S. 1236.

28 Sie besteht aus mindestens 7 bis maximal 15 Mitgliedern, wobei möglichst alle bei einer Übernahme beteiligten Parteien vertreten sein sollten, um eine ausgeglichene Beurteilung von Tatbeständen zu garantieren. Vgl. Übernahmekodex, Art. 20.

29 Vgl. Assmann, H.-D. (1995) S. 565; Loehr. H. (1999), S. 150.

30 Während in früheren europäischen Richtlinienvorschlägen stets die Einrichtung einer amtlichen Aufsichtsbehörde gefordert wurde, sind aufgrund verstärkter Kritik im Entwurf von 1996 auch private Einrichtungen und Aufsichtsorgane zugelassen. Vgl. Grunewald, B.

etwa die regelmäßige Veröffentlichung von relevanten Informationen, die Befreiung von Unternehmen hinsichtlich bestimmter Vorschriften, die Überprüfung von Angeboten sowie die Abgabe einer Stellungnahme, falls z.B. die Angebotsbedingungen nicht akzeptabel sind.[31]

Abb. II-4: Überblick Regelungen des Übernahmekodex

Offenlegungs- und Informations-pflichten	**Art. 2**: Korrekte und angemessene Weitergabe von Informationen durch Bieter und Zielgesellschaft an alle Inhaber von Wertpapieren **Art. 3**: Vermeidung irreführender Informationen **Art. 5**: Vorabinformation von Bundesaufsichtsbehörde/Geschäftsstelle; unverzügliche Veröffentlichung Angebot in überregionalen Pflichtblatt **Art. 7**: Mindestinformationsanforderungen, wie z.B. Höchst-/Mindestzahl, Kaufpreis, Fristen, Bedingungen, Ziele und Absichten des Bieters **Art. 12**: Pflicht zur Veröffentlichung aller während eines Angebots getätigten Geschäfte mit Wertpapieren der Zielgesellschaft durch Bieter **Art. 18**: Stellungnahme des Managements innerhalb von zwei Wochen
Allgemeine Verfahrens-regeln	**Art. 1**: Gleichbehandlungsgrundsatz **Art. 4**: Ablauf in Form eines freundlichen Angebots, wenn möglich **Art. 9**: Beschränkung auf nicht vom Bieter beeinflussbaren Bedingungen **Art. 10**: Pro-Rata Regel bei Teilangeboten **Art. 11**: Angebotsfrist von mindestens 28 Tagen bis maximal 60 Tagen **Art. 13**: Verpflichtung zur Angebotsnachbesserung während bzw. 12 Monate nach Angebot, falls Bieter Wertpapiere zu besseren Bedingungen erwirbt **Art. 14**: Nachbesserungsrecht während Angebotslaufzeit **Art. 19**: Neutralitätspflicht des Managements
Regelungen zum Pflicht-angebot	**Art. 16**: Pflichtangebot im Falle von Kontrollerreichung **Art. 17**: Verpflichtung zu Preis, der im angemessenen Verhältnis zum höchsten Börsenkurs der letzten 3 Monate vor Kontrollerreichung liegen muss **Art. 20**: Befreiung vom Pflichtangebot unter bestimmten Bedingungen

Quelle: Übernahmekodex, geändert durch Bekanntmachung am 28.11.1997

Anzuwenden war der Übernahmekodex auf die Gesellschaftsformen der AG bzw. KGaA. Gleichzeitig beschränkten sich die Regelungen auf Gesellschaften, die ihren Sitz im Inland haben und an der Börse bzw. im Freiverkehr gehandelt werden.[32] Hauptproblem des Übernahmekodex war die unzureichende Akzeptanz in der deutschen Wirtschaft. Die offizielle Anerkennungsquote per Unterschrift war zwar bei den DAX_{30} Unternehmen mit 90% gut, bei den übrigen börsennotierten Unternehmen mit einer Annahmequote von 75% musste noch "nachgelegt" werden. Unterstützt wurde die Anerkennungsquote durch die Bedingung, dass Unternehmen nur noch in den DAX und Neuen Markt mit aufgenommen werden, wenn sie den Kodex unterschrieben haben.[33] Die offizielle Anerkennung des

---

(1989), S. 1238/1239; Basaldua, N. (1990), S. 176; Nick, A. (1991), S. 871; Vorschlag für eine 13. Richtlinie des europäischen Parlaments und Rates (1996), Art. 4 Abs.1.

31 Vgl. Übernahmekodex, Art.21 und Art.22.

32 Es stellt sich hierbei die grundsätzliche Frage, warum Aktionäre börsennotierter Gesellschaften schutzwürdiger sind als Aktionäre nicht börsennotierter Aktiengesellschaften, vor allem da sich zuletzt Genannten bei Unzufriedenheit nicht die Möglichkeit des Verkaufs an der Börse bietet. Vgl. Basaldua (1990), S. 169; Schander, A.A. (1998b), S. 368. Die Lösung der Problematik von grenzüberschreitenden Übernahmeangeboten ist bei Krause, H. (1996a), S. 210 nachzulesen.

33 Vgl. Übernahmekommission (1997), S. 3. Gleichzeitig ist der politische Druck erhöht worden, damit Fälle wie die Metallgesellschaft, die nach dem Herausfallen aus dem DAX die Unterschrift zum Kodex zurückgezogen hat, Einzelfälle bleiben. Vgl. SZ vom 26.7.1997.

Kodex reichte jedoch nicht aus, da bei Nichtbeachtung keine Sanktionen, wie z.B. der Ausschluss aus dem DAX, erfolgen, sondern Druck bestenfalls über die öffentliche Meinung ausgeübt werden konnte.[34] Damit war es Unternehmen möglich, bei Vorteilhaftigkeit für ihre Strategien den Kodex anzuwenden und ihn ansonsten zu missachten.[35] Darüber hinaus konnten als Bieter für börsennotierte Gesellschaften auch ausländische Gesellschaften, nicht börsennotierte Gesellschaften, Privatpersonen oder Investorengruppen in Frage kommen, die den Kodex weder formal anerkennen noch ernsthafte Sanktionen bei Nichtbeachtung befürchten mussten.[36] Hinzu kommt, dass die Meinungen zum Übernahmekodex unverändert kontrovers waren:[37] Für die Investoren und Kleinanleger galten die Schutzregelungen angesichts der mangelnden Beachtung des Kodex im Zusammenhang mit Pflichtangeboten als unzureichend,[38] während die Unternehmen die Verpflichtung zum Erwerb aller außenstehenden Aktien bei Erreichen einer Kontrollmehrheit als zu streng ansahen.[39] Gleichzeitig ist in der Vergangenheit von einigen Juristen die Notwendigkeit einer Regulierung von Übernahmeangeboten angezweifelt worden, da sie der Meinung sind, dass es zum einen ausreicht, wenn der Schutz beim qualifiziert faktischen Konzern startet, und zum anderen ein Konzernrecht nicht "stückchenweise, sondern aufgrund einer Gesamtkonzeption gebaut werden muss".[40] Aus diesen Gründen konnte nur die Einführung des Übernahmegesetzes die Mängel des Übernahmekodex beseitigen.[41]

1.2.3. Wertpapiererwerbs- und Übernahmegesetz

Unter dem Eindruck der Übernahmeschlacht um Mannesmann Anfang 2000 und der unzureichenden Wirkung des Übernahmekodex[42] wurde eine Expertenkommission eingesetzt, welche die Eckpunkte für ein deutsches Übernahmegesetz

---

[34] Vgl. hierzu die Ausführungen bei Pflichtverletzungen des Bieters Kapitel II, Abschnitt 2.2.2.3; Wenger, E./ Hecker, R./ Knoesel, J. (1997), S. 103.

[35] Seit Einführung des Übernahmekodex gab es 25 - der Übernahmekommission bekannte - Fälle, in denen trotz Verpflichtung kein Pflichtangebot abgegeben worden ist. Vgl. Übernahmekommission (1999), S. 22.

[36] Vgl. Kallmeyer, H. (1996), S. 169; Baums, T. (1997a), S. 34; Kirchner, C./Ehricke, U. (1998), S. 108/109. Daran ändert auch die Vorschrift, dass bei einem Übernahmeangebot immer ein Wertpapierdienstleistungen erbringendes Institut beteiligt sein muss, nur bedingt etwas. Vgl. Übernahmekodex, Art. 6; Hopt, K.J. (1991), S. 207; Krause, H. (1996a), S. 215.

[37] Nur wenige Marktteilnehmer teilen die Meinung des Vorstandssprechers der Deutschen Bank Breuer, welcher von einer Stärkung der internationalen Wettbewerbsfähigkeit des Kapitalmarkts durch den Übernahmekodex ausgeht. Vgl. Breuer, R.E. (1995), S. 39.

[38] Vgl. Börsenzeitung vom 7.10.1997; Glass, G. (1996), S. 12/13; Börsensachverständigenkommission (1999), S. 9.

[39] Vgl. SZ vom 25.7.1997.

[40] Vgl. Hopt, K.J. (1990), S. 308.

[41] Vgl. Ü-GE (2001), Begründung, S. 63.

[42] Vgl. Kapitel II, Abschnitt 1.2.2.

definieren sollte.[43] Diese Eckpunke wurden im Mai 2000 veröffentlicht und durch das Bundesminsterium für Finanzen in einen Diskussionsentwurf umgesetzt. Diesem Diskussionsentwurf folgten ein am 12. März 2001 veröffentlichter Referentenentwurf und ein am 11. Juli 2001 vorgelegter Regierungsentwurf eines Gesetzes zur Regelung von öffentlichen Angeboten zum Erwerb von Wertpapieren und von Unternehmensübernahmen (Ü-GE).[44] Letzterer ist am 1. Januar 2002 in Kraft getreten.

Das Gesetz beschränkt sich nicht nur auf die Regulierung von Übernahmeangeboten sondern bildet auch die Basis für die Einführung des "Squeeze-out"-Recht im Aktiengesetz; d.h. der Möglichkeit eines Mehrheitsaktionärs, Minderheitsaktionäre bei Vorliegen einer Mehrheit von 95% auch gegen ihren Willen aus dem beherrschten Unternehmen herauszukaufen.[45]

Abb. II-5: Gesetzesentwurf zur Regelung von öffentlichen Übernahmeangeboten (Ü-GE)

Gesetzesentwurf bestehend aus 12 Artikeln

Artikel 1 Wertpapier- und Übernahmegesetz (WpÜG)	**Artikel 2** Änderung des Wertpapierhandelsgesetzes (WpHG)	**Artikel 7** Änderung des Aktiengesetzes (AktG)	**Sonstige Artikel:** Diverse Gesetzesänderungen
• Bestehend aus 9 Abschnitten und 68 Paragraphen • Aufbauend auf Regelungen zum Übernahmekodex • Wichtigste Abschnitte: - Abschnitt 1: Allg. Vorschriften - Abschnitt. 3: Angebot zum Erwerb von Wertpapieren - Abschnitt 4: Übernahmeangebote - Abschnitt 5: Pflichtangebote	• Änderung des Anwendungsbereichs von §21 Abs.1a/2: Geltung der Publizitätsvorschriften für alle "zum Handel an einem organisierten Markt"zugelassenen Unternehmen • Neufassung von §22: Zurechnung von Stimmrechten • Diverse kleinere Änderungen in den §§25, 28, 30, 39	• Einfügung von neuen 4. Teil: Ausschluss von Minderheitsakt. • §327a: Übertragung von Aktien gegen Barabfindung bei Vorliegen einer Beteiligung von mehr als 95% des GK • §327b: Festlegung der Barabfindungshöhe durch Hauptakt. • §§327c-e: Verfahrensvorschriften • §327e: Recht auf gerichtliche Nachprüfung der Abfindung	• Art. 3: Gesetz über Kapitalanlageges. • Art. 4: Auslandinvestment-Gesetz • Art. 5: Gesetz über das Kreditwesen • Art. 6: Verkaufsprospektgesetz • Art. 8: Gerichtskostengesetz • Art. 9: Bundesgebührenordnung • Art. 10: Verkaufsprospektordnung • Art. 11: Einheitlicher Verordnungsrang • Art. 12: Inkrafttreten

Darüber hinaus beinhaltet das Gesetz eine Reihe weiterer Gesetzesänderungen, von denen vor allem die Erweiterung des Anwendungsbereichs von §21 WpHG auf alle "zum Handel an einem organisierten Markt" zugelassenen Unternehmen für die in dieser Arbeit zu behandelnde Thematik von Bedeutung ist.[46] Das Kernstück des Gesetzes bildet jedoch Artikel 1, welcher die Regelungen des Wertpapiererwerbs-

[43] Ein erster Vorschlag für einen Gesetzesentwurf wurde bereits 1997 von Baums veröffentlicht. Vgl. Baums, T. (1997b).

[44] Vgl. Liebscher, T. (2001), S. 853; Land, V. (2001), S. 1707; Entwurf eines Gesetzes zur Regelung von öffentlichen Angeboten zum Erwerb von Wertpapieren und von Unternehmensübernahmen vom 11.7.2001.

[45] Vgl. Ü-Ge (2001), Art. 6; Kapitel II, Abschnitt 3.5.

[46] Vgl. Kapitel II, Abschnitt 2.1.

und Übernahmegesetz (WpÜG) abbildet und eine klare Ergänzung und Verschärfung des am 31. Dezember 2001 abgelösten Übernahmekodex darstellt.[47]

Abb. II-6: Überblick Regelungen des WpÜG

Offenlegungs- und Informations-pflichten	§10: Unverzügliche Veröffentlichung Entscheidung zur Angebotsabgabe; Vorabinformation Börse/Bundesaufsichtsamt für Wertpapierhandel
	§11: Mindestinformationsanforderungen an Angebotsunterlage, wie z.B. Höchst-/Mindestzahl, Kaufpreis, Fristen, Bedingungen, Ziele/Absichten Bieter
	§13: Sicherstellung Angebotsfinanzierung vor Veröffentlichung Unterlage
	§14: Veröffentlichung der Angebotsunterlage über Internet/Pflichtblatt
	§23: Pflicht zur Veröffentlichung aller während eines Angebots getätigten Geschäfte mit Wertpapieren der Zielgesellschaft durch Bieter
	§27: Stellungnahme Management/Aufsichtsrat
Allgemeine Verfahrens-regeln	§16: Annahmefrist von mindestens vier und höchsten 10 Wochen
	§18: Beschränkung auf nicht vom Bieter beeinflussbaren Bedingungen
	§19: Pro-Rata Regel bei Teilangeboten
	§21: Möglichkeit zur Änderung Angebotsbedingungen
	§22: Verlängerung der Angebotsfrist und Rücktrittsrecht von Aktionären
	§25: Herbeiführung eines notwendigen Beschlusses der Gesellschafterversammlung des Bieters bis spätestens 5 Werktage vor Ablauf der Annahmefrist
	§26: Sperrfrist für Bieter nach Verbot bzw. Scheitern Angebot von 12 Monaten
	§31: Angemessenheit der Gegenleistung bei öffentlichen Übernahmeangeboten Verpflichtung zur Angebotsnachbesserung während bzw. 12 Monate nach Angebot, falls Bieter Wertpapiere der Zielges.zu besseren Bedingungen erwirbt
	§32: Unzulässigkeit von Teilangeboten bei öffentlichen Übernahmeangeboten
	§33: Eingeschränkte Neutralitätspflicht des Managements der Zielgesellschaft
Regelungen zum Pflichtangebot	§35: Pflichtangebot im Falle von Kontrollerreichung
	§37: Befreiung vom Pflichtangebot unter bestimmten Bedingungen möglich

Anzuwenden ist das neue Gesetz auf alle Zielgesellschaften mit Rechtsform Aktiengesellschaft bzw. Kommanditgesellschaft auf Aktien, deren Sitz im Inland ist und deren Aktien an einer inländischen Börse zum amtlichen Handel oder zum geregelten Markt bzw. an einer Börse im Europäischen Wirtschaftsraum zum Handel am organisierten Markt zugelassen sind.[48]

2. SCHUTZ DER MINDERHEITSAKTIONÄRE BEI ERWERB VON KONTROLLBETEILIGUNGEN

Sobald ein Mehrheitsaktionär die Mehrheit an einem Unternehmen hält bzw. erwirbt, erübrigen sich die in der Problemstellung beschriebenen Kontrollprobleme,[49] da der Mehrheitsaktionär mit Hilfe einer Kontrollbeteiligung, den Aufsichtsrat und Vorstand als seinen "verlängerten Arm" verwenden und damit die Unternehmenspolitik nach eigenem Ermessen bestimmen kann.[50] Hierzu ist in vielen Fällen keine 50%-Beteiligung notwendig, da aufgrund der geringen Präsenz bei Hauptversammlungen bereits mit 20%-30% der anwesenden Stimmen ein Mehrheitsbeschluss in der Hauptversammlung erreicht werden kann.[51]

---

[47] Vgl. Liebscher, T. (2001), S. 867.

[48] Vgl. §§1, 2(3), 2(7), 2(8) WpÜG.

[49] Vgl. Kapitel I, Abschnitt 1.

[50] Vgl. Schmidt, H./ Drukarczyk, J./ u.a. (1997), S. 76/77. Vgl. Kapitel II, Abschnitte 3. und 4.

[51] Vgl. Emmerich, V./ Sonnenschein, J. (1992), S. 64; Prantl, J. (1994), S. 250; Krause, H. (1996b), S. 207. Im Jahre 1994 lag die Hauptversammlungspräsenz bei einer ausgewählten

Die nachfolgenden Abschnitte befassen sich zunächst mit den Fragen, wie nach deutscher Rechtslage der Erwerb einer Kontrollbeteiligung ablaufen kann, welche Hindernisse z.B. in Form von Abwehrstrategien bei feindlichen Übernahmen den Erwerb erschweren können und wie intensiv sich in diesem Zusammenhang die Notwendigkeit eines Schutzes für Minderheitsaktionäre aus ökonomischer Sicht darstellt.

2.1. Erwerb durch private Kontrolltransaktionen

2.1.1. Arten von privaten Kontrolltransaktionen

Kontrollbeteiligungen werden bisher in Deutschland überwiegend durch Ankauf von Aktien aus Streubesitz oder durch Paketkäufe erworben,[52] da dem Gestaltungsspielraum der Aufkäufer nur wenige Grenzen gesetzt sind und die Akquisitionstechnik des öffentlichen Übernahmeangebotes in Deutschland aus den unterschiedlichsten Gründen immer noch selten angewendet wird. Ein Interessent kann sowohl die Taktik des langsamen Aufbaus wählen, um Spekulationen und damit größere Kurssteigerungen zu vermeiden,[53] oder auch mit einem Überraschungsangriff "über Nacht" eine die Kontrolle begründende Beteiligung erwerben; gleichzeitig kann er mit Ankäufen über den Markt die Grundlage für ein späteres öffentliches Übernahmeangebot schaffen.

Vorteilhaft am Erwerb über die Börse ist das Wegfallen von Preisaufschlägen, die regelmäßig sowohl beim Paketkauf als auch beim öffentlichen Übernahmeangebot gezahlt werden müssen. Nachteilig sind aus Sicht des Aufkäufers die Spekulationsgefahren durch Trittbrettfahrer und die relative "Langsamkeit" dieser Strategie, weil ein Aufbau einer Aktienmehrheit zur Vermeidung unerwünschter Publizität über die Börse behutsam geschehen muss.[54] Bei Bekanntwerden von Übernahmeabsichten geht in der Regel der Börsenkurs der Zielgesellschaft nach oben, so dass sich eine Übernahme verteuern würde.[55] Diese Nachteile fallen beim Paketkauf weg. Generell vorteilhaft für die privaten Kontrolltransaktionen, sei es Paket- oder Börsenkäufe, ist zudem der Entschluss des Gesetzgebers, diese Vorgänge als einen normalen Aktienerwerb zu Anlagezwecken zu behandeln und umfangreiche Verhaltensregeln bzw. Schutzvorschriften zugunsten von Minderheitsaktionären erst ab Überschreiten eines bestimmten Schwellenwertes bzw. bei Vorliegen von Konzernverhältnissen bzw. bei Verschmelzungen etc. vorzuschreiben.[56]

Stichprobe durchschnittlich bei 52,1%. Die geringste Präsenz war bei VW mit 32,9% zu verzeichnen. Vgl. Schmidt, H./ Drukarczyk, J./ u.a. (1997), S. 97.

52 Vgl. Otto, H.-J. (1988), S. 4; Reul, J. (1991b), S. 12; Jenkinson, T./ Ljungqvist, A. (1997), S. 13.

53 Vgl. Otto, H.-J. (1988), S. 4.

54 Vgl. Assmann, H.-D./ Bozenhardt, F. (1990), S. 10, 11; Daum, T. (1993), S. 73.

55 Vgl. Gerke, W./ Garz, H./ Oerke, M. (1995), S. 819.

56 Vgl. Reul, J. (1991a), S. 1.

2.1.2. Inhalt der gesetzlichen Publizitätsvorschriften

Bis 1994 wurde der Aufkäufer nur durch die Publizitätsvorschriften gemäß §20, 21 AktG begrenzt, welche ein unverzügliches,[57] schriftlich dargelegtes Offenlegen der Beteiligung an einer Aktiengesellschaft bei Erreichen eines Schwellenwerts von 25% und nochmals später bei Erlangen der 50%igen Kontrollmehrheit festlegen.[58] Aufgrund der EG-Publizitätsrichtlinie von 1988 und des Drucks von außen wurde der Anfangsschwellenwert durch Einführung des zweiten Finanzmarktförderungsgesetzes von 1994 auf 5% abgesenkt und zusätzlich noch einmalige Veröffentlichungspflichten bei 10%, 25%, 50% und 75% durch die §§21ff. WpHG für alle zum amtlichen Handel an einer Börse zugelassenen Unternehmen eingeführt.[59] Durch Einführung des oben genannten Gesetzes zur Regelung von öffentlichen Angeboten zum Erwerb von Wertpapieren und von Unternehmensübernahmen sind die Publizitätsvorschriften noch weiter verschärft worden. Seit Einführung gelten die Offenlegungsvorschriften gemäß §21 WpHG für alle zum Handel an einem organisierten Markt zugelassenen Unternehmen und nicht mehr nur für alle zum amtlichen Handel einer Börse zugelassenen Unternehmen.[60] Für beide Vorschriften (AktG, WpHG) gilt, dass bei Berechnung der Beteiligungshöhe nicht nur die direkt im Besitz des Aufkäufers stehenden Anteile mit eingerechnet werden, sondern auch diejenigen Anteile, die von mit dem Aufkäufer verbundenen Unternehmen gehalten werden.[61] Eine weitere Offenlegungspflicht kann sich aus der Vorschrift von §15 Abs.1 WpHG ergeben, nach der eine unverzügliche Veröffentlichung aller dem Publikum unbekannten Tatsachen, die sogenannte "Ad hoc Publizität",[62] notwendig ist, wenn sich durch das Offenlegen dieser Tatsachen die Börsenkurse erheblich ändern würden.[63] Unterstützend wirkt außerdem die

---

[57] Spätestens nach 7 Kalendertagen.

[58] Vgl. Kübler, F./ Schmidt, R.H. (1988), S. 79; Otto, H.-J. (1988), S. 4; Knoll, H.-C. (1992), S. 141-142. Aufgrund dieser mangelhaften Offenlegungsvorschriften war der heimliche Erwerb eines 40%igen Feldmühle-Anteils durch die Flick-Neffen möglich, der schließlich über Umwege in der bereits erwähnten Übernahme durch Stora Kappabergs endete. Vgl. Burgard, U. (1992), S. 41/42.

[59] Vgl. Riepe, S. (1994), S. 1237; Wenger, E./ Hecker, R. (1995) S. 62; Beckmann, R. (1995), S. 58-62. In dem am 25.4.1998 verabschiedeten dritten Finanzmarktförderungsgesetz sind die bisher parallel laufenden aktien- und wertpapierhandelsrechtlichen Mitteilungspflichten harmonisiert worden, so dass die aktienrechtlichen Vorschriften nur noch für Gesellschaften gelten, die nicht zum amtlichen Handel an einer Börse innerhalb der europäischen Gemeinschaft zugelassen sind. Neueinführung von §§20 Abs.8, 21 Abs.5 AktG. Vgl. Pötzsch, T. (1997), S. 198/199; Schneider, U. (1997), S. 82; 3. Finanzmarktförderungsgesetz (1998), S. 567.

[60] Vgl. Ü-GE (2001), Artikel 2.

[61] Vgl. §22 WpHG, §20(2) AktG.

[62] §15 WpHG ersetzte den bis dahin bestehenden §44a Abs.1 BörsG. Vgl. Schander, A./ Lucas, J. (1997), S. 2109.

[63] Vgl. Assmann, H.D./ Bozenhardt, F. (1990), S. 71; Knoll, H.-C. (1992), S. 149; Wittich, G. (1999), S. 383-388.

Verpflichtung der Unternehmen, gemäß §285 Nr.11 HGB in ihren Geschäftsberichten Beteiligungen ab einem Anteilswert von 20% auszuweisen.[64]

Als Strafe für die Nichtbeachtung der Offenlegungsvorschriften ist im Aktiengesetz gemäß §405 Abs.3 AktG ein Bußgeld in Höhe von 50.000 DM vorgesehen, während der Mehrheitsaktionär bei Missachtung der Regeln des Wertpapierhandelsgesetzes mit Strafen bis zu 500.000 DM rechnen muss. Daneben dürfen bei Nichtbeachtung von §20 Abs.1,4 bzw. §21 Abs.1,2 AktG (bzw. §21 Abs.1 WpHG) gemäß §20 Abs.7 bzw. §21 Abs.4 AktG (bzw. §28 WpHG) keine Rechte aus den in Besitz stehenden Aktien durch den Erwerber ausgeübt werden, wobei diese Einschränkung nur bis zur Mitteilung des Stimmenanteils gilt.[65] Dieses Verbot bezieht sich sowohl auf die Stimmrechtsausübung als auch auf die Ausübung der Dividendenbezugsrechte und der Bezugsrechte bei einer Kapitalerhöhung.[66] Verschärft wurden diese Vorschriften durch das dritte Finanzmarktförderungsgesetz, da davon nicht nur die dem Meldepflichtigen direkt gehörenden Aktien betroffen sind, sondern auch die Aktien, die von Dritten auf Rechnung des Meldepflichtigen gehalten werden.[67]

2.1.3. Beurteilung der gesetzlichen Publizitätsvorschriften

Es gibt eine Reihe von Schwachstellen in den Vorschriften, die eine echte Transparenz zugunsten der Anleger verhindern und die nur zum Teil durch das neue Übernahmegesetz beseitigt worden sind. Vorteilhaft ist zum Beispiel, dass zukünftig für alle Unternehmen, die im Freiverkehr, geregelten Markt bzw. Neuen Markt gehandelt werden, nicht mehr die vergleichsweise schwachen Regeln des Aktiengesetzes sondern die Regeln des Wertpapierhandelsgesetzes gelten.[68] Dagegen besteht bei den WpHG-Vorschriften unverändert das Problem, dass Handels- und Spekulationsbestände ausdrücklich ausgenommen sind, was aufgrund einer schwierigen Abgrenzung ausreichend Raum zur Umgehung der Offenlegung für potentielle Aufkäufer bietet.[69] Weitere Umgehungsmöglichkeiten sind z.B. die Möglichkeit zum erlaubten "Parken" von Stimmrechten bei Kapitalanlagegesellschaften bzw. Nutzung von Vorschaltgesellschaften, so dass die

---

64 In Gerichtsurteilen ist diese Verpflichtung noch erweitert worden, indem neben der 20%-Bedingung vorgegeben wurde, dass generell alle Beteiligungen, die einen Marktwert von mehr als 100 Mio. DM haben, veröffentlicht werden müssen, wodurch auch Beteiligungen betroffen sind, die einen Anteil kleiner als 1% bedeuten. Diese Entscheidungen sind umso wichtiger, da sie den außenstehenden Aktionären einen besseren Einblick in die Vermögens- und Ertragslage des betroffenen Unternehmens geben. Vgl. KG-Urteil Berlin (1993), S. 1618; Wenger, H. (1993a), S. 1622/1623.

65 Vgl. Knoll, H.-C. (1992), S. 143/144.

66 Bis zum 3. Finanzmarktförderungsgesetz waren in den WpHG-Vorschriften von der Beschränkung nur die Stimmrechte betroffen. Vgl. Weisgerber, T. (1998), S. 202; 3. Finanzmarktförderungsgesetz (1998), S. 538.

67 Vgl. Pötzsch, T. (1997), S. 199; 3. Finanzmarktförderungsgesetz (1998), S. 538, 567.

68 Vgl. Schneider, U. (1997), S. 82; U-GE (2001), Artikel 2.

69 Vgl. Wenger, E./ Hecker, R. (1995) S. 62.

Meldepflicht von §21 WpHG nicht eintritt.[70] Neben der Beseitigung dieser Regelungslücken wäre es wichtig, statt der einmaligen Veröffentlichungspflichten bei den Schwellen 5%, 10%, 25% und 50% stetige Veröffentlichungspflichten einzuführen. Denn während bei 5% bzw. 10% nur begrenzt Absichten des Aufkäufers über zukünftige Strategien - Vermögensanlage oder Kontrollabsicht - zu vermuten sind, kann dieser im Falle einer schwachen Hauptversammlungspräsenz bzw. mit Unterstützung der Banken bei 25% bereits die Kontrolle über ein Unternehmen erreicht haben. Unterstützt wird dieser Umstand durch das Fehlen von detaillierten Informationspflichten, durch die eine Aussage über die zukünftigen Strategien des Aufkäufers vorgeschrieben und damit ein Zwang zu einem frühen öffentlichen Angebot zur Vermeidung von Kurssteigerungen ausgelöst würde.[71] Dem Aufkäufer ist es damit möglich, ohne gravierende Kurssteigerungen bzw. die Zahlung von Aufschlägen, wie sie bei Bekanntwerden von Kontrollabsichten üblich sind, weitere 15% von uninformierten Anlegern aufzukaufen.[72] Unterstützt werden die Möglichkeiten zur Geheimhaltung, indem sich der Aufkäufer bei den Kauftransaktionen und bei der Hauptversammlung mit Hilfe des Depotstimmrechts gemäß §135 AktG vertreten lassen und so den Umfang seiner Beteiligung bis zur Offenlegung innerhalb der 7-Tages-Frist verbergen kann.[73] Aus den genannten Gründen sind Transaktionen, wie die Übernahme von Hoesch durch Krupp, welche 1991 durch private Pakettransaktionen und heimliche Marktkäufe zustande gekommen war[74] und bei der sich die verbliebenen Aktionäre plötzlich im Krupp-Hoesch-Konzern wiederfanden, schwieriger, aber nicht unmöglich geworden. Zudem sind die drohenden Sanktionen - Bußgeld sowie Rechtsentzug bis Offenlegung - unverändert relativ schwach.[75]

Vorteilhaft am anonymen und ungehinderten Aufkauf von Aktien sind neben den günstigen Aufkaufkonditionen aus Sicht des Bieters die Auswirkungen auf die Anzahl potentieller Übernahmen und daraus folgend auf den Markt für Unternehmenskontrolle, da einem Aufkäufer beim Paket- bzw. Börsenkauf kaum Hindernisse in den Weg gelegt werden, die zu einer Verteuerung und eventuell zum Scheitern einer Übernahme führen könnten. Diesen Argumenten ist jedoch grundsätzlich entgegenzuhalten, dass die beschriebenen Erwerbsformen in der Regel mit Zustimmung der Banken und des Managements der Zielgesellschaft stattfinden und deshalb das Argument der Disziplinierung durch die Übernahme-

---

70 Vgl. weitere Beispiele bei Schneider, U. (1997), S. 82-87; Jenkinson, T./ Ljungqvist, A. (1997), S. 13/14.

71 Vgl. Otto, H.-J. (1994), S. 171.

72 Vgl. Prantl, J. (1994), S. 228/ 229.

73 Vgl. Otto, H.-J. (1988), S. 4; Daum, T. (1993), S. 70/71; Wenger, E. (1997), S. 60.

74 Vgl. Burgard, U. (1992), S. 44; Krause, H. (1996b), S. 38.

75 Der Aktionär wird bei Verstoss gegen die aktien- bzw. WpHG-rechtlichen Vorschriften nur mit einem Entzug der Stimmrechte bestraft, wenn er Fahrlässigkeit bei der Mißachtung nachweisen kann, so dass in diesen Fällen seine Dividendenansprüche und seine Anteile an eventuellen Liquidationserlösen unangetastet bleiben. Vgl. Bundesgesetzblatt (1998), S. 538, 567. Kritik an dieser Regelung durch DSW (1997), S. 7, 12; SdK (1997a), S. 5.

bedrohung nicht ausschlaggebend ist.[76] Zusätzlich ist für die außenstehenden Aktionäre, die sich ex ante eine Unterstützung des Marktes für Unternehmenskontrolle und einen aktiven Investor an ihrer Seite wünschen, ex post der Schutz vor Übervorteilungen durch den Kontrollaktionär nicht ausreichend.[77] Durch die Möglichkeit zum "Anschleichen" des Aufkäufers bleibt der Kleinaktionär uninformiert. Einerseits besteht für ihn die Gefahr des verfrühten Verkaufs, welcher dazu führt, dass er einen potentiellen Übernahmegewinn, resultierend aus Unterbewertung und eventuellen Synergievorteilen, verliert. Andererseits kann es passieren, dass der außenstehende Aktionär den Ausstieg verpasst, da der Mehrheitsaktionär nur die für ihn optimale Beteiligungshöhe, z.B. über den Kauf eines Kontrollpakets, erwirbt.[78] Der Kleinaktionär findet sich dann als Minderheitsaktionär in einer Unternehmensverbindung wieder, in der er von den gesetzlichen Regelungen zum Minderheitenschutz und der entsprechenden Auslegung durch Unternehmensleitung und Gerichte abhängt. Aufgrund des häufigen Absinkens des Börsenkurses nach einem Kontrollwechsel muss der Anteilseigner damit rechnen, auf seinen entwerteten Aktien "sitzengelassen" zu werden,[79] da sich der Mehrheitsaktionär bei späteren Käufen oder gesetzlichen Abfindungsangeboten häufig nicht an die vorher gezahlten Preise halten muss.[80] Eine Anwendung des Gleichbehandlungsprinzips zum Ausgleich dieser Nachteile gemäß §53a AktG ist hier nicht möglich, da sich die Vorschrift nur auf das Verhältnis zwischen Aktiengesellschaft und Aktionär bezieht und folglich die Anwendungsfälle eher die Themen der Zuteilung junger Aktien, Bezugsrechtsausschluss bzw. Zwangseinziehung betreffen.[81] Auch die in der Rechtsprechung anerkannte Treuepflicht zwischen den Aktionären wird bei Wertpapiertransaktionen als Mittel zur Stärkung der Aktionärsrechte abgelehnt.[82]

2.2. Erwerb durch ein öffentliches Übernahmeangebot

Im folgenden wird die Strategie des öffentlichen Übernahmeangebots basierend auf dem früher geltenden Übernahmekodex und dem neuen Übernahmegesetz (WpÜG) untersucht. Beide Regelungswerke sind prinzipiell darauf ausgerichtet, die Gleichbehandlung der Aktionäre zu unterstützen, die Transparenz zu vergrößern, negative

---

76 Vgl. Nick, A. (1991), S. 860.

77 Vgl. Wenger, E./ Hecker, R. (1995), S. 53.

78 Im Rahmen der Beschreibung zum faktischen Konzern unter Kapitel II, Abschnitt 4.3. wird deutlich, warum für den Mehrheitsaktionär das Bestehen einer Minderheit von Vorteil sein kann.

79 Hommelhoff, P. (1993), S. 457; Otto, H.-J. (1994), S. 168.

80 Eine Ausnahme besteht beim öffentlichen Übernahmeangebot. Vgl. Kapitel II, Abschnitt 2.2.3.2.

81 Vgl. Otto, H.-J. (1988), S. 5; Grunewald, B. (1989), S. 1234; Knoll, H.-C. (1992), S. 163; Beckmann, R. (1995), S. 62-65.

82 Zu den Gründen vgl. Grunewald, B. (1989), S. 1235; Lutter, M. (1989), S. 463.

Strategien von Bieter und Management der Zielgesellschaft zu verhindern und einen größtmöglichen Schutz für die Minderheitsaktionäre sicherzustellen.[83]

2.2.1. Strategie des öffentlichen Übernahmeangebots

Öffentliche Angebote sind öffentliche Kauf- und Umtauschangebote, die ohne Bestehen einer Rechtspflicht von einem Bieter an die Inhaber von Wertpapieren einer Zielgesellschaft gerichtet sind, mit dem Ziel, deren Wertpapiere zu einem bestimmten Preis in bar oder im Tausch gegen andere Wertpapiere im Sinne des §2 Abs.1 WpHG zu erwerben.[84] Bieter können private Personen, Investorengruppen oder Unternehmen sein.[85] Von einem "öffentlichen Übernahmeangebot" wird gesprochen, wenn das öffentliche Angebot auf den Erwerb der Kontrolle über eine Gesellschaft ausgerichtet ist.[86] "Kontrolle" bedeutet in diesem Zusammenhang, dass mindestens 30 Prozent der Stimmrechte an der Zielgesellschaft erworben werden.[87] Die Art der Finanzierungsform ist irrelevant, und Erwerbsformen wie Management Buy-Out (MBO) bzw. Leveraged Buy-Out (LBO) sind miterfasst.[88] Öffentliche Übernahmeangebote werden vor allem bei Existenz breiten Streubesitzes und bei feindlichen Übernahmen angewendet, da sie schnell zu einer Mehrheitsbeteiligung führen können und Spekulationen sowie daraus resultierende Kurssteigerungen eingeschränkt werden.[89] Der Vorteil einer solchen Strategie liegt neben dem Überraschungseffekt gegenüber dem Management vor allem in den guten Erfolgsaussichten, da der Angebotspreis in der Regel über dem aktuellen Börsenkurs ausgegeben wird und die Aktionäre - wie später zu zeigen ist - das Angebot zum Ausstieg im Grunde nur akzeptieren können, wenn sie sich nicht in der Position eines "rechtlosen" Minderheitsaktionärs wiederfinden möchten.[90] Aus diesem Argument ergibt sich gleichzeitig der Nachteil eines öffentlichen Übernahmeangebots, da sich die Börsenkurse bei Veröffentlichung des eigenen Anteilsbesitzes sowie bei zu frühem Bekanntwerden eines bevorstehenden Angebots erhöhen, da sich die Grenzpreise der Verkäufer in der Regel aufgrund veränderter Rahmenbedingungen und verstärkter Nachfrage nach oben

---

[83] Vgl. Hommel, U. (1998), S. 112/113; Übernahmekommission (1999), S. 7; Liebscher, T. (2001), S. 858.

[84] Übernahmekodex, Begriffsbestimmungen. Im neuen Übernahmegesetz ist der Begriff ähnlich definiert. Vgl. §2(1) WpÜG.

[85] Vgl. Übernahmekodex, Begriffsbestimmungen; §2(4) WpÜG.

[86] Vgl. Basaldua, N. (1990), S. 159; Reul, J. (1991b), S. 12; §29(1) WpÜG.

[87] Vgl. §29(2) WpÜG; zur Zurechnung von Stimmanteilen vgl. §30 WpÜG.

[88] Vgl. Hopt, K.J. (1990), S. 303.

[89] Vgl. Stoll, J. (1989a), S. 302; Assmann, H.-D./ Bozenhardt, F. (1990), S. 10.

[90] Vgl. Küting, K.-H. (1978), S. 1754; Otto, H.-J. (1988), S. 4. Eine ausführliche Beschreibung der Entscheidungssituation eines Minderheitsaktionärs erfolgt in Kapitel II, Abschnitt 2.2.4.

verschieben.[91] Die Übernahmeangebote können entweder freundlich oder feindlich erfolgen.[92]

2.2.2. Publizitäts- und Verfahrensvorschriften

2.2.2.1. Offenlegungs- und Informationspflichten

Mit der Verpflichtung zur Bereitstellung von Informationen sollen die Informationsdefizite von außenstehenden Aktionären beseitigt und eine fundiertere Entscheidungsfindung der Aktionäre sichergestellt werden.[93] Eine erste Informationspflicht bei Abgabe eines öffentlichen Angebots besteht über die unter Abschnitt 3.1. beschriebenen Publizitätsvorschriften hinaus in der Vorabinformation der Zielgesellschaft, der inländischen Börsen, an denen die Wertpapiere der Zielgesellschaft notiert sind, des Bundesaufsichtsamtes für den Wertpapierhandel bzw. der Geschäftsstelle der Übernahmekommission, gefolgt von einer Veröffentlichung des Übernahmeangebots in mindestens einem überregionalen Pflichtblatt.[94] Im Übernahmegesetz ist gemäß §10 WpÜG bereits die Entscheidung zur Abgabe eines Angebots unverzüglich in einem überregionalen Pflichtblatt bzw. über ein elektronisches Informationssystem zu veröffentlichen. Die Verpflichtung zur Vorabinformation beschränkt sich auf die inländischen Börsen, an denen Wertpapiere bzw. Derivate des Bieters, der Zielgesellschaft bzw. anderer durch das Angebot betroffener Gesellschaften gehandelt werden, sowie das Bundesaufsichtsamt für den Wertpapierhandel.[95] Die Zielgesellschaft ist nur noch im Anschluss an die Veröffentlichung schriftlich zu benachrichtigen.[96] Das Angebot selbst muss eine Reihe von Mindestinhalten enthalten, die in Art.7 des Übernahmekodex bzw. in §11 WpÜG sowie in der zusätzlich angedachten Rechtsverordnung zum WpÜG aufgeführt sind.

Die Informationen sind sowohl durch den Bieter als auch durch die Zielgesellschaft allen Aktionären zur Verfügung zu stellen; dieses gilt gleichermaßen für alle zusätzlichen Details, die zu Beginn und während einer Angebotsphase offengelegt werden.[97] Zu begrüßen ist die Einführung einer Haftungsregelung im Übernahme-

---

[91] Vgl. Dietrich, H. (1975), S. 53; Küting, K.-H. (1978), S. 1755; Hahn, D. (1990), S. 13; Gerke, W./ Garz, H./ Oerke, M. (1995), S. 819.

[92] Eine strikte Differenzierung zwischen "Freundlich" und "Feindlich" ist schwierig, da viele Übernahmen nur aufgrund eine Kräfteungleichgewichts unter dem Deckmantel der Freundlichkeit ablaufen.

[93] Vgl. Assmann, H.-D. (1995), S. 565.

[94] Der zeitliche Abstand sollte möglichst gering sein, um zum einen Insidergeschäften vorzubeugen und zum anderen im Falle einer feindlichen Übernahme dem Management möglichst wenig Zeit für schädigende Gegenmaßnahmen einzuräumen.Vgl. Assmann, H.-D. (1995), S. 568.

[95] Vgl. §10(2) WpÜG.

[96] Vgl. §10(5) WpÜG.

[97] Vgl. Übernahmekodex, Art.2; §23 WpÜG.

gesetz, da damit der Druck zur ordnungsgemäßen Veröffentlichung von Informationen deutlich erhöht worden ist.[98]

Abb. II-7: Informationsanforderungen Angebotsunterlage

Mindestangaben Übernahmekodex/ WpÜG/Rechtsverordnung zum WpÜG
- Firma/Sitz/Rechtsform des Bieters
- Firma/Sitz/Rechtsform der Zielges.
- Wertpapiere (Gegenstand des Angebots)
- Art- und Höhe der Gegenleistung
- Erläuterungen zum Zuteilungsverfahren
- Beschreibung notwendiger Massnahmen durch Angebotsempfänger
- Zeitpunkt/Umfang vom Bieter vor Abgabe Angebot erworbener Wertpapiere von Zielgesellschaft
- Mittelbar bzw. unmittelbar bestehende Beteiligung von Zielgesellschaft an Bieter
- Evtl. Stellungnahme der Zielgesellschaft
- Beginn und Ende Angebotsfrist
- Bedingungen
- Ziele und Absichten des Bieters
- Hinweis auf Rücktrittsmöglichkeiten
- Hinweis, wo und wann Angebotsunterlage veröffentlicht wird
- Angaben zu wettbewerbrechtl. Verfahren
- Hinweis auf Befreiungen

Ergänzende Angaben WpÜG
- Angaben zur Finanzierung des Angebots
- Angaben über Geldleistungen oder anderen geldwerten Vorteil, der einem Mitglied des Vorstands bzw. Aufsichtsrat der Zielgesellschaft gewährt wird
- Bestätigung der Finanzierung durch unabhängiges Wertpapierdienstleistungsunternehmen
- Nennung von Personen bzw. Gesellschaften, die für Inhalt der Angebotsunterlage Verantwortung übernehmen

Ergänzende Angaben Rechtsverordnung:
1. Zusätzliche Angaben nach §7 des Verkaufsprospektgesetzes, falls Wertpapiere als Gegenleistung angeboten werden
2. Zur Festsetzung der Gegenleistung verwendeten Bewertungsmethoden und Begründung der Angemessenheit
3. Hinweis auf Annahmefristen im Falle einer Angebotsänderung bzw. bei Drittangeboten

Quelle: Übernahmekodex, Wertpapiererwerbs- und Übernahmegesetzes (WpÜG)

Zusätzlich ist der Bieter zukünftig verpflichtet, seinen Beteiligungsbesitz unter Einbeziehung der durch Annahmeerklärungen zugegangenen Wertpapiere nach Veröffentlichung der Angebotsunterlage regelmäßig zu veröffentlichen: wöchentlich während der Angebotslaufzeit sowie täglich in der letzten Woche vor und unverzüglich nach Ablauf der Annahmefrist.[99] Darüber hinaus muss der Bieter alle innerhalb eines Jahres nach Veröffentlichung der Angebotsunterlage zusätzlich erworbenenen Wertpapiere unter Angabe des Umfangs sowie der Höhe bzw. Art der Gegenleistung veröffentlichen.[100]

Wichtig ist neben dem Umfang der zu veröffentlichen Informationen vor allem der Zeitpunkt der Veröffentlichungspflicht, da, wie unter 3.1. beschrieben, der Bieter zur Vermeidung einer später fälligen Übernahmeprämie versuchen könnte, vor einer geplanten Übernahme möglichst viele Aktien aufzukaufen. Umgekehrt könnten auch Spekulanten bei Durchsickern bestimmter Informationen Aktien aufkaufen, um über die Übernahmeprämie Gewinne zu erzielen.[101] Die nicht informierten Aktionäre hätten dann ihre Aktien zu früh abgegeben und würden gegenüber den Angebotsempfängern einen Verlust erleiden, welcher dem Gleichbehandlungsprinzip widersprechen würde.[102] Im Übernahmekodex selbst werden zum Veröffentlichungszeitpunkt keine Aussagen getroffen, so dass als Anhaltspunkte wiederum nur die Beteiligungsschwellen von 5%, 10%, 25%, 50%

---

[98] Vgl. §12 WpÜG.
[99] Vgl. §23(1) WpÜG.
[100] Vgl. §23(2) WpÜG.
[101] Vgl. Behrens, P. (1975), S. 454; Prantl, J. (1994), S. 228.
[102] Vgl. Immenga, U. (1975a), S. 99; Prantl, J. (1994), S. 228.

und 75% dienen können, bei denen der Aufkäufer ohnehin meldepflichtig ist. Die Regelung zur Ad-hoc-Publizität ist im Falle eines öffentlichen Angebots nicht brauchbar, da die Pflicht zur Offenlegung für den Bieter nur gelten würde, wenn er selber eine Aktiengesellschaft repräsentiert und die Aktienkurse der Bietergesellschaft durch die Information einer bevorstehenden Übernahme beeinflusst würden. Bisher zeigen empirische Ergebnisse ausschließlich Kursbeeinflussungen bei den Aktien von Zielgesellschaften.[103] Das Management der Zielgesellschaft wäre dagegen nur bei Mitwirkung im Falle einer freundlichen Übernahme zur Veröffentlichung von Informationen verpflichtet.[104] Im Übernahmegesetz ist die Frage des Veröffentlichungszeitpunktes in der Weise geregelt, dass die Angebotsunterlage spätestens vier Wochen nach Bekanntgabe der Entscheidung über die Abgabe eines Angebots dem Bundesaufsichtsamt für Wertpapierhandel zur Prüfung vorzulegen ist[105] und spätestens weitere zehn Werktage später durch Bekanntgabe im Internet und durch Abdruck in einem überregionalen Börsenpflichtblatt zu veröffentlichen ist.[106] Für den Zeitpunkt der Bekanntgabe der Angebotsabsicht besteht unverändert die Auslegungsproblematik.

In jedem Fall verpflichtet ist das Management der Zielgesellschaft gemäß Art.18 des Übernahmekodex und §27 WpÜG zur Abgabe einer Stellungnahme bezüglich der Einschätzung des öffentlichen Angebots. Diese Verpflichtung kann auch als Recht des Managements interpretiert werden, die Aktionäre der Zielgesellschaft und damit das Ergebnis der Übernahme nachhaltig zu beeinflussen. Lehnt das Management in seiner Stellungnahme eine feindliche Übernahme begründet ab, da es über bessere Informationen als die Aktionäre verfügt, kann dieses zu einer Ablehnung des Angebots durch die Aktionäre führen.[107] Problematisch ist die Möglichkeit zur einseitigen Information durch das Management, dessen Interessen, z.B. mit Blick auf einen drohenden Arbeitsplatzverlust, häufig andere sind als die der Aktionäre.[108] Als negativ kann sich in diesem Zusammenhang die Gestaltungsfreiheit bei der Stellungnahme erweisen, da das Management ein Angebot bisher als unangemessen klassifizieren konnte, ohne gleichzeitig diese Aussagen mit Kalkulationen bzw. Mindestinformationen belegen zu müssen. Dieser Mangel wird durch §27 WpÜG in der Weise verringert, dass der Vorstand auf Art und Höhe der angebotenen Gegenleistung, die Folgen eines erfolgreichen Übernahmeangebots für die Zielgesellschaft, die Arbeitnehmer und die Standorte der Zielgesellschaft einzugehen hat und gleichzeitig seine eigenen Absichten

---

[103] Vgl. Schander, A.A./ Lucas, J. (1997), S. 2111.

[104] Vgl. Schander, A.A./ Lucas, J. (1997), S. 2112.

[105] Eine Verlängerung der Angebotsfrist um weitere vier Wochen ist möglich, wenn es sich um ein grenzüberschreitendes Angebot handelt bzw. erforderliche Kapitalmaßnahmen innerhalb der normalen Frist nicht durchsetzbar sind. Vgl. §14 WpÜG.

[106] Vgl. §14 WpÜG; Land, V. (2001), S. 1709.

[107] Wie z.B. im Fall der Gelsenwasser AG. Vgl. Übernahmekommission (1997), S. 1.

[108] Vgl. Behrens, P. (1975), S. 457; Peltzer, M. (1990), S. 211-213; Prantl, J. (1994), S. 234.

offenlegen muss.[109] Gleichzeitig verpflichtet §27 WpÜG auch den Aufsichtsrat zur Abgabe einer Stellungnahme.

2.2.2.2. Allgemeine Verfahrensvorschriften

2.2.2.2.1. Laufzeit des Angebots

Die Angebotsfrist muss mindestens 28 und darf höchstens 60 Tage bzw. nach dem Übernahmegesetz höchstens 70 Tage betragen.[110] Eine Mindestgrenze wurde zugunsten der Aktionäre eingesetzt, um ihnen ein Minimum an Bedenkzeit einzuräumen und damit den Entscheidungsdruck zu entschärfen. Die Maximumgrenze dient dazu, die Zielgesellschaft nicht zu lange mit einem laufenden Angebot zu belasten, da in diesem Zeitraum der Handlungsspielraum des Managements der Zielgesellschaft eingeschränkt ist. Dadurch könnten lohnende Geschäfte verloren gehen, was im negativen Fall durch einen Bieter strategisch genutzt werden könnte.[111]

Abb. II-8: Möglicher Zeitplan für ein Übernahmeangebot gemäß Übernahmegesetz

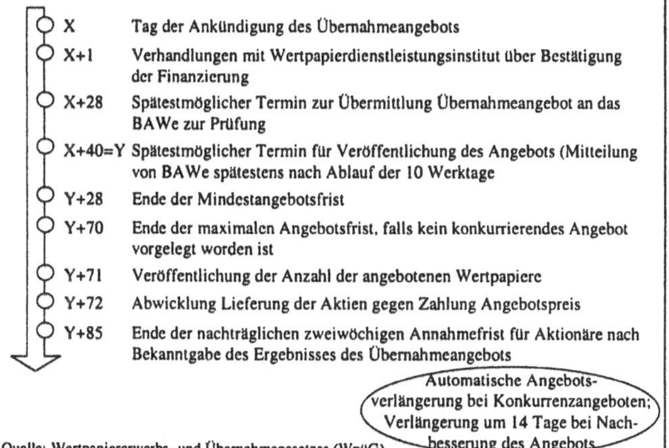

Quelle: Wertpapiererwerbs- und Übernahmegesetzes (WpÜG)

Aus diesem Grund wird in der Literatur bereits die Höchstgrenze von 60 Tagen als zu hoch angesehen und eine Verkürzung gefordert.[112] Die Angebotsfrist verlängert

---

[109] Vgl. Land, V. (2001), S. 1709.

[110] Vgl. Übernahmekodex Art.11; §16(1) WpÜG. Falls im Zusammenhang mit dem Angebot eine Hauptversammlung der Zielgesellschaft einberufen wird, beträgt die Angebotsdauer in jedem Fall zehn Wochen. Vgl. §16(3) WpÜG. Ein Beschluss der Gesellschaftersammlung des Bieters ist spätestens fünf Tage vor Ablauf der Annahmefrist herbeizuführen. Vgl. §25 WpÜG.

[111] Vgl. Übernahmekommission (1996), S. 20.

[112] Vgl. Kallmeyer, H. (1996), S. 170.

sich automatisch um zwei Wochen, falls der Bieter sein Angebot ändert bzw. ein konkurrierendes Angebot mit einer längeren Angebotsfrist vorliegt.[113]

Darüber hinaus steht den Aktionären auf Basis des Wertpapiererwerbs- und Übernahmegesetzes ein nachträgliches Annahmerecht zur Verfügung. Danach können Aktionäre innerhalb von zwei Wochen nach Ablauf der eigentlichen Angebotsfrist und Bekanntgabe der Annahmequote das Angebot annehmen und damit das Zurückbleiben in einem beherrschten Unternehmen vermeiden.[114]

2.2.2.2.2. Zulässigkeit bedingter Angebote

Eine häufig angewendete Strategie bei der Gestaltung des Angebots stellt das bedingte Angebot dar, bei dem der Bieter das Angebot an bestimmte Bedingungen, wie z.B. die Erfüllung des Angebots nur bei Erreichen eines bestimmten Stimmenanteils, knüpfen kann. Mit dieser Einschränkung kann sich der Bieter davor schützen, bei Scheitern der Übernahme einen Aktienbesitz zu erwerben, mit dem er keine Kontrolle, sondern im besten Fall eine Sperrminorität besitzt. Darüber hinaus wäre er an sein Angebot gebunden, welches in der Regel einen Preiszuschlag enthält, der auf Basis seiner strategischen Überlegungen hinsichtlich Synergieeffekten, Restrukturierungsmaßnahmen etc. in der Erwartung einer erfolgreichen Übernahme entstanden ist. Alle Arten von Bedingungen müssen jedoch mit dem Bundesaufsichtsamt für Wertpapierhandel abgestimmt werden und dürfen nicht im Einflussbereich des Bieters liegen.[115] Unzulässig sind beispielsweise Angebote, die unter dem Vorbehalt des Widerrufs bzw. Rücktritts abgegeben werden.[116] Ausgeschlossen ist die öffentliche Aufforderung des Bieters zur Abgabe von Angeboten seitens der Aktionäre ("invitatio ad offerendum"), welches vom Bieter nur bei Vorliegen von Aktienangeboten in Höhe des geforderten Schwellenwerts angenommen wird.[117]

2.2.2.2.3. Teilangebote und Pro-Rata-Regel

Von großem Einfluss auf die Position des Minderheitsaktionärs ist die Möglichkeit zur Abgabe von Teilangeboten bei Vorliegen eines freiwilligen Angebots. Ein Teilangebot bedeutet, dass der Bieter nicht für alle Aktien ein Angebot abgibt, sondern dieses auf einen bestimmten Prozentsatz der Anteile begrenzt.[118] Vorteilhaft für den Bieter ist die damit zusammenhängende Reduzierung des Finanzierungsvolumens für eine erfolgreiche Übernahme, wobei die benötigte Beteiligungshöhe von den zukünftigen Strategien des Bieters, seinem bisher vorhandenen Anteilsbesitz und seinen Möglichkeiten zum Stimmenpooling

---

[113] Vgl. §21(5) WpÜG bzw. §22(2) WpÜG.

[114] Vgl. §16 (2) WpÜG.

[115] Vgl. Übernahmekodex, Art.9; §18(1) WpÜG.

[116] Vgl. §18(2) WpÜG.

[117] Vgl. §17 WpÜG; Riehmer, K. (2001), S. 4.

[118] Beim Übernahmeangebot der Bayerischen Vereinsbank für Aktien der Bayerischen Hypobank im Jahre 1997 lag dieser Wert beispielsweise bei 45%.. Vgl. Vereins- und Westbank (1997), S. 2, 3.

abhängt: Für eine Sperrminorität benötigt der Aufkäufer über 25% der anwesenden Stimmen, bei wichtigen Entscheidungen in der Hauptversammlung muss zwischen Stimmen- und Kapitalmehrheit unterschieden werden. Für Entscheidungen wie die Abberufung von Aufsichtsratsmitgliedern reicht dem Bieter gemäß §103 Abs.1 Satz 2 AktG die Zustimmung von 75% der anwesenden Stimmen, während er bei Entscheidungen wie dem Abschluss eines Unternehmensvertrags gemäß §293 Abs.1 Satz 2 AktG eine Mehrheit von 75% des anwesenden Kapitals benötigt. Hinzu kommt, dass es aus strategischen Gesichtspunkten sinnvoll sein kann, einen gewissen Anteil an Minderheitsaktionären zu haben. Angesichts der Abfindungsmöglichkeiten von Aktionären im Konzern und den erheblich vom Übernahmepreis abweichenden Abfindungen könnte eine Abfindung zu einem späteren Zeitpunkt weitaus weniger kosten.[119] Um in diesem Zusammenhang übereilte Entscheidungen seitens der Aktionäre aufgrund einer "First come, first served"-Regelung zu vermeiden, hat der Übernahmekodex gemäß Art.10 wie auch das Wertpapiererwerbs- und Übernahmegesetz gemäß §19 bei Überschreiten der vom Erwerber im Angebot genannten Zahl an Wertpapieren die Pro-Rata Regelung vorgeschrieben.[120] Außerdem gilt die Möglichkeit des Teilangebots nur, solange nicht die Verpflichtung zum Vollangebot besteht.[121]

2.2.2.2.4. Wahlmöglichkeit bei der Art der Kompensation

Bei der Ausgestaltung des öffentlichen Angebots stehen dem Bieter alle Wahlmöglichkeiten bezüglich der Art der Gegenleistung bei Annahme des Angebots zur Verfügung: Er kann die Aktien sowohl gegen Bargeld erwerben als auch eigene Aktien bzw. fremde Aktien aus dem eigenen Portfolio[122] zum Tausch anbieten.[123] Vorteilhaft an den Alternativen zum Barkauf sind in eingegrenztem Maße Steuerersparnisse und die Erleichterung der Finanzierung von Übernahmen durch Kapitalerhöhungen mit Bezugsrechtsausschluss.[124] Eingeschänkt wird das Wahlrecht durch §31(3) WpÜG, gemäß dem der Bieter in jedem Fall eine Geldleistung in Euro anzubieten hat, wenn er in den drei Monaten vor Veröffentlichung eines Angebots mindestens fünf Prozent bzw. nach Veröffentlichung der Angebotsabsicht und vor Ablauf der Annahmefrist insgesamt mindestens ein Prozent der Aktien oder Stimmrechte gegen Zahlung einer Geldleistung erworben hat. Es stellt sich trotz dieser Zusatzregelung die Frage, ob nicht den Minderheitsaktionären der Zielgesellschaft als Betroffene die Wahl der Abfindungsart freigestellt worden sollte, um sie nicht gegen ihren Willen in eine neue bzw. aus einer Aktionärsposition zu drängen. Bei einem Aktientausch kann es

---

[119] Vgl. Kapitel II, Abschnitt 5.7.

[120] Vgl. Assmann, H.-D. (1995), S. 566; Übernahmekommission (1996), S. 19.

[121] Vgl. Kapitel II, Abschnitt 2.2.3; §32 WpÜG.

[122] Zuletzt genannte Form der Gegenleistung wurde erstmals beim Übernahmeangebot der Bayerischen Vereinsbank/Hypobank verwendet und führte dabei zu erheblichen Steuerersparnissen aller Beteiligten. Vgl. Vereins- und Westbank (1997), S. 2, 3.

[123] Vgl. Übernahmekodex, Begriffsbestimmungen; §31(2) WpÜG.

[124] Vgl. Daum, T. (1993), S. 120/121.

direkt nach der Übernahme zu einem Kursrutsch bei der Bietergesellschaft kommen, was eine Absenkung des Angebotspreises bedeutet. Nachteilig an einer solchen Wahlfreiheit wäre wiederum die Verteuerung und die Erhöhung des Komplexitätsgrads der Übernahme, wenn der Bieter beide Optionen vorhalten müsste.[125]

2.2.2.2.5. Zulässigkeit paralleler Aktienkäufe

Sobald für Wertpapiere eines Unternehmens ein öffentliches Angebot abgegeben worden ist, stellt sich die Frage nach der Zulässigkeit paralleler Aktienkäufe am Markt. Transaktionen durch unbeteiligte Dritte sind als problemlos zu betrachten, da sich dabei nur ein Wechsel von einem unbeteiligten Aktionär zu einem anderen vollzieht und die einzige Folge aus einer eventuellen Kurssteigerung besteht.[126] Kritischer ist die Frage nach den Möglichkeiten eines Bieters, während des laufenden Übernahmeverfahrens mit einem Paketinhaber eine Privattransaktion abzuschließen, um so das Erlangen einer Kontrollbeteiligung zusätzlich abzusichern. Diese Problematik wird im Übernahmekodex wie auch im Übernahmegesetz nur indirekt beantwortet, da Bieter und Zielgesellschaft verpflichtet sind, alles zu unterlassen, was zu außergewöhnlichen Kursbewegungen bei Wertpapieren der Zielgesellschaft führen könnte.[127] Damit sind größere "geheime" Zukäufe über die Börse ausgeschlossen, da diese unweigerlich zu einem Kursanstieg führen würden. Daneben sind die Minderheitsaktionäre bei Paketkäufen verhältnismäßig gut durch die oben beschriebenen Offenlegungspflichten geschützt, die zu einer Veröffentlichung aller während eines Angebots durch den Bieter getätigten Aktienkäufe führen.[128]

2.2.2.2.6. Nachbesserungsmöglichkeiten/-pflichten

Aus Sicht des Bieters strategisch vorteilhaft ist die gemäß Art.14 Übernahmekodex bzw. §21(1) WpÜG eingeräumte Möglichkeit, jederzeit sein Angebot während der Angebotsfrist zu verändern. Zu den zulässigen Veränderungen gehört beispielsweise der Verzicht auf Bedingungen und das wahlweise Angebot einer anderen Gegenleistung. Diese Regelung ist vor allem für den Fall konzipiert worden, in welchem höhere Angebote konkurrierender Dritter auftauchen und der Erstanbieter bei seinem Angebot nachlegen sowie die Angebotsfrist verlängern muss, um nicht von einem Verbündeten des Managements der Zielgesellschaft oder einem Trittbrettfahrer, der sich die Suchkosten erspart hat, aus dem Rennen geworfen zu werden.[129] Gleichzeitig kann diese Regelung auch dafür verwendet

---

125 Vgl. hierzu die Diskussion in Kapitel II, Abschnitt 3.3.4.4.2, bei der es um die Frage geht, wem das Wahlrecht hinsichtlich der Abfindungsart zusteht.

126 Vgl. Prantl, J. (1994), S. 247.

127 Vgl. Übernahmekodex, Art.3; §3(5) WpÜG.

128 Dazu zählen auch alle ausserhalb der Börse getätigten Aktienkäufe.

129 Generell sind Übernahmeangebote konkurrierender Bieter zulässig, da keine gesetzliche Regelungen dagegen sprechen und die Konkurrenzangebote indirekt durch den Wortlaut von Art.14 Satz 1 des Übernahmekodex zugelassen sind. Vgl. Knoll, H.-C. (1992), S. 168. Zur in

werden, Übernahmen billiger zu gestalten: Der Angebotspreis wird zunächst möglichst niedrig angesetzt und nur bei einer drohenden Ablehnung durch die Aktionäre erhöht. Zum Schutz des Aktionärs ist vorgesehen, dass allen Aktionären, die vor Verbesserung der Angebotsbedingungen das Angebot angenommen hatten, aufgrund des Gleichbehandlungsprinzips nachträglich ebenfalls die Verbesserungen zustehen und sie deshalb vom ursprünglichen Angebot zurücktreten dürfen, um das verbesserte Angebot annehmen zu können.[130] Diese Vorschrift schützt die Aktionäre jedoch nicht vor der Annahme eines zu schlechten Angebots, solange nicht das Management der Zielgesellschaft oder die Übernahmekommission vor der Annahme warnen, da die Aktionäre in der Regel ein Informationsdefizit gegenüber dem zukünftigen Mehrheitsaktionär haben.[131]

Der Bieter ist außerdem gemäß Art.13 und Art.15 Übernahmekodex bzw. §31(4), (5) WpÜG zu einer Nachbesserung gegenüber Aktionären, die das Angebot bereits angenommen haben, verpflichtet, wenn er entweder innerhalb der Angebotsfrist Wertpapiere zu höheren als im Angebot festgelegten Konditionen erwirbt oder wenn er innerhalb der darauffolgenden 12 Monate bzw. in einem darüber hinaus zu bestimmenden Zeitraum den verbliebenen Aktionären ein besseres Angebot unterbreitet. Diese Regelungen sollen ebenfalls der Durchsetzung des Gleichbehandlungsprinzips dienen und den Aktionär vor überstürzten Entscheidungen schützen.[132] Der Regelung gemäß Art.15 Übernahmekodex und §31(5) WpÜG steht die Meinung entgegen, dass mit der Verpflichtung zur Nachbesserung nach Ablauf der Angebotsfrist der Bieter auf geänderte Marktverhältnisse nur bedingt reagieren kann und ein Aktienbesitzer auch an der Börse mit dem Risiko eines Kurseinbruchs leben muss und dieses bewusst in Kauf nimmt. Diese Einwendungen sind im Wertpapiererwerbs- und Übernahmegesetz in der Weise berücksichtigt worden, dass die Vorschriften nur gelten, wenn die Aktienkäufe im Anschluss an ein öffentliches Übernahmeangebot außerbörslich erfolgen. Zudem gelten die Nachbesserungsvorschriften nicht bei Erwerb von Aktien auf Basis einer gesetzlichen Abfindungsverpflichtung, z.B. im Rahmen eines Unternehmensvertrags.[133] Damit sind die Nachbesserungsverpflichtungen des Bieters durch das Übernahmegesetz auf ein Minimum reduziert worden.

---

diesem Zusammenhang entstehenden Suchkostenproblematik findet sich eine ausführliche Darstellung in Kapitel III Abschnitt 3.3.4.3.1.

[130] Vgl. Übernahmekodex, Art.14 Satz 3; §21(4) WpÜG.

[131] Vgl. hierzu Ausführungen weiter unten bei Abschnitt 2.2.4.

[132] Vgl. Assmann, H.-D. (1995), S. 566.

[133] Vgl. §31(5) Satz 2 WpÜG. Der Übernahmekodex schliesst dagegen eine Nachbesserungspflicht des Bieters nur für den Fall aus, wenn ein konkurrierender Bieter, der dieser Pflicht in keinem Fall unterliegt, ein Angebot unterbreitet hat, da ansonsten ein unzulässiger Nachteil des Erstbieters vorliegen würde. Vgl. Übernahmekommission (1996), S. 22/23. Sie wurde in Art. 15 entsprechend umgesetzt.

2.2.2.2.7. Rücktrittsrechte

Eine Rücknahmemöglichkeit von Angeboten durch den Bieter ist im Übernahmekodex nicht vorgesehen. Generell ist eine Rücknahme möglich, wenn die Angebotsfrist abgelaufen, ein besseres Angebot eines Dritten vorliegt, kartellrechtliche oder andere behördliche Einwände gegen die Übernahme bestehen oder die Hauptversammlung der übernehmenden Gesellschaft die notwendige Kapitalerhöhung mit Bezugsrechtsausschluss abgelehnt hat.[134] In der Literatur wird ein Ausschluss des Rücktritts des Bieters gefordert, um einen Missbrauch des Akquisitionsinstruments "Öffentliches Übernahmeangebot" zu verhindern.[135] Nach dem Übernahmegesetz ist deshalb ein Rücktrittsvorbehalt von vornherein unzulässig.[136] Gleiches gilt für das bereits oben angesprochene als "invitatio ad offerendum" ausgestaltete Angebot.[137]

Den Angebotsempfängern steht gemäß Art.14 Übernahmekodex bzw. §22(3) WpÜG die Möglichkeit zur Verfügung, bei Vorliegen eines besseren Angebots während der Angebotsfrist von dem bereits angenommenen Angebot zurückzutreten.[138]

2.2.2.2.8. Sperrfrist nach Scheitern eines Angebots

Mit dem neuen Wertpapiererwerbs- und Übernahmegesetz wurde eine Sperrfrist für Bieter eingeführt: Ist ein Angebot aufgrund eines Verstoßes gegen die Veröffentlichungspflichten untersagt worden bzw. aufgrund mangelnder Annahmequote gescheitert, ist ein erneutes Angebot des Bieters vor Ablauf eines Jahres unzulässig.[139] Diese Regelung gilt nicht bei Vorliegen einer Verpflichtung zum öffentlichen Angebot gemäß §35 WpÜG.

2.2.2.3. Folgen von Pflichtverletzungen

Aufgrund der fehlenden Rechtswirksamkeit gab es bisher von gesetzlicher Seite aus keine Sanktionsmöglichkeiten gegenüber Bietern, die sich bei einer Übernahme nicht an die Empfehlungen des Übernahmekodex gehalten haben.[140] Nur in Fällen des Verstoßes gegen die gesetzlichen Publizitätsvorschriften konnten sie mit Bußgeldern belegt werden, die jedoch bei größeren Transaktionen als "Peanuts" bezeichnet werden können. Bei Zuwiderhandlungen konnte die Übernahmekommission nur Bemerkungen, Empfehlungen und Entscheidungen veröffent-

---

[134] Vgl. Gesetzesvorschlag bei Baums, T. (1997b), S. 10.

[135] Vgl. Daum, T. (1993) S. 84.

[136] Vgl. Riehmer, K. (2001), S. 6.

[137] Vgl. Kapitel II, Abschnitt 2.2.2.2.2.

[138] Vgl. Übernahmekommission (1995), S. 21/22.

[139] Vgl. §26(1) WpÜG. Das Bundesaufsichtsamt kann den Bieter von dem Verbot befreien, falls die Zielgesellschaft zustimmt. Vgl. §26(2) WpÜG.

[140] Vgl. Habersack, M./ Mayer, C. (1997), S. 2145; In gewissen Fällen lassen sich Schadenersatzforderungen aus dem Rechtsinstitut Culpa in Contrahendo ableiten. Vgl. dazu ausführlicher Bozenhardt, F. (1990), S. 78; Beckmann, R. (1995), S. 81-84.

lichen,[141] welche zu einem Imageverlust führen und dadurch bei börsennotierten Bietern einen Kursverlust an der Börse verursachen können. Durch das Wertpapiererwerbs- und Übernahmegesetzes wurden unter Aufsicht des Bundesaufsichtamts für den Wertpapierhandel eine Reihe von Bußgeld, Haftungs- und Schadenersatzregelungen zur Durchsetzung der Verfahrens- und Informationsvorschriften eingeführt. Dazu zählen beispielsweise die Haftungsregelung für die Angebotsunterlage (§12 WpÜG), die Schadenersatzregelung bei Rechtsmissbrauch (§42 WpÜG), die Zwangsmittelregelung zur Durchsetzung von Verfügungen (§47 WpÜG) sowie die Bußgeldregelung zur Ahndung von Ordnungswidrigkeiten (§61 WpÜG).[142]

2.2.3. Pflichtangebot als Grundlage für das Gleichbehandlungsprinzip

2.2.3.1. Regelung zum Pflichtangebot

Seit dem 1.1.1998 war gemäß Art.16 Übernahmekodex jeder Aktionär, der einen die Kontrolle über ein Unternehmen begründenden Stimmenanteil erreichte, unverzüglich zur Abgabe eines öffentlichen Kauf- oder Tauschangebots an alle außenstehenden Aktionäre verpflichtet.[143] Kontrolle wurde erreicht, wenn der Bieter nach den Regeln des §22 WpHG die Stimmenmehrheit besaß, mit Hilfe von Stimmrechtsabsprachen Mehrheitsentscheidungen treffen konnte,[144] die Organe der Gesellschaft durch Abberufung und Neubestellung in seinem Sinne beeinflussen konnte oder bei Abstimmungen in den Hauptversammlungen der vorhergehenden drei Jahre über 75% des anwesenden stimmberechtigten Grundkapitals verfügt hätte.[145] Mit der Ausrichtung auf einen die Kontrolle begründenden Stimmenanteil im Übernahmekodex sollte die Diskussion um die Höhe des Schwellenwerts als Auslösetatbestand für ein Pflichtangebot beendet werden. In den früheren Entwürfen zur europäischen Richtlinie lag der Schwellenwert bei $33\,^{1}/_{3}$%,[146] welcher auf der Annahme des Erreichens der Sperrminorität in einer Reihe von europäischen Ländern basierte.[147] Im Gegensatz dazu wurde im Übernahmekodex von 1995 zunächst ein Schwellenwert von 50%, d.h. das Erreichen einer einfachen Stimmenmehrheit, festgelegt, da die herrschende Meinung einen die Sperrminorität

---

141 Die Veröffentlichung kann unabhängig davon, ob der Bieter den Kodex anerkannt hat oder nicht, erfolgen, da nach §21 WpHG Vorgänge dieser Art meldepflichtig sind. Vgl. Kallmeyer, H. (1996), S. 169.

142 Die Ordnungswidrigkeiten können mit einer Geldbuße von bis zu €1 Mio. geahndet werden. Vgl. §61(3) WpÜG.

143 Vgl. Übernahmekodex, Art. 16. S.1. Hierbei besteht ein Unterschied zur europäische Richtlinie, welche auch Angebote, die nur einen wesentlichen Teil der ausstehenden Aktien umfassen, zulässt. Vgl. Wirth, G./Weiler, L. (1998), S. 118.

144 Durch dieses Kriterium werden auch die in Deutschland nicht unüblichen Stimmrechtsabsprachen mitberücksichtigt. Vgl. Glass, G. (1996), S. 12/13.

145 Vgl. Übernahmekodex, Art.16.

146 Den Mitgliedstaaten ist eine Absenkung dieses Wertes in ihren eigenen länderspezifischen Ansätzen genehmigt. Vgl. Baums, T. (1989), S. 1380, Basaldua, N. (1990), S. 171.

147 Vgl. Niessen, H. (1992), S. 46; Hommelhoff, P. (1993), S. 460.

begründenden Wert, der in Deutschland bei 25% gelegen hätte,[148] mit Blick auf die Besonderheiten des deutschen Rechts ablehnte.[149] Bei Überarbeitung des Übernahmekodex wurde den Vorschlägen der europäischen Richtlinie von 1996 gefolgt, indem auf den Tatbestand der Kontrolle abgestellt wurde.[150] Dies bedeutete aus deutscher Sicht eine Absenkung des Eingangswerts und die Schließung einer Schutzlücke mit Blick auf den faktischen Konzern.[151] Kritisiert wurde an dieser auf den Kontrollerwerb zielender Regelung, dass durch die Neuformulierung die Überwachung potentieller Bieter bezüglich der Einhaltung der Vorschriften schwierig war, da im relevanten Bereich zwischen 25% und 50% derzeitig keine Meldepflichten existieren.[152] Darüber hinaus galt die Bedingung, dass eine Kontrollbeteiligung auch als erreicht gilt, wenn der Aktionär mit seinem Anteilsbesitz in den vergangenen drei Hauptversammlungen mindestens über eine Mehrheit von 75% der Stimmen verfügt hätte, als zu hoch angesetzt, da für die meisten Entscheidungen nur eine einfache Mehrheit von 50% + 1 Stimme benötigt wird.[153]

Aus diesen Gründen wurde im Wertpapiererwerbs- und Übernahmegesetz die Forderung[154] umgesetzt, dass die Pflicht zur Abgabe eines öffentlichen Übernahmeangebotes bereits bei Vorliegen einer 30%igen Beteiligung ausgelöst werden sollte.[155] Darüber hinaus schreibt das Gesetz vor, dass das Erreichen einer Kontrollbeteiligung innerhalb von 7 Kalendertagen gemäss den unter 2.2.2.1 beschriebenen Offenlegungs- und Informationspflichten veröffentlicht werden muss.[156]

Ein Bieter konnte gemäß Übernahmekodex von obigem Pflichtangebot befreit werden, wenn er innerhalb von 18 Monaten nach Überschreiten des Kontrollschwellenwerts, Beschlüsse über Unternehmensverbindungen herbeiführt.[157] Mit dieser Ausnahme haben die Urheber des Übernahmekodex den Wortlaut der europäischen Richtlinie von 1996 genutzt, gemäß dem auf das Pflichtangebot

---

148 Vgl. Hopt, K.J. (1990), S. 309; Prantl, J. (1994), S. 252/253.

149 Vgl. Übernahmekommission (1996), S. 25; Mayer, T./ Zschocke, C. (1996), S. 714.

150 Vgl. Krause, H. (1996a), S. 211.

151 Ein faktischer Konzern mit den dazugehörigen Möglichkeiten für den Mehrheitsaktionär liegt häufig schon bei 30% bis 40% vor. Vgl. Wenger, E./ Hecker, R./ Knoesel, J. (1997), S. 103; Kapitel II, Abschnitt 3.2.

152 Dieser Einwand galt auch bei dem europäischen Schwellenwert in Höhe von $33_{1/3}$ %. Vgl. Übernahmekommission (1996), S. 25; Schuster, S. (1995), S. 611. Hinzu kommt der Auslegungsspielraum bei einer solchen Umschreibung. Vgl. SdK (1997b), S. 9; Baums, T. (1999b), S. 170.

153 Vgl. Börsensachverständigenkommission (1999), S. 16.

154 Vgl. Übernahmekommission (1999), S. 17; Baums, T. (1999b), S. 170.

155 Vgl. §§29, 35 WpÜG.

156 Vgl. §35 WpÜG.

157 Dazu zählen der Unternehmensvertrag mit der Zielgesellschaft gemäß §§291ff. AktG, die Eingliederung der Zielgesellschaft gemäß §§319ff. AktG, den Formwechsel der Zielgesellschaft gemäß §§190ff. UmwG, die Verschmelzung der Zielgesellschaft gemäß §§2ff. UmwG. Vgl. Übernahmekodex Art. 16 Satz 1.

verzichtet werden darf, wenn andere gleichwertige Regelungen zum Schutz der Minderheitsaktionäre bestehen.[158] Neben den Ausnahmen bei Unternehmensverbindungen war der Kontrollaktionär ebenfalls von der Verpflichtung befreit, wenn der Kontrollschwellenwert aus Versehen überschritten, der Besitz zur Weiterveräußerung an Dritte gehalten[159] oder durch die Mehrheit der Hauptversammlung ohne Berücksichtigung der Stimmen des Kontrollaktionärs eine Befreiung erteilt wurde.[160] Darüber hinaus konnte die Übernahmekommission in Sanierungsfällen den Kontrollaktionär von der Verpflichtung zum Angebot entbinden.[161] Durch diese Ausnahmen war der Kontrollaktionär bisher im Grunde nur bei dauerhaften Vorliegen eines faktischen Konzerns[162] zur Abgabe eines Vollangebots verpflichtet. Hintergrund dieser Konzeption war das Vertrauen der Urheber des Übernahmekodex in die konzernrechtlichen Abfindungsregelungen des Aktien- und Umwandlungs-gesetzes.[163]

Die Verfasser des Wertpapiererwerbs- und Übernahmegesetzes teilen dieses Vertrauen nicht. Sie haben zwar die Möglichkeit zur Befreiung vom Pflichtangebot durch das Bundesaufsichtsamt für Wertpapierhandel vorgesehen, aber die Befreiungstatbestände deutlich eingegrenzt:[164] Eine Befreiung ist nur noch möglich, wenn die Kontrolle der Zielgesellschaft im Rahmen einer Erbschaft, Schenkung, Sanierung der Zielgesellschaft durch den Bieter, zum Zwecke der Forderungssicherung oder aufgrund einer Kapitalherabsetzung erlangt wurde bzw. die Schwelle von 30% aus Versehen überschritten wurde. Darüber hinaus kann eine Befreiung erteilt werden, wenn ein Dritter über einen höheren Stimmenanteil verfügt bzw. aufgrund des in den zurückliegenden drei ordentlichen Hauptversammlungen vertretenen stimmberechtigten Kapitals nicht zu erwarten ist, dass der Bieter die Kontrolle über die Zielgesellschaft tatsächlich ausüben kann. Generell bleibt jedoch abzuwarten, wie weitreichend der Anwendungsbereich der Pflichtangebotsregelung in der Praxis tatsächlich sein wird, da die Befreiungstatbestände nicht im Gesetz, sondern in einer Rechtsverordnung verankert sind und letztere durch das Bundesministerium für Finanzen ohne langwierigen Gesetzgebungsprozess verändert werden kann.

Darüber hinaus besteht beim Pflichtangebot die Problematik, dass der Gesetzgeber auf eine Übergangsregelung für Unternehmen verzichtet hat, bei denen Aktionäre am 1. Januar 2002 mehr als 30% aber weniger als 50% der Stimmen gehalten

---

[158] Vgl. Krause, H. (1996a), S. 211. Zustimmung für Verzicht auf obligatorisches Übernahmeangebot bei Peltzer, M. (1997b), S. 150.

[159] Diese Regelung betrifft vor allem Kreditinstitute. Vgl. Assmann, H.-D. (1995), S. 569.

[160] Vgl. Übernahmekodex, Art. 16 Satz 2.

[161] Vgl. Übernahmekommission (1997), S. 1.

[162] Vgl. Kapitel II, Abschnitt 3.2.

[163] Diese Meinung ist von der Börsensachverständigenkommission bei Veröffentlichung der Vorschläge zur gesetzlichen Regulierung von Übernahmeangeboten bestätigt worden. Vgl. Börsensachverständigenkommission (1999), S. 11.

[164] Vgl. §37 WpÜG; Rechtsverordnungsentwurf (2001), §9.

haben.[165] Danach unterliegen die Aktionäre dieser Unternehmen bei Erhöhung ihrer Beteiligung zukünftig keiner Pflichtangebotsregelung, was eine klare Regelungslücke darstellt. Hervorgerufen wird diese Regelungslücke durch den Verzicht des Gesetzgebers Aktionäre, die an Unternehmen mehr als 30% aber weniger als 50% der Stimmen halten, bei Zukauf von Aktien (z.B. >1%) mit einer erneuten Pflichtangebotsverpflichtung zu belegen. Darüber hinaus kann dieser Verzicht theoretisch zu der Situation führen, dass ein Aktionär die 30%-Schwelle überschreitet und absichtlich durch die Veröffentlichung von unattraktiven Bedingungen mit dem Pflichtangebot scheitert, um dann durch private Transaktionen bzw. nach Ablauf der einjährigen Sperrfrist über ein Teilangebot die 50%-Schwelle zu überschreiten. In diesen Fällen kann eine Gleichbehandlung der Aktionäre nicht sichergestellt werden.

2.2.3.2. Preisregelung zum Pflichtangebot

Im Übernahmekodex war gemäß Art.17 für den Bieter bei Pflichtangeboten eine Mindesthöhe des Angebotspreises vorgeschrieben, an die er sich bei seinem Angebot zu halten hat: Solange vom Bieter nach Erreichen der Kontrolle und vor Abgabe des Pflichtangebots keine weiteren Käufe von Wertpapieren getätigt wurden, musste dieser einen Preis festlegen, der im angemessenen Verhältnis zum höchsten Börsenkurs der vergangenen drei Monate liegt.[166] Die Verwendung des Börsenkurses als Untergrenze wurde zum Teil heftig angegriffen, da er Möglichkeiten zu Spekulationen seitens des Bieters aber auch der Anleger bietet.[167] Aus diesem Grund wurde im Übernahmekodex nur auf ein "angemessenes Verhältnis" und nicht auf den direkten Wert abgestellt, um die Möglichkeit zur Bereinigung des Werts bei Spekulationsausschlägen zu haben.[168] Bei Abschluss von Wertpapiertransaktionen durch den Bieter nach Erreichen der Kontrollschwelle und vor Abgabe des Angebots galt der gewichtete Durchschnittspreis dieser Transaktionen als Untergrenze, solange sich nicht aufgrund der vorhergenannten Regelungen ein höherer Preis ergab.

Das Wertpapiererwerbs- und Übernahmegesetz bleibt in der Definition eines angemessenen Angebotspreises ebenfalls vage und schreibt nur vor, dass grundsätzlich der durchschnittliche Börsenkurs der Aktien der Zielgesellschaft und Erwerbe von Aktien der Zielgesellschaft durch den Bieter bei der Bestimmung des

---

[165] Vgl. SZ vom 20.12.01.

[166] Die umstrittene und zu Fehlinterpretationen führende Bedingung, dass der Preis nicht mehr als 25% unter dem Preis liegen sollte, der in den letzten 6 Monaten vor Überschreiten der 50%-Schwelle gezahlt wurde, wurde in der neuen Fassung gestrichen.Vgl. Krause, H. (1996a), S. 213; FAZ vom 28.10.1997.

[167] Eine ausführliche Diskussion über die Zweckmäßigkeit des Börsenkurses als Wertuntergrenze wird im Kapitel II, Abschnitt 6.2.1. geführt. Vgl. Kallmeyer, H. (1996), S. 170. Gegen eine Preisregelung in der europäischen Richtlinie wendet sich z.B. Peltzer. Vgl. Peltzer, M. (1997b), S. 148.

[168] Vgl. Übernahmekommission (1996), S. 26.

Angebotspreises zu berücksichtigen sind.[169] Das neue Gesetz eröffnet jedoch durch §31(7) WpÜG die Möglichkeit, detailliertere Bestimmungen zur Angemessenheit des Angebotspreises durch Rechtsverordnung zu erlassen. Im derzeitigen Entwurf der Rechtsverordnung ist beispielsweise vorgesehen, dass der Angebotspreis mindestens dem Wert der höchsten innerhalb der letzten drei Monate vor Veröffentlichung der Angebotsabsicht vom Bieter gewährten Gegenleistung entsprechen muss.[170] Darüber hinaus muss der Angebotspreis über dem gewichteten durchschnittlichen inländischen Börsenkurs der letzten drei Monate vor Veröffentlichung liegen.[171] Für illiquide und stark volatile Werte hat die Bestimmung der Gegenleistung auf Basis einer Unternehmensbewertung zu erfolgen, wobei zur Vorgehensweise bei der Bewertung keine Angaben gemacht werden.[172]

2.2.3.3. Diskussion zur Notwendigkeit einer Pflichtangebotsregelung

Seit Ende der 70iger Jahre die Diskussion über die Notwendigkeit von Übernahmeangebotsregelungen gestartet ist, wird auch über die Notwendigkeit einer Pflichtangebotsregelung diskutiert. Generell lässt sich die Diskussion auf zwei grundsätzliche Positionen zurückführen: Die Argumente der Befürworter von Pflichtangeboten zielen darauf ab, dass allen Minderheitsaktionären frühzeitig vor der Kontrollausübung durch einen Kontrollaktionär die Möglichkeit zur Verfügung gestellt wird, zwischen Ausstieg aus bzw. Verbleib in einem Unternehmen zu wählen. Die Argumente der Gegner kreisen dagegen um den Punkt, dass durch die Einführung des Pflichtangebots effiziente Übernahmen verhindert und damit ein wichtiges Mittel zu Unternehmenskontrolle in seiner Wirkung eingeschränkt wird. Die Aufnahme einer klaren Pflichtangebotsregel im Übernahmegesetz zeigt, dass sich die Befürworter durchgesetzt haben und Deutschland dem Beispiel anderer Länder, wie etwa England, folgt. Da diese Diskussion jedoch nicht als beendet gelten kann, sind in nachfolgenden Abschnitten die wichtigsten Argumente der Befürworter und Gegner in Deutschland aufgeführt. Eine abschließende Bewertung erscheint jedoch erst nach der Analyse der in England und USA geltenden Regelungen im Rahmen des vergleichenden Kapitels V sinnvoll.

2.2.3.3.1. Argumente von Befürwortern

Insgesamt werden von Befürwortern vor allem drei Argumente im Zusammenhang mit dem Pflichtangebot als besonders wichtig angeführt:

- Ausschluss negativer Strategien der Bieter während des Übernahmeangebots,

---

[169] Vgl. §31(1) WpÜG.

[170] Vgl. Rechtsverordnungsentwurf (2001), §4.

[171] Vgl. Rechtsverordnungsentwurf (2001), §5. Sind die Aktien der Zielgesellschaft ausschließlich zum Handel an einem organisierten Markt in einem anderen EU-Staat zugelassen, erfolgt die Durchschnittsbildung und Gewichtung auf Basis der ausländischen Börsenkurse. Vgl. Rechtsverodnungsentwurf (2001), §6.

[172] Vgl. Rechtsverordnungsentwurf (2001), §5(4).

¶ Gleichbehandlung von Aktionären während des Übernahmeangebots,

¶ Bereitstellung eines Ausstiegsinstruments für Minderheitsaktionäre vor Ergreifen von Konzernbildungsmaßnahmen.

Ausschluss negativer Strategien des Bieters während des Übernahmeangebots. Durch die Einführung von Pflichtangeboten können spekulative Teilangebote, wie z.B. die "Front End Loaded Offers", ausgeschlossen werden.[173] Bei "Front End Loaded Offers" wird eine notwendige Mindestbeteiligung über Paketkäufe oder über ein öffentliches Teilangebot jeweils mit Preiszuschlägen erworben, um dann, entweder in einem späteren Angebot oder im Rahmen von Unternehmensverträgen, die verbleibenden Aktionäre zu geringeren Preisen abzufinden.[174] Durch Ausschluss dieser Strategie wird verhindert, dass die Aktionäre ein Übernahmeangebot überstürzt annehmen, um zumindest einen Teil ihrer Aktien zu einem durch die Übernahmeprämie erhöhtem Preis zu verkaufen.[175] Dieses Argument stützt jedoch nur begrenzt die Notwendigkeit der Einführung eines Pflichtangebots, da das Problem des überhasteten Verkaufs im Falle eines öffentlichen Angebots, wie unter Abschnitt 2.2.2.2 dargestellt, ebenfalls durch die Pro-Rata-Regelung und die Vorschriften zur Nachbesserung von Angeboten gelöst werden.[176] Darüber hinaus ist für die Kontrollerlangung durch private Kontroll-transaktionen (Paketkäufe, Börsenkäufe) dieses Argument ohne Bedeutung.[177]

Gleichbehandlung von Aktionären während des Übernahmeangebots. Nach Ansicht der Befürworter kann durch das Pflichtangebot das Gleichbehandlungsprinzip gestärkt werden, wenn ab Erreichen einer Kontrollbeteiligung alle Aktionäre gleichbehandelt werden müssen und sich kein Aktionär zu Lasten von anderen Aktionären einen Vorteil verschaffen kann. In Kombination mit der Preisvorschrift bedeutet das Vollangebot, dass alle Aktionäre in gleichem Maße an einer Kontrollprämie beteiligt werden. Dadurch soll verhindert werden, dass schlecht informierte Aktionäre die Kontrollprämie verpassen und auf ihren entwerteten Aktien sitzen bleiben.[178] Von Gegnern einer Verteilung der Kontrollprämie wird jedoch angeführt, dass Zuschläge, die auf die Möglichkeiten künftiger Schädigung von Aktionären ausgerichtet sind, ohnehin eine Schadenersatzpflicht des Mehrheitsaktionärs aufgrund von Treuepflichtverletzung verursachen. Basieren dagegen die Zuschläge auf zukünftig erzielbaren Synergievorteilen, gehören diese nach Meinung der Gegner dem verantwortlichen Mehrheitsaktionär.[179] Bei dieser Diskussion sind jedoch zwei Themen voneinander zu trennen: Für das Argument der Gleichbehandlung spielt das Vollangebot und die daraus resultierende

---

173 Vgl. Baums, T. (1989), S. 1378, Hommelhoff, P./ Kleindiek, D. (1990), S. 107.

174 Vgl. Immenga, U. (1992), S. 18; Daum, Th. (1993), S. 231; Krause, H. (1996b), S. 28.

175 Vgl. Baums, T. (1989), S. 1378; Lüttmann, R. (1992b), S. 497/498.; Prantl, J. (1994), S. 203.

176 Vgl. Lüttmann, R. (1992b), S. 498; Daum, T. (1993), S. 232; Prantl, J. (1994), S. 203.

177 Vgl. Baums, T. (1989), S. 1378; Hommelhoff, P./ Kleindiek, D. (1990), S. 107.

178 Vgl. Behrens, P. (1975), S. 447; Basaldua, N. (1990), S. 172; Lüttmann, R. (1992b), S. 498/499.

179 Vgl. Lutter, M. (1989), S. 462; Baums, T. (1989), S. 1379; Hommelhoff, P./ Kleindiek, D. (1990), S. 108.

Verteilung des Übernahmegewinns keine Rolle, da mit Hilfe der Pro-Rata-Regel eine Gleichbehandlung sichergestellt werden kann.[180] Eine andere Frage ist jedoch, ob die Minderheitsaktionäre an den Übernahmegewinnen beteiligt werden sollten, wobei dieses Problem nicht explizit mit der Frage des Vollangebots zusammenhängt, sondern im gleichen Maße bei einer späteren Abfindung, z.B. im Falle einer Verschmelzung, auftaucht. Eine ausführliche Diskussion zu diesem Thema wird deshalb übergreifend im Rahmen des Abschnitts zur Bewertung und in Kapitel III geführt.

Bereitstellung eines Ausstiegsinstruments für Minderheitsaktionäre vor Ergreifen von Konzernbildungsmaßnahmen. Das Pflichtangebot stellt den Minderheitsaktionären ein Ausstiegsinstrument zur Verfügung, mit dem sie frei entscheiden können, ob sie im Unternehmen verbleiben möchten oder ob sie mit dem neuen Kontrollaktionär und seiner Unternehmenspolitik nicht einverstanden sind und deshalb das Unternehmen verlassen möchten.[181] Damit stellt das Pflichtangebot eine Möglichkeit zur Konzernbildungskontrolle;[182] d.h. ein Minderheitsaktionär kann bei Bildung eines faktischen Konzerns das Unternehmen verlassen, um eventuellen Ausbeutungen des Kontrollaktionärs zu entgehen. Durch die zahlreichen Ausnahmen vom Pflichtangebot und der strategischen Möglichkeit eines faktischen Konzerns für einen Zeitraum von bis zu 18 Monaten erfüllte die bisherige Pflichtangebotsregelung diese Funktion nicht. Sie unterstützte damit bewusst die Meinung der Gegner des Pflichtangebots, dass die konzernrechtlichen Schutzvorschriften für die Minderheitsaktionäre ausreichend sind und jeder zusätzliche Schutz nur das Gleichgewicht zwischen Kontroll- und Minderheitsaktionär stört.[183] Der Gesetzgeber ist jedoch bei der Einführung der neuen Pflichtangebotsregelung im Übernahmegesetz klar der Meinung der Befürworter gefolgt und hat damit berücksichtigt, dass die wirtschaftlichen Interessen der Minderheitsaktionäre bei einem Kontrollerwerb durch die Dominanz des Kontrollaktionärs deutlich tangiert sein können.[184]

2.2.3.3.2. Argumente von Gegnern

Die Argumente von Gegnern des Pflichtangebots zielen vor allem auf die Beeinträchtigung der Strategien des Bieters und der daraus resultierenden Beschränkung effizienter Übernahmen ab:

¶ Verteuerung der Übernahmen,

---

[180] Vgl. Prantl, J. (1994), S. 206.

[181] Vgl. Lüttmann, R. (1992b), S. 500/501.

[182] Vgl. Baums, T. (1989), S. 1380; Hommelhoff, P. (1993), S. 458, 461; Krause, H. (1996a), S. 211; Mayer, T./ Zschocke, C. (1996), S. 714.

[183] Vgl. Hommelhoff, P. (1993) S. 457; Assmann, H.-D. (1995), S. 570; Krause, H. (1996b), S. 38; Wenger, E./ Hecker, R./ Knoesel, J. (1997), S. 98. Von Peltzer wird es z.B. als ausreichend angesehen, die Meldepflichten zu verschärfen und die Vorschriften im faktischen Konzern "behutsam" zu verbessern. Vgl. Peltzer, M. (1997b), S. 151.

[184] Vgl. Becker, R./ Memminger, P. (1999), S. 436.

¶ Mangelnde Berücksichtigung der Strategien des Bieters bei Kontrollerwerb,

¶ Einschränkung des Marktes für Unternehmenskontrolle.

Darüber hinaus werden häufig noch als weitere Argumente die "Konzentrationsförderung durch Pflichtangebote" sowie der "Verstoß gegen Eigentümerrechte" angeführt.

Verteuerung der Übernahmen. In der deutschen Diskussion wird als Hauptargument gegen Pflichtangebote die verteuernde Wirkung angeführt, durch die effiziente Übernahmen verhindert würden:[185] Zum einen führen öffentliche Übernahmeangebote regelmäßig zu einer Erhöhung des Aktienkurses. Zum anderen muss bei einem Pflichtangebot für alle Aktien die Finanzierung durch den Bieter gesichert sein. Damit werden sinnvolle Übernahmen dann nicht durchgeführt, wenn sich ein potentieller Übernehmer außerstande sieht, eine Finanzierung für die noch ausstehenden Anteile des Unternehmens bereitzustellen bzw. die Kosten für eine zusätzliche Finanzierung zu hoch sind. Diese Argumentation ist von Prantl in verschiedenen Fallbeschreibungen detailliert untersucht worden:[186] Im Falle einer Innenfinanzierung sowohl des Teil- als auch des Vollangebots ergeben sich für den Bieter keine Änderungen, da den vermehrten Auszahlungen für die Finanzierung die erhöhten Einzahlungen des Zielunternehmens, z.B. in Form von Dividenden, entgegenstehen. Im Falle einer Innenfinanzierung des Teilangebots und einer teilweisen Außenfinanzierung des Vollangebots tritt die Situation ein, dass die Bruttokosten der Finanzierung des Vollangebots, bestehend aus Kapitalkosten und Transaktionskosten, aufgrund der höheren Transaktionskosten (Provisionen, Gebühren und Fremdleistungskosten) höher sind als beim Teilangebot. Prantl weist jedoch nach, dass bei Fremdfinanzierung des Vollangebots, die Transaktionskostennachteile durch die auf Basis von Steuervorteilen entstehenden Marktwertvorsprünge ausgeglichen werden können. Dies gilt nicht bei Eigenfinanzierung des Vollangebots, wobei die Eigenfinanzierung unabhängig vom Umfang des Angebots der Fremdfinanzierung aufgrund der fehlenden Steuervorteile und der höheren Transaktionskosten unterlegen ist. Gleichzeitig entsteht bei einer teilweisen Außenfinanzierung der Vorteil, dass die Übernahmepläne nochmals kritisch von externen Kapitalgebern hinterfragt werden. Auch bei einer vollständigen Außenfinanzierung kann Prantl keine Nachteile bei einem Vollangebot finden, sondern vielmehr Vorteile aufgrund der durch den Anstieg des Finanzierungsvolumens sinkenden Transaktionskosten, wobei eine vollständige Außenfinanzierung aufgrund der gesellschaftsrechtlichen Kapitalerhaltungsvorschriften nur selten anzutreffen ist. Insgesamt ist also eine verteuernde Wirkung von Übernahmen nicht zu erkennen, wobei diese Argumente nicht für den Fall gelten, in welchen der Übernahmegewinn daraus resultiert, dass

---

185 Vgl. Basaldua, N. (1990), S. 173; Mertens, H.-J. (1990), S. 257; Hommelhoff, P./ Kleindiek, D. (1990), S. 108; Nick, A. (1991), S. 867, Daum, T. (1993), S. 232; Assmann, H.-D. (1995), S. 570; Peltzer, M. (1997), S. 150; Kallmeyer, H. (1997a), S. 436.

186 Vgl. Prantl, J. (1994), S. 212-217.

bei einem Teilangebot auf Kosten der verbleibenden Minderheit schädigende Vermögensverschiebungen vorgenommen werden können. Diese Art von Übernahmen sind jedoch unabhängig von der Frage des Pflichtangebots zu verhindern.

Mangelnde Berücksichtigung der Strategien des Bieters bei Kontrollerwerb. Gegner des Pflichtangebots kritisieren an den Pflichtangebotsvorschriften im Übernahmekodex und der europäischen Richtlinie, dass diese nicht berücksichtigen, ob die Anleger, die 30% bis 40% der Anteile halten, eine Kontrolle zur Verfolgung eigener Ziele oder zur Unternehmenswertmaximierung anstreben.[187] Die Autoren Wirth/Weiler bringen in diesem Zusammenhang folgende Argumentation:[188] Ein Investor, der 37,5% der Stimmenanteile erwirbt, wäre bei einer durchschnittlichen HV-Präsenz von 50% in den vergangenen Jahren zur Abgabe eines Angebots verpflichtet, falls nicht eine der oben genannten Ausnahmen zuträfe. Wirth/Weiler führen weiter aus, dass die Anwesenheit des Investors mit seinem Paket von 37,5% zu einer Erhöhung der HV-Präsenz z.B. auf 65% führen könnte, falls er dieses Paket aus Streubesitz zusammengekauft hat. Damit würde der Investor zum Angebot und zur Aufwendung von Ressourcen verpflichtet, obwohl er de facto nicht über die Kontrolle des Unternehmens verfügt. Diese Argumentation ist m.E. abzulehnen: Jeder Investor hat Zugriff auf die HV-Daten und kann selber rausfinden, ob er durch den Erwerb einer Kontrolle auslösenden Beteiligung von zukünftig 30% von der Pflichtangebotsklausel betroffen ist. Entweder will er die Kontrolle unter Berücksichtigung der Konsequenzen ausüben und kann in diesem Fall das Angebot nutzen, um einer eventuellen Erhöhung der HV-Präsenz mit einem höheren Stimmrechtsanteil entgegenzutreten. Oder er will nur bedingt Kontrolle ausüben und sollte sich in solchen Fällen mit einer Beteiligung in Höhe einer Sperrminorität begnügen. Die Minderheitsaktionäre können dagegen bei Vorhandensein eines Pflichtangebots selbst entscheiden, ob sie Vorteile in der Anwesenheit eines kontrollausübenden Mehrheitsaktionärs sehen und deshalb im Unternehmen verbleiben oder ob der Ausstieg die bessere Alternative darstellt.[189] Darüber hinaus läßt das Übernahmegesetz explizit eine Befreiung vom Pflichtangebot zu, falls nachweislich mit einem 30%igen Anteil noch keine Kontrolle ausgeübt werden kann.[190]

Einschränkung des Marktes für Unternehmenskontrolle. Für einige Gegner des Pflichtangebotes führt die Verschärfung der Vorschriften zu einer Beeinträchtigung des Marktes für Unternehmenskontrolle und damit zu einer Verschärfung der Agency-Problematik.[191] Angesichts der aufgrund struktureller und legaler Hindernissen geringen Anzahl feindlicher Übernahmen ist eine Beurteilung dieses

[187] Vgl. Mertens, H.-J. (1990), S. 256; Depser, I. (1992), S. 360; Daum, T. (1993), S. 231.
[188] Vgl. Wirth, G./ Weiler, L. (1998), S. 117-120.
[189] Vgl. Prantl, J. (1994), S. 223.
[190] Vgl. Kapitel II, Abschnitt 2.2.3.1.
[191] Vgl. Assmann, H.-D. (1995), S. 570.

Arguments aus rein deutscher Sicht nur schwer möglich, so dass hierbei auf die Ausführungen in den angelsächsischen Ländern verwiesen werden muss.[192]

Konzentrationsförderung durch Pflichtangebote. Das Pflichtangebot wird gelegentlich als konzentrationsfördernd verurteilt,[193] da es den Aktionären eine weitere Option bietet, aus dem Unternehmen auszusteigen, und damit 100%ige Töchter schafft, wodurch wiederum "straffe Formen der Konzernorganisation" gefördert würden.[194] Bei negativer Auslegung könnte man von einer Vertreibung der Kleinaktionäre aus dem Kapitalmarkt und Förderung wettbewerbsschädlicher Kartelle sprechen,[195] wodurch die positive Entwicklung der Aktienkultur in Deutschland, welche die Basis für ein nachhaltiges Wachstum der Kapitalmärkte darstellt, nachhaltig belastet würde.[196] Gegen dieses Argument lässt sich einwenden, dass das Pflichtangebot im Gegensatz zum geltenden Konzernrecht eher wettbewerbsfördernd wirkt, da bei der Verpflichtung zum Vollangebot weniger Konzerne gebildet werden, wenn die Möglichkeit zur Ausbeutung von Minderheitsaktionären im Rahmen des faktischen Konzerns fehlt.[197] Hinzu kommt, dass mit Hilfe der Fusionskontrolle negative Konzentrationswirkungen schon frühzeitig bekämpft werden können.[198] Zugleich muss ein Vollangebot nicht unbedingt von allen Aktionären angenommen werden, da den Aktionären zumindestens theoretisch die Möglichkeit zum Verbleib im Unternehmen zur Verfügung steht. Zu einer Flucht aus dem Kapitalmarkt kommt es nur, wenn die Aktionäre zu ungünstigen Bedingungen das Unternehmen zwangsweise verlassen müssen.

Verstoß gegen Eigentümerrechte. Nach Meinung von Kritikern verstößt ein Pflichtangebot gegen Eigentümergrundrechte, da durch die Bedingung des Pflichtangebots Aktienpakete schwerer zu verkaufen sind, was gemäß Art.14 Abs.1 GG eine "grundrechtsrelevante faktische Veräußerungsbeschränkung" darstellen könnte. Dieser Ansicht wird in der Literatur mit der Begründung widersprochen, dass zum einen ein Paketbesitzer sein Paket durch Teilung fungibler werden lassen kann, und zum anderen ein Mindestmaß an Minderheitenschutz vor einer freien Gestaltung von Paketverkäufen stehen sollte.[199]

Generell liefern die Argumente der Gegner von Pflichtangeboten keine stichhaltige Begründung für eine Ablehnung des Pflichtangebots, so dass alles an der Frage hängt, inwieweit das deutsche System ein Instrument zur Konzernbildungskontrolle benötigt.

---

192 Vgl. Kapitel III, Abschnitt 3.3.4, Kapitel IV, Abschnitt 2.2.3.

193 Vgl. Nick, A. (1991), S. 867; Immenga, U. (1992), S. 18; Daum, T. (1993), S. 232/233.

194 Vgl. Hommelhoff, P./ Kleindiek, D. (1990), S. 108/109; Prantl, J. (1994), S. 223.

195 Vgl. Lutter, M. (1996), S. 286/287.

196 Vgl. Nick, A. (1991), S. 867.

197 Vgl. Adams, M. (1990a), S. 248/249.

198 Vgl. Hopt, K.J. (1990), S. 308.

199 Vgl. Krause, H. (1996b), S. 210.

2.2.4. Position der Minderheitsaktionäre

Dem Übernahmekodex und Übernahmegesetz folgend ergeben sich für den Angebotsempfänger mit Ausnahme des Rücktrittsrechts vorrangig passive Rechte, bei denen er Nutznießer von Pflichten des Kontrollaktionärs, wie etwa den Informationspflichten und den Nachbesserungspflichten, ist.[200] Mit diesen Rechten kann die Gefahr von Fehlentscheidungen aufgrund ungenügender Informationen bzw. unzureichender Entscheidungsfristen reduziert werden. Das generelle Problem bei öffentlichen Übernahmeangeboten liegt jedoch in der mangelnden Koordinationsfähigkeit der Aktionäre, welche bei bestimmten Konstellationen sowohl bei Teil- als auch bei Vollangeboten trotz der Vorschriften des Übernahmekodex zu suboptimalen Entscheidungen führen kann. Veranschaulichen lässt sich die Problematik an folgenden Beispielen:[201]

Bieter X entschließt sich zu einem freiwilligen Teilangebot, bei dem er für 25% der Aktien einen Angebotspreis A = €110 bietet. Der zu erwartende Wert der Minderheitenaktien nach erfolgreicher Übernahme beträgt M = €90. Dieses könnte immer dann der Fall sein, wenn die konzernrechtlichen Schutzvorschriften den Aktionär unzureichend schützen bzw. die Übernahme generell suboptimal ist. Daraus ergibt sich ein Durchschnittswert pro Aktie von D = €95 bei Unterstellung der Pro-Rata-Regel und Annahme des Angebots durch alle Aktionäre. Bei einem Alleineigentümer, der 100% der Aktien am Unternehmen hält, ist offenkundig, dass dieser das Angebot nur annehmen würde, wenn der tatsächliche Wert der Aktie bei Ablehnung des Angebots V kleiner als D wäre. Bei einer Vielzahl von Anlegern gestaltet sich die Entscheidung schwieriger, da aufgrund der Informationspflichten von Bieter und Management der Zielgesellschaft seitens des einzelnen Aktionärs zwar eine gewisse Transparenz über die Werte besteht, nicht aber über das Vorgehen der anderen Anleger.[202] Dadurch kann es z.B. bei einem Wert von V = €105 zu folgendem Gefangenendilemma kommen, wenn man vereinfachend eine Zwei-Aktionäre-Situation unterstellt:[203]

	Z nimmt Angebot an	Z lehnt Angebot ab
Y nimmt Angebot an	95/95	110/90
Y lehnt Angebot ab	90/110	105/105

Während ein Alleineigentümer das Angebot ablehnen würde, da der Wert seiner Aktie bei Ablehnung €105 und bei Annahme €95 betragen würde, sieht das Vorgehen von Y und Z anders aus. Solange der jeweilige Aktionär nicht weiß, wie sich der andere Aktionär verhalten wird, ist die rationale Entscheidung, das

---

200 Der aktienrechtlichen Minderheitenschutz, bestehend aus Mitwirkungs- und Blockaderechte, gilt nur innerhalb des Unternehmens gegenüber dem Management und dem Großaktionär.

201 Vgl. Bebchuk, L.A. (1988b), S. 372-378; Hahn, D. (1990), S. 14-18; Lüttmann, R. (1992a), S. 38-43; Prantl, J. (1994), S. 159/160.

202 Vgl. hierzu ausführlich die Argumentation von Bebchuk zum Sole Owner Standard Kapitel III, Abschnitt 3.3.4.1.

203 Vgl. Hahn, D. (1990), S. 18; Reul, J. (1991b), S. 26/27.

Angebot anzunehmen. Denn nur durch die Annahme des Angebots hält er sich die Möglichkeit offen, seinen eigenen Nutzen mit €110 zu maximieren, falls der andere Aktionär ablehnt, und gleichzeitig die schlechteste Situation zu vermeiden, falls dieser annimmt. Unterstellt man die Situation, dass der Aufkäufer nach der Übernahme einen Wert von €103 pro Anteil generiert, führt der Zwang zur Annahme nicht nur zu einer Umverteilung zwischen den bisherigen Minderheitsaktionären und dem Käufer, sondern auch zu einem Gesamtwohlfahrtsverlust von €2 pro Anteil.

Im Falle eines Vollangebots kann das Entscheidungsdilemma A>V>D ausgeschlossen werden, doch besteht unabhängig davon, ob ein Teil- oder Vollangebot vorliegt, ein Entscheidungsproblem im Fall V>A>M.[204] Denn bei V>A>M wäre die rational richtige Entscheidung des einzelnen Aktionärs die Ablehnung des Angebots; dieses gilt jedoch nur dann, wenn eine ausreichende Anzahl von Aktionären das Angebot ebenfalls ablehnt und der Bieter sein Angebot zurückzieht. Bei Annahme des Angebots durch eine Mehrheit würde der Aktionär ansonsten auf seinen Aktien zum Wert M "sitzen bleiben". Nachfolgendes Beispiel beschreibt dieses Entscheidungsdilemma im Falle eines Vollangebots: Unterstellt man einen Angebotspreis A in Höhe von €100 und den Wert der Minderheitsaktien nach Übernahme M wieder mit €90, würde sich bei einem Wert V = €105 folgende Situation ergeben:[205]

	Z nimmt Angebot an	Z lehnt Angebot ab
Y nimmt Angebot an	100/100	100/90
Y lehnt Angebot ab	90/100	105/105

In dieser Situation gibt es zwei Gleichgewichtspunkte, wobei der eine Gleichgewichtspunkt "Beide nehmen an" den ungünstigeren darstellt, während der andere "Beide lehnen ab" als pareto-superiorer Gleichgewichtspunkt bezeichnet wird.[206] Wie sich die beiden Aktionäre entscheiden, hängt wiederum von ihrer Vermutung ab, was der andere Aktionär tun wird: Ist Y überzeugt, dass Z das Angebot ablehnen wird, da der maximale Nutzen bei dieser Strategie erreicht werden kann, lehnt er es ebenfalls ab. Ist er jedoch risikoscheu und wendet die Maximin-Regel an, wird er das Angebot annehmen, um in jedem Fall den schlechtesten Wert auszuschließen.[207] Dieses Problem kann durch den vom Gesetzgeber geförderten Bieterwettbewerb in der Weise gemindert werden, dass die Fallkonstellation V>A seltener auftritt, doch beseitigt er nicht die Zwangswirkung auf Aktionäre, schlechte Angebote anzunehmen.[208]

Die beschriebenen Zwangswirkungen werden durch die neue Regelung im WpÜG, dass Aktionäre sich noch zwei Wochen nach Ablauf der Annahmefrist zur

[204] Vgl. Lüttmann, R. (1992b), S. 504/505.
[205] Vgl. Hahn, D. (1990), S. 14.
[206] Vgl. Hahn, D. (1990), S. 14/15; Prantl, J. (1994), S. 161.
[207] Vgl. zur Maximin-Regel Bamberg, G./ Coenenberg, A.G. (1994), S. 107.
[208] Vgl. Prantl, J. (1994), S. 162.

Annahme entschließen können,[209] nur geringfügig reduziert. Der einzelne Minderheitsaktionär kann zwar zunächst das Annahmeverhalten der anderen Aktionäre abwarten und abhängig vom Ergebnis noch nachträglich das Angebot annehmen. Durch die fehlende Regelung, dass bei Ablehnung des Angebots durch die Mehrheit innerhalb der Angebotsfrist das Angebot als gescheitert gilt, bestehen jedoch auch weiterhin Zwangswirkungen für die Aktionäre, wie nachfolgendes Beispiel belegt:[210] Der Bieter besitzt vor dem Angebot 15% der Aktien, erworben durch Marktkäufe; er gibt ein Angebot an alle Aktionäre ab, die Aktien mit Stimmrechten besitzen. Von den 85% außenstehenden Aktien werden dem Bieter nur 25% angetragen, d.h. die Mehrheit der Aktionäre[211] hat gegen das Angebot gestimmt. Aufgrund fehlender Regelungen im Übernahmekodex bzw. im Übernahmegesetz kann der Bieter die 25% kaufen bzw. eintauschen und besitzt somit 40%. Wie oben erwähnt, reicht in den meisten Fällen dieser Prozentsatz für eine Kontrollausübung in der Hauptversammlung. Die dem Angebot ablehnend gegenüber stehende Mehrheit findet sich in einer konzernähnlichen Situation wieder, wo sie gänzlich auf die Minderheitenregelungen des Konzernrechts angewiesen ist. Dies wird noch unterstützt durch die Möglichkeit des Aktionärs nach dem Übernahmeangebot die 40%-Beteiligung durch private Transaktionen weiter aufstocken zu können, ohne ein weiteres Pflichtangebot auszulösen.[212] Aus Sicht des Minderheitsaktionärs kann deshalb bei Betrachtung der Optionen erneut die nachträgliche Angebotsannahme die einzig sinnvolle Strategie sein, um zumindest einen Teil seines Anteilswertes zu retten. Darüber hinaus muss er damit rechnen, dass andere Aktionäre ebenfalls das Angebot noch nachträglich annehmen, und der Bieter auch nach Ablauf der Angebotsfrist seine Kontrolle weiter ausbaut. Damit verschiebt sich das Entscheidungsproblem des Aktionärs durch das nachträgliche Annahmerecht nur zeitlich.

Vorschläge zur Lösung des Koordinationsproblems der Aktionäre, wie z.B. durch die Abstimmung über das Angebot vor dem Entschluss des einzelnen Aktionärs über Annahme bzw. Ablehnung des Angebots,[213] werden im Rahmen der amerikanischen Diskussion über die Regulierung von Übernahmeangeboten ausführlicher analysiert.[214]

2.3. Abwehrstrategien des Managements

Grundsätzlich verbietet der Übernahmekodex wie auch das Übernahmegesetz alle Maßnahmen während eines laufenden Übernahmeangebotes, die in irgendeiner Weise den Interessen der Wertpapierinhaber zuwiderlaufen. Ausgenommen sind diejenigen Maßnahmen, die von der Hauptversammlung ausdrücklich genehmigt

---

209 Vgl. §16(2) WpÜG.
210 Vgl. Prantl, J. (1994), S. 243-245.
211 60% bei Berücksichtigung aller Aktionäre; 70% der Angebotsempfänger.
212 Vgl. Kapitel II, Abschnitt 2.2.3.1.
213 Vgl. Baums, T. (1997b), S. 14, 30/31; ders. (1999b), S. 174/175.
214 Vgl. Kapitel III, Abschnitt 3.3.4.3.2.

worden sind oder auf Verträgen basieren, welche vor Bekannt werden des öffentlichen Übernahmeangebots geschlossen wurden.[215] Darüber hinaus sind gemäß §93 AktG dem Vorstand jegliche Maßnahmen untersagt, die ausschließlich eigenen Zwecken dienen.[216] Durch das neue Übernahmegesetz ist der Ermessensspielraum des Managements deutlich erweitert worden.[217] Gemäß §33(2) WpÜG sind Abwehrmaßnahmen zulässig, die im Geschäftsführungsbereichs des Vorstands liegen, die der Suche nach einem konkurrierenden Angebot dienen bzw. vom Aufsichtsrat genehmigt worden sind. Zugleich sind Abwehrmaßnahmen zulässig, zu deren Durchführung der Vorstand im Vorfeld auf Basis von Vorratsbeschlüssen von der Hauptversammlung ermächtigt worden ist.[218] Letzteres trifft immer dann zu, wenn die Abwehrmaßnahmen "der Art nach" bestimmt worden sind, die Ermächtigung zeitlich beschränkt ist (maximal 18 Monate), die erforderlichen Mehrheiten (mindestens 75% des anwesenden Grundkapitals) für den Beschluss erreicht wurden und die Zustimmung des Aufsichtsrats zur Ausnutzung vorliegt.[219] Im Rahmen dieser Bestimmungen und der Regelungen des Aktiengesetzes ist zu untersuchen, welche Maßnahmen dennoch vom Management der Zielgesellschaft zur Abwehr einer Übernahme verwendet werden können und wie sich diese auf die Höhe und Art der Ausstiegsmöglichkeiten der Minderheitsaktionäre auswirken. Es werden zunächst die Abwehrstrategien vorgestellt, die antizipativ ergriffen werden, um im Anschluss auf die Maßnahmen einzugehen, die primär nach Veröffentlichung eines Angebots angewendet werden.

2.3.1. Abwehrmaßnahmen vor einer feindlichen Übernahme

Die beste Strategie zum Schutz gegen feindliche Übernahmen ist die Verfolgung einer Shareholder-Value-orientierten Geschäftspolitik, mit der Unterbewertungen der Aktien vermieden und damit feindliche Bieter aufgrund der fehlenden Realisierungsmöglichkeit von Übernahmegewinnen ferngehalten werden können.[220]

---

215 Ein Kommentar bezüglich Abwehrmaßnahmen vor einer Übernahme fehlte schon im europäischen Richtlinienvorschlag und ist auch im Übernahmekodex nicht enthalten. Vgl. Übernahmekodex (1997), Art. 19, Hahn, D. (1990), S. 20. Im neuen Wertpapierwerbs- und Übernahmegesetz ist jedoch eine Vorschrift enthalten. Vgl. §33 WpÜG.

216 Vgl. Knoll, H.-C. (1992), S. 167.

217 Es bleibt jedoch angesichts der gegenläufigen Bestrebungen auf europäischer Ebene abzuwarten, wie lange diese Regelung Gültigkeit behält. Vgl. BZ vom 11. Januar 2002, S. 1.

218 Vgl. Land, V. (2001), S. 1711.

219 Vgl. §33(2) WpÜG. Diese Erweiterung des Handlungsspielraums des Management ist in den letzten Wochen vor Einführung des Gesetzes durch den Finanzausschuss des Bundestages vorgeschlagen und vom Bundesrat genehmigt worden. Vgl. Finanzausschuss des Deutschen Bundestages (2001), S. 3, 69.

220 Vgl. Schander, A.A. (1997), S. 1801.

Eine häufig verwendete Abwehrmaßnahme stellt die Einführung von Höchststimmrechten gemäß §134 Abs.1 Satz 2 AktG dar.[221] Mit der Einführung des KonTraG ist für börsennotierte Aktiengesellschaften dieses Abwehrinstrument, dessen Wirkungsgrad aufgrund von Umgehungsmöglichkeiten in Form von Stimmrechtspooling ohnehin eingeschränkt war,[222] endgültig verboten worden.[223] Eine ähnliche Regelung gilt für Mehrstimmrechte, die automatisch nach fünf Jahren erlöschen, falls nicht die Hauptversammlung unter Ausschluss der Mehrstimmrechtsinhaber die Beibehaltung mit einer ¾-Mehrheit beschließt.[224] Daneben ist gemäß §§202, 203 AktG die Einrichtung von genehmigten Kapital mit Bezugsrechtsausschluss[225] bestimmter Aktionäre möglich, wobei eine Durchführung nur dann genehmigt wird, wenn zum Handlungszeitpunkt die Interessen der außenstehenden Aktionäre gewahrt bleiben bzw. der Ausschluss durch sachliche Gründe begründet werden kann.[226] Gleichzeitig kann die Kapitalstruktur durch Ausgabe von Wandel- und Optionsanleihen, stimmrechtslosen Vorzugsaktien, vinkulierter Namensaktien oder Belegschaftsaktien verändert werden,[227] wobei diese Maßnahmen nur selten den erwünschten Erfolg bringen. Ein wirkungsvolles Mittel zur Abwehr von Übernahmen ist dagegen das Schaffen wechselseitiger Beteiligungen, mit denen sich Unternehmen höchst erfolgreich gegenseitig schützen können.[228]

Neben Eingriffen in die Kapitalstruktur können auch Eingriffe in die Machtstruktur innerhalb des Unternehmens zu einer Abwehr von Übernahmen führen. Dazu gehört u.a. die Staffelung der Vertragslaufzeiten des Aufsichtsrats, durch die der Austausch von Aufsichtsratsmitgliedern nach einer Übernahme zu einem

---

221 Diese Maßnahme war zunächst in den 70iger Jahren während der Ölkrise als Abwehrmaßnahme gegenüber Aufkäufen aus den erdölfördernden Ländern gedacht und wurde später allgemein für die Abwehr potentieller feindlicher Übernahmen eingesetzt. Vgl. Werner, W. (1989), S. 20/21; Adams, M. (1990a), S. 251; Bozenhardt, F. (1990), S. 5; Hahn, D. (1992), S. 165-205; Baums, T. (1993), S. 156.

222 Für alle wichtigen Entscheidungen, für die gemäß Aktiengesetz eine Kapitalmehrheit vorgeschrieben ist, wie z.B. Satzungsänderungen, Kapitalmaßnahmen etc., galten diese Beschränkungen nicht. Vgl. Otto, H.-J. (1988), S. 7; Hauschka, C./ Roth, T. (1988), S. 190; Werner, W. (1989), S. 21/22; Nick, A. (1991), S. 877. Für eine ausführliche Analyse der Wirkungen von Stimmrechtsbeschränkungen vgl. Adams, M. (1990b), S. 72/73.

223 Vgl. KonTraG (1998), Art.1 Nr.19/20; Art.11 Nr.1. Zustimmung durch Adams, M. (1997), S. 21/22; Baums, T. (1997a), S. 36; Hopt, K.J. (1997b), S. 48; Kübler, F. (1997), S. 51; Peltzer, M. (1997a), S. 94.

224 Vgl. KonTraG (1998), Art. 1 Nr. 19/20.

225 Diese Maßnahme kann sowohl präventiv als auch während eines Übernahmeangebots ergriffen werden.

226 Vgl. Otto, H.-J. (1988), S. 8/9; Stoll, J. (1989a), S. 303; Werner, W. (1989), S. 23/24; Hahn, D. (1992), S. 217-221.

227 Vgl. Otto, H.-J. (1988), S. 6/7, 9; Bozenhardt, F. (1990), S. 169-174; Lüttmann, R. (1992a), S. 158-164; Baums, T. (1993), S. 156; Schander, A.A. (1997), S. 1802.

228 Vgl. Bozenhardt, F. (1990), S. 186-188; Lüttmann, R. (1992a), S. 171/172; Baums, T. (1993), S. 157.

langwierigen Verfahren werden kann.[229] Eine weitere Option ist die Vergrößerung des Gewerkschaftseinflusses,[230] was sich jedoch aus Sicht des Managements sehr schnell als "Schuss nach hinten" erweisen kann. Daneben kann der Vorstand durch Satzungsänderungen die Mehrheitserfordernisse bei wichtigen Entscheidungen wie z.B. bei der Verschmelzung von 75% auf 100% erhöhen, um die Durchsetzung geschäftspolitischer Maßnahmen zu erschweren und dadurch die Attraktivität des Unternehmens für potentielle Übernehmer zu verringern.[231]

2.3.2. Abwehrmaßnahmen während einer feindlichen Übernahme

Eine mehrfach erfolgreich angewendete Methode ist die Mobilisierung der Öffentlichkeit gegen die Durchführung der Übernahme. Bestes Beispiel hierfür ist der Fall der Übernahme Thyssen durch Krupp/Hoesch, bei dem die Information des Übernahmeversuchs zu früh an Thyssen gelangte und damit die Mobilisierung der Arbeitnehmerschaft und teilweise auch der Presse ermöglicht wurde.[232] Diese Maßnahme kann sich wie im Thyssen-Fall als positiv herausstellen, wenn später eine freundliche Übernahme zu besseren Angebotskonditionen stattfindet. Sie kann aber auch für die Aktionäre eine negative Wirkung haben, wenn im Anschluss keine Übernahme bzw. eine freundliche Übernahme zu schlechteren Konditionen stattfindet. Zugleich kann es zu "Schlammschlachten" wie bei Mannesmann/ Vodafone kommen, die zwar zu einer Erhöhung des Angebotspreises führen, gleichzeitig aber enorme Mittel für die Kampagnen verbrauchen und damit Shareholder Value vernichten.[233] Diese Form der Abwehr wird auch nach Einführung des neuen Übernahmegesetzes möglich sein, da der Gesetzesentwurf diese Maßnahme nicht ausschließt und gleichzeitig das Management zur Abgabe einer Stellungnahme auffordert.[234]

Als weitere Möglichkeit zur Abwehr bietet sich während einer Übernahme der Rückkauf eigener Aktien an. Diese Maßnahme war bisher aufgrund der Voraussetzungen gemäß §71 Abs.1 Nr.1-7 AktG und der Beschränkung gemäß §71 Abs.2 AktG auf maximal 10% des Grundkapitals nur bedingt wirkungsvoll. [235] Durch das KonTraG sind die Möglichkeiten erweitert worden, da die Hauptversammlung für einen Zeitraum von 18 Monaten das Management zum Erwerb von eigenen Aktien ermächtigen kann, wobei dabei der Höchst- und Niedrigstkaufwert sowie der Anteil am Grundkapital, für den wiederum die Höchstgrenze von 10% gilt, festgelegt werden müssen.[236]

---

[229] Vgl. Hahn, D. (1992), S. 213/214.

[230] Vgl. Adams, M. (1990a), S. 250.

[231] Vgl Hauschka, C./ Roth, T. (1988), S. 189; Schander, A.A. (1997), S. 1802/1803.

[232] Vgl. Manager Magazin (1997), S. 46-53.

[233] Vgl. FAZ vom 28.12.99, S. 24.

[234] Vgl. Liebscher, T. (2001), S. 867; Körner, M. (2001), S. 369.

[235] Vgl. Hauschka, C./ Roth, T. (1988), S. 187, Otto, H.-J. (1988), S. 8; Lüttmann, R. (1992a), S. 170; Michalski, L. (1997), S. 154/155.

[236] Vgl. KonTraG (1998), Art.1 Nr.5/6; Claussen, C. (1998), S. 179/180; Schander, A.A. (1998a), S. 314-316.

Daneben kann das Management versuchen, die Vermögensposition durch Verkauf von - für den Bieter wichtigen - Vermögensgegenständen bzw. durch den Zukauf kartellrechtlich problematischer Unternehmensteile negativ zu verändern.[237] Aufgrund des Zeit- und Kostenfaktors sind diese Maßnahmen bedingt sinnvoll, da ein Zukauf durch einen späteren Mehrheitsaktionär relativ problemlos rückgängig gemacht werden kann, soweit kartellrechtliche Bedenken bestehen.

Falls der Bieter ein Unternehmen ist, könnte das Management den Versuch eines Gegenangebots starten, indem es 25% des feindlichen Unternehmens zur Schaffung einer Patt-Situation aufkauft, da bei wechselseitigen Beteiligungen von über 25% nur 25% der Stimmen gemäß §19 AktG ausgeübt werden können.[238] Nur wenn der Bieter schon vorab seine Beteiligung gemäß §§20, 21 AktG veröffentlicht hat, wird diese Beschränkung aufgehoben.[239] Als weitere Möglichkeit könnte das Management versuchen, sich die Unterstützung Dritter zu sichern, die ihrerseits ein öffentliches Übernahmeangebot abgeben könnten.[240] Dieser Maßnahme ist aus ex post-Sicht des Minderheitsaktionärs nichts an Bedenken entgegen zu bringen und grundsätzlich zulässig, da ein konkurrierendes Angebot im positiven Fall zu einer Erhöhung des Übernahmepreises führen würde. Aus Sicht des ursprünglichen Bieters bedeutet das Aufkommen eines Konkurrenzangebots immer eine Verteuerung und eventuell das Scheitern des Aufkaufs, wodurch er seine Suchkosten voll zu tragen hat.[241]

Grundsätzlich ist festzustellen, dass die meisten Abwehrmaßnahmen nichts zur Verbesserung der Situation der Minderheitsaktionäre beitragen. Sie zielen primär darauf ab, feindliche Übernahmen durch künstliche Stärkung der Management-position zu verhindern, unabhängig davon, ob die Übernahmen eine positive Wirkung auf die Gesamtwohlfahrt und die Situation der Aktionäre haben könnten.

3. ABFINDUNGEN IM RAHMEN EINES FAKTISCHEN KONZERNS, VERTRAGSKONZERNS ODER EINER EINGLIEDERUNG

Nach dem Erwerb einer Kontrollbeteiligung stehen dem Großaktionär eine Reihe von Strategien offen, wie er die unter seiner Kontrolle stehende Gesellschaft für seine eigenen Ziele nutzen kann. Der Gesetzgeber hat für die Anwesenheit eines Kontrollaktionärs konzernrechtliche Vorschriften im 3. Buch des Aktiengesetzes vorgesehen. Die nachfolgenden Abschnitte sollen die Wirkungen dieser

---

237 Gemäß §361 AktG bedarf die Übertragung des gesamten Vermögens die Zustimmung von ¾ des in der Hauptversammlung vertretenen Grundkapitals; seit dem Holzmüller-Urteil ist jedoch für die Ausgliederung eines betriebswichtigen Teils eine einfache Mehrheit notwendig.Vgl. Hauschka, C./ Roth, T. (1988), S. 191; Schander, A.A. (1997), S. 1803.

238 Vgl. ausführlicher Bozenhardt, F. (1990), S. 198, 199; Hahn, D. (1992), S. 226-229.

239 Vgl. Hauschka, C./ Roth, T. (1988), S. 194.

240 So geschehen bei BIFAB bzw. Boge, welche durch Langenscheidt bzw. Mannesmann vor der Übernahme durch ein ausländisches Unternehmen "gerettet" wurden. Vgl. Jenkinson, T./ Ljungqvist, A. (1997), S. 16.

241 Vgl. Kapitel III, Abschnitt 3.3.4.3.1.

Regelungen für die Kontroll- und nach der Übernahme noch verbliebenen Kleinaktionäre beschreiben.

3.1. Grundlagen zum Konzernbegriff

Verbundene Unternehmen sind gemäß §15 AktG "... rechtlich selbständige Unternehmen, die im Verhältnis zueinander in Mehrheitsbesitz stehende Unternehmen und mit Mehrheit beteiligte Unternehmen (§16), abhängige und herrschende Unternehmen (§17), Konzernunternehmen (§18), wechselseitig beteiligte Unternehmen (§19) oder Vertragsteile eines Unternehmensvertrags (§§291, 292) sind."[242] Eine Abhängigkeit wird unterstellt, wenn ein anderes Unternehmen einen beherrschenden Einfluss ausüben kann; dieser ist immer dann gegeben, wenn eine Mehrheitsbeteiligung[243] bzw. Organisationsverträge vorliegen.[244] Zur Widerlegung einer Abhängigkeitsvermutung muss nicht nur nachgewiesen werden, dass die Ausübung eines Einflusses nicht stattfindet, sondern auch, dass die Möglichkeit dazu nicht bestehen würde.[245]

Der Konzern stellt die intensivste Form einer Unternehmensverbindung dar und beinhaltet häufig mehrere Verbindungsformen.[246] "Wirtschaftliche Einheiten, in denen zwei und mehr rechtlich selbständige Einheiten unter einer wirtschaftlichen Leitung stehen, werden gemäß §18 AktG als Konzerne bezeichnet."[247] Als Hauptkriterium für alle aktienrechtlichen Konzernarten gilt die einheitliche Leitung, wobei flexibel ausgelegt werden kann, wann dieses Kriterium erfüllt ist, da es verschiedene Möglichkeiten zum Erreichen einer einheitlichen Leitung gibt.[248] Gemeinsam ist allen Regelungen zu den verschiedenen Konzernarten, dass als Schutzsubjekte Gläubiger und außenstehende Aktionäre im Vordergrund stehen und als Schutzobjekt primär das Vermögen der beherrschten Gesellschaft gilt.[249] Unterschieden werden die Konzernarten in §18 AktG nach dem Grad der Abhängigkeit: Gemäß §18 Abs.2 AktG resultiert ein Gleichordnungskonzern aus der Zusammenfassung voneinander unabhängiger Unternehmen unter einer einheitlichen Leitung.[250] Der Gleichordnungskonzern kommt in der Praxis selten

---

242 Die Definition im Handelsrecht ist für die vorliegende Arbeit nicht relevant, so dass hierbei auf die einschlägige Literatur verwiesen wird. Vgl. Prantl, J. (1994), S. 12-18.

243 Bei Vorliegen einer Sperrminorität wird noch keine Abhängigkeit vermutet.

244 Vgl. Hüffer, U. (1995), §17 Rdnr. 4-12.

245 Vgl. Hüffer, U. (1995), §17 Rdnr. 19-22.

246 Vgl. Prantl, J. (1994), S. 11.

247 Kallfass, H. (1991), S.19. Vgl. außerdem Emmerich, V./ Sonnenschein, J. (1992), S. 74, 75; Schriefers, M. (1996), S. 8.

248 Dazu können die Stimmrechte, die Kapitalbeteiligung, personelle Verflechtungen oder auch vertragliche Vereinbarungen gehören. Vgl. Kallfass, H. (1991), S. 20; Emmerich, V./ Sonnenschein, J. (1992), S. 77; Prantl, J. (1994), S. 15-18.

249 Zum Teil wird die Gesellschaft selbst als schützenswürdiges Subjekt angesehen, wobei diese Meinung sehr umstritten ist. Vgl. Sonnenschein, J. (1991), S. 51/52.

250 Vgl. Koppensteiner, H.-G. (1987), S. 83; Prantl, J. (1994), S. 11.

vor, und im Gesetz sind zu dieser Thematik nur wenige Regelungen vorhanden.[251] Im Folgenden wird sich die Arbeit auf Unterordnungskonzerne konzentrieren. Beim Unterordnungskonzern unterscheidet das Konzernrecht drei Arten von Konzernen: den Vertragskonzern gemäß §§291ff. AktG, den faktischen Konzern gemäß §§311ff. AktG, sowie die Eingliederung gemäß §§319ff. AktG.

Aus betriebswirtschaftlicher Sicht wird der Konzern nicht als eine Verbindung rechtlich selbständiger Unternehmen, sondern als eine einheitliche wirtschaftliche Unternehmung angesehen.[252] Es gibt eine Vielzahl unterschiedlicher Konzerngestaltungsmöglichkeiten, die sich gemäß der leistungswirtschaftlichen Beziehung,[253] nach dem Typ der Obergesellschaft[254] bzw. nach dem Grad der Entscheidungsdelegation[255] differenzieren lassen.[256]

Die Bedeutung des Konzerns in Deutschland ist, wie empirische Untersuchungen in den vergangenen Jahren gezeigt haben, enorm hoch.[257] Die Untersuchung von Görling ergab bei einer Gesamtzahl von 2815 untersuchten Unternehmen einen Konzernierungsgrad in Höhe von 73,61%, wobei bei der Analyse aus Vereinfachungsgründen nur die Aktiengesellschaften als konzerniert klassifiziert wurden, welche zu mindestens 50%+1 Aktie einem anderen Unternehmen gehörten.[258] Bei Berücksichtigung der Unternehmen, bei denen aufgrund niedriger HV-Präsenz auch unterhalb der 50%-Grenze eine Kontrollmehrheit erreicht werden würde, wäre die Zahl vermutlich weitaus höher. Bei Fokussierung auf die börsennotierten Aktiengesellschaften erhöhte sich in der Untersuchung der Konzernierungsgrad auf 96,96%.[259]

3.2. Minderheitenschutz bei Vorliegen eines faktischen Konzerns

3.2.1. Aktienrechtliches Schutzsystem beim faktischen Konzern

Ein faktischer Konzern liegt vor, wenn ein Abhängigkeitsverhältnis gegeben ist, das nicht auf einen Beherrschungsvertrag bzw. einer Eingliederung, sondern gemäß §17 Abs.2 AktG widerlegbar auf einer Mehrheitsbeteiligung basiert,[260] die wiederum zur Konzernvermutung gemäß §18 Abs.1 Satz 3 AktG führt. Die Regelungen §§311-318 AktG sind als mittelbarer Außenseiterschutz für Gläubiger und Minderheitsaktionäre konzipiert worden, um Schädigungen der Gesellschaft

---

[251] Emmerich, V./ Sonnenschein, J. (1992), S. 27, 81-83.

[252] Vgl. Kirchner, C. (1985), S. 216.

[253] Vertikale Zusammenschlüsse, horizontale Zusammenschlüsse bzw. Konglomerate.

[254] Stammhaus- versus Holdingkonzern.

[255] Zentral versus dezentral geführte Konzerne.

[256] Vgl. Prantl, J. (1994), S. 20-23.

[257] Zu einer Darstellung weiterer Untersuchungen vgl. Prantl, J. (1994), S. 34/35.

[258] Vgl. Görling, H. (1993), S. 540-543.

[259] Vgl. Görling, H. (1993), S. 544.

[260] Vgl. Emmerich, V./ Sonnenschein, J. (1992), S. 326/327; Prantl, J. (1994), S. 68; Hüffer, U. (1995), §311 Rdnr. 14.

durch das herrschende Unternehmen zu verhindern,[261] da im faktischen Konzern das Eigeninteresse des Unternehmens noch über dem Konzerninteresse steht.[262]

Als Grundregel für den faktischen Konzern gilt gemäß §311 AktG, dass das herrschende Unternehmen seinen Einfluss nicht zu nachteiligen Weisungen an das beherrschte Unternehmen nutzen darf; es sei denn, die dabei entstehenden Nachteile werden spätestens bis zum Ende des Geschäftsjahres ausgeglichen. Durch den Wortlaut dieser Regelung liegt weder eine gesetzliche Leitungsmacht des herrschenden Unternehmens noch ein grundsätzliches Verbot nachteiliger Einzelanweisungen vor.[263] Damit ist es dem herrschenden Unternehmen zu Lasten des beherrschten Unternehmens möglich,

¶ Weisungen für nachteilige Rechtsgeschäfte, wie z.B. der konzerninternen Lieferung von Produkten, dem Kauf bzw. Verkauf von Vermögensgegenständen etc., zu erteilen,

¶ nachteilige Maßnahmen Investitions-/Personal bzw. Organisationsfragen betreffend durchzuführen und/oder

¶ vorteilhafte Maßnahmen zu unterlassen.

Grundbedingung hierfür ist der sofortige bzw. am Ende des Geschäftsjahres stattfindende Nachteilsausgleich für jede Einzelanweisung zugunsten der beherrschten Gesellschaft.[264] Die Einhaltung dieser Grundnorm wird durch Berichtspflichten des Vorstands der abhängigen Gesellschaft (§312 AktG), Prüfungspflichten (§§313-316 AktG) sowie Schadenersatzregelungen (§§317,318 AktG) unterstützt.[265]

Gemäß §312 AktG muss der Vorstand der abhängigen Gesellschaft jährlich zum Ende des Geschäftsjahres einen Abhängigkeitsbericht erstellen.[266] In dem Bericht

---

261 Vgl. Ehreiser, H.J. (1973), S. 168; Hüffer, U. (1995), §311 Rdnr. 1.

262 Vgl. Hommmelhoff, P./Kleindiek, D. (1990), S. 110.

263 Für eine Diskussion zur Auslegung des Wortlauts, vgl. Emmerich, V./Sonnenschein, J. (1992), S. 321; Papagiannis, I. (1993), S. 43-46; Hüffer, U. (1995), §311 Rdnr. 8. Bemängelung dieser Lösung durch Kübler, F./ Schmidt, R.H. (1988), S. 86. Die Unklarheit resultiert aus der historischen Entwicklung, die 1959 im Regierungsentwurf zum Aktiengesetz mit einem Verbot der Weisungserteilung begann und später in die Möglichkeit der Beeinflussung bei sofortigem Nachteilsausgleich umgewandelt wurde. In der endgültigen Gesetzesfassung von 1965 wurde die Vorschrift nochmals abgeschwächt, indem ein Nachteilsausgleich zum Ende des Geschäftsjahres genehmigt wurde. Vgl. Koppensteiner, H.-G. (1987), S. 393; Emmerich, V./Sonnenschein, J. (1992), S. 324/325; Schmidt, H./ Drukarczyk, J./ u.a. (1997), S. 91.

264 Der Nachteilsausgleich kann entweder durch Neutralisierung der Nachteile in der Bilanz oder durch Gewährung von Vorteilen erfolgen. Vgl. Emmerich, V./ Sonnenschein, J. (1992), S. 340.

265 Eine ausführliche Besprechung der Regeln zum faktischen Konzern findet sich bei Ehreiser, H.J. (1973); Koppensteiner, H.-G. (1987), Emmerich, V./ Sonnenschein, J. (1992), Papagiannis, I. (1993); Hüffer, U. (1995).

266 Die Berichtspflicht besteht unabhängig von der Rechtsform des herrschenden Unternehmens und auch dann, wenn keine nachteiligen Weisungen erfolgt sind (Negativbericht) bzw. das

müssen gemäß §312 Abs.1 Satz 2 AktG alle Rechtsgeschäfte, die mit oder zumindestens auf Veranlassung des herrschenden Unternehmens abgeschlossen wurden, sowie alle von dem herrschenden Unternehmen veranlassten bzw. unterdrückten Maßnahmen aufgeführt werden. Dabei hat der Vorstand die jeweiligen Leistungen und Gegenleistungen der einzelnen Rechtsgeschäfte sowie die Vor- und Nachteile der ergriffenen Maßnahmen gegenüberzustellen. Ferner hat er anzugeben, wie und in welcher Höhe ein Nachteilsausgleich durch das herrschende Unternehmen erfolgt ist. Gleichzeitig hat der Vorstand die Pflicht, jede einzelne Anweisung zu beurteilen und unterlassene Ausgleichszahlungen zu melden (§312 Abs.3 AktG). Neben der allgemeinen Berichtspflicht in Form des Abhängigkeitsberichts muss der Vorstand die Durchführung aller Weisungen ablehnen, die sittenwidrig sind, die Lebensfähigkeit der Gesellschaft bedrohen oder so gravierend sind, dass ein Nachteilsausgleich nicht möglich ist. Gleiches gilt für Maßnahmen oder Rechtsgeschäfte, bei denen die herrschende Gesellschaft von vornherein einen Nachteilsausgleich ablehnt.[267]

Der vom Vorstand erstellte Abhängigkeitsbericht muss vom Abschlussprüfer gemäß §313 AktG geprüft werden.[268] Der Abschlussprüfer sollte gemäß §313 Abs.1 AktG die Richtigkeit der Angaben, die Angemessenheit von Leistung und Nachteilsausgleich sowie die Beurteilung der Umstände durch den Vorstand überprüfen. Gemäß §313 Abs.2 AktG ist ein Prüfungsbericht zu erstellen und die Richtigkeit der Angaben durch einen Vermerk zu bestätigen (§313 Abs.3 AktG). Sind die Angaben nicht vollständig oder falsch, hat der Abschlussprüfer die Bestätigung zu versagen bzw. einzuschränken (§313 Abs.4 AktG). Der Abhängigkeitsbericht und der dazugehörige Prüfungsbericht sind gemäß §314 Abs.1 AktG an den Aufsichtsrat als letzte Prüfinstanz weiterzuleiten. Dieser muss beide Berichte überprüfen und in einem Bericht an die Hauptversammlung kommentieren sowie in einer Schlussbemerkung eventuelle Einwendungen erheben.[269] Gemäß §316 AktG gelten die Prüfungspflichten von §§313-315 AktG nicht, falls ein Gewinnabführungsvertrag vorliegt, da nach Meinung des Gesetzgebers in diesem Fall ein ausreichender Schutz über §§300-307 AktG gewährt wird.[270]

Als weitere Pflicht sind die potentiellen Schadenersatzpflichten für die beherrschte Gesellschaft gemäß §317 AktG und für die Verwaltungsmitglieder der beherrschten Gesellschaft gemäß §318 AktG zu nennen. Für die herrschende Gesellschaft tritt eine Schadenersatzpflicht immer dann ein, wenn der

---

abhängige Unternehmen zu 100% beherrscht wird. Vgl. Ehreiser, H.J. (1973), S. 110; Hüffer, U. (1995) §312 Rdnr. 8.

267 Vgl. Emmerich, V./ Sonnenschein, J. (1992), S. 338/339.

268 Ergänzt werden die Prüfungspflichten durch das Recht auf Sonderprüfung gemäß §315 AktG, welches ein Aktionär bei Gericht beantragen kann, falls Vorstand, Abschlussprüfer und/oder Aufsichtsrat Einwendungen gegenüber dem erfolgten Nachteilsausgleich geäußert haben.

269 Vgl. §§314 Abs.2 und 3 AktG.

270 Vgl. Hüffer, U. (1995), S. 1299.

Nachteilsausgleich unzureichend ist. Die Schadenersatzpflicht trifft den Vorstand der beherrschten Gesellschaft, wenn er seine oben beschriebenen Pflichten nicht ordnungsgemäß erfüllt hat. Dabei ist als Besonderheit zu nennen, dass im Gegensatz zum Nachteilsausgleich nicht nur die im Zeitpunkt der Weisungserteilung angefallenen Nachteile, sondern auch alle darüber hinaus entstandenen Schäden relevant sind, wodurch die Sanktionswirkung der Schadenersatzpflicht gegenüber der Ausgleichspflicht verdeutlicht wird.[271]

3.2.2. Kritik an den Vorschriften der §§311-318 AktG

Die im vorherigen Abschnitt beschriebenen Vorschriften bilden bis zum Abschluss eines Unternehmensvertrags bzw. bis zur Durchführung einer Eingliederung oder Verschmelzung den einzigen Schutz für Minderheitsaktionäre vor eventuellen Schädigungen des Kontrollaktionärs. Aus verschiedenen Gründen wird die Wirksamkeit von §§311-318 AktG seit mehr als dreißig Jahren angezweifelt:

Grundsätzlich umstritten ist der Geltungsbereich der §§311ff. AktG. Es ist unklar, ob ein Abhängigkeitsverhältnis nur auf einer Mehrheitsbeteiligung oder auch auf langfristigen Liefer-, Abnahme- oder Kreditverträgen bzw. personellen Verflechtungen basieren kann, was zu einer Ausweitung des Schutzumfangs führen würde.[272] Zum Schutz der Aktionäre ist von großer Bedeutung, dass der Abschlussprüfer, der das Vorhandensein von Abhängigkeitsverhältnissen überprüft, den Begriff verhältnismäßig weit auslegt,[273] da die Kleinaktionäre ansonsten dem beherrschenden Einfluss eines anderen Unternehmens schutzlos ausgeliefert sind.

Die Hauptkritik richtet sich gegen die Bestimmbarkeit des Nachteilsausgleichs für den Abhängigkeitsbericht.[274] Für gewisse Rechtsgeschäfte, wie z.B. den Verkauf eines Grundstücks an die herrschende Gesellschaft, lässt sich eine eventuelle Nachteilhaftigkeit nachweisen und der notwendige Nachteilsausgleich über Marktpreise bewerten. Sobald jedoch keine Marktpreise vorhanden sind oder die Bewertung z.B. einer personalpolitischen Maßnahme ansteht, wird eine Einschätzung und Überprüfung der zugefügten Vermögensverluste nahezu unmöglich,[275] so dass der Kontrollaktionär problemlos ungünstige Annahmen zu Lasten des Minderheitsaktionärs bei der Kalkulation des Nachteilsausgleichs zugrunde legen kann.

Das Problem der angemessenen Nachteilsausgleichsbestimmung wird durch die Abhängigkeit der für die Aufstellung und Prüfung zuständigen Personenkreise

---

[271] Vgl. Emmerich, V./Sonnenschein, J. (1992), S. 333.

[272] Dabei stellt sich zusätzlich die Frage, inwieweit dennoch eine Kapitalbeteiligung als Grundvoraussetzung bestehen muss. Vgl. Prantl, J. (1994), S. 75.

[273] Vgl. Prantl, J. (1994), S. 76.

[274] Vgl. Ehreiser, H.J. (1973), S. 124-128, 142-148; Koppensteiner, H.-G. (1987), S. 424-428; Kübler, F./Schmidt, R.H. (1988), S. 88/89; Emmerich, V./ Sonnenschein, J. (1992), S. 334-337; Prantl, J. (1994), S. 82; Krause, H. (1996a), S. 212; Schenk, G. (1997), S. 656.

[275] Zu Vorschlägen für eine verbesserte Kalkulation von Nachteilen vgl. Prantl, J. (1994), S. 78.

gegenüber der herrschenden Gesellschaft noch verschärft.[276] Da Vorstand und Aufsichtsrat bei Vorliegen einer Kontrollbeteiligung ohnehin den verlängerten Arm des Kontrollaktionärs bilden, kann von diesen beiden Gruppen nur in Einzelfällen Solidarität gegenüber den Kleinaktionären erwartet werden. Hinzu kommt, dass die Aufsichtsratstätigkeit in der Regel für die meisten Aufsichtsratmitglieder eine Nebenbeschäftigung darstellt und deshalb eine intensive Kontrolle kaum möglich ist.[277] Für den Abschlussprüfer besteht die Problematik darin, dass dieser nicht nur den Abhängigkeitsbericht, sondern auch den Jahresabschluss prüft und seine Folgeaufträge von der Gunst des Managements bzw. Aufsichtsrats abhängen.[278] Damit ist auch das Instrument der Sonderprüfung hinfällig, da als Voraussetzung Einwendungen von Vorstand, Abschlussprüfer oder Aufsichtsrat vorliegen müssen, was bei einer zu starken Abhängigkeit nur in Extremfällen der Fall sein wird.[279]

Darüber hinaus zeigen auch Schadenersatzklagen gegen das herrschende Unternehmen bzw. Verwaltungsmitglieder der beherrschten Gesellschaft nur begrenzte Wirkung; aufgrund des Kostenrisikos und dem Umstand, dass der Schadenersatz an die beherrschte Gesellschaft und nicht an den klagenden Aktionär geht, ist die Bereitschaft zur Klage seitens der Kleinaktionäre verschwindend gering. Das Vorgehen von Aktionären wird hierbei durch die fehlende Veröffentlichungspflicht des Abhängigkeitsberichts zusätzlich erschwert.[280]

Schließlich wird an den bestehenden Regeln kritisiert, dass es unklar ist, wie die Vorschriften zur Kapitalerhaltung (§§57ff. AktG) sowie zur Schadenersatzpflicht (§117 AktG) etc. im Zusammenhang mit dem faktischen Konzern behandelt werden. Die herrschende Meinung geht davon aus, dass diese Vorschriften durch die §§311ff. AktG eingeschränkt werden, was wiederum jedoch eine Schwächung der Schutzvorschriften für Kleinaktionäre bedeuten und damit nicht der ursprünglichen Intention des 3. Buches folgen würde.[281]

Aus den Argumenten lässt sich schließen, dass der Schutzmechanismus im Falle des faktischen Konzerns nur sehr eingeschränkt funktioniert und im Falle des qualifiziert faktischen Konzern vollständig versagt.[282] Während bei einfach faktischen Konzernen das abhängige Unternehmen noch ein großes Maß an Unabhängigkeit besitzt und nur bei vereinzelten Entscheidungen vom herrschenden Unternehmen beeinflusst werden kann,[283] sind beim qualifiziert faktischen Konzern die Verflechtungen derartig weitreichend, dass eine Selbständigkeit des

---

276 Vgl. Kübler, F./Schmidt, R.H. (1988), S. 90; Emmerich, V./ Sonnenschein, J. (1992), S. 339; Prantl, J. (1994), S. 82-84; Schenk, G. (1997), S. 656/657.

277 Vgl. Ehreiser, H.J. (1973), S. 151.

278 Vgl. Ehreiser, H.J. (1973), S. 148/149.

279 Vgl. Ehreiser, H.J. (1973), S. 165/166; Schenk, G. (1997), S. 657.

280 Vgl. Hüffer, U. (1995), §312 Rdnr. 38.

281 Vgl. Kübler, F./ Schmidt, R.H. (1988), S. 88. Literaturhinweise bei Hüffer, U. (1995) §311 Rdnr. 48-50.

282 Vgl. Emmerich, V./ Sonnenschein, J. (1992), S. 341; Schmidt, H./ Drukarczyk, J./ u.a. (1997), S. 92.

283 Vgl. Emmerich, V./ Sonnenschein, J. (1992), S. 322; Prantl, J. (1994), S. 90.

beherrschten Unternehmens nicht mehr vorhanden ist.[284] In einem solchen Fall wird das beherrschte Unternehmen wie eine Art "Betriebsabteilung" geführt.[285]

Die Schwachstellen der Schutzvorschriften führen dazu, dass der faktische Konzern eine ideale Vorstufe für spätere Strategien, wie den Abschluss eines Unternehmensvertrags oder eine Verschmelzung, bietet.[286] Durch unberücksichtigt gebliebene Vermögensverschiebungen zugunsten der herrschenden Gesellschaft A wird der Wert des beherrschten Unternehmens B reduziert, was sich vorteilhaft auf die spätere Festlegung von Abfindungen auswirken kann, wie folgendes Beispiel vereinfacht zeigt:

(1) $U_{B,OV} = EÜ_B / i$

(2) $A_{B,OV} = U_{B,OV} / x_B$

mit $U_{B,OV}$ = Unternehmenswert von B ohne Vermögensverschiebungen; $EÜ_B$ = jährlich zu erwartender Einzahlungsüberschuss; i = Zinssatz; $A_{B,OV}$ = Abfindungsbetrag pro Anteil; x_B = Anzahl Anteile an B

Bei einem $EÜ_B$ von €100 und einem Zinssatz i von 10% würde sich ein Unternehmenswert $U_{B,OV}$ in Höhe von €1000 ergeben. Bei 100 Anteilen errechnet sich eine Abfindung von €10. Nach unausgeglichen gebliebenen Vermögensverschiebungen im faktischen Konzern, die sich mit einem Abschlag d von €20 bei $EÜ_B$ niederschlagen, kann sich folgendes Bild ergeben:

(3) $U_{B,MV} = (EÜ_B - d) / i$

Daraus würde sich nach obigen Zahlenbeispiel ein Unternehmenswert $U_{B,MV}$ von €800 und ein Abfindungsbetrag von €8 ergeben. Damit hätte das beherrschte Unternehmen einen Vermögensverlust von €200 insgesamt und €2 pro Anteil hinzunehmen, was eine Reduzierung der Wertbasis in Höhe von 25% bedeutet.

Verlässliche Aussagen zum Umfang von Schädigungen in der Praxis beim einfach und qualifiziert faktischen Konzern sind zum heutigen Zeitpunkt nicht möglich, da empirische Untersuchungen zu dieser Problematik nicht vorliegen. Da jedoch die Schädigungen theoretisch möglich sind, liegt die Vermutung nahe, dass ein, den eigenen Nutzen maximierender, Kontrollaktionär diesen Spielraum auch ausnutzt und es damit aus Sicht des Minderheitsaktionärs bzw. der Gesamtwirtschaft zu ineffizienten Ressourcenallokationen kommen kann.[287]

---

284 Vgl. Prantl, J. (1994), S. 90; Schriefers, M. (1996), S. 10.

285 Vgl. Kübler, F./ Schmidt, R.H. (1988), S. 87/88. Die Abgrenzung des einfach faktischen Konzerns zum qualifiziert faktischen Konzerns ist in der Literatur umstritten. Vgl. Emmerich, V./ Sonnenschein, J. (1992), S. 341-343.

286 Verstärkt wird diese Möglichkeit durch die Regelungen im Übernahmekodex, die dem Kontrollerwerber einen Zeitraum von 18 Monaten bis zum Abschluss eines Unternehmensvertrags bzw. zu einer Eingliederung gewähren.

287 Erste Anhaltspunkte liefert Untersuchung von Edwards/Weichenrieder. Vgl. Edwards, J.S./ Weichenrieder, A.J. (1999), S. 31.

3.2.3. Lösungsvorschläge zum faktischen Konzern

Zur Lösung der beschriebenen Probleme gibt es mehrere Ansätze in Literatur und Rechtsprechung: Ein Vorschlag besteht in der Berücksichtigung der tatsächlich erfolgten Vermögensverschiebungen bei späteren Abfindungsbewertungen. Angesichts der geschilderten Probleme bei der Feststellung des Nachteilsausgleichs erscheint die Durchsetzung dieses Vorschlags schwierig.[288] Hinzu kommt, dass ein solches Vorgehen für den dauerhaft faktischen Konzern keine Lösung darstellt. Eine von weiten Teilen der Literatur präferierte Lösung besteht in dem generellen Verbot von qualifiziert faktischen Konzernen.[289] Die Rechtsprechung, abgesehen vom OLG Hamm, ist dieser Ansicht bisher nicht gefolgt, obwohl sich die Situation des beherrschten Unternehmens im qualifiziert faktischen Konzern nicht signifikant von der Situation in einem Vertragskonzern unterscheidet.[290] Ein anderer Vorschlag, der mit Blick auf die Entwicklung beim qualifiziert faktischen GmbH-Konzern zunehmend propagiert wird,[291] zielt auf die Verpflichtung zum Abschluss eines Unternehmensvertrags bzw. auf die analoge Anwendung der Vorschriften zum Vertragskonzern bei Vorliegen eines qualifiziert faktischen Konzerns.[292] Nach Meinung der Befürworter könnten dadurch die Probleme des Nachteilsausgleichs beseitigt werden, da der Aktionär durch die Schutzinstrumente Ausgleich und Abfindung "ausreichend" abgesichert wäre. Die Ausführungen im nachfolgenden Abschnitt zum Vertragskonzern werden jedoch eine Reihe von Problemen aufzeigen, die im Vorfeld gelöst werden müssten, da ansonsten eine schlechte Lösung gegen eine andere schlechte Lösung ausgetauscht wird.[293] Zusätzlich besteht die Schwierigkeit, dass es keine eindeutigen Tatbestände gibt, ab wann ein faktischer Konzern bzw. qualifiziert faktischer Konzern tatsächlich vorliegt; d.h. es ist wiederum Auslegungssache der Obergesellschaft und im späteren Verlauf der Sachverständigen und Gerichte, inwieweit den Aktionären tatsächlich die Schutzvorschriften zustehen.[294] Von einigen Autoren ist deshalb die reine Umgestaltung der bestehenden Regulierungen durch

- Verbesserung der Prüfungs- und Berichtspflichten (Offenlegung des Abhängigkeitsberichts, Veränderungen beim Berichtsinhalt etc.),
- Neugestaltung des Aufsichtsrats und
- Abstimmung über den Übergang vom faktischen zum qualifiziert faktischen Konzern

---

[288] Eine ausführlichere Darstellung ist unten im Abschnitt zur Bewertung nachzulesen.

[289] Vgl. Hommelhoff, P./ Kleindiek, D. (1990), S. 111; Emmerich, V./ Sonnenschein, J. (1992), S. 346; Kallmeyer, H. (1997a), S. 437.

[290] Vgl. OLG-Urteil Hamm (1987), S. 38.

[291] Vgl. Krause, H. (1996b), S. 191.

[292] Vgl. hierzu die Meinungen von Immenga, U. (1975b), S. 263; Wiedemann, H. (1978), S. 491/492; Koppensteiner, H.-G. (1987), S. 399/400; Emmerich, V./ Sonnenschein, J. (1992), S. 346/347; Beckmann, R. (1995), S. 70; Krause, H. (1996b), S. 190/191; Schmidt, H./Drukarczyk, J./ u.a. (1997), S. 92.

[293] Vgl. Kapitel II, Abschnitt 3.3.

[294] Zu den Schwierigkeiten, vgl. Prantl, J. (1994), S. 135; Krause, H. (1996b), S. 193.

vorgeschlagen worden.[295] Diese Änderungen beseitigen jedoch nicht die Probleme bei Feststellung des Nachteilsausgleichs und zeigen deshalb beim qualifiziert faktischen Konzern nur sehr begrenzt Wirkung.

Vor allem von Befürwortern der Konzeption des faktischen Konzerns wird letztere Lösung präferiert, da nur hier die Grundidee des faktischen Konzerns erhalten bleibt. Schenk vertritt z.B. die These, dass es eine Reihe positiver Effizienzwirkungen durch einen faktischen Konzern gibt, die bei analoger Anwendung der Regelungen zum Vertragskonzern verloren gingen.[296] Schenk würde eine Beseitigung des faktischen Konzerns nur befürworten, wenn die oben beschriebenen negativen Wirkungen die positiven Wirkungen überwiegen würden.[297] Aufgrund mangelnder empirischer Ergebnisse lässt sich dieses zum derzeitigen Zeitpunkt nicht beantworten. Dennoch stellt sich die Frage, ob die von Schenk angesprochenen Effizienzwirkungen erzielbar sind und ob sie tatsächlich von der Konzeption des faktischen Konzerns abhängen:

Schenk nennt z.B. den Vorteil der Marktvervollständigung,[298] d.h. die Vergrößerung des Anlagespektrums, aus Sicht des Anlegers, wenn mehr Tochtergesellschaften an die Börse gebracht werden. Die Börsennotierung ist jedoch nach Meinung Schenks nur für einen faktischen Konzern sinnvoll, da der Börsenkurs eines vertraglich gebundenen Unternehmens rein aufgrund der vertraglich vereinbarten Ausgleichszahlungen gebildet wird. Diese Argumentation ist sehr schwach, da die Bedeutung börsennotierter Tochtergesellschaften von faktischen Konzerne für die Erweiterung des Anlagespektrums sowie für die Erhöhung der Kapitalmarktattraktivität verschwindend gering ist.

Die Intensivierung der Kapitalmarktkontrolle für die Tochtergesellschaft wird als weiterer Vorteil angeführt.[299] Schenk geht davon aus, dass eine börsennotierte, faktisch konzernierte Tochtergesellschaft einer besseren Kontrolle durch außenstehende Investoren unterliegt als eine vertraglich gebundene Konzerntochter. Angesichts der oben erwähnten Kontrollprobleme von Kleinaktionären ist dieser Vorteil als äußerst gering einzustufen, da die Konzernmutter über die entscheidenden Anteile verfügt und damit wie bei einer 100%igen Tochter häufig die einzige Kontrollausübende stellt.

Als weiteren Vorteil nennt Schenk die Reduktion von Agency-Konflikten zwischen Konzernmanagement und Management der Tochtergesellschaft durch das Vorhandensein eines Börsenkurses als Steuerungs- und Kontrollinstrument.[300] Dieser Börsenkurs wäre, wie bereits erwähnt, im Vertragskonzern ohne

---

295 Vgl. Hommelhoff, P./Kleindiek, D. (1990), S. 111; Emmerich, V./ Sonnenschein, J. (1992), S. 346. Vergleiche hierzu auch Vorschläge der Konzernrechtsrichtlinie und der Unternehmensrechtskommission bei Prantl, J. (1994), S. 130-134.

296 Vgl. Schenk, G. (1997), S. 658.

297 Vgl. Schenk, G. (1997), S. 669/670.

298 Vgl. Schenk, G. (1997), S. 661/662.

299 Vgl. Schenk, G. (1997), S. 662-664.

300 Vgl. Schenk, G. (1997), S. 664-666.

Aussagekraft, da in diesen Fällen dieser nur das Ergebnis der vertraglich vereinbarten Ausgleichszahlungen widerspiegelt. Es ist jedoch fraglich, ob nicht ein internes Leistungsmessungssystem auf Basis von Shareholder-Value-Maßstäben gekoppelt mit einem Anreizsystem ein besseres Kontrollinstrument darstellt als die in einem relativ engen Markt unter dem Einfluss eines Kontrollaktionärs entstandenen Aktienkurse.

Den Hauptvorteil sieht Schenk in der Vermeidung von Unterinvestitionsproblemen bei Kapitalerhöhungen.[301] Er stützt sich dabei auf die Ausführungen von Myers/Majluf, in denen nachgewiesen wurde, dass vorteilhafte Neuinvestitionen aufgrund des Misstrauens neuer Anteilseigner gegenüber bereits im Unternehmen bestehender Investitionsprogramme und der daraus entstehenden Verteuerung der Kapitalbeschaffung nicht durchgeführt werden. Durch die Gründung einer Tochtergesellschaft, bei der das notwendige Kapital über die Aufnahme von Minderheitsaktionären beschafft wird, wäre das Unterinvestitionsproblem gelöst, wenn die Tochtergesellschaft völlig unabhängig von der Muttergesellschaft agieren würde. Schenk argumentiert, dass im Gegensatz zum Vertragskonzern beim faktischen Konzern, bei dem es nur eingeschränkt zu Weisungen zwischen Mutter- und Tochtergesellschaft kommen sollte, diese Vorteile bis zu einem gewissen Maße realisiert werden könnten. Diese Argumentation ist für den einfach faktischen Konzern grundsätzlich nicht abzulehnen; jedoch gilt sie nicht für den qualifiziert faktischen Konzern, da in diesem Fall die Verflechtungen zu umfangreich sind und die Investitionsprogramme der Muttergesellschaft beim Kalkül von Neueigentümern eine Rolle spielen. Hinzu kommt, dass aus Sicht der außenstehenden Aktionäre in jedem Fall das Risiko besteht, dass das herrschende Unternehmen zu einem späteren Zeitpunkt den Vertragskonzern wählen könnte.

Zusammenfassend lässt sich feststellen, dass nur wenige Anhaltspunkte für eine Effizienzwirkung des faktischen Konzerns bestehen und keine Lösungsvorschläge existieren, wie der faktische Konzern in seiner Form erhalten bleiben und gleichzeitig ein ausreichender Anlegerschutz erreicht werden kann.

3.3. Minderheitenschutz bei Vertragskonzernen

3.3.1. Definition von Vertragskonzernen

Im Gegensatz zu anderen Ländern, wie etwa USA, England aber auch Nachbarländern wie der Schweiz, kommt der Vertragskonzern in Deutschland verhältnismäßig häufig vor.[302] Die Gründe für die Beliebtheit des Vertragskonzerns liegen neben den allgemeinen Vorteilen einer Unternehmensverbindung[303] in den steuerlichen Vorteilen und den Gestaltungsmöglichkeiten, die einer herrschenden Gesellschaft nach Abschluss eines Unternehmensvertrages zur Verfügung

---

301 Vgl. Schenk, G. (1997), S. 659/660.

302 In der Schweiz kam es während der letzten Jahre nur in einem Fall zum Abschluss eines Unternehmensvertrags. Vgl. Braatschi, B. (1996), S. 14.

303 Vgl. Kapitel I, Abschnitt 4.3.

stehen.[304] Sinnvoll ist der Abschluss von Unternehmensverträgen nach einer Phase der faktischen Konzernierung, da in dieser Phase Vermögensverschiebungen zugunsten des herrschenden Unternehmens vorgenommen werden können. Diese können wiederum zu einem Absinken der Anteilswerte der Minderheitsaktionäre und damit zu einer verminderten Basis für die Bestimmung von eventuellen Abfindungsansprüchen führen.[305] Gemäß §291 AktG lassen sich zwei Hauptarten von Unternehmensverträgen unterscheiden: Im Falle des Gewinnabführungsvertrags (GAV) verpflichtet sich die Untergesellschaft, ihren gesamten Gewinn an die Obergesellschaft abzuführen,[306] was für die außenstehenden Aktionäre den Entzug der Dividende zur Folge hat. Im Grunde kann der Vertrag auch als Ergebnisabführungsvertrag bezeichnet werden, da gemäß §302 Abs.1 AktG aus Gläubigerschutzgründen der Verlust ebenfalls übernommen werden muss.[307] Als ein GAV gilt ebenfalls ein Geschäftsführungsvertrag, bei dem sich eine Aktiengesellschaft verpflichtet, ihr Unternehmen für die Rechung eines anderen Unternehmens zu führen.[308] Beim Beherrschungsvertrag, der häufig die Grundlage des Vertragskonzerns bildet, unterstellt sich die abhängige Gesellschaft gemäß §291 Abs.1 Satz 1 AktG der Leitung des herrschenden Unternehmens. Leitung bedeutet in diesem Fall, dass die Rechte und Pflichten des Vorstands der Untergesellschaft, das Unternehmen zu leiten, vom Beherrschungsvertrag ersetzt werden, gleichzeitig aber die Rechte der Hauptversammlung und des Aufsichtsrats unverändert bestehen bleiben.[309] Häufig wird in der Praxis eine Kombination von Gewinnabführungs- und Beherrschungsvertrag gewählt, da es nur dann zu einem Organschaftsvertrag mit steuerlicher Wirkung kommt.[310]

---

[304] Vgl. Kirchheim, C. (1994), S. 19; Schwenn, D. (1998), S. 33.

[305] Vgl. Behrens, P. (1975), S. 441; Prantl, J. (1994), S. 92/ 93; Kapitel II, Abschnitt 4.3.

[306] Vgl. §291 Abs.1 AktG.

[307] Vgl. Koppensteiner, H.-G. (1987), S. 75.

[308] Vgl. Koppensteiner, H.-G. (1987), S. 77; Emmerich, V./ Sonnenschein, J. (1992), S. 155, 160-162; Hüffer, U. (1995) §291 Rdnr. 30-33.

[309] Vgl. Bodewig, T. (1974), S. 5; Emmerich, V./ Sonnenschein, J. (1992), S. 137, 148-150; Koppensteiner, H.-G. (1987), S. 54.

[310] Vgl. Kirchheim, C. (1994), S. 19; Hüffer, U. (1995), §291 Rdnr. 38; Schmidt, H./ Drukarczyk, J./ u.a. (1997), S. 82. Vereinzelt kommt es zu einem isolierten Abschluss eines Beherrschungsvertrags, was wiederum in der Regel steuerliche Gründe hat, da vororganschaftliche Verlustvorträge bei Abschluss eines Organschaftsvertrags unwiderruflich verloren gehen. Vgl. Emmerich, V./ Sonnenschein, J. (1992), S. 137. Es gibt gemäß §292 AktG noch weitere Unternehmensverträge wie den Betriebsführungsvertrag bzw. den Gewinngemeinschaftsvertrag, welche jedoch in den nachfolgenden Ausführungen unberücksichtigt bleiben. Vgl. Ausführungen bei Niemann, C. (1968), S. 99-102; Koppensteiner, H.-G. (1987), S. 89-127; Emmerich, V./ Sonnenschein, J. (1992), S. 176-196; Hüffer, U. (1995) §292.

3.3.2. Rahmenbedingungen für den Abschluss bzw. die Änderung von Unternehmensverträgen

Grundbedingung für den Abschluss eines Unternehmensvertrags ist das Vorliegen der Rechtsform AG bzw. KGaA bei der abhängigen Gesellschaft, während es für die Obergesellschaft ausreicht, dass sie Unternehmenseigenschaft besitzt.[311] Für die Wirksamkeit eines Unternehmensvertrags bedarf es ferner der Erfüllung einer Reihe von Voraussetzungen: Grundlegend ist gemäß §293 Abs.1 AktG neben der, generell für HV-Beschlüsse notwendigen,[312] einfachen Stimmenmehrheit die Zustimmung durch 75% des bei der Hauptversammlung anwesenden Grundkapitals;[313] eine Verschärfung der Mehrheitserfordernisse durch die Satzung ist jederzeit möglich.[314] Falls die Obergesellschaft ebenfalls eine AG oder KGaA ist, wird auch die Zustimmung der Hauptversammlung der herrschenden Gesellschaft benötigt.[315] Nach der herrschenden Meinung ist ein Vertrag, soweit die Initiative zum Vertragsschluss vom Management ausgeht, neben der Hauptversammlung auch dem Aufsichtsrat zur Prüfung vorzulegen.[316] Die §§293a-g AktG behandeln ausführlich die Vorschriften, die bei Einholung der Zustimmung zum Unternehmensvertrag durch die Hauptversammlung zu beachten sind.[317] Dazu gehören die Verpflichtung zur Berichtserstellung über den Unternehmensvertrag durch das Management (§293a AktG), die Prüfung des Unternehmensvertrags durch entsprechend ausgewählte Vertragsprüfer (§293b-e AktG)[318] sowie bestimmte Informationspflichten, wie die öffentliche Auslegung des Unternehmensvertrags, des Prüfungsberichts und der Jahresabschlüsse der Vertragspartner (§293f Abs.1 AktG) bzw. die Erstellung von Abschriften für Aktionäre (§293f Abs.2 AktG). Von zentraler Bedeutung ist die Vorschrift, dass ein Vertrag gemäß §304 Abs.3 AktG ungültig ist, falls er keinen Ausgleich vorsieht.[319] Gültigkeit erlangt ein Unternehmensvertrag in jedem Fall erst bei Eintragung ins Handelsregister.[320] Geändert werden kann gemäß §295 AktG ein Vertrag nur bei Vorliegen einer entsprechenden Zustimmung durch die Hauptversammlung.[321] Zusätzlich ist gemäß §295 Abs.2 AktG ein Sonderbeschluss der außenstehenden Aktionäre notwendig, falls die Änderungen die Ausgleichs-

---

311 Vgl. Koppensteiner, H.-G. (1987), S. 51/52; Hüffer, U. (1995), §293 Rdnr. 5, 8.

312 Vgl. §133 AktG.

313 Vgl. §293 Abs.3 AktG.

314 Vgl. Koppensteiner, H.-G. (1987), S. 131.

315 Vgl. §293 Abs.2 AktG. Ausführliche Darstellungen zu diesem Thema finden sich bei Koppensteiner, H.-G. (1987), S. 146-150.

316 Vgl. Sonnenschein, J. (1981), S. 436; Koppensteiner, H.-G. (1987), S. 132; Schwenn, D. (1998), S. 36-40.

317 Vgl. Hüffer, U. (1995), §293a-f.

318 Diese Verpflichtung ist erst seit der Bereinigung des Umwandlungsgesetzes neu hinzugekommen.

319 Vgl. Hüchting, H.-J. (1972), S. 69.

320 Vgl. §294 AktG.

321 Vgl. Hüffer, U. (1995), §295.

oder Abfindungsregelungen betreffen. Die Kündigung bzw. Aufhebung von Unternehmensverträgen ist in den §§ 296, 297 AktG geregelt.[322]

3.3.3. Weisungsmöglichkeiten des herrschenden Unternehmens

Prinzipiell verfügt das herrschende Unternehmen gemäß §308 AktG bei Bestehen eines kombinierten Beherrschungs-/Gewinnabführungsvertrags über ein uneingeschränktes Weisungsrecht.[323] Damit können über den Vorstand der abhängigen Gesellschaft auch Maßnahmen und Rechtsgeschäfte zu Lasten der abhängigen Gesellschaft durchgeführt werden,[324] wenn sich diese für das Konzerninteresse positiv auswirken, da mit dem Abschluss des Unternehmensvertrags das Interesse der abhängigen Gesellschaft in den Hintergrund gerückt ist.[325] Unterstützt wird dieser Umstand durch die Formulierung in §291 Abs.3 AktG, nach der Leistungen der Untergesellschaft an die Obergesellschaft nicht als Verstoß gegen die Kapitalerhaltungsvorschriften §§57, 58, 60 AktG gelten.[326] Beispiele für solche Weisungen sind die Schließung von Produktionsanlagen zur Reduktion von Überkapazitäten, die Verlagerung von Absatz auf die Obergesellschaft, die Unterlassung von Modernisierungen und der Abschluss langfristiger Lieferverträge zwischen Ober- und Untergesellschaft.

Begrenzt wird die herrschende Gesellschaft durch die Vorschriften gemäß §§300ff. AktG:[327] Während §300 AktG die Mindesthöhe der gesetzlichen Rücklagenbildung sowohl für Gewinnabführungs- als auch Beherrschungsverträge vorschreibt, setzt §301 AktG den Höchstbetrag der zulässigen Gewinnabführung an das herrschende Unternehmen fest. Gleichzeitig verpflichtet §302 AktG das herrschende Unternehmen bei Vorliegen eines Fehlbetrags zur Verlustübernahme. Zusätzlichen Gläubigerschutz liefert §303 AktG, wonach ein herrschendes Unternehmen auch nach Beendigung eines Unternehmensvertrags zur Sicherheitsleistung gegenüber Gläubigern verpflichtet ist. Da jedoch die Vorschriften nur dem Erhalt des bei Vertragsabschluß vorhandenen bilanziellen Eigenkapitals dienen, ist ein wirksamer Schutz der Gesellschaft und der Anteilseigner nicht vorhanden.[328] Das herrschende Unternehmen kann nach geltendem Recht stille Reserven auflösen und als Gewinne an sich abführen bzw. zur Verlustdeckung verwenden, ohne dass eine

---

322 Vgl. Kapitel II, Abschnitt 4.4.5.

323 Vgl. Sonnenschein, J. (1981), S. 440.

324 Vgl. Niemann, C. (1968), S. 94/95; Hüffer, U. (1995), §308 Rdnr. 12.

325 Vgl. Thywissen, J. (1979), S. 24-26; Beyerle, K. (1980), S. 318; Hommelhoff, P./ Kleindiek, D. (1990), S. 110.

326 Vgl. Kühn, W. (1992), S. 297.

327 Vgl. hierzu die Ausführungen von Koppensteiner, H.-G. (1987), S. 209-259; Sonnenschein, J. (1991), S. 69-73. Weitere vertragliche und gesetzliche Grenzen; vgl. Hüffer, U. (1995) §308 Rdnr. 15.

328 Vgl. Hüchting, H.-J. (1972), S. 117; Wilhelm, H. (1976), S. 111-116; zum gleichen Ergebnis kommt 1980 die Unternehmensrechtskommission. Vgl. Sonnenschein, J. (1981), S. 438/439; Prantl, J. (1994), S. 339/340; Hecker, R./ Wenger, E. (1995), S. 329-332; Meilicke, W. (1995), S. 184.

Beteiligung der Minderheitsaktionäre vorgeschrieben ist. Da die Forderung der Berücksichtigung stiller Reserven bei den §§300ff. AktG bisher noch nicht umgesetzt wurde,[329] wird die Obergesellschaft nur durch die Vorgabe begrenzt, dass die Überlebensfähigkeit des Unternehmens erhalten bleiben muss.[330] Damit steht der Ausbeutung eines Unternehmens bis zum Laufzeitende bzw. bis zur Kündigung des Unternehmensvertrags de facto nichts entgegen, weil die im Verlauf eines Unternehmensvertrags entstandenen Vermögensverschlechterungen nicht durch die Obergesellschaft ausgeglichen werden müssen; unabhängig davon, ob sie aus verschlechterten Marktverhältnissen oder nachteiligen Weisungen resultieren.[331]

3.3.4. Rechte von außenstehenden Aktionären bei Vorliegen eines Gewinnabführungs- und/oder Beherrschungsvertrags

Im folgenden Abschnitt wird im Anschluss an eine Definition des Begriffs "Außenstehende Aktionäre" der Frage nachgegangen, mit welchen Mitteln der Gesetzgeber die außenstehenden Aktionäre vor den nachteiligen Weisungen eines kontrollierenden Unternehmens schützt bzw. zu schützen versucht.

3.3.4.1. Definition von außenstehenden Aktionären

Generell gilt die Definition, dass bei Vorliegen eines Unternehmensvertrags als außenstehende Aktionäre[332] nur diejenigen Aktionäre in Frage kommen, denen durch den Vertrag kein Vorteil, sondern gegebenenfalls ein Schaden entsteht, der durch die Vorschriften von §§304ff. AktG kompensiert werden muss.[333] Teilweise wird auch die Definition gewählt, dass alle Aktionäre, die keine wirtschaftliche Einheit mit dem anderen Vertragsteil bilden, außenstehende Aktionäre darstellen.[334] Das bedeutet, dass in keinem Fall die Obergesellschaft, 100%ige Töchter der Obergesellschaft bzw. ein die Obergesellschaft zu 100% beherrschendes Unternehmen außenstehende Aktionäre darstellen.[335] Gleiches trifft für Unternehmen zu, die als herrschende oder beherrschte Gesellschaft durch einen Unternehmensvertrag mit der Obergesellschaft verbunden sind.[336] Trotz dieser Definitionen ist in einigen Fällen strittig, ob die Eigenschaften eines

---

[329] Vgl. Sonnenschein, J. (1981), S. 441; Koppensteiner, H.-G. (1987), S. 230.

[330] Vgl. Hüffer, U. (1995) §308 Rdnr. 19.

[331] Vgl. Kapitel II, Abschnitt 3.3.5.

[332] Der Begriff wurde erst mit dem Aktiengesetz von 1965 eingeführt. Vgl. Sieben, G. (1969), S. 404.

[333] Vgl. Thywissen, J. (1979), S. 39; Emmerich, V./ Sonnenschein, J. (1992), S. 275; Kirchheim, C. (1994), S. 27.

[334] Vgl. Niemann, C. (1968), S. 108; Kley, K.-L. (1986), S. 31-33.

[335] Vgl. Schmidt, J. (1977), S. 37; Emmerich, V./ Sonnenschein, J. (1992), S. 275. Gegenmeinung bei Kley, K.-L. (1986), S. 36-42, der jeden Aktionär, der nicht direkt den anderen Vertragsteil darstellt, als außenstehenden Aktionär behandelt.

[336] Vgl. Hüchting, H.-J. (1972), 109/110; Koppensteiner, H.-G. (1987), S. 176.

außenstehenden Aktionärs tatsächlich gegeben sind, wenn nämlich die Aktionäre der Untergesellschaft:

- ¶ über eine Sperrminorität verfügen und theoretisch den Unternehmensvertrag hätten verhindern können,[337]
- ¶ weniger als 100% am herrschenden Unternehmen besitzen und damit eventuelle Verluste der Untergesellschaft durch Gewinne der Obergesellschaft kompensiert werden könnten,[338]
- ¶ als Unternehmen wiederum von der Obergesellschaft mit einem Anteil kleiner als 100% beherrscht werden.[339]

Generell spricht sich die herrschende Meinung für eine großzügige Auslegung des Begriffs "außenstehend" aus, so dass regelmäßig auch in strittigen Fällen Aktionären ein Anspruch auf die Rechte der außenstehenden Aktionäre zugestanden wird.

3.3.4.2. Überblick über Schutzrechte außenstehender Aktionäre

Der Schutz außenstehender Aktionäre gegenüber einem Kontrollaktionär ist grundsätzlich mit Hilfe zwei verschiedener Modelle erzielbar:[340] Beim Vertragsmodell werden bestimmte Schutzregelungen konzipiert, wie z.B. die Vorgabe der Einstimmigkeit bei Beschlussfassung zu einem Unternehmensvertrag, mit denen sich der außenstehende Aktionär gegen Beeinträchtigungen zur Wehr setzen und bessere Konditionen für sich aushandeln kann (*Voice*). Im Gegensatz dazu wird beim Abfindungsmodell die Dominanz des Kontrollaktionärs und die Möglichkeit zu Vermögensverschiebungen ausdrücklich zugelassen und ein Schutz des Minderheitsaktionärs über Kompensation der erlittenen Verluste in Form von Ausgleichs- oder Abfindungszahlungen erzielt (*Exit*). Der Gesetzgeber hat sich bei der Konzeption des Aktiengesetzes von 1965 für letztere Lösung entschieden.[341] Damit stehen den Aktionären neben allgemeinen Informationsrechten (§293f AktG) sowie der Möglichkeit zur Schadenersatzklage (§§309, 310 AktG) auch gesetzlich zugesicherte Austritts- und Ausgleichsrechte zur Verfügung, die gegebenenfalls mit Hilfe von Spruchstellenverfahren durchgesetzt werden können.

Den außenstehenden Aktionären bietet sich jedoch, abgesehen von der Anfechtung von Hauptversammlungsbeschlüssen, keine Möglichkeit, den Abschluss bzw. die Beendigung eines Unternehmensvertrags zu verhindern oder selbst zu veranlassen.

---

[337] Gegen eine Behandlung als außenstehende Aktionäre spricht sich deshalb Boetius aus; Koppensteiner argumentiert dafür, da die Schutzvorschriften ausschließlich als Ersatz für die durch den Unternehmensvertrag bei allen Aktionären entstehenden Vermögenseinbußen dienen. Vgl. Boetius, J. (1972), S. 1221/1222; Thywissen, J. (1979), S. 40; Koppensteiner, H.-G. (1987), S. 175; Kirchheim, C. (1994), S. 29.

[338] Vgl. eine Darstellung der Diskussion bei Petzel, A. (1967), S. 29/30; Koppensteiner, H.-G. (1987), S. 176/177; Kirchheim, C. (1994), S. 32-34.

[339] Vgl. Kley, K.L. (1986), S. 42; Koppensteiner, H.G. (1987), S. 177/178.

[340] Vgl. Fleischer, H. (1997), S. 389-393.

[341] Vgl. Niemann, C. (1968), S. 45.

Vorschläge der Literatur, als Voraussetzung für die Wirksamkeit von Unternehmensverträgen die Zustimmung durch eine qualifizierte Mehrheit der außenstehenden Aktionäre vorzuschreiben, sind von der Gesetzgebung bis dato nicht umgesetzt worden; die Begründung dafür liegt vor allem in den entstehenden Missbrauchsmöglichkeiten durch Kleinaktionäre. Diese könnten mit Hilfe von Erpressungsversuchen ihre Machtposition ausnützen, was wiederum herrschende Unternehmen zur Wahl der faktischen Konzernierungsform verleiten würde.[342] Das bedeutet, dass de lege lata Minderheitsaktionäre auf die nachfolgend beschriebenen Schutzinstrumente von §§304ff. AktG angewiesen sind.

3.3.4.3. Ausgleichsregelung gemäß §304 AktG

3.3.4.3.1. Inhalt der Vorschrift

Ein Ausgleich dient grundsätzlich dazu, außenstehenden Aktionären im Rahmen eines Unternehmensvertrags die Möglichkeit zum Verbleib im Unternehmen zu geben, ohne dass sich aufgrund des beherrschenden Einflusses der Obergesellschaft die Vermögensposition des Aktionärs verändert.[343] Grundbedingung für ein freies Wahlrecht zwischen Ausstieg und Verbleib ist die Gleichwertigkeit beider Alternativen.[344] Zur Durchsetzung dieses Ziels hat der Gesetzgeber in Abhängigkeit von der Art des Unternehmensvertrags folgende Vorschriften zum Ausgleich gemäß §304 AktG festgelegt:

- ¶ Bei Vorliegen eines Gewinnabführungsvertrags ist der außenstehende Aktionär für den Dividendenentzug mit Hilfe einer auf die Aktiennennbeträge bezogenen wiederkehrenden Geldleistung (Ausgleichszahlung) zu kompensieren (Dividendenersetzungsfunktion gemäß §304 Abs.1 Satz 1 AktG).[345]
- ¶ Im Falle eines Beherrschungsvertrags muss als Ausgleich ein jährlicher Gewinnanteil, welcher sich nach der Höhe der Ausgleichszahlung bemisst, garantiert werden (Dividendenergänzungsfunktion gemäß §304 Abs.1 Satz 2 AktG).[346]

In Abhängigkeit von der Rechtsform des herrschenden Unternehmens besteht die Wahlmöglichkeit zwischen der Berechnung eines festen oder eines variablen Ausgleichs: Der feste Ausgleich basiert auf der bisherigen Ertragslage und den zukünftigen Ertragsaussichten unter Berücksichtigung angemessener Abschreibungen und Wertberichtigungen jedoch ohne Bildung anderer Gewinnrücklagen; d.h. es wird die gesetzlich maximal mögliche Vollausschüttung unterstellt (§304

---

[342] Vgl. Hüchting, H.-J. (1972), S. 97/98; Koppensteiner, H.-G. (1987), S. 144; Hüffer, U. (1995), §293 Rdnr. 9; Schmidt, H./ Drukarczyk, J./ u.a. (1997), S. 84.
[343] Vgl. Koppensteiner, H.-G. (1987), S. 266.
[344] Vgl. Hecker, R./ Wenger, E. (1995), S. 335.
[345] Vgl. Bodewig, T. (1974), S. 9/10; Emmerich, V./ Sonnenschein, J. (1992), S. 273/274.
[346] Vgl. Bodewig, T. (1974), S. 10; Emmerich, V./ Sonnenschein, J. (1992), S. 274.

Abs.2 Satz 1 AktG).[347] Der variable Ausgleich kann an Stelle des festen Ausgleichs gewählt werden, wenn das herrschende Unternehmen eine AG bzw. KGaA darstellt.[348] Die Grundlage für die Kalkulation des variablen Ausgleichs bildet der Gewinnanteil, welcher auf Aktien der herrschenden Gesellschaft mit entsprechendem Nennbetrag entfällt. Der Nennbetrag wird wiederum über das bei einer Verschmelzung zugrunde zu legende Umtauschverhältnis bestimmt (§304 Abs.2 Satz 2 und 3 AktG).

Die Ausgleichsverpflichtung des herrschenden Unternehmens[349] beginnt bei Eintragung des Unternehmensvertrags ins Handelsregister und endet bei Beendigung des Unternehmensvertrags, Wahl der Abfindung, Auflösung der Vertragsparteien und Verjährung.[350] Ergänzt wird die Ausgleichsregelung durch die Möglichkeit zur Einleitung eines Spruchstellenverfahrens zur Überprüfung der Angemessenheit des Ausgleichs gemäß §304 Abs.3 AktG. Eine Anfechtung des Hauptversammlungsbeschlusses wegen Unangemessenheit ist dagegen nicht möglich. Damit kann das herrschende Unternehmen potentielle Ausgleichszahlungen frei festsetzen, da eine Nichtigkeit des Unternehmensvertrags nicht zu befürchten ist, solange prinzipiell ein Ausgleich vorgesehen ist.[351]

3.3.4.3.2. Beurteilung der derzeitigen Ausgleichsregelung

Aus verschiedenen Gründen stellen die de lege lata geltenden Ausgleichsregelungen keinen ausreichenden Schutz der Aktionäre sicher:

Generell bestehen sowohl für den festen Ausgleich als auch für das Umtauschverhältnis beim variablen Ausgleich Bewertungsschwierigkeiten, die zu deutlich unterschiedlichen Ausgleichsregelungen in den Unternehmensverträgen und in späteren Spruchstellenverfahren führen können. Da diese Probleme nicht nur für den Ausgleich bestehen, sondern ebenfalls für alle im Aktien- und Umwandlungsgesetz vorgesehenen Abfindungsregelungen, wird diese Thematik in Abschnitt 5. übergreifend dargestellt.

Zusätzlich entsteht beim festen Ausgleich das Problem, dass aufgrund der weitreichenden Weisungsbefugnisse des herrschenden Unternehmens Schädigungen, die sich auf Dividendenzahlungen nach Vertragsende auswirken, nicht ausgeschlossen werden können.[352] Einige Autoren plädieren dafür, dass die Ausgleichszahlung mindestens der verrenteten Abfindungsleistung entsprechen

---

[347] Vgl. Emmerich, V./ Sonnenschein, J. (1992), S. 277; Hüffer, U. (1995), §304 Rdnr. 11.

[348] Zu Sonderfällen, vgl. Koppensteiner, H.-G. (1987), S. 274-277.

[349] Es ist im §304 AktG nicht eindeutig beschrieben, wer Schuldner des Anspruchs ist. Die herrschende Meinung geht jedoch vom herrschenden Unternehmen aus. Vgl. Niemann, C. (1968), S. 111-122; Hüchting, H.-J. (1972), S. 9; Koppensteiner, H.-G. (1987), S. 271-273; Emmerich, V./ Sonnenschein, J. (1992), S. 276; Schwenn, D. (1998), S. 61-64.

[350] Vgl. Koppensteiner, H.-G. (1987), S. 267-270. Zur Verjährung, vgl. Bodewig, T. (1974), S. 53-59.

[351] Vgl. §304 Abs.3 Satz 1 AktG.

[352] Vgl. Kapitel II, Abschnitt 3.3.3.

muss, da in diesem Fall auch Substanzverluste mit berücksichtigt würden.[353] Rechtsprechung und große Teile der Literatur lehnen eine Kompensation möglicher Substanzverluste ab, da nicht automatisch von einer Reduktion späterer Dividendenzahlungen durch Vermögensverschiebungen ausgegangen werden kann, und beschränken sich auf die Entschädigung der während der Vertragslaufzeit zu erwartenden Dividendenverluste.[354] Mit dieser Auslegung könnte sich jedoch die Position des Aktionärs nach Vertragsende derartig verschlechtern, dass der Verbleib im Unternehmen ohne Ausgleich des potentiellen Schädigungsrisikos in jedem Fall wirtschaftliche Nachteile bringen würde.[355]

Der sogenannte variable Ausgleich birgt neben den offenen Fragen nach Vertragsende die Problematik, welche Bezugsgröße für den Gewinnanteil verwendet werden soll. Bei strenger Auslegung der Gesetzesvorgaben ist davon auszugehen, dass die jährliche Dividende der herrschenden Gesellschaft die Bezugsgröße darstellt.[356] Dieses kann den Vorteil beinhalten, dass bei Erhöhung der Dividenden der Obergesellschaft durch nachteilige Weisungen zu Lasten der Untergesellschaft automatisch auch die Ausgleichszahlungen an die Aktionäre der Untergesellschaft erhöht würden. Es kann sich jedoch als äußerst nachteilig erweisen, wenn die außenstehenden Aktionäre gänzlich von der Dividendenpolitik des herrschenden Unternehmens abhängig sind.[357] Der variable Ausgleich könnte dazu benutzt werden, die außenstehenden Aktionäre der Untergesellschaft über Jahre hinweg durch eine Nullausschüttung "auszuhungern" und die eigenen Aktionäre z.B. durch Kapitalherabsetzungen bzw. Aktienrückkäufe oder nach Vertragsende zu entschädigen.[358] Der Vorschlag des Gesetzgebers, in solchen Fällen das Umtauschverhältnis zu verbessern, hilft in den meisten Fällen nur bedingt bzw. versagt völlig, wenn das herrschende Unternehmen eine Nullrunde beschließt.[359] Alternativ wird deshalb von einem Teil der Literatur empfohlen, nicht auf die Dividende, sondern auf den Jahresüberschuss des herrschenden Unternehmens abzustellen, da in diesen Fällen die außenstehenden Aktionäre sowohl an den unternehmerischen Chancen als auch Risiken teilnehmen

---

353 Literaturhinweise zu Befürwortern einer wertmäßigen Entsprechung: Vgl. Koppensteiner, H.-G. (1987), S. 282; Emmerich, V./ Sonnenschein, J. (1992), S. 278; Hecker, R./ Wenger, E. (1995), S. 335.

354 Vgl. Bodewig, T. (1974), S. 11-15; 24; Lutter, M./ Drygala, T. (1995), S. 49; Hecker, R./ Wenger, E. (1995), S. 335/336.

355 Vgl. Kapitel II, Abschnitt 3.3.5.

356 Vgl. Koppensteiner, H.-G. (1987), S. 283; Hüffer, U. (1995), §304 Rdnr. 15. Rechtsprechung ist dieser Ansicht gefolgt, vgl. z.B. OLG-Urteil Düsseldorf in AG (1978); LG-Urteil Dortmund in AG (1981); LG-Urteil Frankfurt in AG (1987) zitiert nach Emmerich, V./ Sonnenschein, J. (1992), S. 279.

357 Vgl. Emmerich, V./ Sonnenschein, J. (1992), S. 279.

358 Vgl. Bodewig, T. (1974), S. 68/69; Koppensteiner, H.-G. (1987), S. 282/283; Schmidt, H./ Drukarczyk, J./ u.a. (1997), S. 84/85; Schenk, G. (1997), S. 668/669.

359 Vgl. Bodewig, T. (1974), S. 69; Koppensteiner, H.-G. (1987), S. 284/285; Emmerich, V./ Sonnenschein, J. (1992), S. 279.

könnten.[360] Eine weitere Möglichkeit zur Lösung des Problems wird in der Festlegung des festen Ausgleichs als Untergrenze für den variablen Ausgleich gesehen, was die Abschaffung des Wahlrechts bedeutet.[361] Die Rechtsprechung ist den Vorschlägen bis heute nicht gefolgt.

Die dargelegten Schwächen lassen darauf schließen, dass es in keinem Fall wirtschaftliche Gründe sein können, die einen außenstehenden Aktionär derzeitig zur Annahme einer Ausgleichszahlung anstatt einer Abfindung veranlassen könnten.[362]

3.3.4.4. Abfindungsalternativen gemäß §305 AktG

3.3.4.4.1. Inhalt der Vorschrift

Ziel der Abfindungsregelung gemäß §305 AktG ist die Bereitstellung einer Ausstiegsmöglichkeit aus dem beherrschten Unternehmen für außenstehende Aktionäre, mit der diese für den Verlust ihrer Herrschafts- und Vermögensrechte angemessen entschädigt werden.[363] Das Austrittsrecht gemäß §305 AktG beinhaltet zwei Formen der Abfindung; als Regelabfindung ist die Abfindung in Aktien vorgesehen, nur in Sonderfällen kommt die Barabfindung zum Tragen:[364]

¶ Eine Abfindung in Form von Aktien muss angeboten werden, wenn das herrschende Unternehmen eine unabhängige und nicht in Mehrheitsbesitz stehende Aktiengesellschaft bzw. KGaA mit Sitz im Inland ist (§305 Abs.2 Nr.1 AktG), wobei Spitzenbeträge durch bare Zuzahlungen ausgeglichen werden dürfen.[365]

¶ Ein Wahlrecht zwischen der Abfindung in Aktien und der Barabfindung besteht bei einer abhängigen und im Mehrheitsbesitz stehenden Obergesellschaft, falls das wiederum herrschende Unternehmen ebenfalls eine Aktiengesellschaft mit Sitz im Inland darstellt. In diesem Fall sind Aktien des die Obergesellschaft beherrschenden Unternehmens an die außenstehenden Aktionäre auszugeben (§305 Abs.2 Nr.2 AktG).[366]

---

360 Vgl. Kübler, F./ Schmidt, R.H. (1988), S. 80/81; Emmerich, V./ Sonnenschein, J. (1992), S. 280.

361 Vgl. Hüchting, H.-J. (1972), S. 62. Abgelehnt wird Vorschlag von Bodewig, T. (1974), S. 69.

362 Vgl. Koppensteiner, H.-G. (1987), S. 267; Hecker, R./ Wenger, E. (1995), S. 336.

363 Vgl. Bodewig, T. (1974), S. 22; Koppensteiner, H.-G. (1987), S. 298; Lutter, M./ Drygala, T. (1995), S. 50.

364 Vgl. Beyerle, K. (1980), S. 319; Koppensteiner, H.-G. (1987), S. 304.

365 Vgl. Koppensteiner, H.-G. (1987), S. 304/305; Emmerich, V./ Sonnenschein, J. (1992), S. 285. Zur Frage des Ausgleichs von Aktienspitzen und zur Vereinfachung von Umtauschverhältnissen, vgl. ausführlich Vetter, J. (1997), S. 7-17.

366 Bei mehreren herrschenden Unternehmen ist eine Abfindung in Form von Aktien abzulehnen. Vgl. Koppensteiner, H.-G. (1987), S. 306.

¶ In allen anderen Fällen ist eine Barabfindung vorgeschrieben (§305 Abs.2 Nr.3 AktG), wobei es dem herrschenden Unternehmen generell offen steht, zusätzliche Abfindungsarten freiwillig anzubieten.[367]

Voraussetzungen für das Vorliegen eines Abfindungsanspruchs gemäß §305 Abs.1 AktG sind ein gültiger Unternehmensvertrag und eine vertraglich oder gerichtlich festgesetzte Abfindungsregelung.[368] Das Abfindungsangebot kann durch die Obergesellschaft als Schuldner der Verpflichtung[369] gemäß §305 Abs.3 AktG zeitlich befristet sein, wobei eine Mindestdauer von zwei Monaten vorgeschrieben ist.[370] Diese Frist verlängert sich gemäß §305 Abs.4 AktG, falls ein Antrag auf Spruchstellenverfahren gemäß §306 AktG gestellt wird, da die Angebotsfrist frühestens zwei Monate nach der Veröffentlichung des letzten Spruchstellenurteils beendet ist.[371] Innerhalb der Angebotsfrist kann der Aktionär grundsätzlich Ausgleichszahlungen annehmen, ohne seinen Anspruch auf Abfindung zu verlieren.[372] Eine Anfechtung des Unternehmensvertrags bei vermeintlicher Unangemessenheit der Abfindung ist wie beim Ausgleich gemäß §305 Abs.5 AktG ausgeschlossen, da dem Aktionär in diesem Fall die Möglichkeit zum Spruchstellenverfahren zur Verfügung steht.[373]

3.3.4.4.2. Beurteilung der Abfindungsregelung

Mit der Abfindungsregelung von §305 AktG können die Probleme der Ausgleichszahlung bezogen auf die Situation der Aktionäre nach Vertragsende vermieden werden. Grundsätzlich offen bleibt die Frage nach der Angemessenheit der Abfindung, weil §305 Abs.3 AktG nur vorgibt, dass die Barabfindung die Verhältnisse der Gesellschaft zum Zeitpunkt der Beschlussfassung wiederspiegeln muss und bei der Aktienabfindung das im Falle einer Verschmelzung geltende Umtauschverhältnis zugrundegelegt werden sollte.[374] Grundsätzlich kann das herrschende Unternehmen auch bei der Abfindung einen beliebig niedrigen Wert festsetzen, der erst durch Einleitung eines Spruchstellenverfahrens und einer entsprechenden Entscheidung revidiert werden kann.

Verfahrenstechnisch ist im Rahmen der Abfindungsregelung umstritten, wem das oben genannte Wahlrecht zwischen den beiden Abfindungsarten zusteht und

---

367 Gleiches gilt auch für andere freiwillige Zugeständnisse wie die Einräumung von Rücktrittsvorbehalten, solange diese nicht gegen die Treuepflicht gegenüber den außenstehenden Aktionären verstoßen. Vgl. Hüchting, H.-J. (1972), S. 22; Koppensteiner, H.-G. (1987), S. 308; Kirchheim, C. (1994), S. 47.

368 Vgl. Koppensteiner, H.-G. (1987), S. 299.

369 Vgl. Hüchting, H.-J. (1972), S. 8; Emmerich, V./ Sonnenschein, J. (1992), S. 288; Kirchheim, C. (1994), S. 26.

370 Vgl. Emmerich, V./ Sonnenschein, J. (1992), S. 286.

371 Vgl. Koppensteiner, H.-G. (1987), S. 301.

372 Vgl. Emmerich, V./ Sonnenschein, J. (1992), S. 287; Kirchheim, C. (1994), S. 21.

373 Vgl. Kapitel II, Abschnitt 3.3.4.5.

374 Vgl. Kapitel II, Abschnitt zur Bewertung.

inwieweit die Beschränkung auf eine Barabfindung sinnvoller wäre.[375] Die de lege lata geltende Regelung überlässt nach herrschender Meinung der Obergesellschaft das Wahlrecht über die Art der Abfindung.[376] Zur Unterstützung wird zum einen der Wortlaut der Regelung angeführt, der im Gegensatz zur Eingliederung nicht explizit ein Wahlrecht zugunsten der außenstehenden Aktionäre festschreibt. Zum anderen wird argumentiert, dass bei einem Spruchstellenverfahren im Falle eines fehlenden Abfindungsangebots im Vertrag das Gericht über kein Wahlrecht verfügt, sondern nur eine Barabfindung festsetzen kann. Eine Mindermeinung stützt sich dagegen auf die Analogie zur Eingliederung und fordert ein Wahlrecht für die außenstehenden Aktionäre.[377] Für das herrschende Unternehmen ist die Möglichkeit zur flexiblen Wahl zwischen den beiden Alternativen mit einer Reihe von Vorteilen verbunden. Zunächst muss das Unternehmen nicht während des gesamten Verfahrens beide Lösungen vorhalten, wodurch zusätzliche Belastungen vermieden werden können.[378] Gleichzeitig kann das herrschende Unternehmen situationsabhängig die jeweils vorteilhaftere Abfindungsart ohne Berücksichtigung der Interessen der außenstehenden Aktionäre auswählen. Ist für das Unternehmen eine Aktienabfindung zur Vermeidung hoher Liquiditätsbelastungen günstiger, wählt das Unternehmen bei Vorliegen einer Abhängigkeit der Obergesellschaft die Abfindung in Form von Aktien.[379] Wäre die Barabfindung sinnvoller, um z.B. eine Verschiebung der Mehrheitsverhältnisse innerhalb der Obergesellschaft zu verhindern,[380] kann sich das herrschende Unternehmen der Zwangswirkung von §305 Abs.2 Nr.1 AktG entziehen, indem es eine Zwischengesellschaft schaltet. Damit wären wieder die Abhängigkeitskriterien von §305 Abs.2 Nr.2 AktG erfüllt und damit es würde erneut ein Wahlrecht zur Verfügung stehen.[381] Aus Sicht der außenstehenden Aktionäre kann sich dagegen die Wahlfreiheit der Obergesellschaft als nachteilig erweisen. Theoretisch müssten sich die beiden Abfindungsarten zwar wertmäßig entsprechen, da sie - trotz unterschiedlicher Maßstäbe im Aktiengesetz -[382] auf den gleichen Grundsätzen zur Unternehmensbewertung basieren.[383] Praktisch resultieren Unterschiede alleine aus der Notwendigkeit, bei der Aktienabfindung zusätzlich den Unternehmenswert des herrschenden Unternehmens zu bestimmen, wodurch weitere Unsicherheitsfaktoren

---

[375] Vgl. Bodewig, Th. (1974), S. 83; Beyerle, K. (1980), S. 326.

[376] Vgl. Bernhardt, W. (1966), S. 258; Niemann, C. (1968), S. 143; Hüchting, H.-J. (1972), S. 17; Bodewig, T. (1974), S. 79-82; Koppensteiner, H.-G. (1987), S. 307; Kühn, C. (1992), S. 298; Emmerich, V./Sonnenschein, J. (1992), S. 286; Hüffer, U. (1995), §305 Rdnr. 15.

[377] Vgl. Hüchting, H.-J. (1972), S. 18-22; Bodewig, T. (1974), S. 79, 82-84.

[378] Vgl. Beyerle, K. (1980), S. 321/322; Kirchheim, C. (1994), S. 42.

[379] Vgl. Beyerle, K. (1980), S. 322.

[380] Vgl. Niemann, C. (1968), S. 138.

[381] Vgl. Niemann, C. (1968), S. 146/147.

[382] Während sich die Abfindung in Form von Aktien am Umtauschverhältnis analog zur Verschmelzung orientieren soll, wird bei die Höhe der Barabfindung auf den Begriff der Angemessenheit zurückgeführt.

[383] Vgl. weiter unten bei Kapitel II, Abschnitt 5.; Beyerle, K. (1980), S. 324/325; Emmerich, V./ Sonnenschein, J. (1992), S. 289/ 290.

in die Analyse miteingebracht werden. Hinzu kommt, dass die Beurteilung des Nutzens einer Abfindungsart stark von der Anlagestrategie des betroffenen Aktionärs abhängt. Für einen außenstehenden Aktionär ist eine Aktienabfindung immer vorteilhaft, wenn er als Daueranleger seinen Aktionärsstatus behalten möchte; in diesen Fällen erhält er ohne Kursrisiken und zusätzliche Transaktionsgebühren neue Aktien von einem Unternehmen, welches wirtschaftlich dem ursprünglichen Unternehmen nahe steht.[384] Möchte der außenstehende Aktionär dagegen nicht gegen seinen Willen Aktionär eines Unternehmens werden, mit dem er nur sekundär verbunden ist,[385] wäre die Barabfindung sinnvoller, da ansonsten Transaktionskosten durch den Verkauf der Aktien entstehen und der Aktionär bis zum Verkauf einem potentiellen Kursrisiko ausgesetzt wäre.[386] Festzustellen bleibt, dass die derzeitig geltende Wahlfreiheit des herrschenden Unternehmens eine Benachteiligung der außenstehenden Aktionäre verursachen kann, so dass de lege ferenda Vorschläge zur Einschränkung des Wahlrechts hinsichtlich der Vermeidung potentieller Schädigungen und Fehlallokationen berücksichtigt werden sollten.

3.3.4.5. Recht auf ein Spruchstellenverfahren gemäß §306 AktG

3.3.4.5.1. Spruchstellenverfahren - theoretisch ein Mittel zur Durchsetzung von Aktionärsinteressen

Das Spruchstellenverfahren gemäß §306 AktG dient dazu, die von den Vertragsparteien angebotenen Abfindungen bzw. Ausgleichszahlungen durch das jeweils zuständige Landgericht[387] überprüfen und gegebenenfalls erhöhen bzw. bei Fehlen einer Abfindungsregelung im Unternehmensvertrag eine Barabfindung festlegen zu lassen.[388] Damit werden rückwirkend Bedingungen des Unternehmensvertrags geändert, während dessen Wirksamkeit unangetastet bleibt.[389] Mit der Möglichkeit zur Einleitung des Spruchstellenverfahrens sollen die außenstehenden Aktionäre auf der einen Seite vor Übervorteilungen des herrschenden Unternehmens geschützt werden,[390] ohne auf der anderen Seite effiziente Übernahmen durch Anfechtungsversuche aufgrund von vermeintlicher Unangemessenheit behindern zu können. Ohne das Spruchstellenverfahren würden die außenstehenden Aktionäre in keinem Fall eine angemessene Abfindung erhalten, da für das herrschende Unternehmen nur eingeschränkt Anreize oder Zwänge zum Angebot einer angemessenen Abfindung oder Ausgleich bestehen.

---

384 Vgl. Niemann, C. (1968), S. 135; Beyerle, K. (1980), S. 321.

385 Vgl. Hüchting, H.-J. (1972), S. 17.

386 Vgl. Beyerle, K. (1980), S. 321.

387 Vgl. Koppensteiner, H.-G. (1987), S. 327; Bodewig, T. (1974), S. 112; Hüchting, H.-J. (1972), S. 72.

388 Zur historischen Entwicklung des Spruchstellenverfahrens, vgl. Thywissen, J. (1979), S. 32-37.

389 Vgl. Koppensteiner, H.-G. (1987), S. 322.

390 Vgl. Kirchheim, C. (1994), S. 55.

Bei einer unangemessenen Abfindung sind weder Sanktionen noch die Nichtigkeit des HV-Beschlusses durch Anfechtung zu befürchten. Auch die Nichtannahme durch die Mehrheit der außenstehenden Aktionäre ist nicht zu erwarten, weil der Ausgleich keine wählbare Alternative darstellt. Einzig die Flucht der Minderheitsaktionäre aus dem Kapitalmarkt und die daraus folgende Erhöhung der Kapitalkosten könnte einen disziplinierenden Effekt ausüben.

Das Spruchstellenverfahren ist ein alleiniges Institut des Minderheitenschutzes, was sich am Verbot des "Reformatio peius" ablesen lässt; d.h. das Gericht darf in keinem Fall eine niedrigere als die im Unternehmensvertrag angebotene Abfindung festsetzen.[391] Unterstützt wird dieser Minderheitenschutz durch die Kostenregelung gemäß §306 Abs.7 AktG, nach der die Kosten des Verfahrens im Regelfall den Vertragsparteien auferlegt werden. Damit wird das nicht unerhebliche Kostenrisiko im Falle eines gerichtlichen Misserfolgs weitgehend gemindert, was im positiven Sinne dazu führt, dass mehr Aktionäre bei unfairer Behandlung den gerichtlichen Weg wagen. Im negativen Sinne kann dieses jedoch ein missbräuchliches Aktionärsverhalten in Form von Erpressungsversuchen verursachen. Zur Einschränkung letzterer Wirkung ist es deshalb in Einzelfällen möglich, den Antragsstellern die Verfahrenskosten aufzuerlegen.[392] Ein solches Vorgehen ist jedoch kritisch zu beurteilen, da es keinen eindeutigen Auslösetatbestand dahingehend gibt, ab wann eine Kostenüberwälzung auf den Antragssteller gerechtfertigt ist.[393] Der dadurch entstehende Auslegungsspielraum könnte dazu führen, dass Aktionäre aufgrund des nicht mehr einschätzbaren Kostenrisikos auf Überprüfungen verzichten müssten, was wiederum eine Schwächung der eigentlichen Schutzwirkung des Spruchstellenverfahrens bedeuten würde.[394]

Das Spruchstellenverfahren wird nur bei Antragstellung eines außenstehenden Aktionärs innerhalb des Annahmezeitraums des Abfindungsangebots eingeleitet. Die Frist verlängert sich nach Bekanntgabe der Erstanträge durch das zuständige Gericht gemäß §306 Abs.3 AktG um weitere zwei Monate, um außenstehenden Aktionären die Möglichkeit zur Abgabe von Anschlussanträgen zu geben und damit eine selbständige verfahrensrechtliche Position im Spruchstellenverfahren zu erhalten.[395] Unklar ist in diesem Zusammenhang, wer überhaupt antragsberechtigt ist. Eindeutig antragsberechtigt ist jeder außenstehende Aktionär[396], der vor der, den Unternehmensvertrag beschließenden, Hauptversammlung Aktien erworben und noch nicht vom Abfindungsrecht Gebrauch gemacht hat.[397] Umstritten ist

---

391 Vgl. Hüchting, H.-J. (1972), S. 78; Bodewig, T. (1974), S. 127; Thywissen, J. (1979), S. 62.

392 Vgl. Hüchting, H.-J. (1972), S. 83; Pentz, A. (1990), S. 1317; Kühn, W. (1992), S. 299.

393 In der Rechtsprechung wird die Frage der Kostenüberwälzung auf den Antragsteller bei Zurückweisung aller Anträge sehr unterschiedlich beantwortet; Contra: vgl. OLG-Urteil Celle (1979), S.233/234; OLG-Urteil Hamburg (1980), S. 165. Pro: vgl. LG-Urteil Stuttgart (1993) bei Wenger, E. (1993b), S. 1630; OLG-Urteil Düsseldorf (1998a), S. 462/463.

394 Vgl. Wenger, E. (1993b), S. 1630.

395 Vgl. Schmidt, J. (1977), S. 47; Hüffer, U. (1995), §306 Rdnr. 11.

396 Vgl. ausführliche Definition außenstehender Aktionäre unter Kapitel II, Abschnitt 3.3.4.1.

397 Vgl. Koppensteiner, H.-G. (1987), S. 321; Kirchheim, C. (1994), S. 59.

jedoch die Position der außenstehenden Aktionäre, die ihre Aktien erst nach dem Hauptversammlungsbeschluss, aber vor Ende der mindestens zweimonatigen Angebotsfrist erworben haben. Dabei wird häufig nochmals unterschieden, ob es sich um den Erstantrag oder Anschlussanträge handelt.[398] Auf der einen Seite wird die Meinung vertreten, dass jeder außenstehende Aktionär antragsberechtigt ist, der im Zeitpunkt der Antragsstellung über die Aktionärseigenschaft verfügt.[399] Begründet wird dieses mit dem Gleichbehandlungsgrundsatz, nach dem das Ergebnis des Spruchstellenverfahrens nicht nur für die Antragssteller gilt, sondern auch für die übrigen außenstehenden Aktionäre.[400] Auf der anderen Seite sind Teile der Rechtsprechung und Literatur der Meinung, dass eine Antragsberechtigung für Aktionäre, die erst nach dem Hauptversammlungsbeschluss Aktien erworben haben, nicht besteht, da die Aktionäre über die Abfindung informiert waren und daher die Möglichkeit gehabt hätten, den Kauf bei Unzufriedenheit über das Angebot zu unterlassen.[401] Des weiteren wird argumentiert, dass diese Aktionäre durch den ihnen verbleibenden Abfindungsanspruch und die Bestellung eines gemeinsamen Vertreters im Spruchstellenverfahren ausreichend geschützt seien.[402] Unklar ist ferner, ob die Antragssteller bis zum Ende des Verfahrens die Aktionärsstellung beibehalten müssen, so dass es sich in jedem Fall empfiehlt, mindestens eine Aktie im Besitz zu halten.

Als Verfahrensbeteiligte existieren neben den Antragsstellern und den Vertragsparteien des Unternehmensvertrags als Beklagte noch die gesetzlichen Vertreter, die gemäß §306 Abs.4 AktG vom Gericht bestellt werden müssen, um die Interessen derjenigen außenstehenden Aktionäre wahrzunehmen, die keinen Antrag gestellt haben.[403] Falls in dem Verfahren sowohl über den Ausgleich als auch über die Abfindung entschieden werden muss, sind zwei Vertreter zu bestimmen, da die Interessen der zwei Gruppen unterschiedlich sind.[404] Durch die Einführung von §306 Abs.4 Satz 10 AktG i.V.m. §308 Abs.3 UmwG wurde die Stellung der Vertreter gestärkt und zudem eine jahrelange Diskussion beendet, da zukünftig ein Verfahren bei Rücknahme aller Anträge erst dann beendet ist, wenn auch der gesetzliche Vertreter der Einstellung des Verfahrens zustimmt.[405] Bis zur Neuregelung wurde von weiten Teilen der Literatur und Rechtsprechung die

---

398 Vgl. Kirchheim, C. (1994), S. 60, 66/67; Schwenn, D. (1998), S. 104/105.

399 Vgl. Hüchting, H.-J. (1972), S. 73; Bodewig, T. (1974), S. 120; Schmidt, J. (1977), S. 44/45; OLG-Urteil Frankfurt (1990), S. 455; Emmerich, V./Sonnenschein, J. (1992), S. 297; Kirchheim, C. (1994), S. 64/65.

400 Vgl. Kirchheim, C. (1994), S. 63/64.

401 Vgl. OLG-Urteil Frankfurt (1972) , S. 641; Thywissen, J. (1979), S. 43; Seisler, H. (1983), S. 172; Kirchheim, C. (1994), S. 62.

402 Vgl. Seisler, H. (1983), S. 172.

403 Nur in Sonderfällen kann die Bestellung unterbleiben, wenn die Interessen der außenstehenden Aktionäre auf andere Weise geschützt werden. Vgl. Schmidt, J. (1977), S. 67/68; Koppensteiner, H.-G. (1987), S. 328/329; Kirchheim, C. (1994), S. 69.

404 Vgl. Bodewig, T. (1974), S. 124; Schmidt, J. (1977), S. 69; Koppensteiner, H.-G. (1987), S. 328/329; Kirchheim, C. (1994), S. 70.

405 Vgl. Meister, B./ Klöcker, I. (1997), S. 920.

Auffassung vertreten, dass ein Spruchstellenverfahren durch die Rücknahme aller Anträge ohne Zustimmung der gesetzlichen Vertreter beendet wird.[406] Gegen diese Ansicht wandten sich jedoch einige Autoren, da sie den Antragsstellern eine zu große Einflussnahme auf den Verlauf des Verfahrens ermöglicht.[407] Diese konnte dazu führen, dass sich Antragssteller im Laufe des Verfahrens die Rücknahme des Antrags bezahlen ließen, während die nicht antragsstellenden Aktionäre leer ausgingen.[408] Der Gesetzgeber hat sich aus diesem Grund bei der Neuregelung für die zweite Meinung entschieden.

Gegen eine Spruchstellenentscheidung des Gerichts kann gemäß §306 Abs.2 AktG i.V.m. §99 Abs.3 Satz 2 AktG innerhalb von zwei Wochen Beschwerde eingelegt werden. Beschwerdeberechtigt sind neben den Antragsstellern und Vertragsparteien auch die gesetzlichen Vertreter der außenstehenden Aktionäre.[409] Zudem steht dem herrschenden Unternehmen das Recht zu, gemäß §305 Abs.5 AktG i.V.m. §304 Abs.5 AktG den Unternehmensvertrag kündigen zu dürfen.[410]

Das Recht auf ein Spruchstellenverfahren zur nachträglichen Neufestsetzung bei Unangemessenheit der Abfindung ist nicht gegeben:[411] Stellt sich während der Laufzeit eines Unternehmensvertrags heraus, dass die ursprünglich festgelegte Abfindung zu niedrig bzw. zu hoch gewesen war, besteht weder für die ehemaligen außenstehenden Aktionäre noch für die Vertragsparteien die Möglichkeit, eine Herauf- bzw. Herabsetzung zu verlangen. Die Begründung liegt in der Vorgehensweise bei der Ermittlung der angemessenen Abfindung, da bei der Berechnung nur eine Schätzung der zukünftigen Ertragsentwicklung zugrundegelegt wird, die wiederum die Chancen und Risiken für die einzelnen Betroffenen am Stichtag beinhaltet.[412]

3.3.4.5.2. Probleme des Spruchstellenverfahrens in der Praxis

3.3.4.5.2.1. Überblick

Die theoretische Schutzwirkung des Spruchstellenverfahrens, d.h. die Sicherstellung einer angemessenen Abfindung bzw. Ausgleichszahlung für die

---

[406] Vgl. Thywissen, J. (1979), S. 57; OLG-Urteil Hamburg (1980), S. 163; Seisler, H. (1983), S. 192; Koppensteiner, H.-G. (1987), S. 332; B; Kirchheim, C. (1994), S. 72/73.

[407] Vgl. Kapp, R. (1973), S. 1514-1516; Meilicke, W. (1972), S. 663-666; Schmidt, J. (1977), S. 159.

[408] Vgl. Seisler, H. (1983), S. 226; Diekgräf, E. (1990), S. 271; Kirchheim, C. (1994), S. 73; Emmerich, V./Sonnenschein, J. (1992), S. 298; Prantl, J. (1994), S. 109; Hüffer, U. (1995), §306 Rdnr. 7-9.

[409] Vgl. Hüchting, H.-J. (1972), S. 80; Schmidt, J. (1977), S. 196-201;. Emmerich, V./ Sonnenschein, J. (1992), S. 299.

[410] Zu den Konsequenzen vgl. ausführlich Abschnitt über Kündigung von Unternehmensverträgen.

[411] Vgl. Hüchting, H.-J. (1972), S. 121/122; Schmidt, J. (1977), S. 168-171. Eine ausführliche Diskussion liefert Schwenn, D. (1998), S. 197-203.

[412] Vgl. hierzu Kapitel II, Abschnitt 5.

außenstehenden Aktionäre zur Vermeidung ineffizienter Ressourcenallokationen, kann sich in der Praxis aus verschiedenen Gründen nur bedingt entfalten. Neben den erwähnten Bewertungsschwierigkeiten, die für sehr unterschiedliche Ergebnisse bei den Spruchstellenverfahren sorgen und vom herrschenden Unternehmen strategisch genutzt werden können,[413] liegt das zentrale verfahrenstechnische Problem der Spruchstellenverfahren in der langen Dauer bis zu einer endgültigen gerichtlichen Festsetzung.[414] In einer empirischen Untersuchung von 1995 stellten Wenger/Hecker fest, dass Spruchstellenverfahren im Rahmen von Unternehmensverträgen durchschnittlich fünf Jahre dauern, wobei in Einzelfällen die Verfahrensdauer bei über neun Jahren lag.[415] Dies stellt nicht nur für die einzelnen Beteiligten, allen voran die außenstehenden Aktionäre, trotz des Verzinsungsanspruchs[416] eine Belastung dar, sondern erschwert auch die Bewertungen, da die Gutachter bzw. Gerichte jeweils von den Verhältnissen zum Zeitpunkt der Beschlussfassung ausgehen und spätere Entwicklungen unberücksichtigt lassen müssen.[417] Die in der Vergangenheit häufig genannte Auskaufsproblematik ist durch die Stärkung der Stellung der gesetzlichen Vertreter reduziert worden, da es zur Einstellung des Verfahrens nicht mehr ausreicht, dass die Antragssteller ihre Anträge zurückziehen.[418] Ungelöst bleibt weiterhin dagegen die Problematik des außerordentlichen Kündigungsrechts, welche in Abschnitt 0. näher beschrieben wird. Schwer beeinträchtigt wird die Schutzwirkung des Spruchstellenverfahrens zudem durch die Strategie vieler Gerichte, Spruchstellenverfahren aufgrund der Langwierigkeit der Verfahren und den Bewertungsschwierigkeiten durch einen - regelmäßig für den außenstehenden Aktionär ungünstigen - Vergleich frühzeitig zu beenden.[419]

Aufgrund der Unsicherheiten des Spruchstellenverfahrens durch die langen Verfahrensdauern und dem außerordentlichen Kündigungsrecht akzeptieren viele außenstehende Aktionäre zur eigenen Absicherung sehr frühzeitig ein Ausgleichs- bzw. Abfindungsangebot, woraus sich die im nachfolgendem Abschnitt zu klärende Frage ergibt, wie mit diesen Aktionären im Falle einer Erhöhung des Angebots durch die Spruchstellenentscheidung zu verfahren ist. Daneben besteht aufgrund

---

[413] Vgl. Kapitel II, Abschnitt 5.

[414] Vgl. hierzu die Fallsammlung von Beyerle, K. (1977), S. 650-661 sowie Fallbeispiele bei Seisler, H. (1983), S. 211-214; Bei Beyerle wird die Langwierigkeit der Verfahren sogar als Rechtsverweigerung interpretiert; vgl. Beyerle, K. (1978), S. 785; ders. (1980), S. 326.

[415] Die Untersuchung erstreckte sich über einen relativ langen Zeitraum von 1973 bis 1992, da nur die Spruchstellenverfahren bei Unternehmensverträgen miteinbezogen wurden und bei einem kürzeren Zeitraum die Grundgesamtheit zu gering gewesen wäre. Vgl. Wenger, E./ Hecker, R. (1995), S. 81. Den Rekord hält dabei das Spruchstellenverfahren der Sinalco AG, welches über 14 Jahre für die 1. Instanz benötigte. Vgl. Hecker, R. (2000), S. 310.

[416] Vgl. Kapitel II, Abschnitt 3.3.4.5.2.3.

[417] Vgl. weiter unten Kapitel II, Abschnitt 5.4.1.

[418] Vgl. Beschreibung der Problematik bei Lutter, M. (1988), S. 210; Prantl, J. (1994), S. 109/110; Wenger, E./ Hecker, R. (1995), S. 78/79.

[419] Vgl. Emmerich, V./ Sonnenschein, J. (1992), S. 303; Prantl, J. (1994), S. 109.

der Langwierigkeit der Verfahren die Problematik, ob und wie ausstehende Abfindungen bzw. Ausgleichszahlungen zu verzinsen sind.

3.3.4.5.2.2. Abfindungsergänzungsanspruch

Es ist eindeutig, dass die gerichtlich festgesetzte Abfindung nicht nur für die Antragssteller, sondern auch für die außenstehenden, am Verfahren nur über den gesetzlichen Vertreter beteiligten, Aktionäre gilt.[420] Gleiches gilt für den Anspruch auf Ausgleichsnachzahlung, der allen außenstehenden Aktionären im gleichen Maße zusteht.[421] Ungeklärt ist die Frage, inwieweit ein bereits - durch Annahme des Abfindungsangebots - ausgeschiedener Aktionär, nachträglich die in einem Spruchstellenverfahren festgesetzte Erhöhung der ursprünglichen Abfindung für sich geltend machen kann (Abfindungsergänzungsanspruch).[422] Die herrschende Meinung in der Literatur[423] und Rechtsprechung[424] spricht sich für einen Abfindungsergänzungsanspruch aus, während einzelne Autoren wie etwa Koppensteiner entschieden dagegen argumentieren.[425]

Als Gründe gegen einen Abfindungsergänzungsanspruch werden vor allem folgende genannt: Aus der unbestrittenen Tatsache, dass den bereits abgefundenen Aktionären keine Antragsbefugnis zusteht, wird in Zusammenhang mit den Grundsätzen der freiwilligen Gerichtsbarkeit abgeleitet, dass auch die materiellrechtlichen Ergebnisse aus dem Spruchstellenverfahren für den ausgeschiedenen Aktionär nicht mehr gelten.[426] Gegen diese Argumentation lässt sich einwenden, dass sich die Antragsbefugnis zwar aus der materiellrechtlichen Beteiligung ableitet, dieses aber noch kein Argument für die Verneinung eines materiellen Anspruchs bei mangelnder Antragsberechtigung ist. Der Ausschluss der Antragsberechtigung dient ebenso wie die Festlegung bestimmter Fristen einer Verbesserung der Rechtssicherheit, durch die das herrschende Unternehmen eine

---

420 Vgl. Haase, K. (1995), S. 12.

421 Vgl. Bodewig, T. (1974), S. 92/93.

422 Eine ausführliche Diskussion des Abfindungsergänzungsanspruchs findet sich bei Thywissen, J. (1979), S. 66-110.

423 Vgl. Kropff, B. (1969), 3-9; Flume, W. (1969), S. 1047; S. 3-9; Thywissen, J. (1979), S. 110; Bodewig, T. (1978), S. 1694-1697; Seisler, H. (1983), S. 209-211; Emmerich, V./ Sonnenschein, J. (1992), S. 296; Hüffer, U. (1995), §305 Rdnr. 32. Eine ausführliche Darstellung neueren Datums der Thematik des Abfindungsergänzungsanspruch ist bei Haase, K. (1995), S. 7-26 nachzulesen. Die Meinungen weiterer Autoren wie Würdinger und Rasch sind bei Bodewig, T. (1978), S. 1695-1697 aufgeführt. Hüchting bejaht einen Abfindungsergänzungsanspruch nur dann, wenn die Annahme der Abfindung unter Vorbehalt erfolgt. Vgl. Hüchting, H.-J. (1972), S. 89.

424 Vgl. OLG-Urteil Celle (1979), S. 230, 233; OLG-Urteil Düsseldorf (1990a), S. 397, 401; OLG-Urteil Düsseldorf (1992), S. 204; BayObLG-Urteil (1995a), S. 2593.

425 Vgl. Koppensteiner, H.-G. (1987), S. 322/323. Ebenfalls gegen einen Abfindungsergänzungsanspruch sind Meyer-Landrut/ Miller sowie Vogt. Vgl. Bodewig, T. (1978), S. 1695; Seisler, H. (1983), S. 203-205.

426 Vgl. Koppensteiner, H.-G. (1978), S. 770; Bodewig, T. (1978), S. 1695.

bessere Übersicht über zukünftige Belastungen erhält.[427] Als zweiter Grund wird die Beeinträchtigung des außerordentlichen Kündigungsrechts gemäß §§305 Abs.5 Satz 4, 304 Abs.5 AktG genannt. Dieses Kündigungsrecht, welches das Unternehmen vor unvorhergesehenen Belastungen aus dem Ergebnis des Spruchstellenverfahrens schützen soll, wird nach Meinung der Gegner zum Teil ausgehöhlt, wenn allen bereits ausgeschiedenen Aktionären aufgrund der "ex-nunc"-Wirkung des Kündigungsrechts die Erhöhung gezahlt werden muss.[428] Als weiteres Argument wird häufig angeführt, dass denjenigen Aktionären, die voreilig ein Abfindungsangebot akzeptieren und nicht die Wartezeit eines Verfahrens auf sich nehmen, keine Ansprüche auf Nachzahlung zustehen, da sie sozusagen "auf eigene Gefahr" handeln.[429] Zum Teil wird darin ein konkludentes Verhalten zum Abschluss eines Erlassvertrages gesehen.[430] Bodewig wie auch Seisler wenden gegen dieses Argument zu Recht ein, dass keinem Aktionär ein jahrelanges Warten auf den Richterspruch zugemutet werden kann, wenn z.B. eventuelle finanzielle Engpässe ein früheres Ausscheiden erfordern.[431] Dabei ist zusätzlich zu bedenken, dass dem Aktionär nicht die Möglichkeit gegeben wird, von vornherein durch sein Stimmrecht in der Hauptversammlung eine unangemessene Abfindung zu verhindern, sondern ihm nur der Weg der gerichtlichen Überprüfung bleibt.[432] Mit einem frühzeitigen Ausstieg deutet der Aktionär deshalb keinesfalls an, dass er auf seine volle angemessene Abfindung verzichten möchte.

Von Befürwortern des Abfindungsergänzungsanspruchs werden folgende Aspekte zur Unterstützung angeführt: Aufgrund des Wortlauts von §305 Abs.5 Satz 2 AktG gehen diese, wie etwa Kropff und Hüchting, davon aus, dass Entscheidungen des Spruchstellenverfahrens rückwirkend die Bedingungen des Unternehmensvertrages verändern und damit das Gericht die ursprünglich geschuldete Abfindung bestimmt. Bei einer Erhöhung der Abfindung würde die bisherige Abfindung nur eine Teilleistung darstellen, so dass der Rest als Abfindungsergänzungsanspruch auch von bereits ausgeschiedenen Aktionären geltend gemacht werden könnte.[433]

---

427 Vgl. Bodewig, T. (1978), S. 1695.

428 Vgl. Koppensteiner, H.-G. (1987), S. 323; Seisler, H. (1983), S. 203. In diesem Zusammenhang ist jedoch die allgemeine Frage nach dem Sinn dieses Kündigungsrechts zu stellen, welcher an späterer Stelle näher erörtert wird. Vgl. Abschnitt zur Kündigung von Unternehmensverträgen.

429 Vgl. Koppensteiner, H.-J, (1978), S. 770. Auch Hüchting vertritt diese Meinung, wobei er bei einer Annahme unter Vorbehalt den Abfindungsergänzungsanspruch zulässt. Vgl. Hüchting, H.J. (1972), S. 87, 89.

430 Vgl. Hüchting, H.-J. (1972), S. 87.

431 Vgl. Bodewig, T. (1978), S. 1697; Seisler, H. (1983), S. 210.

432 Vgl. Kropff, B. (1969), S. 3; Haase, K. (1995), S. 16/17.

433 Vgl. Kropff, B. (1969), S. 4-6; Hüchting, H.-J. (1972), S. 85; Thywissen, J. (1979), S. 95; Kirchheim, C. (1994), S. 93; Haase, K. (1995), S. 14/15. Weitere Begründungen zur Herleitung dieser Rückwirkung sind ausführlich bei Bodewig nachzulesen. Vgl. Bodewig, T. (1978), S. 1695-1697; Haase, K. (1995), S. 13/14.

Beide Autoren empfehlen jedoch in jedem Fall die Annahme unter Vorbehalt.[434] Emmerich/Sonnenschein argumentieren dagegen über den Gleichbehandlungsgrundsatz, der es verbiete, dass bereits ausgeschiedene Aktionäre anders behandelt werden als außenstehende Aktionäre, die das Ergebnis des Spruchstellenverfahrens abwarten, da jedem Aktionär das Recht auf die volle Abfindung zusteht.[435] Darüber hinaus würde bei Fehlen eines Abfindungsergänzungsanspruchs die strategische Möglichkeit für das herrschende Unternehmen gefördert, den Aktionären eine niedrige Abfindung in der Hoffnung anzubieten, dass möglichst viele Aktionäre aufgrund der praktischen Probleme bei einem Spruchstellenverfahren das Angebot sofort akzeptieren.[436] Als weiteres Argument für den Abfindungsergänzungsanspruch wird angeführt, dass aus Sicht des Mehrheitsaktionärs die Annahme der Abfindung beschleunigt wird, wenn außenstehende Aktionäre keine Benachteiligung durch eine voreilige Entscheidung zu befürchten hätten.[437]

Aus den oben angeführten Gründen ist ein Abfindungsergänzungsanspruch in jedem Fall zu befürworten, da ansonsten der Schutz des §306 AktG und die Position der bereits abgefundenen Aktionäre in einem nicht zumutbaren Maße eingeschränkt würde.[438]

3.3.4.5.2.3. Verzinsung der angemessenen Abfindung

Seit Einführung des Umwandlungsgesetzes von 1995 gibt es gemäß §305 Abs.3 Satz 3 AktG ab dem Zeitpunkt der Eintragung des Unternehmensvertrages in das Handelsregister eine Verzinsungspflicht für die Barabfindung.[439] Die Verzinsung ist vor allem im Hinblick auf die teilweise Jahre dauernden Spruchstellenverfahren eingeführt worden, um die Aktionäre für die Vorenthaltung des Kapitals zu entschädigen. Eine ähnliche Regelung für die Abfindung in Form von Aktien gibt es nicht, da hierbei einhellig die Meinung vertreten wird, dass die im Laufe der Jahre angefallenen Dividenden- und Bezugsrechtsansprüche eine ausreichende Kompensation darstellen. Die Regelung soll vor allem dazu dienen, die herrschenden Unternehmen davon abzuhalten, die Spruchstellenverfahren künstlich zu verlängern und im Unternehmensvertrag eine unangemessene Abfindung anzubieten. Denn je länger das Spruchstellenverfahren und je höher der Unterschied zwischen der ursprünglich gezahlten und der gerichtlich festgesetzten

---

434 Hüchting schreibt es sogar zwingend vor. Vgl. Hüchting, H.-J. (1972), S. 89; Kropff, B. (1969), S. 6.

435 Vgl. Emmerich, V./ Sonnenschein, J. (1992), S. 296. Kropff argumentiert in die gleiche Richtung, indem er von einer prozessualen und materiellen Wirkung für und gegen alle spricht. Vgl. hierzu die ausführliche Begründung bei Kropff, B. (1969), S. 4.

436 Vgl. Emmerich, V./ Sonnenschein, J. (1992), S. 296.

437 Vgl. Bodewig, T. (1978), S. 1697.

438 Diese Meinung entspricht, wie oben bereits angeführt, der herrschenden Meinung. Vgl. OLG-Urteil Celle (1979), S. 230, 233; OLG-Urteil Düsseldorf (1990a), S. 397, 401; OLG-Urteil Düsseldorf (1992), S. 204; BayObLG-Urteil (1995a), S. 2593.

439 Vgl. eine ausführliche Analyse der neu eingeführten Verzinsungspflicht bei Liebscher, T. (1996), S. 455-461.

Abfindung ist, desto höher fällt der Zinsgewinn für das herrschende Unternehmen bei fehlender Verzinsungspflicht aus.[440]

Der Einführung von §305 Abs.3 Satz 3 AktG ist jedoch eine jahrelange Diskussion in Rechtsprechung und Literatur von Befürwortern[441] und Gegnern[442] des Verzinsungsanspruchs vorausgegangen, die sich heute noch fortsetzt, da umstritten ist, wie die Thematik bei vor dem 1.1.1995 beschlossenen Unternehmensverträgen zu behandeln ist.[443] Zur Begründung des Verzinsungsanspruchs werden vor allem zwei Ansätze gewählt: Die überwiegende Meinung argumentiert über die Angemessenheit der Abfindung, die bei einer langen Verfahrensdauer aufgrund der Geldentwertung nicht mehr garantiert werden kann.[444] Als zweiter Begründungsansatz wurde die Analogie zu §320b Abs.1 Satz 6 (vormals §320 Abs.5 Satz 6) AktG angeführt.[445] Das Fehlen einer entsprechenden Regelung bei §305 AktG wurde damit begründet, dass bei der Eingliederung Höhe und Zeitpunkt noch detailliert werden mussten, da keine Ausgleichzahlung vorhanden ist.[446]

Der Zeitpunkt, ab dem die Verzinsung startet, war und ist weiterhin ein Streitpunkt auch unter den Befürwortern der Verzinsung. Ein Teil der Literatur hat sich für die Verzinsung ab dem Zeitpunkt der Eintragung des Unternehmensvertrags ins Handelsregister, d.h. bei Wirksamkeit, ausgesprochen.[447] Der überwiegende Teil befürwortete jedoch die Verzinsung ab dem Zeitpunkt der Annahme des

---

[440] Vgl. Beyerle, K. (1978), S. 789; Busch, T. (1993), S. 2.

[441] Befürworter in der Literatur: Vgl. Meilicke, W. (1975), S. 139-143; Schmidt, J. (1977), S. 130-133; Seisler, H. (1983), S. 170; Dielmann, H./ König, A. (1984), S. 66; Emmerich, V./ Sonnenschein, J. (1992), S. 288; Busch, T. (1993), S. 1-5. In der Rechtsprechung wurde Verzinsungsanspruch in verschiedenen Urteilen bejaht: Vgl. OLG-Urteil Celle (1979), S. 230/233; OLG-Urteil Düsseldorf (1990a), S. 402; LG Urteil Frankfurt (1990), S. 403/404; OLG-Urteil Düsseldorf (1992), S. 204.

[442] Gegner in der Literatur: Vgl. Kropff, B. (1969), S. 8; Koppensteiner, H.-G. (1987), S. 302; Ablehnende Urteile: Vgl. LG-Urteil Hannover (1977), S. 346/349; LG-Urteil Hannover (1979), S. 235; LG-Urteil München (1990), S. 404/406.

[443] Während das LG München eine Verzinsung auch für vor dem 1.1.1995 beschlossene Unternehmensverträge bejaht, lehnt das LG Franfurt diese Verpflichtung mit den von Gegnern der Verzinsungspflicht vorgebrachten Argumenten ab. Vgl. LG-Urteil Frankfurt (1996), S. 190; LG-Urteil München (1997), S. 2013/2014.

[444] Vgl. Gansweid, W. (1977), S. 340; Dielmann, H./ König, A. (1984), S. 66; Haase, K. (1995), S. 25/26. Hiergegen wendet Busch ein, dass die Angemessenheit der Abfindung nicht mit dem Verzinsungsanspruch zusammengebracht werden dürfe. Vgl. Busch, T. (1993), S. 4.

[445] Vgl. OLG-Urteil Celle (1979), S. 233; Bodewig, T. (1974), S. 53; Emmerich, V./ Sonnenschein, J. (1992), S. 288.

[446] Gegner wie Koppensteiner vertreten die Meinung, dass das Fehlen einer Verzinsungsregelung gerade auf eine Verneinung des Verzinsungsanspruchs hindeutet. Begründet wird dieses darüber hinaus mit dem Wahlrecht zwischen Ausgleich und Abfindung, welches dem Aktionär im Gegensatz zur Eingliederung, Umwandlung oder auch Verschmelzung zumindest theoretisch zur Verfügung steht. Vgl. Koppensteiner, H.-G. (1987), S. 302; Beyerle, T. (1978), S.789.

[447] Vgl. Gansweid, W. (1977), S. 340.

Abfindungsangebots.[448] Umgesetzt wurde in §305 Abs.3 Satz 3 AktG ersterer Vorschlag, was Liebscher auf ein Redaktionsversehen des Gesetzgebers zurückführt, da es zu nachfolgend beschriebenen Problemen bei Vorliegen eines Spruchstellenverfahrens kommen kann.[449] De lege lata kann ein Aktionär, der erst kurz vor oder nach Bekanntgabe des Ergebnisses des Spruchstellenverfahrens die Abfindung annimmt,[450] für die gesamte Dauer des Verfahrens sowohl die Ausgleichzahlungen für seine Aktien in Anspruch nehmen als auch auf die gerichtlich festgesetzte Abfindung eine Verzinsung von 2% über Diskont erhalten. Dieser Umstand kann vom Gesetzgeber nicht gewünscht worden sein, da er:[451]

¶ gegen das Gleichbehandlungsprinzip der Aktionäre verstößt. Diejenigen Aktionäre, die aus finanziellen Gründen Angebot frühzeitig annehmen müssen, profitieren weitaus weniger als die abwartenden Aktionäre.

¶ Missbrauchsmöglichkeiten des Aktionärs fördert. Für einen räuberischen Aktionär kann es sich lohnen, auch bei Angemessenheit der gebotenen Abfindung ein Spruchstellenverfahren einzuleiten, da er in der Regel kein Kostenrisiko trägt, dafür jedoch eine doppelte Verzinsung erhält.

¶ eine Schädigung für das herrschende Unternehmen und seiner Aktionäre bedeutet, da doppelte Entschädigungen geleistet werden müssen.

Die Rechtsprechung hat diesen Umstand bereits erkannt und die geleisteten Ausgleichszahlungen auf den Zinsanspruch angerechnet.[452] Ungeklärt ist in diesem Zusammenhang die Problematik, ob die Aktionäre Anspruch auf Zinseszinsen

---

448 Vgl. Bodewig, T. (1974), S. 53; Schmidt, J. (1977), S. 131; OLG-Urteil Celle (1979), S. 230/233; Emmerich, V.; Sonnenschein, J. (1992), S. 288; Busch, T. (1993), S. 4; Kirchheim, C. (1994), S. 54.

449 Ohne Einleitung des Spruchstellenverfahrens beträgt die Annahmefrist zwei Monate nach Eintragung ins Handelsregister, so dass in diesen Fällen bei einer späten Annahme der Schaden minimal ist. Vgl. hierzu auch Ausführungen von Liebscher, T. (1996), S. 456-457/458-460. Liebscher geht jedoch bei der Begründung der Probleme fälschlicherweise davon aus, dass nur bei Annahme eines Abfindungsangebots die Befugnis zur Einleitung eines Spruchstellenverfahrens besteht (S. 456).

450 Aufgrund der außerordentlichen Kündigungsmöglichkeit des Unternehmensvertrags durch das herrschende Unternehmen ist die sinnvollste Strategie, alle Aktien bis auf eine Aktie abzugeben, um somit der Gefahr der Kündigung zu entgehen aber gleichzeitig das Spruchstellenverfahren nicht vorzeitig beenden zu lassen.

451 Vgl. Liebscher, T. (1996), S. 458/459; OLG-Urteil Düsseldorf (1998b), S. 1456; Stimpel, W. (1998), S. 261.

452 Hierbei wurde jedoch ausdrücklich eine Verzinsung der bisher geleisteteten Ausgleichszahlungen zu Lasten der Minderheitsaktionäre abgelehnt. Vgl. LG-Urteil München (1997), S. 2013/2014; nochmals bejahend vgl. OLG-Urteil München (1998), S. 123; OLG-Urteil Düsseldorf (1998b), S. 1456. Andere Vorschläge bestehen darin, die Verzinsung bis zur Annahme des Angebots ruhen bzw. überhaupt erst nach Annahme des Angebots anfangen zu lassen. An letzteren Vorschlägen wird kritisiert, dass sie die außenstehenden Aktionäre ungerechtfertigt benachteiligen, wenn die Verzinsung den Ausgleich übersteigt. Vgl. Hüffer, U. (1995), §305 Rdnr. 26a; Liebscher, T. (1996), S. 460; Stimpel, W. (1998), S. 261.

haben, da bei einem erheblichen Abweichen der ursprünglichen Abfindung gegenüber der im Spruchstellenverfahren festgestellten Abfindung dem Mehrheitsaktionär bei einem langen Spruchstellenverfahren eine Art Zwangsdarlehen zu reduzierten Konditionen zur Verfügung gestellt wird.[453]

Generell können erst empirische Untersuchungen in den nächsten Jahren zeigen, ob die Einführung der Verzinsungspflicht gemäß §305 Abs.3 Satz 3 AktG zu einer Verkürzung der Spruchstellenverfahren führt. Eindeutig ist jedoch, dass die bereits in Urteilen bestätigte Verrechnung von Ausgleich und Verzinsung[454] sowie die Behandlung von Zinseszinsen noch im Gesetz entsprechend zu verankern ist.[455]

3.3.4.6. Schadenersatzansprüche gemäß §§309, 310 AktG

Als zusätzliches Instrument zum Schutz der abhängigen Gesellschaft und damit der außenstehenden Aktionäre sind die §§309, 310 AktG konzipiert worden.[456] Gemäß §309 Abs.2 Satz 1 AktG haften die gesetzlichen Vertreter eines herrschenden Unternehmens als Gesamtschuldner gegenüber der abhängigen Gesellschaft für aufgrund von Pflichtverletzungen entstandenen Schäden. Die Beweislast liegt in umstrittenen Fällen bei den Beklagten, welche die ordnungsgemäße Wahrnehmung ihrer Sorgfaltspflichten nachweisen müssen.[457] Ein Anspruchsverzicht ist gemäß §309 Abs.3 AktG erst drei Jahre nach Entstehen des Anspruchs durch die abhängige Gesellschaft möglich. Hierfür muss ein Sonderbeschluss der außenstehenden Aktionäre vorliegen, bei dem nicht mehr als 10% des bei Beschlussfassung anwesenden Grundkapitals einen Widerspruch eingelegt haben dürfen. Die Ansprüche können gemäß §309 Abs.4 AktG sowohl vom abhängigen Unternehmen selbst als auch vom einzelnen Aktionär bzw. Gläubiger durchgesetzt werden.

Das abhängige Unternehmen wird nur in den seltensten Fällen einen entstandenen Schaden einklagen, da Vorstand und Aufsichtsrat im direkten Abhängigkeitsverhältnis zur herrschenden Gesellschaft stehen und ihre Wiederberufung in der Regel nicht mit der Auslösung einer Schadenersatzklage riskieren wollen.[458] Der einzelne Aktionär wird ebenfalls nur selten den Schritt der Schadenersatzklage wagen, weil er anders als beim Spruchstellenverfahren das volle Kostenrisiko zu tragen hat.[459] Hinzu kommt, dass der Aktionär den Anspruch nicht direkt für sich,

---

[453] Vgl. hierzu ein Beispiel in Dörfler, W./ Gahler, W./ u.a. (1994), S.160. Bei einem Aufschlag von 57% auf die bisherige Abfindung und bei einer Dauer von 10 Jahren stellten die Aktionäre dem Mehrheitsaktionär das Kapital nicht zu 5% zur Verfügung, sondern zu 4,1%.

[454] Vgl. LG-Urteil München (1997), S. 2013/2014; OLG-Urteil München (1998), S. 123; OLG-Urteil Düsseldorf (1998b), S. 1456.

[455] Busch lehnt beispielsweise Ansprüche aufgrund von Fälligkeit oder Verzug ab. Vgl. Busch, T. (1993), S. 5-12. Andere Autoren wie Kirchheim befürworten Verzugszinsen. Vgl. Kirchheim, C. (1994), S. 54.

[456] Vgl. Koppensteiner, H.-G. (1987), S. 368-387; Hüffer, U. (1995), §§309, 310.

[457] Vgl. §309 Abs.2 Satz 2 AktG.

[458] Vgl. Koppensteiner, H.-G. (1987), S. 379.

[459] Vgl. Lee, W.-H. (1987), S. 49/50; Koppensteiner, H.-G. (1987), S. 380.

sondern für die Gesellschaft einklagt und ihm damit ein eventueller Schadenersatz nur im Verhältnis seines Anteils indirekt zusteht. Dieses führt zurück zur angesprochenen Aktionärspassivität, die in vielen Fällen bei Abwägung von Risiko und Nutzen das einzig richtige Verhalten darstellt.[460] Teile der Literatur fordern immer wieder eine Streitwertspaltung gemäß §247 AktG, die sich an der wirtschaftlichen Leistungsfähigkeit der Beteiligten orientiert, um das Kostenrisiko für den einzelnen Aktionär zu reduzieren und damit die Barrieren hinsichtlich der Einreichung einer Schadenersatzklage für den Einzelnen zu reduzieren.[461] Dieser Vorschlag hat sich jedoch bis dato in der Rechtsprechung nicht durchgesetzt.[462]

Neben den Vertretern des herrschenden Unternehmens haften gemäß §310 Abs.1 AktG auch die gesetzlichen Vertreter des abhängigen Unternehmens, falls ihrerseits eine Pflichtverletzung vorliegt, wobei in Streitfällen die Beweislast ebenfalls beim Beklagten liegt. Die Ersatzpflicht wird gemäß §310 Abs.3 AktG ausgeschlossen, wenn die Schädigung auf einer Weisung beruht, die gemäß §308 Abs.2 AktG zu befolgen war. Damit kann den gesetzlichen Vertretern der abhängigen Gesellschaft nur in den seltensten Fällen eine Pflichtverletzung nachgewiesen werden.[463] Zusätzlich gelten die obigen Ausführungen hinsichtlich des Kostenrisikos und der rationalen Aktionärspassivität für §310 AktG in analoger Weise.

Das eigentliche Ziel der beiden Vorschriften, die erweiterte Haftung der gesetzlichen Vertreter im Rahmen des Vertragskonzerns zum Schutz vor Schädigungen und damit vor eventuell ineffizienten Ressourcenallokationen, kann aus den oben genannten Gründen nicht erreicht werden.

3.3.5. Problematik der Abfindungs- und Ausgleichsansprüche bei Kündigung bzw. Beendigung des Unternehmensvertrags

3.3.5.1. Kündigungs- bzw. Beendigungsgründe

Eine Kündigung bzw. Beendigung des Unternehmensvertrags kommt in folgenden Fällen in Frage:[464]

¶ *Aufhebung des Vertrags gemäß §296 AktG zum Ende eines Geschäftsjahres*: Voraussetzung hierfür ist, dass beide Parteien der Aufhebung zustimmen. Falls außenstehende Aktionäre vorhanden sind, die ausgleichs- bzw. abfindungsberechtigt sind, bedarf die Wirksamkeit der Aufhebung der Zustimmung der außenstehenden Aktionäre in Form eines Sonderbeschlusses.[465]

---

460 Vgl. Kapitel I Abschnitt 1.

461 Vgl. Wilhelm, H. (1976), S. 114; Koppensteiner, H.-G. (1987), S. 380/381.

462 Dagegen spricht sich z.B. Hüffer, U. (1995), §309 Rdnr.22 aus.

463 Vgl. Prantl, J. (1994), S. 112.

464 Vgl. Hüchting, H.-J. (1972), S. 111-119; Wilhelm, H. (1976), S. 9-36; Gerth, A. (1978), S. 1497-1500; Koppensteiner, H.-G. (1987), S. 188-203; Sonnenschein, J. (1991), S. 87; Emmerich, V./ Sonnenschein, J. (1992), S. 228-255; Kirchheim, C. (1994), S.21/22.

465 Vgl. Emmerich, V./ Sonnenschein, J. (1992), S. 230-235.

¶ *Außerordentliche Kündigung bei Vorliegen eines wichtigen Grundes gemäß §297 Abs.1 AktG*: Das Kündigungsrecht gilt für beide Parteien. Als wichtige Gründe kommen z.B. die fehlende Erfüllung der Vertragspflichten durch die Obergesellschaft oder auch schwere Vertragsverletzungen in Frage.[466] Ferner bietet sich die Möglichkeit der außerordentlichen Kündigung gemäß §§304 Abs.5, 305 Abs.5 Satz 4 AktG, wenn das Gericht eine Abfindung bzw. einen Ausgleich in einer Höhe neu festsetzt, die für die Obergesellschaft nicht tragbar ist.[467] Für diese Formen der Kündigung ist kein Sonderbeschluss der außenstehenden Aktionäre notwendig.

¶ *Ordentliche Kündigung*: Grundsätzliche Bedingung ist das Vorliegen einer Kündigungsklausel im Vertrag.[468] Die Besonderheit bei der ordentlichen Kündigung besteht darin, dass die Untergesellschaft gemäß §297 Abs.2 AktG den Vertrag nur bei Vorliegen eines Sonderbeschlusses der außenstehenden Aktionäre kündigen darf, während dagegen die Obergesellschaft diesen Beschluss nicht benötigt. Dies führt dazu, dass die Vertragsparteien den Sonderbeschluss umgehen können, wodurch seine eigentliche Schutzfunktion ad absurdum geführt wird.[469] Begründet wird der Verzicht auf einen Sonderbeschluss der Obergesellschaft häufig damit, dass Aktionäre aufgrund des vertraglich vorgesehenen Kündigungsrechts jederzeit mit einer Kündigung durch die Obergesellschaft zu rechnen hätten.[470] Da dieses im gleichen Maße für eine Kündigung durch die Untergesellschaft gilt, kann daraus nur geschlossen werden, dass der Sonderbeschluss auch für Kündigungen der Obergesellschaft eingeführt werden sollte, Kündigungen überhaupt nicht möglich oder vertragliche Kündigungen allgemein ohne Vorliegen eines Sonderbeschlusses möglich sein sollten. Aufgrund des Schutzinteresses der außenstehenden Aktionäre sind de lege ferenda die beiden ersteren Vorschläge empfehlenswert.[471]

¶ *Fristablauf*: Für eine automatische Beendigung des Unternehmensvertrags muss im Vertrag eine Frist vorgesehen sein, nach der dieser automatisch ausläuft. Bei der Vertragsgestaltung gibt es bezüglich der Fristen keine begrenzenden Vorschriften.[472]

¶ *Beendigung gemäß §307 AktG*: Sobald ein außenstehender Aktionär an einem - durch Unternehmensvertrag - beherrschten Unternehmen beteiligt

---

[466] Vgl. Koppensteiner, H.-G. (1987), S. 191/192; Emmerich, V./ Sonnenschein, J. (1992), S. 242.

[467] Vgl. Kapitel II, Abschnitt 0.

[468] Vgl. Wilhelm, H. (1976), S. 9; Koppensteiner, H.-G. (1987), S. 190.

[469] Vgl. Wilhelm, H. (1976), S. 10; Koppensteiner, H.-G. (1987), S. 188.

[470] Vgl. Koppensteiner, H.-G. (1987), S. 188.

[471] Vgl. Hüchting, H.-J. (1972), S. 116/117; Gerth, A. (1978), S. 1498; Koppensteiner, H.-G. (1987), S. 188.

[472] Vgl. Wilhelm, H. (1976), S. 19.

wird, in dem es bisher noch keine außenstehenden Aktionäre gab, ist der Vertrag spätestens zum Ende des laufenden Geschäftsjahres ungültig.[473]

¶ *Beendigung aufgrund von Vertragsmängeln*: Falls der Unternehmensvertrag schon im Handelsregister eingetragen worden ist und damit Gültigkeit erlangt hat, kann nur über eine außerordentliche Kündigung eine Beendigung des Vertrags aufgrund von Vertragsmängeln erreicht werden.

¶ *Beendigung bei Eingliederung bzw. Verschmelzung des beherrschten Unternehmens in die Obergesellschaft*[474]

¶ *Beendigung bei Konkurs der Obergesellschaft*[475]

¶ *Beendigung bei normaler Auflösung der Ober- bzw. Untergesellschaft*[476]

¶ *Beendigung aus kartellrechtlichen Gründen*: Ein Unternehmensvertrag gilt als beendet, wenn der Zusammenschluss gemäß §§24 Abs.2 Satz 4, Abs.6 GWB aufzulösen ist.[477]

¶ *Beendigung bei Verlust der Unternehmenseigenschaft des herrschenden Unternehmens*[478]

Nicht beendet wird ein Unternehmensvertrag dagegen bei Rücktritt,[479] Veräußerung der Anteile durch die Obergesellschaft,[480] Umwandlung der herrschenden Gesellschaft,[481] sowie bei Mängeln des Zustimmungsbeschlusses, weil im zuletzt genannten Fall der Vertrag überhaupt nicht wirksam wird.

Generell lässt sich zusammenfassen, dass in bestimmten Fällen außenstehenden Aktionären die Möglichkeit zur Gegenwehr mit Hilfe des Sonderbeschlusses zur Verfügung steht. In der Regel lassen sich jedoch diese Sonderbeschlüsse durch die vertragliche Verankerung eines ordentlichen Kündigungsrechts bzw. eines Fristablaufs, durch die außerordentliche Kündigung oder auch durch die Schaffung bestimmter Beendigungsgründe umgehen. Dieses führt dazu, dass das herrschende Unternehmen den Unternehmensvertrag jederzeit beenden kann, sobald eine

---

473 Vgl. Hüffer, U. (1995), §307 Rdnr. 1-3.

474 Vgl. Schmidt, J. (1977), S. 59-66; Gerth, A. (1978), S. 1499/2000; Kley, K.-L. (1986), S. 119-188; Naraschewski, A. (1997), S. 1653-1658.

475 Vgl. Koppensteiner, H.-G. (1987), S. 198/199.

476 Während die herrschende Meinung die Beendigung bei Auflösung befürwortet, wendet sich eine Mindermeinung dagegen. Pro Beendigung: Vgl. Wilhelm, H. (1976), S. 32-34; Sonnenschein, J. (1981), S. 421; Kley, K.-L. (1986), S. 191, 225; Emmerich, V./Sonnenschein, J. (1992), S. 163. Contra Beendigung: Vgl. Koppensteiner, H.-G. (1987), S. 197.

477 Vgl. Koppensteiner, H.-G. (1987), S. 199.

478 Vgl. Koppensteiner, H.-G. (1987), S. 199.

479 Es gibt weder gesetzliche noch vertragliche Rücktrittsvorbehalte. Vgl. Wilhelm, H. (1976), S. 16-18; Gerth, A. (1978), S. 1498; Koppensteiner, H.-G. (1987), S. 193/194.

480 Vgl. Wilhem, H. (1976), S. 22/23; Gerth, A. (1976), S. 1498.

481 Vgl. Koppensteiner, H.-G. (1987), S. 195.

Fortführung des Vertrags aus Sicht des herrschenden Unternehmens nicht mehr sinnvoll erscheint.

Angesichts der Möglichkeiten zur Beendigung eines Vertrags stellt sich die Frage nach den Wirkungen für das herrschende Unternehmen und für die außenstehenden Aktionäre des beherrschten Unternehmens. In nachfolgenden Abschnitten werden zunächst die allgemeinen Beendigungswirkungen analysiert, um im Anschluss auf die besonderen Probleme einzugehen, wenn eine außerordentliche Kündigung im Anschluss an das Urteil eines Spruchstellenverfahrens erfolgt bzw. ein Spruchstellenverfahren bei der Beendigung eines Unternehmensvertrages noch läuft.

3.3.5.2. Generelle Beendigungswirkungen

Bei Beendigung bzw. Kündigung eines Unternehmensvertrages ergeben sich aufgrund der gesetzlichen Gegebenheiten folgende Konsequenzen:[482] Die Ausgleichszahlungen an die außenstehenden Aktionäre werden zum Ende des Geschäftsjahres gestoppt. Kommt es zu einer außerordentlichen Kündigung während des Geschäftsjahres, ist ein anteiliger Ausgleich zu leisten. Bestand zum Zeitpunkt der Beendigung, was bei außerordentlichen Kündigungen vorkommen kann, noch ein Abfindungsangebot, haben nur diejenigen Aktionäre, die vor Beendigung des Unternehmensvertrags das Angebot akzeptiert haben, das Recht auf eine Abfindung.[483] Auf den besonderen Problemfall eines laufenden Spruchstellenverfahrens wird weiter unten eingegangen. Alle gesetzlichen und vertraglichen Verpflichtungen, wie z.B. der Verlustausgleich, sind bei Kündigung zum Ende des Geschäftsjahres noch zu erfüllen.[484]

De lege lata sind keine nachvertraglichen Pflichten des herrschenden Unternehmens vorgesehen, so dass das beherrschte Unternehmen nach Beendigung des Unternehmensvertrags seinem Schicksal überlassen wird.[485] Nur die Gläubiger werden durch §303 AktG auch nach Beendigung des Unternehmensvertrags geschützt. Begründet wird das Fehlen nachvertraglicher Pflichten mit dem Vorhandensein der Schutzvorschriften gemäß §§300ff. sowie §§309ff. AktG.[486] Das bedeutet, dass nach geltendem Recht ein herrschendes Unternehmen einen Unternehmensvertrag und die damit verbundenen Verpflichtungen problemlos mit Hilfe der oben angeführten Kündigungs- bzw. Beendigungsgründe beenden kann, sobald es sich aufgrund einer Verschlechterung der Ertragssituation nicht mehr lohnt, die bisherigen Ausgleichszahlungen zu leisten. Das herrschende Unternehmen kann sich in solchen Fällen entweder vollständig aus dem Unternehmen zurückziehen oder auf Basis der reduzierten Vermögens- und Ertragslage einen neuen Unternehmensvertrag abschließen bzw. eine Eingliederung

---

[482] Vgl. Kley, K.-L. (1986), S. 116, 189, 235; Emmerich, V./ Sonnenschein, J. (1992), S. 284.

[483] Vgl. Wilhelm, H. (1976), S. 40/41.

[484] Vgl. Koppensteiner, H.-G. (1987), S. 202/203.

[485] Vgl. Wilhelm, H. (1976), S. 38; Kley, K.-L. (1986), S. 108.

[486] Vgl. Kley, K.-L. (1986), S. 117/118; Koppensteiner, H.-G. (1987), S. 202/203.

oder Verschmelzung vornehmen. Außenstehende Aktionäre riskieren dagegen bei Verbleib in einem Unternehmen gegen Ausgleichszahlung, nach Beendigung des Unternehmensvertrags in einem Unternehmen zurückgelassen zu werden, dessen Vermögens- und Ertragsbasis aufgrund des weitreichenden Weisungsrechts von §308 AktG deutlich reduziert bzw. in Extremfällen vernichtet wurde, da die Schutzwirkungen von §§300ff., 309ff. AktG sehr beschränkt sind.[487] Ihnen wird gleichzeitig das Recht verweigert, von ihrer Seite aus den Unternehmensvertrag zu kündigen, wenn sich - entgegen aller Erwartungen - die Ertragslage verbessern würde, um dann höhere Ausgleichszahlungen zu verhandeln.[488] Damit kann ein rational handelnder Aktionär nur die Abfindung wählen, was angesichts des explizit eingeräumten Wahlrechts zwischen Abfindung und Ausgleich im Falle des Unternehmensvertrags nicht im Sinne des Gesetzgebers gewesen sein kann. In der Literatur wird aus diesem Grunde von einer Reihe von Autoren die Meinung vertreten, dass unbedingt nachvertragliche Pflichten einzuführen sind, um den mangelhaften Schutz der Aktionäre vor Schädigungen des herrschenden Unternehmens im Falle einer Beendigung auszugleichen:[489]

Zunächst gäbe es die Möglichkeit, das herrschende Unternehmen zur Wiederherstellung des ursprünglichen Zustands des beherrschten Unternehmens zum Zeitpunkt des Abschlusses des Unternehmensvertrages zu verpflichten. Es ist jedoch allgemein anerkannt, dass dieses angesichts der Laufzeiten von Unternehmensverträgen sowie den Möglichkeiten zur Verflechtung und Einflussnahme durch das herrschende Unternehmen in der Regel unmöglich ist.[490] Es wäre zudem nicht sinnvoll, da damit die verbliebenen Aktionäre sowohl von den Chancen als auch von den Risiken der Unternehmensverbindung ausgeschlossen wären.

In die gleiche Richtung gehend und aus den selben Gründen wie die Wiederherstellung abzulehnen ist die Forderung nach einer Ausweitung von Schadenersatzansprüchen.

Zu erwägen wäre dagegen ein weiterer Vorschlag, der sich mit einem erneuten Abfindungsangebot für die verbliebenen Aktionäre bei Beendigung eines Unternehmensvertrags befasst.[491] Dabei stellt sich zunächst die Frage nach der Höhe des Anspruchs: Bei Zugrundelegung des Wertes des beherrschten Unternehmens zum Zeitpunkt der Kündigung würden dem Aktionär die durch das herrschende Unternehmen zugefügten Nachteile nicht ausgeglichen. Der Ausbeutung des Unternehmens mit einer anschließenden Kündigung seitens der

---

[487] Vgl. Kapitel II, Abschnitte 3.3.3, 3.3.4.6.

[488] Vgl. Hüchting, H.-J. (1972), S. 119; Hecker, R./ Wenger, E. (1995), S. 331/332.

[489] Vgl. Hüchting, H.-J. (1972), S. 117; Wilhelm, H. (1976), S. 111-116; Prantl, J. (1994), S. 339/340; Hecker, R. / Wenger, E. (1995), S. 331/332; Meilicke, W. (1995), S. 184. Zum gleichen Ergebnis kommt 1980 die Unternehmensrechtskommission. Vgl. Sonnenschein, J. (1981), S. 438/439.

[490] Vgl. Wilhelm, H. (1976), S. 2.

[491] Vgl. Wilhelm, H.(1976), S. 117; Sonnenschein, J. (1981), S. 438; Prantl, J. (1994), S. 340.

Mehrheitsaktionäre stände auch in Zukunft nichts im Wege, so dass diese Möglichkeit von vornherein ausgeschlossen werden kann.[492] Möglich wäre auch die Verwendung des ursprünglichen Abfindungsanspruchs als Basis,[493] wobei die außenstehenden Aktionäre dann weder an Chancen noch Risiken des Unternehmenszusammenschlusses beteiligt würden. Der m.E. beste Vorschlag von Prantl basiert auf der Verwendung des bei Abschluss des Unternehmensvertrags bestehenden Anteils des beherrschten Unternehmens am Konzernerfolg, welcher zur Ermittlung einer angemessenen Abfindung wiederum auf den Konzerngesamtwert zum Zeitpunkt der Kündigung bezogen werden muss.[494] In diesen Fällen kann der Aktionär an der Konzernentwicklung, d.h. vor allem auch an den Wertsteigerungen in der Obergesellschaft, teilhaben, so dass sich für die Obergesellschaft schädigende Maßnahmen zu Lasten der beherrschten Gesellschaft und ihrer außenstehenden Aktionäre mit anschließender Kündigung nicht lohnen. Gleichzeitig wird bei diesem Vorschlag die Last eines möglichen Verlusts nicht allein vom Kontrollaktionär getragen, da ansonsten bei Abwälzung des gesamten Risikos viele – auch wohlfahrtssteigernde - Übernahmen nicht durchgeführt würden.[495] Neben der Festlegung der potentiellen Höhe eines erneuten Abfindungsanspruchs stellt sich die Frage, ob dieser nur bei bestimmten Kündigungs- bzw. Beendigungsgründen gelten sollte.[496] Aufgrund der mangelnden Möglichkeiten zur Einflussnahme des Aktionärs muss bei jeder Art der Beendigung, d.h. auch bei Fristablauf bzw. bei Beendigung durch Eingliederung, der erneute Abfindungsanspruch gelten. Da die Höhe der Abfindungsansprüche bei der Eingliederung oder Verschmelzung auf Basis der Unternehmenssituation zum Verschmelzungszeitpunkt bestimmt wird und sich die Vermögenslage im Verlauf eines Unternehmensvertrages durch Eingriffe des Mehrheitsaktionärs erheblich verschlechtern kann,[497] ist auf einen nachvertraglichen Abfindungsanspruch nur zu verzichten, wenn die Abfindungen mindestens die Höhe dieses Anspruchs erreichen. Dabei muss auch in Kauf genommen werden, dass die Abfindungsart eine andere als im Unternehmensvertrag ist, weil z.B. beim Unternehmensvertrag die Barabfindung und bei der Verschmelzung der Aktientausch vorgeschrieben sein kann.[498]

---

[492] Vgl. Naraschewski, A. (1997), S. 1654.

[493] Vgl. OLG-Urteil Celle (1973), S. 1118; Wilhelm, H.(1976), S. 117; Naraschewski, A. (1997), S. 1654/1655.

[494] Vgl. hierzu Beispiel von Prantl, J. (1994), S. 339-343.

[495] Vgl. Prantl, J. (1994), S. 342/343.

[496] Die Unternehmensrechtskommission befürwortet einen Anspruch nur im Falle einer ordentlichen Kündigung. Vgl. Sonnenschein, J. (1981), S. 438/439.

[497] Die Auswirkungen stellen sich in ähnlicher Weise wie im Falle des faktischen Konzerns als Vorstufe für den Unternehmensvertrag dar. Vgl. Kapitel II, Abschnitt 3.2.2.

[498] Vgl. Naraschweski, A. (1997), S.1655/1656.

3.3.5.3. Wirkung einer außerordentlichen Kündigung im Anschluss an eine Spruchstellenentscheidung

Das außerordentliche Kündigungsrecht gemäß §§ 304 Abs.5, 305 Abs.5 Satz 4 AktG gibt dem herrschenden Unternehmen das Recht, innerhalb der ersten zwei Monate nach Bekanntgabe der Spruchstellenentscheidung den Unternehmensvertrag fristlos zu kündigen und sich den in dem Urteil festgelegten Leistungspflichten zu entziehen. Generell wird davon ausgegangen, dass ein nach Bekanntgabe der Spruchstellenentscheidung geäußertes Abfindungsverlangen erst bei Ende der Kündigungsfrist Wirksamkeit erlangt.[499] Hauptzweck dieser Regelung war es, den Mehrheitsaktionär nicht einer beim Vertragsbeginn unvorhersehbaren Mehrbelastung auszusetzen.[500] Die fristlose Kündigung verursacht beim Ausgleich die allgemeinen, im vorherigem Absatz beschriebenen, Probleme, da die Kündigung in jedem Fall nur ex nunc für zukünftige Ausgleichszahlungen wirkt und dadurch Erhöhungen der Ausgleichszahlungen in jedem Fall für bereits geleistete Zahlungen wirksam werden.[501] Bei Betrachtung der Abfindungsregelungen wird die Thematik dagegen komplexer, da unklar ist, für wen die gerichtlich festgesetzte Abfindung im Falle einer außerordentlichen Kündigung gilt.[502] Da die Kündigung nur ex nunc wirkt, ist die Abfindung bereits ausgeschiedener Aktionäre nicht mehr zu revidieren. Diese Aktionäre haben jedoch den Anspruch auf eine angemessene Abfindung und müssen deshalb bei Bejahung des Abfindungsergänzungsanspruchs trotz Kündigung eine Nachzahlung erhalten. Das herrschende Unternehmen darf auch nicht mit Verweis auf das außerordentliche Kündigungsrecht die Auszahlung der Abfindung bis zum Ende des Spruchstellenverfahrens verweigern.[503] Damit wird jedoch zum einen das Kündigungsrecht ausgehöhlt, da ein Großteil der Aktionäre in der Regel vor Ende eines Spruchstellenverfahrens die Abfindung akzeptiert.[504] Zum anderen verstößt es massiv gegen das Gleichbehandlungsprinzip, da die außenstehenden Aktionäre, die das Ende des Spruchstellenverfahrens abgewartet haben, leer ausgehen.[505] Kritisiert wird an dieser Regelung vor allem, dass sie das dem Minderheitsaktionär eingeräumte Recht auf gerichtliche Feststellung einer angemessenen Abfindung jeglicher Grundlage beraubt, wenn dem Mehrheitsaktionär die Möglichkeit gegeben wird, sich potentiellen Mehrbelastungen einerseits zu entziehen und andererseits die Vorteile des Unternehmensvertrags für sich zu beanspruchen.[506] Obwohl die praktische Bedeutung des außerordentlichen Kündungsrechts

---

499 Vgl. Argumentationen von Möhring/Tank sowie Geßler bei Koppensteiner, H.G. (1987), S. 324; Kübler, F. (1987), S. 288.

500 Vgl. Kübler, F. (1987), S. 285; Hecker, R./ Wenger, E. (1995), S. 332.

501 Vgl. Koppensteiner, H.-G. (1987), S. 192.

502 Vgl. Flume, W. (1969), S. 1047.

503 Vgl. LG-Urteil Stuttgart (1997), S. 1661.

504 Vgl. hierzu auch Diskussion um Abfindungsergänzungsanspruch in Kapitel II, Abschnitt 3.3.4.5.2.2; Meilicke, W. (1995), S. 185.

505 Vgl. Hecker, R./ Wenger, E. (1995), S. 332.

506 Vgl. Kübler, F./ Schmidt, R.H. (1988), S. 82.

verschwindend gering ist, fordern eine Reihe von Autoren die Abschaffung der Paragraphen,[507] da diese Paragraphen bei der Diskussion anderer Themenbereiche, wie dem Abfindungsergänzungsanspruch aber auch bei nachfolgend beschriebener Frage, was mit einem laufenden Spruchstellenverfahren im Falle einer Kündigung passiert, falsche Signale setzen.

3.3.5.4. Wirkung einer Kündigung bzw. Beendigung während eines laufenden Spruchstellenverfahrens

Weitaus praxisrelevanter als das außerordentliche Kündigungsrecht ist aufgrund der langen Durchschnittsdauer von Spruchstellenverfahren die Fallkonstellation, dass ein Unternehmensvertrag aufgrund Fristablauf, ordentlicher Kündigung oder auch Eingliederung während eines noch laufenden Spruchstellenverfahrens endet. Die umstrittene Frage war hierbei, ob die de lege lata bestehende Interpretation des außerordentlichen Kündigungsrechts analog auf ein laufendes Spruchstellenverfahren zur Festsetzung einer angemessenen Abfindung anzuwenden ist.[508] Während der Abbruch des Spruchstellenverfahrens im Falle einer Beendigung des Unternehmensvertrags in einigen Urteilen befürwortet wurde,[509] hat der BGH in seinem Urteil vom 20.5.1997 die herrschende Meinung[510] bestätigt und sich für ein Fortbestehen des Spruchstellenverfahrens bei Beendigung des Unternehmensvertrags, unabhängig von den Ursachen für die Beendigung, ausgesprochen.[511] Begründet wird diese Meinung mit der Problematik, dass sich das herrschende Unternehmen ansonsten inmitten eines Spruchstellenverfahrens seinen Pflichten entziehen könnte, ohne in Form einer Rückabwicklung den ursprünglichen Zustand bei Abschluss des Unternehmensvertrags wiederherzustellen. Damit würde den bereits ausgeschiedenen Aktionären der Abfindungsergänzungsanspruch

---

[507] Vgl. z.B. Flume, W. (1969), S. 1048; Kübler, F. (1987), S. 293/294; Hecker, R./ Wenger, E. (1995), S. 332/333. Im Gegensatz dazu hält Koppensteiner die am Kündigungsrecht geäußerte Kritik für übertrieben. Vgl. Koppensteiner, H.-G. (1987), S. 324. Der Vorschlag von Meilicke, das außerordentliche Kündigungsrecht nur für diejenigen Aktionäre gelten zu lassen, denen die Obergesellschaft freiwillig nach Ablauf der Angebotsfrist die Abfindung angeboten hat, ist abzulehnen, da der Sinn und die Praxisrelvanz einer solchen Auslegung in Frage zu stellen sind. Vgl. Meilicke, W. (1995), S. 186; Hecker, R./ Wenger, E. (1995), S. 332.

[508] Spruchstellenverfahren, die sich mit der Festsetzung eines angemessenen Ausgleichs beschäftigen, werden in jedem Fall weitergeführt. Vgl. Hecker, R./ Wenger, E. (1995), S. 333.

[509] Vgl. OLG-Urteil Karlsruhe (1994), S. 1529-1532; OLG-Urteil Zweibrücken (1994), S. 1918. Dieses wurde z.B. auch von Koppensteiner befürwortet. Vgl. Koppensteiner, H.-G. (1987), S. 332.

[510] Vgl. Beispiele aus der Rechtsprechung: OLG-Urteil Celle (1973), S. 1118; BayObLG-Urteil (1980), S. 76; OLG-Urteil Düsseldorf (1990b), S. 490. Vgl. Schmidt, J. (1977), S. 59-66; Kley, K.-L. (1986), S. 107, 166; Meilicke, W. (1995), S. 186-188; Hecker, R./ Wenger, E. (1995), S. 333.

[511] Vgl. BGH-Urteil (1997), S. 1397/1398; Naraschewski, A. (1997), S. 1655. Eine Bestätigung erfolgte 1999 auch noch durch das Bundesverfassungsgericht. Vgl. BVerfGe-Urteil (1999a), S. 577/578.

verweigert werden. Darüber hinaus könnten die verbleibenden Aktionäre in einem ausgeplünderten - gerade noch überlebensfähigen - Unternehmen ohne Anspruch auf Ersatzleistung mit Ausnahme des bisher gezahlten unzureichenden Ausgleichs[512] zurückgelassen werden, womit der durch Art.14 GG garantierte Eigentumsschutz stark beeinträchtigt würde.

Zusammenfassend lässt sich zu den Wirkungen der Kündigungsmöglichkeiten des herrschenden Unternehmens folgende Aussage treffen: Während der BGH zur Frage, inwieweit der Verlauf eines Spruchstellenverfahren durch die Beendigung des Unternehmensvertrags beeinträchtigt wird, eindeutig Stellung bezogen und den Schutz des Aktionärs in den Vordergrund gestellt hat, sind die Situationen bei der allgemeinen Beendigung des Unternehmensvertrages bzw. bei der außerordentlichen Kündigung noch ungeklärt und bedürfen einer Neuregelung.

3.4. Abfindungen im Falle einer Eingliederung

3.4.1. Eingliederung als Verdrängungsinstrument des Mehrheitsaktionärs

Seit Einführung des Aktiengesetzes von 1965 existiert die Möglichkeit, eine Aktiengesellschaft in eine andere Gesellschaft - die sogenannte Hauptgesellschaft - einzugliedern.[513] Zu unterscheiden ist dabei die Eingliederung einer 100%igen Tochter gemäß §319 AktG,[514] und bei Vorliegen einer Beteiligung von mindestens 95% die Eingliederung per Mehrheitsbeschluss gemäß §320 AktG.[515] Die Eingliederung per Mehrheitsbeschluss wurde eingeführt, damit eine Eingliederung nicht daran scheitert, dass eine kleine Minderheit von außenstehenden Aktionären noch Anteile besitzt.[516] Grundvoraussetzung ist, dass die Hauptgesellschaft wie auch die beherrschte Gesellschaft die Rechtsform der Aktiengesellschaft aufweist.[517] Durch diese Bedingung ist die praktische Relevanz der Eingliederung aufgrund der geringen Anzahl von Aktiengesellschaften in Deutschland von vornherein deutlich eingeschränkt. Für die Wirksamkeit einer Eingliederung gemäß §319 AktG muss die Hauptgesellschaft neben allgemeinen Informations- und

---

512 Vgl. Kapitel II, Abschnitt 3.3.4.3; Hecker, R./ Wenger, E. (1995), S. 334.

513 Vgl. Bernhard, W. (1966), S. 257; Koppensteiner, H.-G. (1987), S. 525; Emmerich, V./ Sonnenschein, J. (1992), S. 122.

514 Dieses bedeutet, dass der Mehrheitsaktionär physisch diese Mehrheit selbst besitzen muss und nicht wie bei den Beschlüssen zum Unternehmensvertrag bzw. Verschmelzung auf die Unterstützung involvierter Banken oder anderer Investoren bauen kann. Vgl. Hüffer, U. (1995), §319 Rdnr. 4.

515 Umstritten ist, ob die Hauptgesellschaft auch 95% der Stimmen besitzen muss, was bei einer grossen Anzahl von Mehrstimmrechtsaktien bzw. stimmrechtslosen Vorzugsaktien von Bedeutung sein kann. Koppensteiner bejaht unter Zuhilfenahme der Ansichten von Godin/Wilhelmi die Mehrheitserfordernisse. Vgl. Koppensteiner, H.-G. (1987), S. 541.

516 Vgl. Emmerich, V./ Sonnenschein, J. (1992), S. 123; Hüffer, U. (1995) §320 Rdnr.1.

517 Die Rechtsform der KGaA ist in diesem Fall nicht ausreichend. Vgl. Koppensteiner, H.-G. (1987), S. 527/531; Emmerich, V./ Sonnenschein, J. (1992), S. 124; Hüffer, U. (1995), §319 Rdnr.4.

Verfahrensvoraussetzungen[518] die Bedingung erfüllen, dass eine qualifizierte Mehrheit der Aktionäre der Hauptgesellschaft von mindestens 75% des Grundkapitals der Eingliederung zustimmt.[519] Bei einem Eingliederungsbeschluss gemäß §320 Abs.1 AktG sind die allgemeinen Vorschriften §§319 Abs.2-7 AktG analog anzuwenden. Zudem sind in diesen Eingliederungsfällen die rechtliche Zulässigkeit und die wirtschaftlichen Gründe der Eingliederung durch einen Prüfer gemäß §320 Abs.3,4 AktG zu überprüfen und der Prüfungsbericht allen Aktionären zugänglich zu machen.[520] Sobald die Voraussetzungen erfüllt, die Eingliederung eingetragen und damit wirksam geworden ist, gehen gemäß §320a AktG alle noch ausstehenden Aktien in die Hände der Hauptgesellschaft über.[521]

Es stellt sich die Frage, warum es trotz der strengen Mehrheitserfordernisse für ein Unternehmen sinnvoll sein könnte, statt eines Unternehmensvertrags oder der weiter unten beschriebenen Verschmelzung[522] die Eingliederung als Verbindungsform zu verwenden. Die Eingliederung verfügt gegenüber der Verschmelzung über den Vorteil, dass zwar die wirtschaftliche Abhängigkeit in ähnlicher Weise besteht, aber die rechtliche Selbständigkeit gewahrt bleibt.[523] Dadurch kann z.B. das Haftungsrisiko beschränkt, die Verpflichtung zur Auflösung stiller Reserven umgangen, der eigene Firmennamen fortgeführt und die Konzernierung über Eingliederung gemäß §327 AktG jederzeit beendet werden. Der grundlegende Unterschied zum Unternehmensvertrag besteht darin, dass mit Wirksamkeit der Eingliederung alle außenstehenden Aktionäre zwangsweise aus dem beherrschten Unternehmen befördert werden.[524] Damit entfällt die Verpflichtung zur Ausgleichszahlung, und die Unternehmenspolitik des beherrschten Unternehmens kann nicht mehr durch Schadenersatzforderungen analog zu §§309, 310 AktG bzw. Anfechtungen der außenstehenden Aktionäre behindert werden.[525] Aufgrund des Fehlens außenstehender Aktionäre und der Verankerung eines umfassenden Gläubigerschutzes gemäß §§321, 322 AktG sind bei der Eingliederung außerdem alle Einschränkungen des Weisungsrechts gemäß §323 Abs.1 AktG aufgehoben, und es können gemäß §§323 Abs.2, 324 AktG ungehindert Vermögensübertragungen vorgenommen werden. Damit kann der Mehrheitsaktionär wie bei einer Betriebsstätte Angelegenheiten frei entscheiden, da er nur durch allgemeine arbeits-, bilanz- und steuerrechtliche Aspekte sowie die Auskunftsrechte der Aktionäre der Hauptgesellschaft gemäß §326 AktG begrenzt wird.[526] Das oben angesprochene Problem der Mehrheitserfordernisse kann erheblich entschärft

---

518 Vgl. §319 Abs.3-7 AktG; Koppensteiner, H.-G. (1987), S. 536/537.

519 Vgl. Koppensteiner, H.-G. (1987), S. 533; Hüffer, U. (1995), §319 Rdnr.6.

520 Vgl. Hüffer, U. (1995), §320 Rdnr.10-15.

521 Vgl. Koppensteiner, H.-G. (1987), S. 543/544; Hüffer, U. (1995), §320a Rdnr.1-3.

522 Vgl. Kapitel II, Abschnitt 4.1.

523 Vgl. Koppensteiner, H.-G. (1987), S. 526; Emmerich, V./ Sonnenschein, J. (1992), S. 122/123.

524 Vgl. OLG-Urteil Nürnberg (1996); BGH-Urteil (1998), S. 1707/1708.

525 Vgl. Kühn, W. (1992), S. 291, 296.

526 Vgl. Emmerich, V./ Sonnenschein, J. (1992), S. 130-132.

werden, wenn vor einer Eingliederung zunächst ein Unternehmensvertrag für einen bestimmten Zeitraum abgeschlossen wird.[527] Da beim Unternehmensvertrag für Aktionäre in der Regel der wirtschaftliche Zwang besteht, die Abfindung zu akzeptieren, um nicht mit einem unzureichenden Ausgleich im Unternehmen zurückgelassen zu werden, kann dadurch neben Aufkäufen am Markt die notwendige Mehrheit erreicht werden.[528]

3.4.2. Rechte der Minderheitsaktionäre im Rahmen der Eingliederung

Die Rechte des Minderheitsaktionärs beschränken sich bei der Eingliederung neben allgemeinen Anfechtungsmöglichkeiten (Fehlen der Abfindung im Eingliederungsbeschluss, Verletzung von Informations- bzw. Verfahrensvorschriften)[529] auf den Anspruch auf Abfindung und die Möglichkeit zur Einleitung eines Spruchstellenverfahrens.

3.4.2.1. Abfindungsrecht gemäß §320b AktG

Sobald der Mehrheitsaktionär mehr als 95% des Grundkapitals besitzt und sich zur Eingliederung entschließt, besteht für die Minderheitsaktionäre "nicht nur ein wirtschaftlicher, sondern auch ein rechtlicher Zwang zur Annahme des Abfindungsangebots",[530] da es im Gegensatz zum Unternehmensvertrag im Rahmen der Eingliederung nur die Möglichkeit der Abfindung gemäß §320b AktG gibt.

Dabei stehen die Abfindung in Form von Aktien und die Barabfindung zur Verfügung, deren Annahme durch die Minderheitsaktionäre keiner Angebotsfrist, sondern nur der üblichen Verjährung unterliegt.[531] Die Aktienabfindung ist gemäß §320b Abs.1 Satz 2 AktG verpflichtend vorgeschrieben, wenn die Hauptgesellschaft von keinem Unternehmen beherrscht wird, d.h. unabhängig ist. Zu diesem Zweck ist es der Hauptgesellschaft gemäß §71 AktG auch genehmigt, eigene Aktien zu kaufen bzw. eine Kapitalerhöhung durchzuführen.[532] Im Falle einer Abhängigkeit der Hauptgesellschaft haben die Aktionäre die Wahlmöglichkeit zwischen einer Barabfindung und einer Abfindung in Aktien der abhängigen Hauptgesellschaft. Dieses kann für die Hauptgesellschaft im Vergleich zum Unternehmensvertrag einen Nachteil bedeuten,[533] da dadurch ein völliger Ausschluss der außenstehenden Aktionäre aus dem Konzernverbund nicht möglich ist.[534] Aktionäre können somit aber auch nicht gezwungen werden, Aktionäre einer

---

[527] In vielen Fällem erfolgt die Eingliederung nach dem Erwerb einer Mehrheitsbeteiligung, der faktischen Konzernierung und dem Abschluss eines Unternehmensvertrags. Vgl. Kamprad, B./ Römer, H.J. (1990), S. 486.

[528] Vgl. Kapitel II, Abschnitt 3.3.

[529] Vgl. Koppensteiner, H.-G. (1987), S. 543; Emmerich, V./ Sonnenschein, J. (1992), S. 127.

[530] Wenger, E./Hecker, R. (1995), S. 64.

[531] Vgl. Koppensteiner, H.-G. (1987), S. 546/547.

[532] Vgl. Emmerich, V./ Sonnenschein, J. (1992), S. 128; Hüffer, U. (1995), §320b Rdnr.3.

[533] Vgl. Koppensteiner, H.-G. (1987), S. 545.

[534] Vgl. Kühn, W. (1992), S. 297.

abhängigen Gesellschaft zu werden, was im Sinne des Aktionärsschutzes sinnvoll ist.[535] Es stellt sich jedoch die Frage, warum der Gesetzgeber nicht die Abfindung in Form von Aktien der unabhängigen Obergesellschaft vorgeschrieben hat. Bei Wahl der Aktienabfindung würden sich de lege lata die außenstehenden Aktionäre automatisch in einem Unternehmen wiederfinden, welches vor nachteiligen Weisungen der herrschenden Gesellschaft ebenfalls nur eingeschränkt geschützt ist.[536] Für die Berechnung der angemessenen Höhe der Barabfindung bzw. des Umtauschverhältnisses gelten die Bewertungsgrundsätze analog zum Unternehmensvertrag und damit auch die dabei entstehenden Probleme.[537]

3.4.2.2. Spruchstellenverfahren bei der Eingliederung

Die Möglichkeit zur Anfechtung des Eingliederungsbeschlusses wegen Unangemessenheit der Abfindung besteht gemäß §320b Abs.2 AktG nicht. Die in anderen Ländern existierende Vorgabe, Aktionäre über die Angemessenheit der Barabfindung bzw. des Umtauschverhältnisses abstimmen zu lassen, hat sich nicht durchgesetzt,[538] da in diesen Fällen einer Minderheit von 5% ein enormes Machtpotential gegeben wäre, welches wiederum zu Erpressungsversuchen führen könnte. Unbestreitbar wichtig ist das Angebot einer angemessenen Abfindung sowie die Beschränkung von Missbrauchsmöglichkeiten der Mehrheitsaktionäre. Diesen Zweck soll das Spruchstellenverfahren erfüllen, das gemäß §320b Abs.3 Satz 3 AktG analog zu §306 AktG abläuft und folglich mit ähnlichen Problemen hinsichtlich Bewertung sowie Länge der Verfahren zu kämpfen hat.[539] Im Gegensatz zum Spruchstellenverfahren im Falle eines Unternehmensvertrags gibt es keine Diskussion über die Frage der Antragsberechtigung, da gemäß §320 Abs.3 Satz 1 AktG jeder ausgeschiedene Aktionär antragsberechtigt sind. Probleme mit dem außerordentlichen Kündigungsrecht bzw. allgemeine Beendigungsprobleme sind ebenfalls nicht vorhanden, da alle Aktionäre bereits ausgeschieden sind und eine Rückabwicklung zu Lasten der Aktionäre nicht möglich ist.[540] Auch das Problem der Verzinsungsregel beim Unternehmensvertrag tritt bei der Eingliederung nur begrenzt auf, da die Verzinsungsregel seit 1965 existiert und keine Ausgleichszahlungen erfolgen, die im Zweifel mit den Zinsansprüchen zu verrechnen wären, so dass nur die Frage der Zinseszinsen offen bleibt. Der Abfindungsergänzungsanspruch ist ebenfalls unproblematisch, da alle Aktionäre mit Eintragung der Eingliederung ihre Anteile an die Hauptgesellschaft abgeben,

---

535 Vgl. Seisler, H. (1983), S. 48.

536 Emmerich/Sonnenschein halten diese Lösung zurecht für wenig durchdacht, da Aktien von abhängigen Unternehmen von geringeren Wert und deshalb unattraktiver sind. Vgl. Emmerich, V./ Sonnenschein, J. (1992), S. 129.Vgl. hierzu auch die Ausführungen von Bernhardt, W. (1966), S. 260; Kamprad, B./ Römer, H.J. (1990), S. 487-489.

537 Vgl. Kapitel II, Abschnitt 5.

538 Vgl. Wenger, E./ Hecker, R. (1995), S. 64.

539 Vgl. Kapitel II, Abschnitt 3.3.4.5.2.

540 Die Beendigungsgründe und -wirkungen einer Eingliederung gemäß §327 AktG werden demzufolge an dieser Stelle nicht weiter detailliert.

ohne dass dafür die Abgabe einer Willenserklärung in Form eines Abfindungsvertrags notwendig wäre.[541] Wann die Aktionäre die Abfindung tatsächlich einfordern bzw. sich ihren Anspruch verbriefen lassen, ist deshalb unerheblich, so dass das Spruchstellenergebnis unumstritten für alle bisherigen Aktionäre gilt.[542]

3.5. Barabfindung bei "Squeeze-out" von Minderheitsaktionären

Das Gesetz zur Regelung von öffentlichen Angeboten zum Erwerb von Wertpapieren und von Unternehmensübernahmen enthält neben den unter Abschnitt 2. beschriebenen Regelungen des Wertpapiererwerbs- und Übernahmegesetz auch eine Regelung zum Ausschluss von Minderheitsaktionären.[543]

3.5.1. Grundzüge des "Squeeze-out" Verfahrens

Ein Hauptaktionär, welcher über mehr als 95% des anwesenden Grundkapitals verfügt, kann durch einen Hauptversammlungsbeschluss den Ausschluss der verbleibenden Minderheitaktionäre veranlassen.[544] Die Festlegung der Höhe der Barabfindung erfolgt durch den Hauptaktionär.[545] Für die Gültigkeit des Übertragungsbeschlusses muss eine Gewährleistungserklärung eines Kreditinstituts hinsichtlich der Verpflichtungserfüllung des Hauptaktionärs sowie ein schriftlicher Bericht des Hauptaktionärs über die Angemessenheit der Barabfindung vorliegen.[546] Darüber hinaus muss das Barabfindungsangebot durch einen vom Gericht auf Antrag des Hauptaktionärs hin bestellten Prüfer überprüft werden. Im Anschluss an die ordnungsgemäße Durchführung der Hauptversammlung hat der Eintrag ins Handelsregister zu erfolgen.[547] Zum Schutz der außenstehenden Minderheitsaktionäre ist die gerichtliche Nachprüfung gemäß §306 AktG bei Unangemessenheit der Barabfindung vorgesehen; eine Anfechtungsklage aufgrund Unangemessenheit der Barabfindung ist ausgeschlossen.[548]

---

541 Vgl. Koppensteiner, H.-G. (1987), S. 544.

542 Vgl. Kropff, B. (1969), S. 8; Koppensteiner, H.-G. (1987), S. 548.

543 Zur verfassungsrechtlichen Zulässigkeit vgl. Ehricke, U./ Roth, M. (2001), S. 1120/1121.

544 Vgl. §327a AktG. Für die Feststellung des Erreichens der 95%-Schwelle gilt §16 Abs. 2 AktG. Vgl. Rühland, P. (2001), S. 449; Ehricke, U./ Roth, M. (2001), S. 1122.

545 Vgl. §327b Abs.1 AktG. Gemäß §327b Abs.2 AktG ist ab der Bekanntmachung der Eintragung des Übertragungsbeschlusses die Barabfindung mit 2% über den jeweils geltenden Basiszinssatz zu verzinsen. Die Klausel, dass bei Erreichen der 95%-Schwelle in den letzten sechs Monaten vor Beschlussfassung über ein öffentliches Angebot und bei Vorliegen einer Annahmequote von mehr als 90% der außenstehenden Aktionäre bei diesem Angebot, die in diesem Rahmen angebotene Geldleistung als angemessene Barabfindung zugrunde zu legen ist, wurde aus dem letzten Entwurf gestrichen. Vgl. Finanzausschuss des Deutschen Bundestages (2000), S. 72.

546 Vgl. §§327b Abs.3, 327c Abs.2 Satz 1 AktG.

547 Vgl. §§327d,e AktG.

548 Vgl. §§327f AktG. Anders als in früheren Entwürfen ist auf die Regelung verzichtet worden, dass bei Zugrundelegung der im Rahmen eines öffentlichen Angebotes festgelegten

3.5.2. Beurteilung der "Squeeze-out"-Regelung

Grundsätzlich ist die "Squeeze-out"-Regelung sehr zu begrüßen, da sie Kontrollaktionären die Möglichkeit eröffnet, unbedeutende Restminderheiten aus einem Unternehmen zu entfernen. Sie ist zwar mit 95% strenger als in anderen Ländern, bei denen häufig auf eine 90%-Schwelle abgestellt wird.[549] Sie orientiert sich jedoch damit an der Eingliederung und vermeidet aktienrechtliche Begründungen, warum bestimmte Minderheitenrechte, die bei Erreichen einer 5%-Schwelle vorliegen, ausgeschlossen werden.[550] Mit der Regelung können strategische Entscheidungen ohne die bei Anwesenheit von Minderheitsaktionären drohenden Anfechtungsklagen getroffen und kostenintensive Informations- sowie Verfahrensvorschriften gelockert werden.[551] Gegenüber der Eingliederung bietet der "Squeeze-out" von Minderheitsaktionären den Vorteil, dass der Kontroll-aktionär nicht unbedingt eine Aktiengesellschaft mit Sitz im Inland sein muss, wodurch auch ausländische Investoren dieses Instrument nutzen können.[552] Darüber hinaus ist aufgrund der Barabfindung keine Bewertung der herrschenden Gesellschaft notwendig. Vorteilhaft ist zudem, dass dieses "Squeeze-out" Recht nicht nur im Anschluss an ein erfolgreiches Übernahmeangebot besteht, sondern auch bei bereits längeren Bestehen einer 95%-Beteiligung angewendet werden kann. Durch diese Verbesserungen wird ein entscheidender Beitrag für die Erhöhung der Attraktivität des deutschen Kapitalmarktes geleistet.

Dennoch weist die Regelung eine Reihe von Mängeln auf:[553] Zunächst stellt sich die Frage, ob die mit gewissen Kosten verbundene Herbeiführung eines Hauptversammlungsbeschlusses angesichts der vorhandenen Kontrollbeteiligung von 95% des Hauptaktionärs unbedingt notwendig ist.[554] Gleichzeitig ist zu beanstanden, dass keine Mitteilungspflicht des Kontrollaktionärs bei Überschreiten der 95%-Schwelle vorgesehen ist.[555] Für die Minderheitsaktionäre wäre die Information, dass der Kontrollaktionär ab diesem Zeitpunkt jederzeit einen Ausschluss verfügen, vor allem bei einer börsennotierten, beherrschten Gesellschaft von Interesse. Es darf zudem nicht außer acht gelassen werden, dass

---

Geldleistung eine gerichtliche Überprüfung der Barabfindung ausgeschlossen ist. Vgl. Rühland, P. (2001), S. 448, 452; Ehricke, U./ Roth, M. (2001), S. 1123.

549 Vgl. hierzu die Beispiele von USA und England in Kapitel III, Abschnitt 4.1.3. sowie Kapitel IV, Abschnitt 2.2.4.1. Ein ausführlicher Vergleich und eine Diskussion der Schwellenwerte findet in Kapitel V statt.

550 Vgl. Ehricke, U./ Roth, M. (2001), S. 1121.

551 Vgl. Vetter, E. (2000), S. 1818; Handelsblatt vom 10.7.00, S. 51; Altmeppen, H. (2001), S. 1083; Bolte, C. (2001), S. 2587.

552 Vgl. Vetter, E. (2000), S. 1818, 1824.

553 Bei personalistisch geprägten AGs besteht zudem eine erhöhte Missbrauchsgefahr, da sich ein Teil der Aktionäre zu einer GbR zusammenschliessen könnte, um einen anderen Aktionär aus dem Unternehmen zu drängen. Vgl. Bolte, C. (2001), S. 2587-2591.

554 Vetter sieht nicht nur das Problem zusätzlicher Kosten, sondern auch eine erhöhte Anfechtungsgefahr. Vgl. Vetter, E. (2000), S. 1820/1821, 1824. Befürworter des HV-Beschlusses sind Ehricke, U./ Roth, M. (2001), S. 1125.

555 Vgl. Vetter, E. (2000), S. 1819.

durch den Verweis auf das Spruchstellenverfahren in Zusammenhang mit der Angemessenheit der Barabfindung die gleichen Probleme entstehen können, wie beim Abschluss von Unternehmensverträgen bzw. wie bei der Eingliederung. Generell stellt sich die Frage, ob bei Vorliegen einer Kontrollbeteiligung von 95% nicht umgekehrt auch den Minderheitsaktionären das Recht eingeräumt werden sollte, aktiv einen Auskauf zu fordern. Denn selbst bei börsennotierten Gesellschaften ist eine normale Preisbildung am Markt aufgrund der geringen Liquidität nicht mehr möglich. Ein solches Recht kann immer dann wichtig sein, wenn der Kontrollaktionär keine Intentionen zeigt, die verbleibende Minderheiten auszukaufen, und gleichzeitig Vermögensverschiebungen zugunsten der herrschenden Gesellschaft vornimmt.

4. ABFINDUNGEN IM UMWANDLUNGSGESETZ VON 1995

Im Umwandlungsgesetz von 1995 sind alle Umwandlungsstrategien (Verschmelzung, Spaltung, Vermögensübertragung, Formwechsel), die bis zu diesem Zeitpunkt in fünf verschiedenen Gesetzen geregelt waren, einheitlich zusammengefasst worden.[556] In nachfolgenden Abschnitten werden die einzelnen Umwandlungsalternativen kurz beschrieben. Zum Ende des Kapitels wird gesondert das Spruchstellenverfahren beleuchtet, das im Umwandlungsgesetz in den §§305ff. UmwG übergreifend für alle Arten der Umwandlung geregelt ist.

4.1. Abfindungsregelungen bei der Verschmelzung

4.1.1. Verschmelzung als engste Verbindungsform zwischen zwei Unternehmen

Die Verschmelzung stellt die engste Verbindung zwischen zwei Unternehmen dar, da nicht nur die wirtschaftliche, sondern auch die rechtliche Selbständigkeit eines Unternehmens aufgegeben wird. Generell müssen bei der Verschmelzung gemäß §2 UmwG zwei Arten unterschieden werden:[557] Bei der Verschmelzung durch Aufnahme nimmt das übernehmende Unternehmen das übertragende Unternehmen auf und die Aktionäre der übertragenden Gesellschaft erhalten Aktien des übernehmenden Unternehmens im Austausch.[558] Diese Form, die für Aktiengesellschaften im Umwandlungsgesetz in den §§ 4-35, 60-72 UmwG geregelt wird, ist in der Praxis am häufigsten anzutreffen.[559] Daneben gibt es die Verschmelzung durch Neugründung, bei der beide Unternehmen ihr Vermögen auf ein neu gegründetes drittes Unternehmen übertragen und alle Aktionäre Aktien dieses Unternehmens erhalten. Für diese Form gelten neben der analogen Anwendung der

---

[556] Vgl. §1 UmwG; Neye, H.-W. (1995), S. 1-6; Ossadnik, W. (1997), S. 885.

[557] Verschmelzungsfähig sind inländische Rechtsträger, wobei als Rechtsformen gemäß §3 UmwG neben den Kapitalgesellschaften auch Personenhandelsgesellschaften, Vereine, Genossenschaften, etc. in Frage kommen. Vgl. Ossadnik, W./ Maus, S. (1995), S. 105.

[558] Vgl. Marsch-Barner, R. (1997), S. 16.

[559] Vgl. Bayer, W. (1988), S. 323; Marsch-Barner, R. (1997), S. 283.

Regelungen bei Aufnahme die §§ 36-38, 72-77 UmwG.[560] Der Verschmelzungsvertrag kann gemäß §7 UmwG bedingt geschlossen und im Falle des Nichteintretens der Bedingung nach einem vertraglich festgelegten Zeitraum gekündigt werden.[561] Zum Schutz der Aktionäre, Gläubiger und Arbeitnehmer hat der Gesetzgeber verschiedene Bedingungen vorgeschrieben, die im Vorfeld des Wirksamwerdens einer Verschmelzung erfüllt werden müssen:

Es muss gemäß §4 UmwG ein Verschmelzungsvertrag vorliegen, an den bestimmte Inhalts- und Formvorschriften gestellt werden.[562] Die Geschäftsleitungen beider Unternehmen sind gemäß §8 UmwG jeweils zur Erstellung eines Verschmelzungsberichts verpflichtet.[563] In diesem Bericht müssen sie zu den wirtschaftlichen Gründen für die Verschmelzung sowie zu den Bedingungen des Verschmelzungsvertrags, wie z.B. dem Umtauschverhältnis, Stellung nehmen.[564] Problematisch ist, dass nicht eindeutig festgelegt ist, wie weit die Informationspflicht der Unternehmen geht.[565] Dadurch kommt es häufig zur Anfechtung von Verschmelzungen aufgrund mangelnder Informationen im Verschmelzungsbericht.[566] Ferner ist zum Schutz der außenstehenden Aktionäre der Verschmelzungsvertrag bzw. -entwurf durch einen vom Vorstand oder Gericht bestellten Verschmelzungsprüfer zu überprüfen,[567] falls sich nicht alle Aktien in der Hand des übernehmenden Rechtsträgers befinden.[568] Generell sind in der Prüfung drei Punkte zu kontrollieren: die Vollständigkeit des Verschmelzungsvertrags, die Richtigkeit der Angaben zum Verschmelzungsvertrag sowie die Angemessenheit

---

560 Vgl. Marsch-Barner, R. (1997), S. 17.

561 Vgl. Streck, M./ Mack, A./ Schwedhelm, R. (1995), S. 164.

562 Vgl. §§5,6 UmwG; Streck, M./ Mack, A./ Schwedhelm, R. (1995), S.162/163; Marsch-Barner, R. (1997), S. 42. Wichtig ist hierbei die Festlegung des Verschmelzungsstichtags, des Umtauschverhältnisses sowie die Höhe der baren Zuzahlungen, die den zehnten Teil des Grundkapitals nicht überschreiten dürfen. Zur Besonderheit der Festlegung des Stichtags, vgl. Hoffmann-Becking, M. (1988), S. 106/107; Marsch-Barner, R. (1997), S. 53-56.

563 Den Verschmelzungsbericht können sie auch gemeinsam vorlegen. Vgl. Winter, M. (1995), S. 27; Marsch-Barner, R. (1997), S. 79.

564 Auf den Verschmelzungsbericht kann gemäß §8 Abs.3 UmwG verzichtet werden, wenn sich alle Anteilseigner einverstanden erklären oder sich die Anteile des Unternehmens in einer Hand befinden. Vgl. Ossadnik, W./ Maus, S. (1995), S. 106.

565 Vgl. Winter, M. (1995), S. 30.

566 Vgl. Bayer, W. (1988), S. 323; Marsch-Barner, R. (1997), S. 79.

567 Vgl. §§9-12, 60 UmwG. Empfehlenswert ist die Bestellung durch das Gericht, um die Abhängigkeit des Prüfers zum Vorstand zu reduzieren. Vgl. Hoffmann-Becking, M. (1988), S. 121; Müller, W. (1997), S. 362; Heurung, R. (1997), S, 837.

568 Vgl. §9 Abs.2 UmwG; Streck, M./ Mack, A./ Schwedhelm, R. (1995), S. 168.

des Umtauschverhältnisses und der Barabfindung.[569] Die Verschmelzung kann nicht durchgeführt werden, wenn die Prüfung nicht bzw. fehlerhaft erfolgt.[570]

Die Verschmelzung wird gemäß §13 Abs.1 UmwG nur dann wirksam, wenn die Anteilseigner beider Gesellschaften mit mindestens einer ¾-Mehrheit des anwesenden Grundkapitals dem Verschmelzungsvertrag zustimmen,[571] wobei vor Einberufung einer Hauptversammlung zur Beschlussfassung der Verschmelzungsvertrag bzw. -entwurf gemäß §61 UmwG zu veröffentlichen ist.[572] Falls mehrere Aktiengattungen vorhanden sind, muss gemäß §65 Abs.2 UmwG in jeder Aktiengattung die erforderliche ¾-Mehrheit erreicht werden. Wenn sich mehr als 9/10 des Kapitals der übertragenden Gesellschaft in den Händen der übernehmenden Gesellschaft befindet, ist gemäß §62 Abs.1 UmwG ein Verschmelzungsbeschluss der übernehmenden Gesellschaft nicht mehr erforderlich.[573] Im Anschluss an die Beschlussfassung haben die Geschäftsleitungen beider Unternehmen die Verschmelzung gemäß §16 UmwG anzumelden.[574] Erst bei Vorliegen dieser Voraussetzungen kann die Eintragung und Bekanntmachung der Verschmelzung gemäß §19 UmwG erfolgen und die Verschmelzung gemäß §20 UmwG tatsächlich Wirksamkeit erlangen.[575]

Es stellt sich die Frage, warum die Verschmelzung als Verbindungsform gewählt wird. Zunächst können bei der Verschmelzung auch zwei unabhängige Unternehmen miteinander verbunden werden, bei denen die Geschäftsleitungen beider Gesellschaften aus wirtschaftlichen Gründen einen Zusammenschluss befürworten und die Unterstützung mehrerer Großaktionäre vorliegt. Anders als bei der Übernahme eines Unternehmens durch ein anderes Unternehmen über Marktkäufe kann mit Hilfe des Aktientausches bei der Verschmelzung der Liquiditätsbedarf erheblich reduziert werden.[576] Darüber hinaus ist es in der Praxis üblich, dass ein herrschendes Unternehmen im Anschluss an eine Phase der faktischen Konzernierung eine Verschmelzung mit dem beherrschten Unternehmen vorantreibt,[577] um seinen Einfluss in ähnlicher Form wie bei der Eingliederung ausweiten und durch den Zusammenschluss entstehende Vorteile besser nutzen zu können (sogenannte "Konzernverschmelzung"). Vorteilhaft sind hierbei aus Sicht

---

569 Die Überprüfung, inwieweit die wirtschaftlichen Ziele einer Verschmelzung, wie z.B. Nutzung bestimmter Synergievorteile, realistisch und umsetzbar sind, ist dagegen nicht die Aufgabe des Prüfers. Vgl. Marsch-Barner, R. (1997), S. 101/102; Heurung, R. (1997), S. 837; Bayer, W. (1997), S. 1621.

570 Vgl. Marsch-Barner, R. (1997), S. 126.

571 Vgl. §65 Abs.1 UmwG; Streck, M./ Mack, A./ Schwedhelm, R. (1995), S. 168.

572 Vgl. Marsch-Barner, R. (1997), S. 127.

573 Vgl. Grunewald, B. (1995), S. 52/53.

574 Vgl. Zimmermann, N. (1997), S. 149-166.

575 Falls die übernehmende Gesellschaft für die Verschmelzung ihr Grundkapital erhöht, darf die Verschmelzung gemäß §65 UmwG erst eingetragen werden, wenn die Grundkapitalerhöhung eingetragen ist. Vgl. Streck, M./ Mack, A./ Schwedhelm, R. (1995), S. 168.

576 Vgl. Ossadnik, W./ Maus, S. (1995), S. 108.

577 Vgl. Bayer, W. (1988), S. 323.

des Kontrollaktionärs vor allem die Mehrheitserfordernisse bei der Verschmelzung, da anders als bei der Eingliederung nur 75% des Grundkapitals benötigt wird, um die Kleinaktionäre zum Verlassen des beherrschten Unternehmens zu zwingen.[578] Im nachfolgenden Abschnitten werden die Schutzrechte vor dem Hintergrund der "Konzernverschmelzung" analysiert.

4.1.2. Schutz der Minderheitsaktionäre

Abgesehen von den oben dargestellten Informationsrechten ist der Handlungsspielraum von Minderheitsaktionären im Rahmen einer Verschmelzung weitgehend eingeschränkt. Sobald sich eine Mehrheit von 75% des bei Hauptversammlungen durchschnittlich anwesenden Grundkapitals zu einer Verschmelzung entschlossen hat, ist die Beschlussfassung durch eine Minderheit nicht zu verhindern.

Aktiv kann sich der Minderheitsaktionär nur mit der Erhebung einer Klage gegen die Wirksamkeit eines Beschlusses gemäß §14 Abs.1 UmwG innerhalb eines Monats wehren.[579] Problematisch an der Klagebefugnis ist, dass das Kostenrisiko bei den Kleinaktionären belassen wird und damit Aktionäre von berechtigten Klagen abgehalten werden. Bei Abwälzung des Kostenrisikos - ähnlich wie im Spruchstellenverfahren - könnte dagegen das schon heute bestehende Problem erpresserischer Berufsaktionäre, die sich ihre Klagebefugnis abkaufen lassen, verstärkt werden. Generell anfechten lässt sich eine Verschmelzung, wenn die Auskunftspflichten bzw. Offenlegungspflichten des Gesellschaftsvertrags bzw. der Gesetze verletzt wurden.[580] Durch die neugeschaffenen §§16 Abs.2 Satz 2, Abs.3 Satz 2 UmwG kann jedoch die durch die Anfechtungsklage ausgelöste Registersperre umgangen werden, wenn entweder die Aktionäre schriftlich auf ihr Klagerecht verzichten oder das Gericht die Klage bei fehlendem Nachweis einer Pflichtverletzung ablehnt bzw. die Wirksamkeit der Verschmelzung für wichtiger erachtet als die Klage.[581] Damit wird die Erpressungsmöglichkeit seitens der Aktionäre, die Verschmelzung durch die Einreichung einer Klage zu verzögern, weitgehend eingeschränkt. Da jedoch gemäß §16 Abs.3 Satz 6 UmwG eine Verschmelzung, sobald die Eintragung erfolgt ist, sinnvollerweise auch bei Rechtmäßigkeit einer Klage nicht mehr rückgängig gemacht wird, hat das Klagerecht seinen Sinn verloren.

Dem außenstehenden Kleinaktionär bleibt bei Wirksamkeit nur die Möglichkeit, auf Grundlage eines festgelegten Umtauschverhältnisses seine Aktien gegen Aktien

---

[578] Vgl. Wenger, E./ Hecker, R. (1995), S. 64.

[579] Die Klage umfasst sowohl die Anfechtungs- als auch die Nichtigkeitsklage gemäß §§246, 241 AktG. Vgl. Marsch-Barner, R. (1997), S. 140-142.

[580] Vgl. Becker, R. (1988), S. 228/229; Bayer, W. (1988), S. 330/331; Marsch-Barner, R. (1997), S. 141.

[581] Vgl. Ossadnik, W./ Maus, S. (1995), S. 108; Neye, H.-W. (1995), S. 13. Vgl. hierzu die Entscheidung des LG Essens, die HR-Eintragungen zur Verschmelzung von Thyssen/ Krupp trotz der anhängigen Anfechtungsklagen zu zulassen. Vgl. FAZ vom 21.1.1999.

des übernehmenden Unternehmens zuzüglich einer eventuellen baren Zuzahlung[582] zu tauschen. Das Umtauschverhältnis wird von den Geschäftsleitungen der beiden Unternehmen festgelegt, wobei als Stichtag für die Bewertung der im Vertrag festgelegte Verschmelzungsstichtag gilt. Auf eine Festlegung von Kriterien, wie die Bewertung zu erfolgen hat, ist im Umwandlungsgesetz verzichtet worden. Grundsätzlich gibt es gemäß §14 Abs.2 UmwG keine Möglichkeit zur Klage gegen den Verschmelzungsbeschluss, wenn das im Vertrag festgelegte Umtauschverhältnis unangemessen ist. Das Verbot einer Anfechtung gilt auch dann, wenn das Umtauschverhältnis offensichtlich zu niedrig angesetzt wurde.[583] In diesen Fällen hat der Gesetzgeber analog zur Eingliederung und den Unternehmensverträgen, den Aktionären gemäß §15 UmwG die Möglichkeit gegeben, das Umtauschverhältnis nachträglich gerichtlich überprüfen zu lassen und gegebenenfalls bare Zuzahlungen zu erhalten,[584] die ab dem Zeitpunkt der Eintragung zu verzinsen sind.[585] Hierfür ist im Gegensatz zum alten Recht nicht die schriftliche Erklärung eines Widerspruchs vor Beschlussfassung notwendig.[586]

Neben dem Aktientausch hat der Mehrheitsaktionär den Minderheitsaktionären wahlweise den Erwerb von Anteilen gegen eine angemessene Barabfindung gemäß §29 UmwG anzubieten, wenn die beiden zu verschmelzenden Gesellschaften unterschiedliche Rechtsformen aufweisen, d.h. wenn eine sogenannte Mischverschmelzung vorliegt.[587] Gleiches gilt, wenn die Anteile der übernehmenden Gesellschaft laut Gesellschaftsvertrag oder Satzung Verfügungs-beschränkungen aufweisen.[588] Die Barabfindung gilt nur für diejenigen Aktionäre, die vor dem Verschmelzungsbeschluss einen Widerspruch zur Niederschrift eingelegt haben und damit deutlich gemacht haben, dass sie sich ausdrücklich gegen ihren Eintritt beim übernehmenden Rechtsträger aussprechen.[589] Diese Voraussetzung entfällt gemäß §29 Abs.2 UmwG, wenn der Aktionär an der ordnungsgemäßen Teilnahme an der Hauptversammlung gehindert wurde. Bezüglich der Höhe der Barabfindung wird der gleiche Wortlaut wie im Unternehmensvertrag und bei der Eingliederung verwendet, nach dem die Höhe die Verhältnisse des Unternehmens zum Zeitpunkt der Beschlussfassung berücksichtigen muss.[590] Eine Anfechtung aufgrund Unangemessenheit der Abfindung im Verschmelzungsvertrag ist wie beim

---

582 Eine bare Zuzahlung liegt immer dann vor, wenn es zu einem Ausgleich der Spitzenbeträge kommt oder wenn der Anteilsbesitz des Aktionärs zu gering ist, um eine Aktie des übernehmenden Unternehmens zu ergeben.

583 Vgl. Marsch-Barner, R. (1997), S. 143.

584 Die bare Zuzahlung ist in diesem Fall nicht auf den zehnten Teil des Grundkapitals beschränkt. Vgl. Marsch-Barner, R. (1997), S. 146. Vgl. zum Spruchstellenverfahren Kapitel II, Abschnitt 4.4.

585 Vgl. §15 Abs.2 UmwG.

586 Vgl. Marsch-Barner, R. (1997), S. 147.

587 Vgl. Marsch-Barner, R. (1997), S. 257.

588 Vgl. Marsch-Barner, R. (1997), S. 258.

589 Vgl. Heurung, R. (1997), S. 838; Marsch-Barner, R. (1997), S. 261.

590 In der Wahl der Methodik lässt der Gesetzgeber wie auch in den anderen Fällen den Unternehmen freie Hand.

Umtauschverhältnis gemäß §32 UmwG ausgeschlossen. Der Aktionär muss sich auf die gerichtliche Nachprüfung gemäß §34 UmwG verlassen,[591] wobei auch bei der Barabfindung eine Verzinsungspflicht ab dem Zeitpunkt der Beschlussfassung gilt.[592] Annehmen kann der Aktionär das Angebot in einem Zeitraum von bis zu zwei Monate nach Bekanntmachung der Eintragung der Verschmelzung; diese Frist verlängert sich durch die Einleitung eines Spruchstellenverfahrens und endet erst zwei Monate nach Bekanntgabe einer Entscheidung.[593]

Die Beschränkung der Barabfindung auf bestimmte Fälle führt dazu, dass Aktionäre Anteilsinhaber eines Unternehmens werden müssen, welches selber wieder von einem anderen Unternehmen abhängig sein könnte oder welches völlig andere Geschäftsziele als das ursprüngliche Unternehmen verfolgen und damit andere Risiken aufweisen könnte.[594] Damit ist den Aktionären das Recht zur Entscheidung, ob sie Aktionäre dieses Unternehmens sein wollen, verweigert worden. Die Möglichkeit zum Verkauf der Aktien kann dabei eine unbefriedigende Alternative darstellen, da die Aktionäre in diesen Fällen vom Kursrisiko eines Unternehmens abhängig sind, welches sie nicht freiwillig gewählt haben. Hinzu kommt, dass sich ihre Beteiligungssituation durch die Verschmelzung entscheidend ändern kann, wie nachfolgendes Beispiel einer Konzernverschmelzung zeigt:[595] Unterstellt man z.B. ein abhängiges Unternehmen A mit einem Gesamtwert von €100 Mio., an dem der Mehrheitsaktionär Y 80% des Grundkapitals besitzt und der Minderheitsaktionär X zu 12% am Grundkapital (Wert seines Anteils = €12 Mio.) beteiligt ist; d.h. X besitzt besondere Minderheitenrechte.[596] Nun soll das Unternehmen A mit dem Unternehmen B, welches dem Mehrheitsaktionär Y zu 100% gehört und einen Wert von €200 Mio. aufweist, verschmolzen werden. Nach einer Bewertung beider Unternehmen ergibt sich ein Umtauschverhältnis in Höhe von 1:2 (A:B); damit hat sich die wertmäßige Position des Aktionärs X nicht verschlechtert, er ist jedoch nach der Verschmelzung nur noch mit 4% am neuen Unternehmen beteiligt und hat damit seine besonderen Minderheitenrechte verloren, da er für ihre Ausübung mindestens 5% des Grundkapitals besitzen muss.[597] Aus diesen Gründen sollte es in allen Verschmelzungsfällen, in denen noch außenstehende Minderheitsaktionäre beteiligt sind, die Möglichkeit zur Barabfindung geben. Eine weitere m.E. unnötige Erschwerung stellt die Bedingung

---

591 Vgl. Marsch-Barner, R. (1997), S. 262/263.

592 Vgl. §§30 Abs.1 S. 2, 15 Abs.2 UmwG.

593 Vgl. §31 UmwG.

594 Vgl. Becker, R. (1988), S. 224.

595 Vgl. Bayer, W. (1988), S. 324; Lutter, M. (1990), S. 405.

596 Dazu gehören z.B. das Recht auf Beantragung einer Sonderprüfung (§142 Abs.2 AktG), die Sperre gegen Eingliederung (§320 Abs. 1 AktG), die Sperre gegen Verzicht auf Verlustausgleich (§302 Abs.3 AktG). Vgl. Drukarczyk, J. (1993), S. 657-661.

597 Als weiteres a-posteriori Schutzrecht steht dem Aktionär noch die Möglichkeit zur Geltendmachung von Schadenersatzansprüchen zur Verfügung, wobei sich die vorliegende Arbeit hierbei nur auf Literaturhinweise beschränken möchte. Vgl. Marsch-Barner, R. (1997), S. 239-252.

dar, dass die Aktionäre vor der Beschlussfassung schriftlich den Widerspruch erklärt haben müssen. Aufgrund des schlechten Informationsgrades der meisten Kleinaktionäre sollte diese Bedingung ersatzlos gestrichen werden.

Zusammenfassend lässt sich feststellen, dass die Schutzwirkung der Verschmelzungsregeln wie schon beim Unternehmensvertrag und bei der Eingliederung entscheidend davon abhängt, dass ein angemessenes Umtauschverhältnis bzw. eine Barabfindung geboten wird, da den Aktionären nur eingeschränkt Möglichkeiten zur aktiven Gegenwehr zur Verfügung stehen. Dieses kann sich als problemlos erweisen, wenn sich zwei voneinander unabhängige Unternehmen für eine Verschmelzung entscheiden, da bei der Diskussion über die Umtauschmodalitäten die Geschäftsführungen beider Gesellschaften jeweils die Interessen ihrer eigenen Aktionäre vertreten. Im Falle einer von einer Partei dominierten Verschmelzung ist dagegen eine angemessene Behandlung äußerst fraglich: Das herrschende Unternehmen wird alle Mittel einsetzen, um die Verschmelzung für seine eigenen Aktionäre möglichst günstig zu Lasten der Minderheitsaktionäre des beherrschten Unternehmens zu gestalten. Es unterliegt zudem keinem Zwang, a priori ein angemessenes Umtauschverhältnis bzw. Barabfindung anzubieten. In diesen Fällen stellt wiederum das Spruchstellenverfahren die einzige Möglichkeit dar, ein für die Minderheit angemessenes Umtauschverhältnis zu ermitteln.

4.2. Abfindungsregelungen im Rahmen der Spaltung

Neben der Verschmelzung regelt das Umwandlungsgesetz die Spaltung[598], bei der es ebenfalls zu Abfindungen von Minderheitsaktionären kommen kann. Das Umwandlungsgesetz von 1995 definiert gemäß §123 UmwG drei unterschiedliche Formen von Spaltung: Aufspaltung (Abs.1), Abspaltung (Abs.2) und Ausgliederung (Abs.3).[599]

Bei einer Aufspaltung wird das gesamte Vermögen des beherrschten Unternehmens auf mindestens zwei Unternehmen übertragen, von denen die Aktionäre des übertragenden und sich auflösenden Unternehmens Anteile erhalten.[600] Damit können Unternehmensbereiche strategisch aufgeteilt und z.B. für Umstrukturierungen von einem Mehrheitsaktionär gewinnbringend genutzt werden,[601] was nachfolgendes Beispiel verdeutlicht: Unternehmen A, das aus den Unternehmensbereichen U und V besteht, wird vom Mehrheitsaktionär X beherrscht; diesem gehören die Unternehmen B und C. Im Rahmen der Auf-

---

598 Die Möglichkeit zur Spaltung ist bei Aktiengesellschaften gemäß §141 UmwG nur gegeben, falls die Aktiengesellschaft länger als zwei Jahre eingetragen ist. Vgl. Kallmeyer, H. (1997b), S. 582.

599 Vgl. Engelmeyer, C. (1996), S. 194; Heurung, R. (1997), S. 838.

600 Wie bei der Verschmelzung kann die Übertragung auf bestehende Rechtsträger oder auch auf neu zu gründende Rechtsträger erfolgen. Vgl. Hoffmann-Becking, M. (1990), S. 490; Kallmeyer, H. (1997b), S. 445.

601 Vgl. Teichmann, A. (1995), S. 92.

spaltung wird das Vermögen des Unternehmensbereichs U an B und das Vermögen von V an C übertragen.

Abspaltung bedeutet, dass nur ein Teil des Vermögens des beherrschten Unternehmens, z.B. ein Unternehmensbereich, an ein anderes Unternehmen übertragen wird und die Rechtspersönlichkeit des beherrschten Unternehmens erhalten bleibt.[602] Im Gegenzug erhalten die Aktionäre des übertragenden Unternehmens Anteile am übernehmenden Unternehmen.

Die Ausgliederung unterscheidet sich von der Aufspaltung und Abspaltung hauptsächlich darin, dass sich bei der Ausgliederung nichts an den Herrschafts- und Vermögensrechten der Aktionäre ändert, da das übertragende Unternehmen selbst Anteilseigner am übernehmenden Unternehmen wird.[603] Bei der Ausgliederung können sowohl nur Teile des Vermögens als auch das gesamte Vermögen ausgegliedert werden; im letzteren Fall handelt es sich bei dem übertragenden Unternehmen nur noch um eine Holding, welche die Anteile ihrer Tochtergesellschaften verwaltet.[604] Abzugrenzen ist von der Ausgliederung nach dem UmwG die Ausgliederung über Sacheinlage, die den allgemeinen aktienrechtlichen Vorschriften unterliegt und bei der nur bei wesentlichen Vermögensteilen ein Hauptversammlungsbeschluss notwendig wird.[605]

Hinsichtlich der Verfahrensvorschriften sowie der Vorschriften zum Umtauschverhältnis ist auf die Ausführungen zur Verschmelzung hinzuweisen, da gemäß §125 UmwG mit wenigen Ausnahmen die Vorschriften des 2. Buchs des Umwandlungsgesetzes gelten.[606] Für die Ausgliederung sind nur die Verfahrensvorschriften, aber nicht die Vorschriften zum Umtauschverhältnis und zur Barabfindung anwendbar, da die Anteile der Minderheitsaktionäre durch die Ausgliederung weitgehend unberührt bleiben und folglich etwaige Ansprüche nicht geltend gemacht werden können.[607] Weitere Verfahrensvorschriften für die Spaltung zur Aufnahme finden sich in den §§126, 127, 129, 130 UmwG, bei denen der Mindestinhalt eines Spaltungs- und Übernahmevertrags, Einzelheiten zum Spaltungsbericht sowie zur Anmeldung und zur Eintragung definiert werden.[608] Zusätzlich gilt gemäß §128 UmwG die Regel, dass in allen Fällen, in denen die Anteile der übernehmenden Gesellschaft nicht in dem Verhältnis zugeteilt sind, welches ihrem Anteil am übertragenden Unternehmen entspricht, alle Aktionäre der Spaltung zustimmen müssen.

---

602 Vgl. Kallmeyer, H. (1997b), S. 446.

603 Vgl. Heurung, R. (1997), S. 839.

604 Vgl. Kallmeyer, H. (1997b), S. 446.

605 Vgl. Kallmeyer, H. (1997b), S. 449.

606 Vgl. hierzu auch die ausführliche Darstellung von Kallmeyer, H. (1997b), S. 459-487.

607 Vgl. Kallmeyer, H. (1997b), S. 446/447.

608 Vgl. Engelmeyer, C. (1996), S. 194-208. Die Spaltung zur Neugründung ist in den §§135 ff. UmwG geregelt.

4.3. Abfindungsregelungen bei Formwechseln

Eine weitere Strategie, mit der ein Mehrheitsaktionär die Kontrolle über ein Unternehmen ausbauen und für eigene Zwecke benutzen kann, stellt der Formwechsel dar.[609] Beim Formwechsel ändert sich die Rechtsform und damit die Mitgliedschaftsrechte der Aktionäre, während das Unternehmen selbst unverändert bestehen bleibt.[610]

Beim Verfahren zum Formwechsel sind folgende Bedingungen zu erfüllen:[611] Es ist durch den Vorstand ein Umwandlungsbericht vorzulegen, dessen Mindestinhalte in §192 UmwG geregelt sind.[612] Generell reicht bei der Beschreibung der Vorgehensweise bezüglich der Kalkulation des Umtauschverhältnisses eine Darlegung der Bewertungsmethoden nicht aus. Vielmehr müssen in dem Umfang Zahlen und Fakten präsentiert werden, dass eine Plausibilitätskontrolle möglich ist.[613] Ein Umwandlungsbericht ist gemäß §192 Abs.3 UmwG nicht notwendig, wenn nur ein Anteilseigner beteiligt ist oder alle Anteilseigner in notarieller Form verzichtet haben. Im Anschluss ist gemäß §193 UmwG in der Hauptversammlung der Umwandlungsbeschluss zu fassen, da eine Überprüfung der Umwandlung nicht vorausgesetzt wird.[614] Bei der Umwandlung von Aktiengesellschaften in eine GmbH oder KGaA ist gemäß §240 Abs.1 UmwG die Zustimmung von einer ¾-Mehrheit des Grundkapitals erforderlich, wobei bei Vorhandensein mehrerer Aktiengattungen für jede Gattung die Mehrheit erreicht werden muss.[615] Gleiches gilt gemäß §233 Abs.2 Satz 1 UmwG für die Umwandlung in eine KG. Sollte eine Aktiengesellschaft in eine Personenhandelsgesellschaft umgewandelt werden, müssen gemäß §233 Abs.1 UmwG aufgrund der Änderungen bei der Haftung alle Aktionäre zustimmen.[616] Nach der Beschlussfassung in der Hauptversammlung ist der Formwechsel gemäß §§198, 199, 246, 247 UmwG beim Registergericht anzumelden, solange nicht eine Klage gemäß §195 UmwG gegen die Wirksamkeit des Umwandlungsbeschlusses

---

609 Hierbei ist gemäß §§191, 226 UmwG der Formwechsel in eine Gesellschaft bürgerlichen Rechts, Personenhandelsgesellschaft, Kapitalgesellschaft und eingetragener Genossenschaft möglich. Vgl. Happ, W. (1995), S. 227.

610 Die Möglichkeiten für einen Formwechsel einer AG sind in §§191, 226 UmwG geregelt und bei Meister/Klöcker nachzulesen. Vgl. Meister, B./ Klöcker, I. (1997), S. 613-617; Dirksen, D. (1997), S. 836-840.

611 Vgl. hierzu auch Streck, M./ Mack, A./ Schwedhelm, R. (1995), S. 172/173.

612 Dazu gehören z.B. ein Entwurf des Umwandlungsbeschlusses und eine Vermögensaufstellung. Vgl. Bayer, W. (1997), S. 1620. Der Umwandlungsbericht ist gemäß §230 Abs.2 UmwG von der Einberufung der Hauptversammlung an in den Geschäftsräumen der Gesellschaft öffentlich auszulegen und auf Verlangen jedem Aktionär kostenlos auszuhändigen.

613 Vgl. Meister, B./ Klöcker, I. (1997), S. 623/624.

614 Der Umwandlungsbeschluss muss gemäß §194 UmwG wiederum bestimmte Mindestinhalte, wie beispielsweise die Konditionen für den Anteilstausch sowie für die Barabfindung, beinhalten. Vgl. Decher, C. (1995), S. 212.

615 Vgl. Meister, B./ Klöcker, I. (1997), S. 638/639.

616 Vgl. Happ, W. (1995), S. 228.

vorliegt.[617] Als letzter Schritt ist der Formwechsel einzutragen und durch das Gericht bekannt zu machen.[618]

Den Minderheitsaktionären stehen ähnliche Rechte wie bei der Verschmelzung bzw. Spaltung zu.[619] Sie besitzen die Möglichkeit des Anteilstauschs, wobei ihnen wie bei der Verschmelzung eine Anfechtung des Umwandlungsbeschlusses gemäß §195 Abs.2 UmwG aufgrund der Unangemessenheit des Umtauschverhältnisses verwehrt ist.[620] Es bleibt ihnen gemäß §196 UmwG nur die Möglichkeit zur gerichtlichen Überprüfung, bei der jedoch als Ausgleich nur die Höhe einer baren Zuzahlung und nicht die Gewährung weiterer Anteile festgelegt werden kann.[621] Daneben steht den Aktionären gemäß §207 UmwG die Barabfindung zur Verfügung, wobei für die Geltendmachung des Anspruchs gemäß Abs.1 wiederum die Einlegung eines Widerspruchs gegen die Beschlussfassung notwendig ist.[622] Das Barabfindungsangebot gilt gleichermaßen für diejenigen Aktionäre, die für die Umwandlung gestimmt, aber dennoch Widerspruch erklärt haben.[623] Eine Befreiung von der Verpflichtung zur Abgabe eines Barabfindungsangebots ist nur möglich, wenn sich das Unternehmen im Besitz eines einzelnen Anteilseigners befindet oder alle Anteilseigner einer Befreiung zustimmen.[624] Für die Annahme des Angebots besteht gemäß §209 UmwG die Zwei-Monats-Frist, die nur im Falle eines Spruchstellenverfahrens verlängert wird. Bei einer unangemessenen bzw. fehlenden Barabfindung gilt gemäß §§210, 212 UmwG wiederum der Grundsatz: Keine Anfechtung, sondern gerichtliche Überprüfung im Spruchverfahren.

4.4. Spruchverfahren gemäß Umwandlungsgesetz

Das Spruchverfahren ist im Umwandlungsgesetz einheitlich für alle Umwandlungsfälle geregelt. Es bezieht sich auf die oben angeführten Ansprüche auf Festsetzung einer baren Zuzahlung zur Verbesserung des Umtauschverhältnisses im Falle der Verschmelzung (§15 UmwG), der Auf- und Abspaltung (§§125 Satz1 UmwG) und des Formwechsels (§196 UmwG) sowie auf Feststellung einer Barabfindung gemäß den §§34, 125, 212 UmwG.[625] Das vom Landgericht

---

617 Vgl. Decher, C. (1995), S. 213/214.

618 Vgl. §§201, 202 UmwG; Decher, C. (1995), S. 214.

619 Für das Thema der Schadenersatzpflicht gemäß §§205, 206 UmwG vgl. Meister, B./ Klöcker, I. (1997), S. 744-754.

620 Vgl. Meister, B./ Klöcker, I. (1997), S. 668.

621 Hoffmann-Becking sieht dieses sehr kritisch, da es seiner Meinung nach nicht wie bei der Verschmelzung um Unsicherheiten bei der Bewertung von Unternehmen geht, sondern um die "rechtlich korrekte Bestimmung des Beteiligungsumfangs". Vgl. Hoffmann-Becking, M. (1990), S. 496.

622 Vgl. Decher, C. (1995), S. 217/218; Heurung, R. (1997), S. 839. Das Abfindungsangebot ist allen Aktionäre spätestens bei Einberufung der Hauptversammlung zuzusenden bzw. in den einschlägigen Gesellschaftsblättern zu veröffentlichen. Vgl. §231 UmwG.

623 Vgl. Meister, B./ Klöcker, I. (1997), S. 758/759.

624 Vgl. Meister, B./ Klöcker, I. (1997), S. 757.

625 Vgl. Krieger, G. (1995), S. 276.

geführte gerichtliche Verfahren unterliegt gemäß §307 UmwG den Vorschriften der freiwilligen Gerichtsbarkeit, was vor allem bedeutet, dass der Grundsatz "reformatio in peius" nicht gilt und damit das Gericht keine Verschlechterung der baren Zuzahlung bzw. Barabfindung beschließen kann.[626] Antragsgegner und Schuldner eines eventuellen Anspruchs ist der übernehmende Rechtsträger oder im Falle des Formwechsels der Rechtsträger neuer Rechtsform. Antragsberechtigt ist jeder Anteilsinhaber des übertragenden bzw. formwechselnden Unternehmens, unabhängig davon, ob er für oder gegen den Umwandlungsbeschluss gestimmt und ob er vor oder nach der Beschlussfassung die Aktien erworben hat.[627] Eingeschränkt wird die Antragsberechtigung bei der Barabfindung dadurch, dass nur derjenige Aktionär ein Recht auf eine Barabfindung und damit auch ein Recht auf die gerichtliche Überprüfung besitzt, der schriftlich seinen Widerspruch erklärt hat.[628] Sobald ein Antrag gestellt worden ist, hat das Gericht gemäß §307 Abs.3 UmwG diesen im Bundesanzeiger bekannt zu machen, da im Anschluss andere Antragsberechtigte noch innerhalb von einer Zwei-Monatsfrist nach Bekanntmachung eigene Anschlussanträge stellen können.[629] Zum Schutz der außenstehenden Aktionäre, die keinen eigenen Antrag gestellt haben, ist ein gesetzlicher Vertreter zu bestellen, der weisungsungebunden die Interessen dieser Aktionäre vertreten soll.[630] Im Umwandlungsgesetz ist in §308 Abs.3 UmwG die Rolle des Vertreters dahingehend erweitert worden, dass der Vertreter ein Verfahren auch dann weiterführen kann, wenn alle Antragssteller ihre Anträge zurückgenommen haben. Damit können sowohl Auskaufversuche seitens der herrschenden Gesellschaften als auch Erpressungsversuche von außenstehenden Aktionären eingeschränkt werden.[631] Gegen eine gemäß §307 Abs.5 UmwG getroffene und gemäß §310 UmwG veröffentlichte Entscheidung können sowohl die Antragssteller als auch Antragsgegner unverzüglich Beschwerde einlegen.[632] Die Kosten des Verfahrens werden gemäß §312 UmwG wie beim Spruchstellenverfahren laut Aktiengesetz den übernehmenden Unternehmen bzw. den neuen Rechtsträgern belastet.

Das Spruchverfahren des Umwandlungsgesetzes hat eine Reihe von Problemen, die im Aktiengesetz vorgeherrscht haben bzw. immer noch vorherrschen, lösen können. Dazu gehört neben der oben erwähnten Fortführung des Verfahrens durch die gesetzlichen Vertreter auch die umstrittene Frage des Abfindungsergänzungsanspruchs.[633] In §311 UmwG hat der Gesetzgeber deutlich manifestiert, dass die

---

626 Zu Einzelheiten vgl. App, M. (1995), S. 267-269; Meister, B./ Klöcker, I. (1997), S. 909, 614.

627 Vgl. Krieger, G. (1995), S. 278; Marsch-Barner, R. (1997), S. 147, 260/261; Meister, B./ Klöcker, I. (1997), S. 673, 674; Schulenberg, M. (1998), S. 77.

628 Vgl. Marsch-Barner, R. (1997), S. 147, 260/261; Meister, B./ Klöcker, I. (1997), S. 673, 674.

629 Vgl. App, M. (1995), S. 268.

630 Vgl. Krieger, G. (1995), S. 280; Meister, B./ Klöcker, I. (1997), S. 919.

631 Vgl. hierzu Ausführungen unter Kapitel II, Abschnitt 3.3.4.5.1.

632 Vgl. Krieger, G. (1995), S. 292.

633 Vgl. Hoffmann-Becking, M. (1988), S. 123/124; derselbe (1990), S. 499.

Entscheidung des Gerichts für und gegen alle wirkt. Sie betrifft daher nicht nur Antragsgegner, Antragssteller und Folgeantragssteller, sondern auch alle nicht am Verfahren beteiligten Aktionäre und vor allem alle Aktionäre, die vor Verkündung der Entscheidung mit oder ohne Vorbehalt die Barabfindung angenommen haben.[634] Hinsichtlich der Frage der Verzinsung gab es schon im alten Verschmelzungsrecht die Pflicht zur Verzinsung einer Barabfindung. Hier kommt jedoch erneut die Problematik zum Tragen, dass Aktionäre, welche die Barabfindung erst nach Verkündung des Urteils akzeptieren, doppelt profitieren können; d.h. sie bekommen sowohl die Verzinsung auf die Barabfindung als auch Dividendenzahlungen für ihre Anteile am übernehmenden Unternehmen bzw. am Unternehmen mit neuer Rechtsform.[635] Lösen lässt sich dieses Problem wiederum nur durch Verrechnung von Dividenden und Zinsansprüchen.[636] Ungelöst ist ferner das Problem der durchschnittlichen Länge von Spruchstellenverfahren, welches zu hohen Belastungen aller Beteiligten führt,[637] und von den Mehrheitsaktionären strategisch genutzt werden kann, um zunächst eine niedrige Abfindung zu zahlen und den Differenzbetrag selbst in der Zwischenzeit anzulegen.

5. BEMESSUNG VON ABFINDUNGEN

Eine Schutzwirkung der in den Abschnitten 3.und 4. beschriebenen gesetzlichen Abfindungsregelungen kann sich für die außenstehenden Aktionäre nur entfalten, wenn der Verlust der Herrschafts- und Vermögensrechte in einer "angemessenen" Höhe kompensiert wird. Da der Abfindende selbst weder das Interesse noch die Verpflichtung hat, eine angemessene Abfindung von sich aus anzubieten, sind Gutachter und Gerichte in Spruchstellenverfahren zur Überprüfung und eventuellen Verbesserung der Abfindungen aufgerufen. Der nachfolgende Abschnitt beschäftigt sich zunächst mit der Frage, wie aus theoretischer Sicht die Angemessenheit einer Abfindung zu definieren ist, um im Anschluss die Bewertungsverfahren der Praxis und die dabei entstehenden Probleme darzustellen.[638]

---

[634] Vgl. Marsch-Barner, R. (1997), S. 280; Meister, B./ Klöcker, I. (1997), S. 929.

[635] Vgl. Liebscher, T. (1996), S. 457.

[636] Vgl. Kapitel II, Abschnitt 3.3.4.5.2.3.

[637] Vgl. Krieger, G. (1995), S. 277.

[638] Die Ausführungen werden sich zunächst auf die Barabfindung beziehen, um in Abschnitt 5.6. auf die Unterschiede bei der Aktienabfindung einzugehen. Auf eine detaillierte Darstellung der besonderen Probleme bei Bestimmung der Ausgleichszahlung wird an dieser Stelle verzichtet, da der Fokus dieser Arbeit auf der Abfindung liegt. Grundsätzlich ist vor allem die Frage ungeklärt, ob der Ausgleich direkt aus der Abfindung abgeleitet werden sollte, um eine Wertgleichheit zu erzielen, oder mit einem Zu- bzw. Abschlag versehen sein sollte. Vgl. hierzu Koppensteiner, H.-G. (1987), S. 282; Forst, H. (1994), S. 324; Lutter, M./ Drygala, T. (1995), S. 49-57; Hecker, R./ Wenger, E. (1995), S. 335-336. Urteile zur Ausgleichzahlung: Vgl. OLG-Urteil Düsseldorf (1977), S. 171; OLG-Urteil Hamburg (1980); BayObLG-Urteil (1995b), S. 1703.

5.1. Angemessenheit einer Abfindung aus theoretischer Sicht

5.1.1. Objektive versus subjektive Werttheorie

Jedem Minderheitsaktionär steht das Recht zu, die Höhe einer angebotenen Abfindung auf ihre Angemessenheit überprüfen zu lassen. Es stellt sich dabei die Frage, welche Maßstäbe Gerichte bei der Überprüfung bzw. Neufestsetzung anlegen sollten. Die entsprechenden Gesetzestexte zur Abfindung[639] bieten bei der Definition einer angemessenen Abfindung nur wenig Unterstützung, da sie als einzige Aussage beinhalten, dass eine Barabfindung angemessen sei, wenn sie die Verhältnisse zum Zeitpunkt der Beschlussfassung wiedergibt.[640] Zur Interpretation einer angemessenen Abfindung ist daher auf die Theorie der Unternehmensbewertung zurückzugreifen. In der subjektiven Werttheorie, welche die noch bis in die 70iger Jahre hartnäckig vertretene objektive Werttheorie verdrängt hat,[641] wird davon ausgegangen, dass es keinen allgemein gültigen Unternehmenswert gibt, sondern nur subjektive zukunftsbezogene Werte der einzelnen Beteiligten.[642] Der Preis, den ein Verkäufer mindestens erzielen möchte, um seine bisherige Position nicht zu verschlechtern, wird als Grenzpreis des Verkäufers bezeichnet. Der Grenzpreis des Käufers wird dadurch bestimmt, dass der Käufer maximal den Preis bezahlen wird, bei dem er mindestens sein Ausgangsniveau behält. Die Grenzpreise können aus folgenden Gründen stark divergieren:[643]

¶ *Unterschiede im Informationsgrad der Beteiligten:* In der Regel ist der Informationsgrad des Verkäufers besser als der des Käufers. In Fällen der Barabfindung von Minderheitsaktionären kann sich dieses Verhältnis jedoch umdrehen, da Mehrheitsaktionäre als Käufer häufig auf bessere Informationsquellen als Minderheitsaktionäre zurückgreifen können.

¶ *Unterschiede bei den Alternativertragssätzen und der Risikoeinstellung:* Mehrheitsaktionäre verfügen in der Regel über bessere Alternativanlagen und ein größeres Portfolio zur Risikominderung als Minderheitsaktionäre. Diese Unterschiede können beispielsweise dazu führen, dass ein Mehrheitsaktionär einen höheren Kapitalzinssatz als die Minderheitsaktionäre verwendet und damit im Extremfall einen

---

639 Vgl. §§ 305 Abs.3 Satz 2, 320b Abs.1 Satz 5, 327b AktG; §§ 30 Abs.1 Satz 1, 208 UmwG.

640 Vgl. Winnefeld, R. (1975), S. 457; Prantl, J. (1994), S. 98/99.

641 Die objektive Werttheorie stützte sich auf das Substanzwertverfahren, untermauert durch die Normalwerthypothese, die davon ausgeht, dass langfristig alle Unternehmen nur eine begrenzte Verzinsung gemessen am Reproduktionswert erreichen. Vgl. Kraus-Grünewald, M. (1995), S. 1839; vgl. ausführliche Darstellungen und Literaturhinweise zur objektiven Werttheorie: Busse von Colbe, W. (1957), S. 114-117; Löhr, D. (1993), S. 206; Piltz, D. (1994).

642 Vgl. Busse von Colbe, W. (1957), S. 117-119; Drukarczyk, J. (1973), S. 357/358; Seisler, H. (1983), S. 70/71; Ränsch, U. (1984), S. 205; Dielmann, H./ König, A. (1984), S. 57; Fleischer, H. (1997), S. 369; Sieben, G. (1998), S. 194/195.

643 Vgl. Drukarczyk, J. (1973), S. 359-361; Ballwieser, W. (1980), S. 52; Ränsch, U. (1984), S. 206; Fleischer, H. (1997), S: 385.

Unternehmenswert unterhalb der Grenzpreise der Minderheitsaktionäre ermittelt.

¶ *Unterschiede bei der Beurteilung zukünftiger Erfolge:* Der Mehrheitsaktionär wird, je nach seinen Zielvorstellungen für die zukünftige Entwicklung des betroffenen Unternehmens, die Erzielung von Synergievorteilen in Form von positiven Kosten, Markt- und Steuereffekten mit berücksichtigen.[644] Hinzu kommt, dass er eventuell auch bestehende Möglichkeiten zur Vermögensverschiebung zu Lasten der Minderheitsaktionäre in sein Kalkül einbezieht.[645]

Bei der Unternehmensbewertung steht deshalb die Feststellung der subjektiven Entscheidungswerte von Käufer und Verkäufer im Vordergrund, wobei ein externer Gutachter nur in den seltensten Fällen in der Lage sein wird, Grenzpreisunterschiede aufgrund von Informationsdefiziten oder unterschiedlichen Risikopräferenzen zu bewerten.[646] Die Vorgehensweise des Gutachters hängt gemäß der Funktionentheorie entscheidend vom Zweck der Unternehmensbewertung ab.[647] Soll der Unternehmenswert z.B. eine Beratungsfunktion im Sinne einer Entscheidungsvorbereitung übernehmen, reichen die individuellen subjektiven Entscheidungswerte aus.[648] Im Rahmen der Vermittlungsfunktion, die im Falle der Festlegung von Abfindungen für außenstehende Aktionäre relevant ist, muss dagegen ein neutraler Gutachter aus den beiden Grenzpreisen einen Arbitriumwert, d.h. einen Einigungswert, bestimmen.[649] Bei der Bestimmung eines Einigungswerts ist zu differenzieren, ob eine dominierte oder nicht dominierte Konfliktsituation vorliegt.[650]

Bei einer nicht dominierten Konfliktsituation, wie sie beim klassischen Kauf oder Verkauf eines Unternehmens bzw. Unternehmensteils vorliegt, kommt es zu keiner Einigung, wenn der Grenzpreis des Käufers für seinen Unternehmensanteil (U_K) unterhalb des Grenzpreises des Verkäufers (U_V) liegt. Bei einem positiven Einigungsbereich, d.h. wenn $U_K > U_V$, ist es die Frage von Verhandlungen, wo sich der Einigungspreis einpendelt, da beide Parteien, soweit sie nicht einverstanden sind, einen Verkauf ablehnen können.[651]

---

644 Vgl. Werner, W. (1990), S. 305; Kraus-Grünewald, M. (1995), S. 1842.

645 Vgl. Ränsch, U. (1984), S. 206.

646 Vgl. Drukarczyk, J. (1973), S. 359/360.

647 Vgl. ausführliche Literaturhinweise zur Funktionenlehre bei Sieben, G./ Schildbach, T. (1979), S. 455-458; Matschke, M.J. (1981), S. 115; Schildbach, T. (1981), S. 194; Moxter, A. (1983), S. 5-8; Peemöller, V. (1993), S. 409.

648 Vgl. Ballwieser, W./ Leuthier, R. (1986), S. 547. Bei der Argumentationsfunktion wird ein sogenannter Argumentationswert bestimmt, der ausschließlich der Durchsetzung bestimmter Interessen des Auftragsgebers dient. Vgl. Matschke, M.J. (1981), S. 116.

649 Vgl. König, W. (1977), S. 73-75; Matschke, M.J. (1981), S. 115; Busse von Colbe, W. (1981), S. 595-597; Peemöller, V. (1993), S. 409. Vgl. analoge Ausführungen zu Umtauschverhältnis bei Nonnenmacher, R. (1982), S. 153-157.

650 Vgl. Ballwieser, W./ Leuthier, R. (1986), S. 546/547.

651 Vgl. Matschke, M.J. (1981), S. 117; Drukarczyk, J. (1996), S.90.

Bei einer dominierten Konfliktsituation, bei der eine Eigentumsänderung, wie etwa bei den oben beschriebenen Abfindungsregelungen,[652] durch den Käufer erzwungen werden kann, liegt dagegen der Preis gänzlich im Ermessensbereich des Käufers und kann nur durch ein Gericht in einem späteren Verfahren angepasst werden.[653] In diesen Fällen stellt sich die Frage, welcher Preis als angemessene Abfindung festgelegt werden sollte.

Mit dieser Frage setzt sich auch das Institut der Wirtschaftprüfer (IDW) auseinander, welches in seinen verschiedenen Stellungnahmen Grundsätze für die angemessene Bewertung festgelegt hat.[654] Das IDW hat einen anderen Weg als die Funktionenlehre gewählt, indem es die Funktion des neutralen Gutachters in den Vordergrund gestellt hat.[655] Danach hat ein Gutachter in einem ersten Schritt, der sogenannten Feststellungsphase, zunächst den objektivierten Wert eines Unternehmens - d.h. "das Unternehmen, wie es steht und liegt" - zu bestimmen;[656] dieser Wert, der den Grenzpreis des Verkäufers reflektiert und damit käuferfreundlich ausfällt, soll als Grundlage für gerichtliche Entscheidungen sowie als Ausgangspunkt für weitere Verhandlungen dienen.[657] Erst in einem zweiten Schritt sind bedarfsweise subjektive Einschätzungen der einzelnen Beteiligten einzubringen, um im Rahmen der Beratungs- bzw. Vermittlungsfunktion subjektive Grenzpreise der einzelnen Beteiligten bzw. Einigungspreise zu ermitteln.[658] Dieses grundsätzliche Konzept ist durch Verabschiedung des sogenannten "IDW Standard: Grundsätze zur Durchführung von Unternehmensbewertungen (IDW S1)" im Jahre 2000 bestätigt. Jedoch wurden die Annahmen zur Bestimmung des objektivierten Wertes, wie etwa die Berücksichtigung unechter Synergieeffekte, die Vollausschüttungsannahme sowie die grundsätzliche Einbeziehung einer typisierten Ertragssteuerbelastung, detailliert und gegenüber den Annahmen für die Bestimmung des subjektiven Wertes abgegrenzt.[659]

Unabhängig vom Ansatz, sei es Vermittlerfunktion nach der Funktionenlehre bzw. Funktion des neutralen Gutachters gemäß IDW, sollen bei der Festlegung der

---

652 Eine dominierte Abfindungssituation ist auch in den Fällen gegeben, bei denen den Abzufindenden das Wahlrecht zwischen Abfindung und Ausgleich zur Verfügung steht, da für einen rational handelnden Aktionär kein echtes Wahlrecht besteht, da die Situation vollständig vom Mehrheitsaktionär beeinflussbar ist. Vgl. Matschke, M.J. (1981), S. 120.

653 Vgl. Matschke, M.J. (1981), S. 117; Drukarczyk, J. (1996), S. 90.

654 Vgl. HFA-Stellungnahme (1983); IDW S 1 (2000); Siepe, G./ Dörschell, A./Schulte, J. (2000), S. 947-960.

655 Vgl. HFA-Stellungnahme (1983), S. 472/473; Siepe, G./ Dörschell, A./Schulte, J. (2000), S. 947; Hayn, M. (2000), S. 1346-1353.

656 Vgl. Dörner, D. (1992), S. 5; Hayn, M. (2000), S. 1346.

657 Vgl. HFA-Stellungnahme (1983), S. 473; Dörner, D. (1992), S. 6/7; Schildbach, T. (1995), S. 621/622.

658 Vgl. HFA-Stellungnahme (1983), S. 473, 475, 478/479; Kraus-Grünewald, M. (1995), S. 1841; Schildbach, T. (1995), S. 621.

659 Vgl. IDW Standard (2000), S. 825-842. Die nachfolgenden Abschnitte werden im Detail auf die Neuerungen des IDW S 1 eingehen.

Angemessenheit der Abfindung die Grundsätze der gleichen und der vollen Abfindung gelten.

5.1.2. Grundsatz der gleichen Abfindung

Im Falle der Abfindung besteht bei der Bestimmung des Grenzpreises des Verkäufers das Problem, dass eine Vielzahl subjektiver Grenzpreise vorliegen, da es in der Regel nicht nur einen, sondern mehrere Abzufindende gibt. Deren Entscheidungswerte können wiederum in Abhängigkeit ihrer zukünftigen Anlagestrategie - Daueranlage, Spekulation, Verkauf - bzw. der zukünftigen Unternehmenspolitik - Aufkauf, Fortführung in bisheriger Form - sehr unterschiedlich ausfallen.[660] Da den Gerichten bzw. den beauftragten Gutachtern bei breiten Publikumsgesellschaften keine Informationen über die gegenwärtigen Anteilseigner vorliegen, ist die Bestimmung von individuellen Grenzpreisen für die einzelnen Anteilseigner nicht durchführbar. In diesen Fällen ist eine Typisierung, d.h. eine Objektivierung, des Grenzpreises des Verkäufers notwendig.[661] Um für alle Beteiligten eine pareto-optimale Lösung sicherzustellen, muss dabei der maximale Wert unter den Grenzpreisen der Verkäufer bestimmt werden:[662]

$$\text{Max } U_{Vi} \text{ mit } U_{Vi} = \{U_{V1}, \ldots, U_{Vn}\}$$

Dies bedeutet, dass für die Abfindung der Wert des Aktionärs mit dem maximalen Grenzpreis zugrundegelegt wird. Der maximale Grenzpreis kann beispielsweise daraus resultieren, dass dieser Aktionär über die Alternativanlage mit der geringsten Verzinsung verfügt bzw. die höchsten Überschüsse aus dem Unternehmen erwartet.

5.1.3. Grundsatz der vollen Abfindung

In dem häufig zitierten Feldmühle-Urteil von 1962 des Bundesverfassungsgerichts[663] ist festgestellt worden, dass eine zwangsweise Enteignung mit dem Art. 14 GG vereinbar ist, wenn die Abzufindenden im *vollem* Maße das erhalten, was ihre Beteiligung am arbeitenden Unternehmen wert sei.[664] Das Feldmühle-Urteil hat jedoch den Nachteil, dass nicht zu erkennen ist, welche Wertvorstellungen die Basis für die Abfindung darstellen sollen,[665] d.h. ob bei der *vollen* Abfindung:[666]

¶ der Grenzpreis des Verkäufers,

---

660 Vgl. König, W. (1977), S. 85.

661 Vgl. Sieben, G. (1966), S. 11; Hackmann, A. (1987), S. 36; Fleischer, H. (1997), S. 369.

662 Vgl. Matschke, M.J. (1981), S. 125/126; Prantl, J. (1994), S. 100.

663 Vgl. BVerfGe-Urteil (1962), S. 284/285.

664 Vgl. Sieben, G. (1966), S. 9; Drukarczyk, J. (1973), S. 358; Beyerle, K. (1981), S. 253-255; Seisler, H. (1983), S. 67; Ränsch, U. (1984), S. 204; Hackmann, A. (1987), S. 23.

665 Drukarczyk, J. (1973), S. 358.

666 Vgl. Matschke, M.J. (1981), S. 122/123; König, W. (1977), S. 84; Ränsch, U. (1983), S. 206; Böcking, H.J. (1994), S. 1418/1419; Prantl, J. (1994), S. 99; Fleischer, H. (1997), S. 385.

- der Grenzpreis des Käufers und damit die Einbeziehung aller möglichen Synergien, oder
- ein Wert zwischen den beiden Grenzpreisen

zugrunde liegt.

Im Falle eines negativen Einigungsbereichs, d.h. wenn $U_V > U_K$, ist in jedem Fall der Grenzpreis des Verkäufers zu befürworten, um eine Schlechterstellung des Verkäufers zu verhindern, da dieser sich gegen das ineffiziente Verhalten des Käufers nicht zur Wehr setzen kann, während der Käufer auf sein Erwerbsvorhaben verzichten könnte.[667]

Hieraus lässt sich jedoch nicht automatisch herleiten, dass auch im Falle eines positiven Einigungsbereichs der Grenzpreis des Verkäufers als Basis für die Abfindung dienen sollte. Als Untergrenze ist der Grenzpreis des Verkäufers zwar unverzichtbar, jedoch steht zur Diskussion, ob und in welchem Umfang der Minderheitsaktionär an den zukünftigen, zum Teil sehr umfangreichen Wertsteigerungen[668] partizipieren sollte.

5.1.3.1. Verbundberücksichtigungsprinzip versus Stand-alone Prinzip

Die Frage der Angemessenheit einer Beteiligung der Minderheitsaktionäre an den zukünftigen Wertsteigerungen wird von Literatur und Rechtsprechung sehr gegensätzlich beantwortet. Während von Verfechtern der Theorie der Unternehmensbewertung die Aufteilung der Verbundeffekte befürwortet wird (Verbundberücksichtigungsprinzip),[669] lehnen Teile der Literatur,[670] Rechtsprechung[671] sowie das IDW[672] eine Berücksichtigung ab (Stand-alone-Prinzip).

---

667 Vgl. Sieben, G./ Schildbach, T. (1979), S. 457; Matschke, M.J. (1981), S. 117-119, 124; Prantl, J. (1994), S. 103.

668 Bei der bayerischen Bankenfusion der Vereinsbank mit der Hypobank sind bspw. Einsparungspotentiale in Höhe von ca. €500 Mrd. erzielbar innerhalb von fünf Jahren kalkuliert worden. Vgl. SZ vom 12.9.1997, S.21. Weitere Beispiele bei Böcking, H.-J. (1994), S. 1412-1414.

669 Vgl. Drukarczyk, J. (1973), S. 358-361; Gansweid, W. (1977), S. 338/339; Matschke, M.J. (1981), S. 123; Prantl, J. (1994), S. 104; Böcking, H.-J. (1994), S. 1409-1434; Fleischer, H. (1997), S. 373; Bayer, W. (1997), S. 1618.

670 Vgl. Sieben, G. (1966), S. 8/9; Meilicke, W. (1975), S. 51-54.

671 Vgl. OLG-Urteil Celle (1979), S. 233; OLG-Urteil Hamburg (1980), S. 163; BayObLG-Urteil (1995a), S. 2590/2591; LG-Urteil Dortmund (1996a), S. 278/279; OLG-Urteil Celle (1998), S. 2007. Befürworter dieser Ansicht in der Rechtsliteratur: Vgl. z.B. Winnefeld, R. (1975), S. 459; Ränsch, U. (1984), S. 206/207; Koppensteiner, H.-G. (1987), S. 312; Werner, W. (1990), S. 303-320; Mertens, H.-J. (1992), S. 323-335; Piltz, D. (1994), S. 159/160, 230. Dieses gilt im gleichen Maße für Barabfindungen im Umwandlungsgesetz. Vgl. Heurung, R. (1997), S. 843.

672 Vgl. Siepe, G./ Dörschell, A./Schulte, J. (2000), S. 947; IDW Standard (2000), Tz. 13.

Die Ablehnung der Verbundvorteile wird auf eine Reihe von Argumenten gestützt: Neben den Problemen bei der Ermittlung und Aufteilung von Synergieeffekten[673] wird beispielsweise das Argument angeführt, dass Synergieeffekte subjektive Elemente einer Unternehmensbewertung darstellen. Diese sind bei der Bestimmung einer Abfindung nicht zu berücksichtigen sind, da hierbei der Wert des Unternehmens bei Fortführung ohne Verbund zu suchen sei.[674] Ein weiteres Argument bezieht sich auf die Eigentumsgarantie von Art. 14 GG, nach der "nur Chancen und Risiken der Entwicklung des Bewertungsobjekts selbst" berücksichtigt werden dürften.[675] Von einigen Autoren wird schließlich noch die Gesetzessystematik mit ins Spiel gebracht, indem aus der Nichtberücksichtigung von Synergievorteilen im Falle der Verschmelzung und der Ableitung der Aktienabfindung aus dem Verschmelzungsverhältnis gefolgert wird, dass bei Gleichwertigkeit der Abfindungsarten bei der Barabfindung ebenfalls das Stand-alone-Prinzip gelten müsse.[676]

Durch die Einführung des neuen IDW S 1 ist die strikte Ablehnung einer Berücksichtigung von Verbundvorteilen bei der Ermittlung des objektivierten Wertes in der Weise gelockert worden, dass diejenigen Vorteile miteinbezogen werden dürfen, die:

¶ mit einer Vielzahl von Parteien hätten erzielt werden können,[677]

¶ sich ohne Berücksichtigung der Auswirkungen aus dem Bewertungsanlass realisieren lassen.[678]

Damit hat sich selbst der IDW gegen eine Reihe der vorgebrachten Argumente seiner ehemaligen Mitstreiter, wie etwa die Probleme bei der Ermittlung von Verbundeffekten bzw. den Verstoß gegen die Eigentumsgarantie, ausgesprochen.

Aus ökonomischer Sicht sprechen eine Reihe von Gründen für eine allgemeine Berücksichtigung von Synergievorteilen:[679] Zunächst liegt der Abfindung ein Erwerbsvorgang zugrunde, der als ein solcher, auch wenn er zwangsweise erfolgt ist, bewertet werden muss, um den Aktionär für den Verlust seiner Herrschaftsrechte sowie für den Verlust seiner Beteiligung angemessen zu

---

673 Vgl. Ränsch, U. (1984), S. 206/207; Koppensteiner, H.-G. (1987), S.313; Mertens, H.-J. (1992), S. 326/327. Zusätzlich vertieft würde diese Problematik durch die Informationsprobleme, denen ein externer Gutachter bei Bewertung eines Unternehmens ausgesetzt ist. Vgl. Werner, W. (1990), S. 317.

674 Vgl. BayObLG-Urteil (1995a), S. 2591. Ein ähnliches Argument hat auch Winnefeld vorgebracht. Vgl. Winnefeld, R. (1975), S. 459.

675 Ränsch, U. (1984), S. 207.

676 Vgl. Werner, W. (1990), S. 315; Mertens, H.-J. (1992), S. 331.

677 Vgl. IDW Standard (2000), Tz. 42, 43. Auch erwähnt bei Mertens, H.-J. (1992), S. 326; Piltz, D. (1994), S. 160; Fleischer, H. (1997), S. 371.

678 Vgl. Werner, W. (1990), S. 320; IDW Standard (2000), Tz. 42, 43.; Siepe, G./ Dörschell, A./ Schulte, J. (2000), S.949.

679 Vgl. Drukarczyk, J. (1973), S. 359-361.

kompensieren.[680] Falls die Erzielung der Vorteile nur aufgrund eines Ausschlusses der Minderheitsaktionäre möglich ist, muss eine solche Leistung in jedem Fall honoriert werden. Ist dagegen die Erwirtschaftung möglich, ohne dass die Minderheitsaktionäre das Unternehmen verlassen, stellt sich die Frage, ob sie bei einem Zwangsaustritt für die genommenen Chancen entschädigt werden sollten. Denn in einer nicht dominierten Verhandlungssituation würde sich ein Verkäufer in diesen Fällen nicht mit seinem Grenzpreis zufrieden geben, sondern versuchen, einen Teil des Grenzpreisunterschieds, soweit er ihn kennt, für sich zu beanspruchen.[681] Darüber hinaus findet im Falle der Verschmelzung automatisch eine Aufteilung statt, wenn beide Unternehmen auf Stand-alone-Basis die Bewertung vornehmen, da nach der Verschmelzung allen Aktionären im Verhältnis der beiden (objektivierten) Werte die Verbundvorteile zufließen. Aus diesem Grund ist auch die von Gegnern gewählte Analogie zur fehlenden Berücksichtigung von Verbundeffekten bei der Verschmelzung falsch.[682] Zudem stellt sich angesichts der Befürwortung der Berücksichtigung der unechten Synergievorteile durch den IDW die Frage, wo die ökonomischen Unterschiede zwischen Synergien, die auch mit dritten Unternehmen erzielbar wären, und Synergien, die nur mit dem erwerbenden Unternehmen zusammenhängen, liegen. Es gibt keine Rechtfertigung, warum Kostensynergien durch die Zusammenlegung von Zentralfunktionen anders zu behandeln sind als Kostensynergien durch die Einsparung eines IT-Projektes, welches in gleicher Weise beim erwerbenden Unternehmen läuft.

Durch die geltende Rechtsprechung wird den Abzufindenden die Möglichkeit genommen, an den zukünftigen Verbundvorteilen zu partizipieren, während der Mehrheitsaktionär durch die gebotenen Möglichkeiten der Zwangsabfindung Anteile in vielen Fällen günstiger als bei einer nicht dominierten Kauf-/Verkaufssituation erwerben kann. Aufgrund dieses Ungleichgewichts und der zum Teil daraus resultierenden Unangemessenheit der Abfindung sollte das derzeitig geltende Stand-alone-Prinzip von der Praxis überdacht werden.[683] Ein erstes Umdenken läßt sich am neuesten BGH-Urteil erkennen, in dem bei Zugrundelegung des Börsenkurses als Abfindungsgrenze die implizite Berücksichtigung von Synergievorteilen in möglichen Kurssteigerungen ab Bekanntgabe der Transaktion billigend in Kauf genommen worden.[684] Das andere Extrem, die Zugrundelegung des Grenzpreises des Käufers als Basis für Abfindungsansprüche, kommt jedoch

---

680 Vgl. Winnefeld, R. (1975), S. 457, 459; Seisler, H. (1983), S. 59; Moxter, A. (1983), S. 21/22.

681 Vgl. Drukarczyk, J. (1973), S. 360.

682 Vgl. Fleischer, H. (1997), S. 386/387; Böcking, H.-J. (1994), S. 1421/1422; Heurung, R. (1997), S. 843.

683 Vgl. hierzu die Diskussion im amerikanischen Teil dieser Arbeit, welche mehr auf effizienztheoretischen Überlegungen basiert. Vgl. Kapitel III, Abschnitt 6.2.1.

684 Vgl. BGH-Urteil (2001), S. 1056. Von der Literatur ist diese Vorgehen jedoch aus verschiedenen Gründen bereits stark kritisiert worden. Vgl. Bungert, H. (2001), S. 1165; Vetter, E. (2001), S. 1349.

ebenfalls nicht in Frage, da damit potentiellen Aufkäufern der Anreiz genommen wird, einen Mehrwert zu generieren, so dass effiziente Transaktionen in Zukunft generell unterbleiben würden.[685]

5.1.3.2. Aufteilung von Verbundvorteilen

Bei einer grundsätzlichen Befürwortung des Verbundberücksichtigungsprinzips stellt sich die Frage, wie eine "gerechte" Aufteilung der Verbundvorteile sinnvollerweise erfolgen sollte;[686] die Literatur bietet hierfür eine Vielzahl von Lösungsvorschlägen an:[687]

- Aufteilung im Verhältnis der Ertragswerte: $U_E = U_V + (U_K - U_V) * U_V / (U_K + U_V)$,
- Mittelwertaufteilung: $U_E = U_V + 0{,}5 * (U_K - U_V)$,
- Aufteilung unter Maximierung des Gesamtgewinns: Derjenige, der aus Zugewinn größeren Nutzen ziehen kann, bekommt ein größeres Stück vom "Kuchen" zugeteilt, was jedoch in logischer Konsequenz dazu führen müsste, dass sich die Abfindung wiederum bei einem der beiden Grenzpreise einpendelt,
- Aufteilung mit Hilfe eines spieltheoretischen Ansatzes,[688]
- Aufteilung in der Weise, dass Grenznutzen beider Parteien gleich hoch ausfallen.[689]

Als weiterer Ansatz wäre die Aufteilung der Synergien nach Herkunft denkbar: Danach würden beispielsweise Kostensynergien, bei denen der Abbau von Arbeitnehmern beim übernommenen Unternehmen anfällt, dem Verkäufer zugerechnet.

Jede der vorliegenden Lösungen birgt ein gewisses Maß an Willkür. Es ist klar zu erkennen, dass es nicht eine einzelne "richtige" Lösung für die Bestimmung einer Abfindung gibt. Eine ertragswertanteilige Aufteilung könnte z.B. die größere Gesellschaft ungerechtfertigterweise bevorzugt, so dass eine 50%ige Teilung angemessener wäre.[690] Böcking schlägt deshalb die Mittelwertmethode als Verhandlungsersatzmodell vor, da in diesem Fall zumindestens eine Gleichstellung erreicht wird.[691] Generell ist festzustellen, dass alle Lösungen zwischen den Grenzpreisen pareto-optimal sind, da sie immer zu einem Wertzuwachs aus Sicht

---

685 Vgl. Drukarczyk, J. (1973), S. 359; Matschke, M.J. (1981), S. 124.

686 Die Ermittlung ist zum Teil aufgrund der schlechten Informationslage schwierig. Jedoch sind grobe Abschätzungen über die Höhe möglicher Synergien auf Basis externer Daten möglich. Darüber hinaus hat sich durch die Rechnungslegungsvorschriften und die Weiterentwicklung der Verfahren zur Synergiekalkulation die Ermittlung vereinfacht. Vgl. Fleischer, H. (1997), S. 380. Zur Kalkulation von Verbundeffekten vgl. Böcking, H.-J. (1994), S. 1418/1419.

687 Vgl. König, W. (1977), S. 76-79; Busse von Colbe, W. (1981), S. 605; Ballwieser, W./ Leuthier, R. (1986), S. 550. Beispiele auch bei Böcking, H.-J. (1994), S. 1425-1427.

688 Vgl. hierzu eine ausführliche Beschreibung bei König, W. (1977), S. 78/79.

689 Vgl. Busse von Colbe, W. (1981), S. 605.

690 Vgl. Nonnenmacher, R. (1982), S. 157; Dirrigl, H. (1989), S. 620; Seetzen, U. (1994), S. 49.

691 Vgl. Böcking, H.-J. (1994), S. 1427/1429.

aller Beteiligten führen.[692] Es gilt jedoch, dass mit zunehmender Beteiligung der Minderheitsaktionäre an der Grenzpreisdifferenz die Anreize aus Sicht der Abfindenden, effizienzsteigernde Unternehmensverbindungen einzugehen, abnehmen. Umgekehrt besteht die Gefahr, dass bei einem Abfindungswert in der Nähe des Grenzpreises des Verkäufers die Konzentrationsnachteile gegenüber den Synergievorteilen überwiegen.[693] In jedem Fall bleibt ein Freiraum für Interpretationen, der von Gutachtern und Gerichten fallspezifisch ausgefüllt werden muss. Dieser Freiraum sollte jedoch nicht dahingehend genutzt werden, dass aufgrund der Unsicherheiten auf eine Aufteilung komplett verzichtet und den Verkäufern nur ihr Grenzpreis zugesprochen wird. Durch eine solche Auslegung würde sich bei kompletter Vernachlässigung der Verbundvorteile ein leichter Fehler aufgrund von Bewertungsunsicherheiten zu einem 100%igen Fehler entwickeln. Die Befürwortung eines solchen Verhaltens würde bedeuten, dass z.B. alle Gemeinkosten, die nicht direkt einem Produkt zugerechnet, sondern grob zugeschlüsselt werden müssen, bei analoger Argumentation im Falle einer Produktkostenkalkulation unberücksichtigt blieben;[694] mit einem solchen Ergebnis würde sich keiner der Beteiligten zufrieden geben.

5.2. "Hilfsmittel" des Marktes zur Bestimmung von Abfindungen

Bevor die von den gerichtlich bestellten Wirtschaftsprüfern üblicherweise verwendete Ertragswertmethode ausführlicher dargestellt wird, ist dieser Abschnitt zunächst der Diskussion über die Relevanz möglicher "Hilfsmittel" des Marktes für die Bestimmung von Abfindungen gewidmet. Dazu zählen neben den jeweils aktuellen Börsenkursen auch Preise, die im Vorfeld oder während eines laufenden Abfindungsangebots gezahlt wurden.

5.2.1. Relevanz des Börsenkurses

Über die Relevanz des Börsenkurses bei der Bestimmung von Abfindungen im Falle von börsennotierten Unternehmen wird in Deutschland seit mehr als 60 Jahren mit mehr oder weniger gleichen Argumenten diskutiert.[695] Während in den USA und in den meisten europäischen Ländern der Börsenkurs als Maßstab bei der Bestimmung von Abfindungsangeboten allgemein akzeptiert und zum Teil gesetzlich verankert ist, hielten über lange Zeit die deutsche Rechtsprechung[696] und

---

692 Vgl. Matschke, M.J. (1981), S. 124, 129; Busse von Colbe, W. (1981), S. 605; Seisler, H. (1983), S. 165.

693 Vgl. Fleischer, H. (1997), S. 399.

694 Vgl. Fleischer, H. (1997), S. 382.

695 Schon 1938 gab es eine Diskussion zwischen Heun, Rieger und anderen Autoren über die Rolle des Börsenkurses. Vgl. Rieger, E. (1938), S. 256-258.

696 Vgl. z.B. OLG-Urteil Düsseldorf (1977), S. 168/169; LG-Urteil Dortmund (1982), S. 257/258; LG-Urteil Frankfurt (1987), S. 969/970; LG-Urteil Köln (1993), S. 217; OLG-Urteil Düsseldorf (1994), S. 1770; BayObLG-Urteil (1995b), S. 510; OLG-Urteil Celle (1998), S. 2006. Eine erste Annäherung an den Börsenkurs zeigt sich in dem BayObLG-Urteil, in dem die Zugrundelegung des Börsenkurses für zulässig erachtet worden ist, wenn kein akzeptables

Teile der Literatur[697] eine Berücksichtigung des Börsenkurses für ausgeschlossen. Erst durch das Urteil des Bundesverfassungsgerichts im Sommer 1999 hat sich die Haltung der Rechtsprechung grundlegend verändert, da das Gericht den Argumenten von Befürwortern der Relevanz des Börsenkurses[698] gefolgt ist und eine Nichtberücksichtigung des Börsenkurses als Verstoß gegen Art.14 Abs.1 GG gewertet hat:[699] Nach Meinung des Gerichts verliert der Minderheitsaktionär durch den Unternehmensvertrag bzw. die Eingliederung den Verkehrswert der Aktie. Die Abfindung muss mindestens diesen Verkehrswert abbilden. In der Regel ist der Verkehrswert mit dem Börsenkurs der Aktien identisch, so dass der Börsenkurs der abhängigen Gesellschaft grundsätzlich die Untergrenze der Bewertung dieser Gesellschaft bildet. Abweichungen von dieser Regel sind nur zulässig, wenn der Börsenkurs ausnahmsweise nicht dem Verkehrswert entspricht. Als Ausnahmen führt das Gericht Manipulationen, Marktenge bzw. fehlender Handel an; die Beweislast liegt jedoch bei der Obergesellschaft.[700] Darüber hinaus muss nicht unbedingt der Börsenkurs am Bewertungsstichtag zugrundegelegt werden, sondern es ist auch die Bildung eines Durchschnittskurses im Vorfeld der Bekanntgabe des Unternehmensvertrags möglich.[701]

Bewertungsgutachten vorliegt und auch kein neues mehr eingeholt werden kann. Vgl. BayObLG-Urteil (1998), S. 2315.

[697] Vgl. Heun, W. (1938), S. 220-223; Kindermann, H.H. (1964), S. 178-181; Sieben, G. (1966), S. 84; Hüchting, H.J. (1972), S. 44-47; Meilicke, W. (1975), S. 58/59; Gansweid, W. (1977), S. 335; Schmidt, J. (1977), S. 108/109; Koppensteiner, H.G. (1987), S. 313/314; Hackmann, A. (1987), S. 41; Emmerich, V./ Sonnenschein, J. (1992), S. 289; Kallmeyer, H. (1997a), S. 437/438; Aha, C. (1997), S. 27; Riegger, B. (1999), S. 1890.

[698] Vgl. Rieger, E. (1938), S. 257; Busse von Colbe, W. (1964), S. 263-267; Drukarczyk, J. (1973), S. 359-364; Hecker, R./ Wenger, E. (1995), S. 326/327; Götz, H.-N. (1996), S. 260; Aha, C. (1997), S. 27/28; Wenger, E./ Hecker, R./ Knoesel, J. (1997), S. 107/108; Luttermann, H. (1999), S. 52. Das Urteil vom Oberlandesgericht Hamm aus dem Jahre 1963 ist abgesehen vom Bundesverfassungsgerichtsurteil das einzige Urteil geblieben, bei dem eindeutig pro Börsenkurs entschieden wurde. Vgl. OLG-Urteil Hamm (1963), S. 219; BVerfGe-Urteil (1999b), S. 1780.

[699] Vgl. BVerfGe-Urteil (1999b), S. 1778. Interpretation bei Piltz, D. (2001), S. 190/191. Dieser Haltung hat sich auch das IDW in seinem neuen Standard IDW S 1 angeschlossen, vgl. IDW Standard (2000), Tz. 16.

[700] Vgl. BVerfGe-Urteil (1999b), S. 1781; SZ vom 11.8.1999, S. 23; BZ vom 11.8.1999, S. 1; Handelsblatt vom 11.8.1999. Das BGH hat diese Ausnahmen sehr eng ausgelegt. Vgl. BGH-Urteil (2001), S. 1164; Luttermann (2001), S. 871/872. Kritik dazu bei Bungert, H. (2001), S. 1164.

[701] Vgl. BVerfGe-Urteil (1999b), S. 1781; Vetter, E. (2001), S. 1347. Dem Vorschlag von Aha, die Verwendung des Börsenkurses auf die umsatzstärksten, d.h. die DAX_{100} Unternehmen, zu beschränken, ist das Bundesverfassungsgericht nicht gefolgt. Vgl. Aha, C. (1997), S. 28; Piltz, D. (2001), S. 202.

Die Diskussion um die Rolle des Börsenkurses ist damit jedoch nicht beendet, da drei grundsätzliche Fragen ungeklärt geblieben sind, die in ersten Urteilen[702] sehr widersprüchlich beantwortet sind:

¶ Bestimmung Endpunkt und Länge des Referenzzeitraums,

¶ Verwendung des Börsenkurses ausschließlich als Untergrenze bzw. auch als Obergrenze für die Bemessung von Abfindungen,

¶ Anwendbarkeit des Börsenkurses als Untergrenze bei Verschmelzung bzw. "Squeeze-out".

Das BGH-Urteil vom 12.3.2001 hat zwar hinsichtlich dieser Fragen erste Lösungsansätze entwickelt;[703] diese werden jedoch von einigen Autoren sehr kritisch beurteilt.[704]

Bestimmung Endpunkt und Länge des Referenzzeitraums. Vor dem BGH-Urteil wurden von Literatur und Rechtsprechung sehr unterschiedliche Aussagen zur Länge des Referenzzeitraums getroffen:[705] Sie reichten von einer ausschließlichen Stichtagsbetrachtung am Tage der Abstimmung der Hauptversammlung über den Unternehmensvertrag,[706] 30 bis 100 Tagen, einem Jahr[707] bis hin zu langfristigen Perioden von zwei bis drei Jahren.[708] Beim Rückrechnungszeitpunkt wurde überwiegend dem Vorschlag des Bundesverfassungsgerichts gefolgt, als maßgeblichen Bezugszeitpunkt den Tag der Bekanntgabe des Unternehmensvertrags zu verwenden.[709] Das BGH-Urteil vom 12.3.2001 hat dagegen einen neuen Lösungsansatz hervorgebracht, gemäß dem für die Festsetzung der Abfindung das Mittel der Börsenkurse der letzten drei Monate vor dem HV-Stichtag als Referenzkurs zugrundegelegt werden soll.[710] Begründet wurde dieser Ansatz mit der Vorgabe, dass ein Zeitraum aufgrund möglicher Manipulationen und kurzfristiger Kurschwankungen notwendig sei, aber gleichzeitig relativ kurz sein

---

702 Vgl. LG-Urteil München (2000), S. 1016; OLG-Urteil Stuttgart (2000), S, 1313; OLG-Urteil Düsseldorf (2000), S. 1854.

703 Vgl. BGH-Urteil (2001), S. 1053-1058.

704 Vgl. Vetter, E. (2001), S. 1347-1353; Luttermann, C. (2001), S. 869-872; Meilicke, W./ Heidel, T. (2001), S. 973-975; Bungert, H. (2001), S. 1163-1166.

705 Vgl. Bungert, H./ Eckert, J. (2000), S. 1848.

706 Vgl. OLG-Urteil Düsseldorf (2000), S. 1854. Piltz argumentiert für eine Stichtagsbetrachtung, da er die Durchschnittbetrachtung bei normalen Kursverläufen für willkürlich hält. Steigt beispielweise der Kurs im Einklang mit einem Branchenindex über einen Zeitraum von sechs Monaten kontinuierlich von €100 auf €200 an, ist unklar, warum unbedingt der Durchschnittskurs von €150 der richtige sein sollte, vgl. Piltz, D. (2001), S. 200; Hüttemann, R. (2001), S. 463.

707 Vgl. LG-Urteil München (2000), S. 1016; Bungert, H./ Eckert, J. (2000), S. 1849.

708 Vgl. OLG-Urteil Stuttgart (2000), S. 1313.

709 Vgl. BVerfGe-Urteil (1999b), S. 1781; OLG-Urteil Stuttgart (2000), S. 1313. Von der Literatur wird zum Teil auf den Tag der Ad-hoc-Mitteilung gemäß §15 Abs.1 WpHG abgestellt wird. Vgl. Bungert, H./ Eckert, J. (2000), S. 1848.

710 Vgl. BGH-Urteil (2001), S. 1053.

und in größtmöglicher Nähe zum Stichtag liegen sollte.[711] Dieses Urteil wird jedoch aus mehreren Gründen von der Literatur kritisiert: Mit der Festlegung des Stichtags als Endpunkt des Referenzzeitraums entsteht das Problem, dass bei Versand der Hauptversammlungsunterlagen kein fester Abfindungspreis genannt werden kann, da sich dieser bis zur Hauptversammlung noch ändern kann.[712] Damit können Aktionäre über wesentliche Inhalte des Unternehmensvertrags nicht ausreichend informiert werden und eine Prüfung der Unternehmensverträge ist ebenfalls de facto nicht möglich. Das heißt, dass die Verwendung des Stichtags nur ex post bei Gerichtsverfahren funktioniert und ansonsten eher zu weiterer Rechtsunsicherheit vor allem mit Blick auf mögliche Anfechtungsklagen wegen Mängeln bei der Herbeiführung des HV-Beschlusses beiträgt.[713] Zudem kommt es häufig bei Bekanntgabe eines Unternehmensvertrags zu einem sprunghaften Anstieg bzw. Reduktion des Börsenkurses. Je nach Auslegung könnten diese Kursentwicklungen als sprunghafte Entwicklungen zu klassifizieren sein, welche gemäß BGH-Urteil aus dem Durchschnittskurs herauszurechnen sind. Damit würde sich jedoch der Referenzzeitraum deutlich verkürzen.[714] Werden diese Entwicklungen dagegen nicht als "sprunghaft" klassifiziert, können sie zu nicht angemessenen Verzerrungen der Referenzkurse führen.[715] Darüber hinaus hat sich das BGH-Urteil wiederum zu einem anderen Referenzendpunkt als der Entwurf zur Rechtsordnung zum Übernahmegesetz entschlossen, welcher den Referenzzeitraum von drei Monaten bei Veröffentlichung der Angebotsabsicht enden lässt.[716] Eine Angleichung an die Rechtsverordnung ist deshalb empfehlenswert. Neben der Frage des Endpunkts wird zum Teil auch die Länge des Referenzzeitraums von drei Monaten als zu kurz bemängelt, da es stark von der Liquidität der Aktie sowie den herrschenden Marktkonditionen abhängt, ob diese Frist angemessen ist.[717] Den zuständigen Gerichten sollte die Möglichkeit eingeräumt werden, flexibel längere oder auch kürzere Zeiträume bei der Durchschnittsbildung zugrundezulegen.[718]

Verwendung des Börsenkurses ausschließlich als Untergrenze bzw. auch als Obergrenze für die Bemessung von Abfindungen. Umstritten ist die Frage, inwieweit der Börsenkurs auch als Obergrenze für die Bemessung von Abfindungen dienen soll. Das Bundesverfassungsgerichtsurteil kann in der Weise interpretiert werden, dass der Börsenkurs nicht maßgeblich ist, falls der Ertragswert des Unternehmens oberhalb von Börsenkurs liegt.[719] Das BGH-Urteil spricht sich sehr deutlich für eine solche Vorgehensweise im Falle der Bewertung der

---

711 Vgl. Bungert, H. (2001), S. 1164; Vetter, E. (2001), S. 1348.

712 Vgl. Bungert, H. (2001), S. 1165; Vetter, E. (2001), S. 1349/1350; Meilicke, W./ Heidel, T. (2001), S. 974.

713 Vgl. Vetter, E. (2001), S. 1350.

714 Vgl. Bungert, H. (2001), S. 1165; Vetter, E. (2001), S. 1352.

715 Vgl. Meilicke, T./ Heidel, T. (2001), S. 975.

716 Vgl. Kapitel II, Abschnitt 2.2.3.2.

717 Vgl. Vetter, E. (2001), S. 1351; Luttermann, C. (2001), S. 872.

718 Vgl. Meilicke, W./ Heidel, T. (2001), S. 975.

719 Vgl. BverfGE-Urteil (1999b), S. 1781; Piltz, D. (2001), S. 196.

beherrschten Gesellschaft aus.[720] Von einigen Autoren wird dennoch die Verwendung des Börsenkurses als alleiniges Ermittlungskriterium für die Abfindung vorgeschlagen. Dieser Vorschlag wird damit begründet, dass nur der Börsenkurs die Erwartungen der schwachen Minderheit widerspiegele und damit den Minderheitsaktionär so entschädigen würde, dass sich dieser in derselben Position wie vor dem Abfindungsangebot befände.[721] Einen ähnlichen Gedanken verfolgen Autoren, die für die DAX_{100} Unternehmen vollständig auf ein Gutachten verzichten und sich auf die Richtigkeit des Börsenkurses verlassen wollen.[722] Mit einer solchen Meinung wird jedoch verkannt, dass in der Praxis keine vollkommene Informationseffizienz des Kapitalmarktes vorliegt.[723] Deshalb ist zur Vermeidung von Unterbewertungen eine "Synthese" von Börsenkurs und Unternehmenswert notwendig,[724] so dass ein Bewertungsgutachten in jedem Fall erstellt werden sollte.[725] Der Börsenkurs kann bei der Bestimmung des Abfindungsminimums, d.h. des Grenzpreises des Abzufindenden, hilfreich sein, da für einen Gutachter die einfachste Methode darin besteht, einen typisierten Anteilswert mit dem jeweiligen Börsenkurs zu vergleichen und den jeweils höheren Betrag als Abfindungsminimum festzusetzen. Damit wird gewährleistet, dass für den Minderheitsaktionär jeweils die optimale Strategie berücksichtigt wird:[726] In denjenigen Fällen, in welchen der Ertragswert unterhalb des Börsenkurses liegt, würde der Börsenkurs gelten, da dem Minderheitsaktionär die Strategie genommen wurde, ohne Abfindungsangebot die Aktie am Markt zum höheren Börsenkurs zu verkaufen.[727] Selbst wenn der höhere Börsenkurs auf eine Überbewertung der Aktie am Markt zurückzuführen wäre, ist der Mehrheitsaktionär nicht schützenswert, da er es selbst zu verantworten hat, wenn er ein Abfindungsangebot

---

720 Vgl. BGH-Urteil (2001), S. 1053, 1055.

721 Vgl. Rieger, E. (1938), S. 257; Busse von Colbe, W. (1964), S. 265/266.

722 Vgl. Aha, C. (1997), S. 28.

723 Grundsätzlich werden drei Formen der Informationseffizienz unterschieden: Bei der schwachen Form beinhaltet der Aktienkurs alle Informationen, die aufgrund von einer Vergangenheitsanalyse der Kursentwicklung zugänglich sind. Im Falle der mittelstarken sind alle öffentlich verfügbaren Informationen im Aktienkurs enthalten, während sich bei der starken Form alle relevanten Informationen, d.h. auch Insiderwissen, im Kurs widerspiegeln. Empirische Untersuchungen in den USA, welche sich eingeschränkt auch auf Deutschland und England übertragen lassen, haben gezeigt, dass nicht die starke Form der Informationseffizienz, sondern maximal die halbstrenge Form in der Praxis gegeben ist. Eine ausführliche Beschreibung der "Efficient Capital Market Hypothesis" findet sich bei Reul, J. (1991), S. 138-151; Gilson, R.J./ Black, B.S. (1995), S. 135-181. Als Urheber dieser Theorie gilt Fama. Vgl. Fama, E.F. (1970), S. 383-417; ders. (1991), S. 1575-1617.

724 Vgl. OLG-Urteil Hamm (1963), S. 218.

725 Vgl. Hax, H. (1997), S. 149; Großfeld, B. (2000), S. 266. Meinung wird auch durch BVerfGe-Urteil bestätigt, welches ausdrücklich auf die Möglichkeit der Überschreitung des Börsenkurses hinweist. Vgl. BVerfGe-Urteil (1999b), S. 1781.

726 Vgl. Drukarczyk, J. (1973), S. 362/363; Hüttemann, R. (2001), S. 459. Die Argumentation von Piltz, dass diese Entscheidungsfreiheit den Aktionären nicht zusteht, kann nicht gefolgt werden. Vgl. Piltz, D. (2001), S. 196/197.

727 Vgl. OLG-Urteil Hamm (1963), S. 219; Drukarczyk, J. (1973), S. 363.

zum Zeitpunkt einer Überbewertung abgibt, anstatt auf den Zeitpunkt einer Marktkorrektur zu warten.[728] Liegt dagegen der Ertragswert oberhalb des Börsenkurses, sollte der Ertragswert gelten, da dem außenstehenden Aktionär ohne Zwangsabfindung die Möglichkeit zur Daueranlage anstelle eines Verkaufs zur Verfügung gestanden hätte, um sich die Ergebnisse einer zukünftigen Ertragsentwicklung zu sichern.[729]

In diesem Zusammenhang stellt sich bei Aktienabfindungen die Frage, was für die Bestimmung des Wertes der Obergesellschaft gelten soll. Das Bundesverfassungsgericht hat sich in der Weise geäußert, dass es als Untergrenze den Börsenkurs für relevant hält, jedoch die Verwendung als Obergrenze aufgrund verfassungsrechtlicher Bedenken ablehnt.[730] Vom BGH sind diese Vorgaben in der Weise verengt worden, das es bei der Bewertung der Obergesellschaft nicht ausreicht, ein Sachverständigengutachten vorzulegen, welches einen höheren Ertragswert vorweist.[731] Vielmehr ist konkret nachzuweisen, warum der Verkehrswert über den Börsenkurs liegt. Unabhängig von der grundsätzlichen Einstellung, inwieweit der Börsenkurs als alleinige Bezugsgröße bei der Ermittlung von Abfindungen dienen soll, wird von der Literatur[732] einheitlich dieses Urteil kritisiert, da es eine unterschiedliche Vorgehensweise bei der Bewertung des herrschenden und beherrschten Unternehmens zulässt. Dies führt dazu, dass die Interessen der Aktionäre, im BGH-Urteil die der Aktionäre der Obergesellschaft, nicht angemessen berücksichtigt werden.

Anwendbarkeit des Börsenkurses als Untergrenze bei Verschmelzung bzw. "Squeeze-out". Bisher gibt es in der Rechtsprechung nur das LG München, welches sich im Rahmen des Spruchverfahrens aufgrund der Verschmelzung von Hypobank und Bayerische Vereinsbank mit der Frage auseinandergesetzt hat, ob das Bundesverfassungsgerichtsurteil auch auf Abfindungsdiskussionen, z.B. im Rahmen einer Verschmelzung, anzuwenden ist.[733] Da jedoch in diesem Fall

---

[728] Vgl. Busse von Colbe, W. (1964), S. 267. Albach argumentiert in diesem Zusammenhang über den Vertrauensschutz eines Minderheitsaktionärs, der nicht dadurch beeinträchtigt werden darf, dass durch mangelhafte Informationspolitik, die wiederum von Mehrheitsaktionär beeinflusst werden kann, eine Lücke zwischen Marktwert und Unternehmenswert besteht. Vgl. Albach, H. (1966), S. 185.

[729] Vgl. Drukarczyk, J. (1973), S. 364. Der Argumentation von Rieger, dass im Falle einer Unterbewertung die in Höhe des Börsenkurses abgefundenen Minderheitsaktionäre wiederum im Markt in unterbewerteten Aktien investieren könnte und so keinen Verlust erleiden würden, kann in diesem Zusammenhang nur widersprochen werden. Zum einen setzt die Argumentation voraus, dass der betroffene Minderheitsaktionär in jedem Fall seiine Abfindung wieder in Aktien steckt, was seiner eigentlichen Anlagestrategie widersprechen könnte. Zum anderen fehlt die Informationstransparenz, dass Minderheitsaktionäre unterbewertete Aktien identifizieren können. Wären sie dazu in der Lage, würde es wiederum keine Unterbewertungen durch den Markt geben. Vgl. Meilicke, W. (1975), S. 58.

[730] Vgl. BverfGe-Urteil (1999b), S. 1782.

[731] Vgl. BGH-Urteil (2001), S. 1053.

[732] Vgl. Piltz, D. (2001), S. 203/204; Bungert, E. (2001), S. 1163; Vetter, E. (2001), S. 1352.

[733] Vgl. LG-Urteil München (2000), S. 1016.

ohnehin die Ertragswerte der beiden Unternehmen über den Börsenkursen lagen, wurde die Frage, ob prinzipiell die Börsenkurse auch bei Verschmelzung als Untergrenze dienen sollen, offen gelassen. Während einige Autoren eine generelle Berücksichtigung befürworten,[734] lehnen andere Autoren eine solche Vorgehensweise ab und halten sie nur für die Barabfindung bei der Verschmelzung gemäß §29 UmwG sowie die neu geschaffene "Squeeze-out" Regelung für anwendbar.[735] Begründet wird dies mit den Unterschieden zwischen einer Verschmelzung und konzernrechtlichen Maßnahmen, wie etwa den Unternehmensverträgen bzw. der Eingliederung, da im Falle der Verschmelzung die Mitgliedschafts- und Vermögensrechte im Form von Aktien bestehen bleiben. Es ist jedoch unklar, warum bei der Aktienabfindung im Rahmen von Unternehmensverträgen bzw. Eingliederung der Börsenkurs bei der Bestimmung der Werte der beherrschten und herrschenden Unternehmung als Untergrenze dienen darf, bei der Verschmelzung dieses Vorgehen jedoch ausgeschlossen sein soll. Generell gilt auch hier, dass bei Verschmelzung eines beherrschten Unternehmens mit der herrschenden Gesellschaft ("Konzernverschmelzung") ein Schutzbedürfnis der Minderheitsaktionäre besteht. Bei dieser Art von Verschmelzung sollte deshalb in jedem Fall der Börsenkurs als Untergrenze dienen.[736] Bei einer Verschmelzung von "gleichberechtigten" Unternehmen kann der Argumentation von Bungert/Eckert gefolgt werden, dass es hier im Ermessensspielraum der beiden Unternehmen liegt, wie eine angemessene Umtauschrelation zu ermitteln ist.[737] Generell gilt jedoch die obige Aussage, dass in jedem Fall bei Bestimmung des Umtauschverhältnisses die Vorgehensweise bei herrschender und beherrschter Gesellschaft gleich sein muss.[738]

5.2.2. Berücksichtigung von im Vorfeld einer Abfindung gezahlten Preisen

Grundsätzlich wird dem Minderheitsaktionär durch eine Zwangsabfindung die Chance genommen, selbst über seine Anlagestrategie - Halten oder Verkaufen - zu entscheiden, so dass der Börsenkurs als Untergrenze in jedem Fall sinnvoll ist. Es stellt sich die Frage, ob dieses Argument auch für außerhalb des Marktes gezahlte Preise gilt, da diese direkt zwischen dem jeweiligen Käufer und Verkäufer individuell ausgehandelt werden und die Verteilung der Grenzpreisdifferenz stark von der Verhandlungsstärke der einzelnen Beteiligten und der jeweiligen Situation abhängt.

In der Rechtsprechung wird in jüngeren Fällen eine Berücksichtigung abgelehnt, da ein Verstoß gegen das Gleichbehandlungsprinzip nicht vorliegt, weil §53a AktG

---

[734] Vgl. Vetter, E. (2000), S. 566. Piltz unterscheidet die Frage der Anwendbarkeit nach der Art der Verschmelzung: Konzernverschmelzung vs. "Merger of Equals". Vgl. Piltz, D. (2001), S. 205-211.

[735] Vgl. Riegger, E. (1999), S. 1980; Bungert, E. (2001), S. 1166. Eine ausführliche Argumentation findet sich bei Bungert, E./ Eckert, T. (2000), S. 1846-1849.

[736] Vgl. auch Piltz, D. (2001), S. 210/211.

[737] Vgl. Bungert, E./ Eckert, T. (2000), S. 1846/1847.

[738] Vgl. Bungert, E./ Eckert, T. (2000), S. 1846; Piltz, D. (2001), S. 209.

nur das Verhältnis Aktiengesellschaft/Aktionäre und nicht das Verhältnis Mehrheitsaktionär/Minderheitsaktionär betrifft.[739] Das BVerfGe-Urteil von 1999 hat sich dabei mit der Fallkonstellation beschäftigt, dass der Mehrheitsaktionär schon längere Zeit Aktien knapp unterhalb der für eine Konzernierungsmaßnahme notwendigen 75%-Schwelle besessen hat. Zum Erreichen der 75% hat der Mehrheitsaktionär Aktien zu Preisen erworben, die deutlich höher als die später angebotene Abfindung lagen. Das Gericht hat eine Berücksichtigung abgelehnt, da die gezahlten Preise keine Beziehung zum "wahren" Wert haben, sondern der Preis durch die Möglichkeit zur Schwellenüberschreitung beeinflusst wurde. Piltz, der sich dieser Argumentation anschliesst, lehnt für eine weitere Fallkonstellation, wenn die Kontrollbeteiligung über einen Paketkauf erworben wird, die Berücksichtigung des Paketzuschlags ab.[740] Begründet wird diese Ablehnung wiederum mit der Befürwortung des Stand-alone-Prinzips, gemäß dem die in den Paketzuschlägen häufig enthaltenen Anteile an Synergievorteilen den Minderheitsaktionären nicht zustehen.[741] Die Gesetzgebung hatte sich im Rahmen der Einführung des neuen Übernahmegesetzes zunächst dafür entschieden, im Falle des "Squeeze-out" den Preis eines Übernahmeangebots, mit dem der Hauptaktionär in den letzten sechs Monaten vor Veröffentlichung des "Squeeze-out" Beschlusses die 95% Schwelle erreicht hat, als Untergrenze vorzuschreiben. Diese Regelung wurde jedoch aus dem finalen Gesetzesentwurf wieder gestrichen.[742]

Vorteilhaft an einer Berücksichtigung der im Vorfeld einer Abfindung bezahlten Preise wäre, dass sie eine nicht dominierte Konfliktsituation widerspiegeln und damit Hinweise auf eine realistische Aufteilung der Grenzpreisdifferenz - die Bejahung des Verbundberücksichtigungsprinzps unterstellt - liefern würden.[743] Im Regelfall sollte sich daher auch eine gerichtlich festgelegte Abfindung nur dann von diesen Preisen unterscheiden, wenn für die Abweichung eine sinnvolle Begründung des Gerichts vorliegt.[744] Gleiches sollte allgemein für Preise gelten, die im Rahmen eines vorherigen Übernahmeangebots bezahlt wurden.[745]

---

739 Vgl. OLG-Urteil Düsseldorf (1994), S. 1770; BVerfGe-Urteil (1999b), S. 1780. Frühere Urteile fielen sehr widersprüchlich aus, da das Kammergericht Berlin in einer Entscheidung vom 19.11.1962 frühere effektiv gezahlte Preise für massgeblich hielt, während eine Woche zuvor das OLG-Stuttgart am 12.11.1962 eine solches Vorgehen abgelehnt hatte. Vgl. Seisler, H. (1983), S. 129.

740 Vgl. Piltz, D. (2000), S. 198.

741 Vgl. Piltz, D. (2000), S. 198/199.

742 Vgl. Kapitel II, Abschnitt 3.5.

743 Eine ausführliche Diskussion findet im Rahmen des amerikanischen Kapitels statt. Vgl. Kapitel III, Abschnitt 2.2.2.3.

744 Die Begründung des Gerichts im Altana-Fall, dass die Altana AG möglichst viele Aktien erwerben wollte und dafür auch Preise hingenommen hat, die unter normalen Umständen nicht zu vertreten seien und deshalb auch nicht als Grundlage für die Abfindung in Frage kommen könnten, ist in diesem Zusammenhang als Negativbeispiel zu zitieren. Vgl. Wenger, E./ Hecker, R. (1995), S. 66.

745 Eine ähnliche Argumentation sollte auch für sogenannte "Auskaufsabfindungen", die zum Teil während laufender Anfechtungs- oder Spruchstellenverfahren für die Rücknahme von

5.3. Überblick zu Bewertungsmethoden

Die Bewertungspraxis hat unter Anlehnung an die Bewertungstheorie in der Vergangenheit eine Vielzahl von Methoden zur Bestimmung eines Unternehmenswerts als Grundlage für die indirekte Ableitung der Anteilswerte bzw. Abfindungsansprüche hervorgebracht.[746] Verboten ist außer dem Ansatz zu Bilanzwerten keine Methodik;[747] der Gesetzgeber hat jedoch gleichermaßen darauf verzichtet, bestimmte Methoden explizit hervorzuheben.[748] Durch die Neugestaltung der Abfindungsregelungen im Aktien- und Umwandlungsgesetz, bei denen der Wortlaut, dass die Abfindung "die Vermögens- und Ertragslage der Gesellschaft im Zeitpunkt der Beschlussfassung berücksichtigen muss", durch die Definition, dass die Abfindung auf die Verhältnisse der Gesellschaft abgestellt sein soll, ersetzt wurde, ist noch ausdrücklicher auf die Festlegung einer bestimmten Bewertungsmethode verzichtet worden.[749] Dieses zeigt sich auch an der Verpflichtung der Prüfer, in ihrem Prüfungsbericht zum Unternehmensvertrag, zur Eingliederung oder zur Verschmelzung, detailliert Rechenschaft abzulegen, welche Methode bei der Bewertung verwendet worden ist.[750] Im Laufe der Jahre hat sich gemäß der herrschenden Auffassung in Betriebs- und Rechtswissenschaft[751] sowie

---

Anträgen an außenstehende Aktionäre gezahlt werden, angewendet werden. Eine Darstellung der verschiedenen Positionen in der Diskussion um die Berücksichtigung von "Auskaufsabfindungen" ist bei Seisler nachzulesen. Vgl. Seisler, H. (1983), S. 199-206. Die Sichtweise der Rechtsprechung ist ausführlich im OLG-Urteil Düsseldorf von 1992 dargestellt. Vgl. OLG-Urteil Düsseldorf (1992), S. 200, 202/203.

746 Für einen Überblick vgl. Hüchting, H.-J. (1972), S. 30-35; Meilicke, W. (1975), S. 113-125; Gansweid, W. (1977), S. 336; Seisler, H. (1983), S. 70-107; Moxter, A. (1983), S. 41-63; Dielmann, H./ König, A. (1984), S. 57-66; Koppensteiner, H.-G. (1987), S. 312/313; Piltz, D. (1994), S. 16-43, 131-234; Sieben, G. (1998), S. 201/202. Eine spezielle Klassifizierung der Bewertungsmethoden hinsichtlich ihres allgemeinen und speziellen Maß an Prognoseoptimismus ist bei Albach nachzulesen. Vgl. Albach, H. (1966), S. 184. Die Auflistung, welche Verfahren in der Rechtsprechung verwendet wurden, ist bei Piltz, D. (1994), S. 351-360 aufgeführt. Zu den verwendeten Methoden zählen die Substanzwertmethode, das Ertragswertverfahren, das Mittelwertverfahren sowie das Stuttgarter Verfahren.

747 Vgl. Koppensteiner, H.-G. (1987), S. 313.

748 Vgl. BayObLG-Urteil (1995b), S. 509.

749 Vgl. LG-Urteil Dortmund (1996b), S. 428; LG-Urteil Dortmund (1997), S. 1915. Damit wurde jedoch auch die Ungenauigkeit des Gesetzestextes erhöht. Es wäre weitaus sinnvoller gewesen, an die Begriffe Vermögens- und Ertragslage noch die Finanzlage hinzuzufügen, da damit exakt beschrieben worden wäre, was in eine Bewertung miteinfliessen sollte. Mit dem Begriff "Verhältnisse der Gesellschaft" bleibt dieses völlig unklar.

750 Vgl. §§293e Abs.1, §320 Abs.3 Satz 3 AktG, §12 Abs.2 UmwG.

751 Für Albach stellte die Ertragswertmethode schon 1966 die einzig vertretbare Methode dar. Vgl. Albach, H. (1966), S. 184; weitere Meinungen bei Schmidt, J. (1977), S. 105; Gansweid, W. (1977), S. 334, 336; HFA-Stellungnahme (1983), S. 468/489; Koppensteiner, H.-G. (1987), S. 313; Peemöller, V. (1993), S. 410; Kraus-Grünewald, M. (1995), S. 1840; Vetter, J. (1997), S. 6; Aha, C. (1997), S. 27.

in der Rechtsprechung[752] die Ertragswertmethode eindeutig als gebräuchlichste Bewertungsmethodik etabliert.[753] Gleichzeitig sind sich Literatur und Gerichte grundsätzlich einig, dass der Liquidationswert, d.h. der Wert bei Veräußerung aller Vermögensgegenstände, als Untergrenze zur Anwendung kommt, falls der Ertragswert bei dauerhaft schlechter Ertragslage kleiner als der Liquidationswert ausfällt.[754] Die in den angelsächsischen Ländern üblichen Discounted Cash-flow Methoden (DCF-Methoden) werden in Deutschland von Rechtsprechung, Gutachtern und großen Teilen der Literatur für die Bestimmung von Abfindungen zunehmend akzeptiert.[755]

Der Ertragswert, der den Wert des Eigenkapitals für einen spezifischen Investor darstellt, wird generell als Barwert zukünftiger Überschüsse der Einnahmen über die Ausgaben zuzüglich des nicht betriebsnotwendigen Vermögens definiert.[756] Während diese allgemeine Definition im Prinzip anerkannt wird, treten bei der Detaillierung eine Vielzahl von Fragen, Problemen und Fehlern auf. Der nachfolgende Abschnitt wird sich vor allem mit der Diskussion um die Bestimmung der drei Hauptvariablen - Zukünftige Überschüsse, Kapitalisierungszinsfuß, Nicht betriebsnotwendiges Vermögen - und den dabei entstehenden Einzelfragen beschäftigen. Dabei werden vornehmlich Aspekte gewählt, die im Zusammenhang mit der Bewertung von Abfindungen besonders häufig auftreten.[757] Die Grundsätze des IDW haben auf den Verlauf der Spruchstellenverfahren einen besonderen Einfluss, da keinem Wirtschaftsprüfer ein Fehlverhalten als Gutachter nachgewiesen werden kann, solange er sich an die HFA-bzw. IDW S 1 Grundsätze gehalten hat.[758] Problematisch ist dabei, dass diese

---

[752] Vgl. z.B. LG-Urteil Hannover (1977), S. 346; OLG-Urteil Celle (1979), S. 230; LG-Urteil Dortmund (1982), S. 257; Hackmann, A. (1987), S. 45-47; OLG-Urteil Zweibrücken (1995), S. 866; BayObLG-Urteil (1996), S. 176; LG-Urteil Frankfurt (1996), S. 187/188; LG-Urteil Dortmund (1996a), S. 278; LG-Urteil Dortmund (1996b), S. 427/428; LG-Urteil Dortmund (1997), S. 1915.

[753] Vgl. u.a. Emmerich, V./ Sonnenschein, J. (1992), S. 290/291; Peemöller, V. (1993), S. 409; Sieben, G. (1998), S. 200.

[754] Vgl. in der Literatur: Albach, H. (1966), S. 184; Bankmann, J. (1968), S. 1411; HFA-Stellungnahme (1983), S. 473; Sieben, G./ Lutz, H. (1984), S. 566-676; Emmerich, V./ Sonnenschein, J. (1992), S. 290; Piltz, D. (1994), S. 189-197; Aha, C. (1997), S. 28; in der Rechtsprechung: LG-Urteil Dortmund (1993), S. 1916; BayObLG-Urteil (1995b), S. 1703.

[755] Ablehnend z.B. Piltz, D. (1994), S. 19; Aha, C. (1997), S. 31. Befürwortend z.B. Heurung, R. (1997), S. 892. Die zunehmende Akzeptanz wird unterstützt durch Aufnahme dieser Methoden in den IDW S 1. Vgl. IDW Standard (2000), Tz. 106; Siepe, G./ Dörschell, A./ Schulte, J. (2000), S. 947, 953.

[756] Vgl. u.a. HFA-Stellungnahme (1983), S. 469; Koppensteiner, H.-G. (1987), S. 315; Peemöller, V. (1993), S. 410; in der Rechtsprechung: BGH-Urteil (1985), S. 167; LG-Urteil Dortmund (1997), S. 1915 u.a.

[757] Eine ausführliche Auseinandersetzung mit dem Ertragswertverfahren findet sich bei Löhr, D. (1993).

[758] Vgl. Mertens, H.-J. (1992), S. 324.

Grundsätze relativ allgemein gehalten sind und damit der Nachweis von Fehlverhalten ausgesprochen schwierig ist.

5.4. Probleme im Rahmen der Bewertung von Abfindungen

5.4.1. Stichtagsprinzip

Ein grundlegendes Problem stellt die Auslegung des Stichtagsprinzips dar, welches in der Vergangenheit zu einer Reihe von widersprüchlichen und unbefriedigenden Urteilen geführt hat.[759] Für Abfindungen hat das Gesetz generell vorgegeben, dass die Barabfindung "die Verhältnisse der Gesellschaft im Zeitpunkt der Beschlussfassung ihrer Hauptversammlung über den Vertrag berücksichtigen" muss.[760] Diese Vorgabe ist vom IDW in seinen Grundsatz zum Stichtagsprinzip entsprechend aufgenommen worden.[761] Theoretisch ist dieses Stichtagsprinzip und der vom Gesetz gewählte Stichtag sinnvoll, da zu diesem Zeitpunkt der Aktionär das Unternehmen verlässt und damit weder an den erst nach diesem Zeitpunkt entstehenden Risiken noch Chancen beteiligt werden sollte.[762] In der Praxis besteht jedoch das Problem, dass allein aufgrund von Anfechtungsklagen zwischen Beschlussfassung und Eintragung ins Handelsregister Jahre vergehen können und dass die Spruchstellenverfahren selbst ebenfalls durchschnittlich mehrere Jahre dauern. Damit müssen die Sachverständigen und Gerichte in der Regel Jahre nach der Beschlussfassung einen Ertragswert bestimmen, wobei sie bei einer strengen Auslegung des Stichtagsprinzips die tatsächliche Entwicklung gänzlich außer acht lassen und sich künstlich unwissend stellen müssten.[763] Als Lösungsversuch ist von der Rechtsprechung die sogenannten "Wurzeltheorie" entwickelt worden, nach der alle Entwicklungen, deren Wurzeln vor dem Stichtag angelegt und zu diesem Zeitpunkt erkennbar waren, berücksichtigt werden dürfen.[764] Die Praktikabilität dieser Definition ist jedoch umstritten, da viele Entwicklungen ihren Ursprung in der Vergangenheit haben, so dass die Auslegung, welche Entwicklungen relevant sind, willkürlich den Gerichten und Sachverständigen obliegt.[765] Die "Schwammigkeit" dieser Definition hat daher eine Reihe widersprüchlicher Urteile verursacht: Zum Teil wird die Einbeziehung von Ist-Überschüssen, d.h. den

---

[759] Vgl. Piltz, D. (1994), S. 113.

[760] §§ 305 Abs.3 Satz 2, 320b Abs.1 Satz 5 AktG; §§ 30 Abs.1 Satz 2, 208 UmwG.

[761] Vgl. IDW Standard (2000), Tz. 22, 23.

[762] Vgl. Ränsch, U. (1984), S. 208.

[763] Vgl. Schmidt, J. (1977), S. 82; Beyerle, K. (1980), S. 325; Koppensteiner, H.-G. (1987), S. 309/310.

[764] Vgl. hierzu die Rechtsprechung: BGH-Urteil (1973), S. 509, 511; OLG-Urteil Düsseldorf (1977), S. 168, 170; OLG-Urteil Celle (1979), S. 230/231; neuere Urteile: OLG-Urteil Zweibrücken (1995), S. 867; LG-Urteil Frankfurt (1996), S. 188/189; BGH-Urteil (1998), S. 873. Vgl. auch Koppensteiner, H.G. (1987), S. 310; Emmerich, V./ Sonnenschein, J. (1992), S. 291; Seetzen, U. (1994), S. 46; IDW Standard (2000), Tz. 41.

[765] Vgl. Schmidt, J. (1977), S. 93; Ränsch, U. (1984), S. 208; Koppensteiner, H.-G. (1987), S. 310.

tatsächlich nach Beschlussfassung erzielten Überschüssen, zwar als falsch beurteilt, gleichzeitig jedoch eine Neukalkulation mit der Begründung abgelehnt, dass der ermittelte Ertragswert schon ungefähr in der zulässigen Bandbreite liegen würde.[766] Andere Urteile lehnen dagegen die Einbeziehung von Istüberschüssen strikt ab oder sehen in den Istüberschüssen allenfalls eine Möglichkeit zur Plausibilitätsprüfung.[767] Begründet wird dies mit der Problematik, dass es bei Einbeziehung der Istüberschüsse zu einer Verschiebung des Stichtags auf den Zeitpunkt der Spruchstellenentscheidung kommen würde, was wiederum strategische Aktionen der einzelnen Beteiligten, wie z.B. die künstliche Verlängerung des Spruchstellenverfahrens, hervorrufen könnte. Prinzipiell muss hierbei eine einheitliche Regelung gefunden werden. Dabei muss in jedem Fall zum Schutz des Minderheitsaktionärs garantiert werden, dass positive Entwicklungen, die schon zum Bemessungsstichtag ersichtlich waren, aber bewusst oder unbewusst vom jeweiligen Gutachter in die Bewertung nicht mitaufgenommen wurden, in einer späteren Spruchstellenentscheidung berücksichtigt werden. Problematisch ist dabei, dass die Gerichte zum Teil nicht in der Lage oder auch nicht willens sind, solche Umstände zu erkennen und eine Korrektur anzuordnen.[768]

5.4.2. "Zukünftige Überschüsse"

Die zukünftigen Zahlungen, die vom Unternehmen an die Eigentümer fließen, bilden die Basis für die Ertragswertberechnung; die Überschüsse müssen entziehbar, d.h. ausschüttungsfähig sein.[769] Nachfolgende Abschnitte sind der Definition von "entziehbaren Überschüssen" sowie der Diskussion von Prognosemethoden sowie ausgewählten Einzelproblemen, wie etwa der Berücksichtigung von Verlustvorträgen, in Zusammenhang mit entziehbaren Überschüssen gewidmet.[770]

---

766 Vgl. LG-Urteil München (1990), S. 405; Bestätigung durch BayObLG-Urteil (1995a) S. 2593.

767 Vgl. LG-Urteil Dortmund (1997), S. 1915; Seetzen, U. (1994), S. 46. Schmidt vertritt hierzu die Gegenmeinung, dass aufgrund der Auslegungsschwierigkeiten alle Istdaten einfliessen sollten, da dieses auch der weiteren Objektivierung des Wertes dienen würde, wobei er auf die Positionen der einzelnen Beteiligten bei einer solchen Vorgehensweise nicht eingeht. Vgl. Schmidt, J. (1977), S. 93.

768 Ein negatives Beispiel liefert z.B. der von Wenger heftig angegriffene Fall Hartmann/Grünzweig, bei dem im Gutachten zur Abfindung deutliche Ertragsverbesserungen im Jahr der Beschlussfassung, die bei Zugrundelegung der monatlichen Erfolgsrechnungen erkennbar gewesen wären, ausser acht blieben, da sie zur Jahresmitte nicht belegbar gewesen seien; trotz der Nachweise der klagenden Seite legte das Gericht das von falschen Voraussetzungen ausgehende Gutachten bei seinem Urteil zugrunde. Vgl. hierzu Ausführungen von Wenger, E./ Hecker, R./ Knoesel, J. (1997), S. 111/112.

769 Vgl. Piltz, D. (1994), S. 17; Drukarczyk, J. (1995), S. 332; Schmidt, J. (1995), S. 1092.

770 Eine Darstellung zentraler Einzelprobleme, zu denen in Urteilen Stellung genommen worden ist, findet sich bei Piltz, D. (1994), S. 150-163.

5.4.2.1. Definition von "entziehbaren Überschüssen"

Grundsätzlich bedeutet der Begriff Ertragswert nicht, dass sich der Wert problemlos über die Abdiskontierung zukünftiger Gewinne errechnen lässt,[771] sondern es herrscht in Literatur und Praxis Einigkeit, dass eine zahlungsorientierte Betrachtungsweise die Grundlage für den Ertragswert bildet, solange die Begriffe Einnahmen/Ausgaben mit Ein-/Auszahlungen gleichgesetzt werden. In der Bewertungspraxis besteht jedoch das Problem, dass die Ermittlung der entziehbaren Überschüsse auf Basis einer Einnahmenüberschussrechnung im Normalfall nicht möglich ist.[772] Deshalb müssen die Werte mit Hilfe der aus dem Rechnungswesen erhältlichen Aufwands- und Ertragsrechnung ermittelt werden.[773] Die Aufwands- und Ertragsrechnung ist jedoch aufgrund des zeitlichen Auseinanderfallens von Aufwand/Ertrag gegenüber Einnahmen/Ausgaben als Basis für die Kalkulation nur bedingt geeignet.[774] Umgekehrt liegt bei einer rein zahlungsorientierten Rechnung die Problematik vor, dass die Aufwendungen und Erträge als Steuerbemessungsgrundlage dienen und deshalb die tatsächlich anfallenden Steuern nur auf Basis der GuVs berechnet werden können.[775] Vom IDW wird alternativ zur Einnahmenüberschussrechnung eine modifizierte Ertragsüberschussrechnung vorgeschlagen, bei der die Aufwands- und Ertragsrechnung durch eine langfristige Finanzbedarfsrechnung ergänzt wird. Hinter diesem Vorschlag verbirgt sich die Idee, dass durch Berücksichtigung der Zinswirkungen, die durch das zeitliche Auseinanderfallen entstehen, langfristig die Unterschiede zwischen einer Einnahmenüberschussrechnung und einer modifizierten Aufwands- und Ertragsrechnung minimiert werden.[776] Diese vom IDW vorgeschlagene und von Gutachtern in gerichtlichen Spruchstellenverfahren verwendete Vorgehensweise ist jedoch aus zwei Gründen abzulehnen:

¶ Die Berechnungen des Ertragswerts aufgrund einer Einnahmenüberschussrechnung oder einer modifizierten Aufwands- und Ertragsrechnung nähern sich nur unter bestimmten, in der Praxis meistens nicht vorhandenen, Bedingungen an. Sobald etwa der Zinssatz für das Fremdkapital mit dem Diskontierungszinssatz nicht übereinstimmt,

---

[771] Vgl. Schmidt, J. (1995), S. 1092; Drukarczyk, J. (1996), S. 209.

[772] Vgl. Peemöller, V. (1993), S. 411.

[773] Vgl. HFA-Stellungnahme (1983), S. 470; Piltz, D. (1994), S. 17/18.

[774] Beispiele hierfür sind z.B. Abschreibungen für Investitionsgüter, Rückstellungen etc., die aufwandswirksam aber nicht zahlungswirksam sind. Vgl. HFA-Stellungnahme (1983), S. 476/477; Piltz, D. (1994), S. 18.

[775] Vgl. Drukarczyk, J. (1996), S. 106.

[776] Vgl. HFA-Stellungnahme (1983), S. 470, 476/477; IDW Standard (2000), Tz. 24. Noch weiter geht Piltz, der die Meinung vertritt, dass Aufwands- und Ertragsrechnung und Einnahmeüberschussrechnung auf lange Sicht zum gleichen Ergebnis führen und deshalb nichts gegen die Verwendung der Aufwands- und Ertragsrechnung einzuwenden hat. Vgl. Piltz, D. (1994), S. 18.

bleiben gravierende Unterschiede bestehen, die sich bei der Einbeziehung des deutschen Steuersystems noch vertiefen.[777]

¶ Die Ertragsüberschussrechnung kann zu einer Reihe von Fehlern führen. Zum Beispiel wird bei dieser Vorgehensweise nicht beachtet, inwieweit die unter der Prämisse der Vollausschüttung berechneten, entziehbaren Überschüsse[778] gleichzeitig auch finanzierbar sind;[779] d.h. es muss geprüft werden, inwieweit die geplanten Investitionen durch die geleisteten Abschreibungen gedeckt sind oder noch Möglichkeiten zur Fremdkapitalaufnahme bestehen, da ansonsten z.B. im Falle eines zu hohen Fremdkapitalanteils die benötigten Investitionen mit Hilfe einer Wiedereinlage der Eigentümer finanziert werden müssen. Im Verschmelzungsfall Deckel/Maho hätte die bei Kalkulation des Unternehmenswerts unterstellte Finanzierungsstrategie eine Überschuldung des Unternehmens zur Folge gehabt.[780] Ein anderer Fehler liegt z.B. in Doppelrechnungen von Investitionen, wenn neben den normalen Reinvestitionen noch Nachholinvestitionen für in der Vergangenheit versäumte Erneuerungen angesetzt werden und dabei eine Kürzung der normalen Reinvestitionen versäumt wird.[781]

Zur Kalkulation entziehbarer Überschüsse, die ausschüttbar *und* finanzierbar sind, sollte deshalb eine der von der Bewertungstheorie entwickelten und im Rahmen der DCF-Methoden verwendeten Überschussdefinitionen zugrundegelegt werden, die es ermöglichen, die gegenseitigen Abhängigkeiten von Ausschüttungsstruktur, Kapitalstruktur, Reinvestitionsverhalten, Kapitalerhaltungsvorschriften, sowie steuerlichen Gegebenheiten zu erfassen.[782] Aus Komplexitätsgründen wird an dieser Stelle auf eine exakte Herleitung verzichtet;[783] beispielhaft sei die im Falle von anteiliger Fremdfinanzierung und jahresüberschußbezogenen Vollausschüttung relevante Definition dargestellt:[784]

$$(4)\ CF^{V}_{t,s} = [\ GvS_t - S_{GE,t} - iF_{t-1}]\ (1\text{-}s_I) - (I_t - Ab_t - ZR_t + T_t),$$

$$\text{wobei}\quad GvS_t = UE_t - BA_t - Ab_t - ZR_t$$

$$S_{GE,t} = s_{GE} * (UE_t\text{-}BA_t\text{-}Ab_t\text{-}ZPR_t\text{-}0{,}5 * F_{t-1})$$

mit GvS_t = Gewinn vor Steuer; $S_{GE,t}$ = Gewerbeertragssteuerzahlung; iF_{t-1} = geleistete Fremdkapitalzinsen; s_I = Einkommensteuersatz des Investors; I_t =

---

777 Vgl. Drukarczyk, J. (1996), S. 213.

778 Vgl. HFA-Stellungnahme (1983), S. 472; Siepe, G. (1997), S. 2.

779 Vgl. Drukarczyk, J. (1996), S. 213.

780 Vgl. Drukarczyk, J. (1996), S. 213, 251-255, 308.

781 Vgl. LG-Urteil Stuttgart (1993), S. 1626; Wenger, E. (1993b), S. 1629.

782 Vgl. Drukarczyk, J. (1995), S. 332.

783 Vgl. Drukarczyk, J. (1996), S. 104-110.

784 Nicht enthalten sind hier die Abschläge für die Vermögenssteuer ($S_{V,t}$) und Gewerbekapitalsteuer ($S_{GK,t}$), da ersterer zum 1.1.97 und zweiterer zum 1.1.98 abgeschafft worden ist.

Investitionen; Ab_t = Abschreibungen; ZR_t = Zuführungen zu Rückstellungen; T_t = Tilgungen von Fremdkapital; UE_t = Umsatzerlöse; BA_t = Betriebsausgaben

Die rechte Seite von (4) bedarf noch einer Reihe von Erläuterungen.

Der in eckigen Klammer stehende Term stellt den Jahresüberschuss nach Unternehmenssteuern und vor der persönlichen Einkommensteuer dar. Von diesem Wert wird im Anschluss die Einkommensteuer der Unternehmenseigner abgezogen,[785] was seit 1997 nicht mehr im Gegensatz zu den Ansichten des IDW steht, sondern explizit in den neuen Standard mitaufgenommen wurde.[786] Auch das IDW hat in den vergangenen Jahren festgestellt, dass die Unternehmenswerte vor und nach persönlicher Ertragssteuer in Abhängigkeit der jeweiligen Eigenkapitalausstattung des Unternehmens erheblich abweichen und deshalb eine Berücksichtigung der Ertragssteuern bei den Zukunftserfolgen, bei Strukturveränderungen des Eigenkapitals, bei Verlustvorträgen sowie bei der Kalkulation des Werts des nicht betriebsnotwendigen Vermögens unbedingt notwendig ist.[787] Bei der Kalkulation der entziehbaren Überschüsse ist ein Verzicht auf die Ertragssteuern nur möglich, wenn eine unendliche Lebensdauer mit einer gleichbleibenden Zahlungsreihe unterstellt werden kann, so dass sich die Ertragssteuern auf die Überschüsse aus dem Unternehmen und die Ertragssteuern auf die Kapitalmarktanlage aufheben.[788] In allen anderen Fällen empfiehlt das IDW den Ansatz eines typisierten Ertragssteuersatzes in Höhe von 35% bei den Zukunftserfolgen, um im 2. Bewertungsschritt die individuellen Steuersätze zugrundezulegen.[789]

Mit dem letzten Term auf der rechten Seite von Formel (4) wird der für Reinvestitionen benötigte Kapitalbedarf abgezogen, der nicht im Wege der Innenfinanzierung durch Abschreibungen bzw. Rückstellungsbildung gedeckt ist und deshalb durch Wiedereinlagen der Eigentümer aufzubringen ist.[790] Der Term kann wegfallen, falls der Kapitalbedarf durch andere Finanzierungsformen, wie z.B. durch Aufnahme von Fremdkapital, gedeckt werden kann. Dabei muss dieser zusätzliche Finanzbedarf in den nachfolgenden Perioden bei den Zins- und Tilgungszahlungen mit berücksichtigt werden. Zusätzlich zur der oben genannten Definition sind bei der Aufwands- und Ertragsrechnung noch Korrekturen notwendig, wenn z.B. die Umsatzerlöse und Betriebsausgaben nicht zahlungsgleich sind, sondern Positionen enthalten, die erst früher oder später zahlungswirksam werden.[791]

---

785 Für die vom Unternehmen auf die Ausschüttung geleistete Körperschaftssteuer erhält der Investor eine geldwerte Bescheinigung.

786 Vgl. HFA-Stellungnahme (1983), S. 478; Siepe, G. (1997), S. 2; IDW (2000), Tz. 37-40.

787 Vgl. König, W./ Zeidler, G. (1996), S. 1098-1101; Siepe, G. (1997), S. 1-10, 37-44; IDW Standard (2000), Tz. 37-40.

788 $EW = EÜ\ (1-s_I) / (i\ (1-s_I)) = EÜ / i$. Vgl. Siepe, G. (1997), S. 5.

789 Vgl. Siepe, G. (1997), S. 2; Bilstein, J. (1999), S. 229; IDW (2000), Tz. 51.

790 Vgl. Drukarczyk, J. (1995), S. 333/334.

791 Dieses erfolgt über die Korrekturgröße "Erforderliches Betriebskapital" (EBK); die Differenz zwischen EBKs der einzelnen Jahren wird dann in den Investitionen berücksichtigt die sich

Zur Berechnung der entziehbaren, d.h. ausschüttbaren und finanzierbaren, Überschüsse gemäß der dargestellten Vorgehensweise ist deshalb neben Plan-Bilanzen und Plan-Gewinn- und Verlustrechnungen die Erstellung von Finanzplänen notwendig.[792]

5.4.2.2. Prognosemethoden zur Ermittlung von entziehbaren Überschüssen

Nach der grundsätzlichen Definition stellt sich die Frage, mit welchen Methoden die zukünftigen Überschüsse geschätzt und dabei den bestehenden Planungsunsicherheiten Rechnung getragen werden kann,[793] wobei laut IDW das bei Aufstellung einer Handelsbilanz gemäß (§252 Abs.1 Nr.4 HGB) geltende Vorsichtsprinzip, welches sich i.d.R. nachteilig für den Abzufindenden auswirken würde, ausdrücklich ausgeschlossen ist.[794] Als Prognosemethoden stehen die Vergangenheitsanalyse,[795] die Pauschale Methode,[796] die Phasenmethode sowie Kombinationen[797] dieser Methoden zur Verfügung. Bei der Phasenmethode[798] werden die bei der Kalkulation vorhandenen Unsicherheiten bezüglich der zukünftigen Chancen und Risiken durch die Einteilung des Prognosezeitraums in verschiedene Phasen berücksichtigt: In den ersten drei bis drei Jahren wird eine detaillierte Analyse der Ertragsüberschüsse für jedes einzelne Jahr erstellt. Die Planung der nachfolgenden Jahre basiert auf einer Fortschreibung der Detailplanungen für die erste Phase. Vom IDW[799] wie auch von der

---

folgendermaßen definieren lässt: $I_t = SAV_t - SAV_{t-1} + Ab_t + EBK_t - EBK_{t-1}$, mit SAV = Sachanlagevermögen. Vgl. Drukarczyk, J. (1996), S. 111/112.

792 Vgl. Kraus-Grünewald, M. (1995), S. 1840; Drukarczyk, J. (1996), S. 213.

793 Vgl. HFA-Stellungnahme (1983), S. 470/471.

794 Vgl. HFA-Stellungnahme (1983), S. 475; IDW (2000), Tz. 69.

795 Bei der Vergangenheitsanalyse werden die Ergebnisse der Gewinn- und Verlustrechnung für einen festgelegten Zeitraum (i.d.R. 5 Jahre) zusammengestellt und von außerordentlichen Erträgen und Aufwendungen, sowie bilanzpolitischen Maßnahmen bereinigt. Vgl. HFA-Stellungnahme (1983), S. 474, 476. Weitere Aussagen zur Vergangenheitsanalyse bei Koppensteiner, H.-G. (1987), S. 315; Piltz, D. (1994), S. 144/145; Drukarczyk, J. (1996), S. 219-221; Aha, C. (1997), S. 29.

796 Bei der pauschalen Methode werden im Anschluss an die Vergangenheitsanalyse alle nicht mit dem operativen Geschäft verbundenen Positionen herausgenommen, da für diese der Liquidationswert des nicht betriebsnotwendigen Vermögens angesetzt wird. Im zweiten Schritt sind das beste und schlechteste Jahresergebnis der bereinigten Vergangenheitsergebnisse auszublenden, um von den verbliebenen Jahren einen gewichteten Durchschnitt zu bilden, bei dem das Hauptgewicht auf das nächstgelegene Jahr gelegt wird. Vgl. LG-Urteil Hamburg (1995), S. 517/518; Koppensteiner, H.-G. (1987), S. 317; Dörner, D. (1992), S. 31; Aha, C. (1997), S. 29.

797 Vgl. Seetzen, U. (1994), S. 47/48.

798 Für Anwendungsbeispiele in der Rechtsprechung vgl. z.B. LG-Urteil Frankfurt (1987), S. 969; OLG-Urteil Zweibrücken (1995), S. 866. Vgl. zur Vorgehensweise HFA-Stellungnahme (1983), S. 471, 475-478; Drukarczyk, J. (1996), S. 219-223; Aha, C. (1997), S. 29-31; IDW (2000), Tz. 77-85.

799 Vgl. HFA-Stellungnahme (1983), S. 471.

betriebswirtschaftlichen Literatur[800] wird die Phasenmethode befürwortet, solange nicht die Plandaten derartig unzuverlässig sind, dass eine Berechnung auf Basis von Vergangenheitsdaten sicherer erscheint.

5.4.2.3. Berücksichtigung von Verlustvorträgen

Einen besonderen Aspekt stellt der potentielle Wert eines steuerlichen Verlustvortrags dar. Von Gerichten ist in der Vergangenheit die Einbeziehung des Verlustvortrags befürwortet worden, wenn das zu bewertende Unternehmen den Verlustvortrag selbst zukünftig nutzen kann bzw. wenn der Verlustvortrag einen Vorteil für einen unübersehbar großen Kreis von Erwerbern darstellt.[801] Auch die Literatur sieht in dem steuerlichen Verlustvortrag überwiegend einen Wert, der bei der Bewertung eines Unternehmens zu berücksichtigen ist.[802] Demgegenüber lehnt z.B. Mertens die Einbeziehung von steuerlichen Verlustvorträgen bei der Bewertung von Abfindungen ab. Dies begründet er zum einen mit der Notwendigkeit einer stringenten Durchführung des Stand-alone-Prinzips.[803] Zum anderen geht er davon aus, dass sich die Berücksichtigung eines Verlustvortrags wertmindernd und nicht wertsteigernd auf die Position des Minderheitsaktionärs auswirkt, da der Verlustvortrag nur Steuerstundungseffekte bewirken würde und die daraus gewonnenen Zinseffekte in keinem Fall die aufgrund von Thesaurierung entgangenen Beträge ausgleichen könnten.[804] Außerdem führt Mertens in diesem Zusammenhang die "unantastbare" Vollausschüttungshypothese mit Verweis auf die HFA-Grundsätze von 1983 an, aufgrund derer eine Thesaurierung ohnehin nicht denkbar sei.[805] Diese gilt jedoch spätestens seit Einführung des neuen IDW-Standards nur noch in modifizierter Form, da vom IDW explizit die Möglichkeit zur Thesaurierung von Überschüssen zum Beispiel bei Vorliegen von steuerlichen Verlustvorträgen eingeräumt worden ist.[806] Zur Illustration der Fehlerhaftigkeit der Aussagen von Mertens reicht ein einfaches Beispiel, bei dem der Ertragswert eines Unternehmens mit körperschaftssteuerlichen Verlustvortrag dem Ertragswert eines Unternehmens ohne körperschaftssteuerlichen Verlustvortrag bei ansonsten gleichen Verhältnissen unter Annahme gegenübergestellt wird:[807]

Ein zu bewertendes Unternehmen verfügt über einen körperschaftssteuerlichen und einen gewerbeertragssteuerlichen Verlustvortrag in Höhe von jeweils €500.000, der Ertragsüberschuss im Jahr 1 beträgt ebenfalls €500.000; d.h. die Verlustvorträge

[800] Vgl. Seetzen (1994), S. 46/47; Aha, C. (1997), S. 31.

[801] Vgl. BGH-Urteil (1978), S. 401, 405; OLG-Urteil Düsseldorf (1988), S. 1144.

[802] Vgl. Lutz, H. (1993), S. 66, 78; Ballwieser, W. (1995), S. 30; König, W./ Zeidler, G. (1996), S. 1102; Peemöller, V./ Popp, M. (1997), S. 303; Drukarczyk, J. (1997), S. 464.

[803] Vgl. Mertens, D. (1992), S. 334/335. Vgl. zu diesem Argument die Ausführungen von Kapitel I, Abschnitt 5.4.2.3.

[804] Vgl. Mertens, D. (1992), S. 334; Piltz, D. (1994), S. 161.

[805] Vgl. Mertens, D. (1992), S. 334; Drukarczyk, J. (1996), S. 298/299.

[806] Vgl. IDW Standard (2000), Tz. 44/45; Siepe, G./ Dörschell, A./ Schulte, J. (2000), S. 949.

[807] Vgl. Lutz, H. (1993), S. 71-74. Weitere Beispiele bei König, W./ Zeidler, G. (1996), S. 1102/1103; Drukarczyk, J. (1997), S. 466-468.

werden innerhalb des ersten Jahres direkt abgebaut. Die Gewerbeertragssteuer s_{GE} beträgt 16,67% und die individuelle Einkommensteuer s_I liegt bei 50%. Der Kapitalisierungszinsfuß k beträgt 10% und entspricht dem Alternativzinssatz des Anteilseigners i_{AE} sowie gleichzeitig dem Zinssatz i_u, der dem Unternehmen zur Wiederanlage von thesaurierten Beträgen zur Verfügung steht.

¶ Ohne Berücksichtigung des Verlustvortrags ergibt sich bei Unterstellung eines Rentenfalls ein Unternehmenswert in Höhe von:

EW_{oVV} = €500.000*(1-0.1667)*(1-0,5) / (0,1*(1-0,5)) = €4.166.500

¶ Bei Berücksichtigung des Verlustvortrags und bei unterstellter Dauerthesaurierung sowie Anlage dieses Betrags zu i_u, d.h. bei Aufgabe der Vollausschüttungsfiktion, ergibt sich ein Ertragswert in Höhe von:

EW_{mVV} = ((€500.000+€500.000*0,1)*(1-0,1667))*(1-0,5) /(0,1*(1-0,5)) / (1+0,1*(1-0,5)) = €4.364.905

¶ Die sich bei Vergleich von EW_{oVV} und EW_{mVV} ergebende Differenz von ca. €198.405 ergibt sich aus dem Zinseffekt I) abzüglich dem Effekt der fehlenden Auszahlung II).[808]

I) €500.000*0,1*(1-0,1667)*(1-0,5)/0,05/1,05 = €396.810

II) €500.000*(1-0,5)/1,05 = €198.405

Die Berücksichtigung eines Verlustvortrags bei der Wertermittlung ist also angebracht, solange die Wiederanlage zu einem Zinssatz innerhalb des Unternehmens möglich ist, der die negativen Effekte aufgrund der fehlenden Ausschüttung auf Unternehmensebene kompensiert; d.h. wenn:[809]

(5) $i_u \geq (1-s_I)*k$

Je höher also der Zinssatz auf Unternehmensebene und die persönliche Steuerbelastung der Anteilseigner ist, desto größer stellt sich der Wert des Verlustvortrags und bei einer Nichtberücksichtigung dieses Wertes die Unangemessenheit der Abfindung dar. Es gibt deshalb keine Anhaltspunkte, warum an einer Vollausschüttungsfiktion festgehalten werden sollte.

Mittlerweile hat auch das IDW, wie oben bereits erwähnt, durch die Einführung der persönlichen Ertragssteuern bei der Unternehmensbewertung die Relevanz des Verlustvortrags bei der Unternehmensbewertung erkannt,[810] so dass einer Berücksichtigung von Verlustvorträgen in den zukünftigen Gutachten der Wirtschaftsprüfer nichts im Wege steht. Damit ist unabhängig von der allgemeinen Diskussion "Stand-alone-Prinzip vs. Verbundberücksichtigungsprinzip" auch die Rechtsliteratur zum Überdenken ihrer Einstellung gegenüber dem Verlustvortrag aufgefordert.

---

808 Vgl. Lutz, H. (1996), S. 73; Siepe, G. (1997), S. 38.

809 Vgl. Fallbeispiele für unterschiedliche Renditen auf Unternehmensebene bei Lutz, H. (1993), S. 72-74.

810 Vgl. König, W./ Zeidler, G. (1996), S. 1103; Siepe, G. (1997), S. 37-41.

In diesem Zusammenhang ist eine exakte Definition, wie der Wert des Verlustvortrags berechnet werden soll, wichtig, da ein reines Abdiskontieren der Steuervorteile die beim Verlustvortrag entstehende Komplexität nicht ausreichend widerspiegeln würde. Vielfach wird deshalb, wie im obigen Beispiel, der Wert des Verlustvortrags auf Basis der Ertragswerte von Unternehmen mit und ohne Verlustvorträge berechnet,[811] wobei folgende Faktoren bekannt sein müssen:[812]

- Umfang der handelsrechtlichen, körperschafts- und gewerbeertragssteuerlichen Verlustvorträge,
- Länge des Zeitraums, um Verlustvorträge abzubauen,
- persönliche Steuerbelastung der Anteilseigner,
- Struktur und daraus folgend die Tarifbelastung des Eigenkapitals,[813]
- Herkunft der zu versteuernden Erträge,
- auf Unternehmens- bzw. Anteilseignerebene erzielbare Renditen,
- Art der Verwendung der thesaurierten Beträge und ihre Wirkung auf die Ausschüttungshöhe.

Solange diese Größen im Vorfeld einer Bewertung nicht bestimmt werden, sind Fehler bei der zukünftigen Bewertung von Verlustvorträgen vorprogrammiert.

5.4.3. Kapitalisierungszinsfuß

Im Mittelpunkt der Diskussionen um die Ermittlung einer angemessenen Abfindung steht häufig der Kapitalisierungszinsfuß (k), mit dem die im vorherigem Abschnitt beschriebenen Ertragsüberschüsse auf den Bewertungsstichtag abgezinst werden. Der Zinssatz basiert auf der Forderung, dass der Abzufindende bei Anlage des Abfindungsbetrags in eine Alternativinvestition Ertragsüberschüsse erhält, die den Ertragsüberschüssen entsprechen, aus denen sich der Ertragswert des Unternehmens ableitet. Aufgabe der Gutachter und Gerichte ist es, aufgrund der Vielzahl von Abzufindenden einen typisierten Kapitalisierungszinsfuß zu bestimmen, der weder zu hoch noch zu niedrig sein darf, da ansonsten entweder Abzufindende oder Abfindende benachteiligt werden. Dieses ist umso kritischer, da jede Veränderung des Zinsfußes eine enorme Wirkung auf die Höhe des Ertragswerts hat.[814] Generell wird in der Rechtsprechung und gutachterlichen Praxis bei Bestimmung des Kapitalisierungszinsfußes ein landesüblicher Zins (i) in Form eines Durchschnittssatzes längerfristiger Anlagen, wie z.B. öffentlicher

---

811 Vgl. Darstellung verschiedener Methoden bei Peemöller, V./ Popp, M. (1997), S. 306-309.

812 Vgl. Lutz, H. (1993), S. 71-74; Siepe, G. (1997), S. 37-40; Drukarczyk, J. (1997), S. 464 bzw. ders. (2001), S. 454.

813 Vgl. Beispiel zur Relevanz der EK-Struktur bei König, W./ Zeidler, G. (1996), S. 1102/1103; Siepe, G. (1997), S. 39/40.

814 Bei einem jährlichen Ertragsüberschuss von €20 Mio. und einem Zinssatz von 8% ergibt sich ein Ertragswert von €250 Mio.; eine Verringerung des Kapitalisierungszinsfußes um 1% erhöht den Ertragswert um €35 Mio., d.h. um 14%..

Anleihen bzw. festverzinslicher Wertpapiere, zugrundegelegt.[815] Dieser Basiszins muss fallweise durch einen Risikozuschlag (z) aufgrund unternehmerischer Risiken und gegebenenfalls durch einen Geldentwertungsabschlag (g) ergänzt werden,[816] um eine Risiko- und Kaufkraftäquivalenz zwischen der risikolosen Geldanlage und der Unternehmensinvestition herzustellen.[817]

Tabelle II-1: Überblick verwendete Kapitalisierungszinssätze - Beispiele

Bewertungs-stichtag	Kapitalisierungszinssatz	Basis-zins	Risiko-zuschlag	Geldentwertungsabschlag	Entscheidung
26.06.1970	6%	7%	Ablehnung	1%	OLG-Urteil Celle (1979)
14.12.1977	6,5%	8%	0,5%	2%	LG-Urteil Dortmund (1982)
14.08.1979	8%	8%	0,5%	0,5%	OLG-Urteil Düsseldorf (1990)
26.05.1982	5,5%	7,4%	0,6%	2,5%	BayObLG-Urteil (1996)
19.08.1982	8,4%	7,4%	2%	1%	LG-Urteil München (1990)
05.04.1985	7,5%	8%	1,5%	2%	OLG-Urteil Düsseldorf (1992)
30.05.1985	5,5%	7,4%	0,6%	2,5%	BayObLG-Urteil (1995a)
27.06.1985	8%	8%	1%	1%	LG-Urteil Dortmund (1996)
11.12.1985	8,33%	7,83%	1,5%	1%	LG-Urteil Frankfurt (1990)
21.06.1986	6,5%	8%	1%	1,5%	LG-Urteil Dortmund (1996)
25.06.1986	7%	7%	0%	0%	OLG-Urteil Zweibrücken (1995)
18.12.1987	8%	8%	1%	1%	OLG-Urteil Düsseldorf (2000)
25.02.1988	7%	8%	0,5%	1,5%	OLG-Urteil Düsseldorf (1990b)
21.07.1988	8,8%/7,3% (Phase II)	7,8%	1%/1,5% (Phase II)	2% (Phase II)	LG-Urteil Frankfurt (1996)
31.03.1989	6,1%	6,1%	Ablehnung	0%	OLG-Urteil Celle (1998)

[815] Vgl. Münstermann, H. (1970), S. 67; Hackmann, A. (1987), S. 95-110; Piltz, D. (1994), S. 171.

[816] Vgl. HFA-Stellungnahme (1983), S. 472; Dielmann, H./ König, A. (1984), S. 60; Emmerich, V./ Sonnenschein, J. (1992), S. 293; u.a..

[817] Darüber hinaus ist eine Laufzeitäquivalenz sicherzustellen, d.h. der Basiszinssatz muss fristadäquat sein, um eine Vergleichbarkeit zwischen der Geldanlage in das zu bewertende Unternehmen und einer alternativen Geldanlagen herzustellen. Vgl. IDW Standard (2000), Tz. 121.

Falls bei der Bewertung die persönlichen Ertragssteuern mit einbezogen werden, sind diese ebenfalls beim Kalkulationszinsfuß zu berücksichtigen.[818]

Die Vorgehensweise bei der Auswahl des Basiszinssatzes und Berechnung der einzelnen Zu- bzw. Abschläge ist in Literatur und Rechtsprechung sehr umstritten, was dazu führt, dass Vertreter der Minderheitsaktionäre die in den Urteilen festgelegten Kalkulationszinssätze[819] in Höhe von 6% bis 8% für zu hoch halten, und Vertreter der Abfindenden - mit Blick auf die Bewertungspraxis außerhalb der Abfindungen - die Zinssätze als zu niedrig angesetzt beurteilen.[820] Nicht umsonst wird vielfach eine Konkretisierung der Vorgehensweise bzw. der Einsatz alternativer Methode, wie etwa das "Capital Asset Pricing Model (CAPM)"[821] gefordert.

5.4.3.1. Basiszins

Im Zusammenhang mit dem Basiszins ist vor allem umstritten, ob als relevanter Wert der Stichtagszinssatz oder der auf Dauer erzielbare zukünftige Zinssatz gelten soll.[822] Die konsequente Anwendung des Stichtagsprinzips wird vor allem von der betriebswirtschaftlichen Literatur unterstützt.[823] Die Rechtsprechung spricht sich mehrheitlich für die Prognose eines auf Dauer geltenden Zinssatzes aus, da dieser im Gegensatz zum Stichtagszinssatz nicht von kurzfristigen außergewöhnlichen Tendenzen verzerrt und nicht gegen das Prinzip der Zukunftsbezogenheit der Ertragswertermittlung verstoßen würde.[824] Letzteres Argument ist missverständlich, da es bei der Alternativanlage allein darauf ankommt, dass diese mit dem Unternehmen vergleichbare zukünftige Ertragsüberschüsse erzielen kann. Dies kann über die Laufzeitäquivalenz bei Kauf einer Anleihe mit gleicher Laufzeit

---

818 Vgl. Siepe, G. (1997), S. 4/5; IDW Standard (2000), Tz. 122.

819 Eine Übersicht zu den in der Rechtsprechung verwendeteten Kapitalisierungszinssätzen ist bei Piltz, D. (1994), S. 361-363 dargestellt.

820 Vgl. Wenger, E. (1993b), S. 1628; Hecker, R./ Wenger, E. (1995), S. 327; Aha, C. (1997), S. 33. Schon Sieben verwies 1966 auf die Problematik des Kapitalisierungszinsfußes und führte eine Reihe von Beispielen an, wo es zu widersprüchlichen Aussagen über die Höhe des Kapitalisierungszinsfußes kam. Vgl. Sieben, G. (1966), S. 55.

821 Vgl. Kapitel I, Abschnitt 4.3.5.1. Die CAPM wird mittlerweile auch durch das IDW anerkannt und als marktgerechte Methode zur Bestimmung von Kapitaliserungszinssaätzen empfohlen. Vgl. IDW Standard (2000), Tz. 135.

822 Eine ausführliche Analyse dieser Thematik findet sich bei Hecker, R. (2000), S. 204-224. Das IDW hat auch in seiner neuen Stellungnahme aufgrund eine Konkretisierung verzichtet. Vgl. IDW Standard (2000), Tz. 120-122.

823 Vgl. in der Rechtsprechung: BGH-Urteil (1982), S. 107; LG-Urteil München (1990), S. 405.; in der Literatur: Ballwieser, W. (1981), S. 113; Dielmann, H./ König, A. (1984), S. 60; Matschke, M.J. (1986), S. 554; Drukarczyk, J. (1996), S. 242.

824 Vgl. in der Rechtsprechung: OLG-Celle (1979), S. 232; OLG-Urteil Düsseldorf (1990a), S. 399; LG-Urteil Dortmund (1982), S. 258; LG-Urteil Frankfurt (1996), S. 189; LG Dortmund (1996b), S. 427; in der Literatur: Meilicke, W. (1980), S. 2121; Moxter, A. (1983), S. 171/172; Dörner, D. (1992), S. 97; Seetzen (1994), S.48; Piltz, D. (1994), S. 173; Aha, C. (1997), S. 32.

sichergestellt werden.[825] Gegen den ersten Einwand hinsichtlich möglicher "künstlicher" Schwankungen kann angeführt werden, dass der Zinssatz durch Marktmechanismen zustande gekommen ist und auch "ungewöhnliche" Marktzinssätze Gleichgewichtssätze aus Angebot und Nachfrage sind, welche die Zinserwartungen der Marktteilnehmer widerspiegeln. Zudem verringert sich zwar durch den Ansatz eines hohen Zinssatzes der Ertragswert, gleichzeitig aber auch der Kaufpreis für ein festverzinsliches bereits begebenes Wertpapier.[826] Hinzu kommt, dass ein Stichtagszinssatz auf Basis von allgemein zugänglichen Zinstabellen gewonnen werden kann, die frei von jeder Subjektivität eines Gerichts oder Gutachters sind. Die Höhe des derzeitig von der Rechtsprechung propagierten zukünftigen Zinssatzes liegt dagegen gänzlich im Ermessensspielraum der Gerichte:[827] Dies kann dazu führen, dass es wie bei den Urteilen des OLG Zweibrücken und des LG Dortmund zu um 1% abweichenden Basiszinssätzen (7% und 8%) kommt,[828] obwohl die Bewertungsstichtage in der selben Woche lagen.[829] Solange der Bewertungsstichtag und der Auszahlungszeitpunkt der Abfindung zeitlich nahe beieinander liegen, ist deshalb in jedem Fall der Zinssatz zum Zeitpunkt der Beschlussfassung als Basis für die Kapitalisierung der zukünftigen Überschüsse zu präferieren.

In den meisten Abfindungsfällen liegen jedoch aufgrund von Anfechtungsklagen und/oder Spruchstellenverfahren Monate bzw. Jahre zwischen Zeitpunkt der Beschlussfassung und Eintragung ins Handelsregister bzw. rechtskräftiger Spruchstellenentscheidung. In diesen Fällen muss nicht zwingend die Wiederanlagehypothese zutreffen; d.h. es kann passieren, dass das Unternehmen in einer Hochzinsphase bewertet worden ist, der Aktionär jedoch seine Abfindung in einer Niedrigzinsphase erhält, wodurch eine Angemessenheit der Abfindung nicht mehr gegeben wäre. Gerade bei derzeit laufenden Abfindungsfällen, in denen die Zeitpunkte der Beschlussfassung Anfang der 90iger Jahren liegen, ist diese Problematik angesichts der seit einigen Jahren sinkenden Zinsen in einem besonderen Maße vorhanden.[830] Eine rückwirkende Durchschnittsbildung auf Basis

---

825 Vgl. Schwetzler, B. (1996), S. 1962.

826 Vgl. Schwetzler, B. (1996), S. 1963; Drukarczyk, J. (1996), S. 244.

827 Kritisiert wird dies von Hecker, die durch zahlreiche Fallbeispiele die Willkür der Gerichte und Gutachter nachweist. Danach lassen sich erhebliche Unterschiede hinsichtlich der Wahl der zu grundelegenden Wertpapiere, der Restlaufzeiten sowie des zeitlichen Bezugs feststellen. Vgl. Hecker, R. (2000), S. 208.

828 Vgl. obige Tabelle II-1.

829 Vgl. OLG-Urteil Zweibrücken (1995), S. 868; LG-Urteil Dortmund (1996b), S. 429.

830 Die durchschnittliche Umsatzrendite lag beim jeweils letzten Zinsänderungstermin in 1990 bei 8,85% und in 1997 bei 5,08%. Vgl. Deutsche Bundesbank – Kapitalmarktstatistik vom März 1998. Bei einem Fall, in dem die Beschlussfassung in 1990 und die Spruchstellenentscheidung und damit die Auszahlung der Abfindung in 1997 stattfand, würde die Verwendung des Zinssatzes zum Zeitpunkt der Beschlussfassung beim Aktionär folgendes bewirken: Bei Unterstellung eines anteiligen Ertragsüberschuss E(EÜ)=€50 ergibt sich ein Abfindungsbetrag AB=€50/0,0885=€564,97. Bei Anlage dieses Betrag in

der Istzinssätze vom Zeitpunkt der Beschlussfassung bis zur Spruchstellenentscheidung verringert aber behebt den Schaden nicht.[831] Schwetzler schlägt für diese Fälle vor, als Bewertungsstichtag den Zeitpunkt der rechtskräftigen Spruchstellenentscheidung bzw. des Zuflusses der Abfindung zu verwenden, da nur bei diesem Vorgehen eine Schädigung des Minderheitsaktionärs ausgeschlossen werden kann.[832] Dieser Ansatz bedeutet zudem auch für das herrschende Unternehmen keine Veränderung gegenüber dem Zeitpunkt der Beschlussfassung, obwohl es bei Verwendung eines niedrigeren Kapitalisierungszinssatzes eine weitaus höhere Abfindung leisten müsste. Zur Begründung wird unterstellt, dass die Abfindung aus dem Verkauf von im Anlagebesitz befindlichen festverzinslichen Wertpapieren finanziert wird, so dass sich im Anschluss an eine Abfindung anstatt der festverzinslichen Wertpapiere weitere Anteile am beherrschten Unternehmen im Anlageportefeuille befinden. Am Gesamtwert des Anlageportefeuilles ändert sich nichts, wenn eine höhere Abfindung als zum Zeitpunkt der Beschlussfassung gezahlt wird, da die im Anteilsbesitz befindlichen festverzinslichen Wertpapiere aufgrund der Niedrigzinsphase ebenfalls gestiegen sind.[833] Da weder Abzufindender noch Abfindender durch die Verwendung des Zinssatzes zum Zeitpunkt der Spruchstellenentscheidung Vermögensnachteile bzw. -vorteile erzielen, ist die Gefahr von Manipulationen bezüglich der Länge des Spruchstellenverfahrens ebenfalls minimiert.[834]

---

laufzeitäquivalente Wertpapiere in 1997 erhält Aktionär nur noch €564,97*0,0508 = €28,70; d.h. knapp die Hälfte. Beispiel analog zu Schwetzler, B. (1996), S. 1964.

[831] Vgl. Schwetzler, B. (1996), S. 1964.

[832] Vgl. Schwetzler, B. (1996), S. 1964. Der Abfindungsbetrag würde in diesem Fall AB = €50/0,0508 = €984,25 betragen, was bei Wiederanlage in laufzeitäquivalente Wertpapiere einen jährlichen Überschuss von €50 bringen würde.

[833] Beweis anhand eines Zahlenbeispiels bei Schwetzler, B. (1996), S. 1965/1966. Minderheit besitzt 5000 Aktien; Herrschendes Unternehmen hält €5 Mio. festverzinsliche Wertpapiere; die Auskaufzahlung an die Minderheit beträgt bei Zugrundelegung des Beschlussfassungszinssatzes AZ = €564,97*5000 = €2,8 Mio.; d.h. das Unternehmen besitzt nun zusätzliche Anteile im Wert von €2,8 Mio. zuzüglich von festverzinslichen WP in Höhe von €2,2 Mio.. In 1997 wären die beiden Anteilspositionen €984,25*5000 + €2.,2 Mio.*0,0885/0,0508 = €8,7 Mio. zusammen wert. Im Falle einer Abfindung in 1997 auf Basis des Zinssatzes zum Zeitpunkt der Spruchstellenentscheidung würde die Auszahlung AZ = €984,25*5000 = €4,9 Mio. betragen; die festverzinslichen Wertpapiere würden zu diesem Zeitpunkt jedoch nicht mehr €5 Mio. wert sein, sondern €5 Mio.*0,0885/0,0508 = €8,7 Mio.. Nach Zahlung der Abfindung würden dann festverzinsliche Wertpapiere im Wert von €3,8 Mio. und Aktien im Wert von €4,9 Mio. im Portfolio stehen.

[834] Die Verzinsungsregelung der Abfindungsansprüche ist von dieser Regelung unbeeinflusst, wie nachfolgendes Beispiel zeigt: Bei Annahme, dass der Zinssatz in 1990 bei 8,85% lag und die Abfindung mit 5% (2% über Diskont) ohne Zinseszinsen verzinst wird, würde nach Abschluss des Spruchstellenverfahrens die Gesamtzahlung an den Aktionär €50/0.0885*(1+0.05*7) = €762,71 betragen. Falls die Wiederanlage zu 8,85% auch in 1997 möglich wäre, würde er ab 1997 €67,5 erhalten. Bei Wiederanlage von 5,08% würde er dagegen nur €38,75 erhalten. Bei Zugrundelegung des Zinssatzes von 5,08% bei der

5.4.3.2. Risikozuschlag

Sehr unterschiedlich stellen sich Gutachten und Urteile in bezug auf die Berücksichtigung eines Risikozuschlags dar. Die herrschende Meinung in der Rechtsprechung und in der betriebswirtschaftlichen Praxis befürwortet die Berücksichtigung von Risikozuschlägen, um zu berücksichtigen, dass ein Unternehmen generell weniger Sicherheit und Fungibilität als ein festverzinsliches Wertpapier biete.[835] Gegen die Einbeziehung eines Risikozuschlags stellt sich ein Teil der Rechtsprechung und Literatur, der die speziellen Risiken in der Ertragsüberschussprognose bereits miteinbezogen und daher in einem Risikozuschlag eine unangemessene Doppelbelastung sieht.[836] Darüber hinaus stehen nach Meinung der Gegner eines Risikozuschlags den allgemeinen Unternehmensrisiken im gleichen Maße Unternehmenschancen gegen, die sich letztendlich ausgleichen würden.

Aus ökonomischer Sicht ist die Einhaltung des Grundsatzes der Risikoäquivalenz unverzichtbar, da nur dann die Überschüsse der bei der Bestimmung des Kapitalisierungszinsfußes zugrundegelegten Alternativanlage den erwarteten Überschüssen des zu bewertenden Unternehmens entsprechen. Die Berücksichtigung des unternehmerischen Risikos kann entweder durch die Berechnung von Sicherheitsäquivalenten für die erwarteten Einnahmenüberschüsse mit Hilfe der individuellen Risikonutzenfunktionen (Sicherheitsäquivalenzmethode) oder durch einen Risikozuschlag beim risikolosen Basiszinssatz (Risikozuschlagsmethode) gebildet werden.[837] Bei Annahme einer unendlichen Lebensdauer des Unternehmens und uniformer Überschüsse würde sich der Ertragswert gemäß

Berechnung der Abfindung würde die Gesamtzahlung €50/0,0508*(1+0,05*7) = €1328,74 betragen. Bei Wiederanlage zu 5,08% würde der Aktionär wiederum ab 1997 €67,5 erhalten.

[835] Vgl. in der Rechtsprechung: OLG-Urteil Düsseldorf (1990a), S. 400; OLG-Urteil Düsseldorf (1992), S. 204; LG-Urteil Dortmund (1996a), S. 280; LG-Urteil Dortmund (1996b), S. 429/430; OLG-Urteil Düsseldorf (1999), S. 683; in der Praxis: Forster, K.-H. (1980), S. 45/46; HFA-Stellungnahme (1983), S. 472; Dielmann, H./ König, A. (1984), S. 61; Ränsch, U. (1984), S. 211; Piltz, D. (1994), S. 176/177; Aha, C. (1997), S. 33.

[836] Vgl. OLG-Urteil Celle (1979), S. 232; OLG-Urteil Zweibrücken (1995), S. 866. Unterstützung dieser Meinung in der Literatur durch Meilicke, W. (1980), S. 2122; Koppensteiner, H.-G. (1987), S. 316; Emmerich, V.; Sonnenschein, J. (1992), S. 294. Die Argumentation des BayObLG, aufgrund der positiven Istentwicklung der ersten Jahre auf einen Risikozuschlag verzichten zu können, ist von Aha zu Recht angegriffen worden, da erstens ein Verstoss gegen die Wurzeltheorie vorliegt und zweitens der weitere Verlauf der Ertragsüberschüsse nicht ohne weiteres als risikolos zu bezeichnen ist. Vgl. BayObLG-Urteil (1995a), S. 2593; Aha, C. (1997), S. 33.

[837] Vgl. zur Berechnung von Sicherheitsäquivalenten: Ballwieser, W. (1980), S. 67/68; ders. (1981), S. 199-105; Siepe, G. (1998), S. 326/327.

folgenden Formeln ergeben, wobei in der Praxis überwiegend die Vorgehensweise gemäß Formel (7) gewählt wird:[838]

(6) EW = SÄ(EÜ) / i + NBV

mit SÄ = Sicherheitsäquivalent der Einnahmeüberschüsse; i = risikoloser Zinssatz; NBV = Wert des nicht betriebsnotwendigen Vermögens

(7) EW = E(EÜ) / (i + z) + NBV

mit E(EÜ) = Erwartungswert der Einnahmeüberschüsse; z = Risikozuschlag

Zusammenfassend bedeutet es, dass ein Risikozuschlag nur dann angebracht ist, wenn der Gutachter die Unternehmensrisiken nicht über die Sicherheitsäquivalentmethode in der Ertragsprognose berücksichtigt hat oder der Gutachter bzw. das Gericht außergewöhnliche z.B. branchenspezifische Risiken anführen kann, die nicht durch entsprechende Chancen ausgeglichen werden. Ist dagegen der Abzufindende risikoneutral, kann auf die Bildung eines Sicherheitsäquivalents bzw. Risikozuschlags verzichtet werden.

Ungelöst ist jedoch die Frage, wie in solchen Fällen die Risikozuschläge bzw. Sicherheitsäquivalente kalkuliert werden könnten. Eine Bewertung des Risikos in Form von Sicherheitsäquivalenten über spezielle Risikonutzenfunktionen, wie es die Theorie der Unternehmensbewertung vorschlägt, ist aufgrund der Vielzahl von Abzufindenden nicht praktikabel.[839] Die beteiligten Gutachter und Gerichte orientieren sich bei der Festlegung des Risikozuschlags maßgeblich an den Bandbreiten, die in früheren Urteilen für realistisch gehalten wurden, ohne dass es Anhaltspunkte für die Richtigkeit der Bandbreiten gibt.[840] Ein Vorschlag kommt vom BayObLG, der als möglichen Risikozuschlag die Differenz zwischen dem Basiszins und der landesüblichen Verzinsung von Großkrediten definiert.[841] Dieser Vorschlag kann allenfalls ein grober Anhaltspunkt sein,[842] da sich die Risikoeinstellung von Fremdkapitalgebern im Vergleich zu Aktionären stark unterscheidet, weil es bei einer Kreditvergabe ausschließlich Risiken aber keine Chancen gibt. Die Ermittlung logischer Grenzen für Risikozuschläge gemäß Ballwieser hilft dagegen nur bei der Plausibilisierung, aber nicht bei der Kalkulation von Risikozuschlägen:[843] Unterstellt man etwa ein Unternehmen, bei dem folgende gleichwahrscheinliche künftige Entnahmemöglichkeiten bestehen:

---

838 Vgl. Schmidt, J. (1995), S. 1089/1090; Heurung, R. (1997), S. 889; Hecker, R. (2000). Eine Diskussion "Sicherheitsäquivalente versus Risikozuschläge" findet sich bei Ballwieser, W. (1990), S. 171/172.

839 Vgl. Ballwieser, W. (1980), S. 70-72; Drukarczyk, J. (1996), S. 230-238.

840 Vgl. z.B. LG-Urteil Dortmund (1996b), S. 430.

841 Vgl. HFA-Stellungnahme (1983), S. 472; BayObLG-Urteil (1996), S. 179.

842 Wie z.B. im Urteil vom OLG Düsseldorf, bei dem der vom Gutachter angesetzte Risikozuschlag von 1,5% für die Berücksichtigung des allgemeinen Unternehmensrisikos mit der Begründung, dass selbst für einen Kredit dieser Zuschlag zu hoch sei, auf 0,5% reduziert wurde. Vgl. OLG-Urteil Düsseldorf (1990a), S. 401.

843 Vgl. Ballwieser, W. (1981), S. 102-105; Ballwieser, W./ Leuthier, R. (1986), S. 609; Drukarczyk, J. (1996), S. 241.

$EÜ_1$=€60.000, $EÜ_2$=€70.000, $EÜ_3$=€90.000, $EÜ_4$=€120.000. Bei einem landesüblichen Zinssatz in Höhe von 10% würde ein Risikozuschlag in Höhe von z.B. 5% im Rentenfall ein Sicherheitsäquivalent SÄ = E(EÜ)*i/(i+z) ≈ €56.667 ergeben.[844] Dieser Wert wäre aber unplausibel, da das Sicherheitsäquivalent mindestens die Höhe des minimal möglichen Ertragsüberschuss erreichen muss. Mit Hilfe logischer Grenzen kann deshalb zumindest festgelegt werden, wie hoch der Risikozuschlag maximal sein darf, da bei $SÄ \geq EÜ_{min}$ für den Risikozuschlag folgende Bedingung erfüllt sein muss:

$$(8)\ E(EÜ)*i/(i+z) \geq EÜ_{min} \text{ und damit } (E(EÜ)/ EÜ_{min}-1) * i \geq z$$

Angewendet auf obiges Beispiel dürfte der Risikozuschlag in keinem Fall größer sein als 4,2%.[845] Zur weiteren Eingrenzung der Risikozuschläge schlägt Ballwieser eine Ableitung des Risikozuschlags aus Eigenschaften der Entnahmeverteilung vor, ohne dass dafür die individuellen Risikopräferenzen der einzelnen Beteiligten bekannt sein müssten:[846]

$$(9)\ z_{prag} = (E[EÜ] - EÜ_{min})/ E[EÜ] * i \quad \text{(Rentenmodell)}$$

Es ist jedoch schwierig, die auf diese Weise gebildeten Risikozuschläge gegenüber den Abzufindenden oder Abfindenden zu verteidigen, weil sich die Kalkulation allein auf mögliche Schwankungen der Ertragsüberschüsse stützt und sich damit von der Risikoeinstellung der Abzufindenden gänzlich unterscheiden kann.[847]

5.4.3.3. Geldentwertungsabschlag

Eine weitere Fehlerquelle birgt die Abschätzung eines Geldentwertungsabschlags. Grundsätzlich ist ein Geldentwertungsabschlag auf den nominalen Basiszins immer dann notwendig, wenn im Gutachten reale Ertragsüberschüsse berechnet wurden.[848] Der Realzins kann in solchen Fällen mit Hilfe nachfolgender Formel bestimmt werden:[849]

$$(10)\ r = ((1+i) / (1+g)) - 1 = (i-g) / (1+g)$$

mit i = nominaler Zinssatz; g = Geldentwertungsabschlag und r = realer Zinssatz

Sind die inflationären Einflüsse bei der Ertragsüberschussprognose berücksichtigt worden, wird immer dann ein Abschlag vorgenommen, wenn Anzeichen bestehen, dass die Unternehmensergebnisse weniger nachhaltig als die Erträge aus öffentlichen Anleihen von der Inflation betroffen sind; dieses kann z.B. bei einer hohen Verschuldungsquote, bei einem hohen Sachwerteanteil oder auch bei

---

[844] EW = E(EÜ)/(i+z)+NBV = SÄ/i+NBV. Vgl. Abschnitt 5.3.

[845] Die Relevanz des Ballwieser-Vorschlags für die Praxis ist jedoch stark eingeschränkt, da in den meisten Gutachten keine Ertragsüberschussbandbreiten angegeben werden. Damit kann ein Fehler bei der Bestimmung des Risikozuschlag nicht nachgewiesen werden. Vgl. Hecker, R. (2000), S. 164.

[846] Vgl. Ballwieser, W. (1993), S. 160/161; Drukarczyk, J. (1996), S. 241. Bei beiden Autoren sind Formeln für den Nichtrentenfall zu finden.

[847] Vgl. Drukarczyk, J. (1996), S. 242.

[848] Vgl. Wenger, E. (1993b), S. 1627.

[849] Vgl. Brealey, R./ Myers, S. (1991), S. 99/100; Wenger, E. (1993b), S. 1627.

Weitergabe der Preissteigerungen an die Kunden häufig vorkommen.[850] Die nachfolgenden zwei Fallbeispiele zeigen vereinfacht, wie sich ein solcher Effekt bei der Bestimmung eines Abfindungsbetrags auswirkt:[851]

Fall 1: Vollständige Überwälzung der Inflation im Unternehmen möglich

Ein Unternehmen erzielt in t_0 einen nominalen erwarteten Ertragsüberschuss $E(EÜ_0)$ in Höhe von €50.000 pro Anteil. In den darauffolgenden Jahren wächst der Ertragsüberschuss aufgrund der Möglichkeit zur Überwälzung jährlich w = 5%; d.h. der Ertragsüberschuß in t_n liegt bei $E(EÜ_n) = E(EÜ_0) * (1+w)^n$. Die Inflationsrate beträgt ebenfalls 5%, und als Alternativinvestition wird ein langfristiges Wertpapier mit einem Zinssatz i = 10% zur Kapitalisierung verwendet. Die Wachstumsrate muss bei einer nominalen Betrachtung in Analogie zur Berechnung eines Realzinses berücksichtigt werden; d.h der Abfindungsbetrag ergibt sich aufgrund folgender Formel:

$$(11)\quad A = E(EÜ_0) * (1+w) / (i - w) = E(EÜ_1) * (i-w)$$
$$A = €50.000 *(1+0,05) / (0,1-0,05) = €1.050.000$$

Bei einer realen Betrachtungsweise müssten sowohl der Zinssatz als auch die Wachstumsrate mit Hilfe obiger Realzinsformel umgerechnet werden, wobei wegen der Gleichheit von w und g, die reale Wachstumsrate w_r Null ist. Der Abfindungsbetrag ergibt sich wiederum aus folgender Formel:

$$(12)\quad A = E(EÜ_0) * (1+w_r) / (r-w_r)$$
$$A = €50.000/ 0,04762 = €1.050.000$$

Fall 2: Keine Überwälzung der Inflation im Unternehmen möglich

In diesem Fall verändern sich die nominalen Ertragsüberschüsse mit w = 0 nicht, sondern bleiben über die Jahre unverändert, woraus ein Abfindungsbetrag bei nominaler Betrachtungsweise in Höhe von:

$$A = €50.000/0,1 = €500.000 \text{ resultiert.}$$

Im Falle einer realen Betrachtungsweise reduzieren sich die Einzahlungsüberschüsse real um die Inflationsrate; d.h. für w_r ergibt sich ein negativer Betrag:

$$(13)\quad w_r = ((1+w)/(1+g)) - 1$$
$$w_r = (1/1,05) - 1 \approx - 0,04762$$
$$A = €50.000*(1-0,04762)/(0,04762+0,04762) = €500.000$$

Mit den beiden Fallbeispielen sind die Ober- und Untergrenze von Geldentwertungsabschlägen für die Rechtsprechung dargestellt worden: nur bei einer

---

[850] Vgl. dazu in der neueren Rechtsprechung: OLG-Urteil Zweibrücken (1995), S. 868; BayObLG-Urteil (1995a), S. 2592; LG-Urteil Dortmund (1996b), S. 429; LG-Urteil Frankfurt (1996), S. 189. Ältere Rechtsprechungsnachweise bei Dielmann, H./ König, A. (1984), S. 60. Vgl. in der Literatur: Meilicke, W. (1980), S. 2123; HFA-Stellungnahme (1983), S. 472; Ränsch, U. (1984), S. 211; Koppensteiner, H.-G. (1987), S. 316; Aha, C. (1997), S. 32.

[851] Vgl. Ballwieser, W. (1981), S. 110/111; Moxter, A. (1983), S. 184-192; Drukarczyk, J. (1996), S. 278-280.

kompletten Überwälzung der Inflation, d.h. bei w = g, ist ein Abschlag vom Basiszins in Höhe der Inflationsrate g vorzunehmen. Im umgekehrten Fall, d.h. bei gleichbleibenden nominalen Überschüssen ist der Abschlag Null. Für alle dazwischen liegenden Konstellationen ist ausschließlich der Grad der Überwälzung als Bemessungsgrundlage für den Abschlag entscheidend.

Die Schwierigkeit beim Geldentwertungsabschlag liegt jedoch in der exakten Kalkulation dieser Überwälzungswirkung, wenn nicht einer der beiden Extremfälle vorliegt.[852] In der Bewertungspraxis reichen die Abschläge von 0,5% bis 2%.[853] Hierbei liegt es wiederum im gutachterlichen und später gerichtlichen Ermessen, festzustellen, welchen Inflationsanteil der Basiszins tatsächlich enthält; d.h. inwieweit inflatorische Effekte in den Ertragsüberschussprognosen berücksichtigt worden sind und wie stark sich die Inflationswirkung bei einer festverzinsliche Wertanlage tatsächlich auf das Unternehmen selbst ausgewirkt hat.[854] Die Ablehnung eines Geldentwertungsabschlags, wie im LG-Urteil Stuttgart, mit der Begründung, dass ein Abschlag eine ungerechte einseitige Belastung des Abfindenden bedeute und der Abschlag steuerlich keine Berücksichtigung fände, muss als falsch zurückgewiesen werden.[855] Um die Transparenz in den Urteilen zu erhöhen, sollten die Gutachter und Gerichte konkrete Nachweise liefern, wie sie die Höhe des Abschlags berechnet haben, ohne sich auf die Begründung zurückziehen zu können, dass sich dieser Wert innerhalb der Bandbreite früherer Urteile bewegt.[856]

5.4.4. Wert des nicht betriebsnotwendigen Vermögens

Die herrschende Auffassung spricht sich für eine gesonderte Bewertung des betriebsnotwendigen Vermögens aus, um im Anschluss den aus dem Ansatz von Einzelveräußerungspreisen resultierenden Wert zum Ertragswert zu addieren.[857] Beim Ansatz des nicht betriebsnotwendigen Vermögens kommt es in der Praxis allerdings immer wieder zu Diskussionen hinsichtlich der konkreten Abgrenzung des neutralen Vermögens und der Einbeziehung von Veräußerungskosten.

Ein Beispiel für die Probleme bei der Abgrenzung ist das Spruchstellenverfahren bei einer Brauerei, wo es um die Frage ging, inwieweit brauereieigene Gaststätten, über die auch Bierumsatz erzielt wurde, zum nicht betriebsnotwendigen Vermögen zu zählen seien. Während Gutachter und das Landesgericht München die Grundstücke als betriebsnotwendig klassifizierten, ging das Bayerische Oberlandesgericht

---

852 Vgl. Ballwieser, W. (1981), S. 109/110.

853 Vgl. Seetzen, U. (1994), S. 48; vgl. obige Tabell II-1 in Kapitel I, Abschnitt 5.4.3.

854 Zu den Schwierigkeiten bei der Kalkulation eines Geldentwertungsabschlags vgl. Ballwieser, W. (1981), S. 114; HFA-Stellungnahme (1983), S. 472; Koppensteiner, H.-G. (1987), S. 316.

855 Vgl. LG-Urteil Stuttgart (1993), S. 1626; Wenger, E. (1993b), S. 1627.

856 Vgl. Aha, C. (1997), S. 32.

857 Vgl. HFA-Stellungnahme (1983), S. 468, 474; Koppensteiner, H.-G. (1987), S. 316; OLG-Urteil Düsseldorf (1990a), S. 401; Piltz, D. (1994), S. 30, 181; IDW Standard (2000), Tz. 64-68. Eine kritische Meinung wird in diesem Zusammenhang von Ränsch vertreten. Vgl. Ränsch, U. (1984), S. 208.

davon aus, dass diese Grundstücke als nicht betriebsnotwendig einzustufen und damit zu Verkehrswerten anzusetzen seien, da der erwirtschaftete Bierabsatz im Vergleich zum normalen Bierumsatz in Gaststätten verhältnismäßig gering sei.[858] In diesem Zusammenhang ist vom Bayerischen Oberlandesgericht eine ausführliche Definition des nicht betriebsnotwendigen (neutralen) Vermögens formuliert worden: "Zum neutralen Vermögen eines Unternehmens zählen alle Gegenstände, deren Vorhandensein den Ertragswert nicht oder nicht wesentlich beeinflusst, deren Vermögenswert jedoch bedeutsam ist. Der Begriff, der nicht eng gefasst werden darf, beinhaltet alle Gegenstände, die sich ohne Schäden für den Ertrag aus dem Unternehmen herauslösen lassen, wenn sich so ein höherer Wert als im Rahmen des Ertragswerts ergibt. Die nicht betriebsnotwendige Substanz ist Überschuss- oder Ergänzungssubstanz; sie steht außerhalb des funktionalen Zusammenhangs der Werte im Betriebsgeschehen."[859] Mit dieser Formulierung werden ausdrücklich auch diejenigen Werte einbezogen, die eindeutig zum Betriebsvermögen zählen würden, deren Beitrag zum Ertragswert jedoch weiter unter ihrem Verkehrwert liegt.[860]

Diese Ansicht wird zum Teil mit der Begründung angegriffen, dass es nicht Aufgabe der Gutachter und Gerichte sei, die unternehmenspolitischen Entscheidungen dahingehend zu untersuchen, ob es z.B. für die brauereieigenen Gaststätten, über die Bier vertrieben wird, effizientere Verwertungsmöglichkeiten gibt.[861] Dieser Begründung ist entgegen zu halten, dass es Aufgabe der Gerichte und Gutachter ist, dem Minderheitsaktionär die volle Abfindung für seine Anteile zu gewähren. Damit ist auch festzustellen, inwieweit z.B. der Wert bei Verkauf eines Grundstücks höher ist als bei einer Nutzung als Umsatzträger. Dabei geht es nicht um die Suche nach einer Alternativinvestition, sondern einzig um die Frage nach der Untergrenze für einen einzelnen Vermögensgegenstand.

Eine andere Abgrenzungsdiskussion beschäftigt sich mit der Frage, inwieweit Reservegrundstücke, die ein Unternehmen für spätere Zwecke auf "Vorrat" gekauft hat, als nicht betriebsnotwendig einzustufen sind. Während das OLG Celle grundsätzlich bei Reservegrundstücken von neutralen Vermögensgegenständen ausgeht,[862] befürwortet die herrschende Meinung die Überprüfung der betroffenen Grundstücke. Dadurch kann einzelfallspezifisch entschieden werden, inwieweit dieses Grundstück schon heute betrieblich genutzt wird oder die Nutzung für die nähere Zukunft geplant ist und aus Gründen einer langfristigen Investitionsplanung der Erwerb zu einem früheren Zeitpunkt notwendig war.[863] Unklar ist jedoch, wie der Nachweis der zukünftigen betrieblichen Nutzung erfolgen sollte. Im OLG-Urteil Zweibrücken wurden Grundstücke beispielsweise trotz der Einwendungen

---

858 Vgl. LG-Urteil München (1990), S. 405; BayObLG-Urteil (1995a), S. 2591.

859 BayObLG-Urteil (1995a), S. 2591; vgl. hierzu auch HFA-Stellungnahme (1983), S. 474; Piltz, D. (1994), S. 30.

860 Vgl. Koppensteiner, H.-G. (1987), S. 317.

861 Vgl. Aha, C. (1997), S. 35.

862 Vgl. OLG-Urteil Celle (1979), S. 232/233. Unterstützt durch Meilicke, W. (1980), S. 2123.

863 Vgl. Forster, K.-H. (1980), S. 46/47; Koppensteiner, H.-G. (1987), S. 317.

der Kläger als betriebsnotwendig klassifiziert, ohne dass hierfür, abgesehen von den Angaben des Beklagten, Nachweise wie z.B. eine schriftlich dargelegte Investitionsplanung vorlagen.[864]

Ein weiteres Problem ist die Frage nach der Einbeziehung von allgemeinen Veräußerungskosten und Ertragssteuern (Gewerbeertragsteuer auf Unternehmensebene, Einkommensteuer auf Anteilseignerebene) auf aufgelöste stille Reserven. Grundsätzlich abgelehnt wird die Einbeziehung von Veräußerungskosten, falls keine detaillierten Informationen vorliegen.[865] Als Argument gegen die Einbeziehung von Ertragssteuern wird in Urteilen häufig angeführt, dass grundsätzlich von der Fortführung des Unternehmens ausgegangen werden muss, wodurch aufgrund der fehlenden Veräußerung keine Ertragssteuern anfallen würden und damit eine Berücksichtigung der Steuern dem Grundsatz der vollen Abfindung widersprechen würde.[866] Dagegen argumentiert Piltz, wie auch seit 1997 das IDW, dass die Inanspruchnahme des Zusatznutzens, d.h. die Auflösung der stillen Reserven, nur durch Inkaufnahme der Steuern möglich wäre und deshalb auch bei der Wertbestimmung des nicht betriebsnotwendigen Vermögens mit zu berücksichtigen sei.[867] Eine Abzinsung der Einzelveräußerungspreise, wenn der betreffende Vermögensgegenstand erst in der Zukunft verkauft wird, stößt mehrheitlich mit Verweis auf das geltende Stichtagsprinzip auf Ablehnung.[868]

Grundsätzlich besteht auch beim nicht betriebsnotwendigem Vermögen das Problem, dass die Vorgaben vom IDW und den Gerichten zur Abgrenzung und zum Ansatz des betriebsnotwendigen Vermögens zu vage sind, so dass einem abfindenden Kontrollaktionär die Möglichkeit zur Verfügung steht, die Abfindung nach unten zu drücken. Den Minderheitsaktionären bleibt einzig die Chance, dass im Laufe des Spruchstellenverfahrens das Gericht oder der gerichtlich bestellte Gutachter die Klassifizierung in das betriebsnotwendige und nicht betriebsnotwendige Vermögen überprüft, Missbräuche erkennt und Korrekturen vornimmt.

---

[864] Vgl. OLG-Urteil Zweibrücken (1995), S. 867/868.

[865] Vgl. BayObLG-Urteil (1995a), S. 2593.

[866] Vgl. OLG-Urteil Celle (1979), S. 232; BayObLG-Urteil (1995a), S. 2593. Zustimmung auch durch Meilicke, W. (1980), S. 2123.

[867] Im Falle eines Unternehmenskaufs durch einen Investor würde dieser ebenfalls keinesfalls den vollen Veräußerungspreis, sondern nur den Wert nach Abzug der Ertragssteuern vergüten. Vgl. Piltz, D. (1994), S. 187; Siepe, G. (1997), S. 9/10; IDW Standard (2000), Tz. 66. Die gleiche Ansicht wird mit anderer Begründung von Forster vertreten, der die Einbeziehung von Ertragssteuern für notwendig hält, da beim Wertansatz von Zeitwerten ausgegangen wird. Vgl. Forster, K.-H. (1980), S. 46. Nicht bzw. nur teilweise berücksichtigt werden dürfen jedoch Ertragssteuern, wenn der Aktionär die Anteile in einem Betriebsvermögen hält und durch Abschreibungen seine Steuerlast mindern kann. Vgl. König, W./ Zeidler, G. (1996), S. 1101.

[868] Vgl. Piltz, D. (1994), S. 188.

5.4.5. Abschläge bei der Abfindung aufgrund von Splitterbesitz oder unterschiedlicher Aktiengattungen

Die Ermittlung des Anteilswertes, d.h. der Abfindung, im Rahmen der Ertragswertmethode erfolgt indirekt über eine quotale Umlegung des Ertragswerts auf die Aktionäre im Verhältnis ihrer Aktienanteile am Grundkapital, oder bei der Aktienabfindung im Verhältnis der Ertragswerte von Unter- und Obergesellschaft. Paketzuschläge bzw. Minderheitenabschläge werden von der Rechtsprechung einheitlich für die Bemessung der Abfindung abgelehnt, da ansonsten ein Verstoß gegen das Gleichbehandlungsprinzip gemäß §53a AktG vorliegen würde.[869] In der betriebswirtschaftlichen Praxis werden Minderheitenabschläge dagegen mit der Begründung befürwortet, dass ein Aktienpaket nicht nur absolut, sondern auch relativ mehr wert sei als eine einzelne Aktie, was an den in der Praxis gezahlten Paketzuschlägen erkennbar sei.[870] Diese Argumentation hat sich jedoch nicht durchgesetzt, da als Abfindungsuntergrenze immer der Grenzpreis des Verkäufers gilt:[871] Danach ist der Aktionär so zu stellen, als wäre er im Unternehmen verblieben: Da er bei Verbleib im Verhältnis seiner Anteile an den zukünftigen Überschüssen des zu bewertenden Unternehmens ohne Minderheitenabschlag beteiligt wäre, gibt es keine Grundlage für einen Abschlag im Falle der Abfindung.[872]

Bei der Abfindungsbestimmung für unterschiedliche Aktiengattungen ist die Meinung bezüglich eines Abschlags z.B. für stimmrechtslose Vorzugsaktien oder eines Zuschlags für Mehrstimmrechtsaktien umstritten. Vor allem in früheren Urteilen ist es deshalb zu einer unterschiedlichen Bewertung der einzelnen Aktiengattungen gekommen.[873] Abgelehnt wird eine unterschiedliche Behandlung zutreffenderweise mit der Begründung, dass bei der Abfindung der vermögensrechtliche Anspruch im Vordergrund steht und damit die Frage des Stimmrechts für die Abfindungsbemessung irrelevant sei.[874]

5.5. Rolle der Wirtschaftsprüfer und Gerichte

Die angesprochenen Unklarheiten im Bewertungsprozess führen immer wieder zu umstrittenen Urteilen, an denen sich stets auch die Diskussion um die Rolle von Wirtschaftsprüfern und Gerichten entzündet. Die Forderung einiger Juristen, dass es Aufgabe der Gerichte sei, die Rahmenbedingungen und subjektiven Einflussgrößen für die jeweilige Unternehmensbewertung zu bestimmen, welche

---

869 Vgl. Koppensteiner, H.-G. (1987), S. 319; Emmerich, V./ Sonnenschein, J. (1992), S. 295; Piltz, D. (1994), S. 235/236.

870 Vgl. bei Meilicke, W. (1975), S. 56/57; Koppensteiner, H.-G. (1987), S. 319.

871 Vgl. Diskussion zur angemessenen Abfindung, Kapitel II, Abschnitt 5.1.

872 Vgl. auch Hüchting, H.J. (1972), S. 35; Koppensteiner, H.-G. (1987), S. 319.

873 Vgl. z.B. LG Frankfurt (1987), S. 969; in der Literatur: Meilicke, W. (1975), S. 130-137; Seiseler, H. (1983), S. 195-198; Koppensteiner, H.-G. (1987), S. 320; Emmerich, V./ Sonnenschein, J. (1992), S. 295.

874 Vgl. Seisler, H. (1983), S. 195.

von den Sachverständigen nur noch quantifiziert werden müssen,[875] ist aufgrund der Komplexität von Bewertungsgutachten nicht durchführbar.[876] Im Normalfall muss sich das zuständige Gericht auf die Aussagen und Gutachten der beauftragten Sachverständigen verlassen. Diese Aussagen sollten vom Gericht im Rahmen seiner Möglichkeiten bezüglich Fehleinschätzungen aufgrund von mangelnder Sorgfalt oder Voreingenommenheit überprüft werden.[877] Häufig ist jedoch ein Gericht nicht in der Lage oder nicht willens, solche Fehler zu erkennen, falls sie nicht - wie z.B. Fehler beim Kapitalisierungszinsfuß - offensichtlich sind. Aus diesem Grund ist die Neutralität der Gerichtsgutachter von großer Bedeutung, um verlässliche Aussagen über eine angemessene Abfindung zu erhalten. Den großen Wirtschaftsprüfungsgesellschaften, die regelmäßig für die Gerichte Abfindungsgutachten erstellen, wird dagegen häufig Parteilichkeit unterstellt.[878] Begründet wird diese Aussage mit der Verwendung des parteiischen objektivierten Wertes, da dieser Wert die Untergrenze des Verkäufers widerspiegelt. Eine Festlegung der Abfindung auf Basis dieses Wertes geht in der Regel zu Lasten der Abzufindenden.[879] Hinzu kommt, dass ihre Abhängigkeit als Abschlussprüfer gegenüber den Geschäftsführungen großer Kapitalgesellschaften groß ist.[880] Dieses gilt auch dann, wenn eine andere Wirtschaftsprüfungsgesellschaft das Mandat beim abfindenden Unternehmen hält und das Erstgutachten z.B. bei Abschluss eines Beherrschungsvertrags erstellt hat: Zum einen wird nur ungern Nestbeschmutzung betrieben und zum anderen möchte sich keine Prüfungsgesellschaft den Weg verbauen, weitere Mandate als Abschlussprüfer zu gewinnen. Alternativ könnten Anwaltskanzleien, Professoren oder Unternehmensberatungen mit der Erstellung von Bewertungsgutachten beauftragt werden. Auch bei diesen Gruppen stellt sich jedoch das Problem der Interessenkonflikte. Eine Verbesserung läßt sich deshalb nur dadurch erreichen, dass durch die Gerichte selbst eine stärkere Überprüfung der Gutachten erfolgt.

---

875 Vgl. Beyerle, K. (1981), S. 259; Ränsch, U. (1984), S. 212.

876 Die Diskussion in der rechtswissenschaftlichen Literatur, inwieweit die Unternehmensbewertung eine Tat- oder Rechtsfrage darstellt, steht nicht im Fokus der vorliegenden Arbeit, da es hier primär um die ökonomische Wirkung der Regelungen für die Aktionäre geht und diese Fragestellung eine eigenen Themenkomplex darstellt. Deshalb kann hier nur auf die einschlägige Literatur verwiesen werden. Vgl. hierzu z.B. Ränsch, U. (1984), S. 203/204; Werner, W. (1990), S. 303/304; Mertens, H.-J. (1992), S. 322; Piltz, D. (1994), S. 122-130; Fleischer, H. (1997), S. 374-376.

877 Mertens, H.-J. (1992), S. 322/323.

878 Vgl. hierzu Ausführungen von Hecker, R. (2000), S. 108-114.

879 Vgl. Schildbach, T. (1981), S. 200/201; Diskussion unter Kapitel II, Abschnitt 5.1.

880 Vgl. Seisler, H. (1983), S. 183; Wenger, E./ Hecker, R. (1995), S. 66.

5.6. Besonderheiten bei der Bewertung im Falle der Abfindung in Form von Aktien

Eine Abfindung in Form von Aktien ist angemessen, wenn sie sich nach dem Verhältnis bestimmt, welches bei einer Verschmelzung zu gewähren wäre.[881] Das Umtauschverhältnis setzt sich aus dem Verhältnis der Unternehmenswerte der Ober- und Untergesellschaft zusammen, wobei gemäß §12 Abs.2 Nr.2 UmwG die Methoden bei der Bestimmung des Umtauschverhältnisses angemessen sein müssen. Weitergehende Regelungen zur Bewertung dieses Umtauschverhältnisses gibt das Gesetz nicht vor. Grundsätzlich gilt die Gleichwertigkeit von Barabfindung und Aktienabfindung,[882] so dass die obigen Ausführungen zur Barabfindung ebenfalls auf die Feststellung von Umtauschverhältnissen bei Aktienabfindung bzw. Verschmelzung zutreffen:[883]

Die Definition einer angemessenen Barabfindung kann analog übertragen werden, wobei hierbei weniger die absoluten Beträge, sondern mehr die Umtauschverhältnisse von Interesse sind.[884] Die Unternehmensbewertung erfolgt in der Regel über die Ertragswertmethode;[885] der Börsenkurs wurde bis zum Bundesverfassungsgerichtsurteil im Jahre 1999 als Bewertungsmaßstab gleicher-maßen abgelehnt.[886] Wie bereits oben diskutiert, sprechen die Argumente dafür, den Börsenkurs zukünftig auch bei Bestimmung der Aktienabfindung bzw. des Umtauschverhältnisses zugrundezulegen.[887]

Im Falle der Aktienabfindung bei Eingliederung bzw. Unternehmensvertrag gilt der Zeitpunkt der Beschlussfassung in der Hauptversammlung des abhängigen Unternehmens auch als Bewertungsstichtag für die Obergesellschaft, unabhängig von dem Zeitpunkt der eigenen Hauptversammlung.[888] Dieser Zeitpunkt wird in der Regel ebenfalls für die Bestimmung eines Umtauschverhältnisses im Rahmen der Verschmelzung herangezogen.[889] Die Probleme des Bewertungsstichtags, die durch Verzögerungen aufgrund von Anfechtungen oder durch lange Spruchstellen-

---

881 Vgl. §§305 Abs.3 S.1, §320b Abs.1 S.4 AktG.

882 Vgl. Koppensteiner, H.-G. (1987), S. 309.

883 Die Grundsätze des IDW gelten explizit für alle Bewertungen aufgrund von Regelungen im Aktiengesetz und es ist sowohl die Bestimmung der Barabfindung, des Ausgleichs, der Abfindung in Aktien sowie des Umtauschverhältnisses bei Verschmelzung miteingeschlossen. Vgl. IDW Standard (2000), Tz. 9.

884 Vgl. Nonnenmacher, R. (1982), S. 156/157; Seetzen, U. (1994), S. 45-51; Heurung, R. (1997), S. 839/840. Vgl hierzu den Abschnitt "Angemessenheit einer Abfindung".

885 Vgl. Marsch-Barner, R. (1997), S. 83/83; Heurung, R. (1997), S. 888/889; Vgl. Ausführungen bei Abschnitt 5.3.

886 Vgl. Koppensteiner, H.-G. (1987), S. 309. Vgl. Abschnitt 5.2.

887 Vgl. Kapitel II, Abschnitt 5.2.1.

888 Vgl. Beyerle, K. (1980), S. 324/325; Koppensteiner, H.-G. (1987), S. 310; Hoffmann-Becking, M. (1988), S. 115.

889 Vgl. Marsch-Barner, R. (1997), S. 87.

verfahren entstehen, sind die gleichen wie bei der Barabfindung, so dass hierbei obige Ausführungen gelten können.[890]

Die Frage nach der Berücksichtigung von Verbundvorteilen ist bereits in Zusammenhang mit der Barabfindung angesprochen worden. Prinzipiell gilt für alle Umwandlungsformen wie auch für die Aktienabfindung bei Eingliederung und Unternehmensvertrag, dass das Umtauschverhältnis auf Basis der objektivierten Werte beider Unternehmen zu erfolgen hat. Damit erfolgt automatisch eine Aufteilung der Synergien gemäß dem Umtauschverhältnis.[891] Diese Vorgehensweise birgt den Vorteil, dass auf die exakte Bestimmung der Synergievorteile sowie die Festlegung eines Zuteilungsmodus verzichtet werden kann.[892]

Die oben bei der Barabfindung angesprochenen Probleme bei der Festlegung des Kapitalisierungszinsfußes treten im Falle von Umtauschverhältnissen nur dann nicht auf, wenn Ober- und Untergesellschaft aus der selben Branche kommen und die Ertragsüberschüsse dasselbe Risiko aufweisen. In diesen Fällen würde für beide Unternehmen der gleiche Zinsfuß verwendet, so dass ein Ertragsverhältnis auf Basis der Ertragsüberschüsse gebildet werden kann. Ansonsten sind die Kalkulationszinsfüße gemäß obigen Ausführungen zu bestimmen.[893]

5.7. Empirische Ergebnisse von Spruchstellenverfahren

In den vergangenen Jahren sind neben einer Reihe von Einzelfallbetrachtungen von Dörfler/Gahler/u.a. (1994)[894] sowie von Wenger/Hecker/Knoesel (1997)[895] empirische Untersuchungen bezüglich der Höhe von Abfindungsangeboten durchgeführt worden. Die oben dargestellten Schwächen und Unklarheiten des Bewertungsprozesses werden durch die dabei gewonnenen Ergebnisse bestätigt:

Bei Vergleich der Abfindungsangebote und der zu bietenden Beträge pro Aktie gemäß Bewertungsgutachten ist festzustellen, dass die Unternehmensleitungen die vom Gutachter kalkulierten "inneren Werte" jeweils großzügig um durchschnittlich 28% erhöhten; zum Teil ließen sich die Geschäftsführungen sogar zu Zuschlägen von bis zu 90% hinreißen.[896] Da die Unternehmensleitungen der Obergesellschaft ihren eigenen Aktionären gegenüber zu rationalem Verhalten verpflichtet sind, liegt die Vermutung nahe, dass die Bewertungsgutachten absichtlich niedrig gehalten

---

890 Vgl. Abschnitt 5.4.1.

891 Vgl. Nonnenmacher, R. (1982), S. 157; Dörner, D. (1992), S. 200; Seetzen, U. (1994), S. 49; Ossadnik, W. (1997), S. 886; Heurung, R. (1997), S. 840/841.

892 Vgl. Ossadnik, W. (1997), S. 886. Ohnehin ist die Bestimmung des "richtigen" Verhältnisses praktisch unmöglich. Vgl. Kapitel II, Abschnitt 5.1.3.2.

893 Vgl. Abschnitt zum Kapitalisierungszinssatz, Kapitel II, Abschnitt 5.4.3.

894 Vgl. Dörfler, W./ Gahler, W./ u.a. (1994), S. 156-162.

895 Vgl. Wenger, E./ Hecker, R./ Knoesel, J. (1997), S. 116-138. Detallierte Übersichten dieser Untersuchung finden sich bei Hecker, R. (2000), S. 439-497.

896 Vgl. Dörfler, W./ Gahler, W./ u.a. (1994), S. 157. Stichprobenzeitraum: 1980-1992. Untersucht wurden 26 Fälle, in denen neben Angebot auch Bewertungsgutachten veröffentlicht wurden.

werden, um Minderheitsaktionäre durch einen hohen Zuschlag zu einem übereilten Verzicht zu überreden.

Aufgrund der Zwangswirkung zur Annahme der Abfindungsangebote konnte die herrschenden Unternehmen aber immer noch Abfindungen anbieten, die weit unterhalb des am Bewertungsstichtag geltenden Börsenkurses lagen. Aufgrund unterschiedlicher Stichproben ergaben sich bei den beiden Untersuchungen leicht voneinander abweichende Ergebnisse: Während Dörfler/Gahler/u.a. eine negative Differenz in Höhe von 8,2% als Gesamtergebnis erhielten,[897] lagen gemäß Wenger/Hecker/Knoesel die Angebote bei Unternehmensverträgen durchschnittlich 37%[898] und bei Eingliederung ohne Vorvertrag[899] durchschnittlich 20%[900] unterhalb der Börsenkurse. Die erweiterte Untersuchung von Hecker ergab eine negative Differenz von ca. 12% der Abfindung gegenüber den jeweils zwei Tage vor dem Ereignis geltenden Börsenkursen.[901] Das Argument von Gegnern des Vergleichs von Abfindungsangeboten mit den jeweils geltenden Börsenkursen, dass es im Vorfeld solcher Ereignisse zu Kursspekulationen kommen kann, entkräfteten die Autoren, indem sie nicht nur die Kurse zwei Tage vor dem Ereigniszeitpunkt, sondern auch 40, 60 bzw. 120 Tage vorher betrachteten und für diese Kurse Ergebnisse mit einer ähnlichen Tendenz erzielten.[902]

Aufgrund der niedrig angesetzten Abfindungsangebote wählen die Aktionäre in den meisten Fällen den Weg über das Spruchstellenverfahren, in dem regelmäßig eine Erhöhung der ursprünglichen Abfindung zugunsten der Aktionäre beschlossen wird, was wiederum einen Hinweis auf die implizite Parteilichkeit der Gutachter im

---

897 Vgl. Dörfler, W./ Gahler/ u.a. (1994), S. 159. In dieser Stichprobe waren sowohl Abfindungen im Rahmen von Unternehmensverträgen, Eingliederungen und Verschmelzungen enthalten.

898 Bei der Untersuchung wurden insgesamt 42 Unternehmensverträge untersucht; dabei wurden die jeweiligen Börsenkurse zwei Tage vor Bekanntwerden des Abschlusses eines Unternehmensvertrags den jeweiligen Abfindungsangeboten gegenübergestellt. Da jedoch zwischen dem Datum des ersten Bekanntwerdens und der Wirksamkeit Monate teilweise Jahre liegen können, haben die Autoren eine Abzinsung des Abfindungsangebots auf das Ereignisdatum zuzüglich des Barwerts der bis zur Wirksamkeit des UV gezahlten Dividenden vorgenommen. Vgl. Wenger, E./ Hecker, R./ Knoesel, J. (1997), S. 119/120.

899 Das heisst ohn vorherigen Unternehmensvertrag.

900 Im Falle einer Eingliederung besteht das Problem, dass die Ergebnisse von bestimmten Bedingungen beeinflusst werden: Zum einen sind häufig niedrige Börsenumsätze zu verzeichnen, wenn sich bereits 95% der Aktien in den Händen des Mehrheitsaktionärs befinden. Zum anderen können die Börsenkurse stark negativ beeinflusst sein, wenn die Eingliederung im Anschluss an einem Unternehmensvertrag erfolgt, da die Aktienkurse dann nicht mehr vom Erfolg des Unternehmens, sondern von den vereinbarten Ausgleichszahlungen bestimmt werden. Vgl. Wenger, E./ Hecker, R./ Knoesel, J. (1997), S. 126/127.

901 Vgl. Hecker, R. (2000), S. 259.

902 Vgl. Wenger, E./ Hecker, R. (1995), S. 86; Wenger, E./ Hecker, R./ Knoesel, J. (1997), S. 119, 126, 135, 137. Erst bei Betrachtung der Kurse von vor einem Jahr und zwei Jahre ergab sich eine positive Differenz. Vgl. Hecker, R. (2000), S. 259.

Vorfeld eines Spruchstellenverfahrens gibt. Gemäß Dörfler/Gahler/u.a. betrugen die Erhöhungen im Falle von Unternehmensverträgen 24%.[903] Dies deckt sich zahlenmäßig mit der Untersuchung von Wenger/Hecker/Knoesel, die eine Erhöhung bei Unternehmensverträgen von 25% feststellten, wobei die maximale Erhöhung bei 120% lag.[904] Aufgrund der geringen Anzahl abgeschlossener Spruchstellenverfahren ist eine Aussage für Eingliederungsfälle nicht sinnvoll.[905]

Die gesetzlichen Abfindungsregelungen bieten damit herrschenden Unternehmen die ideale Möglichkeit Anteile zu günstigen Konditionen zu erwerben. Durch die bestehenden Regelungen besteht für die herrschenden Unternehmen vor allem der Anreiz, möglichst niedrige Abfindungen anzubieten, um sich die Chance offenzuhalten, dass auch die Gerichte aufgrund der unterschiedlichen Einstellungen, z.B. gegenüber der Einbeziehung von Synergievorteilen, unterhalb einer eigentlich angemessenen Abfindung bleiben. Hinzu kommt, dass die herrschenden Unternehmen auch bei massiven Abweichungen zwischen der ursprünglich angebotenen und der gerichtlich festgesetzten Abfindung abgesehen von der Verzinsungspflicht keine negativen Konsequenzen, wie etwa Schadenersatzpflichten, zu erwarten haben.

6. ZUSAMMENFASSUNG

Zusammenfassend lassen sich zur Situation in Deutschland folgende Thesen entwickeln.

Der Schutz der Minderheitsaktionäre verbessert sich nicht zwingendermaßen durch die Anwesenheit eines Kontrollaktionärs, sondern kann sich sogar noch verschlechtern, da dem Kontrollaktionär sowohl in der Erwerbsphase als auch bei Ausnutzung strategischer Möglichkeiten im Rahmen der Kontrollbeteiligung nur wenige Grenzen gesetzt sind.

Eine Konzernbildungskontrolle war in Deutschland bisher nur sehr eingeschränkt vorhanden. Mit Hilfe der durch die Finanzmarktförderungsgesetze verschärften Veröffentlichungspflichten des AktG und WpHG werden Aktionäre zwar besser informiert, jedoch nicht aktiv an einer Entscheidung über den Kontrollwechsel beteiligt. Sie müssen - im Gegenteil - vielmehr damit rechnen, auf ihren entwerteten Aktien sitzen zu bleiben.

Der Übernahmekodex stellte einen Fortschritt gegenüber den bisher geltenden gesetzlichen Vorschriften dar, da er neben Informationspflichten auch Nachbesserungspflichten, Pro-Rata-Regeln und vor allem eine Verpflichtung zum Vollangebot nach Erreichen einer Kontrollmehrheit enthielt. Die Wirksamkeit des Übernahmekodex war jedoch stark eingeschränkt, da seine Anerkennung bei potentiellen Bietern zu gering war und ernsthafte Sanktionen bei Nichtbeachtung

---

[903] Vgl. Dörfler, W./ Gahler, W./ u.a. (1994), S. 160.

[904] Vgl. Wenger, E./ Hecker, R./ Knoesel, J. (1997), S. 124.

[905] Vgl. Dörfler, W./ Gahler, W./ u.a. (1994), S. 160; Wenger, E./ Hecker, R./ Knoesel, J. (1997), S. 129.

nicht zu befürchten waren. Hinzu kam, dass die Regelungen zum umstrittenen Pflichtangebot bei einer späteren Konzernierung auf Grundlage eines Unternehmensvertrags oder einer Eingliederung bzw. bei Verschmelzung ausgeschlossen waren; in diesen Fällen wurde auf eine Konzernbildungskontrolle vollständig verzichtet.

Das Übernahmegesetz beseitigt eine Reihe der genannten Mängel des Übernahmekodex. Dazu zählt neben den erweiterten Informations- und Verfahrensvorschriften vor allem die konsequente Auslösung des Pflichtangebots ab einer Schwelle von 30%. Dennoch löst auch das Gesetz nur eingeschränkt die Koordinationsprobleme der Aktionäre, so dass mit Blick auf spätere Abfindungsangebote eine Zwangswirkung zur Annahme schlechter Angebote bestehen kann. Darüber hinaus besteht eine signifikante Regelungslücke für Unternehmen, bei denen ein Aktionär zwischen 30% und 50% der Stimmen hält.

Die vorhandenen Abwehrmaßnahmen bei feindlichen Übernahmen dienen überwiegend der Stärkung der Position des Managements und bieten keine Vorteile für die Aktionäre, da sie ex ante den Markt für Unternehmenskontrolle behindern, aber ex post den Aktionären keinen Schutz bieten.

Nach Erwerb einer Mehrheitsbeteiligung greifen die aktien- und umwandlungsrechtlichen Bestimmungen, denen als Grundkonzeption das Abfindungsmodell zugrunde liegt; d.h. Rechte, mit denen sich Minderheitsaktionäre ohne Sperrminorität gegen Beschlussfassungen und eventuelle Schädigungen zur Wehr setzen können, sind, abgesehen vom Anfechtungsrecht, nicht gegeben.

Im Falle des faktischen Konzerns bietet sich dem Mehrheitsaktionär die Möglichkeit, verdeckte Vermögensverschiebungen zu Lasten der Minderheitsaktionäre vorzunehmen, da die Schutzinstrumente von §§311ff. AktG nur sehr eingeschränkt funktionieren bzw. im Falle des qualifiziert faktischen Konzerns vollständig versagen und ein Austrittsrecht nicht gegeben ist. Meinungen in der Literatur, dass durch den faktischen Konzern Effizienzwirkungen erzeugt würden, welche die Schädigungen kompensieren könnten, erweisen sich als nicht haltbar. Empirische Untersuchungen der tatsächlichen Wirkung faktischer Konzerne liegen jedoch bis dato nicht vor. Durch die Möglichkeit von Schädigungen bildet der faktische Konzern die optimale Vorstufe für alle weiteren Strategien, wie etwa den Abschluss eines Unternehmensvertrags, der Eingliederung oder Verschmelzung, da die in diesen Fällen anzubietenden Abfindungen immer auf Basis der zum Zeitpunkt der Beschlussfassung herrschenden Verhältnisse erfolgen.

Die gesetzlichen Abfindungsregelungen dienen überwiegend mehr der Verdrängung als dem Schutz der Kleinaktionäre; dieses gilt vor allem für die Fälle, in denen gegen den Willen der Aktionäre einzig eine Barabfindung angeboten wird. Im Falle des Vertragskonzerns kann sich zwar der Aktionär anstelle der Abfindung auch für eine Ausgleichszahlung und den Verbleib im Unternehmen entscheiden. Aufgrund der Probleme bei der Festsetzung des Ausgleichs und vor allem im Falle der Beendigung eines Unternehmensvertrags stellt jedoch diese

Option für einen wirtschaftlich rational handelnden Aktionär in der Praxis keine wählbare Alternative dar.

Das aktienrechtliche Spruchstellenverfahren, welches der Durchsetzung einer angemessenen Abfindung dient, ist aufgrund der überdurchschnittlich langen Verfahrensdauern, der ungelösten Probleme hinsichtlich Abfindungsergänzungsanspruch, Verzinsung etc. sowie des außerordentlichen Kündigungsrechts seitens des herrschenden Unternehmens im Falle des Vertragskonzerns, nur bedingt hilfreich.

Durch die Einführung des "Squeeze-out"-Rechts ab 1. Januar 2002 hat der Gesetzgeber zwar eine wichtige Lücke zur Entfernung von Minderheiten geschlossen und dadurch die Attraktivität des deutschen Kapitalmarktes entscheidend erhöht. Zu bemängeln ist jedoch, dass nicht die Chance genutzt wurde, um einige Verfahrensprobleme bei den aktienrechtlichen Abfindungsregelungen zu lösen und damit den Minderheitenschutz deutlich zu erhöhen. Gleichzeitig wäre die Einführung eines analogen Rechts für die Minderheitsaktionäre, d.h. die Möglichkeit im Falle des Vorliegens einer wesentlichen Kontrollbeteiligung, den Kontrollaktionär zur Abfindung auffordern zu dürfen, sinnvoll gewesen.

Die Einführung des Umwandlungsgesetzes hat abgesehen von der Zusammenfassung einer Vielzahl von Regulierungen und der Ausweitung von Prüfungspflichten für die verschiedenen Konzernarten nur im eingeschränkten Maße Neuerungen hervorgebracht. Neben der Verschmelzung und dem Formwechsel ist die Spaltung als weitere Umwandlungsform explizit aufgenommen worden. Des weiteren ist das Spruchstellenverfahren, welches sich nur marginal vom aktienrechtlichen Spruchstellenverfahren unterscheidet, übergreifend für alle Umwandlungsformen geregelt worden. Die Hauptverbesserung liegt hierbei in der Stärkung der Position des gesetzlichen Vertreters, da dieser auch bei Rücknahme aller Anträge ein Verfahren alleine weiterführen kann.

Die Schutzwirkung der gesetzlichen Abfindungen wird vor allem durch die zahlreichen ungeklärten und umstrittenen Fragen zur Bewertung beeinträchtigt. Dazu gehörte bis zum Urteil des Bundesverfassungsgerichts im Jahre 1999 die fehlende Anerkennung des Börsenkurses bei der Abfindungsbestimmung, durch die herrschende Unternehmen die Möglichkeit erhielten, weitaus günstiger als am Markt Anteile von außenstehenden Aktionären zu erwerben. Daneben sind die Bandbreiten bei der Festlegung des Kalkulationszinsfußes sowie die fehlende Beachtung und Verteilung der Synergieeffekte als weitere Schwierigkeiten zu nennen.

Empirische Untersuchungen belegen, dass die herrschenden Unternehmen die gegebenen Bewertungsspielräume zur Festlegung niedriger Abfindungen nutzen, um sich die Option offen zu halten, aufgrund der Unkenntnis außenstehender Aktionäre, Gutachter und Gerichte diese Abfindungen im späteren Verlauf nur geringfügig anheben zu müssen. Dieses Problem wird durch die häufig mangelnde Sachkenntnis der Gerichte verschärft, aufgrund derer Fehler bei der Bestimmung von Abfindungen unerkannt bleiben. Darüber hinaus verlassen sich die Gerichte regelmäßig auf von Wirtschaftsprüfungsgesellschaften erstellte Sachverständigengutachten, die gleichzeitig als Abschlussprüfer im direkten Abhängigkeitsverhältnis zum herrschenden Unternehmen stehen und damit tendenziell die Interessen des Auftragsgebers und nicht die der außenstehenden Aktionäre vertreten.

In Einzelfällen ergeben sich über das Anfechtungsrecht und das Recht auf die Einleitung eines Spruchstellenverfahrens Missbrauchsmöglichkeiten für die Minderheitsaktionäre, da z.B. beim Spruchstellenverfahren die Verfahrenskosten von den betroffenen Unternehmen getragen werden. Durch die zunehmende Überwälzung des Kostenrisikos bei einem Spruchstellenverfahren auf den Kläger im Falle einer Unangemessenheit der Klage werden diese Möglichkeiten zwar reduziert, zugleich aber auch die Rechte der Minderheitsaktionäre eingeschränkt.

Generell wird durch die schwachen Schutzvorschriften zwar einerseits die Menge von - aus Sicht des Kontrollaktionärs vorteilhafter - Übernahmen nur wenig begrenzt, andererseits werden auch solche Übernahmen, die nur aufgrund der potentiell möglichen Vermögensverschiebungen zu Lasten der außenstehenden Aktionäre für den Kontrollaktionär lohnenswert sind, gefördert.

KAPITEL III: USA

1. RECHTLICHE GRUNDLAGEN

1.1. Abgrenzung Bundesrecht zu einzelstaatlichen Regelungen

In den USA wird das Recht der Kapitalgesellschaften sowohl auf Bundes- als auch auf Einzelstaatenebene geregelt, wobei die Kompetenzverteilung maßgeblich über die Commerce Clause und die Supremacy Clause erfolgt. Gemäß der Commerce Clause liegt die Regelungsbefugnis für den zwischenstaatlichen Handel jeglicher Art und damit für das Kapitalmarktrecht beim Bund,[1] während das Gesellschaftsrecht der Kapitalgesellschaften eine Angelegenheit der einzelnen Bundesstaaten darstellt. Zur Regelung von nicht vermeidbaren Überschneidungsproblemen in bestimmten Themenbereichen, z.B. bei den Antitakeover Statutes der Einzelstaaten, gilt gemäß der Supremacy Clause grundsätzlich, dass Bundesrecht über Staatenrecht steht.[2]

1.2. Bundesrecht

1.2.1. Securities Act und Securities Exchange Act

Nach den Börsenzusammenbrüchen in den zwanziger Jahren wurden eine Vielzahl von Gesetzen eingeführt, welche vor allem eine korrekte Informationsbereitstellung durch Unternehmen mit öffentlich gehandelten Anteilen sicherstellen sollten.[3] Zu den wichtigsten Gesetzen dieser Zeit gehören der Securities Act von 1933 (SA) und der Securities Exchange Act von 1934 (SEA).[4] Während sich ersterer auf die Regulierung von Neuemissionen beschränkt, gilt letzterer für den sekundären Handel sowie für Themen wie Insider-Trading, Proxy Fights etc..[5] Gleichzeitig wurde 1934 für die Durchsetzung dieser Regelungen die Securities Exchange Commission (SEC) ins Leben gerufen.[6] Diese Komission agiert vollkommen eigenständig und hat in den vergangenen Jahren zunehmend an Einfluss gewonnen,

---

[1] Vgl. Art.1§8 Clause 3 der Constitution of the United States of America; Hurwitz, M.H. (1988), S. 146. Es existieren auch auf einzelstaatlicher Ebene kapitalmarkt- und anlegerschutzrechtliche Bestimmungen, die sogenannten "Blue Sky Laws", welche jedoch rein auf den innerstaatlichen Handel beschränkt und für vorliegende Arbeit von keiner Bedeutung sind. Vgl. Knoll, H.-C. (1992), S. 50/51.

[2] Vgl. Art.6 Clause 2 der Constitution of the United States of America; Block, D.J./ Pitt, H.L. (1985), S. 182; Lüttmann, R. (1992a), S. 83.

[3] Vgl. Blair, M. (1995), S. 49; Weston, F.J./ Chung, K.S./ Siu, J.A. (1998), S. 16-17.

[4] Eine Aufstellung aller Gesetze zur Sicherung der Anleger in dieser Zeit findet sich bei Weston, F.J./ Chung, K.S./ Siu, J.A. (1998), S. 16.

[5] Vgl. Knoll, H.-C. (1992), S. 49.

[6] Vgl. Blair, M. (1995), S. 49; Weston, F.J./ Chung, K.S./ Siu, J.A. (1998), S. 16.

da ihr das Recht zur Veröffentlichung sogenannter SEC-Regeln, die für alle Beteiligten verpflichtend gelten, zusteht.[7]

1.2.2. Williams Act

Bis zu den 60iger Jahren waren überwiegend nur von beiden Seiten akzeptierte Verschmelzungen und Übernahmeangebote in Form von Aktientausch üblich, welche durch den Securities Exchange Act von 1934 bzw. den Securities Act von 1933 reguliert wurden.[8] Mit einer zunehmenden Anzahl feindlicher Übernahmen, die mit Hilfe von bis zu diesem Zeitpunkt nicht geregelten "Cash Tender Offers" durchgeführt wurden, offenbarten sich jedoch die Lücken der bisherigen Regelungen, so dass 1968 als Ergänzung zum Securities Exchange Act von 1934 der sogenannte Williams Act eingeführt wurde.[9]

Abb. III-1: Überblick wichtigste Regelungen des Williams Act

Offenlegungs- und Informations-pflichten	• "Frühwarnsystem": Informationspflicht des Käufers bei Überschreiten einer Beteiligungsgrenze von 5% aller ausstehenden Aktien einer Wertpapiergattung innerhalb von 10 Tagen; zu den zu veröffentlichen Informationen zählen Identität des Bieters, Finanzierungsquelle und -höhe sowie Ziele und Pläne des Bieters (Section 13(d)) • Im Falle eines Angebots: Verpflichtung zur unverzüglichen Veröffentlichung der unter Section 13(d) vorgeschriebenen Informationen sowie Angebots-bedingungen; Möglichkeit des Management der Zielgesellschaft zur Veröffentlichung Stellungnahme innerhalb von 10 Tagen nach Bekanntgabe des Angebots (Section 14 (d), (e))
Verfahrens-regeln	• Keine gesetzlichen Regelungen bei privaten Kontrollpaketwechsel; begrenzter Schutz von Minderheitsaktionären durch von Gerichten angewendete "Sales-of-Control-Doctrine" • Mindestlaufzeit des Angebots von 20 Tagen vorgeschrieben; bei Veränderung einer Angebotsbedingung verändert sich Laufzeit um jeweils 10 Tage (SEC-Regel 14e-1(a)); keine Maximallaufzeit vorgegeben • Bedingte Angebote uneingeschänkt zulässig • Teilangebote bei Anwendung Pro-Rata-Regel zulässig (SEC-Regel 14d-10) • Rücktrittsrecht des Aktionärs (§14(d)(5)) • Verpflichtung zur Nachbesserung, wenn während Laufzeit des Angebots höherer Preis bezahlt wird; keine Regelung nach Laufzeitende (§14(d)(7)) • Wahlmöglichkeit des Bieters bei der Kompensation

Quelle: Williams Act

Dieser brachte zum Schutz der Aktionäre der Zielgesellschaft grundsätzlich drei Neuerungen:[10] 1. Ein allgemein geltendes Frühwarnsystem für Management und Markt, 2. umfangreiche Informations- und Verfahrensvorschriften im Falle eines öffentlichen Übernahmeangebots ("Tender Offer") und 3. sogenannte Anti-Fraud-Regeln als Schutz gegen Manipulationen. Mit dem Williams Act sollte einerseits den Aktionären ermöglicht werden, ohne Zeitdruck auf einer breiten

[7] Vgl. Röhrich, M. (1992), S. 116-118.

[8] Vgl. Pampinto, S. (1987), S. 5; Weston, F.J./ Chung, K.S./ Siu, J.A. (1998), S. 17/18.

[9] Vgl. Clark, R.C. (1986), S. 546/457; Yoder, L.Y. (1989), S. 85; Gilson, R.J./ Black, B.S. (1995), S. 896.

[10] Vgl. Meier-Schatz, C.J. (1985), S. 83; Blair, M. (1995), S. 63; Gilson, R.J./ Black, B.S. (1995), S. 897; Weston, F.J./ Chung, K.S./ Siu, J.A. (1998), S. 18.

Informationsbasis Entscheidungen treffen zu können.[11] Andererseits sollte der Markt für Unternehmenskontrolle möglichst unbelastet gelassen werden.[12]

1.3. Einzelstaatliche Regelungen

1.3.1. Corporation Laws

Obwohl die Corporation Laws der einzelnen Bundesstaaten auf einem von der American Bar Association und dem American Law Institute erarbeiteten Mustergesetz, dem Revised Model Business Corporation Act (RMBCA) basieren, haben sich die Gesetze aufgrund der einzelstaatenspezifischen politischen und wirtschaftlichen Rahmenbedingungen in den vergangenen Jahrzehnten zum Teil sehr unterschiedlich entwickelt.[13] Unter den liberalen Staaten ist ein wahrer Wettkampf ("Race to the Bottom") entstanden, möglichst attraktive Regelungen für die Unternehmen anzubieten, da gemäß der in den USA geltenden Gründungstheorie unabhängig vom eigentlichen Firmensitz des Unternehmens immer das Gesellschaftsrecht des Staates anzuwenden ist, in dem das Unternehmen gegründet wurde.[14] So sind derzeitig mehr als 50% aller großen und ca. 45% aller an der NYSE gelisteten Unternehmen in dem ansonsten unbedeutenden Staat Delaware gegründet worden,[15] da das Delaware General Corporation Law (Del.Gen.Corp.Law) als das Regulierungswerk mit den größten Freiheitsgraden für die Unternehmen gilt. Das andere Extrem stellen die Corporation Laws von Kalifornien (Cal.Corp.Code) und New York (N.Y.Bus.Corp.Law) dar, welche aufgrund ihrer Schutzvorschriften für Minderheitsaktionäre und andere Stakeholder als besonders strikt bezeichnet werden.[16] Aus diesem Grund werden bei Analysen des amerikanischen Gesellschaftsrechts neben dem in den vergangenen Jahren mehrfach angepaßten RMBCA[17] vor allem diese drei Staaten als Beispiele herangezogen, da sie die gesamte Bandbreite des amerikanischen Gesellschaftsrechts abbilden.[18] Als Gründe für den Erfolg von Delaware werden neben den

---

[11] Vgl. Sommer, A.A. (1985), S. 253; Schumann, L. (1988), S. 557; Booth, R.A. (1989b), S. 711.

[12] Vgl. Pampinto, S. (1987), S. 6; Röhrich, M. (1992), S. 129.

[13] Eine ausführliche Darstellung der Unterschiede und Übereinstimmungen der einzelstaatlichen Corporation Laws findet sich bei Carney, W.J. (1998).

[14] Eine Begründung liegt in den resultierenden Steuereinkünften, die den Inkorporationsstaaten von den Unternehmen zufliessen und die z.B. im Staat Delaware im Zeitraum von 1960 bis 1980 immerhin 15,8% der gesamten staatlichen Einkünfte darstellten. Vgl. Romano, R. (1990), S. 217; Easterbrook, F.H./ Fischel, D.R. (1991), S. 213; Bebchuk, L.A./ Farrell, A. (1999), S. 4. Bei etablierten Unternehmen erfolgt der Wechsel von einem Staat in einen anderen durch Neugründung. Vgl. Hamilton, R. W. (2000), S. 63.

[15] Vgl. Huggins, S.M. (1986), S. 120/121; Hamilton, R.W. (1996), S. 13/14; Carney, W.J. (1998), S. 718.

[16] Vgl. Seiler, H. (1990), S. 34; Knoll, H.-C. (1992), S. 52/53; Carney, W.J. (1998), S. 729.

[17] Vgl. Hamilton, R.W. (2000), S. 75.

[18] Vgl. Untersuchungen bei Albertini, F.v. (1983); Seiler, H. (1990); Knoll, H.-C. (1992); Lüttmann, R. (1992a); Gilson, R.J./ Black, B.S. (1995).

großen Freiheitsgraden vor allem die Einfachheit und Stabilität des Delaware Rechts, der schnelle und unkomplizierte Verfahrensablauf bei Gründung sowie die Kompetenz von Richtern und Anwälten des Staates Delaware angeführt.[19] Verfechter eines nationalen Rechts befürchten jedoch, dass durch diesen vor allem von Lobbyismus geprägten Wettkampf dem Management verstärkt Möglichkeiten zur Schädigung der Aktionäre in die Hand gegeben werden, was zu einer Erhöhung der Agency Costs führen kann.[20] Dagegen wenden Befürworter des föderalistischen Systems ein, dass die Gründung von Unternehmen in einem Staat mit aktionärsschädlichen Statutes zum Absinken der Aktienkurse und zu Problemen bei der Kapitalbeschaffung bei den betroffenen Unternehmen führen müsste.[21] Dies ist jedoch gemäß von Untersuchungen für den Staat Delaware nachweislich nicht der Fall.[22]

Zusätzlich wird auf Einzelstaatenebene das Case Law (Common Law) angewendet, durch das analog zum englischen Rechtsprinzip eine Reihe von Rechtslücken, wie etwa bei der Regelung der Aktionärsbeziehungen untereinander,[23] geschlossen werden.[24]

1.3.2. (Anti-)Takeover Statutes der Bundesstaaten

Mit der Begründung, dass Arbeitsplätze und andere lokale Interessen (Nebeneffekte von Standortverlagerungen z.B. auf die Staatsfinanzen) durch Übernahmen zunehmend bedroht seien, wurden als Antwort auf die Übernahmewellen in zahlreichen Staaten sogenannte (Anti-)Takeover Statutes verabschiedet.[25] Dabei sind mehrere Generationen von Statutes zu unterscheiden:[26] Die First Generation Takeover Statutes wurden zwischen 1968 und 1982 eingeführt und begrenzten weitaus stärker als der Williams Act die Bieter bei der Durchführung einer Übernahme. Sie konnten jedoch ihre Wirkungen nie richtig entfalten, da der Supreme Court basierend auf dem Statute aus Illinois in der Edgar v. MITE-Entscheidung diese First Generation Statutes wegen Verstoßes gegen die

---

19 Vgl. Romano, R. (1990), S. 229; Hamilton, R.W. (1996), S. 17. Für eine ausführliche Analyse der Erfolgsfaktoren des Staates Delaware vgl. Kamar, E. (1998).

20 Dieses gilt vor allem für die Takeover Statutes.Vgl. Abschnitt 1.3.2; 2.5; Anjier, J.C. (1991), S. 582/583; Bebchuk, L.A./ Farrell, A. (1999), S. 7-14.

21 Eine ausführliche Diskussion über die Regulierung auf Bundes- oder auf Einzelstaatenebene findet sich bei Romano, R. (1990), S. 216-254.

22 Vgl. Hamilton, R.W. (1996), S. 16.

23 Vgl. Emmanuel, S.L. (1997), S. 252.

24 Es gibt kein Common Law auf Bundesebene. Vgl. Blumenwitz, D. (1990), S. 17-21; Hamilton, R.W. (1997), S. 126.

25 Vielfach wird bemängelt, dass die Interessen der Minderheitsaktionäre bei den Statutes von den Interessen anderer Stakeholders verdrängt werden. Vgl. Johnson, L./ Millon, D. (1989a), S. 848/849; Anjier, J.C. (1991), S. 568; Lüttmann, R. (1992a), S. 85.

26 In vielen Staaten wurden die Statutes aktiv als Antwort auf die akute Übernahmebedrohung eines im Staat ansässigen Unternehmens eingeführt, wie etwa Boeing im Staat Washington und Scott Paper im Staat Pennsylvania. Vgl. Steinberg, M.I. (1988a), S. 55; Karpoff, J.M./ Malatesta, P.H. (1990), S. 9.

Commerce Clause für verfassungswidrig erklärte.[27] Direkt im Anschluss an die Supreme Court-Entscheidung wurden von einer Reihe von Staaten die Statutes der zweiten Generation eingeführt, bei denen die verfahrensrechtlichen Fehler der ersten Generation vermieden werden sollten.[28] Sie sollten anders als ihre Vorgänger nicht der generellen Verhinderung von feindlichen Übernahmen dienen, sondern gezielt zur Einschränkung von Missbrauchsmöglichkeiten bei der Akquisitionsform Übernahmeangebot, wie etwa den "Two-Tier-Offers", und zur Reduzierung von Zwangswirkungen seitens der Aktionäre bei Annahme von Angeboten eingesetzt werden.[29] Resultat waren u.a. die Control Acquisition Statutes, die Cash-out Statutes, die Fair Price Statutes und später die Freeze-out Statutes sowie die Directors Duty Statutes.[30] Dabei greifen die beiden ersten Statutes und die Directors Duty Statutes im Vorfeld des Erwerbs einer Kontrollbeteiligung regulierend ein, während die Freeze-out und Fair Price Statutes vor allem während einer Kontrollherrschaft, sei es durch ein Unternehmen oder eine einzelne Person, von Bedeutung sind. Obwohl auch diese Gesetze die Verfahren bei Übernahmen noch erheblich beeinträchtigen,[31] wurde erstmals im Jahre 1987 ein Gesetz der zweiten Generation, das vom Staat Indiana, durch den Supreme Court in der Entscheidung CTS v. Dynamics Corp. of America gebilligt.[32] Als Antwort auf die Billigung der Antitakeovergesetze durch den obersten Gerichtshof sind Ende der 80iger Jahre noch weitere Gesetze eingeführt worden, die häufig als "verschärfte Versionen der zweiten Generation" bezeichnet werden.[33]

Generell schreiben nur wenige Staaten die Statutes zwingend vor, so dass die Möglichkeit besteht, die Statutes in den Satzungen der einzelnen Unternehmen mit einer entsprechenden Stimmenmehrheit auszuschließen ("Opt-out"),[34] um die ex

---

[27] Vgl. Edgar v. MITE, 457 U.S. 624 (1982); Sargent, M.A. (1985), S. 3-34; Hackl, J./ Testani, R.A. (1988), S. 1196; Hurwitz, M.H. (1988), S. 147; Schumann, L. (1988), S. 558; Reul, J. (1991a), S. 71; Blair, M. (1995), S. 64.

[28] Vgl. Romano, R. (1987), S. 113-115; Pagano, J. (1987), S. 206; Pampinto, S. (1987), S. 13; Hackl, J./ Testani, R.A. (1988), S. 1197.

[29] Vgl. Pagano, J. (1987), S. 222; Röhrich, M. (1992), S. 144/145; Gilson, R.J./ Black, B.S. (1995), S. 1333.

[30] Vgl. Pampinto, S. (1987), S. 3/4; Romano, R. (1990), S. 233; Reul, J. (1991a), S. 72/73. Eine Aufstellung weiterer Statutes findet sich bei Yoder, L.J. (1989), S. 88/89.

[31] Es wurde damals das Ende der feindlichen Übernahmen verkündet, und die meisten Gerichte in den Bundesstaaten lehnten auch die Second Generation Statutes ab. Vgl. Pampinto, S. (1987), S. 1, 25-31.

[32] Vgl. CTS Corp. v. Dynamics Corp. of America, 481 U.S. 69-71 (1987); Hurwitz, M.H. (1988), S. 149; Booth, R.A. (1988), S. 1680; Yoder, L.J. (1991), S. 36; Reul, J. (1991a), S. 73/74; Hazen, T.L. (1996), S. 691/692.

[33] Vgl. Röhrich, M. (1992), S. 148; Blair, M. (1995), S. 66. Über die Verfassungsmäßigkeit dieser Statutes, für deren Anwendung sich die meisten Gerichte auf Einzelstaatenebene ausgesprochen haben, ist auf Bundesebene bisher nicht entschieden worden. Vgl. Hamilton, R.W. (1997), S. 407. Einzige Ausnahme bildet die Bestätigung der Verfassungsmäßigkeit des Wisconsin Business Statutes in der Entscheidung Amanda Acquisition Corp. v. Universal Foods Corp., 877 F.2d 496 (7th Cir. 1989); Gilson, R.J./ Black, B.S. (1995), S. 1373-1387.

[34] Vgl. Romano, R. (1987), S. 116; Lüttmann, R. (1992a), S. 88.

ante Attraktivität der Unternehmen für den Kapitalmarkt zu erhöhen und damit den Markt für Unternehmenskontrolle zu verbessern. [35] In einigen Staaten sind die Statutes sogar nur anwendbar, wenn sich die Unternehmen, d.h. die Aktionäre, bewusst dafür entschieden haben ("Opt-in").[36] Abschließend ist zu erwähnen, dass die meisten Statutes nicht für alle in dem betroffenen Staat inkorporierten Unternehmen gelten, sondern nur für diejenigen, deren Firmensitz ebenfalls in dem Staat liegt oder bei denen die Mehrheit der Aktionäre in dem Staat ansässig ist.[37]

2. ABFINDUNGEN BEI ERWERB VON KONTROLLBETEILIGUNGEN

Der Erwerb einer Kontrollbeteiligung – feindlicher oder freundlicher Art - kann sowohl über ein öffentliches Übernahmeangebot als auch über Börsenkäufe oder private Paketkäufe erfolgen.[38] Generell ist für die meisten Entscheidungen der Hauptversammlung die einfache Mehrheit gefordert, so dass formal Kontrolle bei einer Beteiligung von 50%+1 Stimme erreicht ist. Praktisch ist sie schon bei geringeren Beteiligungen gegeben. Deshalb wird sie z.B. vom American Law Institute auch dann als vorhanden unterstellt, wenn der Aktionär eine Beteiligung von 25% besitzt und kein anderer Aktionär eine Beteiligung in vergleichbarer Höhe hält, oder wenn ein kontrollierender Einfluss auf die wichtigsten Organe des Unternehmens nachgewiesen werden kann.[39] Die amerikanische Gesetzgebung und Justiz hat sich intensiv mit den Problemen bei Erwerb von Kontrollbeteiligungen auseinandergesetzt, was an der Anzahl von Regularien und Entscheidungen zu erkennen ist.

Nach der Darstellung des Frühwarnsystems des Williams Act und dem Schutz der Minderheitsaktionäre bei Veräußerung eines Kontrollpakets geht die vorliegende Arbeit speziell auf die Vorschriften des Williams Act zum "Tender Offer" und die in diesem Zusammenhang herrschende Diskussion ein. Abschnitt 0. analysiert die Wirkungen der auf Unternehmensebene zum Schutz vor feindlichen Übernahmen eingesetzten Abwehrmaßnahmen. Abschnitt 2.5. behandelt die von den einzelnen

---

[35] Beim Pennsylvania Statute, welches als einer der strengsten Statutes gilt, haben sich z.B. 30% der Unternehmen für die Ablehnung des kompletten Statutes und 39% zumindestens für eine teilweise Ablehnung entschieden. Dabei wurde in Untersuchungen ein negativer Zusammenhang zwischen dem Umfang der in einem Unternehmen verankerten Abwehrmaßnahmen und der Bereitschaft zum Opt-out festgestellt. Vgl. Gilson, R.J./ Black, B.S. (1995), S. 1396.

[36] Vgl. z.B. beim Fair Price Statute des Staates Illinois. Vgl. Pampinto, S. (1987), S. 18; Lüttmann, R. (1992a), S. 88.

[37] Das Statute von Indiana ist z.B. nur auf Unternehmen mit mindestens 100 Aktionären anzuwenden, welche entweder ihr Headquarter, bedeutende Vermögensgegenstände oder mindestens 10% bzw. 10.000 ihrer Aktionäre in Indiana haben. Vgl. Booth, R.A. (1988), S. 1671; Anjier, J.C. (1991), S. 571.

[38] Vgl. Kapitel II, Abschnitt 3.1.1.

[39] Vgl. American Law Institute (1994), §§1.08; 1.10; DeMott, D. (1997), S. 332.

Bundesstaaten primär zur Abwehr feindlicher Übernahmen eingeführten Takeover Statutes.

2.1. Frühwarnsystem des Williams Act

Beim Erwerb von Kontrollbeteiligungen steht aus Sicht des Aufkäufers die Geheimhaltung an erster Stelle, um sowohl Kurssteigerungen als auch Abwehrreaktionen des Managements der Zielgesellschaft möglichst lange zu vermeiden. In den USA wurde schon früh der Versuch unternommen, die Spielräume der Käufer zu beschränken, indem im Jahre 1968 mit den Regelungen des Williams Act eine Art Frühwarnsystem für den Markt und das Unternehmen geschaffen wurde.[40]

Gemäß Section 13(d) SEA hat jede Person, die nach dem direkten bzw. indirekten Erwerb von Aktien Eigentümerin von mehr als 5% aller ausstehenden Aktien einer Wertpapiergattung eines Unternehmens ist,[41] innerhalb von 10 Tagen nach Überschreiten der 5%-Hürde eine Erklärung gemäß Schedule[42] 13D abzugeben und an den Emittenten der Aktie, d.h. die betroffene Gesellschaft, die zuständigen Börsen und die SEC weiterzuleiten.[43] Neben der reinen Meldung der Beteiligungsquote und der Identität des Erwerbers muss im Gegensatz zu den deutschen Vorschriften die Erklärung mindestens folgende Informationen enthalten:[44]

- Bezeichnung der erworbenen Anteile und des Emittenten,
- Identität und Hintergrund des Erwerbers,
- Finanzierungsquelle und –höhe,
- Ziele und Pläne des Aufkäufers (z.B. spätere Übernahmepläne, Going-Private-Aktionen),
- exakte Anzahl der im wirtschaftlichen Eigentum ("Beneficial Ownership") stehenden Aktien,
- Verträge, Absprachen etc. zum Erwerb der Aktien,

---

40 Vgl. Cox, J.D./ Langevoort, D,C,/ Hillman, R.W. (1991), S. 929; Hazen, T.L. (1996), S. 603; Emmanuel, S.L. (1997), S. 491.

41 Gemäß §13(d)(1) SEA wird bei der Meldepflicht nach gesonderten Wertpapiergattungen unterschieden, so dass die Meldepflicht auch schon ausgelöst werden kann, wenn die absolute Beteiligungsquote noch unter 5% liegt. Je mehr und je kleinere Wertpapierklassen es gibt, desto früher wird die Publizitätspflicht ausgelöst, was sich gegen die Interessen des Bieters und für die Interessen des Zielunternehmens auswirken kann. Vgl. Kurth, T. (1987), S. 37; Knoll, H.-C. (1992), S. 61/62.

42 Die SEC ist berechtigt, sogenannte Rules bzw. Schedules zu erlassen, falls diese zum Schutz der Investoren notwendig sind. Vgl. Knoll, H.-C. (1992), S. 57.

43 Vgl. Gilson, R.J./ Black, B.S. (1995), S. 899; Emmanuel, S.L. (1997), S. 492. Bei Einführung des Williams Act lag der Wert noch bei 10%; er ist jedoch nach wenigen Jahren abgesenkt worden, um die Macht der SEC auszubauen. Vgl. Bebchuk, L.A. (1982a), S. 1054; Weston, F.J./ Chung, K.S./ Siu, J.A. (1998), S. 18.

44 Vgl. §13 d(1) (A)-(E) SEA, Schedule 13D; Clark, R.C. (1986), S. 548; Li, A.J. (1997), S. 851.

¶ sonstige Materialien, wie etwa Unterlagen zur Finanzierung, schriftliche Dokumentationen der Pläne des Bieters.

Sollten sich nach Abgabe der Erklärung Änderungen bezüglich der oben angeführten Informationen, z.B. hinsichtlich der Pläne des Investors, ergeben, sind diese gemäß §13(d)(2) SEA den betreffenden Stellen unverzüglich mitzuteilen.

Ergänzend ist festzustellen, dass der Begriff "Person" gemäß §13(d)(3) SEA auch für Unternehmen, Partnerschaften sowie gemeinsam handelnde Gruppen gilt,[45] um etwa bei letzteren eine Umgehung der 5%-Hürde durch Zersplitterung der Anteile auf mehrere Einzelpersonen zu verhindern.[46] Der Begriff "Wirtschaftliches Eigentum" ("Beneficial Ownership") ist in Zusammenhang mit der Meldepflicht ebenfalls sehr weit gefasst: Er erstreckt sich nicht nur auf alle für den Meldepflichtigen direkt verfügbaren Aktien, sondern auch auf alle Anteile, welche zwar von einer anderen Person physisch besessen werden, jedoch aufgrund von Absprachen - formaler oder informaler Natur - der meldepflichtigen Person zur weiteren Verwendung (Stimmrechtsausübung, Verkauf) indirekt zur Verfügung stehen.[47] Selbst Optionen, welche innerhalb der nächsten 60 Tage ausgeübt werden können, sind bei der Berechnung der relevanten Beteiligungshöhe zu berücksichtigen.[48]

Generell gelten die Meldepflichten unabhängig davon, ob die Person ein Aktienpaket ausschließlich zu Anlagezwecken oder als Vorbereitung für ein "Tender Offer" erwirbt. Ausgenommen von der Meldepflicht sind nur diejenigen Fälle, in denen:[49]

¶ die betroffene Person zwar die 5% Hürde überschreitet aber in den vergangenen zwölf Monaten weniger als 2% der ausstehenden Aktien erworben hat. Dieses gilt gleichermaßen für zusätzliche Akquisitionen oberhalb der 5%-Hürde, welche ebenfalls erst bei Aktienkäufen von mehr als 2% zu einer erneuten Meldepflicht führen.[50]

¶ der Erwerb der Aktien nicht dem Ziel der Kontrollerlangung, sondern der Ausübung der normalen Geschäftstätigkeit dient (z.B. Banken, Versicherungen, Fondsgesellschaften, etc.). In diesen Fällen ist eine weitaus kürzere Erklärung gemäß Schedule 13G an die SEC weiterzuleiten.[51]

---

[45] Als eine Gruppe gelten z.B. Personen, die eine Vereinbarung über die gemeinsame gleiche Ausübung des Stimmrechts geschlossen haben. Umstritten ist in diesem Zusammehang jedoch z.B., ob das Management einer Zielgesellschaft, welches zur Abwehr einer feindlichen Übernahme privat Aktien aufkauft, ebenfalls als Gruppe gilt. Vgl. Knoll, H.-C. (1992), S. 65.

[46] Vgl. Gilson, R.J./ Black, B.S. (1995), S. 912; Loss, L./ Seligman, J. (1995), S. 508/509; Emmanuel, S.L. (1997), S. 494.

[47] Vgl. SEC-Regel 13d-3(a); Emmanuel, S.L. (1997), S. 492.

[48] Vgl. SEC-Regel 13d-3(d)(1)(i); Emmanuel, S.L. (1997), S. 492.

[49] Vgl. §13(d)(6) (A)-(D) SEA.

[50] Vgl. Clark, R.C. (1986), S. 549; Emmanuel, S.L. (1997), S. 494.

[51] Vgl. SEC-Regel 13d-1(b)(1); Gilson, R.J./ Black, B.S. (1995), S. 898.

¶ die Gesellschaft selbst Aktien erwirbt.[52]

Bei einer Täuschung der SEC und des Marktes hinsichtlich Beteiligungshöhen und –absichten gelten Vorschriften gemäß §10(b) SEA und SEC-Regel 10b-5, nach denen die strafrechtliche Verfolgung, Sanktionen durch die SEC sowie private Schadenersatzklagen möglich sind.[53] In den vergangenen Jahren sind die Sanktionen deutlich strenger geworden, so dass der Nachweis einer Verfehlung für die Schuldigen die gesamte Abführung der im Zusammenhang mit dem Handel der Anteile entstandenen Gewinne[54] oder im Extremfall bei strafrechtlicher Verfolgung sogar Gefängnisaufenthalte bedeuten kann.

Die auf den ersten Blick eindeutige 5%-Regel kann jedoch nur begrenzt ihre Wirkung entfalten, da aufgrund der Begriffswahl des Gesetzgebers ein nicht unerheblicher Interpretationsspielraum besteht,[55] so dass nur grobe Verfehlungen tatsächlich geahndet werden.[56] Das Hauptproblem liegt dabei in der Frage, welche Arten von Informationen überhaupt unter die Publizitätspflicht des Erwerbers fallen, da oben formulierte Mindestansprüche relativ weit gefasst sind.[57] Es ist z.B. strittig, ab wann ein Erwerber auch vorläufige Ideen als Ziele und Pläne offenzulegen hat und auf welche Weise die veröffentlichten Informationen zu interpretieren sind.[58] Während der Erwerber verständlicherweise möglichst wenig von seinen Plänen preisgeben möchte, wird das Management der Zielgesellschaft auf eine weitgehende Veröffentlichung drängen und jedes "Vergehen" zur Abwehr der Übernahme durch Klageeinreichung wegen Verstoßes gegen Schedule 13D nutzen. Die Gerichte haben deshalb Grundsatzregeln ausgegeben, so etwa dass ein Erwerber immer dann eine Kontrollabsicht veröffentlichen muss, wenn nachweisbare Aktionen des Erwerbers auf eine solche Intention hinweisen; dieses gilt unabhängig davon, wie detailliert die dahinterliegenden Pläne ausgearbeitet sind.[59] Jedoch liefern auch Grundsätze dieser Art nur grobe Anhaltspunkte für die Erfüllung der Informationspflicht des Aufkäufers.[60]

---

[52] Vgl. §13(d)(6)(C) SEA. Bei Rückkauf eigener Aktien sind jedoch gemäß §13(e)(1) SEA ebenfalls gewisse Offenlegungspflichten, welche in SEC-Regel 13e-1 geregelt sind, einzuhalten.

[53] Vgl. Knoll, H.-C. (1992), S. 69-74.

[54] Vgl. SEC v. First City Financial Corp., 890 F.2d 1215 (D.C.Cir. 1989) bei Gilson, R.J./ Black, B.S. (1995), S. 904-911.

[55] Vgl. Clark, R.C. (1986), S. 555/556; Knoll, H.-C. (1992), S. 63-66.

[56] Vgl. Lüttmann, R. (1992a), S. 100.

[57] Für eine ausführliche Analyse der Vorschriften vgl. Dietrich, H. (1975), S. 155-183; Kurth, T. (1987), S. 51-66.

[58] Vgl. 13D Item 4; Li, A.J. (1997), S. 852, 854.

[59] Eine zusammenfassende Darstellung der Urteile findet sich bei Li, A.J. (1997), S. 862-870.

[60] Dieses führt dann in der Praxis zu weitgehend unbrauchbaren Informationen mit etwa folgendem Inhalt: "Wenn der Kontrollwechsel aus Sicht des Bieters erfolgreich abläuft, wird sich dieser die Geschäftspläne der Zukunft detailliert studieren und eventuell auch Veränderungen bei den operativen Geschäften vornehmen." Vgl. Clark, R.C. (1986), S. 553.

Neben dem Interpretationsspielraum bei Anwendung der Regel existieren außerdem eine Reihe von Möglichkeiten, mit denen die Frühwarnpflicht gänzlich umgangen werden kann. Zunächst ist aufgrund der 2%-Regel ein heimliches, wenn auch langsames "Anschleichen" über mehrere Jahre möglich.[61] Des weiteren kann die 10-Tages-Frist von Bietern dazu benutzt werden, einen großen Anteil von Aktien mit Hilfe einer Überraschungsstrategie noch vor einer Offenlegung der Übernahmeabsichten zu erwerben, da der amerikanische Kongress eine Unverzüglichkeitsregel, d.h. die sofortige Mitteilung bei Überschreiten einer bestimmten Beteiligungsquote, abgelehnt hat.[62] Einschränkend könnte hierbei nur der Hart-Scott-Radino-Act wirken, der in bestimmten Fällen – bei Erwerb von Beteiligungen größer als 15% bzw. mit einem Wert von mehr als $15 Mio. -[63] eine Wartedauer zur kartellrechtlichen Überprüfung von 15 Tagen bei "Cash Tender Offer" und von 30 Tagen bei allen anderen Erwerbsarten vorschreibt, bevor der Erwerb vollzogen werden darf.[64]

Aufgrund der Auslegungsprobleme hinsichtlich des Umfangs der zu liefernden Informationen sowie den Umgehungsproblemen schafft das Frühwarnsystem nur bedingten Schutz für Aktionäre.[65] Die Gefahr, dass diese in Unkenntnis bestimmter Informationen bzw. aufgrund mangelnder Koordination untereinander entweder ihre Aktien zu früh verkaufen oder sich in einer beherrschten Gesellschaft als Minderheitsaktionäre wiederfinden, ist in allen Bundesstaaten groß, in denen nicht die unter Abschnitt 2.5 beschriebenen Takeover Statutes, die zum Teil ebenfalls von zweifelhaftem Wert für die Aktionäre sind, gelten.[66]

2.2. Schutz der Minderheitsaktionäre bei einem Kontrollpaketwechsel

In den USA ist der Anteil der sich in Streubesitz befindlichen Unternehmen zwar weitaus größer als in Deutschland, jedoch befinden sich immerhin im Falle von 20% aller Unternehmen mindestens 10% der Anteile in den Händen eines einzelnen, nicht dem Management angehörigen Aktionärs.[67] Sowohl in der Rechtsprechung als auch in der Literatur gibt es deshalb eine intensive Diskussion

---

[61] Vgl. Weston, F.J./ Chung, K.S./ Siu, J.A. (1998), S. 18.

[62] Vgl. Greene, E.F./ Junewicz, J.J. (1984), S. 667, 675; Steinberg, M.I. (1985b), S. 296; Booth, R.A. (1989b), S. 721; Hazen, T.L. (1996), S. 603, 609; Emmanuel, S.L. (1997), S. 492.

[63] Zusätzlich gilt der Act nur für Transaktionen, bei denen die eine Partei mindestens einen Umsatz von $100 Mio. und die andere Partei mindestens $10 Mio. erwirtschaftet. Vgl. §7A(a)(2) Clayton Act.

[64] Vgl. §7A (b)(1) Clayton Act; Gilson, R.J./ Black, B.S. (1995), S. 1474; Emmanuel, S.L. (1997), S. 499.

[65] Vgl. Greene, E.F./ Junewicz, J.J. (1984), S. 656/657.

[66] Vgl. Kapitel II, Abschnitt 3.1.3.

[67] Vgl. Bebchuk, L.A. (1994), S. 957; Gilson, R.J./ Black, B.S. (1995), S. 1195. Bei den 10 größten Unternehmen liegt dieser Wert bei 20%. Vgl. LaPorta, R./ Lopez-de-Silanes, F./ u.a. (1998), S. 29.

über die Position der Minderheitsaktionäre[68] bei einem Kontrollwechsel durch Paketverkauf, da die unter 2.3. beschriebenen Verfahrensvorschriften zum "Tender Offer" bei einer privaten Kontrolltransaktion zwischen Käufer und Paketinhaber nicht gelten.[69] In diesem Zusammenhang steht vor allem die Frage im Vordergrund, inwieweit - basierend auf den Loyalitätspflichten eines Kontrollaktionärs gegenüber dem Unternehmen - bei einer Kontrolltransaktion über Paketerwerb die Minderheitsaktionäre an einer Kontrollprämie beteiligt werden müssen.

2.2.1. Derzeitige geltende "Sale-of-Control-Doctrine"

Prinzipiell kann der Inhaber eines Kontrollpakets ungehindert seine Beteiligung zu einem mit einer Kontrollprämie ausgestattetem Preis an einen außenstehenden Interessenten veräußern, ohne dass die Pflicht zur Gleichbehandlung zugunsten der Minderheitsaktionäre besteht ("Sale-of-Control-Doctrine").[70] Zum Schutz des Unternehmens und der Minderheitsaktionäre wird jedoch in bestimmten, in der Praxis nur selten angewendeten Ausnahmefällen ein Verkauf des Kontrollpakets als Verstoß gegen die Treuepflicht ("Fiduciary Duty") des Kontrollaktionärs gewertet und untersagt:[71]

Dem Kontrollaktionär ist es nicht gestattet, seine Anteile an einen Außenstehenden zu verkaufen, dessen Ausbeutungs- und Schädigungsabsichten dem Kontrollaktionär ex ante bekannt sind.[72] Eine solche Schädigungsabsicht muss beispielsweise vom Kontrollaktionär auch unterstellt werden, wenn der Aufkäufer für ein Unternehmen mit vielen fungiblen Vermögensgegenständen einen besonders hohen Preis zu zahlen bereit ist und sich gleichzeitig nur wenig für das operative Geschäft des Unternehmens interessiert.[73]

Daneben ist ein sogenannter "Sale of Office" verboten. Dieser liegt vor, wenn der Verkäufer für ein Paket, welches für eine tatsächliche Kontrollausübung zu klein

---

[68] Der Begriff "Minderheitsaktionäre" umfasst in diesem Zusammenhang alle Aktionäre, die keine Kontrolle ausüben. Vgl. Andrews, W.D. (1965), S. 506.

[69] Vgl. Hill, A. (1957), S. 986-1039; Andrews, W.D. (1965), S, 505-563; Bayne, D.C. (1968), S. 615-658; Easterbrook, F.H./ Fischel, D.R. (1982a), S. 698-733; Hamilton, R.W. (1985), S. 248-285; Clark, R.C. (1986), S. 478-498; Beveridge, N.P. (1987), S. 61-80; Elhauge, E. (1992), S. 1465-1532; Bebchuk, L.A. (1994), S. 957-987; Coffee, J.C. (1996), S. 360-420.

[70] Vgl. American Law Institute (1994), §5.16; Clark, R.C. (1986), S. 478; Beveridge, N.P. (1987), S. 70; Kahan, M. (1993), S. 369; Gilson, R.J./ Black, B.S. (1995), S. 1214; Hamilton, R.W. (1997), S. 479; DeMott, D. (1997), S. 331.

[71] Vgl. Andrews, W.D. (1965), S. 505; Reul, J. (1991), S. 20; Lüttmann, R. (1992a), S. 103; Paefgen, T.C. (1992), S. 172.

[72] Vgl. Rechtssprechung: Insuranshares Corp. v. Northern Fiscal Corp., 35 F.Supp.22, 28 (E.D.Pa.1940); DeBaun v. First Western Bank&Trust Co., 120 Cal.Rptr. 354 (Cal.App., 2d Dis. 1975); Gilson, R.J./ Black, B.S. (1995), S. 1215; Reul, J. (1991a), S. 21; American Law Institute (1994), §5.16; Coffee, J.C. (1996), S. 378/379.

[73] Das Vorliegen dieses Tatbestandes wird stark durch die Auslegung des jeweils zuständigen Gerichts beeinflusst. Im Fall Clagett v. Hutchinson reichte z.B. das Vorliegen eines exzessiven Preises nicht aus. Vgl. Clagett v. Hutchinson, 583 F.2d 1259 (4th Cir. 1978); Lüttmann, R. (1992a), S. 103; Emmanuel, S.L. (1997), S. 242.

ist, eine Kontrollprämie erhält, da in diesem Fall von einem unzulässigen Verkauf einer besonderen Unternehmensposition (Organstellung) ausgegangen wird.[74]

Unzulässig ist zudem der Verkauf eines Kontrollpakets ohne die Beteiligung der Minderheitsaktionäre an der Kontrollprämie, wenn der Bieter eigentlich über den Markt Aktien pro rata erwerben wollte und der Kontrollaktionär statt dessen einen privaten Paketkauf zuzüglich einer Kontrollprämie vorschlägt.[75]

Ein bekanntes Beispiel für eine Pflichtverletzung des Kontrollaktionärs stellt der Fall Perlman v. Feldmann dar, bei dem der Präsident und Mehrheitsaktionär von Newport Steel (Feldmann) die erhöhte Stahlnachfrage während des Koreakriegs dahingehend nutzte, seine eigenen Anteile zu erhöhten Preisen zu verkaufen und damit dem Erwerber (Wilport Company) die Kontrolle über die Stahlreserven von Newport zur Verfügung zu stellen.[76] Bei Vorliegen eines Verstoßes gegen die Treuepflicht kann der Verkäufer eines Kontrollpakets zur Zahlung von Schadenersatz und/oder zur Herausgabe der Kontrollprämie an das Unternehmen oder direkt an die Minderheitsaktionäre - wie im Fall Perlman v. Feldmann -[77] verpflichtet werden.[78] Zur Forderung solcher Aktionen steht den Aktionären die Aktionärsklage ("Derivative Suit") zur Verfügung, mit welcher der einzelne Aktionär unter seinem Namen die Ansprüche für die Gesellschaft durchsetzen kann.[79] In allen anderen Fällen, in denen es nicht gemäß oben genannten Fällen zu einem Verstoß gegen die Treuepflicht kommt, lehnen die Gerichte eine Gleichbehandlungspflicht ab.[80]

2.2.2. Diskussionsstand in der amerikanischen Literatur

In der amerikanischen Literatur ist in den vergangenen Jahrzehnten eine Vielzahl verschiedener Begründungsansätze zur Beteiligung der Minderheitsaktionäre an einer Kontrollpaketprämie hervorgebracht worden. Als überholt gelten hierbei die

---

[74] Klassisches Beispiel ist ein Direktor, der einen kleinen Anteil am Unternehmen besitzt und sich seine besondere Stellung im Unternehmen durch eine Kontrollprämie kompensieren lässt. Vgl. Hill, A. (1957), S. 997/998; Clark, R.C. (1986), S. 480; American Law Institute (1994), S. §5.16, S.379; Coffee, J.C. (1996), S. 379.

[75] Vgl. Beispiele bei Beveridge, N.P. (1987), S. 76; Reul, J. (1991a), S. 30/31; Gilson, R.J./ Black, B.S. (1995), S. 1216; Coffee, J.C. (1996), S. 380-383. Diese Ausnahme wird vom American Law Institute abgelehnt, welches stattdessen in §5.16(a) eine Regelung vorschlägt, nach der eine Kontrollprämie zu teilen ist, falls der verkaufende Kontrollaktionären anderen verkaufenden Minderheitsaktionären nicht die Details der Transaktion mitteilt. Vgl. American Law Institute (1994), §5.16, S. 375.

[76] Vgl. Perlman v. Feldmann, 219 F.2d 173 (2d Cir. 1955); Brudney, V./ Bratton, W.W. (1993), S. 915-922; Beveridge, N.P. (1987), S. 63/64.

[77] Vgl. Perlman v. Feldmann, 219 F.2d 173 (2d Cir. 1955); Brudney, V./ Bratton, W.W. (1993), S. 922.

[78] Vgl. Clark, R.C. (1986), S. 483; Emmanuel, S.L. (1997), S. 249.

[79] Vgl. Abschnitt 3.2.2.

[80] Vgl. Reul, J. (1991a), S. 38. Einen ausführlichen Überblick über die gesamte Entwicklung der Rechtsprechung liefern Reul, J. (1991a), S. 18-38; Brudney, V./ Bratton, W.W. (1993), S. 915-936; Gilson, R.J./ Black, B.S. (1995), S. 1214-1218.

Ansätze von Berle/Means und Bayne: Der "Corporate-Asset-Ansatz" von Berle/Means basiert auf dem Gedanken, dass die Kontrolle einen Vermögensgegenstand des Unternehmens darstellt und aus diesem Grund entweder dem Unternehmen oder allen Aktionären zufließen müsste.[81] Bayne vertritt ebenfalls die Meinung, dass die Kontrollprämie dem Unternehmen zusteht, jedoch begründet er dieses mit der Klassifizierung der Kontrollprämie als unzulässige Bestechungsprämie.[82] Da sich beide Ansätze in Literatur und Rechtsprechung nicht durchsetzen konnten,[83] stehen im Mittelpunkt der neueren Diskussion die "Market Rule" und die "Equal Opportunity Rule", die nachfolgend eingehender erläutert und bewertet werden.

2.2.2.1. "Market Rule" der Anhänger der Chicago School

Die "Market Rule" (Marktregel) der Anhänger der Chicago School, auf der die heutige US-Regel aufbaut, lehnt prinzipiell eine Gleichbehandlung der Aktionäre im Rahmen eines Kontrollpaketwechsels ab.[84] Derjenige Aktionär, der den Gewinn erzielt, soll diesen auch behalten.[85] Den Ausgangspunkt der Argumentation von Easterbrook/Fischel stellt die Treuepflicht dar, welche anstatt eines Vertrags oder direkter, kostenintensiver Kontrollausübung die Vermittlung zwischen den divergierenden Interessen der einzelnen Verfahrensbeteiligten und die Beseitigung der daraus entstehenden Agency Costs übernehmen soll.[86] Danach hat analog zu einer vertraglichen Festlegung genau das als Prinzip der Treuepflicht zu gelten, was aus Sicht der Aktionäre ex ante wohlfahrtsmaximierend wirkt.[87] Easterbrook/Fischel führen drei Argumente zur Begründung der Ablehnung der Gleichbehandlungspflicht an:[88]

Zunächst bringt jeder Wechsel eines Kontrollpakets oberhalb des Börsenkurses den Aktionären Gewinne. Dieses Argument basiert auf der Meinung, dass Kontrolltransaktionen nur Effizienzsteigerungszwecken dienen[89] und es zwar andere Übernahmemotive geben kann, diese jedoch nicht relevant sind.[90]

---

81 Vgl. Berle, A.A./ Means, G. (1932, überarbeitet 1968), S. 216/217; Hill, A. (1957), S. 1006-1010; Berle, A.A. (1958), S. 1220-1222; Clark, R.C. (1986), S. 481-494.

82 Vgl. Bayne, D.C. (1969), S. 615-658. Ein Verzeichnis aller Artikel von Bayne findet sich bei Hamilton, R.W. (1985), S. 250.

83 Zum Teil wurde das Perlman v. Feldmann-Urteil als Beweis für den Ansatz von Berle angeführt; diese Ansicht hat sich jedoch nicht durchgesetzt. Vgl. Reul, J. (1991a), S. 48/49; Brudney, V./ Bratton, W.W. (1993), S. 923.

84 Die nachfolgend beschriebene Argumentation wird in ähnlicher Form auch im Rahmen der Regulierung anderer Arten von Kontrolltransaktionen, wie etwa "Tender Offers", "Freeze-out Mergers", etc. angewendet. Vgl. diesbezügliche Abschnitte weiter unten.

85 Vgl. Easterbrook, F.H./ Fischel, D.R. (1982a), S. 698.

86 Vgl. Easterbrook, F.H./ Fischel, D.R. (1982a), S. 702.

87 Vgl. Easterbrook, F.H./ Fischel, D.R. (1982a), S. 702-704.

88 Vgl. Easterbrook, F.H./ Fischel, D.R. (1982a), S. 704.

89 Vgl. Easterbrook, F.H./ Fischel, D.R. (1982a), S. 705/706.

90 Vgl. Easterbrook, F.H./ Fischel, D.R. (1982a), S. 707.

Zweitens vertreten Easterbrook/Fischel die Meinung, dass sich diese Gewinne teilweise nur durch Ungerechtigkeit erzeugen lassen. Dieses Argument belegen sie im Umkehrschluss, indem sie ausführen, dass bei einer Gleichbehandlung die Anzahl von Kontrollwechseln eingeschränkt würde, da sich durch die Zahlung eines Paketzuschlags an alle Aktionäre die Transaktion verteuern würde, was letztlich zu einem Gesamtwohlfahrtsverlust führen könnte.[91]

Als drittes Argument führen sie an, dass die Aktionäre ex ante Ungleichbehandlung vorziehen würden, um ihren erwarteten Gewinn zu maximieren. Diese Argumentation untermauern sie mit einer Beispielrechnung:[92] Bei Projekt 1 können 10 Investoren zusammen einen Wert von $100 erzielen, welcher auf alle Investoren gleichmäßig verteilt wird. Projekt 2 generiert einen Wert von $150, von dem 5 Investoren einen Anteil von $20 erhalten, während der Rest nur seinen Einsatz von $10 wiederbekommt. Der Erwartungswert dieser Investition beträgt bei unterstellter Risikoneutralität und unbekannter Verteilung $15. Der Wert des Projekts 3 liege bei $200 mit einer ex post Aufteilungsregel, bei der 5 Investoren $40 erhalten, während die anderen leer ausgehen. Dies bedeutet ex ante einen Erwartungswert von $20. Trotz der drohenden Ungleichbehandlung, bei der der Investor im ungünstigen Fall nicht einmal seinen Einsatz zurückbekommt, würde der einzelne Investor nach Meinung von Easterbrook/Fischel Projekt 3 wählen. Dem Argument, dass viele Investoren eher risikoscheu sind, treten sie durch den Vorschlag einer Portfolioabsicherung entgegen.[93] Sie vernachlässigen dabei, dass gerade Minderheitsaktionäre aufgrund eines beschränkten Anlagevolumens nur im eingeschränkten Maße eine optimale Portfoliodiversifizierung erreichen können.

2.2.2.2. "Equal Opportunity Rule"

Die von Andrews formulierte "Equal Opportunity Rule" (Regel der Chancengleichheit) befürwortet im Gegensatz zur "Market Rule" eine Beteiligung der Minderheitsaktionäre an der Kontrollprämie in der Weise, dass die Minderheitsaktionäre im Falle eines Kontrollpaketwechsels das Recht haben, ihre Anteile zu den gleichen Konditionen wie der Kontrollaktionär an den Aufkäufer zu veräußern. Dies bedeutet de facto die Auslösung einer Vollangebotsverpflichtung im Falle eines Kontrollpaketwechsels.[94] Als Hauptargument für die

---

[91] Vgl. Easterbrook, F.H./ Fischel, D.R. (1982a), S. 709, 716.

[92] Vgl. Easterbrook, F.H./ Fischel, D.R. (1982a), S. 703/704.

[93] Vgl. Easterbrook, F.H./ Fischel, D.R. (1982a), S. 712.

[94] Vgl. Andrews, W.D. (1965), S. 515. Diese Regel ist damit vergleichbar mit der Verpflichtung zum Vollangebot ab Überschreiten einer bestimmten Beteiligungsschwelle, wie sie im Rahmen des deutschen Kapitels (vgl. Kapitel II, Abschnitt 2.2.3) diskutiert wurde. Die amerikanische Diskussion konzentriert sich jedoch hauptsächlich auf den Fall des Kontrollpaketerwerbs, da für das "Tender Offer" separate Lösungen gelten. Hinzu kommt, dass gemäß Andrews der Erwerber auch bei Anwendung der "Equal Opportunity Rule" nicht daran gehindert wird, einen Teilkauf auf Pro-Rata-Basis vorzunehmen. Vgl. Andrews, W.D. (1965), S. 516. Es ist jedoch fraglich, ob ein Kontrollaktionär bereit wäre, sein Paket gemäß

Gleichbehandlung wird die Einschränkung der Missbrauchsmöglichkeiten des neuen Kontrollaktionärs genannt, da bei einer 100%igen Übernahme Schädigungen des Zielunternehmens sinnlos sind.[95] Die von Andrews vorgeschlagene Ausnahmeregelung, dass der Verkauf des Kontrollpakets an einen Mitaktionär unter Ausschluss der Chancengleichheit erfolgen sollte,[96] ist in diesem Zusammenhang abzulehnen, da sie dem grundsätzlichen Konzept der Chancengleichheit widersprechen würde.[97]

2.2.2.3. Beurteilung der Regeln zur Verteilung der Kontrollprämie

Im Falle des Verkaufs eines Kontrollpakets sind nicht die im Rahmen eines "Tender Offer" entstehenden Probleme hinsichtlich Zwangswirkung und "Free-Rider"-Verhalten der Aktionäre vorhanden. Jedoch kann es ohne Regulierung auch in diesen Fällen zu ineffizienten, d.h. für die Minderheitsaktionäre und die Gesamtwohlfahrt schädlichen, Übernahmen kommen, da die Argumente von Easterbrook/Fischel zum Teil abzulehnen sind:[98] Zum einen gibt es neben dem Motiv der Effizienzsteigerung noch eine Reihe anderer, empirisch belegter, Gründe für einen Kontrollwechsel.[99] Zum anderen ist auch die Theorie eines streng effizienten Kapitalmarktes, bei dem der Marktpreis immer auch den tatsächlichen Wert des Unternehmens widerspiegelt, in der Praxis nicht haltbar.[100] Ziel einer Regelung zur Verteilung der Kontrollprämie muss die Förderung effizienter und die Verhinderung ineffizienter Übernahmen sein.[101] Diese Ansicht wird von allen Seiten geteilt; umstritten ist allerdings, welche Regelung den Aktionären und der Gesamtwirtschaft einen besseren Dienst erweist, da der "Market Rule" vorgeworfen wird, dass sie zuviel Freiraum für ineffiziente Übernahmen lässt, während die "Equal Opportunity Rule" als zu weitreichend angegriffen wird.[102]

2.2.2.3.1. Derzeitig geltende Lösung – ein geeigneter Kompromiss?

Die in diesem Zusammenhang von Elhauge eingebrachte Aussage, dass die de lege lata geltende Regelung ("Sale-of-Control-Doctrine") noch am besten die Anforderungen erfüllt, da sie einerseits in bestimmten Fällen ineffiziente Übernahmen ausschließt und ansonsten Kontrollwechsel nicht beschränkt,[103] ist vor allem aus zwei Gründen abzulehnen: Zum einen tendiert auch die

---

der Pro-Rata-Regel zu verkaufen und mit den verbleibenden Aktien als Minderheitsaktionär einem neuen Kontrollaktionär ausgesetzt zu sein.

95 Vgl. Andrews, W.D. (1965), S. 523.

96 Vgl. Andrews, W.D. (1965), S. 561.

97 Vgl. Reul, J. (1991a), S. 50.

98 Vgl. Bebchuk, L.A. (1994), S. 959; Burkart, M./ Gromb, D./ Panunzi, F. (1998b), S. 1/2.

99 Vgl. Kapitel I, Abschnitt 3.

100 Vgl. Kapitel II, Abschnitt 5.2.1.

101 Der Kapitalmarkt bleibt in den meisten amerikanischen Artikeln weitgehend unberücksichtigt.

102 Vgl. Elhauge, E. (1992), S. 1466; Gilson, R.J./ Black, B.S. (1995), S. 1232.

103 Vgl. Elhauge, E. (1992), S. 1503-1523.

Rechtsprechung zur "Market Rule", da es aufgrund nur in Extremfällen Entscheidungen zugunsten der Aktionäre gegeben hat.[104] Zum anderen hat diese Regelung aufgrund der Auslegungsschwierigkeiten -Wann entsteht ein Schaden?, Wem sind die Verluste zuzurechnen?- zu Rechtsunsicherheit für alle Beteiligten geführt, da es ex ante unklar und jeweils von der Auslegung des Gerichts abhängig ist, ab wann ein Paketkauf im nachhinein als unzulässig klassifiziert wird.[105] Nachfolgend werden deshalb die "Equal Opportunity Rule" im Sinne einer Verpflichtung zum Vollangebot und die "Market Rule" hinsichtlich ihrer Wirkungen auf Übernahmen intensiver untersucht.

2.2.2.3.2. Verhinderung ineffizienter Kontrollpaketwechsel

Prinzipiell ist davon auszugehen, dass ein Investor, der er sich rational verhält, das Unternehmen ohne Rücksicht auf andere Beteiligte für seine Interessen nutzen wird. Im negativen Fall kann dieses dazu führen, dass er sich Effizienzgewinne als persönliche Sondervorteile zuführt, jedoch die daraus eventuell entstehenden Effizienzverluste auf das Unternehmen überträgt, so dass er nur über seinen Unternehmensanteil an diesen partizipiert.[106] Es kann deshalb bei Anwendung der "Market Rule" aufgrund der fehlenden Beschränkung des Kontrollaktionärs zu Umverteilungen und eventuell auch zu aus Gesamtwohlfahrtssicht ineffizienten Kontrollpaketwechseln kommen, wie nachfolgende Effizienzüberlegungen beweisen:[107] Aus Sicht der an einem Kontrollpaketwechsels Beteiligten sind folgende Faktoren von Interesse: die Unternehmenswerte U_V und U_E des Unternehmens vor und nach dem Kontrollwechsel, sowie die Sondervorteile SV_V und SV_E für den verkaufenden und erwerbenden Kontrollaktionär und daraus resultierend jeweils die gesamtwirtschaftlichen Effekte GE=U+SV.[108] Prinzipiell wird gemäß der Marktregel ein Kontrollpaketwechsel in Höhe einer Beteiligung von a immer dann durchgeführt, wenn:[109]

(1) $a{*}U_E + SV_E > a{*}U_V + SV_V$ bzw.

(2) $a{*}GE_E + (1-a){*}SV_E > a{*}GE_V + (1-a){*}SV_V$

Aufgrund der Sondervorteile ist ein Kontrollpaketwechsel im negativen Fall auch dann durchführbar, wenn $GE_E < GE_V$; d.h. wenn eigentlich ein gesamtwirtschaftlicher Verlust vorliegt, aber der Erwerber z.B. in einem späteren "Freeze-out" die Möglichkeit hat, die Aktionäre unterhalb des eigentlichen Unternehmenswerts abzufinden.[110] Dies ist bei Anwendung der "Equal Opportunity Rule" nicht

---

104 Vgl. Coffee, J.C. (1996), S. 362.

105 Eine ausführliche Kritik der Status-Quo-Regel findet sich bei Reul, J. (1991a), S. 52-55.

106 Vgl. hierzu Kapitel III, Abschnitt 3.1.

107 Vgl. Bebchuk, L.A. (1994), S. 962/963; Burkart, M./ Gromb, D./ Panunzi, F. (1998b), S. 4-6.

108 Sondervorteile können z.B. durch den Abschluss von Dienstleistungsverträgen zwischen herrschendem und beherrschtem Unternehmen generiert werden. Vgl. Kapitel III, Abschnitt 3.1.

109 Vgl. Kahan, M. (1993), S. 370-376; Bebchuk, L.A. (1994), S. 965.

110 Vgl. Coffee, J.C. (1996), S. 370.

möglich, da in diesem Fall der Erwerber keine Möglichkeit zur Generierung von ihm alleine zustehenden Sondervorteile hat. Nachfolgendes Beispiel illustriert die Problematik bei der "Market Rule": Bei a = 40%; U_E = $80; SV_E = $20; U_V = $110; SV_V = $5 findet die Übernahme statt, obwohl sie aus gesamtwirtschaftlicher Sicht einen Verlust (GE_E = $80+$20 = $100 < GE_V = $110+$5 = $115) bedeutet. Damit lohnt sie sich für den Aufkäufer aufgrund der ihm alleine zustehenden Sondervorteile: 0,4*$80+$20 > 0,4*$110+$5 bzw. $52 > $49. Das heißt, dass ein ineffizienter Kontrollpaketwechsel immer dann durchgeführt wird, wenn (GE_E-GE_V)<0 aber:[111]

$$(3)\ (1\text{-}a)/a * (SV_E\text{-}SV_V) > -(GE_E\text{-}GE_V)$$

$$(1\text{-}0{,}4)/0{,}4 * (\$20\text{-}\$5) > -(\$100\text{-}\$115) \text{ bzw. } \$22{,}5 > \$15$$

Von diesem Ansatz nicht berücksichtigt werden die Kontrollpakettransaktionen, welche auf den ersten Blick einen gesamtwirtschaftlichen Gewinn versprechen, sich aber auf den zweiten Blick ebenfalls als ineffizient erweisen, wie nachfolgendes Beispiel veranschaulicht:[112] Es gilt, dass a = 40%; U_E = $100; SV_E= $20; U_V = $110; SV_V = $5. Im Vergleich zum ersten Beispiel hat sich als einzige Änderung der Wert des Unternehmens nach dem Kontrollwechsel erhöht, was bedeutet, dass in diesem Beispiel die dem Unternehmen zugefügten Verluste geringer ausfallen als im obigen Beispiel und sich gesamtwirtschaftlich ein positiver Effekt von $5 ergibt. Unterstellt man jedoch, dass es auf dem Markt einen alternativen Investor I gibt, der keine Sondervorteile für sich selber, sondern einen Unternehmenswert von $125 und damit für die Gesamtwirtschaft einen Nettoeffekt von $10 erzielen kann, zeigt sich die relative Ineffizienz des Kontrollwechsels. Während I für das Kontrollpaket maximal nur 0,4*$125=$50 bezahlen kann, ist E aufgrund der Sondervorteile die Zahlung von 0,4*$100+$20=$60 möglich, so dass letztendlich die aus Gesamtsicht suboptimale Lösung den Zuschlag erhält. Generell zu lösen wären diesen Arten von Ineffizienzen im Falle der "Market Rule" nur, wenn diese mit einem perfekt funktionierenden Minderheitenschutz, z.B. mit Hilfe von "Appraisal Rights", im beherrschten Unternehmen kombiniert würde.[113]

Gleichzeitig ist festzustellen, dass weder die "Equal Opportunity Rule" noch die "Market Rule" ineffiziente Kontrollwechsel verhindern können, wenn sie aufgrund von Empire-Building-Motiven bzw. aufgrund von Selbstüberschätzung des Managements durchgeführt werden, da in diesen Fällen vom Erwerber Verluste bewusst oder unbewusst in Kauf genommen werden.

In der Praxis ist davon auszugehen, dass es entgegen der Annahme von Easterbrook/ Fischel zu Umverteilungen kommt. Daran ändern auch die Ergebnisse der Untersuchung von Holderness/Sheenan nichts, welche von den Befürwortern

---

[111] Vgl. Bebchuk, L.A. (1994), S. 965.
[112] Vgl. Reul, J. (1991a), S. 135.
[113] Vgl. Bebchuk, L.A. (1993), S. 35; Abschnitt 0.

der Marktregel zum Teil als Beweis angeführt werden,[114] dass die Umverteilungs-Hypothese bei Kontrollpaketwechseln nur bedingt zutrifft.[115] Zwar hat sich bei der Untersuchung von 31 Fällen, in denen es zwischen 1978 und 1982 zu einem Wechsel eines Mehrheitspakets (Beteiligung zwischen 50,1% und 95%) gekommen war, ergeben, dass die betroffenen Unternehmen am Tage der Bekanntgabe eines anstehenden Kontrollpaketwechsels eine abnormale Rendite[116] von 7,3% gegenüber dem Vortag und für den Betrachtungszeitraum von 20 Tagen vor und 10 Tagen nach Bekanntgabe eine abnormale Rendite von 12,8% aufwiesen.[117] Jedoch gibt es eine Reihe von Gründen, warum diese Ergebnisse nur bedingt aussagekräftig sind:

- Geringe Stichprobe,
- Konzentration auf Kontrollwechsel über 50%, obwohl die Schädigungsneigung eines Kontrollaktionärs mit abnehmender Beteiligung zunimmt,[118]
- zu kurzer Untersuchungszeitraum nach dem Ereignis, der nicht erkennen lässt, ob nach der Anfangseuphorie der ersten Tage, eine Kurskorrektur stattgefunden hat,
- Ansammlung der meisten Kursgewinne im Vorfeld der Bekanntgabe, welche über die Gerüchtebildung im Markt und den Umstand, dass der Aufkäufer eines Kontrollpakets häufig parallel Aktien am Markt aufkauft, zu erklären sind.

Dem Vorwurf, dass die Kurssteigerungen nur die Erwartungen der Aktionäre hinsichtlich eines zu ähnlichen Konditionen nachfolgenden "Tender Offer" oder "Freeze-out Merger" widerspiegeln,[119] kamen die Autoren in gewisser Weise zuvor, indem sie gesondert die 21 Fälle untersuchten, bei denen im Zusammenhang mit dem Paketwechsel kein gleichzeitiges Angebot an die Minderheitsaktionäre erfolgte; dabei stellten sie immerhin noch abnormale Renditen von 5,5% bzw. 9,4% für den gesamten Untersuchungszeitraum fest.[120] Jedoch fiel alleine bei 35% der

---

114 Vgl. American Law Institute (1994), §5.16, Reporter's Note, S. 375, 382. Bebchuk wertet die Ergebnisse dagegen als Beweis, dass es in vielen Fällen zu einer Marktpreisreduzierung kommen kann. Vgl. Bebchuk, L.A. (1994), S. 966.

115 Vgl. Holderness, C.G. / Sheenan, D.P. (1988), S. 317-346.

116 Die abnormale Rendite ergibt sich aus der Differenz zwischen der tatsächlichen Rendite und der normal erwarteten Rendite. Für eine Darstellung der verschiedenen Methoden vgl. Bühner, R. (1990b), S. 11; Prantl, J. (1994), S. 55; Weston, F.J./ Chung, K.S./ Siu, J.A. (1998), S. 94.

117 Vgl. Holderness, C.G. / Sheenan, D.P. (1988), S. 329.

118 Je größer die Beteiligung ist, desto mehr schädigt sich ein Kontrollaktionär durch Umverteilungen selber. Untersuchungen zeigen, dass eine positive Korrelation zwischen der Höhe des Unternehmenswerts und dem Umfang der Beteiligung besteht, solange die Beteiligung groß ist. In den Bereichen mit einer mittelgroßen Beteiligung zeigt sich dagegen ein negativer Zusammenhang. Vgl. Coffee, J.C. (1996), S. 402/403.

119 Vgl. Reul, J. (1991a), S. 205; Coffee, J.C. (1996), S. 402.

120 Vgl. Holderness, C.G. / Sheenan, D.P. (1988), S. 329.

beobachteten Fälle die Entwicklung insgesamt negativ aus,[121] was als Rechtfertigung für eine Regulierung ausreichen könnte. Hinzu kommt die Möglichkeit, dass ein Aufkäufer auf der einen Seite Effizienzgewinne generiert und auf der anderen Seite durch den Ausbau von Sondervorteilen die außenstehenden Aktionäre schädigt.[122]

2.2.2.3.3. Einschränkung effizienter Kontrollpaketwechsel

Offen ist die Frage, ob, wie von Easterbrook/Fischel und auch von Bebchuk behauptet, die Gleichbehandlungsregel dazu führt, dass effiziente Übernahmen nicht durchgeführt werden. Generell lässt sich feststellen, dass alle Übernahmen, bei denen die gezahlte Kontrollprämie auf Effizienzsteigerungen basiert und keine Sondervorteile vorhanden sind, durch eine Gleichbehandlung der Aktionäre nur dann beschränkt werden, wenn die Transaktionskosten des Käufers durch seinen Anteil am Kontrollgewinn nicht mehr gedeckt werden.

$$(4)\ U_E - TK - x^*A < 0$$

mit TK = Transaktionskosten, x = Anzahl außenstehender Aktien, A = Abfindungsbetrag pro Aktie

Dieser Fall würde in der Praxis eher selten auftreten, da der Aufkäufer dem Kontrollaktionär das Aktienpaket nicht zu seinem eigenen Grenzpreis abkaufen wird und er außerdem vor dem Paketwechsel die Möglichkeit zu einem günstigen Aufkauf von Aktien am Markt gehabt hat.[123] In allen anderen Fällen ist eine Aufteilung der Effizienzvorteile unproblematisch,[124] da jeder Wert zwischen Grenzpreis des Verkäufers und Grenzpreis des Käufers für alle Beteiligten eine Verbesserung bedeutet. Der Einwand, dass die Aktionäre im beherrschten Unternehmen von den Effizienzvorteilen profitieren können,[125] und dadurch für die "Equal Opportunity Rule" keine Notwendigkeit besteht, ist dagegen nur richtig, wenn die Missbrauchsmöglichkeiten des Kontrollaktionärs im beherrschten Unternehmen eingeschränkt werden können.[126]

Schwieriger stellt sich die Situation dar, wenn Sondervorteile des Kontrollaktionärs in die Betrachtung einfließen müssen. Es wird hierbei häufig die Beispielrechnung von Easterbrook/Fischel, welche als Beweis für die Effizienzsteigerung durch Ungleichbehandlung dient, zur Argumentation herangezogen:[127] Ein Kontrollaktionär V verfügt über Sondervorteile SV_V von $10; der Aufkäufer E ist der Meinung, dass er durch Auflösung der Sondervorteile und andere Maßnahmen

---

[121] Vgl. Holderness, C.G. / Sheenan, D.P. (1988), S. 328.

[122] Vgl. Holderness, C.G. / Sheenan, D.P. (1988), S. 332.

[123] Ein Kontrollaktionär wird auch in der Praxis nicht auf einer 100%igen Beteiligung an den Kontrollgewinnen beharren, wenn er damit das Risiko eingeht, dass die Transaktion scheitert und er überhaupt keinen Gewinn verzeichnen kann.

[124] Vgl. Clark, R.C. (1986), S. 496; American Law Institute (1994), §5.16, S. 375.

[125] Vgl. American Law Institute (1994), §5.16, S. 375.

[126] Vgl. hierzu Abschnitt 4.

[127] Vgl. Easterbrook, F.H./ Fischel, D.R. (1982a), S. 709.

einen Wert von \$15 generieren könnte, so dass er V eine Prämie von \$11 anbietet und damit der Nettoeffekt in diesem Fall bei \$4 liegt. Eine Gleichbehandlungspflicht würde in diesem Fall die "effiziente" Übernahme scheitern lassen, da V eine Teilung der \$11 nicht hinnehmen würde und E sich eine zusätzliche Zahlung an die außenstehenden Aktionäre nicht leisten könnte. Daraus leiten Easterbrook/Fischel ab, dass die Pflicht zur Gleichbehandlung effiziente Kontrollwechsel scheitern lässt.[128] Dieses Beispiel birgt jedoch folgende Probleme: Zum einen gibt es für E grundsätzlich keine Anreize, die Sondervorteile nicht selbst in Anspruch zu nehmen, sondern und mit den anderen Aktionären zu teilen.[129] Zum anderen würde z.B. bei einer 40%igen Beteiligung auch ohne Gleichbehandlung E nur \$6 erhalten, obwohl er \$11 bezahlt hat, da er die Sondervorteile aufgegeben hat.[130] Diese Transaktion macht demzufolge aus Sicht von E ohnehin unter den gegebenen Bedingungen erst ab einer Beteiligungsquote von 73% bzw. bei einer Beteiligung von 40% ab einem Gewinn von \$27,5 Sinn. Es stellt sich deshalb die Frage, unter welchen Bedingungen eine Gleichbehandlung Übernahmen tatsächlich zum Scheitern bringen würde. Bei Anwendung der Gleichbehandlungsregel würde eine Übernahme nur durchgeführt, wenn:

$$(5)\ a^*U_E > a^*U_V + SV_V \text{ bzw.}$$

$$(6)\ a^*GE_E > a^*GE_V + (1-a)^*SV_V$$

Das bedeutet, dass der gesamtwirtschaftliche Gewinn größer sein muss als die an den bisherigen Kontrollaktionär zu zahlenden anteiligen Sondervorteile; eine effiziente Übernahme wird also folglich verhindert, falls:[131]

$$(7)\ 0 < (GE_E - GE_V) < (1-a)/a^*SV_V$$

Dieses gilt jedoch auch für die Marktregel, bei der effiziente Übernahmen immer dann verhindert werden, wenn die anteiligen Sondervorteile des Verkäufers größer sind als die des Erwerbers und diese Differenz nicht durch den Gesamteffizienzvorteil aufgewogen werden kann:[132]

$$(8)\ 0 < (GE_E - GE_V) < -(1-a)/a^*(SV_E - SV_V)$$

Nach diesen Gleichungen ist den Vertretern der "Market Rule" zuzustimmen, dass die "Equal Opportunity Rule" effiziente Übernahme mehr einschränkt als die "Market Rule", wobei dieses an der Besonderheit der Sondervorteile liegt.[133] Könnten dagegen aufgrund eines weitreichenden Minderheitenschutzes Sondervorteile überhaupt nicht entstehen, käme es nicht in dem Maße zu einer Verhinderung effizienter Übernahmen durch die "Equal Opportunity Rule".[134]

---

128 Vgl. Easterbrook, F.H./ Fischel, D.R. (1982a), S. 710.

129 Vgl. Reul, J. (1991a), S. 136.

130 Vgl. Hamilton, R.W. (1985), S. 257; Reul, J. (1991a), S. 136; Prantl, J. (1994), S. 210.

131 Vgl. Bebchuk, L.A. (1994), S. 971.

132 Vgl. Bebchuk, L.A. (1994), S. 966.

133 Außerdem nimmt mit zunehmenden Aktienanteil (a) die Gefahr, dass eine effiziente Übernahme verhindert wird, ab. Vgl. Kahan, M. (1993), S. 372/373.

134 Vgl. Prantl, J. (1994), S. 211.

Dies bedeutet, dass die "Equal Opportunity Rule" insgesamt der "Market Rule vorzuziehen ist, da bei ihr ineffiziente Kontrollpaketwechsel verhindert und effiziente Kontrollpaketwechsel nur in sehr begrenztem Maße einschränkt.[135] Vorstellbar wäre die Anwendung in der Praxis beispielweise in Form eines Pflichtangebots bei Überschreiten eines festzulegenden Beteiligungsschwellenwerts im Falle des Kontrollpaketwechsels.[136]

2.3. Erwerb durch ein "Tender Offer"

2.3.1. Definition des Begriffs "Tender Offer"

Die verschiedenen, das "Tender Offer" Verfahren behandelnden Kapitalmarktgesetze enthalten keine Legaldefinition des Begriffs "Tender Offer".[137] Deshalb mussten sich in der Vergangenheit häufig die Gerichte mit der nicht unerheblichen Frage auseinandersetzen, ab wann eine Akquisition ein "Tender Offer" darstellt, da in diesen Fällen neben den unter Abschnitt 3.1. beschriebenen Publizitätsvorschriften noch weitergehende Regelungen zu beachten sind.[138] Aus Sicht der Aufkäufer kann es strategisch günstig sein, die Transaktionen derart zu gestalten, dass nicht die Vorschriften zum "Tender Offer" anzuwenden sind, um den Erwerb der Kontrollbeteiligung nicht unnötig zu verzögern, zu verteuern bzw. im Extremfall durch zusätzlich auftauchende Konkurrenzbieter zu gefährden.[139]

Von den Gerichten und Kommissionen sind verschiedene Kriterienkataloge entworfen worden, um öffentliche Übernahmeangebote von "normalen" Marktgeschäften abzugrenzen.[140] Am bekanntesten ist hierbei der im Fall Wellman v. Dickenson angewendete 8-Punkte-Test der SEC. Dieser beinhaltet die nachfolgenden acht Fragen, wobei für eine Klassifizierung als "Tender Offer" nicht zwingend alle zu bejahen sind:[141]

¶ Ist eine aktive und weit gestreute Kaufanfrage bei den Aktionären der Zielgesellschaft erfolgt?

---

[135] Zu diesem Schluss kommen auch Burkart/ Gromb/ Panunzi in ihrer Analyse. Vgl. Burkart, M./ Gromb, D./ Panunzi, F. (1998b), S. 28.

[136] Vgl. Kapitel V, Abschnitt 1.1.

[137] Vgl. Loss, L./ Seligman, J. (1995), S. 513; Hazen, T.L. (1996), S. 605.

[138] Vgl. zur Definition eines "Tender Offer": Dietrich, H. (1975), S. 25-28, 97-105; Aranow, E.R./ Einhorn, H.A./ Berlstein, G. (1977), S. 1-25; Clark, R.C. (1986), S. 562-564; Gilson, R.J./ Black, B.S. (1995), S. 959-985; Emmanuel, S.L. (1997), S. 500/501. Vgl. zusätzlich die Definition eines Übernahmeangebots gemäß Übernahmekodex, Kapitel II, Abschnitt 3.2.1.

[139] Vgl. Reul, J. (1991a), S. 59; Gilson, R.J./ Black, B.S. (1995), S. 917; Emmanuel, S.L. (1997), S. 501. Zu den Umgehungsmöglichkeiten vgl. Booth, R.A. (1989b), S. 715-728.

[140] Vgl. Röhrich, M. (1992), S. 130.

[141] Vgl. Wellman v. Dickenson, 475 F.Supp. 783 (S.D.N.Y. 1979); Gilson, R.J./ Black, B.S. (1995), S. 959-977; Loss, L./ Seligman, J. (1995), S. 515; Emmanuel, S.L. (1997), S. 501. Eine Darstellung weiterer Methoden findet sich bei Gilson, R.J./ Black, B.S. (1995), S. 979-984.

- ¶ Besitzen die angesprochenen Aktionäre einen großen Prozentsatz der auf dem Markt befindlichen Aktien?
- ¶ Ist den Aktionären eine Prämie, d.h. ein Preis deutlich über dem Marktniveau, angeboten worden?
- ¶ Sind die Konditionen des Angebots verhältnismäßig detailliert festgelegt und nur begrenzt verhandelbar?
- ¶ Ist das Angebot an bestimmte Bedingungen geknüpft?
- ¶ Ist das Angebot auf einen bestimmten Zeitraum beschränkt?
- ¶ Sind die Aktionäre hinsichtlich ihrer Verkaufsentscheidung unter Druck gesetzt worden?
- ¶ Gab es öffentliche Bekanntmachungen seitens des Bieters?

Private Kontrolltransaktionen, bei denen - wie im Fall Wellman v. Dickenson - einer Vielzahl von Aktionären zu fixierten Preisen ein Angebot unterbreitet wird, gelten nach diesem Test als "Tender Offer". Anders verhält es sich dagegen mit Transaktionen, bei denen in einem privaten Umfeld mehrere Großaktionäre gleichzeitig bezüglich eines potentiellen Verkaufs angesprochen werden[142] oder bei denen der Bieter große Mengen an Aktien am Markt erworben hat.[143] Bei unklaren Fällen liegt die Entscheidungsbefugnis bei den jeweils zuständigen Gerichten, so dass die Bieter auf Basis der bisherigen Entscheidungen und der SEC-Regeln im Vorfeld einer Transaktion die potentiellen Vor- und Nachteile der verschiedenen Erwerbsarten, wie etwa Prozessrisiken aufgrund von Interpretationsspielräumen, Kurssteigerungsgefahren sowie Schnelligkeit, abwägen müssen.[144]

2.3.2. Publizitäts- und Verfahrensvorschriften

2.3.2.1. Offenlegungs- und Informationspflichten

Der Williams Act hat neben dem Frühwarnsystem[145] noch erweiterte Pflichten für öffentliche Angebote in Form der Sections 14(d),(e) zum Securities Exchange Act hinzugefügt.[146] Gemäß §14(d)(1) SEA ist der potentielle Aufkäufer im Falle eines "Tender Offer", welches den Erwerb einer mehr als 5%igen Beteiligung zum Ziel hat, schon bei Abgabe des Angebots ohne tatsächliche Überschreitung des Schwellenwerts zur unverzüglichen Veröffentlichung der gemäß §13(d)(1) SEA vorgeschriebenen Informationen, den Angebotsbedingungen sowie weiteren

---

[142] Vgl. z.B. den Fall Hanson Trust PLC v. SCM Corp., 774 F.2d 47 (2d Cir. 1985); Greene, E.F./ Junewicz, J.J. (1984), S. 663; Gilson, R.J./ Black, B.S. (1995), S. 978.

[143] Eine Übersicht verschiedener Gerichtsurteile zur Auslegung der Wellman-Regel findet sich bei Clark, R.C. (1986), S. 562-564.

[144] Vgl. Hazen, T.L. (1996), S. 619.

[145] Vgl. Abschnitt 2.1.

[146] Vgl. Loss, L./ Seligman, J. (1995), S. 518/519.

Informationen, wie etwa zum finanziellen Zustand des Bieters,[147] verpflichtet.[148] Diese müssen nicht nur dem Zielunternehmen, der SEC und den jeweils zuständigen Börsen, sondern auch den Aktionären der Zielgesellschaft direkt zur Verfügung gestellt werden, wobei für letztere eine Zusammenfassung der Informationen ausreicht.[149] Darüber hinaus müssen alle Änderungen, die sich wesentlich auf die Entscheidung eines Aktionärs auswirken können, gemäß SEC-Regel 14d-1(b) unverzüglich gemeldet werden.[150]

Zusätzlich zu den Informationen des Bieters kann das Management innerhalb von 10 Werktagen eine Stellungnahme veröffentlichen und sich dabei unter Angabe von Gründen dazu äußern, inwieweit das Management die Übernahme befürwortet oder ablehnt.[151] Verzichtet das Management einer Zielgesellschaft gänzlich auf eine Stellungnahme, ist dieses ebenfalls zu begründen.

2.3.2.2. Verfahrensvorschriften

Die Verfahrensvorschriften sollen, analog zu den Vorschriften des Übernahmekodex, übereilte Entscheidungen vermeiden und die Gleichbehandlung unter den Aktionären sicherstellen.[152]

2.3.2.2.1. Laufzeit des Angebots

Gemäß SEC-Regel 14e-1(a) muss das Angebot mindestens 20 Tage gelten, um den Aktionären eine ausreichende Bedenkzeit zur Verfügung zu stellen. Darüber hinaus verlängert sich die Angebotsfrist bei Änderung einer Angebotsbedingung jeweils um weitere 10 Tage. Einerseits dient die Mindestangebotsfrist damit der Vermeidung überstürzter Entscheidungen der Aktionäre und ermöglicht einen Bieterwettbewerb, da Konkurrenzangebote durch den Williams Act nicht

---

147 Zu den Anforderungen bezüglich der Informationen über die finanziellen Verhältnisse des Bieters vgl. ausführlich Puls, R.J. (1995), S. 310.

148 Auch hier gilt wieder, dass beim Aufkauf eigener Aktien bzw. bei Aufkauf von weniger als 2% innerhalb eines Jahres, die Regelungen nicht anzuwenden sind. Vgl. Clark, R.C. (1986), S. 549/550.

149 Indirekt sind die Informationen auch vorher verfügbar, da die SEC die bei ihr eingegangen Informationen über verschiedene Quellen veröffentlicht. Vgl. SEC-Regel 14d-4(a); Loss, L./ Seligman, J. (1995), S. 520.

150 Vgl. Dietrich, H. (1975), S. 194/195.

151 Vgl. SEC-Regel 14e-2; Falkenhausen, B.v. (1987), S. 173; Loss, L./ Seligman, J. (1995), S. 522.

152 Vgl. Brudney, V./ Bratton, W.W. (1993), S. 972; Kapitel II, Abschnitt 3.2.2.

eingeschränkt werden;[153] andererseits liefert sie dem Management die potentielle Möglichkeit zum Ergreifen von Abwehrmaßnahmen.[154]

2.3.2.2.2. Zulässigkeit bedingter Angebote

Der Bieter kann flexibel die endgültige Durchführung des Angebots von bestimmten Bedingungen abhängig machen, da der Williams Act keine Einschränkung hinsichtlich der Zulässigkeit von Bedingungen vornimmt.[155] Typische Beispiele für solche Bedingungen sind die Erlangung einer bestimmten Kontrollmehrheit, die Absicherung der Finanzierung und die Genehmigung der Antitrust-Behörde.[156]

2.3.2.2.3. Teilangebote und Pro-Rata-Regel

Das "Tender Offer" ist gemäß SEC-Regel 14d-10 an alle Aktionäre einer Aktienklasse zu richten, wobei Teilangebote, d.h. die Beschränkung auf einen bestimmten Prozentsatz, zulässig sind.[157] In diesen Fällen ist jedoch die Pro-Rata-Regel vorgeschrieben, um überhastete Entscheidungen der Angebotsempfänger zu vermeiden.[158] Zusätzlich ist das sogenannte "Short Tendering", bei dem sich Aktionäre durch die Andienung von nicht in ihrem Besitz stehenden Anteilen eine bessere Zuteilungsrate verschafften, durch SEC-Regel 10b-4 verboten worden.[159]

2.3.2.2.4. Wahlmöglichkeit bei der Art der Kompensation

Der Bieter kann als Gegenleistung sowohl Bargeld ("Cash Tender Offer") als auch Aktien ("Exchange Offer") anbieten;[160] die Auswahl hängt stark von den Rahmenbedingungen, wie etwa den Finanzierungsmöglichkeiten oder auch der Art der Informationsverteilung, ab.[161] Vor allem bei feindlichen Übernahmen wird in der Regel das Barangebot gewählt, um schneller ein Angebot abgeben zu können,

---

153 Zu beachten sind lediglich die "Antifraud"-Regeln von SEC-Regel 10b-5 bzw. §14(e) SEA, die z.B. bei Absprachen zwischen den eigentlich "konkurrierenden" Bietern zum Schutz der Minderheitsaktionäre zur Anwendung kommen würden. Vgl. Knoll, H.-C. (1992), S. 104.

154 Vgl. Abschnitt 2.4.2.; Kapitel II, Abschnitt 3.2.2.1. Eine Analyse der Bedeutung der Laufzeit auf die Erfolgswahrscheinlichkeit von "Tender Offers" findet sich bei Jaggia, S./ Thosar, S. (1995), S. 113-119.

155 Vgl. DeMott, D. (1988), S. 405.

156 Vgl. Clark, R.C. (1986), S. 532; Kapitel II Abschnitt 3.2.2.2.2.

157 Vgl. Gilson, R.J./ Black, B.S. (1995), S. 1216/1217; Kapitel II, Abschnitt 3.2.2.2.3.

158 Gemäß §14(d)(6) SEA ist diese Pro-Rata-Regel auf die Anteile, die in den ersten 10 Tagen der Angebotsfrist eingehen beschränkt. Da diese Eingrenzung immer noch unnötigen Annahmedruck auf die Aktionäre ausübte, wurde in der SEC-Regel 14d-8 die Pro-Rata-Regel auf den gesamten Annahmezeitraum ausgedehnt; vgl. Greene, E.F./ Junewicz, J.J. (1984), S. 685; Brennan, P. (1985), S. 109; Pampinto, S. (1987), S. 6.

159 Vgl. Ausführungen zum "Short-Tendering" bei Dietrich, H. (1975), S. 219/220; Hazen, T.L. (1996), S. 639; Gilson, R.J./ Black, B.S. (1995), S. 952-958.

160 Eine Mindestpreisvorschrift besteht nicht.

161 Eine Modellierung, wie sich der Grad der Informationsverteilung auf die Art der Kompensation auswirken kann, findet sich bei Hansen, R.G. (1987).

da beim Aktientausch zusätzliche Verfahrens- und Publizitätsvorschriften des Securities Act von 1933 zu beachten sind.[162]

2.3.2.2.5. Verbot paralleler Aktienkäufe

Generell gilt die Vorschrift, dass der Bieter an die Bedingungen seines Angebots gebunden ist,[163] was dazu führt, dass er nur eingeschränkt Veränderungen bei seinem Angebot vornehmen darf, und er während der Angebotslaufzeit parallel keine Marktgeschäfte in Form von Börsen- oder Paketkäufen abschließen darf.[164]

2.3.2.2.6. Nachbesserungspflichten

Gemäß §14(d)(7) SEA gilt die Verpflichtung zur Nachbesserung, wenn während der Laufzeit des Angebots ein höherer Preis gezahlt wird; d.h. es wird garantiert, dass alle Aktionäre den während der Angebotslaufzeit am höchsten gezahlten Preis erhalten ("Best-Price-Rule").[165] Diese Vorschrift lässt sich jedoch in der Weise umgehen, dass der Bieter zunächst das erste "Tender Offer" bei dem ursprünglichen Preis beendet, um dann in einem zweiten Angebot die zögernden Aktionäre mit einem höheren Preis zur Annahme zu bewegen,[166] da es eine 12-Monats-Regel analog zu den deutschen Vorschriften nicht gibt.[167]

2.3.2.2.7. Rücktrittsrecht des Aktionärs

Gemäß §14(d)(5) SEA steht jedem Aktionär ein Rücktrittsrecht zu, mit dem er bei Veränderung der Verhältnisse seine Entscheidung revidieren kann. Dieses Rücktrittsrecht war zunächst auf die ersten 7 Tage nach Abgabe des Angebots sowie nach Ablauf von 60 Tagen beschränkt.[168] In der SEC-Regel 14d-7(a) ist die 7-Tage-Frist jedoch auf 15 Tage erweitert worden. Die vereinzelt geäußerte Kritik, dass durch diese Regel überhastete Entscheidungen gefördert würden,[169] ist zurückzuweisen, da das Rücktrittsrecht die Annahmefrist nicht einschränkt. Darüber hinaus wird durch das Rücktrittsrecht der Bieterwettbewerb gefördert, da bei einem Rücktrittsrecht die Erfolgsaussichten eines konkurrierenden Bieters mit besserem Angebot steigen.

---

162 Vgl. Travlos, N.G. (1987); Knoll, H.-C. (1992), S. 96; Gilson, R.J./ Black, B.S. (1995), S. 1176-1178.

163 Vgl. SEC-Regel 10b-13.

164 Vgl. Dietrich, H. (1975), S. 229-238; Gilson, R.J./ Black, B.S. (1995), S. 950/951, 1217.

165 Vgl. Clark, R.C. (1986), S. 551; Emmanuel, S.L. (1997), S. 497.

166 Vgl. Clark, R.C. (1986), S. 554. Auf Bundesebene ist diese Umgehungsmöglichkeit bisher noch nicht eingeschränkt worden. Inwieweit ein solches Vorgehen - "Law Ball Offer" genannt - für den Bieter überhaupt sinnvoll ist, hängt allgemein von den Rahmenbedingungen ab. Vielfach lohnt sich für den Erstbieter ein "Preemptive Striking", d.h. der Einstieg zu einem hohen Preis, um andere Bieter von einem Einstieg in das Übernahmeverfahren abzuhalten. Vgl. hierzu ausführlich Khanna, N. (1997).

167 Vgl. Kapitel II, Abschnitt 3.2.2.2.6.

168 Vgl. Dietrich, H. (1975), S. 207-210; Loss, L./ Seligman, J. (1995), S. 523.

169 Vgl. Booth, R.A. (1989b), S. 712, 714.

2.3.2.3. Folgen von Pflichtverletzungen

Gemäß Section 14(e) SEA sind dem Bieter alle irreführenden, betrügerischen oder auch manipulativen Maßnahmen in Zusammenhang mit einem "Tender Offer" verboten; zusätzlich stellt es einen Gesetzesverstoß dar, wenn grundlegende Informationen, welche die Entscheidungsfähigkeit der Aktionäre beeinträchtigen, durch den Bieter vorenthalten werden.[170] Voraussetzung für eine Klagemöglichkeit ist das Vorliegen einer groben Fahrlässigkeit sowie der Nachweis der Wichtigkeit der vorenthaltenen Informationen, wobei die detaillierte Auslegung wiederum den Gerichten überlassen ist.[171] Verklagt werden können neben dem ursprünglichen Bieter auch konkurrierende Bieter sowie das Management der Zielgesellschaft. Als Kläger können dabei die Zielgesellschaft selbst, im stark eingeschränkten Maße der Bieter[172] sowie die Aktionäre der Zielgesellschaft auftreten. Verstöße werden mit Gefängnisstrafen und/oder Geldbußen belegt, wobei letztere das Dreifache der bei Übernahmen erzielten Gewinne umfassen können. Zudem können nachgewiesene Verstöße gegen §14(d)(1) SEA zur Unwirksamkeit des Angebots führen. Die Regel ist als Ergänzung zur SEC-Regel 10b-5 zu sehen, die umfassend für alle Transaktionsarten gilt und erst bei tatsächlicher Durchführung der Transaktion greift, während bei Section 14(e) SEA nur ein Zusammenhang zu einem Übernahmeangebot bestehen muss.[173]

2.3.3. Position der Minderheitsaktionäre

Die Verfahrensvorschriften des Williams Act mindern den Zeitdruck der Aktionäre, sichern eine Gleichbehandlung durch die Pro-Rata-Regel, das Rücktrittsrecht sowie die Nachbesserungspflichten und vermeiden Schädigungen der Aktionäre durch das Verbot paralleler Transaktionen. Verzichtet wurde beim Williams Act auf die Vorschrift eines Pflichtangebots, so dass die Bereitstellung von gesetzlich abgesicherten Ausstiegsmöglichkeiten zusätzlich zum Marktausstieg im Ermessen des Bieters liegt. Die Möglichkeit zur gerichtlichen Überprüfung des Angebots besteht ebenfalls nicht, da die Aktionäre theoretisch die Möglichkeit zur Ablehnung haben, falls sie den Angebotspreis für zu niedrig erachten. In der Praxis sind bei den Übernahmeangeboten in der Vergangenheit Preise gezahlt worden, die durchschnittlich 30% über den Börsenkursen zum Zeitpunkt des Angebots lagen.[174]

---

[170] Vgl. Clark, R.C. (1986), S. 564-567; Hamilton, R.W. (1997), S. 405.

[171] Eine ausführliche Darstellung zu diesem Thema findet sich bei Kurth, T. (1987), S. 86-101.

[172] Umstritten war die Frage, ob die Regel §14(e) SEA auch im Falle von Abwehrmaßnahmen gegenüber dem Management der Zielgesellschaft anwendbar sei, da diese teilweise auch Manipulationen des Marktes zum Schutz des Unternehmens bzw. der eigenen Positionen vornehmen. Da der Williams Act rein auf den Schutz der Aktionäre ausgelegt wurde, ist eine Anwendung zugunsten eines Bieters im Falle eines gescheiterten Übernahmeangebots nicht möglich. Vgl. Piper v. Chris-Craft Industries, 430 U.S. 1 (1977); Gilson, R.J./ Black, B.S. (1995), S. 927; Hamilton, R.W. (1997), S. 405.

[173] Vgl. Griffin, P.J./ Tucker, J.R. (1971), S. 715/716; Clark, R.C. (1986), S. 551; Kurth, T. (1987), S. 69.

[174] Vgl. Jarrell, G.A./ Brickley, J.A./ Netter, J.M. (1988), S. 49-68; Gaugham, P. (1994), S. 6/7.

Auf den ersten Blick stellen sich deshalb Übernahmeangebote aus Sicht der Aktionäre, die das Unternehmen verlassen können und nicht aufgrund eines Teilangebots bzw. anderer Gründe im Unternehmen verbleiben müssen,[175] als äußerst vorteilhaft dar. Es besteht jedoch das Problem, dass eine freie Entscheidungsfindung der Aktionäre nur eingeschränkt möglich ist, da die Vorschriften des Williams Act die Koordinationsprobleme der Aktionäre und die daraus entstehenden Zwangswirkungen ebenfalls nicht lösen. Damit kann es trotz der Prämienzahlungen zur Annahme suboptimaler Angebote und damit zur Durchführung ineffizienter Übernahmen kommen.[176] Dieses Problem wird durch die potentiellen Strategien des Bieters – "Two-Tier-Offer", "Partial Offer" und "Three-Piece-Suitor" - verstärkt, da diese gemäß den Vorschriften des Williams Act uneingeschränkt möglich sind.[177] Beim "Two-Tier-Offer" wird den Aktionären im ersten Schritt der Angebotspreis A_1 mit dem Hinweis angeboten, dass es im zweiten Schritt nur noch den Angebotspreis A_2, z.B. im Falle eines "Freeze-out Merger", gibt.[178] Solange der Durchschnittswert D aus A_1 und A_2 noch größer ist als V, der Wert des unabhängigen Unternehmens, erscheint die Sachlage unproblematisch. Falls jedoch $A_1>V>D>A_2$ gilt, befindet sich der einzelne Aktionär in einem Entscheidungsdilemma: Lehnt er das Angebot ab, da ihn die Annahme schlechter stellen würde, und nimmt jedoch die Mehrheit der Aktionäre das Angebot an, bleibt dem ablehnenden Aktionär nur noch A_2. Nimmt der Aktionär dagegen das Angebot an, vermeidet er einerseits A_2 und akzeptiert andererseits die Schlechterstellung gegenüber der Unabhängigkeit, wenn die Mehrheit das Angebot annimmt. Damit können unter bestimmten Bedingungen, Aktionäre aufgrund der Furcht vor einer späteren Abfindung zum Wert A_2 zur Annahme des ersten Angebots gezwungen werden, um zumindestens einen Teil ihres Vermögens zu retten.[179] Dieses Dilemma entsteht in ähnlicher Weise bei einem Teilangebot und in abgeschwächter Form auch bei einem Vollangebot, da in diesen Fällen der zu erwartende Wert als Minderheitsaktionär M in einem beherrschten Unternehmen als Entscheidungsgrundlage dient und dieser nicht unbedingt eine dem "Tender Offer" Preis vergleichbare Höhe erreichen muss.[180] Auf Basis der derzeitigen Regelungen des Williams Act hängt deshalb die Situation des einzelnen Aktionärs entscheidend

---

[175] Mit diesem Problem beschäftigen sich die Abschnitte 4. und 5.

[176] Vgl. Kapitel II, Abschnitt 3.2.2. sowie die Argumentation zum "Sole Owner Standard" in Abschnitt 2.3.4. Eine Darstellung der Entscheidungssituation des Aktionärs in Form eines Entscheidungsbaums findet sich bei Romano, R. (1987), S. 152-155.

[177] In den Jahren 1981-1984 lag der Anteil von "Two-Tier-Offers" und "Partial Offers" immerhin noch bei 30%, wobei dieser Anteil aufgrund der weiter unten dargestellten Takeover-Statutes stetig sinkt. Vgl. Weston, F.J./ Chung, K.S./ Siu, J.A. (1998), S. 27.

[178] Der "Three-Piece-Suitor" läuft ähnlich wie das "Two-Tier-Offer" ab, wobei der Bieter den zwei Schritten des "Two-Tier-Offer" einen dritten voranstellt, indem er im Vorfeld eines "Tender Offer" durch private Transaktionen Anteile erwirbt. Vgl. Weston, F.J./ Chung, K.S./ Siu, J.A. (1998), S. 10; Freund, J./ Easton, R. bei Gilson, R.J./ Black, B.S. (1995), S. 1010-1020.

[179] Vgl. Harvard Law Review (1984), S. 1966; Booth, R.A. (1988), S. 1641.

[180] Vgl. Bebchuk, L.A. (1982a), S. 1039; Abschnitte 0.

davon ab, wie die Schutzvorschriften im Falle einer Kontrollausübung durch den neuen Kontrollaktionär ("Freeze-in") bzw. bei den verschiedenen Arten von "Business Combinations" gestaltet und inwieweit Umverteilungen zu Lasten der Minderheitsaktionäre möglich sind.

2.3.4. Diskussionsstand in der amerikanischen Literatur über die Regulierung von Übernahmeangeboten

Parallel zur Frage der Beteiligung außenstehender Aktionäre im Falle eines Kontrollpaketwechsels hat sich auch in bezug auf die Regulierung von "Tender Offers" eine rege Diskussion ergeben, welche vor allem von zwei konträren Meinungen beherrscht wird: "Sole Owner Standard" vs. "Market Standard". Im Mittelpunkt des Interesses steht dabei zum einen, ob generell eine Regulierung von Übernahmeangeboten notwendig ist, und zum anderen, ob das Management einer Zielgesellschaft Abwehrmaßnahmen zum Schutz gegen feindliche Übernahmen ergreifen darf.[181] Letzteres bleibt in diesem Abschnitt zunächst ausgeklammert.

2.3.4.1. "Sole Owner Standard"

Gemäß dem vor allem von Bebchuk propagierten "Sole Owner Standard" ist in einem Übernahmeangebot ein Angebotspreis nur dann angemessen, wenn dieser mindestens die Höhe erreicht, die ein unabhängiger Alleineigentümer in Verhandlungen mit dem Aufkäufer erzielt hätte.[182] Nur in diesem Fall kann ein optimaler Entscheidungsmechanismus gewährleistet werden, bei dem sich die Aktionäre immer dann für ein Angebot entscheiden, wenn der Angebotspreis über ihrem eigenen persönlichen Grenzpreis liegt.[183] Bebchuk entwickelte deshalb aus den Merkmalen eines Alleineigentümers drei Schlussfolgerungen für die Gestaltung von Übernahmeregelungen:[184]

1) Der Alleineigentümer kann frei entscheiden, an wen er wann seine Aktien verkaufen möchte. Dadurch sollten auch alle Abwehrmaßnahmen, welche dem Management bei einer stark gestreuten Aktionärsstruktur diese Entscheidungsmacht übertragen, ausgeschlossen werden.[185]
2) Der Alleineigentümer ist in der Lage, ein Angebot in Ruhe zu überdenken und eventuell Alternativangebote zur Verbesserung der eigenen Verhandlungsposition einzuholen. Durch eine "Auctioneering Rule" (Regel zur Förderung des Bieterwettbewerbs) soll dieses auch bei prinzipiell unkoordiniert handelnden Aktionären sichergestellt werden.
3) Ein Alleineigentümer ist immer in der Lage, ein Abfindungsangebot, wenn es seinen Vorstellungen nicht entspricht, abzulehnen; d.h. es besteht kein "Pressure to tender" (Zwang zur Annahme des Angebots). Diese Entscheidungsfreiheit

---

[181] Vgl. Bebchuk, L.A. (1986), S. 254.
[182] Vgl. Bebchuk, L.A. (1982a); (1982b); (1985); (1986); (1988a); (1988b).
[183] Vgl. Bebchuk, L.A. (1988b), S. 373.
[184] Vgl. Bebchuk, L.A. (1982b), S. 48.
[185] Vgl. Abschnitt 0.

kann im Falle einer starken Aktionärsstreuung nur mit Hilfe rechtlicher Rahmenbedingungen erreicht werden.

Die Begründung für die letzten zwei Punkte liegt in den Entscheidungsproblemen von Aktionären. Diese entstehen immer dann, wenn ein einzelner Aktionär über die Annahme eines Angebots entscheiden muss, ohne sich mit seinen Mitaktionären abstimmen zu können. Nachteilige Wirkungen erzeugen diese Entscheidungsprobleme jedoch nur in Fällen, in denen der Angebotspreis A kleiner als der Wert des unabhängigen Unternehmens V, jedoch größer als der erwartete Wert eines Minderheitenanteils im beherrschten Unternehmen M ist.[186] Letzteres tritt z.B. ein, wenn der Minderheitenschutz im beherrschten Unternehmen unzureichend ist und Umverteilungen möglich sind. Mit Einführung eines Bieterwettbewerbs würde es nach Meinung von Bebchuk zu einer generellen Erhöhung der Prämienzahlungen, sei es durch die Bedrohung bzw. das tatsächliche Auftreten eines Konkurrenzangebots kommen, so dass die Wahrscheinlichkeit für die Konstellation V>A>M allgemein reduziert würde.[187] Gänzlich beseitigt werden könnte dieses Problem durch den zweiten Vorschlag von Bebchuk, die außenstehenden Aktionäre über das Angebot abstimmen zu lassen. Dabei bietet Bebchuk zwei alternative Lösungen:[188] Bei der ersten Lösung stimmen die Aktionäre gleichzeitig mit der Entscheidung, ob sie das Angebot annehmen, darüber ab, ob sie das Angebot gutheißen. Sollte eine Mehrheit der Aktionäre das Angebot aus Sicherheitsgründen zwar annehmen, aber aufgrund von V>A nicht befürworten, würde das Angebot als gescheitert gelten. Bei der zweiten Lösung wird zunächst generell über die Befürwortung der Übernahme abgestimmt und erst bei einer Befürwortung durch die Mehrheit die Frage nach der Annahme des Angebots gestellt. Im Ergebnis sind sich beide Lösungen sehr ähnlich, da beide erreichen, dass der Aktionär ohne Zwang seine eigene Entscheidung über die Vorteilhaftigkeit des Angebots treffen kann. Bei der zweiten Lösung wird allerdings bemängelt, dass die Transaktionskosten höher sind. Die derzeitige Regelung nach dem Williams Act fördert zwar die von Bebchuk geforderten Auktionen durch die Festlegung von Mindestlaufzeiten sowie durch das Rücktrittsrecht der Anteilseigner; das Koordinationsproblem wird jedoch, wie oben dargestellt, durch die Regelungen nicht gelöst.

Neben dem Argument, dass Aktionäre vor unfairen Verteilungen geschützt werden sollten, liefert Bebchuk als zweites Argument, dass durch die vorgeschlagenen Regelungen ein Beitrag für die Gesamtwohlfahrt geleistet wird, indem eine effizientere Nutzung der Unternehmensressourcen sichergestellt wird.[189] Diese Ansicht basiert auf dem Argument, dass aufgrund des Koordinationsproblems nicht nur Übernahmen durchgeführt werden, die den einzelnen Aktionär gegenüber seiner Ausgangssituation schlechter stellen, sondern auch gesamtwirtschaftlich nicht effizient sind. Letzteres ist der Fall, wenn die Übernahmen nicht auf Basis

---

[186] Vgl. Kapitel II, Abschnitt 3.2.2. sowie obigen Abschnitt 2.3.3.

[187] Vgl. Bebchuk, L.A. (1982a), S. 1040/1041; ders. (1982b), S. 24.

[188] Vgl. Bebchuk, L.A. (1988b), S. 381/382.

[189] Vgl. Bebchuk, L.A. (1982a), S. 1046-1050.

von Effizienzmotiven, sondern aufgrund von Empire-Building- oder Umverteilungsmotiven erfolgen und der eigentliche Wert der Aktien bei Unabhängigkeit größer ist als bei Übernahme durch den Bieter.[190] Darüber hinaus kann nach Meinung von Bebchuk durch die Förderung des Bieterwettbewerbs die Wahrscheinlichkeit erhöht werden, dass tatsächlich derjenige das Unternehmen erhält, welcher den größten Gewinn generieren und damit die höchste Prämie bieten kann.[191]

2.3.4.2. "Market Standard"

Als Vertreter des "Market Standard" haben sich besonders Easterbrook/Fischel sowie Schwartz mit einer Reihe von Artikeln hervorgetan.[192] Der "Market Standard" basiert auf den Grundsätzen der Chicago School, gemäß denen jede Übernahme, bei welcher der Angebotspreis über dem Marktpreis vor Übernahme liegt, effizient ist und deshalb durchgeführt werden sollte. Easterbrook/Fischel verbinden mit der Transaktionsart "Übernahmeangebot" vor allem feindliche Übernahmen und gehen davon aus, dass in diesen Fällen einzig die Managementdisziplinierung im Vordergrund steht, und alle anderen Effizienzmotive, wie etwa Synergievorteile, nur bei freundlichen Übernahmen wie Verschmelzungen oder bei Kontrollpaketwechseln von Bedeutung sind.[193] Easterbrook/Fischel lehnen deshalb jegliche Regulierungen von Übernahmeangeboten ab, da steigende Übernahmepreise zu einer Reduzierung der Anzahl von Übernahmen und damit zu einer Einschränkung des Marktes für Unternehmenskontrolle führen würden; dieses sei sowohl aus Sicht des einzelnen Aktionärs als auch aus Sicht der Gesamtwohlfahrt nicht erwünscht.[194] Ex post betrachtet würden die Aktionäre zwar z.B. einen Bieterwettbewerb befürworten, ihn jedoch ex ante ablehnen, da bei einer Reduzierung der Übernahmewahrscheinlichkeit der ex ante Marktwert sinkt:[195]

$$(9)\ P = A^*q + V^*(1-q),$$

mit P = Marktpreis eines Anteils; A = Angebotspreis bei einer Übernahme; q = Erfolgswahrscheinlichkeit für Übernahme; V = Wert des Anteils bei einem unabhängigen Unternehmen.

Hinzu käme, dass die potentiellen Bieter Kosten für die Suche nach einem geeigneten Übernahmekandidaten aufbringen müssen.[196] Durch Vorschriften wie die Mindestlaufzeit eines Angebots bekämen Konkurrenzbieter als sogenannte "Trittbrettfahrer" die Möglichkeit, bessere Prämien als der Erstbieter anzubieten, da sie keine Suchkosten in ihr Wirtschaftlichkeitskalkül aufzunehmen haben. Um nicht in die unvorteilhafte Position des Erstbieters zu geraten, würden die Bieter

---

190 Vgl. hierzu Kapitel I, Abschnitt 3.; Bebchuk, L.A. (1982b), S. 33-37

191 Vgl. Bebchuk, L.A. (1982a) S. 1049; ders. (1982b), S. 39.

192 Vgl. Easterbrook, F.H./ Fischel, D.R. (1981a), (1982b); Schwartz, A. (1986); (1988a); (1988b).

193 Vgl. Easterbrook, F.H./ Fischel, D.R. (1981a), S. 1169.

194 Vgl. Easterbrook, F.H./ Fischel, D.R. (1982b), S. 2, 17.

195 Vgl. Easterbrook, F.H./ Fischel, D.R. (1981a), S. 1177.

196 Vgl. Easterbrook, F.H./ Fischel, D.R. (1981a), S. 1178; dies. (1982b), S. 7.

ihre Suche reduzieren, was zwangsläufig eine Einschränkung der Übernahmen bewirkt.[197] Darüber hinaus nimmt durch die Prämienerhöhungen der Anreiz der Bieter zur Kontrollausübung ab, wodurch wiederum die Agency Costs ansteigen.[198] Insgesamt gesehen würde die Gruppe der Aktionäre (Bieter- und Zielunternehmen) durch die Umverteilung verlieren. Nach Meinung von Easterbrook/Fischel wäre es deshalb besser, einen Ausgleich der Vor- bzw. Nachteile als jeweiliger Aktionär des Bieter- bzw. Zielunternehmens durch ein volldiversifiziertes Aktienportfolio bzw. durch Anlage in Fonds zu erreichen.[199]

Zusätzlich vertritt Schwartz in bezug auf die Situation der Aktionäre die Meinung, dass das Koordinationsproblem bisher falsch beurteilt worden ist, da den Aktionären in keinem Fall Nachteile, sondern im positiven Fall eher Vorteile entstehen. Er begründet diese These damit, dass bei öffentlichen Übernahmeangeboten der Erstkäufer ohnehin gezwungen sei, ein möglichst hohes Angebot abzugeben, um eventuelle Konkurrenzbieter von vornherein aus der Übernahme herauszuhalten.[200] Er bestreitet nicht die Existenz von zwei Gleichgewichtsstrategien im Fall V>A>M, er glaubt jedoch, dass die paretosuperiore Entscheidung "Angebot ablehnen" fokal, d.h. überlegen, sei.[201] Er begründet diese Aussage mit der Annahme, dass eine Vielzahl institutioneller Anleger an einer Übernahme partizipieren, welche eine bessere Entscheidungsposition einnehmen als der einzelne Aktionär.[202] Außerdem betrachtet er die Aktionäre als Nutzenmaximierer und nicht als risikoscheue Anleger, welche durch Anwendung der Maximin-Strategie ihre Verluste zu minimieren versuchen.[203]

Die Wirkung einer Regulierung auf die Gesamtwohlfahrt betreffend wird zwar von keinem der drei Autoren abgestritten, dass der Erstbieter keinesfalls derjenige sein muss, welcher die größte Effizienzsteigerung erzielt. Jedoch vertreten die Anhänger des "Market Standard" die Meinung, dass in solchen Fällen die Wertsteigerung durch späteren Weiterverkauf ohne die Kosten einer Auktion erzielt werden kann.[204]

Eine dritte Meinung, die nicht direkt im Zusammenhang mit dem "Market Standard" steht, aber ebenfalls die Abschaffung von Regulierungen zum Schutz der Minderheitsaktionäre fordert, wird vor allem von Grossman/Hart vertreten.[205] Sie

---

197 Vgl. hierzu auch Schwartz, A. (1986), S. 236.
198 Vgl. Easterbrook, F.H./ Fischel, D.R. (1981a), S. 1179.
199 Vgl. Easterbrook, F.H./ Fischel, D.R. (1982b), S. 8/9.
200 Vgl. Schwartz, A. (1988a), S. 173.
201 Vgl. Kapitel II, Abschnit 3.2.3.

	X nimmt Angebot an	Y lehnt Angebot ab
Y nimmt Angebot an	100/100	110/90
Y lehnt Angebot ab	90/110	105/105

202 Vgl. Schwartz, A. (1988a), S. 181.
203 Vgl. Schwartz, A. (1988b), S. 234.
204 Vgl. Easterbrook, F.H./ Fischel, D.R. (1982b), S. 15; Schwartz, A. (1986), S. 242-244.
205 Vgl. Grossman, S.J./ Hart, O.D. (1980a), S. 42-64; ders. (1980b), S. 323-334.

halten die Zwangswirkung und die Zulässigkeit von Benachteiligungen der Minderheitsaktionäre in einem beherrschten Unternehmen für ein unverzichtbares Mittel zur Vermeidung eines "Free-Rider"-Verhaltens der Aktionäre. Unter "Free-Rider"-Verhalten wird in diesem Zusammenhang verstanden, dass bei einer stark zersplitterten Aktionärsstruktur die Aktionäre ein Übernahmeangebot erst dann annehmen, wenn sie der Meinung sind, dass der Angebotspreis genauso hoch ist wie der Wert, der nach erfolgreicher Übernahme und Effizienzsteigerung im beherrschten Unternehmen zu erwarten ist.[206] Dabei spielt die zersplitterte Aktionärsstruktur eine wichtige Rolle, da der einzelne Aktionär seine Einzelentscheidung für den Erfolg des Angebots als unwesentlich erachtet und deshalb ablehnt, um seinen eigenen Wert zu maximieren.[207] Dieses Verhalten würde wiederum zu einer Einschränkung der Übernahmen und damit des Marktes für Unternehmenskontrolle führen, da Angebote scheitern und weniger Bieter Übernahmen planen würden, wenn sie auf der einen Seite die gesamten Transaktionskosten tragen müssen und auf der anderen Seite nur im begrenzten Maß an den Gewinnen aus der Übernahme teilhaben können.[208]

2.3.4.3. Gegenüberstellung der Standpunkte

Zur Beurteilung der beiden Standpunkte werden nachfolgend die Effekte einer Regulierung auf die Suchintensivität von Bietern, für die Aktionäre und für die Gesamtwohlfahrt dargestellt.

2.3.4.3.1. Effekt einer Regulierung auf die Suchintensität von Bietern

An erster Stelle ist das Argument von Easterbrook/Fischel zu bewerten, dass durch Auktionen die Suchaktivitäten und damit die Anzahl von Übernahmen aufgrund des Risikos des Erstbieters, auf den Suchkosten "sitzenzubleiben", reduziert werden. Prinzipiell ist festzuhalten, dass im Falle einer Auktion eine Übernahme durch einen Erstanbieter immer nur dann misslingt, wenn der Zweitbieter mehr Effizienzgewinne generieren und damit mehr bieten kann, oder wenn tatsächlich die Suchkosten bewirken, dass ein Zweitbieter bei gleicher bzw. geringerer Effizienzsteigerung ein besseres Angebot abgeben kann.[209] Bei Vorliegen der zuletzt genannten Konstellation kann es durch die Förderung von Auktionen zu suboptimalen Übernahmen kommen, wie nachfolgendes Beispiel zeigt:[210]

Der Wert des unabhängigen Unternehmens U_V ist \$10.000 (bei n = 100 ausstehenden Anteilen); die Suchkosten SK betragen \$500 und der Wert des Unternehmens würde beim Erstbieter U_1= \$13.000 bzw. bei Bieter 2 U_2= \$12.600 betragen. Im Fall des Erstbieters würde die Gesamtwohlfahrt einen Zugewinn von

---

206 Vgl. Grossman, S.J./ Hart, O.D. (1980a), S. 43, 45.

207 Vgl. Grossman, S.J./ Hart, O.D. (1980b), S. 327.

208 Vgl. Grossman, S.J./ Hart, O.D. (1980a), S. 43.

209 Abgesehen von dem Fall, dass die Aktionäre prinzipiell alle Angebot ablehnen. Vgl. Berkovitch, E./ Bradley, M./ Khanna, N. (1989), S. 399.

210 Vgl. Prantl, J. (1994), S. 192.

\$2.500 erhalten und im Fall von Bieter 2 nur \$2.100. Ohne Verteilung der Suchkosten auf Bieter 1 und 2 [211] würde jedoch Bieter 2 erfolgreich sein, da er einen Angebotspreis A_2 von bis zu \$126 ausgeben könnte, während bei Bieter 1 die Obergrenze bei A_1 = \$125 liegt.

Gleichzeitig muss jedoch berücksichtigt werden, dass der Erstbieter die Möglichkeit zum "billigen" Erwerb in der Vorangebotsphase hat. Erst bei Erreichen der 5%-Hürde besteht eine Veröffentlichungspflicht, welche durch die 2%- und die 10-Tages-Regel noch über die 5%-Schwelle hinaus umgangen werden kann.[212] Dadurch kann der Erstbieter bei Scheitern seines eigenen Angebots die Suchkosten durch den Verkauf der eigenen Aktien an den Konkurrenzbieter decken, wenn der konkurrierende Bieter ein höheres Angebot machen kann. Unterstellt man obiges Beispiel mit den Annahmen, dass der Wert U_2 bei \$14.000 liegt und der Erstbieter im Vorfeld 15 Aktien erworben hat, würde er im Falle eines Vollangebots durch Bieter 2 \$600 an Prämie erhalten, was seine Suchkosten voll abdecken und darüber hinaus einen Gewinn von \$100 bedeuten würde.[213] Zudem kann sich der Erstbieter im Falle des obigen Beispiels bei Beibehaltung der ursprünglichen Annahmen, d.h. U_2= \$12.600, trotz Suchkosten gegen das Angebot des Zweitbieters durchsetzen, wenn er mindestens 3,8 Aktien, d.h. 3,8%, im Vorfeld einer Übernahme zu einem Preis von 100 pro Aktie erworben hat.[214] Ein Suchkostenproblem existiert demnach nicht, falls:

$$(10)\ (U_1 - x^*U_V/n - SK) / (n-x) \geq A_2$$

mit x = Anzahl der im Vorfeld des Angebots erworbenen Aktien; n = Gesamtzahl Aktien

In einem solchen Fall wäre weder ein Verbot von Auktionen noch eine Vorschrift zur Verteilung der Suchkosten des Erstbieters erforderlich.

Der Vorteil durch Vorerwerb kann sich jedoch aus Gesamtsicht zum Nachteil wandeln, sobald der Erstbieter eine geringere Effizienzsteigerung als der Zweitbieter erzielt. Unterstellt man beispielsweise, dass der Erstbieter nur einen Wert U_1 von \$12.400 - ohne Berücksichtigung von Suchkosten - erzielen kann, würde er sich dennoch erfolgreich gegen Bieter 2 (U_2=\$12.600) durchsetzen, wenn er mindestens 7,7% der Aktien im Vorfeld zum Preis von \$100 erwerben würde.[215] In diesem Fall könnte eine Verteilung der Suchkosten wiederum dazu dienen, das Unternehmen dem effizientesten Erwerber zuzuführen, da in diesem Fall Bieter 2 den Zuschlag erhalten und Bieter 1 über die Prämienzahlungen seiner 7,7% Aktien entschädigt würde.

---

211 Eine Verteilung von Suchkosten wäre nur möglich, wenn diese eindeutig ermittelt werden könnten. Vgl. zu Lösungsvorschlägen von Suchkostenproblemen Prantl, J. (1994), S. 192.

212 Vgl. Bebchuk, L.A. (1982a), S. 1035; ders. (1986), S. 255.

213 Bei einem Teilangebot wäre eine Deckung der Suchkosten nicht sofort erreicht, sondern der Erstbieter wäre wie alle anderen Aktionäre im starken Maße von den Regelungen in einem beherrschten Unternehmen abhängig.

214 3,8*\$100 + \$500 + 96,2*\$126 = \$13.000.

215 7,7*\$100 + 92,3*\$126 = \$12400.

Ein optimaler Weg ist also nicht zu gewährleisten, da bei jeder Lösung die Gefahr von Ineffizienzen besteht. Da jedoch in vielen Fällen die Suchkosten ohnehin an die Erfolgswirksamkeit des Angebots gebunden sind,[216] und die Erstbieter über einen gewissen Zeitvorteil bei der Planung und Kontrolle verfügen,[217] erscheint die Ermöglichung des Vorerwerbs von Anteilen am Markt als die sinnvollste Lösung, um den Nachteil der Suchkostenproblematik weitgehend auszugleichen. Dieses bedeutet jedoch nicht, dass dem Vorschlag von Bebchuk,[218] die Möglichkeiten zum heimlichen Vorerwerb deutlich zu erhöhen, gefolgt werden sollte, da dann die Gefahr der ineffizienten Ressourcenallokation seitens des Erstbieters zunehmen würde.

2.3.4.3.2. Effekt einer Regulierung für die Aktionäre

Es ist unbestritten, dass bei strikter Anwendung des "Sole Owner Standard", d.h. durch die Förderung von Auktionen und die Verringerung der Zwangswirkungen, die durchschnittlichen Prämienzahlungen bei Übernahmen zugunsten der Aktionäre erhöht werden,[219] weil Übernahmen mit niedrigen Prämien nicht erfolgreich sein werden.[220] Dieses beweisen auch die Mehrzahl der Untersuchungen, welche nach Einführung der Regelungen des Williams Act und der an späterer Stelle beschriebenen State Statutes durchgeführt wurden. Danach haben sich z.B. gemäß der Untersuchung von Jarrel/Bradley seit Einführung des Williams Act die Prämien um ca. 20 Prozentpunkte erhöht.[221]

Umstritten ist jedoch, wie sich die Prämienerhöhungen auf die Gesamtposition der Aktionäre auswirken,[222] mit welcher Wahrscheinlichkeit die Situation V>A>M eintritt, und welche Entscheidung der einzelne Aktionär in einem solchen Gefangenendilemma tatsächlich trifft. Für Bebchuk sind die Prämienerhöhungen in jedem Fall positiv zu werten, da sie verhindern, dass die Aktionäre aufgrund des Koordinationsproblems zu Preisen abgefunden werden, welche ein Alleineigentümer in einer Verhandlung keinesfalls akzeptiert hätte.[223] Gemäß obiger Argumentation von Schwartz kommt es jedoch nur selten zu einer Situation V>A>M, da durch die Öffentlichkeit von Angeboten ohnehin die Bedrohung von

---

[216] Einen Hauptposten bei den Suchkosten stellen die Gebühren der Investmentbanken dar, welche jedoch in der Regel erfolgabhängig anfallen. Vgl. Bebchuk, L.A. (1982a), S. 1037.

[217] Vgl. Bebchuk, L.A. (1982a), S. 1036.

[218] Vgl. Bebchuk, L.A. (1982a), S. 1038.

[219] Vgl. Bebchuk, L.A. (1982a), S. 1039; Easterbrook, F.H./ Fischel, D.R. (1982b), S. 7.

[220] Vgl. Jensen, M.C./ Ruback, R.S. (1983), S. 29.

[221] Vgl. Jarrell, G.A./ Bradley, M. (1980), S. 373; Jensen, M.C./ Ruback, R.S. (1983), S. 28/29; Malatesta, P.H./ Thompson, R. (1993), S. 378. Nathan/O'Keefe vertreten dagegen die Meinung, dass eine Prämienerhöhung nicht unbedingt ablesbar sei, da gemäß ihrer Untersuchung die Prämien in den ersten vier Jahren nach Einführung zunächst absanken, um dann erst im Anschluss ab 1973 verstärkt zuzunehmen Vgl. Nathan, K.S./ O'Keefe, T.B. (1989), S. 115-118.

[222] Vgl. hierzu auch Abschnitt 2.3.4.3.3.

[223] Vgl. Bebchuk, L.A. (1982a), S. 1040.

Konkurrenzangeboten und somit automatisch für Bieter ein Anreiz zur Abgabe hoher Angebote bestehe, ohne dass hierfür zusätzliche Regelungen notwendig seien. Dagegen lässt sich einwenden, dass nur eine Regulierung der Mindestlaufzeit überhaupt eine Bedrohung durch Konkurrenzangebote ermöglicht, da ansonsten der Erstbieter einen nicht kompensierbaren Zeitvorteil hat.[224] Das Argument, dass die Aktionäre ohnehin eine gute Verhandlungsposition hätten, da der Anstoß für ein Übernahmeangebot und damit auch die Anfangskonditionen immer vom Käufer kommen,[225] ist ebenfalls zu relativieren, da die Aktionäre diese Position nur bedingt ausnutzen können. Sobald ein Zwang zur Annahme des Angebots besteht, d.h. solange A>M, ist die einzig rationale Entscheidung eines risikoaversen Investors die Annahme des Angebots, falls nicht die Entscheidungen der anderen Aktionäre mit Sicherheit vorhersehbar sind. Vielfach besteht darüber hinaus bei Ablehnung die Gefahr, dass kein zweites Angebot erfolgt oder dass den Aktionären Opportunitätskosten in Form von Zinsverlusten bei einer zeitlichen Verzögerung des zweiten Angebots drohen.

Auch das Argument von Easterbrook/Fischel, dass ein Investor in der Regel nicht weiß, ob er in ein potentielles Ziel- oder Bieterunternehmen investiert, so dass sich bei einem voll diversifizierten Portfolio die Verluste auf der einen Seite durch die Gewinne auf der anderen ausgleichen, ist zurückzuweisen.[226] Einerseits haben die Investoren in der Praxis vielfach nicht derartig hoch diversifizierte Portfolios, und andererseits kann die Lösung des Koordinationsproblems auch positive Effekte auf die Gesamtwohlfahrt haben, wie in nachfolgendem Abschnitt gezeigt wird.[227]

Als weiterer positiver Effekt einer Regulierung für die Aktionäre ist zudem die von Bebchuk angeführte Wirkung in bezug auf freundliche Übernahmeangebote zu nennen. Diese bleibt in der Argumentation von Easterbrook/Fischel völlig unberücksichtigt, obwohl auch in diesen Situationen ein Koordinationsproblem der Aktionäre bestehen kann und die Aktionäre in dieser Situation vor dem Bieter und/oder dem Management geschützt werden müssen.[228] Verhandelt das Management mit dem Bieter im Interesse der Aktionäre, stärkt die Auktionsdrohung die Verhandlungsposition des Managements.[229] Stellt sich das Management dagegen zum Schutz der eigenen Interessen gänzlich auf die Seite des Bieters, führt die Bedrohung durch Konkurrenzbieter dazu, dass der Bieter von vornherein einen höheren Preis anbietet. Dadurch sinkt die Gefahr, dass Aktionäre aufgrund ihrer Koordinationsprobleme einen Preis unterhalb ihres eigenen Grenzpreises annehmen.

Grundsätzlich kann aus den Ausführungen gefolgert werden, dass eine Regulierung gemäß den Forderungen der "Sole Owner Vertreter" für den einzelnen Aktionär aus

---

224 Vgl. Prantl, J. (1994), S. 169.
225 Vgl. Schwartz, A. (1988a), S. 173.
226 Vgl. Easterbrook, F.H./ Fischel, D.R. (1982b), S. 9.
227 Vgl. DeMott, D. (1983), S. 983.
228 Vgl. Bebchuk, L.A. (1982a), S. 1042-1046.
229 Vgl. Bebchuk, L.A. (1982a), S. 1044.

ex post Sicht aufgrund der Prämienerhöhungen sowie der Lösung des Koordinationsproblems positive Wirkungen zeigt.

2.3.4.3.3. Effekt einer Regulierung auf die Gesamtwohlfahrt

In Zusammenhang mit dem Effekt einer Regulierung auf die Gesamtwohlfahrt ist von Bebchuk als Hauptargument vorgetragen worden, dass nur im Falle eines Auktionswettbewerbs weitgehend sichergestellt werden kann, dass das Zielunternehmen an denjenigen Bieter verkauft wird, welcher den größten Nutzen aus dem Unternehmen ziehen kann.[230] Easterbrook/Fischel sowie Schwartz wenden dagegen ein, dass mit einer "Series of Sales", d.h. mit einem Verkauf des Unternehmens vom Erstbieter an den effizienteren Zweitbieter, früher oder später das gleiche Ergebnis erreicht werden kann.[231] Es ist jedoch anzuzweifeln, ob eine "Series of Sales" aus Sicht der Gesamtwohlfahrt optimal ist.:[232]

¶ Der Wechsel vom Erstbieter zum Konkurrenzbieter verursacht Transaktionskosten für Beratung, Abwicklung etc., die bei einem direkten Verkauf an den Konkurrenzbieter vermieden würden.

¶ Es ist nicht unbedingt gesichert, dass das Unternehmen tatsächlich wieder den Eigentümer wechselt, da die Übernahme bei einem sofortigen Weiterverkauf als Fehlentscheidung des Managements der Bietergesellschaft klassifiziert würde. In vielen Fällen würde es eine gewisse "Warteperiode" geben, welche wiederum Zinsverluste verursacht. Darüber hinaus besteht die Gefahr, dass der Weiterverkauf gänzlich unterbleibt, wenn etwa Ziel- und Bieterunternehmen miteinander verschmolzen wurden und ein "Weiterreichen" des Zielunternehmens nur mit Schwierigkeiten über Abspaltung möglich ist.[233]

Aus diesen Gründen erscheint die Förderung von Auktionen als der sinnvollere Weg, um sicherzustellen, dass das Zielunternehmen vom besten Ressourcenverwerter erworben wird.

Strittig ist außerdem, in welchem Maße Vorschriften zum Übernahmeangebot und die daraus resultierenden Prämienerhöhungen effiziente Übernahmen behindern

---

230 Vgl. Bebchuk, L.A. (1982b), S. 39. Ein formaler Nachweis über die Sinnhaftigkeit von Auktionen findet sich bei Berkovitch, E./ Bradley, M./ Khanna, N. (1989), S.405-409.

231 Sie wenden hierbei die Analogie aus der Geschäftswelt an, nach der ein Verkäufer eines Bildes ebenfalls nicht solange warten könne, bis jemand ein besseres Angebot vorlegt. Vgl. Easterbrook, F.H./ Fischel, D.R. (1982b), S. 13-15. Bei dieser Argumentation vernachlässigen jedoch E/F, dass der Verkäufer sein Bild niemals unter seinem Grenzpreis verkaufen würde und er ein Konkurrenzangebot nur dahingehend nutzen würde, mehr von der Differenz zwischen Käufer- und Verkäuferpreis zu partizipieren.

232 Vgl. Bebchuk, L.A. (1986), S. 265.

233 Vgl. Prantl, J. (1994), S. 182/183.

und damit einen gesamtwirtschaftlichen Verlust verursachen.[234] Bei empirischen Untersuchungen wurden deshalb drei unterschiedliche Hypothesen getestet:[235]

Gemäß der *Transfer-Hypothese* von Jarrel/Bradley ist es durch die Einführung des Williams Act zu einer Umverteilung zugunsten der Aktionäre des Zielunternehmens gekommen. Diese bedeutet gesamtwirtschaftlich einen Effizienzverlust, da insgesamt weniger Übernahmen stattfinden und die Aktionäre von nicht erworbenen Unternehmen geschädigt werden.[236]

Die *Substitutionshypothese* besagt, dass die Einführung des Williams Act keine Veränderungen hervorgerufen hat, da die Akquisitionsform "Tender Offer" durch andere Formen ersetzt worden ist.

Gemäß der *Truncation-Hypothese* von Jensen und Ruback kommt es dagegen zu einer Wohlfahrtsverbesserung, da ineffiziente Übernahmen durch eine Regulierung verhindert werden und effiziente Übernahmen unbeeinflusst bleiben.[237]

Die Truncation-Hypothese und Transfer-Hypothese bauen zwar auf gleichen Grundannahmen – Erhöhung der Prämienzahlungen, Reduktion der Anzahl von Übernahmen – auf, sie ziehen jedoch unterschiedliche Schlüsse.[238] Während die erste Hypothese die Argumentation von Easterbrook/Fischel stützt, baut letztere Hypothese auf der Argumentation von Bebchuk auf. In der Untersuchung von Malatesta/Thompson, welche die drei Hypothesen testete, konnte nur die Substitutionshypothese klar abgelehnt werden, während es für eine Entscheidung zwischen den beiden anderen Hypothese keine signifikanten Ergebnisse gab.[239]

Theoretischen Effizienzbetrachtungen folgend können Vorschriften zur Regulierung des "Tender Offer" auf der einen Seite als wohlfahrtsfördernd eingestuft werden, da ineffiziente Übernahmen bei Beseitigung des Koordinationsproblems generell verhindert werden.[240] Auf der anderen Seite können Regulierungen schädlich wirken, falls die Aktionäre ihre Verhandlungsposition ausnutzen und überhöhte Prämien fordern bzw. das Angebot in Erwartung eines besseren ablehnen. Damit kann eine eigentlich effiziente Übernahme letztendlich

---

[234] Vgl. Easterbrook, F.H./ Fischel, D.R. (1982a), S. 1175.

[235] Vgl. Malatesta, P.H./ Thompson, R. (1993), S. 364.

[236] Vgl. Jarrell, G.A./ Bradley, M. (1980), S. 373.

[237] Vgl. Jensen, M.C./ Ruback, R.S. (1983), S. 29.

[238] Smiley stellte z.B. in einer gesonderten Untersuchung einen Rückgang der Übernahmen in Höhe von 8,5% in den Jahren 1972 bis 1978 fest. Hierbei stellt sich jedoch die Frage, ob überhaupt ein Rückgang stattgefunden hat, da Smiley die prognostizierten Übernahmezahlen mit den tatsächlichen Werten verglichen hat, wodurch eine nicht unerhebliche Prognoseungenauigkeit mit zu berücksichtigen ist. Darüber hinaus ist unklar, welche Art von Übernahmen verhindert worden sind und welche Gründe neben der Regulierung für den Rückgang verantwortlich sein könnten. Vgl. Hackl, J./ Testani, R.A. (1988), S. 1209.

[239] Vgl. Malatesta, P.H./ Thompson, R.H. (1993), S. 372, 378.

[240] Vgl. Bebchuk, L.A. (1988a), S. 204. Ausgenommen die Fälle, in denen der Erwerber aufgrund von Selbstüberschätzung mehr bietet, als er später realisieren kann.Vgl die Ausführungen zur Hubris-Hypothese Kapitel I, Abschnitt 3.3.2.

scheitern, wenn der Erwerber seine Transaktionskosten nicht decken kann; d.h. wenn[241]

(11) $A + T > V_E$,

mit A = Preis pro Aktie; T = Transaktionskosten pro Aktie; V_E = Wert pro Aktie nach Übernahme

Diese Argumentation wird vor allem von Befürwortern des "Two-Tier-Offer" genannt. Sie befürchten aufgrund der "Free-Rider"-Problematik, dass alle Aktionäre in Erwartung einer höheren Prämie zu einem späteren Zeitpunkt das Angebot ablehnen, wenn nicht bestimmte Zwangswirkungen erzeugt werden.[242] Hierzu ist jedoch festzustellen, dass alle Prämienerhöhungen, bei denen $A + T < V_E$ gilt, nicht als Behinderung für effiziente Übernahmen wirken, da sich der Bieter immer noch besser als bei seiner Ausgangssituation stellt. Es ist außerdem zweifelhaft, ob das "Free-Rider"-Verhalten in der oben beschriebenen Extremform in der Praxis stattfinden würde, solange nicht die Aktionäre in jedem Fall bei Ablehnung des Angebots besser gestellt würden als bei einem Ausstieg. Hierbei ist zu berücksichtigen, dass die Aktionäre bei Verbleib nicht nur die Chancen, sondern auch die Risiken einer Transaktion mittragen müssen. Darüber hinaus können die Regelungen zum Minderheitenschutz in einem beherrschten Konzern niemals vollständig vor Umverteilungen zugunsten des Kontrollaktionärs schützen. Vielmehr müssen die Aktionäre damit rechnen, dass bei Ablehnung die Transaktion gänzlich scheitert und sie überhaupt keinen Gewinn erzielen können.[243] Hinzu kommt, dass der Kontrollaktionär durch Vorabkäufe am Markt einen Teil der Synergiegewinne ohnehin für sich bewahren kann.[244] Der aus diesen Gründen als selten einzustufende Wohlfahrtsverlust ist wiederum dem Wohlfahrtsgewinn durch Vermeidung von ineffizienten Übernahmen gegenüberzustellen. Zusätzlich ist zu berücksichtigen, dass durch die von Bebchuk vorgeschlagenen Regulierungen eine faire Verteilung des Übernahmegewinns gesichert wird. Damit wird kein Aktionär schlechter als vor der Übernahme gestellt und eine Flucht aus dem Kapitalmarkt verhindert. Angesichts der Tatsache, dass sich der Übernahmeboom in den 70iger und 80iger Jahren erst nach Einführung des Williams Act eingestellt hat, ist daher der Einfluss einer Übernahmeregulierung auch auf die Gesamtwohlfahrt positiv zu bewerten.

---

241 Hierbei darf nicht außer acht gelassen werden, dass effiziente Übernahmen auch dann nicht stattfinden, wenn Aktionäre aufgrund von Informationseffizienzen Fehlentscheidungen treffen bzw. wenn der Bieter aufgrund einer falschen Preisstrategie bei seinem ersten Angebot scheitert und sich ein erneutes Angebot aufgrund der Transaktionskosten nicht lohnt. Vgl. Bebchuk, L.A. (1985), S. 1771-1173.

242 Vgl. Grossman, S.J./ Hart, O.D. (1980a), S. 45; Carney, W.J. (1986), S. 48/49.

243 Vgl. Prowse, S. (1994), S. 64.

244 Vgl. Harrington, J.E./ Prokop, J. (1993), S. 852.

2.4. Abwehrmaßnahmen des Managements

Die Position der Minderheitsaktionäre wird neben den Verfahrens- und Informationsvorschriften des Williams Act und der Takeover Statutes im Falle einer feindlichen Übernahme auch durch die Menge zulässiger Abwehrmaßnahmen des Managements entscheidend beeinflusst. Aus diesem Grund sollen in den folgenden Abschnitten zunächst die Bewertung von Abwehrmaßnahmen durch die Rechtsprechung,[245] die gebräuchlichsten Abwehrmaßnahmen, sowie die Diskussion in der Literatur über die Effekte von Abwehrmaßnahmen für die Aktionäre unterstützt von empirischen Ergebnissen dargestellt werden.

2.4.1. Bewertung von Abwehrmaßnahmen durch die Rechtsprechung

Auf Bundesebene wurde in den Urteilen Santa Fe v. Green[246] und Schreiber v. Burlington Northern[247] festgestellt, dass die SEC-Regel 10b-5 und Section 14(e) SEA nicht auf Abwehrmaßnahmen, sondern nur auf Vergehen bezüglich der Informationsvorschriften und bei Vorliegen eines betrügerischen Verhaltens angewendet werden können.[248] Nur in Einzelfällen, wie beim Urteil Mobil Corp. v. Marathon Oil Co., wurden gewisse Abwehrmaßnahmen, wie etwa der Verkauf von "Kronjuwelen", als Verstoß gegen Section 14(e) SEA klassifiziert.[249] Ansonsten schweigt das Bundesrecht zur Zulässigkeit von Abwehrmaßnahmen, so dass auf das einzelstaatliche Case Law zurückgegriffen werden muss.

Auf Einzelstaatenebene kommen die Sorgfalts- und Loyalitätspflichten der Corporation Laws zum Tragen,[250] so dass hier die "Business Judgement Rule" und der "Business Purpose Test" im Vordergrund stehen. Nach diesen sind Maßnahmen des Managements nur dann unzulässig, wenn der klagende Aktionär beweisen kann, dass bei der Durchführung bestimmter Maßnahmen nicht ausreichende Voruntersuchungen angestellt wurden und böswilligen Absichten bzw. die Eigeninteressen des Managements im Vordergrund standen ("Self-Dealing-Doctrine").[251] Bis in die 70ige Jahre wurde deshalb basierend auf der "Business Judgement Rule"

---

[245] Es ist jedoch nicht Ziel dieser Arbeit, die Entwicklung der Rechtsprechung zur Behandlung von Abwehrmaßnahmen erschöpfend darzustellen. Vgl. hierzu ausführlich Lipton, M./ Brownstein, A.R. (1985), S. 1405-1410; DeMott. D. (1988), S. 406-408; Brudney, V./ Bratton, W.W. (1993), S. 1074-1142; Gordon, J.N. (1997); Emmanuel, S.L. (1997), S. 509-540.

[246] Vgl. Santa Fe v. Green, 430 U.S. 462 (1977).

[247] Vgl. Schreiber v. Burlington Northern Inc., 472 U.S. 1 (3d Cir. 1985).

[248] Vgl. Steinberg, M.I. (1985b), S. 288; Harvard Law Review (1985), S. 1059; Hamilton, R.W. (1997), S. 407.

[249] Vgl. Fischel, D.R. (1978), S. 40; Greene, E.F./ Junewicz, J.J. (1984), S. 709/710; Hazen, T.L. (1996), S. 668-670.

[250] Vgl. Clark, R.C. (1986), S. 578.

[251] Vgl. o.V., Harvard Law Review (1984), S. 1969; Lipton, M./ Brownstein, A.R. (1985), S. 1404; Emmanuel, S.L. (1997), S. 515. Eine detaillierte Beschreibung der Business Judgement Rule findet sich unter Abschnitt 3.2.1.

die Zulässigkeit nahezu aller Abwehrmaßnahmen durch die Gerichte bestätigt.[252] Erst in den 80iger Jahren begannen die Gerichte, die Abwehrmaßnahmen differenzierter zu betrachten, was sich beispielhaft an den wichtigsten Entscheidungen des Staates Delaware darstellen lässt: Den Startpunkt bildete 1985 die Unocal v. Mesa Petroleum Entscheidung, welche die Bedingungen für die Zulässigkeit von Abwehrmaßnahmen durch die Einführung des Unocal-Tests erschwerte. Seitdem wird nicht mehr die einfache "Business Judgement Rule" angewendet, sondern vielmehr muss das Management der Zielgesellschaft nachweisen, dass es 1) vernünftige Gründe für die Annahme hatte, dass eine Gefahr für den wirtschaftlichen Kurs und die Effektivität des Unternehmens bestand, und 2) die Maßnahme in einem angemessenen Verhältnis zur Bedrohung stand.[253] Als Beweis ist die Vorlage eines Sachverständigengutachtens ausreichend,[254] so dass bei Erfüllung der beiden Bedingungen die Beweislast wiederum beim Kläger liegt. Nichtsdestotrotz wurde in einem weiteren Urteil Moran v. Household die "Poison Pill" als rechtmäßig erachtet, da die Maßnahme jederzeit rückgängig gemacht werden kann und damit ex ante effiziente Übernahmen nicht zwingend verhindert werden.[255] Verschärfend wirkte dagegen die Entscheidung Revlon Inc. v. Mac Andrews & Forbes Holdings. Hier stellt das Gericht fest, dass das Management, sobald die Aufgabe der Selbständigkeit unausweichlich ist, nur noch Maßnahmen ergreifen darf, die den Bieterwettbewerb fördern und bei denen keine Bevorzugung anderer Stakeholder stattfindet.[256] Ein weiterer Richtungswechsel wurde durch das Delaware-Gerichtsurteil bei der Übernahme Time durch Paramount vollzogen,[257] in welchem das Gericht dem Management von Time das Recht zusprach, ein Angebot abzulehnen, obwohl es deutlich höher war als der zu erwartende Time-Warner-Kurs. Das Gericht begründete dieses Urteil mit der Verpflichtung des Managements, langfristige Überlegungen anzustellen und nicht auf eine kurzfristige Shareholder Value Maximierung abzuzielen.[258] Prinzipiell sind vor allem in neueren Urteilen die Abwehrmaßnahmen trotz der Unocal- und Revlon-Urteile immer wieder für rechtmäßig erklärt worden, so dass von einer prinzipiellen

---

252 Vgl. Easterbrook, F.H./ Fischel, D.R. (1981a), S. 1163; Lipton, M./ Brownstein, A.R. (1985), S. 1405.

253 Vgl. Gordon, J.N. (1997), S. 523. Für eine ausführliche Auslegung der beiden Anforderungen vgl. Gilson, R.J./ Kraakman, R. (1988), S. 247-274.

254 Vgl. z.B. Unocal Corp. v. Mesa Petroleum Co. 493 A.2d 946 (Del. 1985); Ebenroth, C.T./ Eyles, U. (1988), S. 426; Gilson, R.J./ Black, B.S. (1995), S. 823-836.

255 Vgl. Moran v. Household International, 500 A.2d 1346 (Del. 1985); Carey, D. (1985), S. 81; Ebenroth, C.T./ Eyles, U. (1988), S. 426; Elofson, J. (1997), S. 314.

256 Vgl. Revlon Inc. v. Mac Andrews&Forbes Holdings, 506 A.2d 173, 185 (Del. 1985); Ebenroth, C.T./ Eyles, U. (1988), S. 426; Hazen, T.L. (1996), S. 663; Gilson, R.J./ Black, B.S. (1995), S. 1060-1071.

257 Vgl. Paramount Communications v. Time, Inc., 571 A.2d 1140 (Del. 1989); Lerner, J.J. (1990), S. 41-44; Hamilton, R.W. (1997), S. 413.

258 Vgl. Lipton, M./ Panner, M. (1993), S. 129; Bungert, H. (1994), S. 304; Elofson, J. (1997), S. 319-322; Miller, G. (1998), S. 57.

Zulässigkeit der Abwehrmaßnahmen seitens der Gerichte ausgegangen werden kann.[259]

2.4.2. Potentielle Abwehrstrategien

2.4.2.1. Abwehrstrategien vor einer feindlichen Übernahme

"Antitakeover Amendments", häufig auch "Shark Repellents" genannt, werden in der Regel vor einer Übernahme mit Zustimmung der Aktionäre in die Satzung eines Unternehmens aufgenommen, um Hürden für einen potentiellen Übernehmer aufzubauen und dadurch die Position des Managements bei der Verhandlung von Konditionen für die Aktionäre zu verbessern.[260] Hierbei werden vor allem drei Gruppen eingesetzt:

"Fair Price Amendments" schreiben bei Übernahmen bestimmte Mindestpreise zum Schutz der Aktionäre vor.[261] Damit können auch auf Unternehmensebene "Two-Tier-Offers" verhindert werden, indem die während eines Übernahmeangebots gezahlten Preise auch bei Abfindungen in Rahmen von "Business Combinations", wie etwa "Freeze-out Mergers", gelten. Die meisten "Fair Price Amendments" enthalten Ausnahmeregelungen für diejenigen Übernahmen, bei denen die Zustimmung des Managements bzw. einer Mehrheit der Aktionäre vorliegt.[262] Als Abwehrmaßnahmen sind sie zur Abwehr derjenigen Gebote geeignet, deren einziges Motiv in einer Umverteilung mit Hilfe eines "Two-Tier-Offer" besteht. Schädigungen außerhalb von "Business Combinations" bzw. im Falle von freundlichen Übernahmen können nicht verhindert werden.[263]

"Supermajority Amendments" fordern die Zustimmung einer bestimmten Mehrheit der Aktionäre - in vielen Fällen 80% -, bevor der Bieter berechtigt ist, die erworbenen Anteile für die Realisierung von bestimmten Business Combinations einzusetzen.[264]

"Classified Boards" bzw. "Staggered Boards" bewirken eine Klassifizierung des "Board of Directors" in verschiedene Gruppen, die zu unterschiedlichen Zeitpunkten neu gewählt werden. Dieses führt dazu, dass sich der Austausch eines Board über Jahre erstrecken kann.[265] Zusätzlich erschwert werden kann die Auswechslung durch die Beschränkung der Abberufungsrechte, indem die grundsätzliche Regel gemäß §39 RMBCA, dass ein Direktor nur durch eine

---

[259] Vgl. Brudney, V./ Bratton, W.W. (1993), S. 1130; Gilson, R.J./ Black, B.S. (1995), S. 894/895.

[260] Vgl. Lipton, M./ Panner, M. (1993), S. 118.

[261] Vgl. Lipton, M./ Panner, M. (1993), S. 120.

[262] Vgl. Finkelstein, J.A. (1984), S. 297.

[263] Vgl. Finkelstein, J.A. (1984), S. 297/298; Abschnitt 2.5.3.

[264] Vgl. Fischel, D.R. (1978), S. 30; DeAngelo, H./ Rice, E.M. (1983), S. 331; Lipton, M./ Panner, M. (1993), S. 119.

[265] Vgl. Fischel, D.R. (1978), S. 30; Linn, S.C./ McConnell, J.J. (1983), S. 364; Kesner, I.F./ Dalton, D.R. (1985), S. 20; Lipton, M./ Panner, M. (1993), S. 119.

Mehrheit der Aktionäre abberufen werden kann, durch die Forderung nach einer qualifizierten Mehrheit verschärft wird.

Obwohl die "Shark Repellents" in den meisten Fällen feindliche Übernahmen nur verzögern und selten verhindern, erfreuen sie sich großer Beliebtheit, da etwa die "Classified Boards" von knapp 54% der 1500 größten öffentlich gehandelten Unternehmen und die "Fair Price Amendments" von 32% angewendet wurden.[266]

Als weitere äußerst verbreitete, da bis 1990 von 50% aller Fortune 500 Unternehmen verwendete,[267] Maßnahme vor einer Übernahme kann das Unternehmen sogenannte "Poison Pills" einführen. Diese können verschiedene Arten von Optionen beinhalten, welche im Falle einer feindlichen Übernahme von den Aktionären entsprechend ausgeübt werden können.[268] Beliebt ist dabei die Option, bei der die außenstehenden Aktionäre die Möglichkeit haben, für jede in ihrem Besitz stehende Aktie eine zusätzliche Aktie zur Hälfte des Marktpreises zu erwerben ("Flip in"). Ergänzend kann eine Regelung aufgenommen werden, welche die außenstehenden Aktionäre berechtigt, im Falle einer Unternehmensverschmelzung Aktien des verschmolzenen Unternehmens zur Hälfte des Preises aufzukaufen ("Flip over"). Daneben existiert die Option sogenannter "Back-end plans", bei denen die außenstehenden Aktionäre die Möglichkeit zur Rückgabe ihrer Aktien zu einem vorher festgelegten Wert haben, falls ein Bieter einen bestimmten Prozentsatz an Anteilen erwirbt. Diese Abwehrmaßnahme stellt eines der erfolgreichsten Mittel zur Abwehr von Übernahmen dar: In einer Studie wurde festgestellt, dass in mehr als 46% der Fälle Unternehmen mit einer "Poison Pill" eine feindliche Übernahme abwehren konnten, während im Durchschnitt nur 20% aller Übernahmeversuche abgewehrt wurden.[269] Der Grund für den Erfolg liegt in den schwer kalkulierbaren Risiken, die eine Übernahme verbunden mit einer "Poison Pill" für einen Bieter beinhaltet, da je nach Ausgestaltung der Regelung sowohl der Bieter als auch das Zielunternehmen durch die finanziellen Anforderungen stark belastet werden können.[270] Die Strategie der "Poison Pills" hat vor allem dadurch an Bedeutung gewonnen, dass es dem Management der Zielgesellschaft erlaubt ist, ohne die Zustimmung der Aktionäre solche Rechte und Optionen auszugeben.[271] Gleichzeitig besteht jedoch die Möglichkeit der

---

266 Vgl. Ruback, R.S. (1988), S. 57. Ein höherer Anwendungsgrad wird durch die Zustimmungserfordernisse zu solchen Satzungsbeschränkungen durch die Aktionäre verhindert, da sich aufgrund der zunehmenden Macht von Fonds die Haltung gegenüber feindlichen Übernahmen und damit auch gegenüber Abwehrmaßnahmen ändert. Vgl. Gilson, R.J./ Black, B.S. (1995), S. 740.

267 Vgl. Gilson, R.J./ Black, B.S. (1995), S. 740/741.

268 Vgl. Lehnert, I. (1997), S. 99/100; Ryngaert, M. (1988), S. 381/382; Ebenroth, C.T./ Eyles, U. (1988), S. 424; Lipton, M./ Panner, M. (1993), S. 122. Eine ausführliche Erklärung der Poison Pills sowie ein aktuelles Beispiel finden sich bei Gilson, R.J./ Black, B.S. (1998), S. 3-12.

269 Vgl. Booth, R.A. (1988), S. 1665; Gilson, R.J./ Black, B.S. (1995), S. 782.

270 Vgl. Kesner, I.F./ Dalton, D.R. (1985), S. 21.

271 Vgl. Gilson, R.J./ Black, B.S. (1998), S. 3.

Rücknahme. Damit kann ein Bieter die Strategie verfolgen, zunächst über einen "Proxy Fight" Einfluss über das Board zu gewinnen, um im Anschluss die "Poison Pill" vor der eigentlichen Übernahme abzuschaffen.[272] Diese Umgehungsmöglichkeit hat zum Teil zu einer Verschärfung der "Poison Pills" in Form der sogenannten "Dead Hand Pills" geführt, bei der in seiner Extremform eine Abschaffung der "Poison Pill" nur mit Zustimmung einer Mehrheit der unabhängigen Direktoren möglich ist.[273]

Auch ein effizientes Unternehmen, dessen Wachstumschancen gut sind und dessen Gewinnmargen hoch ausfallen, ist nicht vor Übernahmen geschützt, falls bestimmte Merkmale, wie z.B. ein niedriger Aktienkurs im Vergleich zu den Cash-flows oder auch ein hoher Bestand liquider Mittel, gegeben sind.[274] In solchen Fällen kann das Management mit finanziellen Maßnahmen, wie etwa der Erhöhung der Dividendenausschüttung bzw. einer Vergrößerung der Fremdkapitalquote, reagieren, um das Unternehmen und die verbleibenden Aktionäre vor einer Übernahme, die auf das "Melken einer Cash-Cow" abzielt, zu schützen.

Eine zusätzliche Möglichkeit zur Abwehr möglicher Übernahmen sind Aktienrückkäufe, welche in den USA abgesehen von wenigen einzelstaatlichen Einschränkungen möglich sind.[275] Im Falle der Aktienrückkäufe sind spezifische Offenlegungspflichten gemäß Section 13(e) SEA zu beachten.[276]

Eine der bekanntesten Abwehrmaßnahmen im Vorfeld sowie während einer Übernahme stellt die "Golden Parachute Strategie" dar, die es einem Management ermöglicht, im Falle einer feindlichen Übernahme das Unternehmen mit einer enorm hohen Abfindung zu verlassen. Diese Maßnahme ist allerdings nur bedingt erfolgreich, da selbst hohe Abfindungssummen bei den empirischen Übernahmevolumina kaum ins Gewicht fallen.[277] Generell kann jedoch das Problem entstehen, dass ein Vorsitzender des "Board of Directors", wenn er im Falle einer Übernahme mehrere Millionen Dollar erwarten kann,[278] nicht mehr die Interessen der Aktionäre vertritt, sondern aufgrund der hohen Abfindung in jedem Fall für eine Übernahme kämpft, ungeachtet der Folgen für Aktionäre und Unternehmen.[279] Darüber hinaus ist diese Abwehrmaßnahme kritisch zu beurteilen, da sie zum einen von der Geschäftsführung selbst beschlossen werden kann[280] und zum anderen bei

---

272 Vgl. Ryngaert, M. (1988), S. 380.

273 Vgl. ausführlich Elofson, J. (1997), S. 310/311.

274 Vgl. Weston, F.J./ Chung, K.S./ Siu, J.A. (1998), S. 417.

275 Vgl. Knoll, H.-C. (1992), S. 205./206.

276 Vgl. Fischel, D.R. (1978), S. 35. Eine ausführliche Diskussion von Aktienrückkäufen findet sich bei Bradley, M./ Rosenzweig, M. (1986).

277 Vgl. Weston, F.J./ Chung, K.S./ Siu, J.A. (1998), S. 428.

278 In den Extremfällen lagen die Abfindungszahlungen zwischen $5 bis $23 Mio.. Vgl. Lehnert, I. (1997), S. 102.

279 Vgl. Gilson, R.J./ Black, B.S. (1995), S. 768.

280 Vgl. Hauschka, C.E./ Roth, Z. (1988), S. 192.

Ausführung nicht dem Wohle aller Aktionäre bzw. Stakeholder dient, sondern nur einem kleinen Teil, dem Management, Vorteile verschafft.[281]

2.4.2.2. Abwehrstrategien während einer feindlichen Übernahme

Bei "Greenmail" kauft das Management der Zielgesellschaft mit Hilfe des Vermögens der Zielgesellschaft den Bieter aus, damit er von seinem Übernahmevorhaben ablässt.[282] Ein solches Vorgehen wird allgemein abgelehnt, da es keinen gesamtwirtschaftlichen Nutzen generiert, sondern vielmehr die Aktionärsposition verschlechtert, und in einigen Fällen von potentiellen Bietern strategisch ausgenutzt worden ist.[283] Einzig in Fällen von "Two-Tier-Offer-Strategien" könnte ein positiver Effekt entstehen, da die Aktionäre mehr Geld durch das zweistufige Abfindungsangebot als über einen Auskauf des Bieters verlieren könnten.[284] Mehrheitlich werden jedoch die Effekte des "Greenmail" als negativ angesehen, so dass der Kongress im Jahre 1986 die Auflagen, z.B. durch die Einführung einer Steuer auf sogenannte "Greenmail-Gewinne", verschärfte, "Greenmail" auf einzelstaatlicher Ebene in einigen Staaten gänzlich verboten worden ist und viele Unternehmen einen "Anti-Greenmail-Passus" in ihre Statuten mit aufgenommen haben.[285]

Als weitere Abwehrmaßnahmen während einer Übernahme sind strategische Aktionen, wie die sogenannte "Pac Man Defense", möglich, bei der ein bedrohtes Unternehmen zum Gegenangriff übergeht und seinerseits einen Übernahmeversuch des Bieters startet.[286] Diese Abwehrstrategie wird äußerst selten verwendet und ist nur in denjenigen Fällen sinnvoll, in denen der eigentliche Bieter kleiner als das Zielunternehmen ist.[287]

In die Gruppe strategischer Aktionen gehört auch die sogenannte "Weißer Ritter Strategie" ("White Knight"), bei der sich ein bedrohtes Unternehmen von einem befreundeten Unternehmen übernehmen lässt, um eine feindliche Übernahme des ursprünglichen Bieters zu verhindern. Eine Abwandlung des weißen Ritters stellt die "Strategie des Rittergehilfens" dar ("White Squire"), bei der das befreundete

---

[281] Vgl. Vedder, R.K. (1989), S. 7.

[282] Beispiele aus der Praxis finden sich bei Kesner, I.F./ Dalton, D.R. (1985), S. 19.

[283] Diesbezüglich wird von einem Pyramideneffekt gesprochen, da der potentielle Aufkäufer bei kleinen Unternehmen beginnen kann und mit Hilfe der Auskaufszahlungen immer größere Unternehmen bedrohen kann. Carl Icahn ist z.B. schon mehrfach als "Greenmailer" aufgetreten und hat damit bedeutende Profite erwirtschaftet. Vgl. Kesner, I.F./ Dalton, D.R. (1985), S. 20.

[284] Vgl. Booth, R.A. (1988), S. 1662.

[285] Vgl. Gilson, R.J./ Black, B.S. (1995), S. 766; Hamilton, R.W. (1997), S. 410; Weston, F.J./ Chung, K.S./ Siu, J.A. (1998), S. 416.

[286] Vgl. Lipton, M./ Brownstein, R.A. (1985), S. 1419/1420; Gilson, R.J./ Black, B.S. (1995), S. 771/772.

[287] Vgl. Weston, F.J./ Chung, K.S./ Siu, J.A. (1998), S. 417/418.

Unternehmen einen kleinen, nicht die Kontrolle begründenden, Anteil hält, der zu gegebenem Zeitpunkt zugunsten des Zielunternehmens eingesetzt werden kann.[288]

Vielfach werden auch Reorganisationsmaßnahmen zur Abwehr feindlicher Übernahmen verwendet, indem z.B. Geschäftsbereiche, die für den Bieter besonders interessant waren, verkauft werden; diese Maßnahme wird häufig auch als "Verkauf von Kronjuwelen" umschrieben.[289] Gleichzeitig können Aufkäufe anderer Unternehmen dazu dienen, eine Übernahme aus kartellrechtlichen Gesichtspunkten zu verhindern.[290] Hierbei darf jedoch nicht übersehen werden, dass solche Maßnahmen äußerst langwierig und zum Teil auch wieder rückgängig zu machen sind. Zusätzlich gehören zu den Reorganisationsmaßnahmen auch Maßnahmen finanzieller Natur, indem z.B. kurzfristig die Fremdkapitalquote erhöht wird. Eine weitere Reorganisationsmaßnahme, die häufig als Abwehrstrategie schon vor einer feindlichen Übernahme eingesetzt wird, stellt der sogenannte "Employee Stock Ownership Plan" (ESOP) dar: Durch die Ausgabe von Mitarbeiteraktien können die Beteiligungsverhältnisse aus Sicht eines außenstehenden Bieters ungünstig verändert werden, da Mitarbeiter feindliche Übernahmen in der Regel aufgrund der Arbeitsplatzbedrohung ablehnen.[291]

2.4.3. Diskussion über die Zulässigkeit von Abwehrmaßnahmen

2.4.3.1. Grundsätzliche Standpunkte

Grundsätzlich stehen sich bei der amerikanischen Diskussion über die Zulässigkeit von Abwehrmaßnahmen zwei Ansätze gegenüber: Die "Stockholder Interest Hypothesis" geht von einem positiven Effekt für die Aktionäre aus, da durch Verbesserung der Handlungsposition des Managements die Koordinationsproblematik der Aktionäre gemindert und damit Raum für Prämienerhöhungen geschaffen wird,[292] ohne dass hierbei die von Grossman und Hart beschriebene "Free-Rider"-Problematik entstehen kann. Dagegen werden gemäß der "Managerial Entrenchment Hypothesis" dem Management mit den Abwehrmaßnahmen Instrumente in die Hand gegeben, welche die ohnehin vorhandene Agency-Problematik noch verstärken, weil das Management ungehindert eigene Interessen zu Lasten der Aktionäre durchsetzen kann.[293] Darüber hinaus wird befürchtet, dass Abwehrmaßnahmen bei der Lösung des Gefangenendilemmas über das Ziel hinausschießen und es zu der Situation kommen kann, dass aufgrund überzogener

---

288 Vgl. Weston, F.J./ Chung, K.S./ Siu, J.A. (1998), S. 418/419.

289 Vgl. Lehnert, I. (1997), S. 105.

290 Vgl. Gilson, R.J./ Black, B.S. (1995), S. 767.

291 Vgl. Borstadt, L./ Zwirlein, T./ Brickley, J. (1991), S. 31; Weston, F.J./ Chung, K.S./ Siu, J.A. (1998), S. 300.

292 Vgl. DeAngelo, H./ Rice, E.M. (1983), S. 330; Borstadt, L./ Zwirlein, T./ Brickley, J. (1991), S. 25; Mahoney, J.M/ Sundaramurthy, C./ Mahoney, J.T. (1997), S. 532.

293 Als Urheber der Management Entrenchment Hypothese werden häufig Williamson und Cary genannt. Vgl. DeAngelo, H./ Rice, E.M. (1983), S. 330; Borstadt, L./ Zwirlein, T./ Brickley, J. (1991), S. 25; Byrd, J.W./ Stammerjohann, W.W. (1997), S. 636.

Forderungen der Aktionäre eine effiziente Übernahme nicht stattfindet.[294] Welche Hypothese tatsächlich zutreffend ist, hängt davon ab, wie sich die einzelnen Komponenten der unter Abschnitt 2.3.4.2. angeführten Gleichung entwickeln:

$$(9)\ P = A*q + V*(1-q)$$

mit P = Marktpreis eines Anteils; A = Angebotspreis bei einer Übernahme; q = Erfolgswahrscheinlichkeit für Übernahme; V = Wert des Anteils eines unabhängigen Unternehmens

Aus der Betrachtung der Abwehrmaßnahmen geht hervor, dass sie die Wahrscheinlichkeit für Übernahmen reduzieren. Gleichzeitig erhöhen sie aber die Prämien und verbessern damit die ex post Situation des Aktionärs. Unklar ist jedoch, welcher Effekt aus ex ante Sicht überwiegt. Gleiches gilt für den Wert des unabhängigen Unternehmens, der einerseits aufgrund einer Verschärfung der Agency Problematik verringert werden könnte. Andererseits ist auch eine Erhöhung möglich, falls das Management aufgrund des wegfallenden Drucks langfristige, auf einen dauerhaften Erfolg ausgerichtete Strategien verfolgen kann.[295] Basierend auf dieser Diskussion haben sich in der Literatur und Rechtsprechung verschiedene Vorschläge zur Behandlung von Abwehrmaßnahmen ergeben:[296]

Als strikte Vertreter der "Management Entrenchment Hypothesis" fordern Easterbrook/Fischel Regeln, welche die völlige Passivität des Managements vorschreiben.

In abgeschwächter Form wird vor allem von Bebchuk und Gilson eine eingeschränkte Passivität gefordert, welche die Initiierung von Auktionen ausdrücklich zulässt.

Dagegen wird von Autoren wie etwa Lipton, aufbauend auf der "Stockholder Interest Hypothesis", die Anwendung der "Business Judgement Rule" gefordert, bei der nahezu alle Abwehrmaßnahmen als zulässig gelten. Dieser Richtung folgt auch die Rechtsprechung, die den unter Abschnitt 2.4.1. angesprochenen "Business Purpose Test" eingeführt hat. Eine ähnliche Meinung wird schließlich auch von der SEC vertreten, welche dafür plädiert, jeweils einzelfallabhängig über die Zulässigkeit von Abwehrmaßnahmen zu entscheiden.[297]

2.4.3.2. Argumentation von Easterbrook/ Fischel

Easterbrook/Fischel halten Abwehrmaßnahmen für äußerst schädlich, da sich das Management umso stärker gegen eine feindliche Übernahme wehrt, je weniger es im Vorfeld einer Übernahme die Interessen der Aktionäre maximiert hat.[298] Die Autoren fordern deshalb eine Vorschrift, mit der dem Management absolute

---

[294] Vgl. Mahoney, J.M/ Sundaramurthy, C./ Mahoney, J.T. (1997), S. 533.
[295] Vgl. Ruback, R. (1988), S. 50; Johnson, M.S./ Rao, R.P. (1997), S. 660.
[296] Vgl. Clark, R.C. (1986), S. 580/581.
[297] Vgl. Greene, E.F./ Junewicz, J.J. (1984), S. 726-730.
[298] Vgl. Easterbrook, F.H./ Fischel, D.R. (1981a), S. 1175.

Passivität vorgeschrieben wird.[299] Diese Vorschrift soll auch diejenigen Maßnahmen mit einschließen, mit denen das Management versucht, andere Bieter zur Abgabe eines Angebots zu bewegen.[300] Defensivstrategien verursachen gemäß Easterbrook/Fischel in jedem Fall Kosten, welche den Gewinn eines Aufkäufers schmälern und dadurch die Anzahl potentieller Übernahmen verringern. Dieses bedeutet wiederum eine Beeinträchtigung der Gesamtwohlfahrt, da zum einen der disziplinierende Effekt der Übernahme und zum anderen Effizienzsteigerungen durch Austausch eines unfähigen Managements unterbleiben.

Schwartz, der dieser Meinung folgt, führt anhand eines Beispiels vor, wie etwa "Golden Parachutes" das Management von Shareholder Value maximierenden Strategien abhalten können:[301] Sei S' das Gehalt, welches ein Manager M bei Verfolgung einer Shareholder Value maximierenden Strategie erhalten würde. SV ist das Gehalt, welches M bei Verfolgung eigener Interesse bekommen würde, während SN das Gehalt darstellt, welches nach einer feindlichen Übernahme zu erwarten ist: Es gilt SV > S' > SN; bei einer Wahrscheinlichkeit von q, dass das Unternehmen bei Missmanagement übernommen wird, ist eine die Eigentümerposition maximierende Strategie nur interessant, wenn

$$(12)\ S' > (1-q)*SV + q*SN.$$

Wird SN durch "Golden Parachutes" erhöht, sinkt die Chance, dass eine Managementdisziplinierung tatsächlich stattfindet, so dass wiederum die Agency Costs ansteigen.

2.4.3.3. Argumentation von Bebchuk/Gilson

Bebchuk[302] wie auch Gilson[303] fordern zwar ebenfalls ein generelles Verbot von Abwehrmaßnahmen, da aufgrund der Interessenkonflikte zwischen Management und Aktionären nicht damit gerechnet werden kann, dass die Abwehr einer Übernahme tatsächlich zum Wohle der Aktionäre erfolgt. Jedoch vertreten sie die Meinung, dass sich die Passivitätsvorschrift nicht auf die Initiierung eines Bieterwettbewerbs beziehen sollte, da Auktionen die Übernahme durch denjenigen Bieter sicherstellen, welcher den höchsten Effizienzgewinn erzielen kann.[304] Das Management soll hierbei Unterstützung in der Weise leisten, dass es konkurrierende Bieter mit den notwendigen Informationen versorgt, welche aufgrund der kurzen Angebotsdauern ansonsten nicht verfügbar wären. Daneben halten beide trotz der entstehenden Interessenkonflikte eine aktive Suche nach einem "White Knight" zum Schutz des eigenen Arbeitsplatzes für angemessen,

---

[299] Vgl. Easterbrook, F.H./ Fischel, D.R. (1981a), S. 1201.
[300] Vgl. Easterbrook, F.H./ Fischel, D.R. (1982b), S. 2.
[301] Vgl. Schwartz, A. (1986), S. 235.
[302] Vgl. Bebchuk, L.A. (1982a), (1982b), (1988a), (1988b).
[303] Vgl. Gilson, R.J. (1981); (1982).
[304] Vgl. Abschnitt 2.3.4.1.

solange ein solches Vorgehen zu einer Prämienerhöhung für die Aktionäre führt.[305] Das Problem, dass die Gefahr eines verlorenen Bieterwettbewerbs zu einer Einschränkung der Suchaktivitäten führen könnte, sieht auch Gilson nicht, da der Erstbieter seine Suchkosten durch die Weitergabe vorab erworbener Aktien oder durch den Verkauf von Informationen decken kann.[306] Gilson führt darüber hinaus noch gegen die Einführung einer strengen Passivitätsregel an, dass dadurch Diversifikationsstrategien von Managern zur Risikostreuung gefördert würden, welche zu Minderungen des Shareholder Value führen könnten.[307]

2.4.3.4. Argumentation von Lipton

Lipton als Erfinder der "Poison Pill" ist einer der eifrigsten Verfechter der "Stockholder Interest Hypothesis".[308] Er spricht sich für ein Recht des Managements aus, auch Übernahmen, deren Angebotspreise oberhalb der Marktpreise liegen, abzulehnen und aktiv Maßnahmen zur Abwehr zu ergreifen, solange sie aus vernünftigen Gründen, wie etwa der Unangemessenheit der Prämie bzw. der Ungesetzlichkeit der Übernahme, und guten Absichten heraus handeln.[309] Lipton begründet diese Ansicht mit dem Argument, dass gemäß einer empirischen Untersuchung durch das Scheitern eines Angebots für die Aktionäre keineswegs immer negative, sondern im Gegenteil vielfach positive Effekte, z.B. in Form von Kurssteigerungen, erzielt werden können.[310] Des weiteren ist seiner Meinung nach die Verpflichtung zur Passivität gleichzusetzen mit einer Vorschrift, gemäß der die Direktoren in periodischen Abständen jeweils überprüfen müssen, ob das Unternehmen liquidiert, verkauft oder unverändert weitergeführt werden soll. Eine solche Vorschrift würde gemäß Lipton dazu führen, dass Spekulationen gefördert, unnötige Kosten produziert und sich das Management bzw. die Direktoren ausschließlich auf kurzfristige Entscheidungen ohne Rücksicht auf andere Stakeholder fokussieren würden.[311] In seinem dritten Argument weist Lipton darauf hin, dass bei anderen wichtigen Geschäftsentscheidungen ebenfalls dem Management/ Direktoren die Verantwortung übertragen und die unter Abschnitt 2.4.1. erklärte "Business Judgement Rule" angewendet wird. Er kann keine Gründe erkennen, warum dieses nicht auch für Abwehrmaßnahmen gilt.

---

[305] Zur angemessenen Rolle des Managements vgl. Gilson, R.J. (1981), S. 865-875; Bebchuk, L.A. (1982a), S. 1055/1056; ders. (1982b), S. 47.

[306] Vgl. Gilson, R.J. (1982), S. 53-62; Abschnitt 2.3.4.3.1.

[307] Vgl. Gilson, R.J. (1982), S. 63.

[308] Vgl. Lipton, M. (1979), (1981a), (1981b).

[309] Vgl. Lipton, M. (1979), S. 103/104. Unklar ist, wie der Nachweis der "guten Absichten" erfolgen kann.

[310] Vgl. Lipton, M. (1979), S. 106. Vgl. hierzu Abschnitt 2.4.3.5.

[311] Vgl. Lipton, M. (1979), S. 109/110.

2.4.3.5. Beurteilung der Standpunkte

In einer kaum überschaubaren Anzahl empirischer Untersuchungen zu den Zusammenhängen zwischen Aktienkursentwicklung und Abwehrmaßnahmen[312] ist der Frage nachgegangen worden, ob die "Stockholder Interest Hypothesis" oder "Management Entrenchment Hypothesis" bestätigt werden kann.

Die Unterschiede in den Ergebnissen resultieren aus den unterschiedlichen Untersuchungszeiträumen, der Auswahl des Stichtages, der Stichprobe selbst und den Untersuchungsmethoden. Aus den Ergebnissen lässt sich, wenn auch nicht eindeutig, eine Bestätigung der "Management Entrenchment Hypothesis" ableiten. Gleichzeitig zeigen die Ergebnisse, dass häufig die Abwehrmaßnahmen, die keiner Zustimmung der Aktionäre bedürfen, schlechtere Ergebnisse aufweisen als Abwehrmaßnahmen, die eine Zustimmungserfordernis beinhalten.[313]

Neben den Ergebnissen empirischer Untersuchungen sprechen eine Reihe von Überlegungen gegen den Ansatz von Lipton, jegliche Abwehrmaßnahmen zu zulassen. Es ist zutreffend, dass durch einige Abwehrmaßnahmen, wie etwa das "Supermajority Amendment", das Koordinationsproblem der Aktionäre beseitigt und damit ineffiziente Übernahmen verhindert werden können. Diese Begründung ist jedoch nicht ausreichend, da die Beseitigung der Koordinationsprobleme besser durch die Verschärfung der gesetzlichen Regelungen erfolgen kann, ohne dass dem Management Maßnahmen in die Hand gegeben werden, welche eine Erhöhung der "Agency Costs" bewirken. Die von Lipton als Argument angeführten Preiserhöhungen bei Scheitern eines Übernahmeangebots sind dagegen nicht eindeutig nachweisbar, da auch andere Effekte wie etwa Zinsänderungen oder Konjunkturverbesserungen für einen positiven Effekt gesorgt haben können.[314] Gleiches gilt für die Gefahren einer auf kurzfristige Ziele fokussierten Planung.[315] Problematisch ist ferner, dass Lipton als Begründungsansatz die "Business Judgement Rule" der Rechtsprechung anstelle einer effizienztheoretischen Argumentation wählt und deshalb nichts wesentlich Neues zu der Diskussion beiträgt.[316]

---

312 Einen umfassenden Überblick liefert z.B. Mahoney, J.M./ Mahoney, J.T. (1993), S. 17-22.

313 Vgl. Jarrell, G.A./ Poulsen, A.B. (1987), S. 142.

314 Vgl. Easterbrook, F.H./ Fischel, D.R. (1981b), S. 1742; Gilson, R.J. (1981), S. 857. Gemäß Weston/ Chung/ Siu bleibt zu bedenken, dass zum Beispiel die Greenmail dem Management hilft, eine bessere Strategie für das Unternehmen zu erarbeiten, was sie mit dem Beispiel von Disney beweisen wollen: Der feindliche Übernahmeversuch von Disney durch Steinberg endete mit einem Green Mail in Höhe von $50 Mio.. In den folgenden Jahren schaffte jedoch das Managementteam unter Eisner einen Anstieg des Aktienwertes von $6 auf $36 pro Aktie. Diese Erfolgsstory ist m.E. jedoch kein Hinweis darauf, dass Greenmail dabei einen positiven Effekt generiert hat, da nicht nachgewiesen werden kann, dass Steinberg nicht einen ähnlichen Effekt hätte erzielen können, ohne dass im vorhinein $50 Mio. bezahlt werden mussten. Vgl. Weston, F.J./ Chung, K.S./ Siu, J.A. (1998), S. 415/416.

315 Vgl. Easterbrook, F.H./ Fischel, D.R. (1981b), S. 1743.

316 Vgl. Drukarczyk, J. (1993), S. 644/645.

Tabelle III-1: Empirische Untersuchungen zur Wirkung von Abwehrmaßnahmen[317]

Untersuchung	**Ergebnis**	**Untersuchte Abwehrmaßnahmen**
DeAngelo/Rice (1983)	negativ, aber nicht signifikant	Classified Boards, Supermajority Amendments
Dann/DeAngelo (1983)	negativ, aber nicht signifikant	Greenmail
Linn/McConnel (1983)	positiv, aber nicht signifikant	Classified Boards, Supermajority Amendments, Fair Price
Malatesta/Walkling (1985)	signifikant negativ	Poison Pills
Ho (1986)	negativ	Poison Pills
Mikkelson/Ruback (1986)	signifikant negativ	Greenmail
Jarrel/Poulsen (1987)	signifikant negativ	Classified Boards, Supermajority Amendments, Fair Price
Malatesta/Walkling (1988)	signifikant negativ	Poison Pills
Ryngaert (1988)	signifikant negativ	Poison Pills
McWilliams (1990)	negativ, aber nicht signifikant	Classified Boards, Supermajority Amendments, Fair Price
Mahoney/Mahoney (1993)	signifikant negativ	Classified Boards, Supermajority Amendments
Comment/Schwert (1995)	signifikant positiv	Poison Pills
Thosar (1996)	signifikant positiv	allgemein
Mahoney/Sundaramurthy/ Mahoney (1996)	signifikant negativ	Antitakeover Amendments, Poison Pill
McWilliams/Sen (1997)	negativ[318]	allgemein
Johnson/Rao (1997)	nicht signifikant	allgemein
Byrd/Stammerjohann (1997)	negativ	allgemein; Beschränkung auf Ölindustrie
Sundaramurthy/Mahoney/ Mahoney (1997)	negativ	allgemein

317 Vgl. u.a. Dann, L.Y./ DeAngelo, H. (1983), S. 275-300; DeAngelo, H./ Rice, E.M. (1983), S. 355; Linn, S.C./ McConnell, J.J. (1983), S. 361-398; Easterbrook, F.H./ Jarrell, G.A. (1984), S. 277-292; Jarrell, G.A./ Poulsen, A.B. (1987), S. 142; Malatesta, P.H./ Walkling, R.A. (1988), S. 358-373; Ryngaert, M. (1988), S. 386-411; Mahoney, J.M./ Mahoney, J.T. (1993), S. 26; Comment, R./ Schwert, G.W. (1995), S. 23-28; Thosar, S. (1996), S. 100; Mahoney, J.M./ Sundaramurthy, C./ Mahoney, J.T. (1996), S. 537; McWilliams, V.B./ Sen, N. (1997), S. 492/493; Johnson, M.S./ Rao, R.P. (1997), S. 659-690; Byrd, J.W./ Stammerjohann, M.W. (1997), S. 635-658; Sundaramurthy, C./ Mahoney, J.M./ Mahoney, J.T. (1997), S. 237-239. Einen Überblick über weitere Studien gibt Borstadt, L./ Zwirlein, T./ Brickley, J. (1991), S.26/27.

318 Effekt fällt umso negativer aus, je mehr "Inside-Directors" dem Board angehören. Zusätzlich verstärkt wird die negative Wirkung bei den Konstellationen, dass der CEO gleichzeitig Vorsitzender des Boards ist bzw. die Direktoren einen erhöhten Anteil am Unternehmen halten.Vgl. McWilliams, V.B./ Sen, N. (1997), S. 492/493.

Hinzu kommt, dass die "Business Judgement Rule" bei Vorliegen schwerwiegender Interessenkonflikte, wie sie bei Bedrohung des eigenen Arbeitsplatzes im Falle einer feindlichen Übernahme vorliegen, nicht anwendbar ist.[319]

Klassifiziert man Abwehrmaßnahmen im Sinne der Anhänger der "Management Entrenchment Hypothesis" generell als unzulässig, stellt sich die Frage, inwieweit die Förderung von Auktionen als Ausnahme von der strengen Passivitätsregel sinnvoll ist. Wie oben festgestellt wurde, ist ein negativer Einfluss von Auktionen auf die Suchaktivitäten nicht in dem Maße vorhanden, wie er von Easterbrook/Fischel prognostiziert wird;[320] vielmehr helfen Auktionen bei der Durchsetzung effizienter Übernahmen.[321] Jedoch stellt sich auch hier wieder die Frage, inwieweit die Förderung von Auktionen durch das Management notwendig ist, wenn bereits gesetzliche Regelungen, wie etwa die Mindestangebotsfrist, zur Förderung von Auktionen vorhanden sind. Die Zulässigkeit der Förderung von Auktionen würde dem Management die Möglichkeit eröffnen, durch gezielte Weitergabe von Insiderinformationen ihr eigenes Wissen zu Lasten der Aktionäre zu vermarkten. Aus diesem Grund erscheint die Forderung nach völliger Passivität im Sinne von Easterbrook/Fischel am sinnvollsten.

2.5. Bedeutung der (Anti-)Takeover Statutes bei Erwerb einer Kontrollbeteiligung

Neben den Gesetzen auf Bundesebene haben die einzelnen Staaten eine Reihe von (Anti-)Takeover Statutes erlassen, von denen die wichtigsten nachfolgend beschrieben und mit Blick auf ihre Wirkung für die Position der Minderheitsaktionäre analysiert worden sind.

2.5.1. Genehmigungspflichten bei Vorliegen eines Control Share Acquisition Statutes

Die Pflicht zur Genehmigung eines Kontrollwechsels durch die Aktionäre der Zielgesellschaft besteht prinzipiell nur bei Vorliegen von Control Share Acquisition Statutes, welche mittlerweile in 25 Staaten mit unterschiedlichen Ausprägungen erlassen worden sind.[322] Die Statutes richten sich generell gegen alle Arten feindlicher Übernahmen und schreiben, wie etwa im Falle der Indiana bzw. Ohio Statutes, vor, dass die Ausübung der Stimmrechte aus Beteiligungen, die über den Schwellenwerten 20%, 33 1/3% oder 50% liegen, jeweils der mehrheitlichen

---

319 Vgl. Easterbrook, F.H./ Fischel, D.R. (1981b), S. 1745.

320 Vgl. Abschnitt 2.3.4.3.1.

321 Vgl. Abschnitte 2.3.4.3.2. und 2.3.4.3.3.

322 Vgl. etwa Arizona, Florida, Hawai, Idaho, Indiana, Kansas, Louisiana, Maryland, Massachussetts, Michigan, Minnesota, Missouri, Nebraska, Nevada, North Carolina, Ohio, Oklahoma, Oregon, Pennsylvania, South Carolina, Tennessee, Utah, Virgina, Wisconsin (Stand 1994 bei Swartz, L.M. (1994), S.73).

Zustimmung der "nicht interessierten"[323] Aktionäre bedarf.[324] Diese Zustimmung ist in einer Hauptversammlung einzuholen, welche vom Management innerhalb von 50 Tagen nach Aufforderung durch den Erwerber einberufen werden muss.[325] Bei Verweigerung der Zustimmung hat die Zielgesellschaft das Recht, aber nicht die Pflicht, dem gescheiterten Bieter die in seinem Besitz stehenden Aktien innerhalb eines festgelegten Zeitraums zu einem "fairen" Marktpreis abzukaufen.[326] Im Pennsylvania Statute ist zusätzlich die Sanktion enthalten, dass innerhalb der ersten 18 Monate nach einem erfolglosen Übernahmeversuch alle Gewinne, die aus einem Verkauf der Aktien resultieren, an das Unternehmen abzuführen sind.[327]

In der überwiegenden Anzahl von Staaten ist vorgesehen, dass die Abstimmung nicht erforderlich ist, falls das Management der Transaktion zustimmt.[328] Unbelastet ist deshalb auch der Erwerb einer Kontrollbeteiligung in Zusammenhang mit einem "Merger".[329] Von der Regelung ebenfalls ausgeschlossen sind alle Situationen, in denen die Aktien im Zuge der normalen Geschäftstätigkeit, für Dritte[330] oder aufgrund einer Erbschaft erworben worden bzw. in den Besitz gelangt sind.[331] Umstritten ist die häufig geltende Vorschrift, dass Kontrollwechsel im Rahmen einer Kontrollpakettransaktion ebenfalls nicht den Statutes und damit nicht der Zustimmungserfordernis unterliegen.[332] Als Begründung für diese Ausnahmeregelung wird angeführt, dass bei Geltung der Zustimmungserfordernis die Fungibilität des Kontrollpakets deutlich eingeschränkt wäre, was wiederum eine unzumutbare Belastung des Paketinhabers bedeuten würde.[333] Dagegen ist vom Joint Committee,[334] dem Urheber des Model State

---

323 Das heißt, dass der Erwerber bei dieser Abstimmung seine eigenen Anteile nicht ausüben darf.

324 Vgl. Pampinto, S. (1987), S. 2, 15; Hackl, J./ Testani, R.A. (1988), S. 1204; Steinberg, M.I. (1988b), S. 81; Hazen, T.L. (1996), S.676.

325 Vgl. Hackl, J./ Testani, R.A. (1988), S. 1204; Block, D.J./ Barton, N.E./ Roth, A.J. (1986), S. 345.

326 Die Regeln zur Definition eines fairen Preises sind von Staat zu Staat unterschiedlich: Arizona definiert z.B. als fairen Preis – unbeachtet der Missbrauchsmöglichkeiten durch das Management der Zielgesellschaft - den Marktwert bei Bekanntgabe des Rückkaufs durch die Zielgesellschaft. Vgl. Karpoff, J.M./ Malatesta, P.H. (1989), S. 295.

327 Ohnehin stellt das Pennsylvania Statute mit einer Kombination aus Control Share Acquisition Statute, einem Cash-out Statute sowie der Unantastbarkeit von Tarifverträgen eines der schärfsten Statutes dar. Vgl. Karpoff, J.M./ Malatesta, P.H. (1990), S. 9; Paefgen, T. (1991), S. 42, 49; Szewczyk, S.H./ Tsetsekos, G.P. (1992), S. 6/7; Chandy, P.R./ Foster, C.M./ u.a. (1995), S. 400.

328 Vgl. z.B. das Lousiana Statute; Anjier, J.C. (1991), S. 573.

329 Vgl. Röhrich, M. (1992), S. 147.

330 Soweit nicht der Erwerber über die Aktien verfügen kann.

331 Vgl. Lüttmann, R. (1992a), S. 92.

332 Vgl. Lüttmann, R. (1992b), S. 504.

333 Vgl. Lüttmann, R. (1992a), S. 91/92.

334 Komitee aus Mitgliedern der North American Securities Administrators Association und des State Regulation of Securities Committee der American Bar Association. Vgl. Lüttmann, R. (1992a), S. 91.

Control Share Act (MSCSA),[335] zutreffend eingewendet worden, dass das Kontrollpaket problemlos in kleinere Tranchen zerteilt werden könnte.[336]

Generell ist festzustellen, dass durch die Zustimmungserfordernis die Zwangswirkungen der außenstehenden Aktionäre bei Übernahmeangeboten deutlich verringert werden. Gleichzeitig erscheint es jedoch übertrieben, dass bei einem langsamen Aufbau der Beteiligung der Kontrollaktionär insgesamt dreimal, jeweils bei Überschreiten der oben genannten Schwellenwerte, die Zustimmung der außenstehenden Aktionäre einholen muss. Eine einmalige Abfrage bei einem verhältnismäßig niedrig angesetzten Schwellenwert sollte für die Feststellung, ob sich die außenstehenden Aktionäre mit einem Kontrollwechsel einverstanden erklären, ausreichen. Negativ zu beurteilen ist zudem die Stärkung der Machtposition des Managements. Die Vorgabe, dass bei Zustimmung des Managements die Zustimmung der außenstehenden Aktionäre entfallen kann, verschärft mögliche Agency-Probleme.

2.5.2. Austrittsrecht der Minderheitsaktionäre gemäß Cash-out Statute

Ein Austrittsrecht während des Erwerbs einer Kontrollbeteiligung liegt bei Anwendung von Cash-out Statutes (auch Shareholder Demand Statutes[337] oder Appraisal Statutes[338] genannt) vor, welche nur in den Staaten Pennsylvania, Maine, Nevada und Utah eingeführt wurden und daher von geringer praktischer Bedeutung sind. Gemäß den Cash-out Statutes muss jeder Aufkäufer bei Erreichen eines bestimmten Schwellenwerts – 30% in Pennsylvania, 25% in Maine - allen Minderheitsaktionären die Höhe der Beteiligung mitteilen und auf Wunsch die Aktien der außenstehenden Aktionäre zu einem fairen Preis abkaufen.[339] Dabei wird sich als fairer Preis durch Verhandlungen derjenige einpendeln, welcher zwischen dem durch Bewertung ermittelten Mindestpreis des Verkäufers und dem Marktpreis vor Veröffentlichung des Angebots liegt.[340] In Maine ist die Regelung in der Weise konkretisiert worden, dass mindestens der Preis, den Kontrollaktionär bei Überschreiten des Schwellenwerts bezahlt hat, zu bieten ist.[341] Diese Regel stellt de facto die Verpflichtung zum Vollangebot dar, mit der jedem Minderheitsaktionär die Möglichkeit zum Ausstieg geboten wird, wenn sich die Beteiligungsverhältnisse in einem Unternehmen entscheidend verändern.[342]

---

335 Dient als Grundlage für die Ausgestaltung der einzelstaatlichen Acts.

336 In diesem Zusammenhang wird auf die oben geführte Diskussion zu den Rechten und Pflichten eines Kontrollaktionärs verwiesen.Vgl. Abschnitt 2.2.

337 Vgl. Hackl, J./ Testani, R.A. (1988), S. 1207.

338 Vgl. Booth, R.A. (1988), S. 1676; Yoder, L.J. (1989), S. 89.

339 Vgl. Pagano, J. (1987), S. 210; Hackl, J./ Testani, R.A. (1988), S. 1207; Gilson, R.J./ Black, B.S. (1995), S. 1334. Loss, L./ Seligman, J. (1995), S. 542. Vgl. hierzu den Abschnitt zum "Appraisal Right", 0.

340 Vgl. Pagano, J. (1987), S. 210.

341 Vgl. Pagano, J. (1987), S. 238.

342 Vgl. Romano, R. (1987), S. 117.

2.5.3. Fair Price Statutes

Fair-Price Statutes[343] sind vor allem als Schutz gegen die oben beschriebene "Two-Tier-Offer-Strategie" des Kontrollaktionärs gedacht.[344] Bei Anwendung dieser Statutes wird in der zweiten Stufe eines Übernahmeangebots die Zustimmung von mindestens 80% aller Aktien und von mindestens 66,67% der von außenstehenden Aktionären gehaltenen Anteile verlangt, falls ein Anteilseigner, der mehr als 10% der Anteile des Unternehmens besitzt, eine "Business Combination" plant.[345] Diese Mehrheitserfordernis entfällt, wenn entweder das Management der Zielgesellschaft die Unternehmensverbindung im Vorfeld eines Beteiligungserwerbs genehmigt hat oder den außenstehenden Aktionären ein bestimmter Mindestpreis "Fair Value" garantiert wird.[346] Für den Mindestpreis gilt vielfach die Vorschrift, dass der Preis höher sein muss als

1) der höchste vom Bieter bezahlte Preis in den vergangenen zwei Jahren vor der "Business Combination" bzw. bei Erwerb der Beteiligung,
2) der Marktpreis zum Zeitpunkt des Erreichens der 10%-Schwelle bzw. bei Ankündigung der "Business Combination", sowie
3) der Wert, der sich aus der Multiplikation von 1) mit 2), dividiert durch den Marktwert der Aktie, der am Tage des ersten Erwerbs einer Aktie innerhalb des Zwei-Jahres-Zeitraums durch den Bieter vorlag, ergibt.[347]

Diese Vorschrift zur Preisbestimmung kann jedoch realitätsfremde Ergebnisse verursachen, wie nachfolgendes Beispiel zeigt: Unterstellt man 1) den höchsten vom Bieter bezahlten Preis innerhalb des Zwei-Jahres-Zeitraums mit $120, 2) den Marktpreis zum Zeitpunkt des Erreichens der 10% Schwelle mit $140 und den Marktwert am Tage des ersten Erwerbs einer Aktie innerhalb des Zweijahres-zeitraums mit $80, würde sich gemäß der Regelung 3) ein Wert von $210 ergeben. Dieser Wert soll zwar die Entwicklung der Vergangenheit fortschreiben, er basiert aber nicht auf einer rationalen Kalkulation, sondern ist von den Gegebenheiten am ersten Tag des Erwerbs abhängig. Gleichzeitig besteht bei den Fair Price Statutes das Problem, dass sie den Aktionären weder während des Kontrollwechsels noch im nachhinein Schutz liefern, wenn der Bieter nach einem Kontrollwechsel auf andere Strategien als die "Business Combinations", d.h. z.B. auf eine Art "Faktische Konzernierung" zurückgreift.[348] Gleichzeitig wird wie bei den Control Share Acquisition Statutes die Position des Managements gestärkt, so dass ein

---

[343] Fair Price Statutes sind von 21 Staaten eingeführt worden. Vgl. Swartz, L.M. (1994), S. 73.

[344] Vgl. Pampinto, S. (1987), S. 17; Brudney, V./ Bratton, W.W. (1993), S. 1145.

[345] Vgl. z.B. das erste Fair Price Statute von Maryland; Block, D.J./ Pitt, H.L. (1985), S. 199; Hackl, J./ Testani, R.A. (1988), S. 1205; Booth, R.A. (1988), S. 1673.

[346] Vgl. Romano, R. (1987), S. 116; Pagano, J. (1987), S. 210; Loss, L./ Seligman, J. (1995), S. 541.

[347] Vgl. Pampinto, S. (1987), S. 17; Hackl, J./ Testani, R.A. (1988), S. 1206; Lipton, M./ Panner, M. (1993), S. 123.

[348] Vgl. Booth, R.A. (1988), S. 1675.

Schutz der Minderheitsaktionäre im Falle einer freundlichen Übernahme nicht vorliegt.

2.5.4. Freeze-out Statutes

Die Freeze-out Statutes, welche zum Teil auch als Business Combination Statutes bezeichnet werden,[349] sind von allen Antitakeover Statutes am bedeutendsten, da sie im Staat Delaware und damit für einen Großteil der amerikanischen Unternehmen gelten. Darüber hinaus sind sie von mittlerweile mehr als 25 Staaten in ihre State Laws mit aufgenommen worden.[350] Sie bewirken, dass der Erwerber einer Beteiligung ab einem bestimmten Schwellenwert[351] innerhalb eines festgelegten Zeitraumes nach Erwerb der Beteiligung keine "Business Combination" mit dem Unternehmen durchführen darf, solange nicht diese Unternehmensverbindung schon im Vorfeld der Übernahme durch das "Board of Directors" der Zielgesellschaft genehmigt worden ist.[352] Dieser Zeitraum kann wie bei den New York/New Jersey Acts bei fünf Jahren oder wie im Falle des Staates Delaware[353] bei drei Jahren liegen.[354] Der Begriff "Business Combination" bezieht sich in den meisten Staaten nicht nur auf "Merger", sondern de facto auf jede wirtschaftlich bedeutende Transaktion, bei der sowohl das beherrschte Unternehmen als auch der herrschende Kontrollaktionär beteiligt sind.[355] Im Delaware Statute sind gemäß Del.Gen.Corp.Law §203(a)(2) diejenigen Mehrheitsaktionäre nicht von dem Verbot einer "Business Combination" betroffen, welche mehr als 85% der Anteile halten.[356] Darüber hinaus kann eine "Business Combination" innerhalb der drei Jahre durchgeführt werden, falls eine 2/3 Mehrheit der außenstehenden, nicht im Besitz des Kontrollaktionärs befindlichen, Anteile oder das "Board of Directors" der Strategie zustimmt.[357]

---

349 Vgl. Karpoff, J.M./ Malatesta, P.H. (1990), S. 9.

350 Vgl. Hamilton, R.W. (1997), S. 406.

351 Im Falle des New Jersey Acts liegt dieser bei 10%, in Delaware bei 15% und in New York bei 20%. Vgl. Pagano, J. (1987), S. 211; Hurwitz, M.H. (1988), S. 142; Gilson, R.J./ Black, B.S. (1995), S. 1363.

352 Vgl. Karpoff, J. M./ Malatesta, P. H. (1989), S. 297; Röhrich, M. (1992), S. 145/146.

353 Selbst Delaware konnte sich dem Druck der Großunternehmen nicht entziehen und musste eine Regelung verabschieden. Vgl. Ebenroth, T.C./ Eyles, U. (1988), S. 421.

354 Vgl. N.Y.Bus.Corp.Law §912; N.J. Stat. Ann. §14A: 10A-1 bis 10A-6; Del.Gen.Corp.Law §203; Knoll, H.-C. (1992), S. 51; Lüttmann, R. (1992b), S. 503; Weston, F.J./ Chung, K.S./ Siu, J.A. (1998), S. 27.

355 Vgl. Hurwitz, M.H. (1988), S. 142/143; Booth, R.A. (1988), S. 1675. Nur das Delaware Statute erlaubt im eingeschränkten Maße "Business Combinations", wie etwa den Verkauf von Vermögensgegenständen des Zielunternehmens an einen Dritten. Vgl. Karpoff, J.M./ Malatesta, P.H. (1990), S. 9.

356 Vgl. Axley, F./ Blumstein, R./ McCune, A. (1988), S. 243; Hamilton, R.W. (1997), S. 406.

357 Vgl. Del.Gen.Corp.Law §203(a)(3).

In einer Vielzahl von Staaten[358] gilt nach Ablauf der "Zwangspause" zusätzlich die Bedingung, dass die geplante Unternehmensverbindung durch eine einfache bzw. im Falle des New Jersey Acts durch eine qualifizierte Mehrheit der nicht involvierten Aktionäre gebilligt oder zumindestens ein "fairer Preis" gezahlt werden muss.[359] Als Regel für einen fairen Preis gilt z.B. im New Jersey Act, dass der Preis mindestens so hoch sein muss, wie 1. der in den vergangenen fünf Jahren vor der Verkündung der "Business Combination" bzw. vor Erwerb der Beteiligung am höchsten gezahlten Preis und 2. der Aktienkurs am Tage der Verkündung der "Business Combination" bzw. am Tage des Erwerbs der 10%igen Beteiligung.[360]

Diese Business Combination Statutes schützen den Minderheitsaktionär zwar vor den sogenannten "Two-Tier Offers". Es besteht jedoch das Problem, dass mit diesen Regelungen auch effiziente Übernahmen verhindert werden, falls nicht eine Opt-out-Möglichkeit vorliegt,[361] da zwei Hauptmotive für eine Übernahme - die Ausnutzung von Synergievorteilen und die Generierung von Effizienzvorteilen durch die Auswechslung von schlechtem Management - bei einem solchen Verbot nicht mehr durchgesetzt werden.[362]

2.5.5. Directors Duty Statutes

Die Directors Duty Statutes stellen eine Art Genehmigung für das "Board of Directors" dar, bei Übernahmeentscheidungen neben den Zielen der Aktionäre die Interessen anderer Stakeholdergruppen (wie etwa Gläubigern, Arbeitnehmern, Lieferanten etc.) zu berücksichtigen und diese bei Interessenkonflikten auch denen der Aktionäre vorzuziehen, ohne dass in diesen Fällen ein Verstoß gegen die "Business Judgement Rule" vorliegt.[363] Ziel dieser Regelung ist die Vermeidung von kurzfristig und ausschließlich auf den Übernahmegewinn ausgerichteten feindlichen Übernahmen, bei denen aufgrund von Zerschlagungs- und Ausbeutungsabsichten die Gefahr von Arbeitsplatzvernichtung, Lieferantenkonkursen und Kürzungen des Steueraufkommens besteht.

2.5.6. Beurteilung der Takeover Statutes

Es wird kontrovers diskutiert, inwieweit diese Statutes den Zielen der Aktionäre ("Stockholder Interest Hypothesis") bzw. den Zielen des Managements ("Management Entrenchment Hypothesis") dienen. Positiv ist, dass die Statutes die Zwangswirkung der Aktionäre bei einem Übernahmeangebot verringern, Auktionen zur Verbesserung der Angebotsbedingungen fördern und den Schutz der

---

358 Delaware, Maine und Washington gehören zu den wenigen Staaten, die sich dieser Regelung nicht angeschlossen haben. Vgl. Karpoff, J.M./ Malatesta, P.H. (1989), S. 298.

359 Vgl. N.J. Stat. Ann. §14A: 10A-5b, 5c; Hurwitz, M. H. (1988), S. 143; Lipton, M./ Panner, M. (1993), S. 123.

360 Vgl. Hurwitz, M.H. (1988), S. 143.

361 Vgl. Del.Gen.Corp.Law §203 Synopsis.

362 Vgl. Pagano, J. (1987), S.232.

363 Vgl. Gilson, R.J./ Black, B.S. (1995), S. 1390; Hazen, T.L. (1996), S. 677; Miller, G. (1998), S. 55.

Aktionäre in einer beherrschten Gesellschaft verbessern.[364] Negativ zu beurteilen ist die Stärkung der Machtposition des Managements, da in vielen Statutes die Durchführung von Übernahmen von der Zustimmung des Managements abhängig gemacht wird.[365] Dieses führt dazu, dass das Wohl der Aktionäre in die Hände des Personenkreises mit den größten Interessenkonflikten gelegt wird.[366] Damit ist auf der einen Seite bei Einigkeit von Management und Bieter ein Schutz der Aktionäre nicht gegeben, obwohl auch in diesen Fällen Schädigungen und der Zwang zur Annahme eines schlechten Angebots keinesfalls ausgeschlossen werden können. Auf der anderen Seite können feindliche Übernahmen, welche für die Gesamtwohlfahrt und für den einzelnen Aktionär eine Besserstellung bedeuten, durch das Management mit Hilfe von zeitlicher Verschleppung, Aktionärsbeeinflussung[367] oder Verweigerung notwendiger Zustimmungen verhindert werden.[368] Darüber hinaus ist den Statutes deutlich der Lobbyismus des Managements und anderer Stakeholdergruppen, wie Arbeitnehmern und Kommunen, abzulesen,[369] da einige Regelungen übertrieben und aus Sicht der Aktionäre ohne jeglichen Sinn sind.

Es stellt sich deshalb die Frage, inwieweit die offensichtlichen Nachteile der Statutes durch Vorteile aufgewogen werden. Die empirischen Untersuchungen zu diesem Thema sind nur bedingt hilfreich, da die Ergebnisse sehr unterschiedlich ausfallen, wie nachfolgende Übersicht der wichtigsten Untersuchungen über den Einfluss der Einführung eines Statutes auf die Renditen der Investoren der betroffenen Unternehmen zeigt.[370]

Die Ursachen für die differierenden Ergebnisse sind vielfältiger Art:[371] Zum einen ist die Auswahl der zu untersuchenden Statutes wichtig, da eine Untersuchung des Delaware Statutes, welches aufgrund der zahlreichen Ausnahmen nur in den

---

364 Vgl. Pagano, J. (1987), S. 222/223; Pampinto, S. (1987), S. 48; Booth, R. (1988), S. 1679; ders. (1989a), S. 120-129; Lüttmann, R. (1992a), S. 97.

365 Vgl. Hurwitz, M.H. (1988), S. 156/157; Johnson, L./ Millon, D. (1989b), S. 1875; Anjier, J.C. (1991), S. 613.

366 Vgl. Anjier, J.C. (1991), S. 573; Abschnitt 2.4.3.

367 Aufgrund der zunehmenden Bedeutung institutioneller Anleger verliert dieses Argument an Bedeutung. Vgl. Booth, R.A. (1988), S. 1682-1685; Lüttmann, R. (1992a), S. 92.

368 Vgl. Pagano, J. (1987), S. 227.

369 Für eine ausführliche Darstellung des Gesetzgebungsprozesses in den Einzelstaaten vgl. Romano, R. (1987), S. 122-141; Paefgen, T. (1991), S. 43-45.

370 Vgl. Romano, R. (1987), S. 117/118; Hackl, J./ Testani, R.A. (1988), S. 1215-1220; Schumann, L. (1988), S. 562; Karpoff, J.M./ Malatesta, P.H. (1989), S: 320/321; Conner, W.T. (1989), S. 982/983; Pugh, W.N./ Jahera, J.S. (1990), S. 221; Sidak, J.G./ Woodward, S.E. (1990), S. 1100-1107; Ryngaert, M./ Netter, J. (1990), S. 253-261; Jahera, J.S./ Pugh, W.N. (1991), S. 426/427; Szewczyk, S.H./ Tsetsekos, G.P. (1992), S. 12; Turk, T.A./ Zardhooki, A. (1994), S. 325-333; Chandy, P.R./ Foster, C.M. (1995), S. 444/445; Gilson, R.J./ Black, B.S. (1995), S. 1398.

371 Vgl. Karpoff, J.M./ Malatesta, P.H. (1989), S. 293; Gilson, R.J./ Black, B.S. (1995), S. 1397.

wenigsten Fällen feindliche Übernahmen tatsächlich verhindern kann,[372] andere Ergebnisse liefert als eine Untersuchung über Pennsylvania, New York oder Ohio.

Tabelle III-2: Empirische Untersuchungen zu Takeover Statutes

Untersuchung	**Ergebnis**	**Untersuchte Statutes**
Margotta/Badrinath (1987)	kein Effekt	New Jersey
Romano (1987)	kein Effekt	Conneticut, Missouri, Pennsylvania
Ryngaert/Netter (1988), (1990)	signifikant negativ	Ohio
Schumann (1988)	signifikant negativ	New York
Hackl/Testani (1988)	negativ	Gesamtbetrachtung
Conner (1989)	signifikant negativ	Massachussetts, Minnesota
Karpoff/Malatesta (1989)	signifikant negativ	26 Staaten
Margotta/McWilliams/Mc Williams (1990)	kein Effekt	Ohio
Pugh/Jahera (1990)	keine signifikanten Effekte	Ohio, Indiana, New Jersey, New York
Sidak/Woodward (1990)	signifikant negativ	Indiana
Jahera/Pugh (1991)	positiver Effekt, aber nicht signifikant	Delaware
Szewczyk/Tsetsekos (1992)	signifikant negativ	Pennsylvania
Turk/Zardhooki (1994)	keine signifikanten Effekte	First Generation Statutes
Chandy/Foster/u.a. (1995)	signifikant negativ	Pennsylvania

Zum anderen spielt auch die Auswahl der Stichproben und der Beobachtungszeiträume eine zentrale Rolle. Gerade bei letzteren besteht das Problem, dass sich die Gesetzgebungsverfahren zur Einführung der Statutes häufig über mehrere Wochen bzw. Monate erstreckten und demzufolge unklar ist, ab wann eine Messung sinnvoll ist. Daneben sind die Gesetze vielfach als Antwort auf eine akute Übernahmebedrohung eines der im jeweiligen Staat ansässigen Unternehmen eingeführt worden, wodurch die Ergebnisse ebenfalls verzerrt sein können.

Generell ist davon auszugehen, dass die Statutes eher zu negativen als positiven Effekten führen, da sie den Aktionären im Falle einer freundlichen Übernahme ex post nur wenig Schutz bieten und auch ex ante aufgrund der Verhinderungsmöglichkeiten effizienter feindlicher Übernahmen durch das Management ausschließlich schädigend wirken.

---

[372] Vgl. Gilson, R.J./ Black, B.S. (1995), S. 1365/1366.

3. STELLUNG DER MINDERHEITSAKTIONÄRE IN EINEM BEHERRSCHTEN UNTERNEHMEN

Nach Erwerb einer Kontrollbeteiligung kann der Kontrollaktionär grundsätzlich zwei verschiedene Strategien verfolgen, um das beherrschte Unternehmen für seine Interessen zu nutzen. Eine Möglichkeit besteht in einem sogenannten "Freeze-in" der verbliebenen Minderheitsaktionäre, bei dem der Kontrollaktionär über seine Kontrollmehrheit indirekt Einfluss auf die Entscheidungen des beherrschten Unternehmens ausübt.[373] Diese Strategie stellt das Pendant zum in Deutschland üblichen faktischen Konzern dar, wobei der Begriff "Konzern" in den USA nicht existiert.[374] Ist hingegen eine engere Bindung des Zielunternehmens an das herrschende Unternehmen erwünscht, kann der Kontrollaktionär entweder direkt im Anschluss an den Erwerb einer Kontrollbeteiligung oder nach Ablauf eines gewissen Zeitraums eine "Business Combination" durchführen. Die in Deutschland üblichen Gewinnabführungs- und Beherrschungsverträge sind in den USA ohne Bedeutung,[375] was sich auch an der geringen Berücksichtigung von verbundenen Unternehmen in der amerikanischen Rechtsliteratur zeigt.[376]

Während die "Business Combinations" gesondert in Abschnitt 4. untersucht werden, soll der nachfolgende Abschnitt zunächst einen Überblick über die Situation der Minderheitsaktionäre beim sogenannten "Freeze-in" geben. Dazu werden die Einflussmöglichkeiten des Kontrollaktionärs auf die Geschäftspolitik sowie die daraus entstehenden Sondervorteile und die rechtlichen Begrenzungen zum Schutz der Minderheitsaktionäre dargestellt.

3.1. Einflussmöglichkeiten und Sondervorteile aufgrund einer Kontrollbeteiligung

Ein Kontrollaktionär kann auf direktem Weg wesentliche Strukturentscheidungen, wie etwa Satzungsänderungen und Vermögensverfügungen, die in den USA überwiegend der Zustimmung der einfachen Hauptversammlungsmehrheit bedürfen, mitbeeinflussen. Das "Board of Directors" besitzt im Rahmen der normalen Geschäftstätigkeit uneingeschränkte Handlungsfreiheit, so dass hier eine Einflussnahme nur indirekt möglich ist.[377] Grundsätzlich können jedoch in einem bestimmten Umfang die Entscheidungsspielräume des "Board of Directors"

---

[373] Vgl. Gilson, R.J./ Black, B.S. (1995), S. 1313; Weston, F.J./ Chung, K.S./ Siu, J.A. (1998), S. 10.

[374] Vgl. Buxbaum, R.M./ Schneider, U.H. (1982), S. 202; Ebke, W. (1991), S. 279/280.

[375] Überwiegend werden sogenannte Management Contracts angewendet, die jedoch nicht auf unbestimmte Dauer geschlossen werden dürfen, sondern nur temporär gelten; als Konsequenz sind weitreichende Grundsatzentscheidungen Dritter mit Hilfe dieses Contracts nicht möglich. Vgl. Knoll, H.-C. (1992), S. 296/297.

[376] Vgl. Merkt, H. (1991), S. 9. Bei den Konzernfragen spielen vor allem steuerliche Überlegungen und Haftungsaspekte eine zentrale Rolle, da sich über einen Vertrag zwischen den beiden Unternehmen eine Durchgriffshaftung bei Zahlungsschwierigkeiten der Tochtergesellschaft konstruieren lässt. Vgl. Blumberg, P.J. (1991), S. 327-372; ders. (1995).

[377] Vgl. RMBCA §35; Del.Gen.Corp.Law §141(a); Cal.Corp.Code §300.

gegenüber einem Mehrheitsaktionär durch Satzungsänderungen eingeschränkt werden, da hinsichtlich der Aufgabenbereiche der einzelnen Organe nur ein grober Regelungsrahmen durch die einzelstaatlichen Corporation Laws vorgegeben ist.[378] Zu möglichen Änderungen zählen z.B. die Festlegung von Zustimmungserfordernissen bei normalen Geschäftsführungsentscheidungen, Stimmrechts- oder auch Vertragsvereinbarungen, mit denen die Manager in direkte Abhängigkeit zum Mehrheitsaktionär gesetzt werden.[379] Typischerweise erfolgt die Kontrollausübung über sogenannte "Interlocking Directors", indem die Leitungsorgane der beherrschten Gesellschaft mit Personen besetzt werden, die mit dem herrschenden Kontrollaktionär eng verbunden sind. Die Auswechslung des "Board of Directors" kann entweder bei Ablauf der jeweiligen Amtszeiten oder durch sofortige Abberufung erfolgen, da für beide Fälle nur eine einfache Mehrheit notwendig ist.[380] Diese Personalverflechtungen sind prinzipiell nicht verboten, wobei der Grad ihrer Zulässigkeit bezüglich spezifischer Transaktionen von den Corporation Laws der einzelnen Bundesstaaten abhängt.[381]

Aus diesen weitreichenden Einflussmöglichkeiten können sich für den Kontrollaktionär eine Reihe von Sondervorteilen ergeben:[382] Dazu gehören zum einen offensichtliche Vorteile, wie etwa Steuerersparnisse, günstige Liefer- und Dienstleistungsverträge oder die Steuerung der Dividendenpolitik.[383] Zum anderen können dem Kontrollaktionär versteckte, von Outsidern nur schwer beobachtbare, Vorteile zur Verfügung stehen, wie die Ausnutzung von Geschäftsideen des beherrschten Unternehmens, die Steuerung der Geschäftspolitik in eine für die Muttergesellschaft vorteilhafte Richtung oder auch die Verbesserung der eigenen Position durch Ausbau der Marktmacht. Darüber hinaus kann der Kontrollaktionär den "Freeze-in" als Zwischenstufe benutzen, um zu einem späteren Zeitpunkt, wenn aufgrund einer schlechteren Geschäfts- bzw. Marktlage die Abfindung der Aktionäre zu günstigeren Konditionen erfolgen kann, eine "Business Combination" durchzuführen.[384] Die Höhe der Sondervorteile betreffend können ausschließlich Vermutungen angestellt werden, da nur wenige empirische Untersuchungen vorliegen und gerade die Höhe in Abhängigkeit der Branche, Größe des Unternehmens und des Kontrollaktionärs, Art und Anzahl von Minderheitsaktionären etc. fallspezifisch sehr unterschiedlich ausfallen kann.

---

[378] Vgl. Knoll, H.-C. (1992), S. 320.

[379] Vgl. Knoll, H.-C. (1992), S. 320.

[380] Vgl. RMBCA §§32, 36, 39; Del.Gen.Corp. Law §§141(d), 141(k), 211(b); Cal.Corp.Code §§301, 303(a).

[381] Vgl. RMBCA §8.31; Del.Gen.Corp.Law §144(a); Cal.Corp.Code §310(b).

[382] Vgl. Kahan, M. (1993), S. 368; Bebchuk, L.A. (1994), S. 962; Burkart, M. / Gromb, D./ Panunzi, F. (1998a), S. 173; Graham, R.C./ Lefanowicz, C.E. (1998), S. 3, 5.

[383] Der Kontrollaktionär kann beispielsweise die Dividende möglichst niedrig ansetzen, da an dieser alle Aktionäre im gleichen Maße beteiligt sind, und sich den im Unternehmen zurückbleibenden Überschuss auf anderen Weg oder zu einem späteren Zeitpunkt zukommen lassen.

[384] Vgl. Bebchuk, L.A. (1985), S. 1712; Ausführungen zum faktischen Konzern Kapitel II, Abschnitt 3.2.

Da diese Sondervorteile teilweise zu Lasten der Minderheitsaktionäre erfolgen, ist im nachfolgenden Abschnitt zu prüfen, wo die Grenzen der Einflussnahme liegen.

3.2. Beschränkung der Einflussmöglichkeiten

3.2.1. Pflichten des Kontrollaktionärs und der mit ihm verbundenen Leitungsorgane

Begrenzt wird ein Mehrheitsaktionär sowie die mit ihm verbundenen Direktoren und "Officers" in der abhängigen Gesellschaft neben allgemeinen Veröffentlichungs- und Prüfungspflichten der SEC[385] durch die "Duty of Care" und die "Duty of Loyalty", wobei diese Pflichten gegenüber der Gesellschaft direkt und nur indirekt gegenüber den Minderheitsaktionären bestehen.[386] Daneben wird in einigen Fällen auch eine Treuepflicht des Kontrollaktionärs unmittelbar gegenüber den Minderheitsaktionären konstruiert.[387]

Von großer Bedeutung ist in Zusammenhang mit der Anwendung der "Duty of Care" die "Business Judgement Rule", gemäß der prinzipiell davon ausgegangen wird, dass der betroffene Direktor oder "Officer" mit geschäftlichen Sachverstand Geschäftsentscheidungen trifft und sich daher für Entscheidungen hinsichtlich einer Verletzung der Sorgfaltspflicht gerichtlich nur dann verantworten muss, wenn:[388]

- ¶ ein Eigeninteresse des Entscheidungsträgers und damit Interessenkonflikte gegeben sind,
- ¶ vor der Entscheidung keine ausreichenden Informationen eingeholt worden sind oder
- ¶ eine offensichtlich irrationale Entscheidung getroffen worden ist.

Wird eine der drei Fragen mit "ja" beantwortet, hat sich der Entscheidungsträger einer Untersuchung zu unterziehen, bei der eine Sorgfaltsverletzung festgestellt wird, wenn vom Kläger nachgewiesen werden kann, dass:[389]

- ¶ die Entscheidung auf betrügerischen bzw. falschen Absichten begründet worden ist,
- ¶ nicht im besten Interesse des Unternehmens gehandelt worden ist,
- ¶ die Entscheidungsfindung nicht in der Weise erfolgt ist, wie man es von Personen in einer ähnlichen Position erwarten kann, oder

---

385 Vgl. z.B. §§13, 14, 15 SEA und die dazugehörigen SEC-Regeln.

386 Vgl. Kübler, F.H./ Schmidt, R.H. (1988), S. 48; Blumberg, P.I. (1991), S. 369.

387 Vgl. Seiler, H. (1990), S. 164.

388 Vgl. Albertini, F.v. (1983), S. 30; Kurth, T. (1987), S. 125; American Law Institute (1994), §4.01(c); Hamilton, R.W. (1997), S. 426; Emmanuel, S.L. (1997), S. 171.

389 Vgl. American Law Institute (1994), §4.01(a); Hamilton, R.W. (1997), S. 425; Emmanuel, S.L. (1997), S. 181.

¶ alarmierende Anzeichen, die eine weitergehende Untersuchung erfordert hätten, nicht beachtet worden sind.

Bei Feststellung einer Pflichtverletzung kann der Beklagte persönlich haftbar gemacht und mit Schadenersatzzahlungen an den betroffenen Anteileigner bzw. an die Gesellschaft selbst belegt werden.[390] Dieses kommt jedoch in der Praxis sehr selten vor und hat zum Teil sehr umstrittene Reaktionen hervorgerufen. Im Anschluss an den Transunion-Case Smith v. Van Gorkum,[391] bei dem das Management für schuldig befunden wurde, die Interessen der Aktionäre aufgrund schwerer Nachlässigkeiten durch die Zustimmung zur Übernahme von Transunion durch einen mit dem CEO befreundeten Bieter aufs Gröbste verletzt zu haben,[392] wurden von einigen Bundesstaaten, wie etwa Delaware, Regeln eingeführt, mit denen das Haftungsrisiko von "Officers" und "Directors" eingeschränkt worden ist.[393]

Gemäß der "Duty of Loyalty" werden neben dem unter Abschnitt 2.2.1. beschriebenen privaten Kontrollpaketwechsel drei weitere Konstellationen unterschieden, bei denen es zu einer Pflichtverletzung seitens der Leitungsorgane bzw. des Kontrollaktionärs kommen kann: "Self-Dealing Transactions" (Von Eigeninteresse beeinflusste Transaktionen), "Executive Compensation" (Vergütung der Leitungsorgane), "Corporate Opportunity" (Ausnutzung einer Geschäftsgelegenheit).

Unter "Self-Dealing Transactions" fallen alle Transaktionen, bei denen zwischen der dem beherrschten Unternehmen verbundenen Person (Direktor, herrschendes Unternehmen) und dem beherrschten Unternehmen Geschäfte betrieben werden.[394] Kritisch sind dabei diejenigen Transaktionen, bei denen die Person Einfluss auf das beherrschte Unternehmen die Transaktion betreffend ausgeübt hat und die finanziellen Interessen dieser Person im Konflikt zu den finanziellen Interessen des beherrschten Unternehmens stehen.[395] Im Zusammenhang mit der Situation in einem beherrschten Unternehmen kann sich beispielsweise die Frage stellen, ob der vom Kontrollaktionär für eine Leistung des beherrschten Unternehmens bezahlte Preis fair war.[396] Generell gilt, dass bei einer solchen "Self-Dealing-Transaction" die Beweislast hinsichtlich der Fairness beim Kontrollaktionär bzw. beim

---

390 Der Adressat der Schadenersatzzahlungen hängt vom verwendeten Klagerecht ab. Vgl. Abschnitt 3.2.2.

391 Vgl. Smith v. Van Gorkum, 488 A.2d 858 (Del. 1985); Gilson, R.J./ Black, B.S. (1995), S. 1025-1057.

392 Vgl. Carey, D. (1985), S. 81.

393 Z.B. durch Einführung von Haftungsbeschränkungen in den Unternehmensverfassungen in Form einer abgeschwächten Auslegung der Sorgfaltspflicht oder durch die Beschänkung der Haftungssummen.Vgl. American Law Institute (1994), Part IV, S. 136; Gilson, R.J./ Black, B.S. (1995), S. 1057-1059; Hamilton, R.W. (1997), S. 428; Emmanuel, S.L. (1997), S. 188.

394 Vgl. Albertini, F.v. (1983), S. 31; Clark, R.C. (1986), S. 142/143; Hamilton, R.W. (1997), S. 432.

395 Vgl. Clark, R.C. (1986), S. 147; Merkt, H. (1991), S. 411; Emmanuel, S.L. (1997), S. 195.

396 Vgl. Clark, R.C. (1986), S. 145.

verantwortlichen Direktor oder Officer liegt.[397] Basierend auf der Beweislastumkehr ist von den Gerichten folgendes Vorgehen bei der Beurteilung von Transaktionen entwickelt worden:[398] Sobald das Gericht eine Transaktion nach Prüfung aller Beweise als fair eingestuft hat, ist sie gültig, unabhängig davon, ob die Zustimmung eines unabhängigen "Board of Directors" bzw. der Aktionäre vorliegt. Dagegen werden alle Transaktionen, die sich nach Meinung des Gerichts schädlich, betrügerisch oder manipulativ auf das Unternehmen auswirken, als unzulässig eingestuft, falls die Beschwerde eines Aktionärs vorliegt. Dieses gilt unabhängig davon, ob die Zustimmung der Aktienmehrheit bzw. des "Board" erteilt worden ist. Ist dagegen die Transaktion nicht eindeutig fair, aber auch nicht betrügerisch, schädlich oder manipulativ, behält sie ihre Gültigkeit, falls der Nachweis erbracht wird, dass sie von einer Mehrheit der Aktionäre bzw. vom unabhängigen "Board of Directors" bereits genehmigt worden ist bzw. im nachhinein genehmigt wird. Der beste Weg ist deshalb die sofortige Offenlegung der Transaktion und die Einholung der Zustimmung der unabhängigen Direktoren bzw. nicht in Beziehung zum Kontrollaktionär stehenden Aktionäre.[399]

Bei der "Executive Compensation" als einem Spezialfall des "Self-Dealing" geht es darum, dass zum Beispiel der Kontrollaktionär den CEO des beherrschten Unternehmens stellt und sich selber mit Hilfe seiner Kontrollbeteiligung zu Lasten der Minderheitsaktionäre eine außergewöhnlich hohe Vergütung für seine CEO-Tätigkeit zusprechen kann. Eine Pflichtverletzung liegt nach Meinung der Gerichte immer dann vor, wenn keine adäquate Gegenleistung für die Vergütung erbracht wird bzw. die Kompensation im Vergleich zum Branchendurchschnitt besonders hoch ist.[400] Generell werden jedoch derartige Verfehlungen in den wenigsten Fällen von den Gerichten geahndet.[401]

Im Falle der Ausnutzung einer Geschäftsgelegenheit ("Corporate Opportunity") stellt sich die Frage, inwieweit beispielsweise der Mehrheitsaktionär berechtigt ist, eine Geschäftsidee oder Vermögensgegenstände, die dem Unternehmen gehören, für die Erzielung privater Profite zu nutzen. Dabei ergeben sich drei Fragen:[402]

1) Wann darf der Mehrheitsaktionär mit dem Unternehmen konkurrieren?
2) Wann darf dieser die Unternehmenswerte für sich selber nutzen?
3) Ab wann gilt eine Geschäftsidee als Idee des Unternehmens?

---

397 Vgl. Kahn v. Lynch Communication Systems, 638 A.2d 1110 (Del. 1994); Hamilton, R.W. (1997), S. 424, 433.

398 Vgl. Merkt, H. (1991), S. 424; Hamilton, R.W. (1997), S. 434; Emmanuel, S.L. (1997), S. 197/198.

399 Vgl. RMBCA §8.31(a); Merkt, H. (1991), S. 4141; American Law Institute (1994), §5.02.

400 Vgl. Merkt, H. (1991), S. 422/423.

401 Vgl. Emmanuel, S.L. (1997), S. 215-220; Hamilton, R.W. (1997), S. 442.

402 Vgl. Merkt, H. (1991), S. 424; Emmanuel, S.L. (1997), S. 221.

Zu 1) Prinzipiell dürfen "Directors" und "Officers" keine Geschäftsidee des Unternehmens für sich selber verwenden, falls ein solches Vorgehen zur Schädigung des Unternehmens führt. Daher müssen diese in solchen Fällen die Genehmigung der Aktionäre bzw. von desinteressierten Direktoren einholen.

Zu 2) Mehrheitsaktionären steht es nicht zu, von den Vermögensgegenständen des Unternehmens ohne eine angemessene Gegenleistung zu Lasten der Minderheitsaktionäre zu profitieren.[403] Eine Nutzung ist nur möglich, wenn die Zustimmung der nicht interessierten Direktoren oder Aktionäre vorliegt bzw. wenn der Nutzer einen angemessenen Gegenwert ("Fair Value") leistet.[404]

Zu 3) Sobald eine Geschäftsidee nachweislich eine Idee des Unternehmens darstellt, können Gerichte die Übertragung der aus der Geschäftsidee entwickelten Vorteile an das betroffene Unternehmen verfügen. Zur Überprüfung, ob eine bestimmte Geschäftsidee die Idee des betroffenen Unternehmens ist, stehen den Gerichten eine Reihe von Tests zur Verfügung: In Delaware wird eine Idee als Geschäftsgelegenheit des Unternehmens klassifiziert, wenn dem Unternehmen die finanziellen Mittel für die Ausnutzung der Idee zur Verfügung stehen, die Idee zur übrigen Geschäftspolitik des Unternehmens passt und das Unternehmen nachweislich Interesse bzw. Erwartungen an diese Idee gezeigt hat. Als weitere für eine Klassifizierung entscheidende Fragen werden folgende genannt:[405] Wie wurde Geschäftsidee an den Beklagten herangetragen?, Wurden für die Ausnutzung der Geschäftsidee Ressourcen des Unternehmens benutzt?, Ist die Geschäftsidee von größerer Bedeutung für das Unternehmen?. Eine Geschäftsidee darf deshalb nur in Fällen, in denen das Unternehmen die Geschäftsidee selbst abgelehnt hat oder nicht die notwendigen Ressourcen zur Ausnutzung der Idee besitzt, von Insidern für eigene Zwecke genutzt werden.[406]

In Hinblick auf die Treuepflicht eines Kontrollaktionärs gegenüber den Minderheitsaktionären im beherrschten Unternehmen ist – abgesehen von den Ausnahmen beim Kontrollpaketwechsel - in den meisten Statutes, inklusive dem RMBCA, nichts enthalten. Dies führt dazu, dass nur auf Basis des Case Laws eventuelle Verpflichtungen festgestellt werden können. Es ist bisher nur in wenigen, weit zurückliegenden Urteilen eine Entscheidung zugunsten der Minderheitsaktionäre hinsichtlich einer allgemeinen Treuepflicht des Kontrollaktionärs gefallen.[407] Abweichungen von diesem Grundsatz gibt es nur, wenn der Kontrollaktionär bestimmte Offenlegungspflichten zum Schaden der Minderheitsaktionäre nicht erfüllt hat bzw. wenn es zu "Self-Dealing-

403 Vgl. Emmanuel, S.L. (1997), S. 223.

404 Vgl. American Law Institute (1994), §5.04(a)(1); Emmanuel, S.L. (1997), S. 223.

405 Für weitere Faktoren vgl. Hamilton, R.W. (1997), S. 446-449.

406 Vgl. Merkt, H. (1991), S. 429.

407 Vgl. z.B. Zahn v. Transamerica Corp. 162 F.2d 36 (3d Cir. 1947); Jones v. H.F. Ahmanson & Co., 460 P.2d 464 (Cal. 1969); Hamilton, R.W. (1997), S. 450-452; Emmanuel, S.L. (1997), S. 253-256.

Transactions"[408] oder zur Ausnutzung einer Geschäftsgelegenheit[409] im Rahmen eines Beherrschungsverhältnisses zweier Unternehmen kommt.[410] Auch in diesen Fällen kann jedoch durch die Beteiligung von unabhängigen Direktoren die ausschließliche Geltung der "Business Judgement Rule" erreicht werden.[411]

3.2.2. Klagerechte der Minderheitsaktionäre

Durch die von der SEC vorgegebenen Informations- und Prüfungspflichten bei öffentlich gehandelten Unternehmen werden den Aktionären Informationen über Transaktionen und eventuelle Pflichtverletzungen des Managements bzw. des Kontrollaktionärs zur Verfügung gestellt, welche diese wiederum beim Einsatz ihrer Klagerechte nutzen können.

Bei den Klagebefugnissen ist grundsätzlich zwischen der "Derivative Suit" und der "Direct Suit" unterscheiden.[412] Bei ersteren klagt der Minderheitsaktionär im Namen und für das Unternehmen, während bei letzteren die Ergebnisse der Klage direkt an den Aktionär fließen. Die "Direct Suit" wird immer dann verwendet, wenn primär das Interesse des einzelnen Aktionärs, d.h. seine Individualrechte, betroffen ist.[413] Die Hauptdifferenz beider "Suits" liegt in den Verfahrensvoraussetzungen, die im Falle der "Derivative Suit" weitaus strenger sind:[414]

¶ Zunächst muss der Kläger zum Zeitpunkt der fraglichen Transaktionen bereits Aktionär gewesen sein und muss dieses auch bis zur Urteilsverkündung bleiben.[415]

¶ In den meisten Fällen ist eine Bitte zur Klageübernahme an das Board der Gesellschaft zu richten, welches darüber entscheidet, ob die Klage den Interessen der Gesellschaft entspricht. Falls die Bitte vom Board abgelehnt wird, wie es in der Praxis häufig der Fall ist, schließt sich das zuständige

---

[408] Vgl. z.B. bei Vertragsproblemen zwischen beherrschten und herrschenden Unternehmen Sinclair Oil Corp. v. Levien, 280 A.2d 717 (Del. 1971). Zum Teil wird auch eine Treuepflichtsverletzung konstruiert, wenn sich das herrschende Unternehmen Steuervorteile der Tochtergesellschaft (Mutter: Verlust, Tocher: Gewinn, der aufgrund der konsolidierten Veranlagung weniger besteuert wird) zukommen lässt. In einigen Entscheidungen sind sie der Muttergesellschaft zugesprochen worden. Vgl. Case v. New York Central, 204 N.E. 2d 643 (N.Y. 1965). In anderen Urteilen werden sie dagegen beim Tochterunternehmen belassen. Vgl. Smith v. Telecommunications, 184 Cal.Rptr. 571 (1sr Dis 1982); Emmanuel, S.L. (1997), S. 259.

[409] Vgl. David J. Greene & Co. v. Dunhil International Inc., 249 A.2d 427 (Del.Ch. 1968); Merkt, H. (1991), S. 431.

[410] Vgl. Merkt, H. (1991), S. 441/442.

[411] Vgl. Hamilton, R.W. (1997), S. 451.

[412] Vgl. Hamilton, R.W. (1997), S. 509.

[413] Vgl. Kurth, T. (1987), S. 120; Merkt, H. (1991), S. 474-476; Hamilton, R.W. (1996), S. 461; Emmanuel, S.L. (1997), S. 354/355.

[414] Für eine ausführliche Darstellung des Ablaufs bei einer Derivative Suit vgl. Emmanuel, S.L. (1997), S. 357.

[415] Vgl. Albertini, F.v. (1983), S. 44; Hamilton, R.W. (1997), S. 514/515; Emmanuel, S.L. (1997), S. 356.

Gericht in der Regel der Meinung an und weist die Klage ab. Einerseits wird dem externen Gericht durch die Vorschrift ein hilfreicher Anhaltspunkt gegeben, ab wann Klagen schon in einem frühen Stadium abzuwehren sind. Andererseits kann exakt dieses Verhalten problematisch sein, wenn das Board Vergehen eines Kontrollaktionärs bzw. von Kollegen vertuschen möchte.[416] In einigen wenigen Staaten ist darüber hinaus die Erlaubnis der übrigen Aktionäre einzuholen, wobei diese entfällt, wenn die Kontrollaktionäre zu den Beklagten gehören.[417]

¶ In den USA gilt gemeinhin die Regel, dass alle Beteiligten, unabhängig vom Ausgang des Urteils, ihre eigenen Anwaltskosten tragen. Aus diesem Grund wird von den Klägern zum Teil verlangt, dass sie eine Sicherheit zur Abdeckung potentieller Gerichtskosten hinterlegen, falls sie nicht über einen ausreichend großen Aktienanteil verfügen. Dahinter steht die Absicht, sogenannte Berufskläger abzuwehren, die mit ihren Anwälten grundlos Klagen einreichen, um eventuelle Auskaufsabfindungen zu erhalten.[418] Da diese Regelung vielfach dazu geführt, dass sich vor allem kleine Minderheitsaktionäre eine Klage nicht leisten konnten, ist in einigen Staaten diese Voraussetzung gelockert worden.[419] Erleichternd kommt hinzu, dass die Kostenregel nur von 14 Staaten angewendet wird und die Aktionäre die Verpflichtung umgehen können, indem sie über eine "Direct Action" oder auf Bundesebene Klage einreichen, da die Kautionshinterlegung in diesen Fällen nicht vorgeschrieben ist.[420]

¶ Außergerichtliche Einigungen zwischen Kläger und Beklagten müssen in den meisten Staaten durch den zuständigen Richter gebilligt werden, damit es nicht zu Benachteiligungen des Unternehmens und der nicht am Prozess teilnehmenden Aktionäre kommt.[421]

Im Gegensatz zur "Derivative Suit" kann die "Direct Suit" in Form einer "Class Action" durchgesetzt werden. Diese birgt den Vorteil, dass die Kosten- und Verfahrensprobleme der "Derivative Suit" nicht im gleichen Maße auftreten,[422] da hierbei die Interessen vieler Aktionäre gebündelt und die Kosten des Verfahrens verteilt werden können.

Andere Rechte, wie z.B. das "Appraisal Right", gelten dagegen nur im Falle von "Business Combinations" sowie bei weitreichenden Satzungsänderungen, so dass sie zur Unterstützung von Minderheitsaktionären im Falle eines "Freeze-in" keinen Schutz liefern.[423]

---

416 Vgl. Emmanuel, S.L. (1997), S. 364/365.

417 Vgl. Emmanuel, S.L. (1997), S. 361.

418 Vgl. Emmanuel, S.L. (1997), S. 373.

419 Vgl. hierzu ausführlich Hamilton, R.W. (1997), S. 516/517.

420 Vgl. Emmanuel, S.L. (1997), S. 374.

421 Vgl. Emmanuel, S.L. (1997), S. 375-378.

422 Vgl. hierzu ausführlich Hamilton, R.W. (1996), S. 481-497.

423 Vgl. Abschnitt 4.2.1.1.

3.3. Beurteilung der Position der Minderheitsaktionäre

Die Chance, ungestraft Sondervorteile zu Lasten der Minderheitsaktionäre zu generieren, ist groß, da die "Business Judgement Rule" verhältnismäßig viel Handlungsspielraum einräumt, der Nachweis einer Treuepflichtverletzung vor allem bei den im Verborgenen stattfindenden Transaktionen relativ schwierig und kostenintensiv ist und explizite Regelungen zum "Freeze-in" im amerikanischen Recht gänzlich fehlen.[424] Nicht umsonst werden deshalb die Business Combination Statutes angegriffen, da sie den "Freeze-in" der Aktionäre trotz fehlender Regelungen explizit fördern. Einige Autoren fordern deshalb ein Verbot des Teilangebots nach dem Vorbild des englischen City Codes bzw. die Einrichtung eines sogenannten "Redemption Right", bei dessen Anwendung die Aktionäre auch noch drei Monate nach einem Kontrollwechsel das Unternehmen zum Übernahmepreis verlassen können.[425] Beide Lösungen sind grundsätzlich richtig. Sie vernachlässigen aber diejenigen Aktionäre, welche aus den unterschiedlichsten Gründen das Unternehmen nicht verlassen haben und für die ein Schutz im beherrschten Unternehmen wichtig wäre.[426]

Dieses gilt um so mehr als die Klagebefugnisse, mit denen eventuelle Treue- oder auch Informationspflichtverletzungen angeklagt werden können, in der Praxis nur selten von normalen Minderheitsaktionären angewendet werden.[427] Genutzt werden die Klagerechte vor allem von Aktionären mit Verbindungen zu spezialisierten "Law Firms", für die jedoch weniger der Schadenersatz zugunsten der Aktionäre als vielmehr die eigenen Gebühren von Interesse sind. Dieses zeigt sich auch daran, dass diese "Suits" häufig mit einem für alle Aktionäre geltenden außergerichtlichen Vergleich beigelegt werden, bei dem der überwiegende Teil der Zahlungen direkt an die Kanzleien abgeführt wird.[428] Die daraus entstehende Rechtsunsicherheit wird deshalb auch als Begründung angeführt, dass als Strategie eher eine "Business Combination" als ein "Freeze-in" gewählt wird, obwohl ein höherer Nutzen aus Sicht des Kontrollaktionärs bei letzterem Fall erwartet werden kann.[429]

---

[424] Vgl. Blumberg, P.I. (1991), S. 369; Kahan, M. (1993), S. 368; Thompson, R.B. (1995), S. 2; Bebchuk, L.A. (1994), S. 962; Gilson, R.J./ Black, B.S. (1995), S. 1238, 1241.

[425] Vgl. Bebchuk, L.A. (1985), S. 1751; Gilson, R.J./ Black, B.S. (1995), S. 1313.

[426] Die Argumentation von Grossman/Hart, dass die Bereitstellung von Sondervorteilen notwendig sei, um das oben beschriebene "Free-Rider"-Verhalten beim "Tender Offer" zu vermeiden, ist aus den bereits genannten Gründen abzulehnen. Vgl. Abschnitt 2.3.4.3.3; Grossman, S.J./ Hart, O.D. (1980a), S. 43.

[427] Vgl. Merkt, H. (1991), S. 520.

[428] Vgl. Merkt, H. (1991), S. 520.

[429] Vgl. Gilson, R.J./ Black, B.S. (1995), S. 1250; Coffee, J.C. (1996), S. 403/404.

4. ABFINDUNGEN IM FALLE VON "BUSINESS COMBINATIONS"

"Business Combinations" (Unternehmensverbindungen) in Form von "Mergers", "Consolidations" bzw. "Sales of Assets" unterscheiden sich von einem "Tender Offer" grundsätzlich darin, dass die Zustimmung des Managements und der Gesellschafterversammlung ("Shareholder's Meeting") des Zielunternehmens vorliegen muss. Üblicherweise wird eine "Business Combination" durchgeführt, wenn das Zielunternehmen und die entsprechenden Organe von einem Kontrollaktionär beherrscht werden, welcher die Kontrollmehrheit im Vorfeld durch private Kontrolltransaktionen und/oder einen "Tender Offer" erworben hat oder aufgrund eines "Proxy Fights" über ausreichend Einfluss verfügt.[430] Ansonsten ist ein Zusammenschluss im Zuge von freundlichen Verhandlungen zwischen zwei unabhängigen Unternehmen möglich, bei denen die Managementteams beider Unternehmen aus strategischen Gesichtspunkten eine Verbindung fördern und sich der Unterstützung der Großaktionäre versichern. Einzige Ausnahme stellt hierbei die sogenannte "Bear Hug"-Transaktion ("Bärenkuss") dar. Bei dieser Transaktion werden die Direktoren der Zielgesellschaft gegen ihren ursprünglichen Willen zu einer Verschmelzung gezwungen, indem die übernehmende Gesellschaft das "Board of Directors" im Falle einer Ablehnung mit einem feindlichen "Cash Tender Offer" und einem anschließenden Austausch des "Board" bedroht.[431]

Für nachfolgende Ausführungen sind vor allem die Situationen von Interesse, bei denen die Verschmelzungsrelation bzw. Abfindungshöhe nicht von zwei unabhängigen Parteien ausgehandelt und gleichmäßig unter den Aktionären verteilt worden ist, sondern bei denen entweder durch einen Kontrollaktionär oder einem anderen ungleichen Gegner Druck auf das Management des Zielunternehmens ausgeübt wird. Hierzu werden zunächst die verschiedenen Arten von "Business Combinations" hinsichtlich ihrer Hauptmerkmale vorgestellt. Im Anschluss werden dann die bei diesen Transaktionsformen geltenden Vorschriften zum Schutz der Minderheitsaktionäre, wie etwa das "Appraisal Right", beschrieben.

4.1. Mögliche Formate für "Business Combinations"

Grundsätzlich sind drei Formate für "Business Combinations" denkbar, bei denen wiederum verschiedene Unterformen unterschieden werden müssen: "Mergers", Asset-Sale-Liquidations" und Freeze-outs".

---

430 Vor allem in den letzten 10 Jahren hat die dreistufige Transaktion ("Three-Piece-Suitor") – 1. Private Käufe; 2. "Tender Offer"; 3. "Merger" - an Bedeutung gewonnen, da bei einem einstufigen "Merger" die Gefahr relativ groß ist, dass sich ein Konkurrenzunternehmen mit einem besseren Angebot das Zielunternehmen einverleibt. Vgl. Gilson, R.J./ Black, B.S. (1995), S. 1011/1012.

431 Vgl. Hamilton, R.W. (1997), S. 396.

Abb. III-2: Überblick Formate für "Business Combinations"

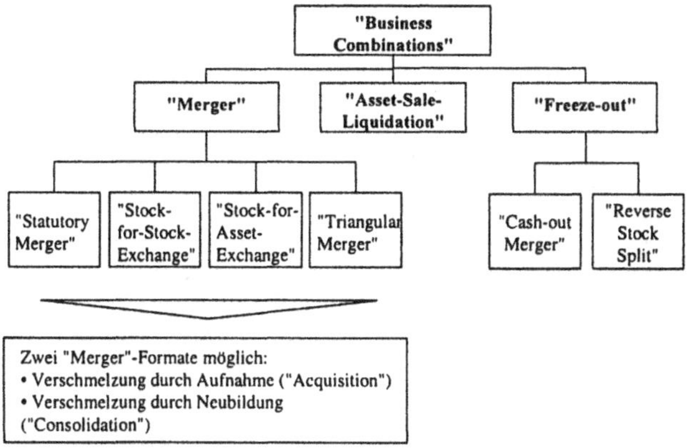

4.1.1. Zusammenschlüsse in Form eines "Merger"

Zusammenschlüsse in Form eines "Merger" können entweder über die "Acquisition" (Verschmelzung durch Aufnahme) oder die "Consolidation" (Verschmelzung durch Neubildung) erfolgen.[432] Da beide Arten die gleichen Verfahrensvoraussetzungen bedingen, beschränkt sich die vorliegende Arbeit darauf, nachfolgend die Form der "Acquisition" darzustellen.

"Statutory Merger". Im Falle eines "Statutory Merger" verbinden sich Unternehmen A und B zu A.[433] Hauptmerkmal beim klassischen "Statutory Merger" ist der Umstand, dass die Aktionäre von B nicht ausbezahlt werden, sondern Aktien von A und damit den Aktionärsstatus erhalten.[434] Grundvoraussetzung für die Zulässigkeit stellt die Zustimmung der beiden "Boards of Directors" von A und B zur geplanten Verschmelzung und seinen Bedingungen dar.[435] Diese Beschlüsse sind anschließend in den Gesellschafterversammlungen durch eine Mehrheit der stimmberechtigten Aktionäre von A[436] und B zu bestätigen. Während bis Anfang der 60iger Jahre noch die meisten Staaten eine 2/3-

---

432 Vgl. Gilman, R./ Chan, P.S. (1990), S. 26.

433 Bei einer "Consolidation" verschmelzen sich A und B zu C. Vgl. Hamilton, R.W. (1997), S. 556.

434 Vgl. Clark, R.C. (1986), S. 426; Merkt, H. (1991), S. 527; Emmanuel, S.L. (1997), S. 404.

435 Vgl. RMBCA Sec.11.01(a); Del.Gen.Corp.Law §251(b); Cal.Corp.Code §1101; N.Y.Bus.Corp.Law §902.

436 In einem "Merger", bei dem ein Unternehmen ein weitaus kleineres, kaum ins Gewicht fallendes Unternehmen aufnimmt, müssen die Aktionäre des aufnehmenden Unternehmens der Transaktion nicht zustimmen (Sogenannte "Whale-Minnow-Mergers"). Vgl. Clark, R.C. (1986), S. 450; Emmanuel, S.L. (1997), S. 422.

Mehrheit für eine erfolgreiche Verschmelzung vorgeschrieben haben, ist sowohl im RMBCA als auch in den Corporation Laws von Delaware, Kalifornien, Michigan und New Jersey diese Mehrheitserfordernis auf eine einfache Mehrheit reduziert worden.[437] Verschärfend galt bisher in den meisten Staaten, dass nicht die Mehrheit der bei der Gesellschafterversammlung anwesenden Stimmen ausreicht, sondern dass eine Mehrheit aller außenstehenden, stimmberechtigten Aktionäre der Transaktion zustimmen muss.[438] Durch die Anpassung des RMBCA im Jahre 1999, nach der zukünftig die Zustimmung der Mehrheit der anwesenden Aktionäre ausreichen soll, ist jedoch eine Lockerung der einzelstaatlichen Regelungen zu erwarten.[439] Hintergrund dieser Änderungen war die Ansicht, dass nicht eine verhältnismäßig kleine Minderheit in der Lage sein sollte, eine Mehrheit an der Durchsetzung wichtiger Strategien zu behindern. Problematisch ist jedoch, dass durch die Herabsetzung der Mehrheitserfordernisse die Gefahr erhöht wird, dass nicht nur pareto-optimale Zusammenschlüsse, sondern auch Zusammenschlüsse, die zu Lasten der Minderheitsaktionäre stattfinden, durchgeführt werden.[440] Falls die Verschmelzung im Anschluss an eine feindliche Übernahme stattfindet, sind in einer Reihe von Staaten die unter Abschnitt 2.5.4 beschriebenen Business Combination Statutes zu beachten. Gemäß diesen Statutes ist eine Verschmelzung innerhalb der vorgeschriebenen Fristen (3 bzw. 5 Jahre) nur dann zulässig, wenn mindestens 2/3 der unbeteiligten Aktionäre der Transaktion zustimmen. Zusätzlich zu den Mehrheitserfordernissen stellt sich die Frage, wer generell zur Stimmabgabe berechtigt ist. In einigen Staaten dürfen z.B. auch die Inhaber von stimmrechtslosen Aktien mitentscheiden, falls die Transaktion auf irgendeine Weise die Rechte bzw. Privilegien der Vorzugsaktien verändert.[441] Bei einem "Short-Form-Merger" kann auf die Zustimmung der stimmberechtigten Aktionäre, sowohl von A als auch von B, verzichtet werden, falls mindestens 90% des auf A zu verschmelzenden Unternehmens B im Anteilsbesitz von A liegen, da in diesen Fällen die Verschmelzung ohnehin nicht verhindert werden kann.[442]

"Stock-for-Stock-Exchange". Beim "Stock-for-Stock-Exchange" ("Stock Swap") verhandelt das Unternehmen A direkt mit jedem Aktionär von B über einen

---

437 Vgl. RMBCA Sec.11.03; Del.Gen.Corp. Law §251(c); Cal.Corp.Code §§152, 1100, 1201. Eine Ausnahme bildet z.B. der Staat New York, der immer noch eine 2/3-Mehrheit vorschreibt. Vgl. N.Y.Bus.Corp.Law §903(a)(2); Gilson, R.J./ Black, B.S. (1995), S. 642/643; Weston, F.J./ Chung, K.S./ Siu, J.A. (1998), S. 9.

438 Bei Vorliegen verschiedener Aktienklassen muss in jeder Klasse eine Mehrheit für den "Merger" gestimmt haben. Vgl. Gilson, R.J./ Black, B.S. (1995), S. 653; Emmanuel, S.L. (1997), S. 421.

439 Mit der Vorgabe, dass die Mehrheit der anwesenden Stimmen ausreicht, können Transaktionen zukünftig bereits mit 25% der Stimmen durchgeführt werden. Hamilton, R.W. (2000), S. 633.

440 Vgl. Gilson, R.J./ Black, B.S. (1995), S. 644.

441 Vgl. Gilson, R.J./ Black, B.S. (1995), S. 650/651.

442 Vgl. RMBCA §11.04(a); Del. Gen. Corp. Law §253(a); Cal.Corp.Code §1110(a); NY.Bus.Corp.Law §905; Merkt, H. (1991), S. 528; Weston, F.J./ Chung, K.S./ Siu, J.A. (1998), S. 9.

Aktientausch von B in A. Entschließen sich 100% der Aktionäre zu einem Aktientausch, kann A die Vermögenswerte des Unternehmens B auf A übertragen und die Rechtsform B liquidieren, wodurch sich dasselbe Bild wie beim "Statutory Merger" ergeben würde.[443] Der Vorteil eines "Stock-for-Stock-Exchange" gegenüber einem "Statutory Merger" liegt in den vereinfachten Verfahrensvoraussetzungen, da nur die Zustimmung des Board des erwerbenden Unternehmens A erforderlich ist. Während auf Aktionärsseite die Aktionäre des erwerbenden Unternehmens keine Entscheidungsbefugnis haben, erfolgt die Zustimmung der Aktionäre des zu erwerbenden Unternehmens individuell durch Annahme des Angebots.[444] De facto kann ein solches Vorgehen unter obige Übernahmeangebotsvoraussetzungen fallen. Es ist jedoch problematisch, dass sich anders als beim "Statutory Merger" eine kleine Minderheit weigern kann, ihre Aktien an das Unternehmen A zu übergeben.[445] Zudem könnten die Minderheitsaktionäre einem ähnlichen Entscheidungsproblem wie beim "Tender Offer" gegenüberstehen, wenn das Umtauschverhältnis unangemessen ist, aber die Furcht besteht, in einem späteren Deal ein noch schlechteres Angebot zu erhalten, falls verhältnismäßig viele Aktionäre das Angebot sofort annehmen.[446]

"Stock-for-Asset-Exchange". Der "Stock-for-Asset-Exchange" läuft normalerweise in zwei Schritten ab:[447] Im ersten Schritt gibt das aufnehmende Unternehmen A Aktien an das Zielunternehmen B im Austausch der gesamten Vermögenswerte von B ab. In einem zweiten Schritt wird das Zielunternehmen, welches einzig als Beteiligungsgesellschaft mit einem Unternehmenswert im Portfolio besteht, aufgelöst und die Aktien des Unternehmens A gemäß den Beteiligungsquoten an die Aktionäre von B verteilt. Vorteilhaft an dieser Vorgehensweise ist z.B. die Vermeidung der Zustimmungserfordernis der Aktionäre von A, falls das Management vorab schon zur Ausgabe von bisher nicht ausgegebenen Aktien ermächtigt wurde. Es ist jedoch in jedem Fall die Zustimmung beider "Boards" und der Mehrheit der Aktionäre der Zielgesellschaft B erforderlich.[448]

"Triangular Merger". Bei einem "Triangular Merger" handelt es sich um einen Zusammenschluss zwischen einem Tochterunternehmen A und einem Zielunternehmen B, bei dem als Abfindung Aktien der Muttergesellschaft C, welche wiederum 100%ige Eigentümerin von A ist, angeboten werden.[449]

Es ist zusätzlich vom Gesetzgeber in früheren Jahren die "De facto Merger Doctrine" konzipiert worden, durch deren Anwendung die Verfahrensvoraussetzungen des oben beschriebenen "Statutory Merger" auch bei anderen

---

443 Vgl. Clark, R.C. (1986), S. 427; Merkt, H. (1991), S. 530/531.

444 Auch hier können wiederum die Vorschriften der Business Combination Statutes anzuwenden sein.

445 Vgl. Merkt, H. (1991), S. 531; Emmanuel, S.L. (1997), S. 405, 425.

446 Vgl. Abschnitt 2.3.3.

447 Vgl. Emmanuel, S.L. (1997), S. 406; Weston, J.F./ Chung, K.S./ Siu, J.A. (1998), S. 61.

448 Vgl. Merkt, H. (1991), S: 532-536; Emmanuel, S.L. (1997), S. 425.

449 Vgl. hierzu ausführlicher Clark, R.C. (1986), S. 430; Emmanuel, S.L. (1997), S. 407-412.

Akquisitionsstrategien, welche wirtschaftlich dem "Merger" ähneln aber einen anderen Namen tragen, anzuwenden sind.[450] In Kalifornien ist beispielsweise für alle Reorganisationen eine einheitliche Regelung getroffen worden, so dass alle Vorgänge, die rein wirtschaftlich einer Verschmelzung entsprechen, als solche zu behandeln sind.[451] Diese großzügige Auslegung wird jedoch heute von den meisten Gerichten in den anderen Bundestaaten abgelehnt.[452]

4.1.2. Zusammenschlüsse durch "Asset-Sale-Liquidation"

Neben einer Verschmelzung beider Unternehmen kann eine Übernahme eines Unternehmens durch ein anderes Unternehmen auch dadurch erreicht werden, dass die wichtigsten Vermögensgegenstände des kontrollierten Unternehmens an das kontrollierende Unternehmen veräußert werden.[453] Der Verkauf von Vermögensgegenständen, Aktienbesitz etc. ist grundsätzlich mit Zustimmung des "Board of Directors" jederzeit möglich. Falls ein bedeutender Anteil ("Substantial All") am Vermögens des Unternehmens verkauft wird, ist die Zustimmung der einfachen Mehrheit einer 20 Tage im voraus einzuberufenden Aktionärsversammlung vom verkaufenden Unternehmen einzuholen;[454] dieses ist jedoch gemäß RMBCA §12.01 nicht notwendig, falls dieser Verkauf zur normalen Geschäftstätigkeit des Unternehmens gehört.[455] Sobald die Zustimmungserfordernisse erfüllt sind, übergibt das Zielunternehmen B gegen Bargeld die Vermögensgegenstände an A und löst sich anschließend gegen Auszahlung der Aktionäre auf.[456] Bedeutend heißt hierbei gemäß dem Urteil von Gimbel v. Signal, dass die Existenz bzw. Zielsetzung des Unternehmens durch einen Verkauf bedroht sein muss. Dieses führte z.B. beim Urteil Gimbel v. Signal dazu, dass die Klage von Gimbel auf Notwendigkeit einer Mehrheitsentscheidung abgelehnt wurde, da der Verkauf des Teilbereichs Signal Oil nur 26% der Aktiva des gesamten Unternehmens umfasste.[457] Die Problematik besteht in der Quantifizierung, ab wann ein Vermögensgegenstand einen bedeutenden Bestandteil eines Unternehmens darstellt. Extremfälle, in denen der Verkaufsumfang mehr als 50%

---

450 Vgl. Farris v. Glen Alden Corporation, 182 A.2d 22 (Del.Ch. 1962), bestätigt 188 A.2d 123 (Del. 1963); Clark, R.C. (1986), S. 458; Thompson, R.B. (1995), S. 5.

451 Vgl. Cal. Corp. Code §§181, 1200; Gilson, R.J./ Black, B.S. (1995), S. 708.

452 Vgl. Thompson, R.B. (1995), S. 10/11; Emmanuel, S.L. (1997), S. 456-459; Hamilton, R.W. (2000). S. 647.

453 Vgl. Clark, R.C. (1986), S. 426; Paefgen, T.C. (1992), S. 179; Gilson, R.J./ Black, B.S. (1995), S. 653-655.

454 Vgl. Del.Gen.Corp.Law §271(a).

455 Vgl. zu den Rechten der Aktionäre des kaufenden Unternehmens Clark, R.C. (1986), S. 415/416.

456 Es kann auch der umgekehrte Weg gegangen werden, indem sich das Unternehmen zuerst auflöst und die Vermögensgegenstände anschließend direkt von den Aktionären an das übernehmende Unternehmen verkauft werden. Vgl. Clark, R.C. (1986), S. 419.

457 Entscheidungen zu dieser Frage: Gimbel v. Signal Companies, Inc. 316 A.2d 599 (Del.Ch. 1974); Katz v. Bregman, 431 A.2d 1274 (Del.Ch. 1981); Gilson, R.J./ Black, B.S. (1995), S. 655-662.

bzw. weniger als 15% des Unternehmens umfasst, sind einfach zu entscheiden. Schwieriger sind jedoch die üblichen Grenzfälle, in denen vor allem auch qualitative Kriterien mit in die Beurteilung einfließen und die von den Staaten sehr unterschiedlich beurteilt werden.[458] Grundsätzlich bleibt es deshalb den Gerichten überlassen, einzelfallspezifisch eine Entscheidung über die Notwendigkeit einer Zustimmungserfordernis zu treffen.

4.1.3. Sonderfall "Freeze-out"

Beim "Freeze-out" besteht die Besonderheit gegenüber den anderen Formen von "Business Combinations" darin, dass die Minderheitsaktionäre nicht mit Aktien des herrschenden oder neu gegründeten Unternehmens, sondern in Form von Bargeld abgefunden und damit zum Ausstieg aus dem Unternehmen gezwungen werden.[459] Der "Freeze-out" von Aktionären ist direkt nach dem Erwerb einer Kontrollbeteiligung bzw. im Anschluss an ein längerfristiges Beherrschungsverhältnis als "Merger" zwischen beherrschten und herrschenden Unternehmen bzw. als Going-Private Aktion eines Kontrollaktionärs oder des Managements möglich.[460]

4.1.3.1. Formen des "Freeze-out Merger"

Früher erfolgte der "Freeze-out" vor allem über die Auflösung der Gesellschaft und über einen Verkauf der Vermögensgegenstände.[461] Mittlerweile wird weitaus häufiger der "Cash-out Merger" bzw. der "Reverse Stock Split" angewendet.

"Cash-out Merger". Diese Form des Zusammenschlusses muss explizit durch ein einzelstaatliches Statute bzw. durch die Unternehmensverfassung genehmigt sein.[462] Sie zeichnet sich dadurch aus, dass der Kontrollaktionär das beherrschte Unternehmen B mit dem eigenen Unternehmen A verbindet und die Minderheitsaktionäre von B bar anstatt mit Aktien des Unternehmens A abfindet. Der "Cash-out Merger" stellt derzeitig die gebräuchlichste Form dar.[463] Bei den Zustimmungserfordernissen gelten in den meisten Staaten die Vorschriften analog zum "Statutory Merger". Darüber hinaus ist der oben beschriebene "Short-form Merger" nicht nur in Form von Aktien, sondern ebenfalls in Form von Bargeld möglich.[464]

---

[458] In der Delaware-Entscheidung Katz v. Bergman, 431 A.2d 1274 (Del.Ch. 1981) wurde der Verkauf eines Unternehmensteils, der 51% der gesamten Vermögensgegenstände, 45% des Gesamtumsatzes und 52% des operativen Gewinns umfasste, als "Substantial All" bezeichnet. Gemäß den Grundsätzen des RMBCA wäre die Entscheidung tendenziell gegenteilig ausgefallen. Vgl. Merkt, H. (1991), S. 537; Emmanuel, S.L. (1997), S. 418.

[459] Eine ausführliche Beschreibung über die Behandlung von "Freeze-out Merger" im amerikanischen Recht liefert Seiler, H. (1990).

[460] Vgl. Peters, T. (1999), S. 801.

[461] Vgl. Clark, R.C. (1986), S. 500/501; Seiler, H. (1990), S. 7/8.

[462] Vgl. z.B. RMBCA §11.01(b)(3).

[463] Vgl. Clark, R.C. (1986), S. 501/502; Emmanuel, S.L. (1997), S. 472.

[464] Vgl. RMBCA §11.04(b)(2); Clark, R.C. (1986), S. 502.

"Reverse Stock Split". Eine besondere Art des "Freeze-out" stellt der "Reverse Stock Split" dar, bei dem die Anteile neu geordnet werden, indem z.B. 50 alte Aktie in 1 neue Aktie getauscht werden. In diesem Fall werden alle Aktionäre, die über eine Aktienmenge von kleiner als 50 verfügen, bar abgefunden. Damit kann ein Kontrollaktionär Minderheitsaktionäre aus dem Unternehmen drängen, indem er das Tauschverhältnis derartig hoch ansetzt, dass die Minderheitsaktionäre nach der Aktienneuordnung nur noch über den Bruchteil einer Aktie verfügen.[465]

4.1.3.2. Gründe für "Freeze-outs"

Es stellt sich die Frage, warum die Möglichkeit, Minderheitsaktionäre aus einem Unternehmen befördern zu können, für den Erfolg von Unternehmensübernahmen von Bedeutung ist.[466] Hierzu werden in der Literatur vier Argumente angeführt:[467]

Nach Meinung von Grossman/Hart kann durch die Möglichkeit zum "Freeze-out" das "Free-Rider"-Verhalten von Minderheitsaktionären, welches im Rahmen eines "Tender Offer" entstehen kann, eingeschränkt werden.[468] Dieses Argument liefert jedoch nur eine schwache Begründung für die Wichtigkeit von "Freeze-outs", da die Zwangswirkungen, das Unternehmen zu verlassen, über das Angebotsverfahren selbst und auch über die Gefahr des "Freeze-in" erzeugt werden können.

Als zweites Argument wird die Möglichkeit des Zugriffs auf die Vermögensgegenstände der Zielgesellschaft genannt,[469] was vor allem für fremdfinanzierte Übernahmen von großer Bedeutung ist, da zur Begleichung der Schulden ein direkter Zugang zu den fungiblen Vermögensgegenständen des Unternehmens notwendig ist. Während jedoch bei einem gewöhnlichen "Statutory Merger" die Veräußerungsgewinne gleichmäßig zwischen den Aktionären aufgeteilt werden müssen, kann dieses im Falle eines vorherigen "Freeze-out" unterbleiben.

Eine dritte Begründung für die Bedeutung von "Freeze-outs" liegt in den Kosten einer "Public Ownership", d.h. in den Kosten, die aufgrund umfangreicher Publizitäts- und Verfahrensvorschriften bei einem Unternehmen mit öffentlich gehandelten Anteilen entstehen.[470] Dieses Argument nimmt jedoch mit zunehmender Größe des Unternehmens ab, da die Kosten nicht proportional anwachsen und daher mit zunehmender Größe an Bedeutung verlieren.

Als viertes Argument wird angeführt, dass durch "Freeze-outs" Verteilungsprobleme hinsichtlich von Synergieeffekten umgangen werden können, da eine Gleichverteilung innerhalb eines Konzernverbunds aufgrund von

---

[465] Vgl. DeAngelo, H./ DeAngelo, L./ Rice, E. (1984), S.371; Emmanuel, S.L. (1997), S. 474.

[466] Vgl. Gilson, R.J./ Black, B.S. (1995), S. 1237.

[467] Vgl. Clark, R.C. (1986), S. 510-512; Easterbrook, F.H./ Fischel, D.R. (1991), S. 134; Gilson, R.J./ Black, B.S. (1995), S. 1238-1252; Peters, T. (1999), S. 802.

[468] Vgl. Grossman, S.J./ Hart, O.D. (1980a), S. 43.

[469] Vgl. Ebenroth, C.T./ Eyle, U. (1988), S. 415.

[470] Vgl. Seiler, H. (1990), S. 16/17; Gilson, R.J./ Black, B.S. (1995), S. 1245; Hermalin, B./ Schwartz, A. (1996), S. 352.

Zurechnungsproblemen schwierig sein kann und in vielen Fällen nicht erwünscht ist.[471] Die Bedeutung dieses Arguments hängt stark davon ab, wie die Regelungen und Entscheidungen zum "Freeze-in" eingeschätzt werden. Werden sie als unklar beurteilt, bringt ein "Freeze-out" nur Kosten aber keinen zusätzlichen Nutzen. Besteht dagegen die Gefahr einer Schadenersatzklage im Rahmen eines "Freeze-in", wäre ein frühzeitiger "Freeze-out" sinnvoller. Obwohl die Begrenzungen beim "Freeze-in" in der Praxis aufgrund der geringen Anzahl von Urteilen zugunsten des Minderheitsaktionärs, der überwiegenden Passivität der Minderheitsaktionäre sowie den Schwierigkeiten bei Klageerhebung geringfügig sind, finden in der Praxis dennoch häufiger "Freeze-outs" statt. Die Begründung hierfür liegt in den bereits oben angeführten Rechtsunsicherheiten im Falle des "Freeze-in".[472]

Diese Motive weisen darauf hin, dass die Interessenkonflikte zwischen Kontrollaktionär/Management auf der einen Seite und Minderheitsaktionären auf der anderen Seite im Falle von "Freeze-out Mergers" weitaus größer sind als bei anderen "Business Combinations". Ziel des Kontrollaktionärs ist die Festsetzung einer möglichst geringen Abfindung, um die Vorteile des "Freeze-out" weitgehend für sich selbst zu nutzen. Die Minderheitsaktionäre dagegen streben eine möglichst hohe Abfindung an, die sie einerseits angemessen für den zwangsweise erfolgten Ausstieg aus dem Unternehmen und andererseits für die durch die Barabfindung zusätzlich entstehenden Kosten, wie etwa die Transaktionskosten bei Wiederanlage bzw. die auf Kapitalgewinne abzuführenden Steuern, entschädigt.[473] Aus diesen Gründen sind die nachfolgend beschriebenen Schutzvorschriften zugunsten der Minderheitsaktionäre im Falle des "Freeze-out" von zentraler Bedeutung. Dies zeigt sich auch daran, dass in den vergangenen Jahren die meisten Abfindungsverfahren im Zusammenhang mit einem "Freeze-out Merger" angestrengt worden sind.[474]

4.2. Rechte der Minderheitsaktionäre im Zusammenhang mit "Business Combinations"

Der Schutz der Minderheitsaktionäre wird bei einer Verschmelzung bzw. bei einer Akquisition neben den allgemeinen Stimmrechtsvorgaben, welche bei einem Kontrollaktionär mit einem ausreichenden Stimmenanteil ohne Bedeutung sind, durch zwei Elemente – das "Appraisal Right" sowie den "Entire-Fairness-Test" – sichergestellt.

---

471 Vgl. Gilson, R.J./ Black, B.S. (1995), S. 1247.

472 Vgl. Abschnitt 3.; Gilson, R.J./ Black, B.S. (1995), S. 1250-1252.

473 Vgl. Clark, R.C. (1986), S. 504/505; Seiler, H. (1990), S. 70.

474 Vgl. Thompson, R.B. (1995), S. 10/27.

4.2.1. Abfindungsanspruch – "Appraisal Right"

4.2.1.1. Geltungsbereich

Bei den meisten grundlegenden Veränderungen in einem Unternehmen, wie einer Verschmelzung oder einer Veräußerung der Vermögensgegenstände, ist die Zustimmung einer Mehrheit der Aktionäre des Unternehmens erforderlich. Jedoch kann es, solange die Zustimmung nicht einstimmig erfolgt, Aktionäre geben, die sich mit der Veränderung nicht einverstanden erklären. Die Ablehnung kann dabei zum Beispiel aus einer Unzufriedenheit hinsichtlich der Verschmelzungsbedingungen oder auch aus der Ablehnung, bei einem Aktientausch zukünftig die Aktien eines unbekannten Unternehmens zu besitzen, resultieren.

Mit dem "Appraisal Right" (Abfindungsrecht), auch "Dissenter's Right" genannt, soll allen stimmberechtigten Aktionären ein Instrument zur Verfügung gestellt werden, welches in spezifischen Situationen den Ausstieg eines Aktionärs aus einem Unternehmen zu einem "fairen" gerichtlich festgesetzten Preis gewährleistet, damit der Aktionär nicht in einem Unternehmen ungewollt "gefangen" bleibt oder in unzureichender Höhe bar abgefunden wird.[475] Dieses Recht gilt nicht nur für die verschiedenen Verschmelzungsarten, sondern in den meisten Staaten auch bei Veräußerung von Vermögenswerten ("Sale of Asset") sowie bei weitreichenden Veränderungen der Satzung (wie z.B. die Modifikation des Gesellschaftszwecks, Änderung von Bezugsrechten).[476] Ausgeschlossen sind dagegen der "Reverse Stock Split" und die Auflösung, wobei beide Transaktionsformen heute ohnehin nur eine unbedeutende Rolle spielen. Höchst umstritten, aber in vielen Statutes verankert ist die Regelung, wonach das "Appraisal Right" für die an der NYSE bzw. NASDAQ notierten Gesellschaften ausgeschlossen ist, da nach Ansicht der Gesetzgeber hier die Möglichkeit des Verkaufs über die Börse gegeben ist ("Stock Market Exception").[477] In Delaware sind zusätzlich alle Unternehmen vom "Appraisal Right" ausgeschlossen, die von mehr als 2000 Aktionäre besessen werden.[478] Damit würde das "Appraisal Right" in der Praxis für Aktionäre größere Kapitalgesellschaften keine Rolle spielen, wenn nicht im Delaware Statute zusätzlichen Regeln aufgenommen worden wären: Diese besagen, dass im Falle von "Cash-out-Mergers" und "Short-Form-Mergers" das Abfindungsrecht

---

475 Vgl. Clark, R.C. (1986), S. 443; Letsou, P.V. (1998), S. 1121.

476 Vgl. RMBCA §13.02(a); American Law Institute (1994), § 7.21; Cal.Corp.Code §1300; Thompson, R.B. (1995), S. 3; Gilson, R.J./ Black, B.S. (1995), S. 667; Hamilton, R.W. (1997), S. 574. Der Staat Delaware billigt dagegen den Aktionäre bei einem "Sale-for-Asset-Deal" kein "Appraisal Right" zu. Vgl. Del.Gen.Corp.Law §262; Schulman, S.H./ Schenk, A. (1983), S. 1535; Emmanuel, S.L. (1997), S. 446. Aufstellungen zum Geltungsbereich des "Appraisal Right" aller Statutes finden sich bei Seligman, L. (1984), S. 832/833; American Law Institute (1994), Reporter's Note §7.24, S. 358-378.

477 Vgl. Steinberg, M.I. (1985a), S. 105; American Law Institute (1994), §7.21, S. 309; Calio, J.E. (1995), S. 17; Siegel, M. (1995), S. 96; Letsou, P.V. (1998), S. 1151.

478 Vgl. Del.Gen.Corp.Law §262(b)(1).

unabhängig von Größe und Börsennotierung der Gesellschaft für die Aktionäre der übernommenen Gesellschaft gilt.[479]

4.2.1.2. Abfindungsverfahren

Das Abfindungsverfahren ist staatenabhängig sehr unterschiedlich geregelt,[480] so dass nachfolgend die Verfahrensschritte gemäß dem RMBCA beispielhaft dargestellt werden. Festzustellen ist, dass das Verfahren des RMBCA noch zu den einfachen zu zählen ist.[481] In einem ersten Schritt sind die Aktionäre gemäß RMBCA §13.20(a) über ihre Rechte im Vorfeld einer Abstimmung über z.B. eine Verschmelzung schriftlich vom Unternehmen zu informieren.[482] Im Anschluss muss ein Aktionär, welcher das "Appraisal Right" in Anspruch nehmen will, innerhalb einer Frist Widerspruch gegen die betreffende Entscheidung einlegen und sich der Stimme enthalten bzw. gegen die Entscheidung in der Gesellschafterversammlung seines Unternehmens votieren.[483] Im Anschluss an eine mehrheitliche Zustimmung in der Gesellschafterversammlung sind die dissentierenden Aktionäre darüber zu informieren, wann und wo sie ihr Recht auf Abfindung einfordern und ihre Aktien hinterlegen müssen.[484] Letzteres ist erforderlich, um potentiellen Missbrauchshandlungen des Aktionärs vorzubeugen.[485] Im Anschluss an die Hinterlegung hat die betroffene, d.h. die nach der Verschmelzung entstehende, Gesellschaft ein Angebot als sogenannte "faire Abfindung" zu unterbreiten.[486] Falls dieses Angebot nicht den Vorstellungen des opponierenden Aktionärs entspricht, kann dieser gemäß RMBCA §13.28 der Gesellschaft innerhalb von 30 Tagen einen seiner Meinung nach fairen Preis für die Aktien mitteilen. Erklärt sich die Gesellschaft nicht zur Zahlung des geforderten Preises bereit, muss die Gesellschaft innerhalb von 60 Tagen das jeweils zuständige Gericht zur Bestimmung einer angemessenen Abfindung ("Fair Value") anrufen.[487] Im Gegensatz zum deutschen Recht kann der in diesem Zusammenhang festgestellte Wert dabei auch unterhalb des eigentlichen Angebots liegen und er gilt auch nur für diejenigen Aktionäre,

---

[479] Vgl. Del.Gen.Corp.Law §262(b)(2); Woo, A. (1995), S. 722.

[480] Einige Autoren bemängeln, dass es genauso viele verschiedene Variationen von "Appraisal Right Statutes" wie Staaten gibt. Vgl. American Law Institute (1994), Part VII Vorbemerkung, S. 297; Mahoney, P./ Weinstein, M. (1999), S. 8. Aus diesem Grund hat z.B. Seligman die Einführung von "Appraisal"-Regeln auf Bundesebene gefordert. Vgl. Seligman, J. (1984), S. 864.

[481] Vgl. Siegel, M. (1995), S. 111.

[482] Kann die Transaktion ohne vorherige Zustimmung der Aktionäre durchgeführt werden, beginnt das Verfahren mit einer Information über die getätigte Transaktion und das damit zusammenhängende "Appraisal Right". Vgl. RMBCA §13.20(b).

[483] Vgl. RMBCA §13.21(a).

[484] Vgl. RMBCA §§13.22; 13.23; 13.24.

[485] Vgl. Clark, R.C. (1986), S. 451.

[486] Vgl. RMBCA §13.25(a)

[487] Vgl. RMBCA §13.30. In einigen Staaten obliegt diese Pflicht den abzufindenden Aktionären..

welche als Kläger im Verfahren vertreten sind.[488] Versäumt die Gesellschaft die 60-Tage-Frist, muss sie die vom Aktionär geforderte Abfindung zahlen.[489] Da die Verfahren häufig mehrere Jahre dauern, verpflichtet der RMBCA §13.25(a) das Unternehmen dazu, zumindestens den von ihr vorgeschlagenen Preis bis zur endgültigen Festsetzung zu bezahlen. Dieser Regelung ist jedoch bisher nur ein Teil der Staaten gefolgt.[490] Die für einen Aktionär nicht unerhebliche Frage, von wem die Kosten des Verfahrens getragen werden müssen, wird in den Staaten ebenfalls sehr unterschiedlich geregelt. In einigen Staaten werden analog zum RMBCA die Gerichtskosten und Sachverständigenkosten automatisch der Gesellschaft auferlegt.[491] In anderen Staaten wird in Abhängigkeit vom Urteil entschieden, wer diese Kosten zu tragen hat.[492] Nicht übernommen werden dagegen in den meisten Staaten die Anwaltskosten des Kleinaktionärs, so dass dieser einem nicht unerheblichen Kostenrisiko ausgesetzt ist.[493]

Zusammenfassend lässt sich feststellen, dass das Verfahren für einen Minderheitsaktionär unabhängig von den zusätzlichen Problemen bei der Bewertung[494] einen erheblichen Kosten- und Zeitaufwand bedeutet. Dies hat in der Praxis dazu geführt, dass die "Appraisal Rights" in der Regel nur von großen Minderheitsaktionären, wie etwa institutionellen Anlegern, genutzt werden.[495]

4.2.1.3. Verzinsungsregel beim "Appraisal Right"

Da die Aktionäre in vielen Staaten erst nach Verkündigung des Gerichtsurteils eine Kompensation für ihre hinterlegten Aktien erhalten, ist die endgültig festgelegte Abfindung vom Zeitpunkt der Hinterlegung bis zur endgültigen Festlegung der Abfindungshöhe zu verzinsen. Über diesen Punkt besteht sowohl in der Literatur als auch in der Rechtsprechung Einigkeit. Umstritten ist jedoch, in welcher Höhe die Verzinsung erfolgt, da weder der zu verwendende Zinssatz festgelegt noch die Frage – Einfache Verzinsung vs. Zinseszinsregelung – geklärt ist. Beim Zinssatz ist sowohl die Verwendung des Zinssatzes, zu dem der Investor alternativ sein Geld hätte anlegen können, als auch der durchschnittliche Fremdkapitalzinssatz des Unternehmens denkbar.[496] In der Praxis führt diese ungenaue Festlegung jedoch zu einer großen Varianz bei den zugrundegelegten Zinssätzen,[497] da nur in wenigen Staaten die Statutes einen festen Zinssatz vorgeben, so dass es vielfach den Gerichten obliegt, die Höhe der Zinszahlungen festzulegen. Problematisch ist

---

488 Vgl. z.B. das Urteil Cinerama, Inc. v. Technicolor, Inc.; Woo, A. (1995), S. 720.

489 Vgl. Merkt, H. (1991), S. 560.

490 Vgl. Siegel, M. (1995), S. 82/83.

491 Vgl. RMBCA §13.31; Siegel, M. (1995), S. 83.

492 Vgl. Del.Gen.Corp.Law §262(j); N.Y.Bus.Corp.Law § 623(h)(7); Seiler, H. (1990), S. 152.

493 Vgl. Seligman, J. (1984), S. 862.

494 Vgl. Abschnitt 5.

495 Vgl. American Law Institute (1994), Part VII Vorbemerkung, S. 295; Black, B.S./ Kraakman, R. (1996), S. 1956.

496 Vgl. Siegel, M. (1995), S. 141

497 Vgl. Calio, J.E. (1994), S. 57.

ferner, dass in einigen Staaten die Zinseszinsen vernachlässigt werden, wodurch sich für den Abfindenden aufgrund der günstigen Kapitalbereitstellung Anreize zur künstlichen Verlängerung des Abfindungsverfahrens ergeben.[498] Für den Abzufindenden entsteht dagegen ein Verlust, der von vornherein eine angemessene Abfindung verhindert, so dass es im Extremfall für ihn vorteilhafter sein kann, gänzlich auf die Festlegung des "Fair Value" zu verzichten und das ursprünglich angebotene Kapital ohne Zeitverzögerung selbst anzulegen.[499]

4.2.1.4. Entwicklung der Diskussion zum "Appraisal Right"

Seit Einführung von "Appraisal Rights"[500] wird in der amerikanischen Literatur höchst kontrovers über ihre Funktion diskutiert,[501] was sich auch an den Unterschieden bei der Ausgestaltung der "Appraisal Rights" in den einzelnen Staaten und den Vorschlägen des American Law Institutes sowie RMBCA's zeigt.[502] Auch die Schlussfolgerungen hinsichtlich einer Reform des "Appraisal Right" fallen aus diesem Grund sehr unterschiedlich aus, da in Abhängigkeit der jeweiligen Definition einige Autoren für eine Einschränkung des "Appraisal Right" bzw. für eine Bewahrung des Status Quo's plädieren,[503] während sich andere für eine Ausweitung aussprechen.[504]

4.2.1.4.1. Ausgangsthese zum "Appraisal Right"

In den Anfängen der Diskussion wurde das "Appraisal Right" primär als Kompensation für das durch Aufgabe des Einstimmigkeitsprinzips verlorengegangene Vetorecht angesehen. Mit diesem Recht sollten die einzelnen

---

498 Vgl. Calio, J.E. (1994), S. 58/59; Siegel, M. (1995), S. 142.

499 Unterstellt man z.B. eine durchschnittliche Dauer eines Abfindungsverfahrens von 8 Jahren, eine ursprünglich angebotene Abfindung A in Höhe von \$70 und einen Zinssatz für eine Alternativinvestition von 10%, würde es sich für einen Abzufindenden das Abfindungsverfahren bei Nicht-Geltung einer Zinseszinsregelung ohnehin nur rentieren, wenn der festgesetzte "Fair Value" F mindestens \$83 beträgt, d.h. wenn $F + F*0,1*8 > A*1,1^{8}$.Gleichzeitig würde der Aktionär bei Geltung der einfachen Zinsregel gegenüber der Zinseszinsregel im Falle von F = \$88 einen Verlust in Höhe von $\$88*1,1^{8}-\$88-0,1*8*\$88) = \$30,23$ hinnehmen müssen. Vgl. z.B. auch die Beispielrechnung zu dem über mehr als 13 Jahre laufenden Verfahren Cede v. Technicolor, Gilson, R.J./ Black, B.S. (1998), S. 111.

500 Eine ausführliche Darstellung zur Entwicklung des "Appraisal Right" findet sich bei Siegel, M. (1995), S. 86-93; Thompson, R.B. (1995), S. 11-21.

501 Mit einer zunehmenden Anzahl von Verschmelzungen sowie der wachsenden Bedeutung von institutionellen Anlegern hat vor allem in den vergangenen Jahren nach einem Abflachen der Diskussion in den 80iger Jahren das Interesse der Literatur am "Appraisal Right" wieder zugenommen Vgl. Siegel, M. (1995), S. 80/81.

502 Vgl. hierzu die Unterschiede bei Festlegung des Geltungsbereichs, beim Verfahren sowie bei der Frage hinsichtlich der Exklusivität des "Appraisal Right". Die Probleme setzen sich bei der Bewertung fort. Vgl. Abschnitt 5.

503 Vgl. Manning, B. (1962), S. 223-265, Eisenberg, M.A. (1976), S. 83; Buxbaum, R.M. (1976), S. 1229-1254; Mahoney, P./ Weinstein, M. (1999), S. 36.

504 Vgl. Fischel, D.R. (1983), S. 875-902; Kanda, H./ Levmore, S. (1985), S. 429-473; Siegel, M. (1995), S. 81; Thompson, R.B. (1995), S. 52-54.

Aktionäre individuell davor geschützt werden, gegen ihren Willen und bei veränderten Risikobedingungen in einem Unternehmen verbleiben zu müssen.[505] Aufbauend auf diesem Gedanken wurde z.B. auch das Abfindungsverfahren konzipiert, welches darauf abzielt, dass der Aktionär die Initiative ergreifen muss, da er derjenige ist, der das Unternehmen zu verlassen beabsichtigt.[506] Das Grundkonzept wurde jedoch vor allem von Manning heftig angegriffen, da er das Abfindungsrecht als ein Instrument einstufte, das aufgrund des kosten- und zeitintensiven Prozesses bei Umsetzung des Abfindungsrechts weder dem Minderheitsaktionär noch dem Unternehmen von Vorteil ist. Er vertrat zudem die Ansicht, dass es aufgrund seiner Beschränkung auf bestimmte Transaktionen keine ökonomische Lösung, sondern nur ein wirkungsloses, aus der Historie entstandenes "Trostpflaster" für Aktionäre darstellt.[507] Selbst Eisenberg, der das "Appraisal Right" als geeignetes Mittel zur Bereitstellung eines "Cash Exit" (Austrittsmöglichkeit in Form von Bargeld) verteidigte, bezeichnete es aufgrund der Verfahrens- und Kostenprobleme als "Remedy of Desparation".[508] Es ist deshalb nicht verwunderlich, dass das "Appraisal Right" in der Praxis über lange Zeit äußerst selten angewendet und von den Minderheitsaktionären ausschließlich die Klagerechte genutzt wurden.[509]

4.2.1.4.2. Entwicklung der Diskussion nach der Zulässigkeit von "Freeze-out Mergers"

Durch die Bejahung der generellen Zulässigkeit von "Freeze-out Mergers" in den 60iger Jahren kam Bewegung in die Diskussion über das "Appraisal Right": Die meisten Staaten schränkten aufgrund der zunehmenden Effizienz der Kapitalmärkte und dem darüber gebotenen Ausstieg die Anwendbarkeit des Abfindungsrechts durch die Einführung der sogenannten "Marktausnahmen" (Regelungen zum Ausschluss des "Appraisal Right" für börsennotierte Gesellschaften) deutlich ein.[510] In der Literatur bildete sich ein Meinungsblock, welcher den Hauptvorteil des "Appraisal Right" mit der Disziplinierung von Management und Kontrollaktionären im Falle von mit Interessenkonflikten behafteten Transaktionen begründet.[511] Dieser Funktionswechsel beim "Appraisal Right" verdeutlicht sich auch in empirischen Untersuchungen, da in den 80iger Jahren die Zahl der

---

505 Vgl. Ravelle, J.J. (1981), S. 177; Kanda, H./ Levmore, S. (1985), S. 430; Clark, R.C. (1986), S. 444; Thompson, R.B. (1995), S. 3/4, 18; Siegel, M. (1995), S. 92; Letsou, P.V. (1998), S. 1122. Bis Anfang des 20. Jahrhunderts galt in vielen Unternehmen das Einstimmigkeitsprinzip. Vgl. Hamilton, R.W. (2000), S. 628.

506 Vgl. Thompson, R.B. (1995), S. 21.

507 Vgl. Manning, B. (1962), S. 231-239; 241-243; Buxbaum, R.M. (1976), S. 1253/1254.

508 Vgl. Eisenberg, M.A. (1976), S. 78, 83.

509 Vgl. American Law Institute (1994), Part VII Vorbemerkung, S. 294/295; Thompson, R.B. (1995), S. 17.

510 Vgl. Thompson, R.B. (1995), S. 21/22.

511 Vgl. z.B. Fischel, D.R. (1983), S. 901/902; Kanda, H./ Levmore, S. (1985), S. 473; Clark, R.C. (1986), S. 445; Gilson, R.J./ Black, B.S. (1995), S. 721 (ursprünglicher Artikel von 1986).

Abfindungsverfahren deutlich zunahm.[512] Diese Verfahren bezogen sich vor allem auf Transaktionen, bei denen ein Kontrollaktionär beteiligt und das Ziel häufig der "Freeze-out" der Minderheitsaktionäre war.

Bekanntester Vertreter dieser Meinung ist Fischel, der das "Appraisal Right" vor allem bei "Self-Dealing-Transactions" (wie etwa "Freeze-out Merger", 2. Stufe des "Two-Tier-Offer" oder Verschmelzung zwischen einem Mutter- und Tochterunternehmen), bei denen ein Koordinationsproblem der Minderheitsaktionäre bestehen kann, für wichtig hält. Seiner Meinung nach verringert in diesen Fällen die Festlegung einer Preisuntergrenze in Form des Grenzpreises des Verkäufers Schädigungsmöglichkeiten des Kontrollaktionärs zu Lasten der Minderheitsaktionäre.[513] Diese Einschränkung ineffizienter, nur auf die Schädigung anderer Aktionäre ausgerichteter Zusammenschlüsse führt wiederum gemäß Fischel ex ante zu einer Erhöhung der zu erwartenden Abfindungen und zu einer Gesamtwohlfahrtsverbesserung, da die Aktionäre diesen nachträglichen Schutz im voraus honorieren.[514] Auf Basis seiner Überlegungen empfiehlt Fischel eine Eliminierung der "Marktausnahmen" beim Geltungsbereich des "Appraisal Right", da diese Ausnahmen im starken Gegensatz zu dem eigentlichen Ziel des "Appraisal Right", dem Schutz der Aktionäre im Falle von Self-Dealing-Transaktionen, stehen. Ansonsten würden vor allem Schädigungen durch den Kontrollaktionär, die sich ex ante im Börsenkurs niederschlagen, explizit zugelassen. Als Beispiel führt er eine Transaktion an, die eine negative Wirkung auf das beherrschte Unternehmen und damit auf den Börsenkurs, aber eine positive Wirkung für die kontrollierende Partei hat und aus diesem Grund durchgesetzt wird.[515] Daher begrüßt er auch die Ausnahme im Delaware Law, welche für "Cash-out Merger" das "Appraisal Right" wieder einräumt, und fordert eine analoge Anwendung in den anderen Staaten.[516]

Kanda/Levmore versuchen in ihrem Beitrag zur Diskussion die Grundthese von Fischel, die Notwendigkeit der Kontrolle in Form des "Appraisal Right" im Falle von Self-Dealing-Transaktionen, durch zusätzliche Thesen zu ergänzen und damit einem breiteren Anwendungsbereich zuzuführen, indem den einzelstaatlichen Statutes jeweils einer der Thesen zugeordnet werden.[517] Neben der der "Inframarginality"-These (Unterkompensationsthese)[518] und der "Reckoning"-

---

[512] Vgl. Thompson, R.B. (1995), S. 25-27.

[513] Vgl. Fischel, D.R. (1983), S. 878. Eine ähnliche Meinung vertritt auch Seligman, J. (1984), S. 836.

[514] Vgl. Fischel, D.R. (1983), S. 878-880. Vgl. hierzu auch Abschnitt 2.3.3

[515] Vgl. Fischel, D.R. (1983), S. 885.

[516] An dieser Argumentation wurde vielfach kritisiert, dass sie keine Erklärung enthält, ob die Abfindungsrechte auch in Fällen von "Arm-Length-Mergers" sowie Satzungsänderungen bzw. bei "Reverse Stock Splits" oder Auflösung gelten sollen. Vgl. Kanda, H./ Levmore, S. (1985), S. 435; Siegel, M. (1995), S. 108; Letsou, P.V. (1998), S. 1128

[517] Vgl. Kanda, H./ Levmore, S. (1985), S. 435 Fn. 29.

[518] Gemäß der "Inframarginality"-Theorie sind die Präferenzen der einzelnen Aktionäre sehr unterschiedlich, was dazu führen kann, dass die Markteinschätzung unterhalb des

These (Kontrollthese)[519] war vor allem die "Discovery"-These (Entdeckungsthese) von Bedeutung, nach welcher das "Appraisal"-Verfahren und die damit zusammenhängend die Einbeziehung eines unabhängigen Gerichts die Aufdeckung von Insidermissbrauch, wie z.B. Bestechungsgelder an das Management im Falle eines "Arm-Length-Merger", ermöglicht. Die während der Quantifizierung der Abfindung gesammelten Beweise könnten beispielsweise in späteren Treuepflichtprozessen verwendet werden.[520] Basierend auf dieser These leiten Kanda/Levmore ihren eigenen Vorschlag für die Gestaltung des "Appraisal Right" ab: Danach soll das Management verpflichtet werden, bei jeder Transaktion eventuelle Interessenkonflikte offenzulegen, wodurch wiederum für den Aktionär die Möglichkeit der Ausübung des "Appraisal Right" ausgelöst würde. Versäumt das Management die Offenlegung, soll den Aktionären der Zugang zur Durchführung eines Prozesses wegen Treuepflichtverletzung vereinfacht werden, was umgekehrt wieder Druck auf das Management ausüben soll.[521] In der Praxis haben sich diese Thesen nicht durchgesetzt, da vor allem die dahinterliegenden Annahmen und die Fähigkeit des "Appraisal Right" gemäß der "Discovery"-These zur Aufdeckung von Missbrauch angezweifelt werden.[522]

4.2.1.4.3. Aktuelle Diskussionsbeiträge und Reformvorschläge

Nach einer Unterbrechung Mitte der 80iger Jahre ist die Diskussion zum "Appraisal Right" in den 90iger Jahre wieder neu entfacht. Aufbauend auf den bisher geleisteten Beiträgen vertritt Siegel die Meinung, dass das "Appraisal Right" zwei Funktionen zu erfüllen hat:[523] Ausstiegsmöglichkeit des Aktionärs in Form von Bargeld und Kontrollfunktion durch Schutz der Minderheitsaktionäre vor schädlichen Self-Dealing-Transaktionen. Daraus abgeleitet schlägt sie verschiedene Reformen vor, welche auf den Vorschriften des RMBCA's aufbauen.[524] Diesen zufolge sollten die Abfindungsrechte uneingeschränkt für alle Arten der oben beschriebenen "Business Combinations" sowie für bedeutende Satzungsänderungen gelten. Eine Ausnahme sollte nur für Transaktionen bestehen, die in

---

tatsächlichen Durchschnittswert liegen kann. Das "Appraisal Right" kann in solchen Fällen dazu dienen, die tatsächlichen Durchschnittswerte in einem "Appraisal"-Verfahren zuzusprechen, wenn sie ansonsten verloren gegangen wären. Vgl. Kanda, H./ Levmore, S. (1985), S. 438-441; 446-451.

519 Die "Reckoning"-Theorie basiert auf der Annahme, dass die Kontrolle des Managements im Falle eines Zusammenschlusses besonders schwierig ist, da zwei Unternehmen zusammengeführt werden und Managementfehler in der Gesamtkonsolidierung untergehen können. Das "Appraisal Right" bietet die Möglichkeit, zum Zeitpunkt des Zusammenschlusses eine Bilanz des bisher Geleisteten zu ziehen und die zukünftige Entwicklung anhand der Kalkulationen für das "Appraisal Right" zu kontrollieren. Vgl. Kanda, H./ Levmore, S. (1985), S. 441-443; 452-455.

520 Vgl. Kanda, H./ Levmore, S. (1985), S. 443/444.

521 Vgl. Kanda, H./ Levmore, S. (1985), S. 465.

522 Vgl. Thompson, R.B. (1995), S. 28; Letsou, P.V. (1998), S. 1130/1131, 1134, 1136.

523 Vgl. Siegel, M. (1995), S. 112/113.

524 Vgl. Siegel, M. (1995), S. 111. Vgl. auch Abschnitt 5.

einem gut funktionierenden Kapitalmarkt stattfinden und bei denen keine Interessenkonflikte, d.h. keine Beherrschung durch Kontrollaktionäre, vorliegen.[525] Mit dieser Regelung erkennt sie einerseits an, dass bei öffentlich gehandelten Aktien unter der Hypothese des effizienten Kapitalmarkts das "Appraisal"-Verfahren keinen anderen Wert hervorbringt als der Verkauf an der Börse, es dafür jedoch weitaus höhere Kosten verursacht.[526] Andererseits nimmt sie die Argumentation früherer Beiträge auf, dass in Fällen von "Self-Dealing-Transactions" eine Beeinflussung der Börsenkurse durch Geheimhaltung von Insiderinformationen möglich ist und auch genutzt würde.[527] Den Einwand, dass durch die Ausdehnung des Anwendungsbereichs des "Appraisal Right" das Risiko anderer Klagen steigt, hält Siegel für unbedeutend, weil das "Appraisal Right" ihrer Meinung nach ohnehin nicht das einzige Schutzinstrument für den Minderheitsaktionär sein sollte.[528]

Thompson definiert dagegen aufbauend auf der Argumentation von Fischel als Hauptfunktion des "Appraisal Right" den Schutz der Minderheitsaktionäre vor einem Herausdrängen zu vom Kontrollaktionär festgelegten Bedingungen. Die Möglichkeit des "Cash Exit" stellt für ihn nur eine Nebenbedingung dar, welche aufgrund der steigenden Anzahl börsennotierter Gesellschaften zunehmend an Bedeutung verliert und sich zum Teil nur störend auf die Gestaltung des "Appraisal Right" auswirkt.[529] Bei den Reformvorschlägen hinsichtlich des "Appraisal Right" unterscheidet er sich kaum von Siegel, da er ebenfalls die Eliminierung bzw. Limitierung der Marktausnahmen, Verbesserungen bei der Bewertung und eine Vereinfachung der Prozesse fordert.[530]

Im aktuellsten Beitrag zur Diskussion über das "Appraisal Right" hat Letsou die These entwickelt, dass die Hauptfunktion des Abfindungsrechts aus der Schaffung eines Ausgleichs zwischen den divergierenden Interessen verschiedener Aktionärsgruppen bei risikoverändernden Transaktionen besteht.[531] Darunter versteht er die Möglichkeit, dass Minderheitsaktionäre, welche durch eine

---

[525] Vgl. Siegel, M. (1995), S. 122, 124. Eine ähnliche Forderung stellt auch Woo. Vgl. Woo, A. (1995), S. 740.

[526] Vgl. Siegel, M. (1995), S. 125.

[527] Vgl. Seligman, J. (1984), S. 841; Siegel, M. (1995), S. 127/128; Bebchuk, L.A./ Kahan, M. (1999), S. 5/6.

[528] Bei uneingeschränkter Geltung des "Appraisal Right" kann zwar die Mehrheit vor Angriffen der Minderheitsaktionäre geschützt werden, die Minderheit verliert jedoch die Möglichkeit zur Überprüfung einer Transaktion bei Verbleib im Unternehmen. Ein Ausbau des "Appraisal Right" für andere Ansprüche hilft in diesem Fall ebenfalls nicht weiter, da der Prozess zu kostenintensiv wäre. Die vom überwiegenden Teil der Rechtsprechung gewählte Möglichkeit folgt der Meinung, dass ein Schutz der Kontrollaktionäre nicht notwendig ist, beschränkt das "Appraisal Right" auf die Überprüfung der Bewertung und verlagert alle andere Ansprüche auf separate Prozesse, wie etwa den "Entire-Fairness-Test". Vgl. Siegel, M. (1995), S. 98-100.

[529] Vgl. Thompson, R.B. (1995), S. 28.

[530] Vgl. Thompson, R.B. (1995), S. 31, 40-42.

[531] Vgl. Letsou, P.V. (1998), S. 1140.

Entscheidung der Mehrheit geschädigt worden sind, durch das "Appraisal Right" eine, den entstehenden Nachteil ausgleichende, Kompensation erhalten. Diese Kompensation muss wiederum von den Nutznießern der Transaktion getragen und damit bei ihrer Entscheidungsfindung berücksichtigt werden. Dadurch dient das "Appraisal Right" als Ausgleich, wenn der Effekt einer Transaktion, d.h. etwa die bei einem "Statutory Merger" empfangenen Aktien, von einer Gruppe von Aktionären niedriger bewertet wird als ihr "Pre-Transaction Value" (Wert vor der Transaktion). Diese Umverteilung würde zu einer Einschränkung von Transaktionen führen, die einen Nettoverlust für die Gesamtheit der Aktionäre darstellen, was wiederum eine Erhöhung der Anteilswerte aus ex ante Sicht bedeuten würde.[532] Den Hauptvorteil gegenüber der reinen Kontrollthese von Fischel u.a. sieht Letsou deshalb in der Ausweitung des "Appraisal Right" über den Missbrauch von Management bzw. Kontrollaktionär hinaus, da Probleme nicht nur aufgrund von Schädigungsmöglichkeiten, sondern auch aufgrund von Unterschieden in der Beurteilung der Transaktion (z.B. durch divergierende Risikoneigungen) entstehen können.[533] Gleichzeitig vertritt er jedoch die Meinung, dass mit zunehmender Effizienz der Kapitalmärkte die Unterschiede in der Einschätzung der Transaktionen zwischen den Aktionären verschwinden und damit die Bedeutung von "Appraisal Rights" abnimmt:[534] Erhöht sich beispielsweise durch eine Transaktion das Risiko aber auch gleichzeitig der zu erwartende Ertrag und liegt die zu erwartende Verzinsung des Eigenkapitals oberhalb der Marktkapitalkosten, profitiert von dieser Transaktion durch die resultierende Kurserhöhung auch derjenige Aktionär, der die vor der Transaktion bestehende Risiko-Ertrags-Kombination bevorzugt hat. In einem perfekt funktionierenden Kapitalmarkt kann dieser Aktionär jederzeit seine Aktien zum erhöhten Marktpreis verkaufen und stattdessen Aktien eines anderen Unternehmens mit einem ähnlichen Risiko-Ertragsprofil wie das Unternehmen vor der Transaktion erwerben. Die Notwendigkeit von "Appraisal Rights" reduziert sich zudem, wenn die Aktionäre über voll diversifizierte Portfolios verfügen, um das Risiko einzelner Investments zu eliminieren, und wenn die in den Portfolios enthaltenen Anteile größtenteils in effizienten Märkten mit geringen Transaktionskosten gehandelt werden.[535] Um dem Problem entgegenzutreten, dass aufgrund von Unsicherheiten - wie etwa der Anzahl der das Abfindungsrecht in Anspruch nehmenden Aktionäre – und der entstehenden Transaktionskosten zur Kompensation dissentierender Aktionäre vorteilhafte Transaktionen nicht stattfinden, sollten "Appraisal Rights" nur dann anwendbar sein, wenn durch die auslösende Transaktion das Risiko des Unternehmens entscheidend verändert wird.[536] Basierend auf seinen Überlegungen folgert Letsou, dass es kaum Handlungsbedarf für Veränderungen bei den derzeitig geltenden Regelungen zum "Appraisal Right" gibt. Den derzeitigen

---

532 Vgl. Letsou, P.V. (1998), S. 1141.
533 Vgl. Letsou, P.V. (1998), S. 1149.
534 Vgl. Letsou, P.V. (1998), S. 1144-1146.
535 Vgl. Letsou, P.V. (1998), S. 1147.
536 Vgl. Letsou, P.V. (1998), S. 1149.

Geltungsbereich des Abfindungsrechts inklusive der allgemein geltenden Ausnahmen hält er für sinnvoll.[537] Dabei schließt er auch die Ausnahme für Anteile börsennotierter Gesellschaften mit ein, da die Kapitalmärkte zunehmend effizienter werden und in diesen Fällen aufbauend auf obiger Argumentation kein "Appraisal Right" erforderlich ist. Er bejaht außerdem die Zulässigkeit von Klagen wegen Treuepflichtverletzungen parallel zum "Appraisal Right". Seiner Meinung nach kann das "Appraisal Right" nicht sicherstellen, dass die Entscheidungsträger tatsächlich auch ihren Treuepflichten nachkommen und keine Schädigungen, die sich auch im "Pre-Transaction Value" widerspiegeln können, vornehmen.[538] Allein die von Delaware verankerte Sonderregelung für "Cash-out Merger" wird von Letsou abgelehnt, da sie nicht zu seiner Ausgleichsthese passt. Im Falle eines "Cash-out Merger" würden alle Aktionäre dieselbe Kompensation erhalten, so dass die Problematik unterschiedlicher Erwartungen nicht entstehen kann.[539] Letsou kritisiert die Delaware-Ausnahme sogar dahingehend, dass sie nicht dem Schutz der Aktionäre, sondern vielmehr des Managements dient, da dadurch andere Klagerechte ausgeschlossen bleiben.[540]

Zusammenfassend lässt sich feststellen, dass das "Appraisal Right" in Konfliktsituationen von zentraler Bedeutung ist und in diesen Fällen gemäß der Argumentation von Fischel uneingeschränkt auch für Anteile börsennotierter Gesellschaften gelten sollte. Eine Beschränkung der Ausnahmeregelungen auf nicht von Interessenkonflikten belastete Transaktionen wäre zwar denkbar, um den Aufwand für nutzlos geführte Abfindungsverfahren zu vermeiden, wenn der Aktienkurs ohnehin den besten Anhaltspunkt für den angemessenen Wert der Aktien liefert. Eine solche Vorgehensweise würde jedoch gleichzeitig zu kosten- und zeitintensiven Diskussionen über die Auslegung, ab wann eine Transaktion von Interessenkonflikten belastet ist, führen. Zudem würden die Aktionäre aufgrund des Kostenrisikos ohnehin den Weg über den Markt wählen, wenn sie in einem "Appraisal"-Verfahren keinen größeren Gewinn erwarten können.

4.2.2. Möglichkeit zur gerichtlichen Überprüfung der Fairness einer Transaktion ("Entire-Fairness-Test")

Es stellt sich die Frage, ob den Aktionären ausschließlich das in der Praxis häufig sehr zeit- und kostenintensiven "Appraisal Right" zur Verfügung stehen soll ("Exklusivitätsregel"). Alternativ wäre die Bereitstellung weiterer Rechte denkbar, wie etwa die oben beschriebenen Klagerechte, mit denen z.B. Verschmelzungen gänzlich verhindert oder über den im Abfindungsverfahren festgestellten "Fair Value" hinausgehende Schadenersatzansprüche geltend gemacht werden können.

Theoretisch besitzt der Aktionär einzig die Möglichkeit, sich über das "Appraisal Right" gegen eine Unternehmensverbindung zur Wehr zu setzen, wobei er dabei

---

537 Vgl. Letsou, P.V. (1998), S. 1150-1152.
538 Vgl. Letsou, P.V. (1998), S. 1154/1155.
539 Vgl. Letsou, P.V. (1998), S. 1161.
540 Vgl. Letsou, P.V. (1998), S. 1128.

die Transaktion selbst nicht verhindern, sondern nur seine eigene Situation verbessern kann.[541] Es ist jedoch nur in zwei Staaten eine unbeschränkte Geltung der sogenannten "Exklusivitätsregel" vorgeschrieben, während in den meisten anderen Staaten eine oder mehrere der nachfolgend angeführten Ausnahmen zugelassen sind:[542] Illegale Faktoren, Verfahrensfehler, Betrug/Irreführung der Aktionäre durch falsche Informationen, "Self Dealing" zu Lasten der Aktionäre. Aufbauend auf diesen Ausnahmen ist in der Praxis bei einer Vielzahl von Entscheidungen die Überprüfung hinsichtlich des Fairness-Standards ("Entire-Fairness-Test") einer Transaktion zugelassen worden,[543] was häufig mit dem ansonsten nur mangelhaft vorhandenen Aktionärsschutz erklärt wird.[544]

4.2.2.1. Allgemeine Vorschriften

Der "Entire-Fairness-Test" stellt die Möglichkeit dar, die Fairness einer Transaktion zu überprüfen und die Transaktion gegebenenfalls für ungültig erklären zu lassen bzw. Schadenersatz von den Beklagten (Direktoren, Kontrollaktionär) zu fordern.[545] Der zusätzliche Nutzen des Fairness-Tests gegenüber dem "Appraisal Right" liegt 1) in der Möglichkeit, die Transaktion für ungültig erklären zu lassen, 2) in der Zulässigkeit von "Class Actions" im Falle des Fairness-Tests, was zu einer deutlichen Verfahrensvereinfachung und Kostenreduzierung aus Sicht des Minderheitsaktionärs führen kann,[546] und 3) in den Unterschieden bei der Anwendung von Bewertungsregeln, die zu einer höheren Leistung für den Minderheitsaktionär führen können.[547]

Im Falle von Transaktionen, bei denen die zwei sich verbindenden Einheiten im Vorfeld nicht miteinander - z.B. über einen Kontrollaktionär - verbunden waren ("Arm-Length-Transactions"), ist die Anfechtung nur möglich, wenn der Kläger den Beweis der Unfairness erbringen und nachweisen kann, dass der gebotene Preis

---

541 Vgl. z.B. RMBCA §13.02(b). Die Haltung der einzelnen Staaten hinsichtlich der Exklusivität des "Appraisal Right" ist in den Ausführungen des American Law Institutes dargestellt. Vgl. American Law Institute (1994), Reporter's Note §7.24, S. 358-378.

542 Vgl. Fischel, D.R. (1983), S. 902; Seligman, J. (1984), S. 835/836; Clark, R.C. (1986), S. 456/457; Brudney, V./ Bratton, W.W. (1993), S. 797/798; Siegel, M. (1995), S. 99 FN. 94. Eine Übersicht der frühen Urteile zur Exklusivität des "Appraisal Right" findet sich bei Vorenberg, J. (1964), S. 1189-1217.

543 Daran änderte auch das Weinberger Urteil nichts, welches ausdrücklich das "Appraisal Right" als das primär einzusetzende Klagerecht klassifizierte. Vgl. Weinberger v. UOP, Inc., 457 A.2d 701, 715 (Del. 1983); Thompson, R.B. (1995), S. 23/24; Letsou, P.V. (1998), S. 1154.

544 Vgl. Seiler, H. (1990), S. 160-162.

545 Vielfach ist es sinnvoll, neben einer "Class Action" wegen Täuschung auch noch das "Appraisal"-Verfahren einzuleiten, da die Verfahrensbedingungen des "Appraisal Rights" bei Ablehnung der Class Action keine spätere Ingangsetzung des Abfindungsverfahrens genehmigen. Vgl. Siegel, M. (1995), S. 102.

546 Vgl. Erklärung zur "Class Action" Kapitel III, Abschnitt 3.2.2.

547 Vgl. Gilson, R.J./ Black, B.S. (1995), S. 1267-1269; Siegel, M. (1995), S. 102-104; Hermalin, B./ Schwartz, A. (1996), S. 353; Abschnitt 5.

so niedrig ist, dass ein Betrugsfall vorliegt.[548] Aufgrund dieser beiden Voraussetzungen wird in den seltensten Fällen eine Transaktion von einer solchen Anschuldigung betroffen sein, obwohl vor allem Bestechungsgelder ("Side Payments") zur Erlangung der Zustimmung eines Managements nicht unüblich sind.[549] Anders sieht die Situation im Falle von "Self-Dealing-Transactions" aus, bei denen einer der Hauptentscheidungsträger auf beiden Seiten der Transaktion steht. In diesen Fällen liegt die Beweislast bei den Beklagten und diese müssen nachweisen, dass der in der Transaktion gebotene Preis den Fairness-Kriterien entspricht. Die Vorgehensweise zur Überprüfung der Fairness lässt sich beispielhaft anhand nachfolgenden Ausführungen zur Situation beim "Freeze-out" zeigen.

4.2.2.2. Fairness-Test im Falle eines "Freeze-out Merger"

Die rechtliche Diskussion von "Freeze-out Mergers" startete mit der Frage, ob "Freeze-outs" über sogenannte "Cash-Short-Form Merger" generell zulässig seien, was in einer Reihe von Urteilen bejaht wurde.[550] Dieser Trend setzte sich später bei der Beurteilung der Zulässigkeit von "Freeze-outs" über normale "Long-Form Mergers", d.h. den Verschmelzungen ohne Anwesenheit eines Großaktionärs mit einer Kontrollbeteiligung von mehr als 90%, fort.[551] Im Anschluss an die grundsätzliche Bejahung von "Freeze-outs" stellte sich in den nachfolgenden Entscheidungen die Frage, inwieweit trotz der generellen Zulässigkeit neben dem "Appraisal Right" einzelfallspezifisch eine Überprüfung der Transaktion zulässig ist.[552]

Dabei nutzten die Vertreter der Minderheitsaktionäre ihre Möglichkeit, über die Gerichte auf Bundesebene einen Meinungswechsel zu diesem Thema hervorzurufen. Dies gelang ihnen zunächst bei der Entscheidung Green v. Santa Fe Industries, da hierbei in erster Instanz der "Freeze-out Merger" als Verstoß des Kontrollaktionärs gegen §10(b) SEA eingestuft wurde. Der Supreme Court hob jedoch dieses Urteil mit der Begründung wieder auf, dass die Treuepflichtverletzung des Kontrollaktionärs eine Angelegenheit des einzelstaatlichen Gesellschaftsrechts darstellt und die SEC-Regel 10-b nur bei einer unvollständigen Erfüllung der Publizitätspflichten Anwendung findet.[553] Auch die SEC-Regel 13e-3, gemäß derer verschärfte Veröffentlichungspflichten im Falle einer Going-

---

[548] Vgl. Clark, R.C. (1986), S. 464; Merkt, H. (1991), S. 571; Emmanuel, S.L. (1997), S. 460.

[549] Vgl. Clark, R.C. (1986), S. 465; Brundey, V./ Bratton, W.W. (1993), S. 732.

[550] Vgl. Coyne v. Park&Tilford Distillers Corp., 154 A.2d 893 (Del. 1959); Stauffer v. Standard Brands, Inc., 187 A.2d 78 (Del. 1962); McBride, D. (1978), S. 2235; Weiss, E.J. (1981), S. 650/651.

[551] Vgl. David J. Greene&Co. v. Schenley Industries, 281 A.2d 30 (Del.Ch. 1971); McBride, D. (1978), S. 2235; Weiss, E.J. (1981), S. 652.

[552] Vgl. Gilson, R.J./ Black, B.S. (1995), S. 1255.

[553] Vgl. Green v. Santa Fe Industries Inc., 533 F.2d 1283 (2dCir.1976), revised 430 U.S. 462 (1977); Weiss, E.J. (1981), S. 656; Clark, R.C. (1986), S. 519; Seiler, H. (1990), S. 104/105; Gilson, R.J./ Black, B.S. (1995), S. 1255.

Private-Transaktion vorgeschrieben sind und damit Potential für Klagen aufgrund von Pflichtverletzungen geschaffen worden ist, hilft nur bedingt weiter, weil der Effekt der Regel in der Praxis verhältnismäßig gering ist.[554]

Parallel zur Green v. Santa Fe Entscheidung wurde auf Einzelstaatenebene in der Berufungsentscheidung Singer v. Magnafox Co. eine "Freeze-out"-Transaktion als unzulässig klassifiziert, obwohl noch in der erstinstanzlichen Entscheidung auf das "Appraisal Right" verwiesen wurde.[555] Im Berufungsverfahren wurde folgende Argumentationskette gewählt:[556] Prinzipiell ist eine Verschmelzung, unabhängig von den daraus entstehenden Vor- bzw. Nachteilen, gültig, solange die Verfahrensvorschriften gemäß §251(b)(4) des Del.Gen.Corp.Law eingehalten worden sind. Dazu gehören neben den Zustimmungen beider "Boards of Directors" auch die Zustimmung einer Anteilseignermehrheit und die anschließende Ausführung und Veröffentlichung bestimmter Formulare. Jeder Aktionär, der gegen die Verschmelzung gestimmt hat und mit dem Wert der gebotenen Abfindung unzufrieden ist, kann das Abfindungsrecht ("Appraisal Right") gemäß Del.Gen.Corp.Law §262 ausüben. Prinzipiell geht das Gericht davon aus, dass sich mit der Aufgabe der Einstimmigkeitserfordernis der einzelne Aktionär nicht mehr gegen eine Verschmelzung wehren kann. Dennoch hat das Gericht basierend auf dem Urteil Sterling v. Mayflower[557], gemäß dem bei einem "Merger" zwischen einem herrschenden und beherrschten Unternehmen bestimmte Fairness-Vorgaben eingehalten werden müssen, entschieden, dass Transaktionen, deren Geschäftszweck ausschließlich auf die Eliminierung der Minderheitsaktionäre ausgerichtet ist und die den Fairness-Standard nicht erfüllen, einen Verstoß gegen die Treuepflicht des Kontrollaktionärs gegenüber den Minderheitsaktionären darstellen.[558] Problematisch an diesem Urteil war jedoch die Ungenauigkeit seiner Aussagen, da nicht klar war, welcher Geschäftszweck zur Vermeidung einer Unzulässigkeit ausreichend ist und wie der Fairness-Test exakt definiert wird.[559]

Die Frage nach dem Geschäftszweck wurde durch das Urteil Tanzer v. International General Industries[560] in der Weise konkretisiert, dass ein Geschäftszweck auch dann vorliegt, wenn das herrschende Unternehmen primär eigene Geschäftsziele verfolgt. Damit wurde den Kontrollaktionären eine ideale

---

554 Vgl. Torres, R.W. (1986), S. 371; Clark, R.C. (1986), S. 523/524; Seiler, H. (1990), S. 111-122; Brudney, V./ Bratton, W. (1993), S. 857-863; Emmanuel, S.L. (1997), S. 476.

555 Vgl. Singer v. Magnafox Co., 367 A.2d 1349 (Del.Ch. 1976), revised 380 A.2d 969 (Del.1977); Gilson, R.J./ Black, B.S. (1995), S. 1257-1264. Eine ausführliche Besprechung des Singer Urteils findet sich bei McBride, D. (1978), S. 2231-2254.

556 Vgl. Singer v. Magnafox Co., 380 A.2d 969, 975-978 (Del.1977).

557 Vgl. Sterling v. Mayflower, 93 A.2d 107 (Del. 1952).

558 Vgl. Singer v. Magnafox Co., 380 A.2d 969, 980 (Del.1977); Easterbrook, F.H./ Fischel, D.R. (1982a), S. 723; Hamilton, R.W. (1996), S. 547.

559 Vgl. Ravelle, J.J. (1981), S. 183; Gilson, R.J./ Black, B.S. (1995), S. 1264.

560 Vgl. Tanzer v. International General Industries, 379 A.2d 1121 (Del.1977); Deutsch, J.G. (1983), S. 31; Torres, R.W. (1986), S. 364; Gilson, R.J./ Black, B.S. (1995), S. 1265.

Formulierung zur Umgehung dieser Anforderung bereitgestellt.[561] Dieser Richtung folgend wurde in der bis heute gültigen und vielzitierten Weinberger v. UOP Entscheidung das Vorliegen eines Geschäftszwecks als Anforderung gänzlich gestrichen. Stattdessen wurde zum Schutz der Minderheitsaktionäre das Vorgehen bei der Bestimmung des "Fair Price" bzw. Fair Value" durch die Genehmigung einer Vielzahl von Bewertungsmethoden liberalisiert[562] sowie der Fairness-Test konkretisiert.[563] Danach muss eine Transaktion grundsätzlich zwei Voraussetzungen erfüllen, um den Fairness-Test zu bestehen:

¶ Als "Fair Dealing" wird das Vorgehen bei einer Transaktion klassifiziert, wenn die Zustimmung der Mehrheit der Aktionäre für die Transaktion eingeholt wird, ein unabhängiges Komittee mit den Verhandlungen beauftragt worden ist und ausreichend Informationen hinsichtlich Ablauf und Konditionen der Transaktion zur Verfügung gestellt worden sind.[564] Sobald das Procedere als fair angesehen wird, verschiebt sich die Beweispflicht auf den Kläger, was die Wahrscheinlichkeit erhöht, dass den Aktionären einzig ihre "Appraisal Rights" zugesprochen werden.[565]

¶ Beim "Fair Price" müssen alle relevanten Faktoren, die zum Zeitpunkt der Transaktion vorlagen, in die Bewertung einfließen. Zusätzlich hat das Gericht im Weinberger-Urteil neben der unten 5.2.1 beschriebenen Delaware Block Methode ausdrücklich auch andere Bewertungsmethoden zugelassen.

In der Weinberger-Entscheidung wurde anhand dieser Kriterien festgestellt, dass eine Treuepflichtverletzung durch den Mehrheitsaktionär Signal vorlag. Begründet wurde dies mit dem Umstand, dass Signal einen wichtigen Bericht, in dem ein Preis von $24 für das Unternehmen UOP als angemessen erachtet wurde, nicht veröffentlichte, obwohl der Bericht von zwei mit Signal verbundenen UOP-Officers auf Basis von UOP-Daten erarbeitet wurde. Stattdessen wurde die Verschmelzung zu einem Preis von $21 pro Anteil durchgeführt.

Wird eine Treuepflichtverletzung auf Basis des "Entire-Fairness-Test" festgestellt, kann das Gericht entweder die Rückabwicklung der Transaktion oder die Zahlung von Schadenersatz über den eigentlichen Wert des Anteils hinaus verfügen.[566]

---

561 Vgl. Gilson, R.J./ Black, B.S. (1995), S. 1286.

562 Vgl. Abschnitt 5.

563 Vgl. Weinberger v. UOP, Inc, 457 A.2d 701, 713 (Del. 1983); Calio, J.E. (1994), S. 43; Gilson, R.J./ Black, B.S. (1995), S. 1271-1286. Eine Besprechung des Weinberger-Urteils findet sich bei Berger, C./ Alingham, T.J. (1983), S. 1-24.

564 Vgl. Torres, R.W. (1986), S. 369; Coffee, J.C. (1996), S. 387.

565 Vgl. Gilson, R.J./ Black, B.S. (1995), S. 1286. Die Beweislast verlagert sich jedoch nicht, wenn, wie im Fall Kahn v. Lynch, auf das nach außen unabhängig wirkende "Board Committee" massiver Druck ausgeübt wird. Vgl. Kahn v. Lynch Communications, 638 A.2d 1110 (Del. 1994); Coffee, J.C. (1996), S. 388.

566 Aufgrund der Schwierigkeiten bei der Rückabwicklung kommt es in der Praxis häufig zu Schadenersatzleistungen. Vgl. Seiler, H. (1990), S. 73.

5. BEMESSUNG VON ABFINDUNGEN ("APPRAISAL RIGHT")

Grundsätzlich ist bei der Bewertung von Abfindungen zwischen den Begriffen "Fair Value" und "Fair Price" zu unterscheiden. Während ersterer in Zusammenhang mit dem "Appraisal"-Verfahren genannt wird, spielt letzterer beim "Entire-Fairness-Test" eine wichtige Rolle. Zwar können sich die beiden Werten, da in separaten Prozessen ermittelt, unterscheiden; prinzipiell gelten jedoch die für den "Fair Value" abgeleiteten Grundsätze in analoger Weise auch für den "Fair Price".[567] In beiden Fällen haben Gerichte und Gutachter vor allem bei mit Interessenkonflikten belasteten Transaktionen, wie dem "Freeze-out Merger", die Aufgabe, sicherzustellen, dass die außenstehenden Aktionäre eine faire Kompensation für ihre Anteile erhalten.[568] Zur Bewertung des "Fair Value" und damit auch des "Fair Price" finden sich in den amerikanischen Statutes jedoch nur grobe Rahmenbedingungen, wie folgendes Zitat aus §262(h) des Del.Gen.Corp.Law zeigt:[569] "(...) determining their fair value exclusive of any element of value arising from the accomplishment or expectation of the merger or consolidation, (...). In determing such fair value, the Court shall take into account all relevant factors (...)."[570] Die fehlende Konkretisierung zeigt sich vor allem an der Vielzahl von Definitionen, welche zum Begriff "Fair" existieren und deren einzige Gemeinsamkeit darin besteht, dass der Aktionär durch die Transaktion in keinem Fall schlechter als vor der Transaktion gestellt werden darf.[571] Dabei reichen die Definitionen vom Wert des Unternehmens vor Bekanntgabe der Transaktion, über den in einer Auktion am höchsten erzielbaren Wert bis hin zu dem Wert, der sich aus den Verhandlungen zweier unabhängiger Parteien ergeben würde. Diese Ungenauigkeiten führt dazu, dass sowohl bei der Auswahl der Bewertungsmethoden als auch bei der Festlegung des exakten Wertes erhebliche Spielräume bestehen, die von der kontrollierenden Seite mit Hilfe der Investmentbanken entsprechend ausgenutzt werden können. Es könnte daher aufgrund der Bewertungsunsicherheiten für einen Abzufindenden vorteilhafter sein, auf das langwierige und kostenintensive Abfindungsverfahren zu verzichten, wenn nicht eine Tendenz absehbar ist, was als Ergebnis aus einem Gerichtsverfahren zu erwarten ist.[572]

---

567 Vgl. Coates, J.C. (1998), S. 8/9.

568 Vgl. Coleman, J.M. (1984), S. 777.

569 Vgl. Siegel, M. (1995), S. 134.

570 "(...) durch Bestimmung des fairen Wertes, wobei alle Wertelemente, welche aufgrund der Durchführung oder in Erwartung der Verschmelzung durch Aufnahme bzw. durch Neubildung entstanden sind, unberücksichtigt bleiben müssen., (...). Bei der Bestimmung des Werts hat das Gericht alle relevanten Faktoren mit zu berücksichtigen (...)." Vgl. z.B. auch RMBCA §13.01(3); Clark, R.C. (1986), S. 453.

571 Vgl. Bebchuk, L.A./ Kahan, M. (1989), S. 31; Easterbrook, F.H./ Fischel, D.R. (1991), S. 152; American Law Institute (1994), §7.22, S. 319. Vgl. hierzu in Kapitel II, Abschnitt 5.1. die Ausführungen zur Angemessenheit von Abfindungen aus theoretischer Sicht.

572 Vgl. Seligman, J. (1984), S. 830; Abschnitt 0.

5.1. Geltung von Abfindungsgrenzen

Durch die allgemeine Anerkennung des Börsenkurses vor Bekanntgabe der Transaktion wird das Bewertungsproblem bei Abfindungen anders als bisher in Deutschland[573] zumindestens nach unten hin begrenzt. Vielmehr streitet sich die Literatur, wie an der obigen Diskussion zum Ausschluss des "Appraisal Right" bei börsennotierten Gesellschaften zu erkennen ist, nur darüber, ob eine ausschließliche Anwendung des Börsenkurses sinnvoll ist.[574] In der Regel werden sich deshalb Abfindungen im Rahmen von "Business Combinations" unterhalb des Börsenkurses weder im "Appraisal"-Verfahren noch beim "Entire-Fairness-Test" durchsetzen können. Zugleich gilt in einigen Staaten (z.B. New Jersey, Delaware, New York) aufgrund der Business Combination Statutes bzw. der Fair Price Statutes die Vorschrift, dass im Falle einer feindlichen Übernahme die Abfindungen, ungeachtet ob ein "Appraisal Right" vorliegt, gesetzliche Mindestpreisvorgaben erfüllen müssen. Dadurch sind z.B. Abfindungen im Falle eines "Freeze-out", der direkt im Anschluss an ein öffentliches, gegen den Willen des Managements der Zielgesellschaft durchgeführtes Übernahmeangebot stattfindet, unterhalb des Angebotspreises nicht möglich.[575] Umso unverständlicher erscheint es in diesem Zusammenhang, dass die gleichen Staaten die Preise des im 1. Schritt erfolgten Kontrollerwerbs gänzlich unberücksichtigt lassen und dem Aktionär das Recht auf ein "Appraisal"-Verfahren verweigern, wenn die betroffene Gesellschaft börsennotiert ist, obwohl auch in diesen Fällen Interessenkonflikte zwischen Minderheitsaktionären und Kontrollaktionär vorliegen können.[576]

5.2. Bewertungsmethoden in der amerikanischen Rechtsprechung

Die Bewertungspraxis hat sich in den vergangenen Jahren stark verändert.[577] Während lange Zeit die Delaware Block Methode als ausschließliche Methode bei der gerichtlichen Überprüfung bzw. Bestimmung von Abfindungen betrachtet wurde, haben mittlerweile andere Bewertungsmethoden zunehmend an Bedeutung gewonnen.[578]

---

573 Ein Richtungswechsel in Deutschland hat sich erst durch das Bundesverfassungsgerichtsurteil vom 10. August 1999 vollzogen. Vgl. Kapitel II, Abschnitt 5.2.1.

574 Vgl. Fischel, D.R. (1983), S. 890; Stout, L.A. (1990), S. 1286/1287; Brudney, V./ Bratton, W.W. (1993), S. 820/821; Bebchuk, L.A./ Kahan, M. (1999), S. 5; Abschnitt 4.2.1.4.

575 Vgl. Abschnitt 2.5.3.

576 Vgl. Steinberg, M.I. (1987), S. 106/107.

577 Vgl. Fleischer, H. (1997), S. 395.

578 Vgl. Seligman, J. (1984), S. 841/842; Merkt, H. (1991), S. 562; Calio, J.E. (1994), S. 30.

5.2.1. Delaware Block Methode

5.2.1.1. Beschreibung der Methode

Bei der Delaware Block Methode wird der "Fair Value" als gewichteter Durchschnitt von drei auf unterschiedlichen Bewertungsmethoden basierenden Unternehmenswerten – "Market Value" (Marktwert), "Asset Value" (Wert der Vermögensgegenstände) und "Earnings Value" (Ertragswert) – gebildet.[579] Die Berechnung der einzelnen Werte und die Bestimmung der Gewichtungsfaktoren liegen im Ermessensspielraum der jeweils zuständigen Gerichte.[580]

Beim Marktwert wird grundsätzlich - soweit vorhanden - der Börsenkurs am Tag vor Bekanntgabe der Transaktion zugrundegelegt.[581] Das Gewicht der Börsenkursmethode gegenüber den anderen zwei Methoden ist besonders geringfügig, wenn die Aktie in einem relativ engen Markt gehandelt wird oder wenn es Anzeichen gibt, dass der Kurs durch bestimmte Ereignisse außergewöhnlich beeinflusst worden ist.[582]

In einem zweiten Schritt wird der Wert der Vermögensgegenstände kalkuliert, wobei hier entweder der Liquidationswert oder in einigen Fällen die Bilanzwerte zugrundegelegt werden.[583] Immaterielle Vermögensgegenstände wie Goodwill, Patente etc. dürfen nur dann berücksichtigt werden, wenn ihre Werte verhältnismäßig sicher bestimmbar sind.[584] Dem Substanz- bzw. Liquidationswert wird immer dann große Bedeutung zugemessen, wenn der Aufkäufer beabsichtigt, in absehbarer Zeit tatsächlich einen großen Teil der Vermögensgegenstände zu veräußern.[585]

Das dritte Element bildet der Ertragswert des Unternehmens, welcher theoretisch durch die Abzinsung der zukünftig erwarteten Erträge berechnet wird. In der Abfindungspraxis wird dieser Wert jedoch zumeist auf Basis der in der Vergangenheit (5-Jahres-Horizont) durchschnittlich erzielten Erträge in Kombination mit einem Multiplikator, z.B. der P/E-Ratio eines vergleichbaren Unternehmens, kalkuliert.[586] Das Gericht wird immer dann besonderes Gewicht auf diesen Wert legen, wenn eine Fortführung des Unternehmens angestrebt wird.

---

579 Vgl. Fischel, D.R. (1983), S. 889; Berger, C./ Allingham, T.J. (1983), S. 16; Coleman, J.M. (1984), S. 779. Anwendungsbeispiel: Bei Vorliegen eines Marktwerts von $90 pro Aktie, eines Vermögenswerts von $75 und eines Ertragswerts von $80 bei einer Gewichtung von 20%, 10% und 70% ergibt sich ein Abfindungswert von $81,5. Weitere Anwendungsbeispiele finden sich bei Brudney, V./ Bratton, W.W. (1993), S. 698-708.

580 Vgl. Brudney, V./ Bratton, W.W. (1993), S. 708; Emmanuel, S.L. (1997), S. 452.

581 Vgl. Calio, J.E. (1994), S. 36.

582 Vgl. Fischel, D.R. (1983), S. 890; Clark, R.C. (1986), S. 453.

583 Vgl. Schaefer, E.J. (1982), S. 1037; Seligman, J. (1984), S. 847-850; Coleman, J.M. (1984), S. 779/780.

584 Vgl. Calio, J.E. (1994), S. 35.

585 Vgl. Clark, R.C. (1986), S. 453.

586 Vgl. Schaefer, E.J. (1982), S. 1037; Berger, C./ Allingham, T.J. (1983), S. 16; Seligman, J. (1984), S. 851; Clark, R.C. (1986), S. 454.

5.2.1.2. Kritik an der Delaware Block Methode

Die Delaware Block Methode ist aus verschiedenen Gründen zunehmend kritisiert worden. Zunächst kommt es in der Praxis bei der Kalkulation der Einzelwerte immer wieder zu Fehlbewertungen.[587] Für die Bestimmung des "Asset Value" werden zum Beispiel häufig die Buchwerte bzw. die Reproduktionswerte anstatt der Liquidationswerte zugrundegelegt, obwohl vor allem erstere mit den tatsächlichen Werten der Vermögensgegenstände in Abhängigkeit des tatsächlichen Abnutzungsgrads nicht unbedingt übereinstimmen und die Gefahr von Unterbewertungen besteht.[588] Gleiches gilt bei Verwendung des Börsenkurses als Marktwert, falls auf ihn ein zu großes Gewicht gelegt wird. Auch der Ertragswert stellt nur in den seltensten Fällen ein Abbild der zukünftig zu erwartenden Erfolge dar, da aufgrund der Vergangenheitsorientierung bei der Prognose vielfach Wachstumschancen unberücksichtigt bleiben.[589] Hinzu kommt, dass die Gewichtungsfaktoren auf Basis von bewertungstheoretischen Argumenten nicht begründbar sind, sondern allein auf den subjektiven Einschätzungen des jeweiligen Gerichts basieren.[590] Die Hauptkritik an der Delaware Block Methode besteht jedoch darin, dass es selbst bei einer korrekten Kalkulation der Einzelwerte durch die Bildung eines gewichteten Durchschnitts zu Unterbewertungen und damit zu einer Benachteiligung der abzufindenden Aktionäre kommt.[591] Nimmt man als Beispiel einen Marktwert von $40 pro Anteil, einen Ertragswert von $50 pro Anteil und einen Liquidationswert von $60 pro Anteil, würde sich bei einer 1/3 Gewichtung eine Abfindung in Höhe von $50 ergeben. Der Aktionär hat jedoch Anrecht auf den Wert, den er bei Verfolgung seiner besten Strategie - Liquidation, Fortführung, Verkauf am Markt - erzielen könnte, so dass als "Fair Value" der höchste der drei Werte zugrundegelegt werden müsste. Durch Anwendung der Delaware Block Methode kann es zu der Situation kommen, dass der Kontrollaktionär mit Hilfe eines "Freeze-out" zunächst die Minderheitsaktionäre zu einem Wert von $50 abfindet, um in einem zweiten Schritt die Liquidation durchzuführen und den Gewinn von $10 pro Anteil für sich zu behalten. Das heißt, dass jede Abfindung unterhalb des Wertes der besten Verwendung Anreize für die Ausbeutung von Minderheitsaktionären liefert.[592] Darüber hinaus kann es notwendig sein, nicht nur den höchsten der drei Werte auszuwählen, sondern eine Kombination von Ertragswert zuzüglich Liquidationswert für die nicht

[587] Vgl. Calio, J.E. (1994), S. 38-40; American Law Institute (1994), §7.22 Reporter's Note, S. 330.

[588] Vgl. Schaefer, E.J. (1982), S. 1041; Seligman, J. (1984), S. 849.

[589] Vgl. Schaefer, E.J. (1982), S. 1043; Seligman, J. (1984), S. 852.

[590] Vgl. Calio, J.E. (1994), S. 37.

[591] Eine ausführliche Kritik findet sich bei Schaefer, E.J. (1982), S. 1031-1096; Easterbrook, F.H./ Fischel, D.R. (1991), S. 154-157.

[592] Vgl. Schaefer, E.J. (1982), S. 1045.

betriebsnotwendigen und damit veräußerbaren Vermögensgegenstände als richtigen Wert für die Abfindung zugrunde zu legen.[593]

Diese Kritikpunkte können auch durch die zahlreichen Rechtfertigungsgründe, die zugunsten der Methode hervorgebracht wurden, nicht entkräftet werden, wie nachfolgende Beispiele zeigen:[594] Das häufig angeführte Argument, dass durch die Gewichtung ein Kompromiss zwischen den einzelnen Bewertungsansätzen gefunden werden kann,[595] ist zurückzuweisen. Es lässt außer acht, dass es hierbei nicht um die Gewichtung von divergierenden Expertenmeinungen geht, sondern dass sich die drei Unternehmenswerte auf unterschiedliche Unternehmensstrategien beziehen. Auch die Argumentation, dass durch die Gewichtung die Wahrscheinlichkeit wiedergespiegelt wird, mit der eine der drei Strategien in einem unabhängigen Unternehmen durchgeführt worden wäre, vermag nicht zu überzeugen, da damit den kontrollierenden Parteien die Möglichkeit zur Beeinflussung der Abfindungskonditionen gegeben wird. In einigen Fällen wird angeführt, dass die durch die Delaware Block Methode verursachten Unterbewertungen zur Förderung von Übernahmen und damit zur Stärkung des Marktes für Unternehmenskontrolle führen. Hierbei bleibt jedoch unberücksichtigt, dass durch eine solche Vorgehensweise vor allem in mit Interessenkonflikten behafteten Transaktionen die Möglichkeit zur Ausbeutung und zur Übernahme von erfolgreich geführten Unternehmen besteht.

Nicht umsonst revidierte deshalb der Delaware Supreme Court in der Weinberger v. UOP Entscheidung seine bisherige Bewertungspraxis und forderte explizit zur Verwendung anderer Bewertungsmethoden auf, da die Bewertungspraxis eine Reihe neuerer Ansätze zur Bewertung hervorgebracht hat, welche die Mängel der veralteten Delaware Block Methode nicht aufweisen.[596] Gleichzeitig gibt es immer noch eine Reihe von Staaten, die bis heute die Delaware Block Methode verwenden und damit Raum für Unterbewertungen liefern.[597]

5.2.2. Neuere Bewertungsmethoden

Mit dem Weinberger-Urteil ist zwar auf der einen Seite das starre Konzept der Delaware Block Methode aufgebrochen, auf der anderen Seite jedoch die Bewertung deutlich kompliziert worden, da seit diesem Zeitpunkt keine feste

---

[593] Vgl. Schaefer, E.J. (1982), S. 1057/1058. Fallbeispiele aus der Praxis finden sich auf den Seiten 1060-1066.

[594] Eine ausführliche Darstellung der Rechtfertigungsgründe findet sich bei Schaefer, E.J. (1982), S. 1066-1091.

[595] Vgl. Coleman, J.M. (1984), S. 781.

[596] Vgl. Weinberger v. UOP, Inc. 457 A.2d 701, 712-713 (Del. 1983); Fischel, D.R. (1983), S. 894; Coleman, J.M. (1984), S. 788; Clark, R.C. (1986), S. 455; Emmanuel, S.L. (1997), S. 454.

[597] Vgl. Brudney, V./ Bratton, W.W. (1993), S. 710; Calio, J.E. (1994), S. 45; Coates, J.C. (1998), S. 12.

Bewertungsmethode mehr vorgeschrieben ist.[598] In der Praxis werden daher neben der Ertragswertmethode vor allem über die Discounted Cash-flow-Methode in ihren verschiedenen Ausprägungen[599] und über die Ratios vergleichbarer Unternehmen, wie z.B. die Market/Book-Ratio, P/E-Ratio oder auch die Markt/Sales-Ratio, Abfindungswerte durch Gerichte und Sachverständige ermittelt.[600] Zugleich sind bei der Bestimmung der Kapitalkosten zur Diskontierung der Cash-flows neben der klassischen Methode des Basiszinses zuzüglich Risikoprämie[601] auch das Capital Asset Pricing Modell (CAPM),[602] die Methode der durchschnittlich erzielten Investorrenditen[603] sowie das Dividend Growth Modell[604] zulässig. In der Praxis wird für große Aktiengesellschaften vor allem das CAPM angewendet, da in diesen Fällen der ß-Faktor ohne Probleme verfügbar ist. Auf eine Beschreibung und Gegenüberstellung der verschiedenen Bewertungsmethoden soll an dieser Stelle verzichtet werden, weil sich die Literatur ausführlich mit der Diskussion "Ertragswertmethode vs. DCF-Methode" beschäftigt hat,[605] und eine zufriedenstellende Bearbeitung den Rahmen dieser Arbeit sprengen würde, ohne für die vorliegende Fragestellung von weiterführenden Nutzen zu sein. Es bleibt jedoch festzustellen, dass durch die Anwendung der Discounted Cash-flow-Methoden die Probleme der asset- und ertragsorientierten Sichtweise zwar unterbleiben, ansonsten aber die im deutschen Kapitel, Abschnitt 5.4. beschriebenen Probleme bei der Festlegung der Überschüsse, des Kalkulationszinsfußes, der Wachstumsraten, Steuerquoten etc. in den USA gleichermaßen vorhanden und durch die Vielzahl zulässiger Methoden

---

598 Vgl. Seligman, J. (1984), S. 842; Calio, J.E. (1994), S. 4/5, 41; American Law Institute (1994), §7.22 (a), S. 318/319.

599 Hier ist zwischen der Entity Methode, Equity Methode und der Adjusted Present Value Methode zu unterscheiden. Vgl. Drukarczyk, J. (1996), S. 143-208; Ballwieser, W. (1998), S. 81.

600 Vgl. Brudney, V./ Bratton, W.W. (1993), S. 718; Calio, J.E. (1994), S. 49, 55/56; Weston, F.J./ Chung, K.S./ Siu, J.A. (1998), S. 177-179.

601 Vgl. Kapitel II, Abschnitt 6.4.3. Als Risikozuschlag wird im Gegensatz zur deutschen Methode nicht ein willkürlich gewählter Wert, sondern die aus historischen Daten ermittelte Differenz zwischen Eigen- und Fremdkapitalrenditen zugrundegelegt. Vgl. Weston, F.J./ Chung, K.S./ Siu, J.A. (1998), S. 190.

602 Vgl. Kapitel I, Abschnitt 3.3.5.1.

603 Bei dieser Methode werden die beim zu bewertenden Unternehmen in den vergangenen Jahren für die Anteilseigner erwirtschafteten Renditen auf Basis von Buch- als auch Marktwerten untersucht und ein Durchschnitt gebildet. Vgl. Beispiel bei Weston, F.J./ Chung, K.S./ Siu, J.A. (1998), S. 191.

604 Dieses Modell nutzt die Erkenntnisse der Ewigen-Renten-Formel unter Einbeziehung eines konstanten Wachstums, um daraus die Kapitalkosten zu bestimmen: $k_E = D_1/E_0+g$. Der erste Term auf der rechten Seite spiegelt das Verhältnis der Dividende zum Eigenkapitalwert wieder, während der zweite Term g für die Wachstumsrate steht.Vgl. Weston, F.J./ Chung, K.S./ Siu, J.A. (1998), S. 191/192.

605 Vgl. z.B. Gerling, C. (1985); Ballwieser, W. (1993), S. 151-176; Peemöller, V.H. (1993), S. 409-415; Schmidt, J. (1995), S. 1088-1117; Drukarczyk, J. (1995), S. 329-335; Sieben, G. (1995), S. 713-737; Drukarczyk, J. (1996), S. 263-266; Ballwieser, W. (1998), S. 81-93.

noch vergrößert worden sind.[606] Vielfach wird deshalb gefordert, dass das jeweils zuständige Gericht vorab die Bewertungsmethode und andere Grundbedingungen festlegen sollte, um den einzelnen Parteien einen Rahmen vorzugeben, in dem sie ihre eigenen Zahlen präsentieren können.[607]

5.3. Sonderprobleme bei der Quantifizierung von Abfindungen

In den USA werden im Rahmen der Abfindung vor allem zwei Fragen diskutiert, welche eng mit der Definition des Begriffs "Fair" zusammenhängen: Sollen aus der Transaktion entstehende Synergievorteile bei der Bewertung von Abfindungen berücksichtigt werden? Ist es zulässig, bei der Bewertung von Anteilen der Minderheitsaktionäre einen Minderheitenabschlag vorzunehmen?

5.3.1. Berücksichtigung von Synergieeffekten

Bis Mitte der 70iger Jahre galt für die Bewertung des "Fair Value" unumstritten die Regel, dass den Aktionären nur der "Pre-Transaction Value", d.h. der Wert vor Bekanntgabe der Transaktion, zusteht.[608] Dieses änderte sich mit dem Artikel von Brudney/Chirelstein, in welchem erstmals eine Verteilung der aus der Transaktion entstehenden Synergievorteile, die nicht einer Partei eindeutig zugeordnet werden können, entsprechend des Verhältnisses der beiden Unternehmenswerte vor der Transaktion gefordert wurde.[609] Die daraus resultierende Diskussion führte dazu, dass einige Staaten, wie z.B. New York, ihre Statutes anpassten und das explizite Verbot hinsichtlich der Berücksichtigung von Synergievorteilen aufhoben.[610] Auch das American Law Institute teilte diese Meinung und änderte die Prinzipien von §7.22(c) dahingehend ab, dass bei allen mit Interessenkonflikten belasteten Transaktionen eine Verteilung vorzunehmen ist. Selbst Delaware reagierte auf diese Entwicklung und setzte im Weinberger-Urteil einen neuen Standard, indem ab diesem Zeitpunkt alle Potentiale, die zum Zeitpunkt der Bewertung einigermaßen sicher bejaht werden können, in die Bewertung miteinfliessen.[611] Dieses führte 1996 zu dem Cede v. Technicolor Urteil, in dem sich das Gericht erstmals dafür entschied, einem außenstehenden Aktionär eine Beteiligung an den positiven Effekten einer zweistufigen Transaktion (1. Stufe: "Tender Offer"; 2. Stufe: Verschmelzung) mit Blick auf die Weinberger-Entscheidung zuzusprechen.[612] In den meisten Statutes wird jedoch der überwiegenden Meinung in der Literatur folgend immer noch die Regel des "Pre-Transcation Value"

---

606 Vgl. Bebchuk, L.A./ Kahan, M. (1989), S. 35.

607 Vgl. Calio, J.E. (1994), S. 5; 68.

608 Vgl. Del.Gen.Corp.Law §262(h); N.Y.Bus.Corp.Law §623(h) –alt-; Cal.Corp.Code §1300(a).

609 Vgl. Brudney, V./ Chirelstein, M.A. (1974), S. 322, 329; Fleischer, H. (1997), S. 396.

610 Vgl. N.Y.Bus.Corp.Law §623(h) –neu-; RMBCA §13.01(3); Thompson, R.B. (1994), S. 36; Fleischer, H. (1997), S. 396.

611 Vgl. Weinberger v. UOP 457 A.2d 713 (Del.1983).

612 Vgl. Cede&Co. v. Technicolor, Inc., 684 A.2d 289 (Del. 1996); Harvard Law Review (1997), S. 1940.

angewendet, so dass ein Überblick über die Argumente der Befürworter[613] und der Gegner[614] einer Teilungsregel notwendig ist.[615]

Der ursprüngliche Zweck des "Appraisal Right" bestand in der Bereitstellung einer Ausstiegsmöglichkeit zu fairen Konditionen für die einer Transaktion ablehnend gegenüber stehenden Aktionäre. Er dient bis heute als eines der Argumente für die Gegner einer Teilungsregel, da ihrer Meinung nach ein Aktionär, der ein Unternehmen als Antwort auf eine Transaktion verlassen möchte, nicht Nutznießer dieser Transaktion werden sollte.[616] Dieses Argument ist jedoch aus heutiger Sicht nicht mehr zutreffend, da sich die heutigen "Appraisal"- und Fairness-Test-Verfahren vor allem auf "Freeze-out"-Transaktionen beziehen, bei denen die Aktionäre unfreiwillig das Unternehmen verlassen und es einzig um die Überprüfung einer Barabfindung geht.[617] Das von den Gegnern hervorgebrachte Argument, dass es sich bei einem Abfindungsverfahren nicht um die Kompensation eines unfreiwilligen Ausstiegs, sondern um die Bestimmung eines "Fair Value" handelt,[618] hilft hier nur begrenzt weiter, da eine Ablehnung der Teilungsregel dem Kontrollaktionär einen ungerechtfertigten Vorteil zur Verfügung stellen würde: Sind die Aussichten für die Effekte der Verschmelzung eher ungünstig bzw. in jedem Fall unsicher, nimmt er einen "Statutory Merger" vor und beteiligt die Minderheitsaktionäre an den Risiken. Bei günstigen Aussichten kann er dagegen die Minderheitsaktionäre mit Hilfe eines "Freeze-out" zu einem niedrigen "Pre-Transaction Value" aus dem Unternehmen befördern.[619] Eine solche Vorgehensweise würde eine klare Benachteiligung der Aktionäre und im negativen Fall die Förderung ineffizienter, d.h. auf Umverteilungsmotive ausgerichteter Übernahmen bedeuten. Als weitere Argumente gegen eine Teilungsregel werden der spekulative Charakter bei der Bewertung von Synergiepotentialen sowie die Schwierigkeiten bei der Festlegung eines Teilungsverhältnisses – Zweiteilung, Teilung im Verhältnis der "Pre-Transcation Values", etc. – genannt.[620] Die Probleme sind zwar in der Praxis vorhanden, sie lassen jedoch keinen Rückschluss auf die Richtigkeit der Einbeziehung oder Ausblendung von Synergiepotentialen zu.[621] Von größerer Bedeutung sind dagegen Argumente, die sich auf Effizienzüberlegungen stützen. Analog zu den Diskussionen, die unter 2.2.2.3 zum Kontrollpaketwechsel und unter 2.3.4.3 geführt worden sind, befürchten Kritiker

---

613 Vgl. Brudney, V./ Chirelstein, M.A. (1974); American Law Institute (1994); Thompson, R.B. (1995); Coffee, J.C. (1996).

614 Vgl. Grossman, S.J./ Hart, O.D. (1980b), S. 327; Easterbrook, F.H./ Fischel, D.R. (1982a); Fischel, D.R. (1983); Clark, R.C. (1986); Siegel, M. (1995); Hermalin, B./ Schwartz, A. (1996); Letsou, P.V. (1998).

615 Vgl. Letsou, P.V. (1998), S. 1152.

616 Vgl. Thompson, R.B. (1994), S. 36; Siegel, M. (1995), S. 139/140; Emmanuel, S.L. (1997), S. 451.

617 Vgl. American Law Institute (1994), §7.22, S. 327.

618 Vgl. Siegel, M. (1995), S. 140.

619 Vgl. o.V., Harvard Law Review (1997), S. 1944.

620 Vgl. Bebchuk, L.A./ Kahan, M. (1989), S. 36; Siegel, M. (1995), S. 139/140.

621 Vgl. Kapitel II, Abschnitt 5.1.3.1.

der Teilungsregel eine Einschränkung effizienter Übernahmen. Effiziente Übernahmen werden immer dann verhindert, wenn die Übernahmegewinne des Kontrollaktionärs kleiner sind als die Summe der an die Minderheitsaktionäre abzugebenden Synergievorteile und die bei der Transaktion entstehenden Kosten.[622] Jedoch stellt sich auch hier die Frage, wie oft diese Situation tatsächlich eintritt, da der Kontrollaktionär häufig vorab Aktien im Markt erworben hat, in der Regel nur einen kleineren Prozentsatz abfinden muss und die Aktionäre schon einen großen Teil der Synergieeffekte für sich beanspruchen müssten, damit sich eine ursprünglich rentable Übernahme für den Übernehmer nicht mehr lohnt.[623] Außerdem ist zu beachten, dass die Minderheitsaktionäre, vor allem bei zweistufigen Transaktionen, einen Teil der Transaktionskosten mittragen, da häufig die internen Informationen für die Realisierung der 2. Stufe vom Zielunternehmen und damit von den Minderheitsaktionären bereitgestellt werden.[624] Es darf zudem nicht außer acht gelassen werden, wie das American Law Institute feststellte, dass beim "Pre-Transaction Value" die Gefahr der Beeinflussung durch den Kontrollaktionär besteht. Durch eine Teilungsregel kann dagegen eine Übervorteilung der Minderheitsaktionäre durch den Kontrollaktionär weitgehend verhindert werden, was wiederum die Unternehmen vor einer Erhöhung der Kapitalkosten bewahrt.[625] Das bereits unter 2.2.2.1. angeführte Argument, dass sich die Aktionäre durch ein volldiversifiziertes Portfolio schützen können, ist auch in diesem Zusammenhang zurückzuweisen, da vor allem von Kleinaktionären ein solches Verhalten nicht erwartet werden kann.[626]

5.3.2. Minderheitenabschlag

Minderheitenabschläge spiegeln das Risiko der Minderheitsaktionäre wider, in einem Unternehmen keinen Einfluss auf die Unternehmenspolitik ausüben zu können und den Entscheidungen von Management und/oder Kontrollaktionären ausgeliefert zu sein.[627] Ein Minderheitenabschlag kann bei einer Anteilsbewertung entweder explizit oder implizit berücksichtigt werden: Explizit dahingehend, dass zunächst der anteilige Wert an einem Unternehmen über die Ertrags- oder die Discounted Cash-flow-Methoden ermittelt und anschließend um einen bestimmten Prozentsatz gekürzt wird. Implizit werden dagegen Minderheitenabschläge bei der Zugrundelegung von Marktwerten bzw. bei der Verwendung von marktbezogenen

---

622 Vgl. Easterbrook, F.H./ Fischel, D.R. (1982a), S. 705; 728-731; Fischel, D.R. (1983), S. 886/887; Hermalin, B./ Schwartz, A. (1996), S. 351; Letsou, P.V, (1998), S. 1153, 1173

623 Angesichts der von Brudney/ Chirelstein vorgeschlagenen Teilungsregel – Verhältnis der Unternehmenswerte vor der Transaktion – vermag dieses vor allem bei der Übernahme eines kleinen Unternehmens durch ein großes nicht überzeugen.

624 Vgl. Harvard Law Review (1997), S. 1943.

625 Vgl. Coffee, J.C. (1996), S. 407. Vgl hierzu wiederum die obigen Effizienzüberlegungen unter 2.2.2.3; 2.3.4.3.

626 Vgl. Easterbrook, F.H./ Fischel, D.R. (1982a), S. 711-714; Clark, R.C. (1986), S. 476.

627 Vgl. Coates, J.C. (1998), S. 10.

P/E-Ratios berücksichtigt, da der Markt die Einflussmöglichkeiten eines einzelnen Anteils im Börsenkurs widerspiegeln lässt.[628]

In Literatur und Rechtsprechung spricht man sich überwiegend gegen eine Berücksichtigung von Minderheitenabschlägen aus.[629] Der Staat Delaware hat seit dem Cavalier v. Harnett Urteil den Begriff "Pro Rata Value" manifestiert, gemäß dem ein Minderheitenabschlag nicht zulässig ist, da als "Fair Value" der anteilige Wert am Gesamtunternehmen unabhängig von der Art des Anteilseigentümers gilt.[630]

Von den Gegnern eines Minderheitenabschlags werden vor allem folgende Argumente genannt:[631]

- ¶ Probleme bei der Quantifizierung von Minderheitenabschlägen,
- ¶ Schädigung von Aktionären, die bei privaten Kontrolltransaktionen in der ersten Stufe keine Ausstiegsmöglichkeit geboten bekommen und aufgrund der Anwesenheit eines Kontrollaktionärs einen Abschlag hinnehmen müssen,
- ¶ Förderung von Anreizen, welche dazu führen können, dass die Kontrollaktionäre z.B. "Freeze-out Mergers" durchführen, um in den Genuss der Minderheitenabschläge zu kommen.

Das erste Argument ist zurückzuweisen, da die Problematik der Quantifizierung nichts mit der Rechtmäßigkeit von Minderheitenabschlägen zu tun hat. Bei Zugrundelegung des Börsenkurses bei der Bemessung von Abfindungen muss der Minderheitenabschlag gerade bei Ablehnung von Abschlägen kalkuliert werden, um eine Anpassung des Börsenkurses vornehmen zu können.[632] Denn im Falle eines effizienten Kapitalmarktes würde der Börsenkurs bei Anwesenheit eines Kontrollaktionärs einen Minderheitenabschlag beinhalten. Von Befürwortern von Minderheitenabschlägen wird gegen das zweite und dritte Argument eingewendet, dass die Minderheitenabschläge die Realität widerspiegeln und aus diesem Grund auch bei der Bestimmung mitzuberücksichtigen sind, um den Aktionär so zu stellen, wie er ohne Transaktion dagestanden wäre.[633] Diese Argumentation vernachlässigt jedoch, dass die Abfindung im Rahmen einer Unternehmenstransaktion stattfindet und nicht bei einer individuellen Transaktion.[634] Als weiteres Argument wird angeführt, dass sich durch eine Berücksichtigung von Minderheitenabschlägen die Chance erhöht, dass die Minderheitsaktionäre auf den Prozess

---

[628] Vgl. Coates, J.C. (1998), S. 12, 28-35.

[629] Vgl. American Law Institute (1994), §7.22, S. 324; Thompson, R.B. (1995), S. 38; Emmanuel, S.L. (1997), S. 452. Eine ausführliche Diskussion der Problematik von Minderheitenabschlägen findet sich bei Coates, J.C. (1998).

[630] Vgl. Cavalier v. Harnett, 564 A.2d 1137, 1145 (Del. 1989); Coffee, J.C. (1996), S. 386/387; Coates, J.C. (1998), S. 13.

[631] Vgl. Thompson, R.B. (1995), S. 39; Siegel, M. (1995), S. 138; Coates, J.C. (1998), S. 15.

[632] Vgl. Coates, J.C. (1998), S. 91.

[633] Vgl. Letsou, P.V. (1998), S. 1173.

[634] Vgl. Siegel, M. (1995), S. 139.

verzichten und ihre Anteile am Markt verkaufen. Dieses Argument ist angesichts der derzeit geringen Attraktivität sowohl des "Appraisal"- als auch des "Entire-Fairness-Test" Verfahrens wenig überzeugend.[635]

Insgesamt betrachtet ist ein Verbot von Minderheitenabschläge von entscheidender Bedeutung, um schädliche Aktionen des Kontrollaktionärs zu Lasten der Minderheitsaktionäre zu verhindern. Effiziente Übernahmen, bei denen der Kontrollaktionär unter Berücksichtigung von Transaktionskosten einen Gewinn verzeichnen kann, werden durch die Ablehnung des Minderheitenabschlags nicht eingeschränkt, da ausschließlich Übernahmen verhindert werden, die auf die Generierung von Minderheitenabschlägen abzielen, keinen Gesamtwohlfahrtsgewinn bedeuten und deshalb nicht förderungswürdig sind.

5.4. Rolle der Gerichte und Investmentbanken

Prinzipiell bleibt die Wahl der Bewertungsmethoden und die Annahmensetzung den Experten überlassen. In einer großen Anzahl von Gerichtsverfahren ist es zu einem wahren "Krieg der Experten" gekommen, was vielfach Prozessverzögerungen und unbefriedigende Urteile zur Folge hat, da die Gerichte aus Überforderung vielfach Mittellösungen als Kompromiss zwischen den Positionen der verschiedenen Parteien wählen.[636] In neueren Urteilen werden deshalb vorab die Bewertungsmethode und die wichtigsten Rahmenbedingungen festgelegt, um die Bandbreite der Urteile einzuschränken und eine objektivere Beurteilung zu ermöglichen. Problematisch ist in diesem Zusammenhang vor allem, dass die Gutachten, auf die sich die Gerichte verlassen, von Investmentbanken erstellt werden, welche selbst von Interessenkonflikten belastet sind und deshalb die vielfältigen Bewertungsspielräume zu ihren Gunsten nutzen können. Die Interessenkonflikte werden neben der allgemeinen Problematik, dass die Investmentbanken dem Management eines Unternehmens in der Regel näher stehen als den Minderheitsaktionären, vor allem durch folgende Faktoren verursacht:[637]

- eine Gebührenstruktur, gemäß welcher Investmentbanken nur erfolgsabhängig vergütet werden und vielfach eine Transaktion um jeden Preis empfehlen würden,
- die Verpflichtungen gegenüber dem Management aufgrund der Abhängigkeit hinsichtlich zukünftiger Aufträge,
- der Gedanke an Folgegeschäfte mit neuen Kunden.

Die Furcht vor einem Imageverlust wird nur in Extremfällen dazu führen, dass Investmentbanken die Erstellung eines Gutachtens ablehnen.[638] Angesichts dieser Interessenkonflikte wird vorgeschlagen, die Rahmenbedingungen noch detaillierter

---

[635] Vgl. Coates, J.C. (1998), S. 92.
[636] Vgl. Calio, J.E. (1994), S. 64.
[637] Vgl. Bebchuk, L.A./ Kahan, M. (1989), S. 39-42.
[638] Vgl. Bebchuk, L.A./ Kahan, M. (1989), S. 44/45.

vorzuschreiben und von den Experten ausführlichere Darstellungen darüber zu fordern, wie die vorgelegten Ergebnisse entstanden sind.[639]

6. ZUSAMMENFASSUNG

Zusammenfassend lässt sich zu den Regelungen in den USA festhalten:

Das Corporation Law ist vor allem auf Einzelstaatenebene geregelt, so dass für einen repräsentativen Eindruck über die Regulierung von Abfindungen in den USA neben den Bundesgesetzen die Mustergesetze des RMBCA's sowie die Regelungen verschiedener Staaten wie Delaware, Kalifornien und New York zu untersuchen sind.

Die Publizitätspflichten bei Erwerb von Kontrollbeteiligungen sind verhältnismäßig streng, da die Meldepflicht ab einer Beteiligung von 5% und darüber hinaus ab einem zusätzlichen Anteilserwerb von 2% pro Jahr ausgelöst wird. Jedoch sorgen erhebliche Interpretationsspielräume bei der Auslegung sowie zahlreiche Umgehungsmöglichkeiten für eine Schwächung der Vorschriften.

Der Kontrollerwerb mittels eines Kontrollpaketwechsels wird in den USA auf Basis effizienztheoretischer Überlegungen äußerst kontrovers diskutiert. De lege lata haben Minderheitsaktionäre keinen Anspruch auf eine Beteiligung an einer Kontrollprämie, falls nicht eine besondere Ausnahmeregelung, welche z.B. bei Gefahr der Schädigung von Minderheitsaktionären durch den neuen Kontrollaktionär angewendet wird, etwas anderes vorschreibt. Damit folgt die Rechtsprechung grundsätzlich den Anhängern der "Market-Rule", welche bei Anwendung einer Gleichbehandlungsregel eine zu starke Einschränkung effizienter Übernahmen befürchten. Die effizienztheoretischen Überlegungen haben jedoch ergeben, dass die Gleichbehandlungsregel der "Market-Rule" in Bezug auf die Vermeidung ineffizienter Übernahmen eindeutig überlegen ist und effiziente Übernahmen in nur eingeschränktem Maße behindert.

Ein neben normalen Marktkäufen und Kontrollpaketwechseln häufig eingesetztes Mittel zum Kontrollerwerb ist die Erwerbsform des "Tender Offer", für das auf Bundesebene mit Einführung des Williams Act spezielle Informations- und Verfahrensregeln konzipiert worden sind, um ein übereiltes Verkaufen der Aktionäre zu verhindern. Diese Vorschriften sind jedoch nicht ausreichend, um die Zwangswirkungen der Aktionäre zur Annahme des Angebots zu beseitigen. Diese entstehen immer dann, wenn das Angebot über dem Wert bei Verbleib im Unternehmen, jedoch unter dem Wert bei Unabhängigkeit liegt. Vor allem Teilangebote sowie "Two-Tier-Offer" sind ohne Probleme möglich, soweit nicht einzelstaatliche Vorschriften in Form der Takeover Statutes dagegen sprechen. Die "Sole Owner" Vertreter fordern deshalb Regelungen, wie etwa die Einführung einer Abstimmung vor Annahme eines Übernahmeangebots, mit denen den Aktionären eine Entscheidungsfindung, vergleichbar zu der eines Alleineigentümers, ermöglicht wird. Diese Forderungen stoßen jedoch auf Ablehnung bei den

---

[639] Vgl. Bebchuk, L.A./ Kahan, M. (1989), S. 53.

Vertretern des "Market Standard", welche den völligen Verzicht auf eine Regulierung von Übernahmeangeboten für die richtige Lösung halten. Die Gegenüberstellung der beiden Standpunkte hat ergeben, dass durch die Einführung von Abstimmungen sowie die Förderung von Auktionen die Suchaktivitäten nur im geringem Maße negativ beeinflusst werden, die Position der Angebotsempfänger erheblich verbessert wird und für die Gesamtwohlfahrt neben wenigen negativen vor allem positive Effekte festzustellen sind.

Im Rahmen des Erwerbs einer Kontrollbeteiligung spielen darüber hinaus noch die durch die Zielgesellschaften eingesetzten und in den meisten Staaten zulässigen Abwehrmaßnahmen sowie die in den 80iger Jahren konzipierten Takeover Statutes eine zentrale Rolle, da ihre Zulässigkeit primär mit der "Shareholder Interest Hypothesis", d.h. mit dem Schutz der außenstehenden Aktionäre, begründet wird. Weder die Analyse der einzelnen Abwehrmaßnahmen bzw. Takeover Statutes noch die empirischen Ergebnisse erbringen jedoch den Beweis, dass diese Maßnahmen tatsächlich im Sinne der Aktionäre sind. Vielmehr tendieren die Ergebnisse dazu, die "Management Entrenchment Hypothesis", d.h. die These, dass Abwehrmaßnahmen und Takeover Statutes nur den Interessen des Managements dienen, zu stützen. Aus diesem Grund erscheint ein grundsätzliches Verbot von Abwehrmaßnahmen sinnvoll, da selbst aus Sicht des Aktionärs sinnvolle Maßnahmen, wie die Initiierung von Auktionen, besser durch gesetzliche Regelungen geregelt werden.

Bei den Takeover Statutes sind ebenfalls weitreichende Änderungen erforderlich, da sie zu weitreichende Restriktionen vorgeben. Darüber hinaus lassen sie die Situation der Minderheitsaktionäre und damit auch ihren Schutz im Falle einer freundlichen Übernahme, bei der es gleichermaßen zu Interessenkonflikten zwischen dem zukünftigen Kontrollaktionär und den Minderheitsaktionären kommen kann, unbegründet außer acht.

Nach dem Erwerb einer Kontrollbeteiligung kann der Kontrollaktionär seinen Einfluss zur Kontrolle des Managements, aber auch zur Generierung von Sondervorteilen nutzen, ohne sofort eine "Business Combination" durchführen zu müssen. In diesen Fällen wird vom sogenannten "Freeze-in" der Aktionäre gesprochen, da ihnen neben einem Ausstieg über den Markt, welcher angesichts eines Kontrollaktionärs evtl. zu ungünstigen Konditionen erfolgen muss, nur die Klagerechte bei offensichtlichen Treuepflichtverletzungen bleiben. Abfindungsregelungen gelten ausschließlich im Zusammenhang mit "Business Combinations" gelten, so dass der Schutz der normalen Minderheitsaktionäre in einem beherrschten Unternehmen vor Übervorteilungen gering ist. Da jedoch die Klagerechte - von Juristen gefördert - häufig eingesetzt werden, ziehen in der Praxis kontrollausübende Unternehmen trotz der erzielbaren Sondervorteile eine "Business Combination" einem faktischen Beherrschungsverhältnis vor, falls sie nicht durch die Freeze-out Statutes einiger Staaten daran gehindert werden.

Die verschiedenen Formen von "Business Combinations" werden durch die Kontrollaktionäre vor allem genutzt, um ihren Einfluss auf das Unternehmen zu vergrößern und eine Basis für die Generierung von Synergievorteilen zu schaffen.

Eine besondere Form stellt dabei der "Freeze-out Merger" dar, bei dem außenstehende Aktionäre gegen ihren Willen aus einem Unternehmen befördert werden können. Geschützt ist der Aktionär durch das sogenannte "Appraisal Right" und den "Entire-Fairness-Test", mit denen vorrangig die Höhe der Abfindung sowie im begrenztem Maße die allgemeine Gültigkeit der Transaktion überprüft werden kann. Eine Schutzwirkung der Instrumente ist aufgrund zahlreicher Ausnahmen, bei denen eine Anwendung des "Appraisal Right" von vornherein ausscheidet, sowie kosten– und zeitintensiver Verfahren nur begrenzt vorhanden.

Bei der Bemessung von Anfindungen sind die USA in der Weise fortschrittlich, dass eine Abfindung unterhalb des Börsenkurses nicht in Frage kommt und in einigen Staaten die in der 1. Stufe (z.B. "Tender Offer") gezahlten Preise auch für die 2. Stufe (z.B. Verschmelzung) gelten. Bei der Festlegung bestimmter Bewertungsmethoden und -parameter sind jedoch zahlreiche Fehler- und Diskussionsquellen gegeben. Während die Mehrheit der Gerichte und Sachverständigen moderne Bewertungsmethoden wie die Discounted Cash-flow-Methoden anwenden, liegt in einigen Staaten den Urteilen bis heute noch die Delaware Block Methode zugrunde, welche zu erheblichen Unterbewertungen zu Lasten der Aktionäre führen kann. Gleichzeitig sind analog zur deutschen Diskussion die Verteilung der Synergieeffekte sowie die Berücksichtigung von Minderheitenabschlägen umstritten, so dass auch in den Gerichtsurteilen keine einheitliche Meinung zu diesen Themen vertreten wird.

Generell lässt sich festhalten, dass durch die gegebenen Maßnahmen eine Abfindung der Minderheitsaktionäre unterhalb des Börsenkurses nicht möglich ist, so dass Umverteilungen zu Lasten der Minderheitsaktionäre eine Begrenzung erfahren. Zugleich werden bei Kontrollwechseln über "Tender Offer" zumindestens einem Teil der Aktionäre hohe Prämien gezahlt. Dennoch sind aufgrund unzureichender Vorschriften beim Kontrollerwerb, beim "Freeze-in" sowie beim "Freeze-out" Schädigungen zu Lasten der Minderheitsaktionäre möglich, was im Extremfall auch zu für die Gesamtwohlfahrt negativen Transaktionen führen kann. Zugleich hat jedoch die Diskussion auf amerikanischer Ebene gezeigt, dass sich in den USA deutlich mehr als in Deutschland die Denkweise durchgesetzt hat, dass für die Förderung effizienter Übernahmen nicht unbedingt eine Ungleichverteilung zu Lasten der Minderheitsaktionäre erforderlich ist.

KAPITEL IV: ENGLAND

1. RECHTLICHE GRUNDLAGEN

1.1. Gesetzliche Rahmenbedingungen

1.1.1. Companies Act von 1985

Die gesetzlichen Rahmenbedingungen für die "Public Company" liefert neben dem in den angelsächsischen Ländern unabdingbarem Case Law (Common Law) der Companies Act von 1985 (CA), welcher als Zusammenfassung aller bis zum diesem Zeitpunkt erlassenen und gleichzeitig gültigen Companies Acts[1] eingeführt worden ist, um einen einheitlichen Standard bei der Lösung von Rechtsfragen auf dem Gebiet des materiellen Gesellschaftsrechts zu gewährleisten.[2] Zur Umsetzung der 7. und 8. EG-Richtlinie ist 1989 ein weiterer Companies Act (CA 1989) verabschiedet worden, welcher alle neuen, geänderten und umgeordneten Vorschriften in Ergänzung zum Companies Act von 1985 enthält.[3]

Abb. IV-1: Überblick gesetzliche Regelungen zum Schutz von Minderheitsaktionären in England

Erwerb einer Mehrheits-beteiligung	• Veröffentlichungspflichten bei Erwerb von mehr als 3% vom stimm-berechtigten Kapital einer "Public Company"(Secs 198-200 CA) • Zwangsabfindung von aussenstehenden Aktionären bzw. nach-trägliches Abfindungsrecht bei Erreichen einer 90% Beteiligung durch Kontrollaktionär im Rahmen eines öffentlichen Übernahme-angebots (Secs 429, 430A-F CA) • Möglichkeit zur gerichtlichen Überprüfung der Zwangsabfindung (Sec 430C CA)
Besitz einer Mehrheits-beteiligung	• Eingeschränkte Klagerechte ("Derivative Action","Personal Action") auf Basis "Foss vs. Harbottle Urteil" • Abfindungsrecht bei unangemessener Beeinträchtigung der Interessen der Minderheitsaktionäre (Sec. 459 ff. CA) • Recht auf Sonderprüfungen durch staatliches Aufsichtsorgan (Sec 431 CA)
Verschmelzung	• Abfindungsanspruch im Fall einer "Reconstruction" (Secs 110, 111 Insolvency Act) • Abfindungsrecht im Rahmen eines "Scheme of Arrangement" (Secs 425-427A CA)

Quelle: Companies Act, Insolvency Act

---

[1] Vgl. Companies Acts von 1947, 1948, 1967, 1976, 1980; Meinhardt, P. (1987), S. 10.

[2] Vgl. Bäumer, H. (1989), S. 32, 37; Davies, P.L. (1997), S. 7/8. Der Companies Act ist gleichzeitig auch auf alle "Private Companies" anwendbar.

[3] Vgl. Hermann, M. (1991), S. 378; Birds, J./ Boyle, A.J./ u.a. (1995), S. 30; Davies, P.L. (1997), S. 52/53.

Für die vorliegende Arbeit von Relevanz ist zudem der Insolvency Act von 1986, welcher vornehmlich Konkurs- und Zwangsabwicklungsverfahren, aber auch die Durchführung von Verschmelzungen regelt.[4]

1.1.2. Börsenrechtliche Regelungen

In Zusammenhang mit börsenrechtlichen Fragestellungen sind folgende Acts wichtig:

¶ **Companies Securities (Insider Dealing) Act von 1985**, welcher vor allem dem Schutz der Anleger vor unlauteren Methoden dient.[5]

¶ **Financial Services Act von 1986**: In diesem Act wurden Rahmenbedingungen zur Zulassung von Aktien zum offiziellen Handel, zu den Pflichten bei Übernahmen bzw. Fusionen sowie zum Insiderhandel festgelegt.[6]

¶ **Licensed Dealers Rules von 1983:** Zur gesetzlichen Regulierung von Übernahmeangeboten sind 1958 die Licensed Dealer Rules vom Department of Trade eingeführt worden, welche jedoch aufgrund ihrer Beschränkung auf die Regulierung des Verhaltens von Effektenhändlern in der Praxis nur wenig Einfluss hatten.[7] Im Jahre 1983 wurde deshalb eine überarbeitete Fassung herausgebracht, welche sich hinsichtlich der Regulierung von Übernahmeangeboten auf eine Generalklausel zu Format und Inhalt von schriftlichen Angeboten beschränkt.[8]

1.2. Freiwillige Regelungen

1.2.1. City Code on Takeovers and Mergers

Mit zunehmender Popularität von öffentlichen, durch den Companies Act kaum regulierten Übernahmeangeboten wurden Ende der 50iger Jahre erste Vorschläge zur Selbstregulierung solcher Transaktionen – die sogenannten "Notes on Amalgamations of British Businesses" eingebracht, welche jedoch in der Anwendung bei den ersten komplexen Fällen versagten.[9] Mit Einführung des City Code im Jahre 1968 sollten die Unzulänglichkeiten beseitigt und gleichzeitig die Errichtung eines staatlichen Kontrollorgans, vergleichbar zur SEC in den USA,

---

[4] Vgl. Triebel, V./ Hodgson, S./ u.a. (1995), S. 210.

[5] Vgl. Bäumer, H. (1989), S. 38.

[6] Vgl. Anderson, J./ Keenan, D. (1988), S. 99/100; Bäumer, H. (1989), S. 42/43.

[7] Vgl. Kübler, F./ Schmidt, R.H. (1988), S. 30; Weinberg, M.A./ Blank, M.V. (1979), Rdnr. 1106.

[8] Vgl. Apelt, T.M. (1984), S. 63.

[9] Vgl. Johnston, A. (1980), S. 19-21; Frazer, P. (1988), S. 437; Davies, P.L. (1997), S. 773; DeMott, D. (1983), S. 954. Das Thema der Selbstregulierung wird in England als sehr wichtig erachtet, was sich an der allgemeinen Akzeptanz des City Code und an der vehementen Diskussion auf europäischer Ebene um staatliche Regulierung vs. Selbstregulierung zeigt. Vgl. Ogowewo, T.I. (1996), S. 463; Davies, P.L. (1997), S. 775.

sowie die damit verbundenen Probleme, wie etwa langwierige Entscheidungsprozesse, vermieden werden.[10]

Der heutige, seit Einführung mehrfach geänderte[11] City Code besteht aus 10 General Principles, welche die groben Rahmenbedingungen vorgeben, und 38 Rules, welche die Detailvorschriften zu den verschiedenen Arten von Übernahmeangeboten beinhalten.[12] Hauptziel des City Code ist die Sicherstellung einer gleichen und fairen Behandlung aller Aktionäre ohne Wertung hinsichtlich der Vorteilhaftigkeit bestimmter Übernahmen, die Sicherstellung einer hohen Informationstransparenz sowie allgemein der Schutz des Ansehens des britischen Kapitalmarktes.[13]

Abb. IV-2: Überblick wichtigste Regelungen des City Code

Offenlegungs- und Informationspflichten	**Rule1:** Sofortige Information des "Board" des Zielunternehmens **Rule 2.1:** Geheimhaltunsvorschrift zur Verhinderung von Insidergeschäften **Rules 2.2-2.8:** Pflicht zur Vorankündigung eines Übernahmeangebots durch Bieter und Zielgesellschaft an alle Inhaber von Wertpapieren **Rule 20:** Grundsatz der Informationsgleichheit für alle Beteiligten **Rules 23-24:** Mindestinformationsanforderungen an Angebot, wie Identität des Bieters, Angebotsbedingungen, Angaben zur finanziellen Situation, zukünftige Pläne, Informationen zur Angemessenheit des Angebotspreises **Rule 27:** Verpflichtung zur ständigen Aktualisierung Angebot **Rules 3, 25, 30:** Stellungnahme des "Board" innerhalb von zwei Wochen unter Zuhilfenahme von unabhängigen Beratern
Verfahrensregeln	**Rule 5:** Unzulässigkeit von privaten Anteilskäufen, die zu Beteiligung von >30% führen bzw. bei denen Anteilseigner bereits >30% aber <50% hält **Rule 9:** Verpflichtung zur Abgabe eines Übernahmeangebots bei Erreichen eines Schwellenwertes von 30%; Mindestpreisregelung **Rule 10:** Grundbedingung für Gültigkeit des Angebots ist Erreichen von mindestens 50% aller Stimmen nach Ende der Angebotslaufzeit **Rule 11:** Wahlmöglichkeit Kompensation bei Bieter, falls er nicht in 12 Monaten vor Angebotsveröffentlichung Aktien gegen Bargeld erworben hat **Rule 13:** Generelle Zulässigkeit bedingter Angebote **Rule 31:** Angebotsfrist von mindestens 21 Tagen bis maximal 60 Tagen **Rule 35:** Sperrfrist von 12 Monaten bei Scheitern Angebot **Rule 36:** Teilangebote nur sehr eingeschränkt bei Vorliegen Panel Genehmigung möglich; Anwendung Pro-Rata Regel vorgeschrieben

Quelle: City Code

Angewendet wird der City Code auf alle gelisteten und ungelisteten "Public Companies", deren Sitz in Großbritannien liegt.[14] Prinzipiell gilt der City Code für alle denkbaren Arten von Kontrolltransaktionen mit Ausnahme von freiwilligen Angeboten für stimmrechtslose Anteile, soweit nicht durch Rule 15 des City Code etwas anderes vorgeschrieben wird.[15] Als Überwachungsorgan dient das so-

---

[10] Vgl. Blanden, M. (1972), S. 200-202; Lüttmann, R. (1992a), S. 45.

[11] Schon ein Jahr nach der Einführung des City Code wurde nach den ersten enttäuschenden Erfahrungen eine komplett überarbeitete Version veröffentlicht. Vgl. Pennington, R.R. (1969), S. 172; Prentice, D.D. (1972a), S. 387; Hadden, T. (1977), S. 377; Johnston, A. (1980), S. 51-57.

[12] Vgl. City Code, Introduction 3(a); Davies, P.L. (1997), S. 778.

[13] Vgl. City Code, Introduction 1(a); Frazer, P. (1988), S. 438; Davies, P.L. (1997), S. 779; Defriez, A. (1999), S. 30/31.

[14] Vgl. City Code, Introduction 4(a); Hadden, T. (1977), S. 366.

[15] Vgl. City Code, Introduction 4(b); Morse, G.K. (1987), S. 1179; Birds, J./ Boyle, A.J./ u.a. (1995), S. 538.

genannte "City Panel on Takeovers and Mergers",[16] welches für die Änderung und Aktualisierung von Regeln, die Klärung strittiger Fragen, die einzelfallbezogene Befreiung von bestimmten Regeln, die Überwachung von Transaktionen sowie die Festsetzung von Sanktionen, wie etwa die Benachrichtigung öffentlicher Behörden oder den Entzug der Börsenzulassung, zuständig ist.[17] Trotz fehlender gesetzlicher Verfügungsmacht hat dieses System nach anfänglichen Startschwierigkeiten in den vergangenen Jahren gut funktioniert, da aufgrund des englischen "Clubprinzips"[18] vielfach die Veröffentlichung von Verstößen gegen das gesellschaftliche Wertesystem für die Schuldigen schwerwiegender ist als eine staatliche Strafe.[19] Zudem wird der City Code von allen großen Verbänden und Organisationen der Finanzwirtschaft unterstützt, woraus weiterer Druck zur Befolgung entsteht, da bei Pflichtverletzungen Sanktionen durch die Verbände selbst erfolgen können.[20] Aufgrund der Selbstregulierung können langwierige rechtliche Auseinandersetzungen vermieden werden, da grundsätzlich das sogenannte "Appeal Committee" des "Panel" für die Behandlung von Einwendungen zuständig ist und nur im Ausnahmefall Klagen gegen Entscheidungen des "Panel" zugelassen werden.[21] Dadurch können vor allem Kosten gespart und ein gewisses Maß an Flexibilität aufrecht erhalten werden, da anders als bei einer gesetzlichen Vorschrift, welche nur durch explizite Ausnahmeregelungen aufgehoben werden kann, das "Panel" jederzeit fallspezifisch die Möglichkeit zur Befreiung von bestimmten Regeln besitzt.[22]

---

[16] Vgl. zur Zusammensetzung des aus 18 Mitgliedern bestehenden "Panel", City Code, Introduction 2. Unterstützt wird das "Panel" durch ein hauptberuflich tätiges "Executive Committee", dessen Leitung aus einem "Director General" und drei "Deputy Director Generals" besteht. Vgl. Krause, H. (1996b), S. 44; Davies, P.L. (1997), S. 774.

[17] Vgl. Weinberg, M.A./ Blank, M.V. (1979), Rdnr. 1208; Apelt, T.M. (1984), S. 68-71.

[18] Vgl. Schmitthoff, C.M. (1972), S. 28.

[19] Vgl. DeMott, D. (1983), S. 955; Gullick, J.M. (1987), S. 283; Lee, T.P. (1993), S. 194; Charkham, J./ Simpson, A. (1999), S. 56. Selbst für ausländische Unternehmen besteht gewissermaßen ein Zwang zur Anwendung der Regeln, da sie in der Regel zur Unterstützung bei der Durchführung der Angebots einen nationalen Finanzintermediär einbinden müssen, welcher sich wiederum den Regeln des City Code offiziell unterworfen hat. Vgl. Assmann, H.-D./ Bozenhardt, F. (1990), S. 23.

[20] Vgl. Frazer, P. (1988), S. 437; Lüttmann, R. (1992a), S. 49; Abschnitt 2.2.2.3.

[21] Im Jahre 1987 wurde eine Klage gegen das "Panel" in der Datafin-Entscheidung erstmals zugelassen, wobei sich diese Entscheidung entgegen aller Bedenken kaum negativ ausgewirkt hat, da sich die Gerichte i.d.R. auf eine Vergangenheitsanalyse beschränken, welche nur für zukünftige Entscheidungen des "Panel" von Bedeutung ist. Vgl. R. v. Panel on Takeovers and Mergers, ex parte Dartafin plc [1987] 1 All ER 564; Mayson, S.W./ French, D./ Ryan, C.L. (1987), S. 583; Morse, G.A. (1988), S. 331-333; Prentice, D.D. (1992), S. 136; Lüttmann, R. (1992a), S. 47; Farrar, J.H./ Harrington, B. (1998), S. 591.

[22] Vgl. Weinberg, M.A./ Blank, M.V. (1979), Rdnr. 1205; Johnston, A. (1980), S. 3-7; Frazer, P. (1988), S. 440; Paul, A. (1993), S. 148.

1.2.2. Rules Governing Substantial Acquisitions of Shares

Ebenfalls vom "Panel" verwaltet werden die Rules Governing Substantial Acquisitions of Shares (SARs), welche 1980 als Antwort auf eine Transaktion eingeführt wurden, bei der ein Unternehmen zusätzlich zu seiner Beteiligung von 18% innerhalb weniger Minuten mehr als 11% der Aktien eines Zielunternehmens zu erhöhten Preisen aufgekauft hatte, ohne außenstehenden Aktionären eine vergleichbare Möglichkeit zu bieten.[23] Die SARs sind deshalb vor allem darauf ausgerichtet, den Grenzbereich zwischen dem Erwerb einer kleinen Beteiligung und dem Auslösen des Pflichtangebots, d.h. konkret den Bereich zwischen 15% und 30%, zu regulieren.[24]

1.2.3. Rules of the Stock Exchange

Zusätzlich zu der Regulierung von Übernahmeangeboten (City Code) sowie den Zulassungsregeln (Deed of Settlement) sind noch die "Rules of the Stock Exchange" von Interesse, da sie neben dem Companies Act das wichtigste Regelungswerk für börsennotierte Unternehmen darstellen.[25]

2. ABFINDUNGEN BEI ERWERB VON KONTROLLBETEILIGUNGEN

Gemäß dem City Code wird das Vorliegen einer Kontrollbeteiligung immer dann unterstellt, wenn ein Aktionär über mehr als 30% der Stimmen verfügt.[26] Dieser Schwellenwert ist für alle Transaktionsarten relevant, da bei Erreichen dieser Beteiligungshöhe automatisch die Verpflichtung zur Abgabe eines öffentlichen Angebots an alle außenstehenden Aktionäre ausgelöst wird, so dass anders als in den USA und in Deutschland private Marktransaktionen in Form von Paketwechseln oder Aktienkäufen an der Börse bei Erwerb einer Kontrollbeteiligung in der Regel nur als Vorstufen zur Erreichung der 30%-Schwelle dienen.

In den nachfolgenden Abschnitten werden analog zu den Ausführungen in Kapitel II und III zunächst die Vorschriften bei normalen Marktkäufen beschrieben, um im Anschluss auf die Regeln des City Code zum öffentlichen Angebot unter besonderer Berücksichtigung der "Mandatory Bid Rule" einzugehen. In Abschnitt 2.2.4 erfolgt die Beschreibung einer besonderen Regelung des englischen Rechts, welche die Möglichkeit zur Zwangsabfindung durch den Kontrollaktionär bzw. Wahlabfindung seitens der Minderheitsaktionäre ab Erreichen eines Schwellen-

---

[23] Vgl. SARs, Rule 1; Davies, P.L. (1997), S. 779/780.

[24] Vgl. SARs, Rule 1-3; Morse, G.K. (1981), S. 208.

[25] Vgl. Gullick, J.M. (1987), S. 281/282; Bäumer, H. (1989), S. 46; Knoll, H.-C. (1992), S. 114/115.

[26] Vgl. Mayson, S.W./ French, D./ Ryan, C.L. (1987), S. 583. Im Monopolies and Mergers Act Sec 8(7) wird dagegen eine Kontrollbeteiligung schon ab 25% unterstellt, während der Fair Trading Act keinen exakten Schwellenwert vorschreibt, sondern von einer Kontrollbeteiligung ausgeht, sobald der Aktionär einen beherrschenden Einfluss ausüben kann. Vgl. Johnston, A. (1980), S. 92.

werts vorsieht. Darauf aufbauend wird die Position der Minderheitsaktionäre gemäß den englischen Vorschriften beurteilt. Abschließend werden die Überlegungen zu potentiellen Abwehrmaßnahmen, ihrer Zulässigkeit sowie ihrer Wirkung für die Aktionäre dargestellt.

2.1. Erwerb durch private Markttransaktionen als Vorstufe von Übernahmeangeboten

Auch in England sind detaillierte Veröffentlichungsvorschriften ab Erreichen bestimmter Beteiligungshöhen vorgeschrieben, um einerseits Insidergeschäfte zu vermeiden und andererseits durch frühzeitige Information der Aktionäre das unbemerkte Entstehen von Kontrollbeteiligungen zu verhindern.[27] Grundsätzlich sind in England Namensaktien statt Inhaberaktien üblich, so dass bei Einsicht in das "Register of Members" sofort die Inhaber größerer Aktienpakete zu erkennen wären. Jedoch besteht die Möglichkeit der Bestimmung sogenannter "Nominees", mit denen die Identität der eigentlichen Inhaber inklusive der Höhe des Aktienpakets unerkannt bleiben kann.[28]

Gemäß den Secs 198-200 CA muß jede Person, welche

¶ mehr als 3% vom stimmberechtigten Kapital einer "Public Company" erwirbt,[29]

¶ sich darüber klar wird, dass sie mehr als 3% erworben hat, oder

¶ nach Erreichen der 3% Schwelle mehr als 1% an zusätzlichen Aktien erwirbt,

innerhalb von zwei Tagen das betroffene Unternehmen schriftlich darüber unterrichten.[30] Der Umfang der Informationspflichten ist ähnlich wie in Deutschland auf die Höhe der Beteiligung sowie die Identität des Erwerbers begrenzt.[31] Die Veröffentlichungspflicht gilt nicht nur für Einzelpersonen sondern auch für durch Absprachen oder Verträge verbundene Gruppen von Personen

---

[27] Vgl. Kapitel II, Abschnitt 3.1.; Kapitel III, Abschnitt 3.2.; Kübler, F./ Schmidt, R.H. (1988), S. 32; Birds, J./ Boyle, A.J./ u.a. (1995), S. 333; Davies, P.L. (1997), S. 483/484.

[28] Vgl. Meinhardt, P. (1987), S. 11; Gullick, J.M. (1987), S. 136; Davies, P.L. (1997), S. 484.

[29] Ist das stimmberechtigte Kapital auf mehrere Aktienklassen verteilt, gilt die Veröffentlichungspflicht, sobald ein 3%iger Anteil in einer Aktienklasse erreicht worden ist. Vgl. Secs 198(1),(2) CA. Die Pflicht beschränkt sich anders als die europäische Publizitätsrichtlinie nicht nur auf gelistete Unternehmen sondern auch auf die nicht gelisteten Unternehmen. Vgl. Davies, P.L. (1997), S. 486.

[30] Diese Vorschrift wurde in den vergangenen Jahren zunehmend verschärft, da der Einstiegswert von 10% auf 5% und schließlich auf 3% abgesenkt wurde. Vgl. Davies, P.L. (1976), S. 47; Frazer, P. (1988), S. 441; Kübler, F./ Schmidt, R.H. (1988), S. 31; Pennington, R.R. (1995), S. 454; Ogowewo, T.I. (1996), S. 469. Es wurde jedoch bis heute nicht der Schwellenwert von 1% erreicht, wie er von dem Urheber-Committee, dem sogenannten "Cohen Committee", vorgeschlagen wurde. Vgl. Davies, P.L. (1997), S. 485.

[31] Vgl. Secs 202(1),(2) CA.

("Concert Party").[32] Ausgenommen von dieser strengen Meldepflicht sind Investmentfirmen, welche nachweislich für andere Personen Geschäfte tätigen, so dass diese erst ab einer Beteiligung von 10% zur Veröffentlichung verpflichtet sind.[33] Bei Verstoß gegen die Informationspflichten kommt es zur strafrechtlichen Verfolgung gemäß Sec 210 CA, welche auch die Unwirksamkeit des Erwerbs bzw. das Verbot der Stimmrechtsausübung beinhalten kann.[34]

Zusätzlich zu den Regeln des Companies Act von 1985 gelten die SARs, gemäß denen bei Erreichen einer Beteiligung von 15% aller Stimmen ein weiterer Anteilsaufbau erschwert wird.[35] Danach ist es dem Aufkäufer verboten, mehr als 10% der stimmberechtigten Aktien innerhalb von 7 Tagen zu erwerben,[36] wenn nicht ein öffentliches Übernahmeangebot, die feste Absicht der Abgabe eines öffentlichen Übernahmeangebots mit Empfehlung des Managements der Zielgesellschaft oder der Paketkauf von einem einzelnen Aktionär vorliegt.[37] Zudem sind alle Transaktionen, bei denen einen Stimmenanteil von mehr als 15% erreicht wird, dem "Panel" zu melden.[38]

Oberhalb des Kontrollschwellenwerts von 30% greifen die Regeln des City Code ein, welche zum einen Vorschriften hinsichtlich der allgemeinen Zulässigkeit von Anteilskäufen oberhalb von 30% und zum anderen die unter Abschnitt 2.2.3. beschriebene Verpflichtung zum Vollangebot beinhalten.[39] Rule 5.1(a) des City Code schreibt vor, dass alle Aufkäufe von Aktionären mit einer bisherigen Beteiligung unterhalb der 30%-Schwelle, die zu einer Beteiligung oberhalb von 30% führen, grundsätzlich unzulässig sind.[40] Gleiches gilt gemäß Rule 5.1(b) des City Code für Transaktionen von Aktionären, die mehr als 30% aber weniger als 50% der Aktien halten.[41] Von dieser Regelung ausgenommen sind jedoch der Erwerb junger Aktien sowie Schenkungen.[42] Vom Verbot befreit sind zudem Pakettransaktionen mit einem einzelnen Verkäufer, Transaktionen in Form eines

---

[32] Vgl. Secs 204, 205, 206 CA; Keenan, D. (1987), S. 182/183; Gullick, J.M. (1987), S: 136; Xuereb, P.G. (1989), S. 203; Birds, J./ Boyle, A.J./ u.a. (1995), S. 338.

[33] Vgl. Pennington, R.R. (1995), S. 454. Für weitere Besipiele vgl. Sec 209 CA.

[34] Vgl. Birds, J./ Boyle, A.J./ u.a. (1995), S. 337.

[35] Zu den Folgen von Pflichtverletzungen im Rahmen der SARs vgl. Abschnitt 2.2.2.3.

[36] Vgl. SARs Rule 1.

[37] Vgl. SARs Rule 2; Lüttmann, R. (1992a), S. 71; Gropper, F.V. (1994), S. 362; Birds, J./ Boyle, A.J./ u.a. (1995), S. 546.

[38] Vgl. SARs, Rule 3.

[39] Hier ist hinsichtlich möglicher Folgen von Pflichtverletzungen auf Abschnitt 2.2.2.3. zu verweisen.

[40] Vgl. City Code, Rule 5.1(a).

[41] Die bisherige Regelung, dass Aufkäufe mit einem Volumen kleiner als 1% zulässig sind, ist im Jahre 1998 gestrichen worden. Vgl. City Code Änderung vom 26.8.98.

[42] Vgl. City Code, Notes on Rule 5.1., 4.-9.

öffentlichen Angebots sowie Transaktionen mit Genehmigung der Zielgesellschaft unmittelbar vor oder nach der Veröffentlichung einer Übernahmeabsicht.[43]

Prinzipiell läßt sich feststellen, dass die Vorschriften des CA hinsichtlich der Schwellenwerte zur Auslösung einer Veröffentlichungspflicht verhältnismäßig strikt und damit geheime Aufkäufe nur in sehr begrenztem Maße möglich sind. Gleichzeitig liefern die zusätzlichen Vorschriften des City Code und der SARs bei Transaktionen, die zu einem Beteiligungsbesitz von mehr als 15% führen, weitergehenden Schutz. Als nachteilig kann sich das Fehlen von Vorschriften hinsichtlich der den außenstehenden Aktionären zur Verfügung zu stellenden Informationen erweisen. Der Bieter ist bis zu einer Beteiligungsgrenze von 30% bei privaten Transaktionen einzig zur Veröffentlichung der Beteiligungshöhen verpflichtet, so dass ausführliche Informationen hinsichtlich der zukünftigen Pläne des Bieters den Minderheitsaktionären vorenthalten bleiben.

2.2. Erwerb durch einen "Takeover Bid"

2.2.1. Definition des Begriffs "Takeover Bid"

Der City Code enthält keine offizielle Definition des Begriffs "Takeover Bid", sondern nur des Begriffs "Offer".[44] Der City Code bezieht sich danach auf alle Arten von Transaktionen, bei denen ein Bieter über ein öffentliches Angebot teilweise bzw. vollständig die Anteile einer stimmberechtigten Aktienklasse zu kaufen beabsichtigt.[45] Als öffentliches Angebot gilt ein Angebot, sobald es an mehr als sechs Personen gleichzeitig gerichtet wird.[46] Darüber hinaus ist der City Code ohnehin auf alle verfügbaren Transaktionsformen anzuwenden, sobald von einem Aktionär eine Beteiligungsgrenze von 30% bei einem Unternehmen erreicht wird.[47]

2.2.2. Publizitäts- und Verfahrensvorschriften

2.2.2.1. Offenlegungs- und Informationspflichten

Neben den allgemeinen unter Abschnitt 2.1. genannten Informationsvorschriften bei Erwerb von Anteilen sieht der City Code noch weitere, im direkten Zusammenhang mit einem öffentlichen Übernahmeangebot stehende Regelungen vor. Hinter allen Informationsvorschriften verbirgt sich der Grundsatz, dass jede, die Entscheidungsfindung unterstützende Information allen Beteiligten zum

---

[43] Vgl. City Code, Rule 5.2; Morse, G.K. (1987), S. 1194. Für den Fall der Pakettransaktion gelten besondere Publizitätspflichten. Vgl. City Code, Rule 5.4.

[44] In der Literatur wird der "Takeover Bid" als ein technisches Mittel zur Durchführung einer Übernahme beschrieben. Vgl. Weinberg, M.A./ Blank, M.V. (1979), Rdnr. 106. Vgl. Definition eines Übernahmeangebots in Kapitel II, Abschnitt 3.2.1.

[45] Vgl. City Code, Definitions; Pennington, R.R. (1977), S. 381.

[46] Die endgültige Entscheidung, ab wann ein Angebot als öffentliches und damit dem City Code unterliegenden Angebot klassifiziert wird, obliegt jedoch dem Panel. Vgl. City Code, Rule 2.2 (e).

[47] Vgl. Prentice, D.D. (1972a), S. 388; Abschnitt 2.2.3.

gleichen Zeitpunkt und im gleichen Umfang zur Verfügung gestellt werden muss, um Ineffizienzen aufgrund von Informationsunterschieden auszuschließen.[48] Bevor ein Angebot veröffentlicht wird, ist zur Verhinderung von Insidergeschäften absolute Geheimhaltung vorgeschrieben.[49] Diese Geheimhaltungsvorschrift kann sich jedoch gemäß Rule 2.2 des City Code zu einer Pflicht des Bieters bzw. der Zielgesellschaft[50] zur Vorankündigung eines Übernahmeangebots wandeln, wenn

¶ die Absicht zur Abgabe eines Übernahmeangebotes vorliegt,

¶ die Vorschriften zum Pflichtangebot ausgelöst werden,

¶ Gerüchte, Spekulationen oder abnormale Preisänderungen Hinweise auf ein potentielles Zielunternehmen geben oder

¶ dem Board der Zielgesellschaft glaubhafte Beweise für Übernahmepläne vorliegen.[51]

Nach Bekanntgabe der Übernahmeabsicht sind innerhalb von 28 Tagen detaillierte Angebotsunterlagen zu veröffentlichen.[52] Bei Abgabe des Angebots sind gemäß den Rules 23 und 24 des City Code weitreichende Publizitätspflichten einzuhalten, bei denen neben den Angebotsbedingungen und der Identität des Bieters auch Angaben zur finanziellen Situation, zu den zukünftigen Plänen des Bieters sowie detaillierte Informationen hinsichtlich der Vor- und Nachteile einer Transaktion zu veröffentlichen sind.[53] Vor allem müssen zur Unterstützung einer Entscheidungsfindung hinsichtlich der Angemessenheit des Angebotspreises die Kauf- bzw. Verkauf-Transaktionen des Bieters der vergangenen 12 Monate mit Datum- und Preisangabe offengelegt werden.[54] Zugleich endet die Informationspflicht nicht mit Versendung der Angebotsunterlagen, da gemäß Rule 27.1. des City Code eine Verpflichtung zur ständigen Aktualisierung und – wenn notwendig – zur Ergänzung mit Hinweis an alle Beteiligte besteht.

---

48 Vgl. City Code, General Principles Nr. 2, 4; Rules 20.1, 20.2; Prentice, D.D. (1972a), S. 397/398.

49 Vgl. City Code, Rule 2.1; Morse, G.K. (1987), S. 1188; Farrar, J.H./ Hannigan, B. (1998), S. 596.

50 Vgl. City Code, Rule 2.3.

51 Vgl. Weinberg, M.A./ Blank, M.V. (1979), Rdnr. 1308; Frazer, P. (1988), S. 441. Finden nur Gespräche hinsichtlich einer möglichen Übernahme statt, reicht zunächst als Information die Ankündigung, dass es in absehbarer Zeit zu einem Übernahmeangebot für die Zielgesellschaft kommen könnte, wobei der Name des potentiellen Bieters nicht notwendigerweise offengelegt werden muss. Vgl. City Code, Rule 2.4. Besteht dagegen die feste Absicht eines Bieters zur Abgabe eines Angebots, sind detailliertere Informationen, wie etwa die Bedingungen des Angebots und die Identität des Bieters, zu veröffentlichen. Vgl. City Code, Rule 2.5.

52 Vgl. City Code, Rule 30.1; Prentice, D.D. (1992), S. 140.

53 Vgl. Pennington, R.R. (1977), S. 383/384; Weinberg, M.A./ Blank, M.V. (1979), Rdnr. 1327-1366; Davies, P.L. (1997), S. 798.

54 Vgl. City Code, Rule, 24.3.

Da die Informationen hinsichtlich eines Übernahmeangebots zunächst dem Management der Zielgesellschaft überstellt werden,[55] ist dieses verpflichtet, so schnell wie möglich[56] die Informationen unter Zuhilfenahme von unabhängigen Beratern[57] aufzuarbeiten und mit einer Empfehlung an die Aktionäre und das "Panel" weiterzugeben.[58] Daneben muss eine erste Stellungnahme des Managements detaillierte Informationen darüber enthalten, ob und gegebenenfalls in welcher Höhe die Zielgesellschaft an dem Bieterunternehmen beteiligt war und ob Direktoren, die ebenfalls Aktien der Zielgesellschaft halten, das Angebot annehmen oder ablehnen.[59] Gleichzeitig müssen gemäß City Code, Rule 25.4 alle Dienstverträge, welche eine Restlaufzeit von mehr als 12 Monaten haben, offengelegt werden, um eventuelle Interessenkonflikte aufzudecken.[60] Zudem sind die Aktionäre über alle wichtigen Verträge, welche die Zielgesellschaft in den vergangenen zwei Jahren abgeschlossen hat, zu informieren.[61]

Jede Information, die entweder vom Bieter oder vom Management der Zielgesellschaft freiwillig oder aufgrund einer Vorschrift herausgegeben wird, muss bestimmten Sorgfaltskriterien genügen.[62] Zur Sicherstellung der Objektivität sind deshalb alle Angaben durch unabhängige Dritte, wie etwa Wirtschaftsprüfer, zu überprüfen. Sobald die Informationen auch Prognosen zur Gewinnentwicklung des Zielunternehmens bzw. eine Bewertung der Vermögensgegenstände seitens des Bieters oder auch der Direktoren der Zielgesellschaft beinhalten, sind besondere Vorschriften gemäß den Rules 28, 29 des City Code zu beachten.[63]

2.2.2.2. Allgemeine Verfahrensvorschriften

In England müssen während und nach einem Übernahmeangebot nachfolgend beschriebene Verfahrensvorschriften beachtet werden.

2.2.2.2.1. Laufzeit des Angebots

Die Mindestangebotfrist liegt gemäß City Code, Rule 31.1 bei 21 Tagen nach Bekanntgabe der Angebotsbedingungen. Für die Bekanntgabe der Bedingungen

---

55 Vgl. City Code, Rule 1.

56 Durchschnittlich wird von einem Zeitraum von 14 Tagen ausgegangen. Vgl. City Code, Rule 30.2.

57 Als Berater kommen neben den Investmentbanken auch Anwälte, Wirtschaftsprüfer und Aktienhändler in Frage. Vgl. Weinberg, M.A./ Blank, M.V. (1979), Rdnr. 1006.

58 Vgl. City Code, Rules 2.6, 3.1, 25.1, 25.2; Paul, A. (1993), S. 137; Davies, P.L. (1997), S. 782.

59 Vgl. City Code, Rule 25.3.

60 Vgl. Pennington, R.R. (1977), S. 385.

61 Vgl. City Code, Rule 25.6.

62 Vgl. City Code, General Principle Nr. 5; Rules 19.1, 19.2; Farrar, J.H./ Hannigan, B. (1998), S. 596.

63 Vgl. Weinberg, M.A./ Blank, M.V. (1979), Rdnrn.1370-1386; Morse, G.K. (1987), S. 1201/1202.

stehen dem Bieter nach Offenlegen der Übernahmepläne 28 Tage zur Verfügung.[64] Bei Veränderung der Angebotsbedingungen verlängert sich die Laufzeit gemäß City Code, Rule 32.1 automatisch um 14 Tage. Die zulässige Höchstlaufzeit eines Angebots liegt bei 60 Tagen.[65]

Abb. IV-3: Möglicher Zeitplan für ein Übernahmeangebot gemäß City Code

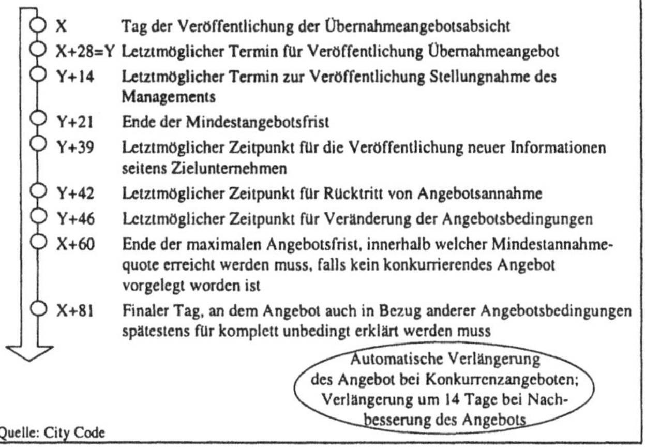

Quelle: City Code

Sobald das Angebot von einer Mehrheit der Aktionäre (seine eigene Quote eingeschlossen) angenommen worden ist,[66] verpflichtet der City Code den Bieter gemäß Rule 31.4 dazu, das Angebot noch mindestens zwei Wochen offen zu lassen, um Nachzüglern, die sich in der ersten Runde nicht entschließen konnten, eine Möglichkeit zur Annahme zu geben.

2.2.2.2.2. Zulässigkeit bedingter Angebote

Bedingte Angebote sind generell möglich, wobei die Bedingungen außerhalb des Einflussbereichs des Bieters liegen müssen.[67] Zwingend vorgeschrieben ist die Aufnahme der Bedingung, dass ein Übernahmeangebot erst dann als angenommen gilt, wenn der Bieter nach Ende der Angebotslaufzeit mindestens 50% aller Stimmen einer Aktienklasse hält.[68] Damit sind Übernahmen, bei denen sich eine Mehrheit der Aktionäre gegen das Angebot entschieden hat, nicht möglich.

[64] Vgl. City Code, Rule 30.1; Kapitel II, Abschnitt 3.2.2.2.1. Einen Überblick über die verschiedenen Zeitfenster bei einem "Takeover Bid" geben Gray, S.J./ McDermott, M.C. (1989), S. 42/43; Prentice, D.D. (1992), S. 140/141.

[65] Vgl. City Code, Rule 31.6. Ausnahmen können nur vom "Panel" genehmigt werden. Vgl. Davies, P.L. (1976), S. 55.

[66] Dies ist vom Bieter unverzüglich der Stock Exchange mitzuteilen. Vgl. City Code, Rule 17.1.

[67] Vgl. City Code, Rule 13; Kapitel II, Abschnitt 3.2.2.2.2.

[68] Vgl. City Code, Rule 10.

Vielfach wird der Bieter ein Vollangebot unter der Bedingung abgeben, mindestens 90% der Aktien zu erhalten, um Sec 429 CA nutzen zu können, gemäß welchem bei Erreichen einer 90%igen Annahmequote das Zwangsausscheiden der übrigen 10% erreicht werden kann.[69]

2.2.2.2.3. Teilangebote und Pro-Rata-Regel

Für die Abgabe von Teilangeboten ist grundsätzlich die Zustimmung des "Panel" notwendig, welche in der Regel nur dann erteilt wird, wenn der Bieter durch das Teilangebot eine Beteiligung kleiner als 30% erreicht.[70] Das heißt Teilangebot sind nur zulässig, wenn sie nicht auf den Erwerb einer Kontrollbeteiligung ausgerichtet sind. Gleichzeitig gilt gemäß Rule 36.7 des City Code die Pro-Rata-Regel.[71] Daneben existieren für den seltenen Fall, dass auch Teilangebote für den Bereich von 30% bis 100% genehmigt werden, drei weitere Regeln: Bei Teilangeboten zwischen 30% und 50% ist exakt der zu erreichende Wert anzugeben.[72] Daneben ist gemäß City Code Rule 36.5 für alle Teilangebote, welche zu einer Beteiligung größer als 30% führen können, die Genehmigung von mindestens 50% der außenstehenden, d.h. nicht dem Bieter verbundenen, stimmberechtigten Aktionäre einzuholen.[73] Zusätzlich hat der Bieter in allen Fällen, in denen er im Anschluss an das Angebot mehr als 49% der Aktien halten könnte, darauf hinzuweisen, dass ein Bieter, der im Besitz von mehr als 50% der Aktien ist, weitere Aktien aufkaufen kann, ohne die Vorschriften von Rule 9 des City Code ("Pflichtangebotsregel) auszulösen.[74] Zudem sind bei Erteilung einer Genehmigung für die ersten zwölf Monate nach Abschluss des Teilangebots weitere Aktienkäufe sowohl für den Bieter als für die mit ihm verbundenen Personen verboten.[75] Mit derart strikten Regeln soll das Entstehen von Minderheitspositionen, d.h. das ungewollte Zurückbleiben von Aktionären in von Großaktionären beherrschten Unternehmen, von vornherein verhindert werden,[76] was in der Praxis angesichts der geringen Anzahl von Teilangeboten auch gelungen ist.[77]

---

[69] Vgl. Abschnitt 2.2.4.; Weinberg, M.A./ Blank, M.V. (1979), §505; Knoll, H.-C. (1992), S. 312.

[70] Vgl. City Code, Rules 36.1, 36.2; Apelt, T.M. (1984), S. 55; Lee, T.P. (1993), S. 200; Frazer, P. (1988), S. 441.

[71] Vgl. Prentice, D.D. (1972a), S. 401; Weinberg, M.A./ Blank, M.V. (1979), §518; Assmann, H.-D./ Bozenhardt, F. (1990), S. 24.

[72] Vgl. City Code, Rule 36.4.

[73] In diesen Fällen kann eine Minderheit eine Übernahmeangebot gegen den Willen der Mehrheit verhindern, wenn der Bieter z.B. 40% hält und sich 51% der außenstehenden 60% gegen ein Angebot entscheiden. Da jedoch Teilangebote ohnehin unüblich sind, tritt diese Konstellation in der Praxis eher selten auf. Vgl. Lüttmann, R. (1992a), S. 55.

[74] Vgl. City Code, Rule 36.6. Vgl. Kapitel IV, Abschnitt 2.2.3. zur Pflichtangebotsregel.

[75] Vgl. City Code, Rules 35.2, 36.3.

[76] Vgl. Prentice, D.D. (1977), S. 318; Weinberg, M.A./ Blank, M.V. (1979), §516; Kübler, F./ Schmidt, R.H. (1988), S. 34.

[77] Vgl. DeMott, D. (1983), S. 966.

2.2.2.2.4. Wahlmöglichkeit bei der Art der Kompensation

Es ist grundsätzlich immer ein Bargeld-Angebot[78] notwendig, wenn der Bieter oder mit ihm verbundene Personen in den letzten 12 Monaten vor einem Angebot mindestens 10% der Aktien einer Klasse gegen Bargeld erworben hat. Der Angebotspreis muss dabei mindestens so hoch sein wie der während dieses Zeitraums bezahlte höchste Preis.[79] In allen anderen Fällen liegt die Wahlmöglichkeit beim Bieter, wobei der angebotene Preis für eine Aktienklasse mindestens so hoch sein muss wie die Preise, die in den drei Monaten vor Beginn der Angebotslaufzeit vom Bieter bezahlt worden sind.[80] Wird ein Angebot für verschiedene Aktienklassen abgegeben, müssen diese wertmäßig in einem angemessenen Verhältnis zueinander stehen.[81] Die Art der Kompensation wird zum Teil auch dazu genutzt, das Übernahmeangebot zu klassifizieren. Erfolgt das Angebot in Form von Bargeld, wird von einem "Takeover" gesprochen, während bei einem Aktientausch vielfach davon ausgegangen wird, dass das Angebot zur Durchsetzung eines "Merger" dient.[82]

2.2.2.2.5. Zulässigkeit paralleler Aktienkäufe

Anders als in den USA und vergleichbar zu den deutschen Vorschriften sind parallele Markttransaktionen prinzipiell möglich, wobei in diesen Fällen eine verschärfte Mitteilungspflicht gegenüber dem "Panel" sowie gegenüber der Stock Exchange und der Presse gelten.[83] Ausgenommen von dieser Regelung sind Teilangebote, da in diesen Fällen keine Transaktionen während und nach der Angebotslaufzeit erlaubt sind.[84]

2.2.2.2.6. Nachbesserungspflichten

Aktienkäufe während der Angebotslaufzeit, welche zu höheren Preisen als dem Angebotspreis erfolgen, schlagen sich direkt in einer automatischen Veränderung der Angebotsbedingungen in Form eines höheren Angebotspreises nieder.[85] Diese Nachbesserung des Angebots verursacht wiederum unverzüglich eine Veröffentlichungspflicht des geänderten Angebots.[86] Bei Veränderung der

---

78 Es ist jederzeit möglich, eine Kompensation in Form von Aktien anzubieten, falls zusätzlich eine Cash-Alternative zur Verfügung steht.

79 Vgl. City Code, Rule 11.1. Es besteht die Möglichkeit der Befreiung von der Höchstpreisvorschrift durch das "Panel", vgl. City Code Rule 11.2.

80 Vgl. City Code, Rule 6.1.

81 Vgl. Weinberg, M.A./ Blank, M.V. (1979), §506.

82 Vgl. Weinberg, M.A./ Blank, M.V. (1979), §102-106; Xuereb, P.G. (1989), S. 202.

83 Vgl. City Code, Rules 7.1, 8; Kapitel II, Abschnitt 3.2.2.2.5.

84 Vgl. DeMott, D. (1983), S. 966. Vgl. auch weiter oben Kapitel IV, Abschnitt 2.2.2.2.3.

85 Vgl. City Code, Rule 32.3.

86 Vgl. City Code, Rule 6.2; Morse, G.K. (1989), S. 148. Diese Regel intensiviert die im General Principle Nr. 1 festgelegte Zielvorstellung, dass alle Aktionäre einer Aktienklasse gleichbehandelt werden müssen.

Angebotsbedingungen besteht die Pflicht der Nachbesserung ebenso gegenüber allen Aktionären, die vor der Veränderung das Angebot angenommen haben.[87]

2.2.2.2.7. Rücktrittsrecht des Aktionärs

Gemäß City Code, Rule 34 besitzen das Angebot annehmende Aktionäre der Zielgesellschaft das Recht, bis zu 21 Tage nach dem letzten Tag der minimalen Angebotslaufzeit von der Annahme des Angebots zurückzutreten. Dieses ist besonders dann interessant, wenn sich während der Angebotsphase bessere Konkurrenzangebote ergeben, da prinzipiell Angebote Dritter mangels anderslautender Vorschriften zulässig sind. Dieses Recht verfällt jedoch, sobald der Bieter das Angebot für verbindlich erklärt hat.[88]

2.2.2.2.8. Verbot von Aktienkäufen nach Scheitern eines Angebots

Ohne Sondergenehmigung des "Panel" darf weder der Bieter, dessen Voll- bzw. Teilangebot gescheitert ist, noch die ihm zugehörigen Personen in den ersten 12 Monaten nach Verkündigung des Scheiterns ein weiteres Übernahmeangebot für die Zielgesellschaft abgeben, indirekt durch Marktkäufe das Pflichtangebot gemäß Rule 9 auslösen bzw. bei einer Beteiligung größer als 30% aber kleiner als 50% Aktien erwerben.[89] Darüber hinaus gilt im Anschluss an erfolgreiche Angebote, welche zu einer Beteiligung von mehr als 50% geführt haben, die Bedingung, dass der Bieter in den ersten 6 Monaten nach Ende der Angebotslaufzeit kein weiteres Angebot zu besseren Konditionen unterbreiten darf.[90] Damit soll eine potentielle Taktik des Bieters vermieden werden, zunächst mit niedrigen Preisen ein Erstangebot zu starten, um dann unentschlossene Aktionäre in einem zweiten Angebot mit höheren Preisen - ohne Nachbesserungspflichten gegenüber den Aktionären der 1. Tranche - zur Annahme zu bewegen.

2.2.2.3. Folgen von Pflichtverletzungen

Zur Durchsetzung der Vorschriften des City Code kann sich das "Panel" einer Reihe von Sanktionsmöglichkeiten in verschiedenen Ausprägungsstufen bedienen:[91] Zunächst besteht die Möglichkeit zur privaten Anordnung von korrigierenden Maßnahmen, falls z.B. die Angebotsunterlagen unvollständig sind. Des weiteren kann das "Panel" zwischen einer privaten und öffentlichen Rüge wählen, um auf bestimmte Vergehen einzelner Beteiligter hinzuweisen. Wirkungsvoller ist die Meldung der Vergehen an die verschiedenen Kontrollinstitutionen der City, weil z.B. Verbände ihre angeschuldigten Mitglieder mit temporären oder dauerhaften Entzug der Mitgliedschaftsrechte bestrafen können. In diesem

---

[87] Vgl. Knoll, H.-C. (1992), S. 127.

[88] Vgl. Davies, P.L. (1997), S. 801.

[89] Vgl. City Code, Rules 35.1, 35.2.

[90] Vgl. City Code, Rule 35.3.

[91] Vgl. Schmitthoff, C.M. (1976), S. 18; Weinberg, M.A./ Blank, M.V. (1979), Rdnr. 1220; Lee. T.P. (1989), S. 215/216; Halsbury's (1996), §1198/1199.

Zusammenhang spielt der Financial Services Act eine zentrale Rolle, da gemäß §3 FSA nur autorisierte Personen "Investment Business" betreiben dürfen und eine Zuwiderhandlung mit Geldbuße oder auch Gefängnis bestraft werden kann. Da das Übernahmeangebot zum "Investment Business" gezählt wird, müssen sich die Bieter, soweit sie über keine eigene Autorisation verfügen, der Unterstützung von Mitgliedern sogenannter "Self Regulation Organisations" (SRO) versichern. Von diesen wird wiederum verlangt, dass sie die Zusammenarbeit mit einem Bieter, der die Regelungen des City Code nicht befolgt, verweigern. Da bei Nichtbefolgung die Gefahr besteht, die eigene Autorisation zu verlieren, ist diese Regelung in der Praxis von beträchtlicher Wirkung. Hinzu kommt, dass an der Stock Exchange gelistete Bieter bei Nichtbefolgung der Regeln des City Code mit einem Ausschluss rechnen müssen.[92]

2.2.3. Pflichtangebot gemäß City Code ("Mandatory Bid Rule")

Jede Person, die eine Beteiligung von 30% überschreitet,[93] ist unabhängig von der Art des Kontrollwechsels zur Abgabe eines Angebots an alle außenstehenden Aktionäre verpflichtet ("Mandatory Bid Rule"),[94] da ab Erreichen eines Schwellenwerts von 30% das Vorliegen einer Kontrollbeteiligung unterstellt wird.[95] Das Pflichtangebot bezieht sich hierbei nicht nur auf Aktien mit Stimmrechten sondern auch auf stimmrechtslose Aktien.[96] Gleiches gilt gemäß Rule 9.1(b) des City Code, wenn die Person eine Beteiligung zwischen 30% und 50% hält und durch Aktienkäufe aufstockt; hierbei reicht bereits der Kauf einer einzelnen Aktie aus.[97] Damit werden auch diejenigen Aktionäre, welche mit einem ersten Angebot gescheitert sind, aber eine Beteiligung über 30% halten, bei jedem Zukauf erneut zur Abgabe eines Vollangebots aufgefordert.[98] Hält der Aktionär dagegen schon über 50% der Aktien, wird das Pflichtangebot bei zusätzlichen Aktienkäufen nicht mehr ausgelöst, da in diesen Fällen der Kontrollwechsel bereits stattgefunden hat und der Aktionär in der Regel bereits zu einem früheren Zeitpunkt bei erstmaligen Überschreiten der 30%-Schwelle zur Abgabe eines Gesamtübernahmeangebotes verpflichtet war.[99] Bei der Bestimmung der Beteiligungshöhe werden nicht nur die Aktien berücksichtigt, die im direkten

---

[92] Vgl. Keenan, D. (1987), S. 388; Morse, G.K. (1987), S. 1206.

[93] Der Schwellenwert von 30% ist 1974 in den Code aufgenommen worden. Vgl. Lee, T.P. (1989), S. 217.

[94] Vgl. City Code, Rule 9.1 (a).

[95] Vgl. City Code, Definitions Control; Farrar, J.C. (1993a), S. 8. Auch in England wird über den Schwellenwert diskutiert, wobei ausschließlich die Frage umstritten ist, ob der Schwellenwert noch weiter herabgesetzt werden soll. Vgl. Lee, T.P. (1993), S. 199; Krause, H. (1996b), S. 81.

[96] Vgl. City Code, Rule 9.1; Frazer, P. (1988), S. 443.

[97] Bis 1998 galt die Regelung, dass alle Aktienkäufe mit weniger als 1% Volumen von dieser Vorschrift nicht betroffen sind. Zum Schutz der Aktionäre ist diese Ausnahmeregelung beseitigt worden. Vgl. City Code Änderung vom 26.8.98.

[98] Vgl. Keenan, D. (1987), S. 391.

[99] Vgl. Farrar, J.H./ Hannigan, B. (1998), S. 595.

Eigentum der betroffenen Person stehen, sondern auch alle Aktien von Personen, bei denen eine wirtschaftliche Zusammenarbeit mit der betroffenen Person unterstellt werden kann ("Acting in Concert").[100] Kommt es während eines freiwilligen Gesamtangebots durch parallele Aktienkäufe zum Überschreiten der 30%-Schwelle und damit zur Auslösung des Pflichtangebots, entfallen alle Bedingungen des ursprünglichen Angebots abgesehen von der 50%igen Annahmequote und kartellrechtlichen Beschränkungen.[101] Gleichzeitig verlängert sich automatisch die Annahmefrist um 14 Tage.[102]

Die Verpflichtung zum Vollangebot wird trotz Erreichen einer Beteiligungsschwelle von 30% nicht ausgelöst, wenn eine der nachfolgenden Bedingungen erfüllt ist:[103]

- Unterstützung in einer finanziellen Notsituation des Unternehmens,
- Erreichen der Beteiligungsschwelle aufgrund eines Fehlers,
- Umwandlung von stimmrechtslosen Aktien in normale Stimmrechtsaktien,[104]
- Anwesenheit eines anderen Kontrollaktionärs mit mehr als 50% der Stimmen,
- Erreichen der Beteiligungsschwelle aufgrund eines vom "Panel" und den außenstehenden Aktionären genehmigten Teilangebots.

Solange ein Pflichtangebot nicht abgegeben worden ist, hat der Kontrollaktionär nur mit besonderer Zustimmung des "Panel" das Recht, seine Stimmrechte und damit die Kontrolle auszuüben.

Die Abfindung kann sowohl bar als auch in Form von Aktien erfolgen, wobei anders als bei einem freiwilligen Angebot im Falle der Aktienabfindung alternativ eine Barabfindung angeboten werden muss. Darüber hinaus gilt, dass die Abfindung mindestens so hoch wie der höchste in den vergangenen 12 Monaten bezahlte Preis für die jeweilige Aktienklasse sein muss.[105]

---

[100] Vgl. hierzu City Code, Definitions "Acting in Concert", Notes on Rule 9.1., 1.-4.; Weinberg, M.A./ Blank, M.V. (1979), Rdnrn. 912-941 Die Entscheidung, ob ein "Acting in Concert" vorliegt, wird vom "Panel" einzelfallspezifisch entschieden, was die Problematik der Subjektivität birgt. Vgl. Morse, G.K. (1987), S. 1195; Lee, T.P. (1993), S. 200.

[101] Vgl. City Code, Rules 9.3, 9.4; Pennington, R.R. (1977), S. 393; Morse, G.K. (1987), S. 1195; Frazer, P. (1988), S. 441; Davies, P.L. (1997), S. 790; Farrar, J.H./ Hannigan, B. (1998), S. 595.

[102] Vgl. City Code, Notes on Rule 9.1., 9.

[103] Vgl. City Code, Notes on Dispensations from Rule 9, 1.-6.

[104] Entwicklung durfte nicht vor Erwerb der Beteiligung erkennbar sein.

[105] Auch hier kann jedoch das "Panel" in Ausnahmefällen den Bieter von dieser Preispflicht entbinden und ein niedrigeres Angebot genehmigen; dieses ist z.B. der Fall, wenn der Bieter in den vergangenen 12 Monaten in einem einzigen Kauf relativ wenige Aktien zu einem im Vergleich zum durchschnittlichen Kursverlauf hohen Preis erworben hat. Vgl. City Code, Rule 9.5; Weinberg, M.A./ Blank, M.V. (1979), Rdnr. 959.

Mit dem Pflichtangebot soll jedem Aktionär die Möglichkeit gegeben werden, bei einem Kontrollwechsel aus dem Unternehmen zu angemessenen Konditionen auszusteigen, da die Vorschriften des Companies Act nur einen unzureichenden Schutz darstellen.[106] Anders als in den USA und Deutschland ist das Pflichtangebot und die damit verbundene Verteilung der Kontrollprämie allgemein anerkannt und weit verbreitet.[107]

2.2.4. Folgen bei Erwerb einer Kontrollbeteiligung größer als 90%

Im Companies Act gibt es zwei besondere Regelungen zu den Folgen des Erwerbs einer Kontrollbeteiligung von mehr als 90%.

¶ Sobald ein Bieter durch ein Angebot mehr als 90% des außenstehenden Aktienkapitals erworben hat, kann der Bieter die restlichen 10% auch gegen den Willen der verbleibenden Aktionäre zu den gleichen Bedingungen wie beim Übernahmeangebot erwerben (Zwangsabfindung).

¶ Sobald der Bieter nach einem Angebot mehr als 90% des gesamten Aktienkapitals hält, kann der dem Angebot zunächst ablehnend gegenüber gestandene Minderheitsaktionär vom Bieter verlangen, dass dieser seine Aktien zu den gleichen Angebotskonditionen nachträglich übernimmt (Nachträgliches Abfindungsrecht).[108]

Ersteres ähnelt im Ergebnis den in Deutschland geltenden Eingliederungsregelungen, da der Bieter ab Erlangung einer bestimmten Beteiligungshöhe die verbleibenden Minderheitsaktionäre auch gegen ihren Willen aus dem Unternehmen entfernen darf.[109] Darüber hinaus bietet dieser Zwangserwerb dem aufkaufenden Unternehmen die Möglichkeit zur formlosen Verschmelzung, ohne die unter Abschnitt 4. dieses Kapitels beschriebenen Verfahrensschritte durchlaufen zu müssen. Das nachträgliche Abfindungsrecht der Minderheitsaktionäre soll vermeiden, dass Aktionäre schutzlos als Minderheit in einem beherrschten Unternehmen zurückbleiben, wenn sie das ursprüngliche Angebot nicht annehmen konnten oder wollten.[110]

---

[106] Vgl. City Code, General Principle Nr. 10; Bebchuk, L.A. (1985), S. 1796; Lee, T.P. (1993), S. 198; Davies, P.L. (1997), S. 792.

[107] Vgl. Lüttmann, R. (1992a), S. 71 sowie Diskussionen in Kapitel II, Abschnitt 3.2.3.3.; Kapitel III, Abschnitte 3.2.2; 3.3.4. Vor Einführung der Vorschrift im Jahre 1972 gab es ähnliche Diskussionen wie in Deutschland, welche jedoch aufgrund massiver Ungleichbehandlungen zu Lasten von Minderheitsaktionären bei Übernahmen Ende der 60iger Jahre der Furcht vor einer Schädigung des Kapitalmarktansehens wichen. Eine ökonomische Diskussion über Kosten und Nutzen der sogenannten "Mandatory Bid Rule" ist dagegen bis dato in England nicht geführt worden. Vgl. Krause, H. (1996b), S. 50, 92.

[108] Vgl. Secs 429, 430, 430A-F CA.

[109] Vgl. Schmitthoff, C.M. (1972), S. 27; ders. (1976), S. 9.

[110] Vgl. Anderson, J./ Keenan, D. (1988), S. 100.

2.2.4.1. Zwangserwerb von Aktien

Sobald ein Bieter durch ein Übernahmeangebot innerhalb von vier Monaten nach Bekanntgabe eines Übernahmeangebots mehr als 90% des außenstehenden Aktienkapitals einer oder mehrerer Aktienklassen erwirbt,[111] muss er innerhalb von maximal zwei Monaten nach Erreichen der 90%-Schwelle die Aktionäre darüber in Kenntnis setzen, ob er ihre Aktien zwangsweise zu erwerben wünscht.[112] Wichtig ist festzustellen, dass es nicht genügt, dass der Bieter nach dem Angebot 90% der Aktien hält, sondern dass er 90% der vor dem Angebot außenstehenden Aktien im Rahmen des Übernahmeangebots erworben hat.[113] Es bleiben bei der Kalkulation der 90%-Schwelle alle Aktienkäufe unberücksichtigt, die vom Bieter selbst, "Strohmännern" oder von abhängigen Untergesellschaften im Vorfeld von bzw. parallel zu einem Übernahmeangebot getätigt worden sind. Parallel zum Angebot getätigte Marktkäufe des Bieters bleiben bei der Berechnung der 90%-Schwelle nur unberücksichtigt, falls der dabei gezahlte Preis höher ist als der Angebotspreis und letzterer nicht nachträglich angepasst worden ist.[114] Diese Regelung bedeutet, dass bei Vorliegen einer Beteiligung von 20% vor Abgabe des Angebots der Bieter innerhalb des vorgeschriebenen Zeitraums einen Anteilsbesitz von mindestens 92% des Aktienkapitals erreichen muss. Als Konditionen für diesen zwangsweisen Austritt werden gemäß Sec 430(2) CA die finalen Bedingungen des Angebots zugrundegelegt. Dieses gilt sowohl für die Preise als auch für die Art der angebotenen Kompensation.[115] Falls z.B. ein Wahlrecht zwischen Aktien- und Barabfindung besteht, hat sich der betroffene Minderheitsaktionär innerhalb von sechs Wochen nach Eingang der Informationen des Bieters für eine Art der Kompensation zu entscheiden.[116] Nach Ablauf der Sechs-Wochen-Frist ist der Bieter verpflichtet, eine Benachrichtigung hinsichtlich des Zwangserwerbs an das betroffene Unternehmen zu senden und die notwendigen Maßnahmen zur Übertragung der Aktien vorzunehmen.[117]

---

[111] Vgl. Secs 429(1),(2) CA . Die Vier-Monats-Frist läuft stets vom Tag der Bekanntgabe des ursprünglichen Angebots an, so dass sich diese Frist bei Veränderung der Angebotsbedingungen und Ausgabe eines neuen Angebots nicht verlängert. Vgl. Sec 428(7) CA.

[112] Vgl. Sec 429(3) CA. Zur Information hat der Bieter ein vorgeschriebenes Formular zu verwenden, welches auch an das Zielunternehmen zu schicken ist. Vgl. Sec 429(4) CA.

[113] Vgl. Gullick, J.M. (1987), S. 275; Morse, G.K. (1987), S. 1168; Davies, P.L. (1997), S. 808. Nur in Fällen, in denen Aktionäre nicht auffindbar sind, kann durch gerichtliche Verfügung das Recht auf Zwangserwerb auch unterhalb der 90%-Schwelle ausgelöst werden, falls bei Unterstellung der Angebotsannahme für alle nicht auffindbaren Aktionäre eine Beteiligung von 90% erreicht werden könnte. Vgl. Morse, G.K. (1987), S. 1171.

[114] Vgl. Sec 429(8) CA; Apelt, T.M. (1984), S. 117; Mayson, S.W./ French, D./ Ryan, C.L. (1987), S. 584; Birds, J./ Boyle, A.J./ u.a. (1995), S. 562; Farrar, J.H./ Hannigan, B. (1998), S. 608.

[115] Vgl. Re Carlton Holdings Ltd [1971] 2 All ER 1082.

[116] Vgl. Sec 430(3) CA; Halsbury's (1996), §1204.

[117] Die Secs 430(5)-(11) beschreiben im Detail die einzelnen Prozessschritte.

2.2.4.2. Nachträgliches Abfindungsrecht

Gemäß Sec 430A CA besteht bei Erreichen einer mehr als 90%igen Mehrheitsbeteiligung während der Laufzeit eines Übernahmeangebots zusätzlich ein Abfindungsrecht seitens der Minderheitsaktionäre. In diesem Fall beziehen sich die 90% auf alle außenstehenden, d.h. auch auf die vom Bieter bereits gehaltenen Aktien.[118] Dieses Recht soll den Aktionären, die das erste Angebot abgelehnt haben, eine zweite Chance zum Ausstieg geben, falls die Position des Kontrollaktionärs im nachhinein sehr stark geworden ist.[119] Das Verfahren folgt dem Prozedere, dass der neue Mehrheitsaktionär spätestens innerhalb von einem Monat nach Erreichen der 90%-Schwelle die Minderheitsaktionäre über diesen Umstand zu unterrichten hat. Sollte die Nachricht über das Erreichen der 90%-Schwelle noch vor Ende der Angebotsfrist erfolgen, kann der Aktionär das Angebot ohnehin noch annehmen. Nach Ablauf der Angebotsfrist haben die Aktionäre in den darauffolgenden drei Monaten (Mindestfrist) die Möglichkeit, die Übernahme ihrer eigenen Aktien zu den Bedingungen des vorher erfolgten Mehrheitserwerbs oder zu den von beiden Parteien ausgehandelten Bedingungen bzw. zu den von einem Gericht festzusetzenden Bedingungen zu verlangen, wobei die Art der Kompensation wiederum von den Konditionen des ursprünglichen Angebots abhängt.[120]

2.2.4.3. Rolle der Gerichte

Gemäß Sec 430C(1) CA besitzen die Aktionäre das Recht, innerhalb von 6 Wochen das Gericht um Hilfe anzurufen, um feststellen zu lassen, ob der Bieter tatsächlich zum Zwangserwerb berechtigt ist, ob die Informationspflichten eingehalten worden sind oder ob die Bedingungen des vorherigen Angebots noch gerechtfertigt sind.[121] Zusätzlich besteht bei Ausübung des Abfindungsrechts durch Aktionäre die Möglichkeit der gerichtlichen Überprüfung der Angebotsbedingungen, wobei dieses Ersuchen sowohl von den Aktionären als auch vom Bieter ausgehen kann.[122] Zur Unterstützung der Minderheitsaktionäre ist in Sec 430C(4) CA festgelegt worden, dass die Verfahrenskosten nur bei Unbegründetheit der Klage den Klägern zuzurechnen sind.

In der Praxis werden diese Klagemöglichkeiten seitens der Minderheitsaktionäre verhältnismäßig häufig im Rahmen eines Zwangserwerbs eingesetzt. Jedoch führen sie nur in den wenigsten Fällen zum Erfolg,[123] da die Gerichte davon ausgehen, dass eine Transaktion alle Fairness-Kriterien erfüllt, sobald ein Großteil der Aktionäre die Angebotsbedingungen freiwillig akzeptiert hat und der Abfindungs-

---

[118] Vgl. Secs 430A(1) CA; Morse, G.K. (1987), S. 1172/1173.

[119] Vgl. Gullick, J.M. (1987), S. 276.

[120] Vgl. Apelt, T.M. (1984), S. 127; Kübler, F./ Schmidt, R.H. (1988), S. 36.

[121] Vgl. Morsen, G.K. (1987), S. 1171.

[122] Vgl. Sec 430C(3) CA.

[123] Vgl. Apelt, T.M. (1984), S. 120; Gullick, J.M. (1987), S. 275; Triebel, V./ Hodgson, S./ u.a. (1995), S. 289; Davies, P.L. (1997), S. 811.

preis über dem Marktpreis liegt.[124] Nur in Fällen, in welchen nachweislich unzureichende Informationen an die Aktionäre weitergegeben worden sind, kommt es zu einem gerichtlichen Verbot bzw. zu einer Veränderung der Angebotsbedingungen.[125] Gleiches gilt für Transaktionen, bei denen der Kontrollaktionär schon seit geraumer Zeit 90% der Aktien hält und ein Scheinübernahmeangebot durch eine Briefkastenfirma initiiert, um mit Hilfe der Secs 429ff. CA die verbleibenden Minderheitsaktionäre aus dem Unternehmen verdrängen zu können.[126]

2.3. Position der Minderheitsaktionäre

Die englischen Vorschriften sind im Rahmen eines Kontrollwechsels auf einen maximalen Schutz der Minderheitsaktionäre ausgerichtet. Dieses zeigt sich zum einen an den sehr früh einsetzenden und ständig neu ausgelösten Informationspflichten bei Paket- bzw. Marktkäufen.[127] Zum anderen beschützt das Pflichtangebot unabhängig von der Art der Transaktion alle Aktionäre vor Umverteilungen und einem unfreiwilligen Verbleib in einem beherrschten Unternehmen, sobald ein Aktionär über mehr als 30% der Aktien und damit gemäß der Definition des City Code über eine Kontrollbeteiligung verfügt.[128] Dadurch steht den Aktionären bei einem Paketwechsel, bei privaten Marktkäufen sowie bei öffentlichen Übernahmeangeboten die Möglichkeit zum Ausstieg aus einem Unternehmen zu festgelegten Konditionen zur Verfügung. Gleichzeitig sorgen die Verfahrensvorschriften beim öffentlichen Übernahmeangebot in Form von Mindestlaufzeiten, Nachbesserungspflichten sowie Pro-Rata-Regel dafür, dass übereilte und damit eventuell falsche Entscheidungen vermieden werden.[129]

Darüber hinaus sind im City Code und Companies Act Regeln verankert, mit denen der sogenannte "Pressure to Tender" (Zwang zur Annahme eines Angebots) sowohl beim Teil- als auch beim Vollangebot verringert werden kann. Bei den ohnehin seltenen Teilangeboten sorgt die Vorschrift, dass jedes Teilangebot oberhalb einer Beteiligungsschwelle von 30% der Zustimmung einer Mehrheit der nicht dem Bieter zugehörigen Aktionäre bedarf, für eine verbesserte Entscheidungsfindung. Danach kann der einzelne Aktionär zunächst darüber befinden, ob ihm das Angebot ausreichend erscheint, um dann gemäß dem Mehrheitsvotum über die tatsächliche Annahme des Angebots individuell zu entscheiden. Im Falle des Gesamtangebots entfällt zwar die direkte Abstimmung der außenstehenden

---

124 Vgl. Re Press Caps Ltd. [1949] Ch 434; Re Grierson, Oldham & Adams Ltd [1967] 1 All ER 192; Pennington, R.R. (1964), S. 360; Apelt, T.M. (1984), S. 121/122; Boros, E.J. (1995), S. 276/277; Birds, J./ Boyle, A.J./ u.a. (1995), S. 566.

125 Vgl. Re Chez Nico [1992] BCLC 192; Triebel, V./ Hodgson, S./ u.a. (1995), S. 289.

126 Vgl. Re Bugle Press Ltd. [1961] Ch 270; Baxt, R. (1970), S. 92/93; Schmitthoff, C.M. (1976), S. 14/15; Kübler, F./ Schmidt, R.H. (1988), S. 40; Halsbury's (1996), §1204.

127 Vgl. Abschnitt 2.1.

128 Vgl. Abschnitt 2.2.3.

129 Vgl. Abschnitt 2.2.2.2.

Aktionäre, ein Angebot kann jedoch nur dann vollzogen werden, wenn der Bieter nach Ablauf der Angebotsfrist über mehr als 50% der Aktien verfügt. Darüber hinaus bleibt den Aktionären nach Erreichen der 50%-Schwelle noch eine 2-Wochen-Frist, um das Angebot anzunehmen, so dass im Falle des Vollangebots eine "Abstimmung mit den Füßen" möglich ist. Es bleibt jedoch zu berücksichtigen, dass bei Kalkulation der 50%-Schwelle die bisherigen Anteile des Bieters mit eingerechnet werden, so dass das Angebot erfolgreich sein könnte, obwohl sich die Mehrheit der außenstehenden Aktionäre gegen eine Übernahme ausspricht. Damit könnte das Angebot eigentlich unangemessen sein, aber aufgrund des schon bestehenden Einflusses des Bieters trotzdem durchgeführt werden,[130] wie etwa nachfolgendes Beispiel zeigt: Man gehe aus von einem Bieter, der im Vorfeld eines öffentlichen Übernahmeangebots 25% an Paketkäufen erworben hat, wobei der letzte Kauf schon mehr als zwölf Monate zurückliegt und damit eventuelle Preisuntergrenzen unbeachtet bleiben können. Im Abfindungsangebot wird ein Abfindungspreis von A = £20 pro Anteil ausgegeben. Für 60% der 75% außenstehenden Aktionäre liegt der Wert bei Unabhängigkeit jedoch bei $V_{V,1}$ = £25 pro Anteil, während er bei den restlichen 40% bei $V_{V,2}$ = £19 beträgt. Nehmen nun die zuletzt genannten 40% das Angebot an, verfügt der Bieter über 55% der Aktien, wodurch die Mindestbedingung für die Durchführbarkeit eines Übernahmeangebots erfüllt ist. Damit sind die übrigen Anteilseigner ebenfalls zur Annahme gezwungen, falls als Minderheitenwert bei Abhängigkeit aufgrund unzureichenden Schutzes im Rahmen eines Beherrschungsverhältnisses nur ein Wert unterhalb von £20 erwartet werden kann, obwohl der eigentliche Wert ihrer Aktien bei Unabhängigkeit höher ist.

Die Vorschriften der Secs 429ff. CA wirken sich auf die Position der Minderheitsaktionäre in der Weise aus, dass sich ein Minderheitsaktionär nicht gegen eine Übernahme und einen Ausstieg aus einem Unternehmen wehren kann, wenn der Bieter eine überdurchschnittlich hohe Annahmequote erhält. Gleichzeitig ist er jedoch in der Weise abgesichert, dass er mindestens zu den Bedingungen abgefunden werden muss, wie sie von der Mehrheit der außenstehenden Aktionäre bereits akzeptiert worden sind. Umgekehrt bietet sich jedoch auch dem Minderheitsaktionär die Chance, aktiv einen Ausstieg zu festgelegten Konditionen bewirken zu können, um nicht in einem beherrschten Unternehmen "eingefroren" zu sein. Einschränkend wirken diese Vorschriften jedoch sowohl aus Sicht des Bieters als auch des Minderheitsaktionärs durch die Vorgabe, dass die Secs 429 ff. CA nur im Anschluss an ein Übernahmeangebot gelten. Hat z.B. ein Kontrollaktionär in einem ersten Schritt 80% der Aktien über ein Vollangebot erworben, lösen weitere Aufkäufe kein Pflichtangebot mehr aus. Damit kann er durch private Markttransaktionen weitere 10% erwerben, ohne dass die verbleibenden Minderheitsaktionäre ein Recht auf Abfindung gemäß Sec 430A CA haben. Umgekehrt bedeutet dies, dass der Kontrollaktionär weit über 90% des

---

130 Vgl. Lüttmann, R. (1992a), S. 79.

Aktienkapitals halten kann, ohne dass er die Möglichkeit zur Zwangsabfindung der verbleibenden Aktionäre hat.

Zusammenfassend lässt sich für die Position der Minderheitsaktionäre feststellen, dass der Schutz der Minderheitsaktionäre bei einem Kontrollwechsel aufgrund der umfangreichen Abfindungsregelungen weitreichend ist, wobei selbst die strengen Vorschriften des City Code Zwangswirkungen bei Vollangeboten nicht gänzlich vermeiden können.

2.4. Abwehrstrategien des Managements

Grundsätzlich gilt, dass Abwehrmaßnahmen während einer Übernahme gemäß City Code, General Principle Nr.7 nur zulässig sind, wenn dadurch kein vertrauenswürdiges Angebot verhindert wird und wenn die Zustimmung einer Mehrheit der Aktionäre vorliegt.[131] Dieses Grundprinzip ist in Rule 21 des City Code konkretisiert worden, indem für eine Reihe von Transaktionen, wie etwa dem Abschluss von Verträgen oder dem Verkauf von wesentlichen Vermögensgegenständen[132], die Einholung der Zustimmung der Aktionäre explizit vorgeschrieben wird.[133] Die Beschränkung des Handlungsspielraums des Managements gilt, sobald das Management Anlass zur Vermutung einer akuten Übernahmebedrohung hat.[134] Zusätzlich wird gemäß City Code, General Principle Nr.9, vorgeschrieben, dass sich die Direktoren auf ihre Pflichten als Direktoren der Zielgesellschaft zu konzentrieren haben und andere Interessen unberücksichtigt lassen müssen.[135] Dazu gehört beispielsweise auch, dass im Falle von mehreren konkurrierenden Angeboten das Management der Zielgesellschaft alles daran setzen sollte, für die Minderheitsaktionäre ungeachtet anderer Interessen den bestmöglichen Preis zu erzielen.[136] In diesen Vorgaben, aufgrund derer nahezu alle in den USA angewendeten Abwehrmaßnahmen unzulässig bzw. nur unter Schwierigkeiten durchsetzbar sind, spiegelt sich das Ziel wider, aufgrund starker Interessenkonflikte zwischen Management und Aktionären die Entscheidung über ein Übernahmeangebot ausschließlich den Aktionären zu überlassen.[137]

---

131 Vgl. Frazer, P. (1988), S. 443; Davies, P.L. (1997), S. 783; Farrar, J.H./ Hannigan, B. (1998), S. 598.

132 Unter "wesentlich" fallen alle Vermögensgegenstände, bei denen die Summe der zu veräußernden Werte mehr als 10% des Gesamtwertes der Zielgesellschaft umfassen. Vgl. City Code, Notes on Rule 21.

133 Vgl. DeMott, D. (1988), S. 409; Wymeersch, E. (1993), S. 31.

134 Vgl. Assmann, H.-D./ Bozenhardt, F. (1990), S. 25.

135 Vgl. Dawson International plc v. Coats Patons plc, [1989] BCLC 233; affirmed [1990] BCLC 560; John Crowther Group plc v. Carpets International , [1990] BCLC 460; Farrar, J.H./ Hannigan, B. (1998), S. 380.

136 Vgl. Heron International Ltd v. Lord Grade, [1983] BCLC 244; Davies, P.L. (1997), S. 786; Farrar, J.H./ Hannigan, B. (1998), S. 596.

137 Vgl. Davies, P.L. (1976), S. 59; Weinberg, M.A./ Blank, M.V. (1979), Rdnr. 2401.

2.4.1. Abwehrstrategien vor einer Übernahme

Trotz des eingeschränkten Handlungsspielraums stehen dem Management eine Reihe von im Vorfeld einer Übernahme zu ergreifenden Abwehrmaßnahmen zur Verfügung, wobei für die Mehrzahl dieser Maßnahmen ebenfalls die Genehmigung der Aktionärsmehrheit einzuholen ist und damit die Entscheidung über die Förderung von feindlichen Übernahmeangeboten wiederum bei den Aktionären liegt.[138]

In diesem Zusammenhang sind zunächst die Eingriffe in die Kapitalstruktur zu nennen, wie etwa die Einschränkung der Übertragbarkeit von Aktien durch entsprechende Satzungsbestimmungen, die Ausgabe neuer Aktien sowie die Platzierung bei befreundeten Parteien oder auch der Aufbau wechselseitiger Beteiligungen.[139] Bei letzteren ist jedoch zu beachten, dass gemäß Sec 23 CA wechselseitige Beteiligungen zwischen Unternehmen nicht zulässig sind, wenn das eine Unternehmen vom anderen Unternehmen beherrscht wird.[140] Die Ausgabe von "Poison Pills" ist zwar prinzipiell auch in England möglich,[141] jedoch ist auch hier die Zustimmung der Aktionäre notwendig, welche in der Vergangenheit nur selten gegeben wurde.[142]

Maßnahmen wie der Erwerb eigener Aktien zur Kurspflege und zur Absicherung gegen feindliche Übernahmen sind abgesehen von wenigen Ausnahmen gemäß Sec 143(1) CA unzulässig.[143] Strategien zur Beschränkung der Befugnisse des "Shareholder's Meeting" - wie etwa die Staffelung der Amtszeiten von Direktoren bzw. die Änderung von Mehrheitserfordernissen bei Grundsatzentscheidungen - sind dagegen theoretisch zwar zulässig, in der Praxis jedoch unüblich.[144]

Eine weitere Möglichkeit besteht in sogenannten "Defense Mergers", bei denen sich ein bedrohtes Unternehmen mit einem freundschaftlich verbundenen Unternehmen zusammenschließt, um sowohl aus wettbewerbspolitischer als auch aus finanzieller Sicht Hürden für potentielle Bieter aufzubauen.[145] Auch bei dieser Strategie ist jedoch einschränkend festzustellen, dass ohne die Einwilligung der Aktionäre die Verschmelzung nicht durchgeführt werden kann, so dass das Management die Mehrheit der Anteilseigner von der Vorteilhaftigkeit dieser Strategie überzeugen muss.

Häufige Anwendung finden die sogenannten "Golden Parachutes", bei denen das Management durch langfristige Dienstverträge vor der Bedrohung einer feindlichen Übernahme geschützt und feindliche Bieter aufgrund der verteuernden Wirkung

---

138 Vgl. Holl, P./ Kyriazis, D. (1997), S. 1042.
139 Vgl. Weinberg, M.A./ Blank, M.V. (1979), Rdnr.2411-2421; Lüttmann, R. (1992a), S. 60.
140 Vgl. Weinberg, M.A./ Blank, M.V. (1979), Rdnr. 2417; Prentice, D.D. (1992), S. 156/157.
141 Vgl. Kapitel III, Abschnitt 3.4.2.1.
142 Vgl. Paul, A. (1993), S. 140.
143 Vgl. Lüttmann, R. (1992a), S. 61; Knoll, H.-C. (1992), S. 225-227.
144 Vgl. Knoll, H.-C. (1992), S. 227/228.
145 Vgl. Weinberg, M.A./ Blank, M.V. (1979), Rdnr. 2422.

abgeschreckt werden sollen,[146] wobei wiederum gemäß den Secs 212, 213 CA die Zustimmung des "Shareholder's Meeting" einzuholen ist.

2.4.2. Abwehrstrategien während einer Übernahme

Prinzipiell ist die Menge der zulässigen Abwehrmaßnahmen während einer Übernahme ohne Genehmigung der Aktionäre auf folgende Kategorien begrenzt: Aktive Restrukturierung des Unternehmens, argumentative Überzeugung von Aktionären und "Panel", wenn ein Angebot nicht fair ist bzw. gegen die jeweiligen Grundsätze verstößt, sowie Initiieren von Auktionen.[147]

Mit Hilfe einer aktiven Restrukturierung soll den Aktionären verdeutlicht werden, dass das Management imstande ist, die Geschicke des Unternehmens zu leiten und gegebenenfalls notwendige Veränderungen einzuleiten. Dazu kann im Extremfall auch ein Management Buy-out gehören.[148]

Zusätzlich wird häufig der Versuch unternommen, durch aktive Verbreitung von Informationen über die finanzielle Situation des Unternehmens Aktionäre von der Vorteilhaftigkeit der Strategien des bisherigen Managements zu überzeugen.[149] Dazu gehören z.B. die Neubewertung der Vermögensgegenstände, die Prognose der zukünftigen Gewinne und das Anheben der Dividende.[150] In England ist deshalb auch die Nutzung der Medien sehr beliebt, um den eigenen Standpunkt darzustellen und eine negative Stimmung der Öffentlichkeit gegenüber einer Übernahme zu erzeugen,[151] wobei dieses in der Vergangenheit geradezu zu "Schlammschlachten" zwischen Bietern und Zielgesellschaften geführt hat.[152] Aus diesem Grund ist durch den City Code bis auf wenige Ausnahmen jegliche Art von Werbung über Printmedien, TV bzw. Radio im Rahmen eines Übernahmeangebotes verboten worden.[153] Gleichzeitig müssen bei der Veröffentlichung von Informationen strenge Sorgfaltspflichten erfüllt werden.[154]

Darüber hinaus kann sich das Management der Unterstützung von freundlich gesinnten Aktionären versichern bzw. durch das Initiieren einer Auktion einen sogenannte "White Knight" hervorbringen. Vor allem letzteres ist erlaubt, solange alle Bieter die gleichen Informationen erhalten und am Ende das Übernahmeangebot mit dem höchsten Angebotspreis erfolgreich ist.[155]

---

146 Vgl. Weinberg, M.A./ Blank, M.V. (1979), Rdnr. 2446-2451; Lüttmann, R. (1992a), S. 62; Prentice, D.D. (1992), S. 156/157.

147 Vgl. Prentice, D.D. (1992), S. 156/157; Davies, P.L. (1997), S. 784.

148 Vgl. Paul, A. (1993), S. 142; Holl, P./ Kyriazis, D. (1997), S. 1044.

149 Vgl. Paul, A. (1993), S. 142; Holl, P./ Kyriazis, D. (1997), S. 1044.

150 Vgl. Weinberg, M.A./ Blank, M.V. (1979), Rdnr. 2463-2470.

151 Vgl. Hall, P./ Kyriazis, D. (1997), S. 1044.

152 Vgl. DeMott, D. (1988), S. 409.

153 Vgl. City Code, Rules 19.4-19.6; Morse, G.K. (1987), S. 1199.

154 Vgl. Abschnitt 2.2.2.1.

155 Vgl. DeMott, D.A. (1983), S. 965.

Zum Schluss bleibt dem Management in jedem Fall der Weg, mit Hilfe von Rechtsklagen eine feindliche Übernahme abzuwehren, wobei diese Maßnahme verhältnismäßig selten angewendet wird.[156]

Die in den vergangenen zwei Abschnitten genannten Maßnahmen bewirken nur in den seltensten Fällen tatsächlich die Abwehr einer feindlichen Übernahme und stellen deshalb für die Aktionäre abgesehen von Kosten aufgrund von Rechtsstreitigkeiten, die zu Lasten des Zielunternehmens gehen können, keine Belastungen dar. Vielmehr führen sie zu einer vorteilhaften Erhöhung der Übernahmeabfindungen, weil die Aktionäre zum einen besser informiert werden und zum anderen durch eine Auktion die Chance auf höhere Übernahmeabfindungen erhalten. Aus diesem Grund ist es nicht verwunderlich, dass gemäß Holl/Kyriazis die Anwendung von Abwehrmaßnahmen – mit Ausnahme der Nutzung des Rechtswegs – zu ausschließlich positiven Effekten für die Aktionäre geführt hat.[157]

3. STELLUNG DER MINDERHEITSAKTIONÄRE IN EINEM BEHERRSCHTEN UNTERNEHMEN

Trotz Vollangebot und Zwangserwerb kann es zu der Situation kommen, dass ein Aktionär über eine Kontrollbeteiligung, nicht aber über 100% der außenstehenden Aktien verfügt, so dass sich die verbleibenden außenstehenden Aktionäre als Minderheitsaktionäre in einem beherrschten Unternehmen wiederfinden. Dieses kann immer dann der Fall sein, wenn vom "Panel" ein Teilangebot genehmigt worden ist oder wenn ein Teil der Aktionäre, welcher mehr als 10% der außenstehenden Aktien umfasst,[158] die Bedingungen des Übernahmeangebots nicht akzeptiert hat. In diesen Fällen kann der Kontrollaktionär die Kontrolle über das Unternehmen für den Abschluss einer Verschmelzung, für die Überwachung des "Board of Directors" hinsichtlich der Ausrichtung auf eine den "Shareholder Value" maximierende Politik oder für die Verfolgung eigener Ziele nutzen.

3.1. Definition des Konzernbegriffs und seine Bedeutung im englischen Recht

Für verbundene Unternehmen sind grundsätzlich zwei unterschiedliche Konstellationen denkbar: Entweder werden sie als "Group of Companies", welches das englische Synonym für den Begriff "Konzern" darstellt, oder als "Interconnected Companies" bezeichnet.[159] Letzteres liegt vor, sobald ein Unternehmen an einem anderen Unternehmen mehr als 10% einer Aktienklasse besitzt, und beinhaltet außer besonderen Auskunftspflichten keine weiteren Restriktionen.[160] Gemäß Sec 736(1) CA[161] bilden zwei Unternehmen einen

---

156 Vgl. Paul, A. (1993), S. 139/140.

157 Vgl. Holl, P./ Kyriazis, D. (1997), S. 1063.

158 Vgl. Abschnitt 2.2.4.

159 Vgl. Schmitthoff, C.M. (1972), S. 25.

160 Vgl. Davies, P.L. (1997), S. 161.

161 Die im Zusammenhang mit der Definition von "Parent" und "Subsidiary" häufig genannte Section 258 des Companies Act von 1989 ähnelt in den meisten Punkten der Definition

Konzern ("Group of Companies"), wenn das herrschende Unternehmen ("Holding Company"):[162]

¶ Gesellschafter der Zielgesellschaft ("Subsidiary Company") ist und die Zusammensetzung des "Board" kontrolliert,[163]

¶ über 50% des sogenannten "Equity Share Capital"[164] der Zielgesellschaft hält oder

¶ als Aktionär durch eine Vereinbarung mit anderen Aktionären über die Mehrheit der Stimmrechte verfügen kann.

Eine einheitliche Leitung bzw. der Nachweis einer tatsächlichen Einwirkung auf die Unternehmensleitung ist in diesem Zusammenhang nicht notwendig.[165]

Ein einheitliches Konzernrecht zur Regulierung der "Group of Companies" existiert in England nicht,[166] da das Gesetz nicht zwischen Fragen der Einzelgesellschaft[167] und konzernrechtlichen Problemen unterscheidet.[168] Spezielle Regelungen zum Konzern existieren nur in Hinblick auf die Zulässigkeit von gegenseitigen Beteiligungen zwischen Tochter- und Mutterunternehmen, auf die Erstellung von konsolidierten Bilanzen und GuVs sowie auf allgemeine Veröffentlichungspflichten.[169] Die Stellung der außenstehenden Aktionäre wird deshalb ausschließlich durch die allgemein gültigen Regelungen des Companies Act, d.h. durch die Publizitäts- und Verhaltenspflichten der Verwaltung sowie durch die zur Verfügung stehenden Klagerechte bestimmt, welche in den folgenden Abschnitten beschrieben werden.[170] Die fehlenden Regelungen zum Schutz der Aktionäre in einer beherrschten Gesellschaft führen dazu, dass zumindest aus rechtlicher Sicht jede Tochtergesellschaft als selbständige Einheit zu betrachten ist und deshalb für den Vorstand der beherrschten Gesellschaft das Interesse der eigenen Gesellschaft

---

gemäß Sec 736 CA, sie bezieht sich jedoch vor allem auf die Situationen, wenn nicht beide beteiligten Parteien Kapitalgesellschaften darstellen. Vgl. Davies, P.L. (1997), S. 163.

162 Vgl. Gullick, J.M. (1987), S. 19; Triebel, V./ Hodgson, S./ u.a. (1995), S. 283/284; Pennington, R.R. (1995), S. 971; Birds, J./ Boyle, A.J./ u.a. (1995), S. 23/24; Davies, P.L. (1997), S. 162/163.

163 Hierzu reicht der Besitz einer einzigen Aktie aus.

164 Unter "Equity Share Capital" fallen alle Aktienklassen ausgenommen stimmrechtslose Vorzugsaktien. Vgl. Schmitthoff, C.M. (1972), S. 25; Apelt, T.M. (1984), S. 32.

165 Vgl. Knoll, H.-C. (1992), S. 293.

166 Erste Regelungen zu Konzernierung wurde in den Companies Act von 1929 mitaufgenommen. Vgl. Kellermann, N. (1984), S. 10.

167 Gleichzeitig wird hierbei nicht zwischen Fragen der "Public Company" und der "Private Company" unterschieden.

168 Vgl. Kellermann, N. (1984), S. 37; Kübler, F./ Schmidt, R.H. (1988); Xuereb, P.B. (1989), S. 6/7; Hadden, T. (1990), S. 335; Pennington, R.R. (1995), S. 992/993.

169 Vgl. Schmitthoff, C.M. (1972), S. 26; Hadden, T. (1977), S. 390-393; Donaldson, D.T. (1979), S. 64; Apelt, T.M. (1984), 175-182, Kellermann, N. (1984), S. 12; Tunc, A. (1991), S. 2; Pennington, R.R. (1995), S. 978-992; Davies, P.L. (1997), S. 159-164.

170 Vgl. Glatzel, H.-G. (1970), S. 221; Donaldson, D.T. (1979), S. 64; Hadden, T. (1990), S. 329; Tunc, A. (1991), S. 3.

immer über dem Konzerninteresse zu stehen hat, soweit außenstehende Aktionäre bzw. Gläubiger gegeben sind.[171]

Aufgrund obiger Konzerndefinition sind vor allem faktische Konzerne beliebt, die durch den Aufbau einer Kontrollbeteiligung mittels privaten Anteilskäufen und/oder "Takeover Bids" entstanden sind.[172] Die Folgen dieser Konzernierungspraxis sind äußerst komplexe Konzernorganisationen, bei denen es häufig zu nicht mehr nachvollziehbaren Mitteltransaktionen kommt.[173]

3.2. Einflussmöglichkeiten nach Erlangung der Kontrolle

Das "Board of Directors" ist bei der Ausübung der normalen Geschäftstätigkeit gänzlich unabhängig, solange die Direktoren in den ihnen durch die Satzung vorgegebenen Grenzen bleiben ("Intra-Vires-Prinzip").[174] Jedoch bedürfen im Falle von "Public Companies" bedeutende Transaktionen der Zustimmung einer einfachen Mehrheit des "General Meeting", so dass alle wichtigen Entscheidungen von einem Kontrollaktionär mit mehr als 50% der Stimmen beeinflusst werden können. Darüber hinaus können die Entscheidungen des "Board of Directors" vom Kontrollaktionär derartig beeinflusst werden, dass gemäß Sec 303 CA vom Kontrollaktionär unabhängige Direktoren mit einfacher Mehrheit ohne Angabe von Gründen abberufen und durch mit dem herrschenden Unternehmen verbundenen Direktoren ausgetauscht werden können. Denn sogenannte "Interlocking Directors" sind zwar auch in England kritisiert, aber trotzdem nicht verboten worden.[175] Zudem wird die Kompetenzverteilung zwischen dem "Board of Directors" und dem "General Meeting" größtenteils durch Bestimmungen der "Articles" und des "Memorandum" festgelegt, welche durch eine "Special Resolution", die von einer qualifizierten Mehrheit im "General Meeting" bestätigt werden muss, geändert werden können.[176] Zugleich besteht die Möglichkeit, wiederum durch eine "Special Resolution" die Satzungsbestimmungen in der Weise zu verändern, dass etwa ein Ausscheiden der Minderheitsaktionäre bei Vorliegen wichtiger Gründe erzwungen werden kann.[177] Daraus folgt, dass ein Kontrollaktionär, welcher über mehr als 75% der Stimmen verfügt, die absolute Kontrolle über ein Unternehmen ausüben kann, wobei die Befugnisse schon bei einer einfachen Mehrheit weitgehend unbeschränkt sind.[178]

---

[171] Vgl. Schmitthoff, C.M. (1972), S. 26; Hadden, T. (1977), S. 393-397; Kellermann, N. (1984), S. 38; Gullick, J.M. (1987), S. 7; Pennington R.R. (1995), S. 992/993; Triebel, V./ Hodgson, S./ u.a. (1995), S. 284.

[172] Vgl. Glatzel, H.-G. (1970), S. 221; Kellermann, N. (1984), S. 34, 38; Knoll, H.-C. (1992), S. 293.

[173] Vgl. Hadden, T. (1990), S. 330.

[174] Vgl. Davies, P.L. (1987), S. 938; Pennington, R.R. (1995), S. 779.

[175] Vgl. Keenan, D. (1987), S. 189; Davies, P.L. (1997), S. 181; Farrar, J.H./ Harrington, B. (1998), S. 576/577; Kapitel III, Abschnitt 4.1.

[176] Vgl. Triebel, V./ Hodgson, S./ u.a. (1995), S. 236.

[177] Vgl. Kübler, F./ Schmidt, R.H. (1988), S. 40/41.

[178] Vgl. Keenan, D. (1987), S. 185/186.

Durch diese weitreichenden Weisungsmöglichkeiten reduzieren sich zwar die Agency-Costs zwischen Management und Aktionären, es entstehen jedoch Probleme, wie sie schon im Rahmen der Ausführungen zu Deutschland und USA genannt worden sind:[179] Sobald der Kontrollaktionär eigene bzw. auf das Konzerninteresse ausgerichtete Ziele verfolgt, kann er die Befugnisse nutzen, um Vermögensverlagerungen zu seinen Gunsten vorzunehmen, günstige Dienstleistungsverträge mit dem beherrschten Unternehmen abzuschließen und durch eine restriktive Dividendenpolitik die außenstehenden Aktionäre "auszuhungern". Darüber hinaus kann der Kontrollaktionär die Informationspolitik des Unternehmens bestimmen, die persönlichen Rechte der Minderheitsaktionäre bis zu einem gewissen Grad verletzen und nachteilige Satzungsänderungen vornehmen.

3.3. Beschränkung der Einflussmöglichkeiten

3.3.1. Pflichten des "Board of Directors"

Im englischen Recht sind "Director's Duties" vorgeschrieben, die auch von einem "Board of Directors", welches durch einen Mehrheitsaktionär kontrolliert wird, befolgt werden müssen. Die "Director's Duties" sind analog zum amerikanischen Prinzip grundsätzlich in Treuepflichten ("Fiduciary Duties") und Sorgfaltspflichten ("Duties of Skill and Care") zu unterteilen.[180]

Prinzipiell ist festzustellen, dass die Treuepflichten ("Fiduciary Duties") für die Direktoren individuell gelten, nur gegenüber dem Unternehmen und nicht gegenüber den Aktionären anzuwenden sind und auch dann noch einklagbar sind, wenn der zuständige Direktor nicht mehr Direktor ist.[181] Zur Beschreibung der Treuepflichten haben sich folgende Grundregeln gebildet:[182]

1) Direktoren verpflichten sich, in der Weise zu agieren, dass sie nur Maßnahmen unternehmen, von denen sie glauben, dass sie im besten Interesse der Gesellschaft und damit der Aktionäre liegen.

2) Direktoren dürfen ihre Macht nicht für andere als die ihnen aufgetragenen Zwecke nutzen.

3) Direktoren dürfen sich nicht in eine Position versetzen, in der ihre eigenen Interessen im Konflikt zu ihren Pflichten gegenüber dem Unternehmen stehen.

---

179 Vgl. Hadden, T. (1977), S. 396; Apelt, T.M. (1984), S. 191/192; Kellermann, N. (1984), S. 46; Tunc, A. (1991), S. 4/5; Boros, E.J. (1995), S. 8; Hart, O. (1995), S. 683; Kapitel II, Abschnitt 4.3.2; Kapitel III, Abschnitt 4.1.

180 Vgl. Mayson, S.W./ French, D./ Ryan, C.L. (1987), S. 363; Birds, J./ Boyle, A.J./ u.a. (1995), S. 449; Davies, P.L. (1997), S. 599.

181 Vgl. Birds, J./ Boyle, A.J./ u.a. (1995), S. 450; Pennington, R.R. (1995), S. 778; Davies, P.L. (1997), S. 600.

182 Vgl. ausführliche Darstellungen bei Birds, J./ Boyle, A.J./ u.a. (1995), S. 450-482; Davies, P.L. (1997), S. 599-640; Farrar, J.H./ Hannigan, B. (1998), S. 378-391.

Zu Punkt 1) lässt sich festhalten, dass es nicht darum geht, ob die Direktoren im Interesse der Gesellschaft gehandelt haben, sondern nur darum, ob der Glaube, dass die Aktion im Interesse der Gesellschaft war, bei den handelnden Direktoren gegeben war.[183] Aus diesem Grund wird nur in Extremfällen eine Pflichtverletzung festgestellt, da nur dann nachgewiesen werden kann, dass der Gedankenprozess der Direktoren hinsichtlich der Entscheidungsfindung falsch gewesen sein muss.[184]

Im Falle von 2) ist die Frage zu klären, wann Direktoren andere Interessen verfolgen als diejenigen, für die sie beauftragt worden sind. Generell basiert diese Vorgabe auf der "Ultra Vires Doctrine", gemäß welcher die Direktoren nur in dem durch die Satzung vorgegebenem Rahmen agieren dürfen.[185] Diese Problematik ist in der Vergangenheit vor allem in Zusammenhang mit dem Recht der Direktoren zur Ausgabe neuer Aktien behandelt worden. Danach wird das Verfolgen anderer Interessen immer dann unterstellt, wenn kein anderer Zweck als die Zerstörung einer Stimmenmehrheit etwa zur Abwehr einer feindlichen Übernahme ersichtlich ist.[186] Dieses gilt auch dann, wenn die Direktoren keinen offensichtlichen Vorteil aus dieser Entscheidung ziehen.[187]

Die unter 3) angesprochenen Interessenkonflikte können vor allem bei drei Konstellationen auftreten: Interessenkonflikte liegen z.B. bei Transaktionen des Direktors mit dem Unternehmen vor, so dass diese, unabhängig davon, ob alle relevanten Informationen offengelegt wurden und ob die Bedingungen vollkommen fair sind, prinzipiell verboten sind.[188] Dieses Grundprinzip kann nur durchbrochen werden, wenn die Satzungen der Unternehmen explizit solche Transaktionen genehmigen bzw. die jeweilige Transaktion von der Aktionärsversammlung gebilligt wird.[189] Daneben ist die Verwendung von Eigentum, Gelegenheiten oder Informationen des Unternehmens durch Direktoren ebenfalls unzulässig, wobei auch hier in sehr eingeschränktem Maße eine Auflockerung durch entsprechende Satzungsbestimmungen möglich ist.[190] Als dritte Konstellation ist eine Situation denkbar, bei der ein Direktor von Unternehmen A mit einem Unternehmen B verbunden ist, welches in Konkurrenz zum Unternehmen A agiert. Hiergegen besteht kein generelles Verbot, soweit nicht der Arbeitsvertrag des Direktors anderslautende Wettbewerbsklauseln enthält.[191]

---

[183] Vgl. Triebel, V./ Hodgson, S. (1995), S. 272.

[184] Vgl. Davies, P.L. (1987), S. 937; ders. (1997), S. 605.

[185] Vgl. Davies, P.L. (1987), S. 938; Pennigton, R.R. (1995), S. 779.

[186] Vgl. Hogg v. Cramphorn [1967] 1 Ch. 254; Howard Smith Ltd v. Ampol Petroleum Ltd [1974] A.C. 821; Davies, P.L. (1987), S. 940/941; Miller, G. (1998), S. 58/59.

[187] Vgl. Birds, J./ Boyle, A.J./ u.a. (1995), S. 456.

[188] Vgl. Guiness plc v. Saunders [1990] 1 All ER. 652; Farrar, J.H./ Hannigan, B. (1998), S. 396.

[189] Vgl. Davies, P.L. (1987), S. 944; ders. (1997), S. 611; Farrar, J.H./ Hannigan, B. (1998), S. 397.

[190] Vgl. hierzu eine Übersicht der wichtigsten Urteile bei Davies, P.L. (1987), S. 955-959; Pennington, R.R. (1995), S. 782-789.

[191] Vgl. Birds, J./ Boyle, A.J./ u.a. (1995), S. 482.

Die Definition der Sorgfaltspflichten ("Duties of Care and Skill") von Direktoren basiert vornehmlich auf Urteilen aus der Zeit um die Jahrhundertwende, so dass der Umfang der Pflichten relativ gering ist, da es zu dieser Zeit nur wenig professionelle Direktoren gab.[192] Die klassische Definition findet sich in folgenden Grundaussagen aus dem Urteil Re City Equitable Fire Insurance Co., Ltd:[193] Zunächst gilt, dass ein Direktor kein größeres Ausmaß an Können und Geschick aufweisen muss als man von einer Person mit einer vergleichbaren Ausbildung und Erfahrung erwarten kann. Dazu gehört auch, dass ein Direktor, welcher bei der Durchführung von Maßnahmen ein gewisses Maß an Sorgfalt und Genauigkeit beachtet hat, nicht für Fehleinschätzungen belangt werden kann. Zugleich kann nicht von einem Direktor eine ständige Kontrolle des Unternehmens erwartet werden, so dass als Nachweis für einen ausreichenden Arbeitseinsatz eine regelmäßige Teilnahme an den Boardmeetings ausreicht. Darüber hinaus können sich Direktoren ihrer Verantwortung entziehen, wenn sie die Geschäfte in die Hände von vertrauenswürdigen Vertretern gelegt haben. Letzteres ist in neueren Urteilen relativiert worden, da sich ein "Non-Executive-Director" nicht aus seiner Verantwortung ziehen kann, wenn er offensichtliche Schädigungen des "Managing Director" zulässt.[194]

Bei Verletzung ihrer Pflichten, z.B. durch Genehmigung von Vermögenstransfers, können Schadenersatzforderungen der Gesellschaft, die Wiederherstellung des ursprünglichen Zustands, die Abgabe der aus der verbotenen Transaktion gewonnenen Gewinne geltend gemacht sowie eine unverzügliche Kündigung ausgesprochen werden.[195]

3.3.2. Klagerechte der Minderheitsaktionäre

3.3.2.1. Mehrheitsregel gemäß dem Foss v. Harbottle Urteil

Es stellt sich zunächst die Frage, wer Schädigungen der Gesellschaft einklagen darf. In erster Linie würden dafür zunächst die Organe der Gesellschaft, d.h. das "Board of Directors", in Frage kommen. Es erweist sich jedoch als problematisch, wenn ein Boardmitglied oder der Kontrollaktionär, welcher wiederum einen beherrschenden Einfluss auf das "Board of Directors" ausüben kann, zu den Beschuldigten gehört, wodurch eine ordnungsgemäße Durchsetzung der Ansprüche zweifelhaft wäre.[196] Prinzipiell wäre die einfachste Regel, dass im Falle einer Unabhängigkeit des "Board" dieses für die Durchsetzung einer Klage verantwortlich ist, während bei Abhängigkeit des "Board" dem individuellen Aktionär

---

[192] Vgl. Birds, J./ Boyle, A.J./ u.a. (1995), S. 483; Farrar, J.H./ Hannigan, B. (1998), S. 391.

[193] Vgl. In re City Equitable Fire Insurance Co., Ltd [1925] 1 Ch. 407; Davies, P.L. (1987), S. 925-932; Mayson, S.W./ French, D./ Ryan, C.L. (1987), S. 364.

[194] Vgl. Dorchester Finance Co. Ltd. v. Stebbing [1989] B.C.L.C. 498; Bird, J./ Boyle, A.J./ u.a. (1995), S. 484.

[195] Vgl. Keenan, D. (1987), S. 265-268; Davies, P.L. (1987), S. 960/961; ders. (1997), S. 649-654; Pennington, R.R. (1995), S. 805-809.

[196] Vgl. Davies, P.L. (1997), S. 658/659.

eine Klagebefugnis eingeräumt werden sollte. Basierend auf dem Foss v. Harbottle Urteil[197] gilt jedoch in England das sogenannte Mehrheitsprinzip, nach welchem Ansprüche der Gesellschaft gegenüber Dritten nur durch eine Mehrheit der Anteilseigner, durch die der Willen des Unternehmens repräsentiert würde, einklagbar sind.[198] Begründet wird die Mehrheitsregel, welche den Minderheitenschutz von vornherein einschränkt,[199] mit den Argumenten, dass bei Fehlen einer solchen Regel die Gefahr einer Klageflut besteht und dass alle Klagen, bei denen die Mehrheit eine eigentlich illegale Transaktion durch Beschluss in der Gesellschafterversammlung legalisieren kann, wirkungslos sind.[200] Minderheitsaktionäre sind daher im Normalfall nicht in der Lage, gegen den Willen der Mehrheit Klagen im Namen der Gesellschaft durchzusetzen. Dieses bedeutet, dass bei strikter Anwendung der Mehrheitsregel im englischen Recht keine einklagbaren Treuepflichten des Mehrheitsaktionärs gegenüber den Minderheitsaktionären bestehen und sich auch die mit dem Kontrollaktionär verbundenen Direktoren ihren Treuepflichten entziehen können, sobald sie durch einen Mehrheitsbeschluss im "General Meeting" geschützt werden.[201]

Um vor allem den Missbräuchen von Kontrollaktionären entgegenzuwirken, hat die Rechtsprechung eine Reihe von Ausnahmen entwickelt, bei denen die generelle Geltung des Mehrheitsprinzips zum Schutz der Minderheit aufgehoben ist:[202]

1) Illegale, über die Satzung hinausgehende Transaktionen, welche - wenn überhaupt - nur durch eine einstimmige Entscheidung legitimiert werden könnten,[203]

2) Fälle, in welchen eine Transaktion durch eine einfache Mehrheit gebilligt worden ist, obwohl für ihre Gültigkeit eine qualifizierte Mehrheit notwendig ist,[204]

---

197 Vgl. Foss v. Harbottle (1843) 2 Hare 461.

198 Vgl. Mozley v. Alston (1847) 1 Ph. 790; Edwards v. Halliwell [1950] 2 All ER 1064, 1066; Pavlides v. Jensen [1956] 1 Ch. 565; Barrett v. Duckett [1995] B.C.L.C. 243; Gullick, J.M. (1987), S. 257; Davies, P.L. (1997), S. 659.

199 Vgl. Müller, H.-F. (1997), S. 994.

200 Vgl. Gray v. Lewis (1873) 8 Ch. 1035; MacDougall v. Gardiner (1875) 1 Ch.App. 606; Kellermann, N. (1984), S. 75; Keenan, D. (1987), S. 197/198; Xuereb, P.G. (1989), S. 165/166; Birds, J./ Boyle, A.J./ u.a. (1995), S. 492; Davies, P.L. (1997), S. 659; Farrar, J.H./ Hannigan, B. (1998), S. 431.

201 Vgl. Kübler, F./ Schmidt, R.H. (1988), S. 41; Hollington, R. (1990), S. 9; Farrar, J.H. (1993), S. 385/386; Triebel, V./ Hodgson, S./ u.a. (1995), S. 255; Krause, H. (1996b), S. 76.

202 Vgl. Gullick, J.M. (1987), S. 258; Keenan, D. (1987), S. 198/199; Birds, J./ Boyle, A.J./ u.a. (1995), S. 493/494; Boros, E.J. (1995), S. 185; Pennington, R.R. (1995), S. 871-885; Krause, H. (1996b), S. 77; Davies, P.L. (1997), S. 709; Farrar, J.H./ Hannigan, B. (1998), S. 433/434; Rose, F. (2001), S. 88/89.

203 Vgl. Rolled Steel Products Ltd v. British Steel Corporation [1985] 2 WLR 908; Smith v. Croft [1987] 3 B.C.C. 218; Boros, E.J. (1995), S. 186.

204 Vgl. Edwards v. Halliwell [1950] 2 All ER 1064, 1067; Smith, R.J. (1978), S. 153/154.

3) Fälle, in welchen die kontrollierende Partei die Gesellschaft und vor allem die Minderheitsaktionäre ausbeutet ("Fraud on the Minority"),
4) Fälle, in welchen die persönlichen Rechte eines Aktionärs betroffen sind.[205]

Vor allem die Ausnahme Nr. 3) ist von Relevanz, da danach Schädigungen des Kontrollaktionärs bzw. abhängiger Direktoren trotz Geltung des Mehrheitsprinzips über eine "Derivative Suit" eingeklagt werden dürfen. Eine Schädigung der Gesellschaft liegt dann vor, wenn Eigentum der Gesellschaft verlagert worden ist bzw. ein substantieller Verstoß der Direktoren gegen ihre Treuepflichten vorliegt, welcher nicht durch einen Mehrheitsbeschluss legitimiert werden kann.[206] Zugleich ist eine Schädigung der Gesellschaft durch den einzelnen Minderheitsaktionär jedoch wiederum nur dann einklagbar, wenn der Nachweis vorliegt, dass die Beklagten die Kontrolle[207] über das Unternehmen besitzen und deshalb über das Mehrheitsprinzip die Klagen ablehnen würden.[208] Zur Einreichung einer Klage reicht jedoch der Beweis, dass die Transaktion objektiv gegen das Interesse der Gesellschaft war, nicht aus, da dem Kontrollaktionär bzw. Direktor auch subjektive Beweggründe nachgewiesen werden müssen.[209]

3.3.2.2. Abgrenzung "Personal Action" und "Derivative Action"

Als potentielle Klagerechte sind vergleichbar zu den Bedingungen in den USA die "Personal Action" sowie die "Derivative Action" zu unterscheiden.[210] Bei der "Personal Action" klagt der Aktionär ein persönliches Recht ein, welches ihm z.B. vom Kontrollaktionär vorenthalten wird. Falls dieses Recht nicht nur für ihn, sondern auch für andere Aktionäre gilt, kann er in Form einer sogenannten "Representative Action" Klage gegen die Gesellschaft erheben.[211] Die "Personal

---

[205] Vgl. Hogg v. Cramphorn [1967] 1 Ch. 252.

[206] Vgl. Menier v. Hooper's Telegraph Works (1874) 9 Ch.App. 350; Cook v. Deeks [1916] 1 AC 554; Gullick, J.M. (1987), S. 260/261; Hollington, R. (1990), S. 14; Birds, J./ Boyle, A.J./ u.a. (1995), S 495-497; Boros, E.J. (1995), S. 195/196; Pennington, R.R. (1995), S. 876/877.

[207] Hierunter fallen deshalb nur eindeutige Mehrheitsbeteiligungen; d.h. Fälle, in welchen der Aktionär aufgrund der Besonderheiten einer "Public Company" eine sogenannte De-Facto-Kontrolle ausüben kann, bleiben unberücksichtigt, da ein die "De Facto Kontrolle" bejahendes Urteil in der Revision abgelehnt wurde. Vgl. Prudential Assurance Co. Ltd. v. Newman Industries Ltd. [1980] 2 All ER 841, 869; revised [1982] Ch. 204.

[208] Vgl. Keenan, D. (1987), S. 199/200; Davies, P.L. (1987), S. 985; Xuereb, P.G. (1989), S. 169; Triebel, V./ Hodgson, S. (1995), S. 256; Krause, H. (1996b), S. 78.

[209] Dieses ist nur dann der Fall, wenn die Vermögensverlagerungen zugunsten des Kontrollaktionärs und nicht zugunsten einer dritten Parteil stattgefunden haben. Vgl. Pavlides v. Jensen [1956] 1 Ch. 565; Daniels v. Daniels [1978] 1 Ch. 406; Gullick, J.M. (1987), S. 261; Davies, P.L. (1987), S. 983; Hollington, R. (1990), S. 15; Farrar, J.H./ Hannigan, B. (1998), S. 437.

[210] Vgl. Gullick, J.M. (1987), S. 263.

[211] Vgl. Glatzel, H.-G. (1970), S. 125; Keenan, D. (1987), S. 201; Davies, P.L. (1987), S. 975.

Action" ist immer dann anzuwenden, wenn die Ausübung der Stimmrechte, der Empfang von Dividenden, das Recht auf Einberufung einer außerordentlichen Hauptversammlung oder allgemeine, die individuellen in den "Articles of Association" festgelegten, Minderheitenrechte betroffen sind.[212] Bei der "Derivative Action" agiert der Aktionär dagegen im Namen der Gesellschaft gegenüber einem Dritten, um Rechte der Gesellschaft zu schützen.[213] Prinzipiell sind die beiden Klagerechte nicht überschneidungsfrei, so dass einzelfallspezifisch, etwa bei Verletzungen gegen die "Ultra-Vires-Doctrine", zu entscheiden ist, ob eine "Personal Action" oder eine "Derivative Action" gewählt wird.[214] Diese Entscheidung ist aus Sicht des Minderheitsaktionärs äußerst bedeutend, da zwar bei beiden Klagerechten das Prozesskostenrisiko beim Kläger liegt, jedoch im Falle der "Derivative Action" eventuelle Schadenersatzleistungen an die Gesellschaft und nicht wie im Falle der "Personal Action" an den Aktionär direkt fließen.[215] Damit muss der Kläger bei der "Derivative Suit" die vollen Prozesskosten tragen, obwohl er nur über seine Gesellschaftsanteile an den Ergebnissen der Klage partizipiert. Um dieser Ungerechtigkeit vorzubeugen und Klagen von Minderheitsaktionären zu fördern, besteht die Möglichkeit, der Gesellschaft die Kosten des Verfahrens aufzuerlegen, falls der Kläger in guter und wohl begründeter Absicht gehandelt hat.[216] Die Möglichkeit, "Legal Aid" (Prozeßkostenunterstützung) zu beantragen, besteht dagegen bei einer "Derivative Suit" nicht, da in diesen Fällen die Klage im Namen der Gesellschaft erfolgt, und ein Anspruch auf Unterstützung nur für natürliche Personen besteht.[217] Eine erfolgsabhängige Vergütung in Form von "Contingency Fees" ist in England ebenfalls strikt verboten.[218]

3.3.3. Gesetzliche Schutzmaßnahmen

Da der Minderheitenschutz aufgrund des Mehrheitsprinzips traditionell schwach ausgeprägt ist, erfolgten verstärkt Bemühungen des Gesetzgebers, zusätzlich zu den Ausnahmen der Rechtsprechung zum Mehrheitsprinzip weitere Maßnahmen zum Schutz der Minderheitsaktionäre einzuführen.[219] Während die Möglichkeit der Auflösung einer Gesellschaft (Recht auf Zwangsliquidation) schon seit Mitte des letzten Jahrhunderts besteht, wurde im Companies Act von 1948 mit Sec 210 CA

---

[212] Vgl. Pender v. Lushington [1877] 6 Ch D 70; Wood v. Odessa Watermarks Co [1889] 42 Ch D 636; Kellermann, N. (1984), S. 78; Gullick, J.M. (1987), S. 264. Vgl. weitere Beispiele für Minderheitenrechte bei Keenan, D. (1987), S. 189/190.

[213] Vgl. Birds, J./ Boyle, A.J./ u.a. (1995), S. 501; Pennington, R.R. (1995), S. 868.

[214] Vgl. Glatzel, H.-G. (1970), S. 126; Gullick, J.M. (1987), S. 263; Xuereb, P.G. (1989), S. 167.

[215] Vgl. Davies, P.L. (1987), S. 977; Lüttmann, R. (1992a), S. 67.

[216] Vgl. Wallensteiner v. Moir [1975] 1 All ER 849; Smith v. Croft [1986] 2 All E.R. 551, 565; Sugarman, D. (1975), S. 482-487; Gullick, J.M. (1987), S. 264; Birds, J./ Boyle, A.J./ u.a. (1995), S. 503/504.

[217] Vgl. Davies, P.L. (1987), S. 977.

[218] Vgl. Kellermann, N. (1984), S. 92/93; Miller, G. (1998), S. 62.

[219] Vgl. Müller, H.-F. (1997), S. 994.

eine sogenannte "Oppression Remedy" konzipiert, welche den Minderheitsaktionären einen gewissen Schutz vor Übergriffen der kontrollierenden Mehrheit bieten sollte, ohne sofort die Auflösung der Gesellschaft beschließen zu müssen.[220] Jedoch waren die Vorschriften von Sec 210 CA 1948 derartig restriktiv ausgelegt, dass nur in zwei Fällen ein Erfolg der Minderheitsaktionäre verzeichnet werden konnte.[221] Aus diesem Grund kam es 1980 zur Ablösung der "Oppression Remedy" durch die sogenannte "Unfair Prejudice Remedy", welche seit der Konsolidierung der Companies Acts im Jahre 1985 durch die Secs 459ff. CA geregelt wird und mittlerweile die "Derivative Suit" als wichtigstes Schutzinstrument der Minderheitsaktionäre abgelöst hat.[222]

3.3.3.1. Verfügung einer Zwangsliquidation

Gemäß Sec 122(1)(g) Insolvency Act kann das Gericht ein Unternehmen auf Antrag eines einzelnen Aktionärs zwangsweise auflösen, wenn der Tatbestand der schweren Benachteiligung von Minderheitsaktionären gegeben ist. Dieses ist z.B. dann der Fall, wenn sich der "Managing Director", die Interessen des Kontrollaktionärs vertretend, weigert, "General Meetings" abzuhalten oder Dividenden auszuschütten.[223] Das Antragsrecht steht jedem Aktionär zu, welcher entweder direkt an ihn emittierte Aktien besitzt oder welcher in einem Zeitraum von 18 Monaten vor Antragstellung mindestens 6 Monate lang Aktien der betroffenen Gesellschaft gehalten hat.[224] Gleichzeitig gilt die Regel der "Clean Hands", nach der dieses Recht nicht von Aktionären genutzt werden darf, welche für die Benachteiligung eine Mitverantwortung tragen.[225] Zusätzlich ist mit Sec 125(2) Insolvency Act die Regel eingeführt worden, dass das Gericht nur dann eine Auflösung verfügen soll, wenn sich die Auflösung als die beste Lösung darstellt und kein besseres Schutzinstrument, z.B. das Abfindungsrecht gemäß Sec 459 CA oder ein durch die Satzung bereitgestelltes Recht, zur Verfügung steht.[226] Mit dieser Regelung soll erreicht werden, dass nur im Extremfall die Option der Liquidation gewählt wird. Denn es würden neben den Stakeholdern wie etwa Arbeitnehmern, Lieferanten bzw. Kunden vor allem die Aktionäre bei einer Auflösung verlieren, da der Zerschlagungswert aufgrund der Nichtbeachtung von

---

220 Vgl. zur Gestaltung dieser Regel die Ausführungen von Prentice, D.D. (1972b), S. 124-148; Rajak, H. (1972), S. 156-170.

221 Vgl. Triebel, V./ Hodgson, S./ u.a. (1995), S. 256; Birds, J./ Boyle, A.J./ u.a. (1995), S. 508; Müller, H.-F. (1997), S. 994; Johnston, A.P. (1997), S. 252.

222 Vgl. Davies, P.L. (1987), S. 987; Prentice, D.D. (1988), S. 55; Triebel, V./ Hodgson, S./ u.a. (1995), S. 257; Payne, J. (1998), S. 36.

223 Vgl. Ebrahimi v. Westbourne Galleries Ltd [1972] 2 All ER 492; Keenan, D. (1987), S. 190; Xuereb, P.G. (1990), S. 187; Farrar, J.H./ Hannigan, B. (1998), S. 446.

224 Vgl. Hollington, R. (1990), S. 30.

225 Vgl. Boros, E.J. (1995), S. 175; Farrar, J.H./ Hannigan, B. (1998), S. 442.

226 Vgl. Re a Company [1983] 3 All ER 854; Coulson, Sanderson & Wand Ltd. v. Wand [1983] 3 B.C.C. 99; Keenan, D. (1987), S. 191; Xuereb, P.G. (1989), S. 186; Hollington, R. (1990), S. 29; Triebel, V./ Hodgson, S. (1995), S. 257; Boros, E.J. (1995), S. 176; Farrar, J.H./ Hannigan, B. (1998), S. 442/443.

immateriellen Vermögensgegenständen, wie etwa Goodwill oder Know-how, meistens weit unterhalb des tatsächlichen Wertes liegt.[227] Darüber hinaus kann auch der Fall vorliegen, dass das Tochterunternehmen vom Mutterunternehmen finanziell derartig ausgehöhlt worden ist, dass die Verluste des Minderheitsaktionärs in keinem Fall durch seinen Anteil am Liquidationswert des geschädigten Unternehmens ausgeglichen werden, so dass in diesen Fällen das Recht auf Zwangsliquidation keinen Schutz bieten kann.[228]

3.3.3.2. Abfindungsrecht der Minderheitsaktionäre gemäß Sec 459 CA

Gemäß Sec 459(1) CA kann jeder betroffene Aktionär das jeweils zuständige Gericht um Unterstützung anrufen, wenn die Interessen einer Minderheit unangemessen beeinträchtigt worden sind bzw. durch eine Maßnahme der Gesellschaft beeinträchtigt würden ("Unfair Prejudice").[229] Antragsberechtigt ist gemäß Sec 459(1), (2) CA jeder Anteilseigner sowie die persönlichen Vertreter von Anteilseignern in Konkurs- bzw. Erbfällen. Dabei spielt es keine Rolle, ob die Eigentümereigenschaft schon zum Zeitpunkt der Schädigung gegeben war, solange die Maßnahme für den Anteilseigner zum Zeitpunkt der Klageeinreichung negative Folgen hat.[230] Ausschlaggebend ist, dass für die Zulässigkeit einer Klageerhebung ausschließlich die Wirkung auf die Position der Aktionäre zählt und die Absichten der Beklagten keine Rolle spielen. Es muss also kein Vorsatz oder grobe Fahrlässigkeit nachgewiesen werden, sondern ein objektiver Dritter muss bejahen, dass eine erhebliche Beeinträchtigung der Minderheitenposition in Form von legitimierten Erwartungen stattgefunden hat.[231] Typische Fälle, in denen die Secs 459ff. CA auch für "Public Companies" Anwendung finden, sind z.B. Vermögensverlagerungen vom beherrschten Unternehmen zum herrschenden Unternehmen, schwere Misswirtschaft durch Direktoren, unzureichende Dividendenausschüttungen, Änderung von Gesellschafterverträgen zu Lasten der Kläger, Vorenthalten wichtiger Informationen.[232]

Sobald das angerufene Gericht das Vorliegen von "Unfairly Prejudical" als erwiesen ansieht, kann das Gericht einzelfallspezifisch Maßnahmen zur Unter-

---

[227] Vgl. Keenan, D. (1987), S. 191; Davies, P.L. (1987), S. 987; Lüttmann, R. (1992a), S. 67.

[228] Vgl. Kellermann, N. (1984), S. 100/101.

[229] Vgl. Gullick, J.M. (1987), S. 265; Keenan, D. (1987), S. 191; Davies, P.L. (1987), S. 988; Birds, J./ Boyle, A,.J./ u.a. (1995), S. 507.

[230] Vgl. Prentice, D.D. (1988), S. 62; Müller, H.-F. (1997), S. 997. Frühere Anteilseigner, welche erst nach ihrem Ausscheiden Schädigung feststellen, haben keine Antragsrecht. Vgl. Boros, E.J. (1995), S. 122/123.

[231] Geringfügige Verletzungen des Gesellschaftervertrags werden jedoch nicht geahndet. Vgl. Xuereb, P.G. (1989), S. 183; Halsbury's Laws of England (1996), §1407; Müller, H.-F. (1997), S. 994.

[232] Vgl. Re Ringtower Holdings plc [1989] B.C.L.C. 427; Re a Company [1991] B.C.L.C. 154; Re Elgindata Ltd. [1991] B.C.L.C. 959; Re Saul D. Harrison & Sons plc [1995] 1 B.C.L.C. 14. Vgl. weitere Fallbeispiele bei Hollington, R. (1990), S. 62-73; Müller, H.-F. (1997), S. 995/996; Farrar, J.H./ Hannigan, B. (1998), S. 452/453.

stützung der Kläger anordnen.[233] Die Unterstützung des Gerichts kann in der Weise erfolgen, dass das Gericht

¶ den Rahmen für die zukünftige Unternehmenspolitik festlegt (Sec 461(2)(a) CA),

¶ die Gesellschaft zur Unterlassung bestimmter Maßnahmen auffordert (Sec 461(2)(b) CA),

¶ die Zulässigkeit von Schadenersatzklagen bestätigt (Sec 461(2)(c) CA) oder

¶ eine Abfindungszahlung, d.h. den Erwerb der Aktien der Minderheitsaktionäre zu einem fairen Preis (Sec 461(2)(d) CA), durch die Gesellschaft bzw. den Kontrollaktionär vorschreibt.[234]

Den Gerichten biete sich auch die Möglichkeit der Auflösung der Gesellschaft, wobei diese Maßnahme bisher noch von keinem Gericht eingesetzt worden ist.[235] Am häufigsten wird die Abfindung der Minderheitsaktionäre angeordnet,[236] welche neben dem im Anschluss an ein Übernahmeangebot zur Verfügung stehendem Abfindungsrecht gemäß Sec 430A CA die einzige Abfindungsregelung für Minderheitsaktionäre in einer konzernähnlichen Situation darstellt.

3.3.3.3. Überprüfung des Unternehmens durch externe Kontrolleure

Der "Secretary of State" kann Sonderprüfungen von Unternehmen anordnen, wenn ein entsprechender Antrag von mindestens 200 Aktionären bzw. von Aktionären mit einem Anteilsbesitz von mehr als 10% vorliegt.[237] Als Voraussetzung für die Durchführung einer Prüfung kann das zuständige "Department" von den Antragstellern die Angabe von Gründen für die Untersuchung sowie die Hinterlegung einer Sicherheit zur Abdeckung der durch die Prüfung entstehenden Aufwendungen verlangen.[238] Die Prüfungen, für die eine gerichtliche Anordnung gegeben sein muss, werden von externen Sonderprüfern, bevorzugt Wirtschaftsprüfern und Rechtsanwälten, durchgeführt.[239] Zugleich kann der "Secretary of State" auf Antrag eines einzelnen Aktionärs immer dann Sonderprüfungen durchführen, wenn er Manipulationen bzw. eine unzureichende Informationspolitik vermutet.[240] Lassen sich Vergehen nachweisen, können die Verantwortlichen

---

[233] Vgl. Sec 461(1) CA.

[234] Vgl. Mayson, S.W./ French, D./ Ryan, C.L. (1987), S. 427; Lüttmann, R. (1992a), S. 67; Griggs, L./ Lowry, J.P. (1994), S. 468; Triebel, V./ Hodgson, S./ u.a. (1995), S. 257; Boros, E.J. (1995), S. 152-162.

[235] Vgl. Boros, E.J. (1995), S. 155.

[236] Vgl. Prentice, D.D. (1988), S. 83; Hollington, R. (1990), S. 50; Griggs, L./ Lowry, J.P. (1994), S. 468; Boros, E.J. (1995), S. 155; Müller, H.-F. (1997), S. 996.

[237] Vgl. Sec 431(2)(a) CA; Pennington, R.R. (1995), S. 912/913.

[238] Vgl. Secs 431(3),(4) CA.

[239] Vgl. Sec 218(5) Insolvency Act.

[240] Vgl. Sec 432 CA; Keenan, D. (1987), S. 196; Birds, J./ Boyle, A.J./ u.a. (1995), S. 525.

sowohl straf- oder zivilrechtlich verfolgt werden als auch mit Maßnahmen analog zu Sec 459 CA belegt werden.[241]

3.3.4. Beurteilung der Position der Minderheitsaktionäre

Prinzipiell bleibt festzuhalten, dass nur unzureichender Schutz der Aktionäre in einer beherrschten "Public Company" gegeben ist.[242]

Zunächst gibt es kein spezifisches Konzernrecht, so dass der Aktionär auf die allgemeinen Rechtsinstitute angewiesen ist, welche jedoch die besonderen Konfliktsituationen im Rahmen eines Konzernverhältnisses nur unzureichend berücksichtigen.

Darüber hinaus sind die Klagemöglichkeiten der Minderheitsaktionäre trotz der Ausnahmen zur Foss v. Harbottle Regel stark eingeschränkt, da die Beweislast, dass die kontrollierende Stellung vorsätzlich bzw. grob fahrlässig vom Kontrollaktionär zu Lasten der Minderheitsaktionäre bzw. der Gesellschaft ausgenutzt worden ist, beim Kläger liegt.[243] Zudem besteht trotz der Regelung zur Kostenübernahme ein nicht unerhebliches Prozesskostenrisiko, da die Kostenverteilung im Ermessen des Gerichts liegt und stets die Gefahr besteht, dass das betroffene Unternehmen aufgrund von Zahlungsunfähigkeit dem Aktionär keinen Ausgleich zahlen kann.[244] Vor allem letzteres kann passieren, wenn das herrschende Unternehmen das beherrschte Unternehmen z.B. durch Vermögensverlagerungen sowie durch die Schließung von Produktionsanlagen in den Konkurs treibt. Diese Unzulänglichkeiten sind mittlerweile zumindestens auf dem Gebiet der "Derivative Action" auch seitens des Gesetzgebers erkannt worden, da in dem Bericht der "Law Comission" von 1997 ein Vorschlag für ein neues Verfahren im Falle der "Derivative Suit" enthalten ist, welches die bisherige Foss v. Harbottle Regel mit ihren Ausnahmeregelungen ablösen soll.[245]

Die Zwangsliquidation betreffend hat die Einführung von Sec 125 Insolvency Act deutlich gezeigt, dass diese Lösung aufgrund ihres unbefriedigenden Ergebnisses für alle Stakeholder einer Gesellschaft nur als letzter Ausweg gesehen wird, wenn keine anderen Maßnahmen mehr verfügbar sind. Zudem wird dieses Instrument aufgrund seiner historischen Wurzeln ohnehin vor allem bei personalistischen Kapitalgesellschaften angewendet und ist aus diesem Grunde für "Public Companies" ohne größere Bedeutung.[246]

---

[241] Vgl. Triebel, V./ Hodgson, S./ u.a. (1995), S. 257.

[242] Vgl. King, M. (1989), S. 102; Birds, J./ Boyle, A.J./ u.a. (1995), S. 491; Müller, H.-F. (1997), S. 994.

[243] Vgl. DeMott, D. (1983), S. 993; Davies, P.L. (1987), S. 978.

[244] Vgl. Farrar, J.H./ Harrington, B. (1998), S. 563/564; Charkham, J./ Simpson, A. (1999), S. 52.

[245] Vgl. Law Comission Report (1997); Johnston, A.P. (1997), S. 249; Farrar, J.H./ Harrington, B. (1998), S. 440.

[246] Vgl. Gullick, J.M. (1987), S. 265; Kübler, F./ Schmidt, R.H. (1988), S. 37.

Bei Durchführung einer staatlichen Kontrolluntersuchung entsteht dagegen das Problem, dass mit Bekanntwerden derartiger Untersuchungen das Vertrauen in das betroffene Unternehmen schwindet und die Minderheitsaktionäre durch Kursverluste mehr verlieren können als sie an Informationen hinzugewinnen.[247]

Angesichts dieser Beurteilungen ist es nicht überraschend, dass wie eingangs erwähnt, das Schutzinstrument von Sec 459 CA in der Praxis am häufigsten verwendet wird. Doch auch dieses Recht kann nur eine sehr eingeschränkte Schutzwirkung für die Minderheitsaktionäre in einer "Public Company" entwickeln, so dass in der Praxis weitaus häufiger der Ausstieg über den Markt als der gerichtliche Weg genutzt wird.[248] Neben den auch bei diesem Instrument vorhandenen Zeit- und Kostenrisiken ist vor allem problematisch, dass nur grobe Verfehlungen wie etwa die offene Ausbeutung geahndet werden und damit vor versteckten Maßnahmen kein Schutz besteht, da sich die Klagen der außenstehenden Aktionäre ausschließlich auf extern zugänglichen Informationen stützen können.[249] Zudem tritt dieses Abfindungsrecht nicht automatisch bei Missbräuchen ein, sondern kann vom Gericht aus einer Reihe von potentiellen Maßnahmen ausgewählt werden. Gleichzeitig bestehen beim Abfindungsrecht erhebliche Unsicherheiten bei der Festlegung einer fairen Abfindung, da im Gesetz keine Angaben zu den Grundsätzen bei der Bewertung gemacht werden und in der Regel der Marktpreis der Aktien als Richtwert verwendet wird.[250]

Vielfach werden die unzureichenden Vorschriften für den Bereich der "Public Companies" gerade mit dem Argument entschuldigt, dass den Aktionären die Möglichkeiten zum Verkauf ihrer Anteile am Markt offen stehen.[251] Diese Argumentation lässt jedoch unberücksichtigt, dass die Option des Verkaufs ("Abstimmung mit den Füßen") für den Aktionär ohne Verluste kaum durchführbar ist, da bei einem effizienten Kapitalmarkt bereits entstandene Schädigungen bzw. das Risiko zukünftiger Schädigungen durch den Kontrollaktionär bereits im Aktienkurs enthalten sind.[252] Damit können im Falle von "Public Companies" Schädigungen zu Lasten der Minderheitsaktionäre in einem beherrschten Unternehmen nicht vermieden werden, wenn der Kontrollaktionär die ihm zur Verfügung stehenden Weisungsmöglichkeiten zu seinen Gunsten nutzt.

---

247 Vgl. Kellermann, N. (1984), S. 112.

248 Vgl. Kübler, F./ Schmidt, R.H. (1988), S. 39; Müller, H.-F. (1997), S. 997.

249 Vgl. Re Blue Arrow plc [1987] B.C.L.C. 585; Re Ringtower Holding plc [1989] 5 B.C.C. 82; Birds, J./ Boyle, A.J./ u.a. (1995), S. 510; Payne, J. (1998), S.37.

250 Vgl. Prentice, D.D. (1986), S. 180; Abschnitt 5.

251 Vgl. Hollington R. (1990), S. 2; Müller, H.-F. (1997), S. 994; Abschnitt 5.

252 Vgl. Boros, E.J. (1995), S. 5; Kapitel III, Abschnitt 5.5.4.

4. ABFINDUNGEN IM FALLE VON VERSCHMELZUNGEN

In England wird in der Regel versucht, über ein öffentliches Übernahmeangebot 100% aller außenstehenden Aktien zu erwerben, um dann in einem zweiten Schritt formlos ein Unternehmen in ein anderes Unternehmen zu verschmelzen oder einzugliedern. Unterstützend wirkt dabei die Regelung des Pflichtangebots und die Möglichkeit zur Zwangsabfindung bei Erreichen einer 90%igen Beteiligung.[253] Es stehen jedoch auch andere Wege zur Verfügung, um eine Verschmelzung ("Merger" oder "Amalgamation") durchzuführen, wenn entweder der Weg des öffentlichen Übernahmeangebots aufgrund einer kooperativen Einstellung des Managements der Zielgesellschaft überhaupt nicht gewählt worden ist oder auch nach einem Übernahmeangebot noch eine Minderheit von Aktionären, welche mehr als 10% aller Aktien hält, vorhanden ist.[254] Nachfolgend werden die zwei zur Verfügung stehenden Verfahren - "Reconstruction" und "Scheme of Arrangement"[255] - vorgestellt.[256] Es werden jedoch beide Verfahren im Gegensatz zum öffentlichen Übernahmeangebot in der Praxis vor allem bei börsennotierten Unternehmen eher selten angewendet, da sie sehr zeitintensiv sind und strenge Verfahrensvoraussetzungen erfordern.[257]

4.1. "Reconstruction" gemäß den Secs 110, 111 Insolvency Act

4.1.1. Verfahrenablauf

Bei der Reorganisation gemäß den Secs 110, 111 Insolvency Act beschließt die betroffene Gesellschaft[258] A zunächst ihre freiwillige Auflösung,[259] um anschließend über einen Liquidator das Vermögen der Gesellschaft an ein anderes Unternehmen B im Austausch von Aktien des übernehmenden Unternehmens B, welche wiederum an die Aktionäre von A verteilt werden, zu übertragen (Aufnahme).[260] Der zweite Schritt kann auch in der Weise erfolgen, dass die

---

[253] Vgl. Abschnitte 2.2.3; 2.2.4.

[254] Vgl. Davies, P.L. (1997), S. 771.

[255] Das "Scheme of Arrangement" kann z.B. auch in Zusammenhang mit einer Reorganisation der Kapitalstruktur bzw. einer Vereinbarung mit den Gläubigern verwendet werden. Vgl. Sec 427 CA; Morse, G.K. (1987), S. 1131/1132.

[256] Andere Möglichkeiten zur Reorganisation wie etwa die Herabsetzung des Kapitals bzw. freiwillige Arrangements gemäß Part I des Insolvency Act finden bei Verschmelzungen keine Anwendung. Vgl. Davies, P.L. (1997), S. 757-760, 768-770.

[257] Vgl. Schmitthoff, C.M. (1976), S. 10; Lüttmann, R. (1992a), S. 44/45; Triebel, V./ Hodgson, S./u.a. (1995), S. 286..

[258] Sowohl die übertragenden als auch die übernehmenden Parteien müssen als Voraussetzung für die Anwendbarkeit dieser Vorschriften Unternehmenseigenschaften aufweisen. Vgl. Morse, G.K. (1987), S. 1152.

[259] Für den Fall der Auflösung sind spezielle Vorschriften zum Schutz der Gläubiger vorgesehen, auf deren Darstellung jedoch an dieser Stelle verzichtet werden soll. Vgl. z.B. Morse, G.K. (1987), S. 1155; Davies, P.L. (1997), S. 761.

[260] Die Tatsache, dass diese Vorschrift im "Insolvency Act" aufgehängt ist, bedingt keine tatsächliche Insolvenz des Unternehmens A. Vgl. Sec 110 (1),(2),(3) Insolvency Act; Apelt,

beteiligten Unternehmen (A und B) ihre Auflösung und die Übertragung ihrer Vermögen auf ein neu gegründetes Unternehmen C beschließen und von diesem Unternehmen Aktien zum Ausgleich erhalten (Neugründung).[261] Beide Schritte benötigen eine spezielle Genehmigung ("Special Resolution") der Anteilseigner,[262] die gemäß Sec 378 CA nur bei Zustimmung einer ¾-Mehrheit der dem "General Meeting" beiwohnenden stimmberechtigten Anteilseigner erteilt werden kann.[263] Darüber hinaus besteht die Verpflichtung, die Aktionäre vorab über die bevorstehenden Entscheidungen zu informieren und auch eventuelle Interessenkonflikte der Direktoren offenzulegen.

4.1.2. Barabfindungsanspruch der Minderheitsaktionäre

Prinzipiell erhalten die Aktionäre bei jeglicher Art der Verschmelzung Aktien der neuen Gesellschaft, da der Mehrheitsbeschluss für alle außenstehenden Aktionäre bindend und im Regelfall nicht anfechtbar ist.[264] Für ablehnende bzw. sich der Stimme enthaltende Minderheitsaktionäre besteht deshalb das im englischen "Company Law" höchst seltene, aber unumstößliche[265] Recht auf Barabfindung, wenn die Ablehnung innerhalb von 7 Tagen nach Wirksamkeit der Verschmelzung gegenüber dem für die Verschmelzung verantwortlichen Liquidator schriftlich erklärt wurde.[266] Der Liquidator muss in einem solchen Fall vom Aktionär aufgefordert werden, entweder auf die Übertragung zu verzichten oder vor Vollzug der Auflösung eine Barabfindung zu leisten.[267] Entscheidet sich der Liquidator für die Barabfindung, hat er gemäß Sec 111(3) Insolvency Act für die Bereitstellung des notwendigen Kapitals erneut die Genehmigung der Aktionäre in Form einer "Special Resolution" einzuholen.[268] Die Abfindungshöhe selbst wird entweder über eine Vereinbarung oder über ein Schiedsverfahren gemäß den Vorschriften des Companies Clauses Consolidation Act von 1845 festgestellt.[269] Beim Schiedsverfahren müssen beide Parteien (Mehrheit der Aktionäre vertreten durch den Liquidator, dissentierende Minderheitsaktionäre) Sachverständige mit der Erstellung von Bewertungsgutachten beauftragen. Weichen die Gutachten voneinander ab, ist entweder von den beiden Parteien gemeinsam oder bei Uneinigkeit vom angerufenen Gericht gemäß Sec 10 des Arbitration Act von 1950

T.M. (1984), S. 142; Morse, G.K. (1987), S. 1151; Triebel, V./ Hodgson, S./ u.a. (1995), S. 286.

261 Vgl. Morse, G.K. (1987), S. 1154; Farrar, J.H./ Hannigan, B. (1998), S. 606.

262 Vgl. Sec 111(1) Insolvency Act.

263 Birds, J./ Boyles, A.J./ u.a. (1995), S. 365, 548.

264 Vgl. Sec 110(5) Insolvency Act.

265 Satzungsänderungen zum Ausschluss des Widerspruchsrecht sind nicht zulässig. Vgl. Payne v. The Cork Co. Ltd [1900] 1 Ch 308; Mayson, S.W./ French, D./ Ryan, C.L. (1987), S. 578.

266 Vgl. Sec 111(2) Insolvency Act; Morse, G.K. (1987), S. 1151; Birds, J./ Boyles, A.J./ u.a. (1995), S. 549; Davies, P.L. (1997), S. 761.

267 Vgl. Gullick, J.M. (1987), S. 270; Keenan, D. (1987), S. 380; Triebel, V./ Hodgson, S./ u.a. (1995), S. 286.

268 Vgl. Halsbury's Laws of England (1996), §1490.

269 Vgl. Sec 111(4) Insolvency Act; Mayson, S.W./ French, D./ Ryan, C.L. (1987), S. 578.

ein Schiedsrichter zu bestellen.[270] Bei der Bewertung des Barabfindungsanspruchs besteht zudem die Problematik, dass die Gutachter die Abfindungshöhe auf Grundlage der Situation vor Verschmelzung bestimmen müssen, was einen äußerst mühsamen Prozess darstellen kann.[271] Darüber hinaus liegt die Beweislast, dass die angebotene Abfindung zu niedrig und damit unfair ist, beim Minderheitsaktionär, obwohl ihm nicht gestattet ist, von den Direktoren detaillierte Informationen einzuholen.[272]

4.2. "Scheme of Arrangement"

4.2.1. Verfahren beim "Scheme of Arrangement"

Die sogenannten "Schemes of Arrangement" waren früher in den Secs 206-208 des CA 1948[273] geregelt und werden seit 1985 durch die Secs 425-427A CA abgedeckt, von denen die Sec 425-427 CA allgemeine Regelungen darstellen, während sich Sec 427 A speziell auf die Situation bei "Public Companies" bezieht.[274]

Um erfolgreich ein "Scheme of Arrangement" mit dem Ziel einer Verschmelzung durch Aufnahme[275] durchzuführen, müssen nachfolgende Verfahrensschritte eingehalten werden:[276]

¶ Vereinbarung über die Verschmelzung zwischen den beiden Gesellschaften und Dokumentation dieser Vereinbarung in einem ausführlichen Memorandum,

¶ Einberufung von Gesellschafterversammlungen durch das über einen Antrag beauftragte Gericht, welches vom Erfolg des Vorschlags überzeugt sein muss,[277]

¶ Versand von Einladungen zu den Versammlungen an alle Aktionäre inklusive einer Stellungnahme über die beabsichtigte Vereinbarung, in der gemäß Sec 426(1),(2) CA die Bedingungen der Verschmelzung, die Wirkungen und Gründe für die Vereinbarung sowie eventuelle Interessen der Direktoren darzulegen sind,[278]

---

270 Vgl. Morse, G.K. (1987), S. 156.

271 Vgl. Davies, P.L. (1997), S. 762.

272 Vgl. Gullick, J.M. (1987), S. 271; Birds, J./ Boyle, A.J./ u.a. (1995), S. 549.

273 Vgl. Moon, R.W. (1968), S. 171-174; Schmitthoff, C.M. (1976), S. 9.

274 Vgl. Halsbury's Laws of England (1996), §1449.

275 Auf gleichem Wege kann jedoch eine Spaltung erfolgen. Vgl. Morse, G.K. (1987), S. 1133.

276 Vgl. Gullick, J.M. (1987), S. 272-274; Keenan, D. (1987), S. 381/382; Morse, G.K. (1987), S. 1139-1149; Xuereb, P.G. (1989), S. 195; Triebel, V./ Hodgson, S./ u.a. (1995), S. 287; Birds, J./ Boyle, A.J./ u.a. (1995), S. 552/553; Halsbury's Laws of England (1996), § 1447-1470; Davies, P.L. (1997), S. 763-767; Farrar, J.H./ Hannigan, B. (1998), S. 603/604.

277 Vgl. Sec 425(1) CA; Mayson, S.W./ French, D./ Ryan, C.L. (1987), S. 574.

278 Der Umfang der zu veröffentlichen Informationen ist nicht gesetzlich vorbestimmt, sondern einzelfallspezifisch festzulegen. Vgl. Re Heron International NV [1994] B.C.L.C. 667;

¶ Zustimmung einer qualifizierten Mehrheit (75%) des an der Abstimmung beteiligten Kapitals sowie einer einfachen Mehrheit der anwesenden, an der Abstimmung beteiligten Aktionäre sowie der Gläubiger in beiden Gesellschafterversammlungen, wobei bei Vorliegen verschiedener Aktienklassen die Mehrheiten jeweils in den einzelnen Aktienklassen zu erreichen sind, [279]

¶ Überprüfung und Billigung der Vereinbarung durch das Gericht, wobei die Billigung nur erfolgen darf, wenn die Zustimmungserfordernisse erfüllt sind, die Aktienklassen ausreichend in den Versammlungen vertreten waren, die Transaktion als fair erachtet wird und sie nicht der bewussten Schädigung der Minderheitsaktionäre dient ("Bona Fide"),[280]

¶ Eintragung der gerichtlichen Anordnung als Grundbedingung für die Wirksamkeit der Vereinbarung,[281]

¶ Einzug der Aktien der Zielgesellschaft und Ausgabe von Aktien der aufnehmenden Gesellschaft entsprechend einem festzulegenden Umtauschverhältnis,

¶ Übertragung der aufzunehmenden Gesellschaft an die übernehmende Gesellschaft.[282]

4.2.2. Barabfindungsanspruch der Minderheitsaktionäre

Anders als beim Liquidationsverfahren gemäß dem Insolvency Act haben widersprechende Minderheitsaktionäre nicht zwangsläufig ein Recht auf Barabfindung, wenn die erforderlichen Mehrheiten der Vereinbarung zugestimmt haben.[283] Vielmehr kann das zuständige Gericht in Einzelfällen den dissentierenden Minderheitsaktionären eine solche Abfindungsmöglichkeit zusprechen, wobei dieses nur dann eintritt, wenn das Gericht das Umtauschangebot aus Sicht der Minderheitsaktionäre als unangemessen erachtet.[284] Das Gericht trifft seine Entscheidung auf Basis eines Expertengutachtens, welches von den verschmelzenden Parteien in Auftrag gegeben werden muss und exakte Angaben über die Bewertungsmethode, die Hauptparameter und eventuell bei der Bewertung aufgetretene Schwierigkeiten enthalten muss.[285] Jedoch wird in der Praxis - analog

---

Mayson, S.W./ French, D./ Ryan, C.L. (1987), S. 575; Farrar, J.H./ Hannigan, B. (1998), S. 604.

279 Vgl. Sec 425(2) CA; Boros, E.J. (1995), S. 283.

280 Vgl. Sec. 425(2) CA.

281 Vgl. Sec 425(3) CA.

282 Vgl. Sec 427 CA. Die beiden letzten Schritte lassen sich wiederum als Verschmelzung durch Neugründung darstellen, indem beide Unternehmen ihr Vermögen auf das neu gegründete Unternehmen übertragen und dafür im Austausch Aktien des neuen Unternehmens entsprechend ihrer Wertanteile erhalten.

283 Vgl. Triebel, V./ Hodgson, S./ u.a. (1995), S. 287; Birds, J./ Boyle, A.J./ u.a. (1995), S. 555; Farrar, J.H./ Hannigan, B. (1998), S. 606/607.

284 Vgl. Glatzel, H.-G. (1970), S. 177; Morse, G.K. (1987), S. 1150.

285 Vgl. Halsbury's Laws of England (1996), §1469.

zu den Ansichten der Rechtsprechung bei Zwangserwerben gemäß Sec 429 CA – ein Umtauschverhältnis im Falle von börsennotierten "Public Companies" nur dann als unzureichend gewertet, wenn das Umtauschangebot nicht in einem angemessenen Verhältnis zu den Börsenkursen der beteiligten Unternehmen am Tage der Verschmelzung steht.[286]

4.2.3. Beurteilung des "Scheme of Arrangement"

Aus den Verfahrensschritten lassen sich eine Reihe von Vor- und Nachteilen gegenüber anderen Verschmelzungsarten ableiten.[287] Zunächst erweist es sich als Vorteil, dass es im Gegensatz zum Zwangserwerb gemäß Sec 429 CA nur einer Zustimmung von 75% der Stimmen anstatt von 90% bedarf. Zugleich ist die Verschmelzung gemäß Sec 425ff. CA nicht auf einen bestimmten Zeitraum nach Erreichen einer 90%-Schwelle und auf eine bestimmte Art des Beteiligungserwerbs begrenzt. Als nachteilig kann sich jedoch die Möglichkeit des Gerichts erweisen, den Kontrollaktionär des betroffenen Unternehmens einer separaten Aktienklasse zuordnen zu können, wenn Interessenkonflikte des Kontrollaktionärs in Verbindung mit dem "Scheme of Arrangement" bestehen und damit die Gefahr der Übervorteilung der Minderheitsaktionäre besteht.[288] Aufgrund der Vorschrift, dass jede Aktienklasse die Mehrheitserfordernisse erfüllen muss, könnte dann z.B. eine Verschmelzung zwischen einem herrschenden und beherrschten Unternehmen gemäß Sec 425 CA nur durchgeführt werden, wenn wiederum 75% der außenstehenden Aktionäre die Verschmelzung befürworten. Darüber hinaus kann sich die Verpflichtung, während des Verfahrens zweimal ein Gericht zur Einholung von Genehmigungen mit einbeziehen zu müssen, als nachteilig erweisen, da dieses zum einen sehr zeitintensiv ist und zum anderen eine zusätzliche Kontrollinstanz erfordert.[289] Gleichzeitig hilft dieses aufwendige Verfahren jedoch in Fällen, in denen seitens einer kleinen Minderheit von Aktionären und Gläubigern der auflösenden Gesellschaft Widerstand zu erwarten ist,[290] da anders als bei der freiwilligen Auflösung nicht zwingendermaßen ein Abfindungsrecht gegeben ist und nach Bestätigung der Vereinbarung des Gerichts auch keine rechtlichen Gegenmittel von den Minderheitsaktionären eingesetzt werden können.[291] Noch dazu erklären nur wenige Gerichte das "Scheme of Arrangement" für ungültig bzw. das Umtauschverhältnis als zu niedrig angesetzt, wenn die strengen

---

[286] Vgl. Abschnitt 2.2.4.3; Boros, E.J. (1995), S. 287.

[287] Vgl. Weinberg, M.A./ Blank, M.V. (1979), Rdnrn. 621-626; Gullick, J.M. (1987), S. 274; Mayson, S.W./ French, D./ Ryan, C.L. (1987), S. 579.

[288] Vgl. Re Hellenic & General Trust Ltd. [1976] 1 W.L.R. 123; Morse, G.K. (1987), S. 1141; Gullick, J.M. (1987), S. 273; Kübler, F./ Schmidt, R.H. (1988), S. 40/41; Halsbury's Laws of England (1996), §1447 FN8.

[289] Vgl. Davies, P.L. (1997), S. 761.

[290] Vgl. Keenan, D. (1987), S. 379.

[291] Vgl. Morse, G.K. (1987), S. 1149/1150.

Zustimmungserfordernisse erfüllt worden sind und sich damit eine überwältigende Mehrheit für die Vereinbarung ausgesprochen hat.[292]

5. AUSGEWÄHLTE BEWERTUNGSASPEKTE

Wie schon in den Ausführungen zu Deutschland und USA sollen sich die nachfolgenden Ausführungen auf besondere Aspekte der Bewertung von Abfindungsansprüchen beschränken, da in diesen Fällen eine dominierte Konfliktsituation vorliegt, bei der durch neutrale Sachverständige, Schiedsrichter und Gerichte ein "fairer" Einigungswert bestimmt werden muss.[293] Die Ausführungen zur Abfindungsbewertung in England können jedoch verglichen mit den anderen länderspezifischen Untersuchungen kurz ausfallen, da die englische Gesetzgebung im Vergleich zu Deutschland aber auch zu den USA nur wenige gesetzliche, im Falle von "Public Companies" ohnehin selten angewendete, Abfindungsregelungen zur Verfügung stellt. Darüber hinaus ist von der Rechtsprechung der Börsenkurs als alleiniges Kriterium bei der Bewertung von Abfindungsansprüchen anerkannt.

Bei öffentlichen Übernahmeangeboten liegt die Annahme der Abfindung im Ermessensspielraum der Minderheitsaktionäre unterstützt von Informationspflichten, Mindestpreisregelungen sowie nachträglichen Annahmemöglichkeiten, so dass eine gerichtliche Überprüfung der Angebotsbedingungen ausgeschlossen ist. Der einem Übernahmeangebot möglicherweise folgende Zwangserwerb gemäß den Secs 429ff. CA stellt eine der wenigen vom Gesetzgeber vorgegebenen Abfindungsregelungen mit dem Recht auf gerichtliche Überprüfung der Abfindung dar. Da Richtlinien zur Bewertung solcher Abfindung im Gesetz gänzlich fehlen, liegt das Aufstellen von Bewertungsregeln im Ermessen der Rechtsprechung. Eine Betrachtung der bisher erfolgten Urteile zeigt jedoch, dass die Gerichte alle diejenigen Abfindungsangebote als fair einstufen, welche mindestens die Höhe des vorher erfolgten und durch eine große Mehrheit (90%) angenommenen Übernahmeangebots sowie des aktuellen Marktpreises erreichen.[294] Damit wird indirekt festgelegt, dass die ausscheidenden Aktionäre nicht an den aus einer Gesamtübernahme möglicherweise entstehenden Synergieeffekten beteiligt werden, soweit nicht in der Kontrollprämie des Übernahmeangebots ein Anteil enthalten ist.[295]

Für die Überprüfung von Barabfindungen und Umtauschverhältnissen im Rahmen von Verschmelzungen gelten dieselben Bedingungen wie beim Zwangserwerb, wenn die Verschmelzung kurzfristig im Anschluss an einen Kontrollwechsel erfolgt.[296] Bei Unabhängigkeit beider Unternehmen vor der Verschmelzung orientiert sich das Gericht zur Beurteilung der Fairness daran, ob die strengen

---

[292] Vgl. Apelt, T.M. (1984), S. 147; Morse, G.K. (1987), S. 1148.

[293] Vgl. Kapitel II, Abschnitt 6.1.

[294] Vgl. Abschnitt 2.2.4.3.

[295] Vgl. Boros, E.J. (1995), S. 276.

[296] Vgl. Boros, E.J. (1995), S. 287.

Mehrheitserfordernisse erfüllt worden sind und das Umtauschverhältnis bzw. die Barabfindung mindestens den Marktpreisen zum Zeitpunkt der Vereinbarung entspricht. Im Falle einer Verschmelzung zwischen einer beherrschten und herrschenden Gesellschaft, welche ohnehin selten über eine "Reconstruction" oder ein "Scheme of Arrangement" durchgeführt wird, dient den Gerichten ebenfalls die Zustimmung einer Mehrheit der außenstehenden Minderheitsaktionäre als Indiz für die Fairness einer Transaktion. Damit konzentrieren sich die Gerichte selbst ausschließlich auf eine oberflächliche Kontrolle der von den Sachverständigen vorgelegten Bewertungsgutachten.

Einzig bei der Abfindung von Minderheitsaktionären im Rahmen der gesetzlichen Schutzmaßnahmen von Secs 459ff. CA findet durch Rechtsprechung und Literatur eine Diskussion zur Bewertung statt, die sich vor allem mit den vom Gesetzgeber unbeantwortet gelassenen Fragen der Bewertungsmethode,[297] der Zulässigkeit von Minderheitenabschlägen[298] sowie des Bewertungsstichtags[299] auseinandersetzt. Die Diskussion beschränkt sich jedoch auf "Private Companies", da Aktionäre einer "Public Company" in den meisten Fällen den Ausstieg über dem Markt der Klage vorziehen.[300] Darüber hinaus geht auch hier die Literatur und Rechtsprechung davon aus, dass die Kapitalmärkte ausreichend effizient sind und daher der Marktpreis der Aktien als Richtwert für die Festlegung einer fairen Abfindung verwendet werden kann.[301] Die Möglichkeit, dass durch die Schädigungen des Kontrollaktionärs bzw. der Direktoren auch der Marktwert negativ beeinflusst werden kann, bleibt hierbei unbeachtet.[302] Aus diesem Umstand könnte sich ableiten lassen, dass mit der Konzeption von Sec 459 CA bei Wahl der Abfindung nicht ein Ersatz für bisher zugefügte Schädigungen, sondern - wenn überhaupt - nur der Schutz vor zukünftigen Schädigungen durch Bereitstellung einer Ausstiegsmöglichkeit erreicht werden soll. Letzteres wäre wiederum für Aktionäre einer "Public Company" angesichts der Möglichkeit des Marktausstiegs in der Tat

---

297 In der Praxis wird zumeist die Ertragswertmethode verwendet, wobei der Liquidationswert als Wertuntergrenze bei ertragsschwachen Unternehmen dient. Vgl. Pennington, R.R. (1997), S. 905; Müller, H.-F. (1997), S. 996.

298 Ein Minderheitenabschlag wird in den meisten Fällen abgelehnt, soweit nicht ein ausscheidender Aktionär ein Mitschuld trägt. Vgl. Re Bird Precision Bellows Ltd. [1984] 1 Ch. 419, 430 D-F; Prentice, D.D. (1986), S. 182; ders. (1988), S. 84; Gullick, J.M. (1987), S. 267; Davies, P.L. (1987), S. 994; Xuereb, P.G. (1989), S. 185; Boros, E.J. (1995), S. 156/157; Gregory, A./ Hicks, A. (1995), S. 59/60.

299 Als Bewertungsstichtag kommen der Zeitpunkt der Schädigung, der Zeitpunkt der Klageeinreichung, der Zeitpunkt der Entscheidung in Frage, da die Rechtsprechung diesbezüglich keine einheitliche Regelung gefunden hat. Vgl. Re a Company [1986] B.C.L.C. 151; Re Cumana Ltd. [1986] B.C.L.C. 430; Re Elgindata Ltd [1991] B.C.L.C. 959; Prentice, D.D. (1986), S. 184; Davies, P.L. (1987), S. 995; Hollington, R. (1990), S. 80; Gregory, A./ Hicks, A. (1995), S. 61; Halsbury's Laws of England (1996), §1415; Müller, H.-F. (1997), S. 996; Farrar, J.H./ Hannigan, B. (1998), S. 456.

300 Vgl. Abschnitt 3.3.4.

301 Vgl. Moon, R.W. (1968), S. 98; Prentice, D.D. (1988), S. 60, 83.

302 Vgl. Abschnitt 3.3.4.

ohne Bedeutung. Dieses ist jedoch nicht der Fall, da in Urteilen zur Bewertung von Abfindungen bei "Private Companies" ausdrücklich festgelegt worden ist, dass die Abfindung den Wert repräsentieren soll, welchen der Anteil des Minderheitsaktionärs vor den Schädigungen gehabt hätte.[303]

Damit unterscheidet sich die englische Bewertungspolitik grundlegend von der amerikanischen, da in den USA zumindest in Situationen mit Interessenkonflikten ein Verweis auf den Marktausstieg ausgeschlossen und eine zusätzliche von Sachverständigen durchgeführte Bewertung vorgeschrieben ist.[304]

6. ZUSAMMENFASSUNG

Bevor sich das nächste Kapitel mit dem direkten Vergleich der in den Kapiteln II, III und IV beschriebenen Abfindungsregelungen befasst, seien an dieser Stelle zusammenfassend die aus den englischen Ausführungen abgeleiteten Ergebnisse dargestellt:

Die englischen, zum größten Teil freiwillig auferlegten Regelungen folgen dem Grundsatz, den Aktionären möglichst früh die Möglichkeit zu einem Ausstieg anzubieten, um das Entstehen von gefährdeten Minderheitspositionen von vornherein zu vermeiden. Der Hauptgrund für die verstärkte Regulierung bereits im Stadium des Kontrollerwerbs liegt in der Zielsetzung, die Übernahmetätigkeit in England zu fördern und damit einen möglichsten effizienten Markt für Unternehmenskontrolle zu schaffen.

Mit einer erstmaligen Veröffentlichungspflicht bei Erreichen einer Beteiligung von 3% sowie stetigen Informationspflichten, sobald oberhalb dieser Schwelle mehr als 1% an Aktien erworben werden, werden die Aktionäre schon sehr frühzeitig informiert. Gleichzeitig werden heimliche Marktkäufe ab einer Schwelle von 15% faktisch unterbunden.

Im Vordergrund bei jedem Kontrollwechsel steht das im City Code geregelte Pflichtangebot, gemäß dessen jeder Aktionär ab Erreichen einer Beteiligungsschwelle von 30% zur Abgabe eines öffentlichen Übernahmeangebots an alle außenstehenden Aktionäre verpflichtet wird, da nur wenige Ausnahmen existieren, bei denen die Auslösung eines Pflichtangebots unterbleibt. Durch das Pflichtangebot sowie die allgemeinen Verfahrensvorschriften, wie etwa auch die Möglichkeit der nachträglichen Annahme des Angebots, können in den meisten Fällen Zwangswirkungen der Aktionäre bei der Entscheidungsfindung vermieden werden. Darüber hinaus ist im City Code für die seltenen Fälle, in denen Teilangebote zugelassen sind, durch das Abstimmungsrecht der außenstehenden Aktionäre ein optimales Instrument zur Vermeidung von Zwangswirkungen bereitgestellt worden.

---

303 Vgl. S.C.W.S. v. Meyer [1956] A.C. 324; Re Bird Precision Bellows Ltd. [1984] 1 Ch. 419; Prentcie, D.D. (1986), S. 180; Hollington, R.R. (1990), S. 79; Müller, H.-F. (1997), S. 996.

304 Vgl. Kapitel III, Abschnitt 5.5.4.

Das Zwangsangebot von Sec 429 CA stützt die in England verfolgte Linie, das Entstehen von Minderheitenpositionen in jedem Fall zu vermeiden, da bei Zustimmung einer überwiegenden Mehrheit dem zukünftigen Aktionär der Ausschluss einer kleinen Minderheit ermöglicht werden sollte, um ungehindert die Unternehmensressourcen für bestimmte Zwecke ohne Rücksichtnahme auf eine Minderheit einsetzen zu können. In diesen Fällen ist es aus ökonomischen Gründen ausreichend, wenn die Abfindung zu fairen Bedingungen sichergestellt wird. Gleichzeitig wird auch den Minderheitsaktionären die Möglichkeit gegeben, durch Sec 430A CA von sich aus eine nachträgliche Abfindung zu fordern, wenn die Mehrzahl der Aktionäre das Angebot angenommen hat.

Abwehrmaßnahmen fallen kaum ins Gewicht, da die englischen Vorschriften den Handlungsspielraum des Managements im Rahmen einer Übernahme stark eingeschränkt haben, um die Entscheidung über einen Kontrollwechsel gänzlich den Aktionären zu überlassen.

Im Falle einer "faktischen Konzernierung" ist der Schutz der Minderheitsakionäre äußerst unzureichend. Die Klagerechte sind aufgrund der Mehrheitsregel, Beweisproblemen und erheblichen Kostenrisiken für einen durchschnittlichen Minderheits-aktionär von sehr begrenztem Nutzen. Gleiches gilt für die Möglichkeit der Zwangsabwicklung bzw. die Durchführung von Untersuchungen. Am weitesten entwickelt ist die gesetzlich vorgegebene Möglichkeit, gemäß Sec 459 CA das zuständige Gericht zur Ergreifung von Maßnahmen aufzufordern, wenn Schädigungen zu Lasten der Minderheit erfolgt sind bzw. in absehbarer Zeit erfolgen werden. Dieses Schutzinstrument stellt zudem eine der wenigen Möglichkeiten dar, bei denen den Minderheitsaktionären das Recht auf Abfindung zugesprochen werden kann. Aufgrund von Nachweisproblemen und der weit verbreiteten Ansicht, dass die Aktionäre einer "Public Company" über die Möglichkeit zum Marktausstieg ausreichend geschützt sind, zeigen jedoch auch diese Maßnahmen nur eine begrenzte Schutzwirkung. Bei den Argumentationen bleibt gänzlich außer acht, dass bei Anwesenheit eines Kontrollaktionärs die Kurse negativ beeinflusst sein können und nur in den seltensten Fällen den tatsächlichen Wert eines Aktienanteils ohne Minderheitenabschlag widerspiegeln.

Die Verschmelzung zweier Unternehmen erfolgt in England bei "Public Companies" überwiegend über ein öffentliches Vollangebot mit anschließendem Zwangserwerb der restlichen Aktionäre bei Erreichen der 90%-Schwelle. Nur in Ausnahmefällen werden Verschmelzungsverfahren mit Abstimmungen in den Hauptversammlungen, vergleichbar zu denen in Deutschland und USA gewählt. Zur Verfügung stehen dabei die "Reconstruction" gemäß Secs 110ff. Insolvency Act sowie das "Scheme of Arrangement" gemäß Secs 425ff. CA. Ersteres ist aus Sicht der Minderheitsaktionäre interessanter, da es den dissentierenden Minderheitsaktionären einen Barabfindungsanspruch zur Verfügung stellt. Häufiger wird dagegen zuletzt genanntes Verfahren angewendet, da es keine Pflicht zur Barabfindung enthält und damit vor allem bei Anwesenheit dissentierender Aktionäre aus Sicht des Kontrollaktionärs vorteilhafter ist. Gegenüber dem Zwangserwerb im Anschluss an ein Übernahmeangebot bietet es sich aufgrund der niedrigeren Mehrheitserfordernisse an, welche jedoch durch Anordnungen des Gerichts verschärft und dem Zwangserwerb gemäß Sec 429 CA angepasst werden können. Nachteilig ist allgemein die Verpflichtung, die Vereinbarung zweimal seitens des Gerichts überprüfen zu lassen.

Aufgrund der wenigen gesetzlichen Abfindungsregelungen wird der Bewertungsthematik in England eine geringe Bedeutung beigemessen. Dieses ist zum einen auf die Einstellung zurückzuführen, dass den Aktionären einer "Public Company" der Marktausstieg zur Verfügung steht und daher die Option einer gesetzlichen Ausstiegsmöglichkeit nicht erforderlich ist. Zum anderen wird in Fällen, in denen es trotz dieser Einstellung zu einer Abfindung von Aktionären einer "Public Company" kommt, zur Überprüfung der Fairness eines Angebots der Marktpreis zugrundegelegt.

Generell lässt sich daraus schließen, dass sich die englischen Regelungen primär auf die Bereitstellung eines frühzeitigen Ausstiegs von Aktionären konzentrieren, um das Entstehen von Minderheitenpositionen von vornherein auszuschließen. Da der Minderheitenschutz in einem beherrschten Unternehmen aufgrund der schweren Durchsetzbarkeit von Klagen gering ist, bleibt den Minderheitsaktionären in der Praxis nur der Weg der Annahme eines Übernahmeangebots, sobald eine große Mehrheit der außenstehenden Aktionäre das Angebot akzeptiert hat.

KAPITEL V: VERGLEICH DER ABFINDUNGSREGELUNGEN

Wie in der Einführung erwähnt, hängt die Beurteilung der länderspezifischen Abfindungsregelungen stark von der Position des Betrachters ab. In nachfolgenden Abschnitten wird deshalb die Situation des Aktionärs unterstellt, der ex ante nicht weiß, ob er jemals in der Position des Abfindenden oder Abzufindenden sein wird.[1] Für ihn setzt sich der Gesamtwert seiner Aktien aus dem Wert bei Unabhängigkeit und dem Wert bei Abfindung zusammen, gewichtet mit den jeweiligen Wahrscheinlichkeiten, dass sein Unternehmen unabhängig bleibt, selber als Übernehmer agiert bzw. übernommen wird. Darauf aufbauend lassen sich die mit Hilfe von Abfindungsregelungen zu regulierenden Transaktionen aus effizienztheoretischer Sicht in vier Kategorien klassifizieren:

¶ Transaktionen, die einen gesamtwirtschaftlichen Wertzuwachs erzeugen und alle Beteiligten besser oder zumindestens nicht schlechter stellen.

¶ Transaktionen, die einen gesamtwirtschaftlichen Wertzuwachs zu Lasten einzelner Beteiligter (z.B. Abzufindender) erzeugen.

¶ Transaktionen, die einen gesamtwirtschaftlichen Wertverlust, aber Wertzuwachs für das herrschende, abfindende Unternehmen erzeugen.

¶ Transaktionen, die für alle Beteiligten einen Wertverlust bedeuten.

Abfindungsregelungen sollten die Kategorien 3 und 4 in jedem Fall ausschließen sowie Kategorie 2 zumindestens begrenzen, um den Gesamtwert der Aktien für einen Aktionär zu maximieren. Jede Schutzvorschrift zugunsten der außenstehenden Minderheitsaktionäre erfüllt diese Funktion, da ex post die Position der Aktionäre gestärkt und damit ex ante die Erhöhung der Kapitalkosten verhindert wird. Gleichzeitig können diese Regelungen Transaktionen verein-fachen, indem z.B. Kontrollaktionären das Recht zugesprochen wird, ab einer gewissen Beteiligungsgrenze Minderheitsaktionäre gegen ihren Willen aus einem Unternehmen zu entfernen. Jedoch können zu weitreichende Schutzregelungen die Anzahl potentieller Transaktionen der Kategorie 1 einschränken und die institutionellen Investoren von der aktiven Kontrollausübung abhalten, was aufgrund der dabei entstehenden "Agency Costs" wiederum eine Reduktion des Unternehmenswertes bei Unabhängigkeit bedeutet.

Mit Blick auf diese Effekte sind die Abfindungsregelungen der drei Länder gegenüberzustellen und Aussagen über die tatsächlichen ex post- und ex ante-Wirkungen zu treffen. Hierzu werden im nächsten Abschnitt die Hauptunterschiede und -gemeinsamkeiten entlang der Entscheidungsstufen des Kontrollaktionärs für alle drei Länder zusammenfassend dargestellt,[2] um in einem weiteren Abschnitt in Modellrechnungen die Wirkung von Abfindungsregelungen in den drei untersuchten Ländern zu verdeutlichen.

---

[1] Vgl. Kapitel I, Abschnitt 1.

[2] Vgl. Kapitel I, Abschnitt 2., Abbildung I-1.

1. GEGENÜBERSTELLUNG DER ABFINDUNGSREGELUNGEN

Ein grundsätzlicher Unterschied zwischen Deutschland, USA und England besteht in der Art und dem Zeitpunkt der Regulierung:[3] In Deutschland erfolgt bisher die Steuerung primär über die staatlichen Regulierungsinstrumente Aktien-, Umwandlungs- und Wertpapierhandelsgesetz sowie mit klarem Schwerpunkt auf den Zustand der Konzernierung, da der Übernahmekodex aufgrund seiner Freiwilligkeit und späten Einführung nur begrenzte Wirkung entfaltete und ausschließlich als Ergänzung zum Aktien- und Umwandlungsgesetz konzipiert war. Dieses Bild hat sich deutlich durch die Einführung des Übernahmegesetzes zum 1. Januar 2002 verändert, da erstmals ein gesetzliches Instrument zur Konzernbildungskontrolle eingeführt worden ist. England verlässt sich dagegen vor allem auf das Prinzip der Selbstregulierung und legt den Hauptfokus auf die Regulierung des Kontrollerwerbs. In USA wird völlig auf Selbstregulierung verzichtet und eine gesetzliche Regulierung sowohl auf Bundes- als auch auf Staatenebene vorangetrieben, was zu einer Vielzahl von Gesetzen primär für die Kontrollerwerbsphase geführt hat.

1.1. Erwerb einer Kontrollbeteiligung

Vergleicht man zunächst die Regelungen beim Erwerb einer Kontrollbeteiligung, lässt sich feststellen, dass in dieser ersten Stufe die englischen Vorschriften am strengsten zugunsten der Minderheitsaktionäre ausgestaltet sind, was sich auch aus der Gegenüberstellung von Tabelle V-1 ablesen lässt.[4]

Dieses fängt bei den Publizitätsvorschriften an, die durch den niedrigen Schwellenwert und den anschließend stetigen Veröffentlichungsvorschriften die Minderheitsaktionäre am ehesten vor einem überhasteten Verkauf ihrer Aktien schützen. Einzig einschränkend wirkt hierbei der Umstand, dass in England verzichtet worden ist, an den Inhalt der Informationen Ansprüche vergleichbar zu denen in den USA zu stellen; damit bleiben bei niedrigem Beteiligungsbesitz die Pläne eines potentiellen Bieters weiterhin unaufgedeckt. Zugleich schränken jedoch die englischen Vorschriften die Aufkaufsmöglichkeiten von unwissenden Aktionären noch weiter ein, indem sie den Aufkauf von mehr als 10% bei einer Beteiligung von mehr als 15% verbieten, falls es sich nicht um ein öffentliches Angebot bzw. einen Paketkauf handelt. Die Wirkung strenger Publizitätsvorschriften lässt sich am deutlichsten durch ein Beispiel darstellen: Unterstellt man für das Zielunternehmen V_E=Anteilswert aus Sicht des Erwerbers, V_V=Anteilswert bei Unabhängigkeit, P_1=Börsenkurs ohne Informationen über möglichen Aufkauf, P_2=Börsenkurs nach Informationen sowie T=Transaktionskosten pro Aktie, können sich folgende Konstellationen ergeben:

---

[3] Vgl. Kapitel II, Abschnitt 1.; Kapitel III, Abschnitt 1.; Kapitel III, Abschnitt 1.

[4] Vgl. hierzu ausführlich Kapitel II, Abschnitt 2.; Kapitel III, Abschnitt 2.; Kapitel IV, Abschnitt 2.

(1) $P_1 > V_E$
Bei dieser Konstellation würde normalerweise keine Transaktion stattfinden.

(2) $V_V > V_E > P_1$
Durch die frühzeitige Bereitstellung von Informationen können die Chancen steigen, dass $P_2 > V_E$ und es dadurch zum Scheitern der ineffizienten Transaktion kommt.

(3) $V_E > V_V > P_1$
Durch die Bereitstellung von Informationen kann es zur Konstellation $P_2 > V_V$ kommen; solange jedoch weiterhin $V_E > P_2+T$ gilt, bewirkt die Bereitstellung von Informationen lediglich, dass die Aktionäre an den erwarteten Synergieeffekten der Transaktion teilhaben, was aus effizienztheoretischer Sicht zunächst keinen Nachteil darstellt. Problematisch ist der Fall $P_2+T > V_E$, da in diesen Fällen sinnvolle Übernahmen verhindert werden können. Diese Konstellation kann jedoch gleichermaßen bei unzureichenden Informationen eintreten, wenn Übernahmephantasien von Spekulanten die Kurse in die Höhe treiben.

Dieses Beispiel zeigt, dass durch die Publizitätsvorschriften nur bei (3) ein Nachteil für die Gesamtwohlfahrt entstehen kann, wenn die Offenlegung von Informationen zu Kursanstiegen über den eigentlichen Wert des Unternehmens hinaus führt.

Die Vorschriften für Übernahmeangebote variieren mit Blick auf die allgemeinen Verfahrensvorschriften, wie etwa Informationsvorschriften, Laufzeit des Angebots, Zulässigkeit von bedingten Angeboten, Art der Kompensation sowie Rücktrittsrechte nur geringfügig. Größere Unterschiede sind bei den Nachbesserungspflichten festzustellen, da in den USA ausschließlich während der Laufzeit eines Übernahmeangebots die Verpflichtung zur Nachbesserung bei Angebotserhöhungen gegeben ist. In Deutschland und England bestehen dagegen auch für die Zeit nach dem Angebot bestimmte Regelungen: In Deutschland ist die Nachbesserung gegenüber den Aktionären, die das 1. Angebot angenommen haben, in den ersten zwölf Monaten nach dem Angebot auch bei höheren Folgeangeboten vorgeschrieben, wobei es gewisse Ausnahmeregelungen gibt. Diese Ausnahmeregelungen sind durch das Übernahmegesetz bedauerlicherweise in der Weise erweitert, dass die Nachbesserungspflichten nur noch in sehr begrenztem Maße bei außerbörslich getätigten Aktienkäufen anwendbar sind. Gleichzeitig ist aber bei Scheitern des Erstangebots eine Sperrfrist für weitere Angebote eingeführt worden. Die englischen Vorschriften sind in diesem Zusammenhang strikter, indem allgemein bei Erfolg eines 1. Angebots in den darauffolgenden sechs Monaten Folgeangebote verboten sind. Diese Sperrfrist verlängert sich bei Ablehnung des 1. Angebots um weitere sechs Monate auf zwölf Monate.

Tabelle V-1: Gegenüberstellung der länderspezifischen Regelungen – Erwerb einer Kontrollbeteiligung

	Deutschland	USA	England
Allgemeine Publizitätsvorschriften			
Erstauslösungs-schwelle	Spätestens 7 Tage nach Erreichen von 5% (börsennotierte Ges.)	Spätestens 10 Tage nach Erreichen von 5%	Innerhalb von 2 Tagen nach Erreichen von 3%
Weitere Schwellen	10%, 25%, 50%, 75%	Stetig bei >2%	Stetig bei >1%
Umgehungs-möglichkeiten	Bereich zw. 10% und 25%, Depotstimmrecht	10 Tages-Frist, Erwerb unter 2% p.a.	Keine, da Bekanntgabe innerhalb von 2 Tagen
Umfang Informa-tionsvorschriften (Käufer)	Name, Umfang Beteiligung	Ausführliche Informationen zu Plänen/ Zielen	Name, Umfang Beteiligung
Vorschriften für Paketkäufe	Keine; Ausnahme: Pflichtangebot	Grundsätzlich keine, teilweise Ausnahmen von der Sale-of-Control-Doctrine	Beteiligung > 15%: Verbot von Käufen > 10%, falls nicht Übernahmeangebot, Paketkauf
Vorschriften für öffentliche Übernahmeangebote			
Zusätzliche Informations-vorschriften	Angebotsbedingungen, Ziele; Stellungnahme Management (Man.) und Aufsichtsrat	Sofortige Informationspflicht (bei Beteiligung <5%); Stellungnahme Man.	Angebotsbedingungen, Ziele, Liste Trans-aktionen (12 Monate); Stellungnahme Man.
Laufzeit des Angebots	Min.: 28 Tage; Max.: 70 Tage; Verlängerung (14 Tage) bei Veränderung Angebot	Min.: 20 Tage; Max: unbegrenzt; Verlän-gerung (10 Tage) bei Veränderung Angebot	Min.: 21 Tage; Max.: 60 Tage; Verlängerung (14 Tage) bei Veränderung Angebot
Zulässigkeit bedingter Angebote	Ja	Ja	Ja; Grundbedingung: Erreichen einer Beteiligung von 50%
Zulässigkeit Teilangebote	Eingeschränkt, Pro-Rata-Regel	Ja, Pro-Rata-Regel	Eingeschränkt, Pro-Rata-Regel
Art der Kompensation	Freie Wahl des Bieters; bei Erwerb von mehr als 5% in letzten drei Monaten vor bzw. 1% während Angebot: Bargeld	Freie Wahl des Bieters	Freie Wahl des Bieters; bei Erwerb von mehr als 10% in letzten 12 Monaten: Bargeld
Parallele Aktienkäufe	Ja, berichtspflichtig	Nein	Ja, Ausnahme: Teilangebot
Nachbesserungs-pflichten	Best-Price-Rule für 12-Monats-Zeitraum nur bei außerbörslichen Aktienkäufen	Best-Price-Rule nur für Angebotslaufzeit	Best-Price-Rule für Angebotslaufzeit, Ver-bot besserer Angebote für 6 Monate nach er-folgreicher Angebots-annahme (>50%)

Sperrfrist nach Scheitern Angebot	Ja, keine erneuten Angebote innerhalb ersten 12 Monate	Nein	Ja, keine erneuten Angebote innerhalb ersten 12 Monate
Rücktrittsrecht Aktionär	Ja	Ja	Ja
Abstimmungs-recht der Aktionäre	Nein; Angebot auch durchführbar, wenn Mehrheit der Aktionäre Angebot nicht ange-nommen hat; aber: nachträgliche An-nahmemöglichkeit (14 Tage)	Ja, bei Vorliegen Control Share Acquisition Statute; ansonsten Angebot auch gültig, wenn Mehrheit der Aktionäre Angebot nicht angenommen hat	Bei Teilangebot; gleichzeitig nachträg-liche Annahmemögl. bei Erreichen von mehr als 50% durch Bieter (14 Tage); Angebot nur gültig bei Erreichen Beteiligung von 50%
Nachträgliches Abfindungsrecht der Aktionäre	Nein	Nein	Ja, bei Erreichen einer Annahmequote von 90%
Recht auf Zwangserwerb	Nicht direkt im Rahmen vom Übernahmeangebot, aber "Squeeze -out" Recht bei Erreichen 95%-Schwelle	Nicht direkt im Rahmen vom Übernahmeangebot; nur im Rahmen von "Freeze-out-Merger"	Ja, bei Erreichen einer Annahmequote von 90%
Gerichtliche Überprüfbarkeit	Nein	Nein	Ja, im Rahmen vom nachträglichen Abfindungsrecht
Pflichtangebotsvorschrift			
Auslöse-tatbestand	>30%; keine Regelung für Bereich 30%-50%	Nur bei Vorliegen Cash-out-Statute: 25% (30%)	> 30%; zwischen 30-50% bei jedem neuem Aktienkauf
Ausnahme-regelungen	Befreiung nur in Ausnahme-fällen durch Aufsichtsamt für Wertpapierhandel möglich	Nur in Pennsylvania, Utah, Maine und Nevada gültig	Befreiung nur in Ausnahmefällen durch "Panel" möglich; Anwesenheit Kontrollaktionär
Preisregelung	Mindestens so hoch wie der in den letzten 3 Monaten bezahlte Preis bzw. gewichtete Börsenkurs	Mindestens so hoch wie Übernahmepreis vom "Tender Offer"	Mindestens so hoch wie der in den letzten 12 Monaten bezahlte Preis
Folgen von Pflicht-verletzungen	Bußgeld, temporärer Verlust Besitzrechte, Haftungs- und Scha-denersatzregelungen	Bußgeld, strafrechtliche Verfolgung, private Schadenersatzklagen	Bußgeld; bei Verstoß gegen City Code: Öffentliche/ private Rügen; Entzug der Mitgliedschaftsrechte
Zulässigkeit von Abwehr-nahmen	Eingeschränkt zulässig	Eingeschränkt zulässig	Generell unzulässig; Ausnahmen ohne Schaden für Aktionäre

Problematisch ist jedoch, dass sich diese Regelungen in Deutschland und England jeweils nur auf öffentliche Übernahmeangebote beziehen und deshalb auf andere Aktienkäufe (Markt- bzw. Paketkäufe) bzw. Konzernierungsmaßnahmen nicht anzuwenden sind. Daher ist eine echte Einschränkung von "Two Tier Offers" durch diese Maßnahmen in Deutschland nur bedingt möglich. Ein weiterer mit den Nachbesserungspflichten zusammenhängender Unterschied liegt in dem Umfang, wie das in den länderspezifischen Kapiteln mehrfach angesprochene Gefangenendilemma minimiert wird.[5] Auch hier liegt England mit den Regelungen zum City Code vorn: Die Zwangswirkung bei Teilangeboten wird durch die Zustimmungserfordernis der außenstehenden Aktionäre deutlich verringert. Gleichzeitig hilft das Pflichtangebot bei der Vermeidung von Zwangssituationen, da gemäß City Code ab einer Beteiligung von 30% das Angebot an alle außenstehenden Aktionäre zu einem vorgeschriebenen Mindestpreis erfolgen muss und damit ohnehin Teilangebote nur im begrenztem Maße möglich sind. Darüber hinaus wird ein Angebot nur als erfolgreich und damit durchführbar beurteilt wird, wenn der Bieter nach Durchführung des Angebots mindestens 50% der Aktien hält. Damit kann im begrenztem Maße verhindert werden, dass ein Aktionär über die "Hintertür" die Kontrolle über das Unternehmen erlangen kann, obwohl immer noch der Fall eintreten kann, dass die Mehrheit der außenstehenden Aktionäre das Angebot eigentlich ablehnt.[6] Zugleich wird durch die nachträgliche Annahmemöglichkeit sichergestellt, dass die Aktionäre zunächst frei abstimmen können und bei Erreichen einer Mehrheitsbeteiligung durch den Bieter trotzdem noch die Ausstiegsmöglichkeit aus dem dann beherrschten Unternehmen besitzen. Damit wird durch die englischen Regelungen die Forderung von Bebchuk nach einer freien und ungezwungenen Entscheidungsfindung weitgehend erfüllt.[7] Die aufgeführten Regelungen bestehen im deutschen Regulierungssystem nur eingeschränkt, da zwar auch die Verpflichtung zum Vollangebot vorliegt, jedoch andere Vorschriften, wie etwa die Einführung einer Mindestbeteiligungsquote des Bieters im Falle eines erfolgreichen Angebotes, fehlen. Darüber hinaus lässt das Übernahmegesetz alle Fälle, bei denen Anteils-eigner bereits zwischen 30-50% der Anteile an einem Unternehmen halten bzw. durch ein Übernahmeangebot erworben haben, ungeregelt: In diesen Fällen sind private Aufkäufe ohne die erneute Auslösung eines Pflichtangebotes möglich. Für die USA gilt Ähnliches, da nur in Staaten mit Control Share Acquisition Statutes (wie etwa Arizona, Florida, Hawai, Idaho etc.)[8] ein Abstimmungsrecht bzw. in Staaten mit Cash-out Statutes (Pennsylvania, Maine, Nevada, Utah) die Verpflichtung zum Vollangebot vorliegt, und in diesen Staaten nur eine

---

[5] Vgl. Kapitel II, Abschnitt 2.2.4; Kapitel III, Abschnitt 2.3.3.; Kapitel IV, Abschnitt 2.3.

[6] Vgl. hierzu Beispiele in Kapitel II, Abschnitt 2.2.4; Kapitel IV, Abschnitt 2.3.

[7] Vgl. Kapitel III, Abschnitt 2.3.4.1.

[8] Vgl. Kapitel III, Abschnitt 2.5.

Minderheit der amerikanischen Unternehmen inkorporiert ist.[9] Die Argumente, die vor allem in der deutschen Diskussion gegen das Pflichtangebot genannt werden,[10] wirken bei Betrachtung der englischen Situation äußerst schwach, da in England die Pflichtangebotsregelung in einer sehr strengen Form seit mehr als zwanzig Jahren existiert, häufig angewendet wird und eine erhöhte Konzentration in den Unternehmensstrukturen bzw. eine Abnahme der Übernahmen nicht festzustellen ist. Zugleich haben die Effizienzüberlegungen hinsichtlich der Regulierung von Übernahmen im amerikanischen Kapitel gezeigt, dass

¶ die Suchintensivität von Bietern aufgrund der günstigen Aufkaufsmöglichkeiten im Vorfeld von einem öffentlichen Übernahmeangebot nur wenig eingeschränkt wird,

¶ Übernahmen zu Lasten von Minderheitsaktionären verhindert werden und

¶ die Gesamtwohlfahrtsverluste durch die Einschränkung effizienter Übernahmen aufgrund überhöhter Kontrollprämien tendenziell geringer als die Gesamtwohlfahrtsgewinne durch Vermeiden ineffizienter Übernahmen ausfallen, da eine Vermeidung effizienter Übernahmen ohnehin nur bei Vorliegen von zu vermeidenden Sondervorteilen des Kontrollaktionärs möglich ist.[11]

Eine weitere Maßnahme zum Schutz der Minderheitsaktionäre, die derzeit ausschließlich in England zur Verfügung steht, ist das Recht der Minderheitsaktionäre in einem gewissen Zeitraum nach Abschluss des Angebots eine Abfindung zu gleichen Bedingungen zu verlangen, wenn mehr als 90% der außenstehenden Aktionäre das erste Angebot angenommen haben und damit die Kontrolle durch den neuen Mehrheitsaktionär sehr weitreichend ist. Umgekehrt kann vom Kontrollaktionär das Recht in Anspruch genommen werden, bei Vorliegen einer 90%igen Zustimmung durch die außenstehenden Aktionäre die verbleibenden Minderheitsaktionäre auch gegen ihren Willen aus dem Unternehmen zu entfernen. Durch diese Maßnahme wird die strategische Flexibilität des Kontrollaktionärs deutlich erhöht: Eine kleine Minderheit kann nicht versuchen, zukünftige Transaktionen durch Rechtsklagen, Anfechtungen etc. zu behindern und als "Trittbrettfahrer" am zukünftigen Erfolg teilzuhaben. Nicht umsonst ist zum 1. Januar 2002 im Aktiengesetz eine "Squeeze-out"-Regelung eingeführt worden, die es ebenfalls ermöglicht, ab Erreichen einer Beteiligungsschwelle von 95% die verbleibenden Minderheitsaktionäre aus dem Unternehmen zu entfernen. Damit geht der deutsche Gesetzgeber einerseits weiter als der englische, da er die Abfindungsmöglichkeit nicht nur im Anschluss an ein Übernahmeangebot, sondern allgemein bei Überschreiten eines bestimmten Schwellenwertes ermöglicht. Andererseits springt der

---

[9] Wie in Kapitel III, Abschnitt 1.3.2. erwähnt, sind die meisten amerikanischen Unternehmen in Delaware inkorporiert.

[10] Vgl. Kapitel II, Abschnitt 3.2.3.3.

[11] Vgl. Kapitel III, Abschnitte 2.2.2.3., 2.3.4.

deutsche Gesetzgeber aber zu kurz, da er keine aktiven Ausstiegsmöglichkeiten für den Minderheitsaktionär vorsieht und die Schwelle mit 95% sehr hoch ansetzt.

Zum Abschluss dieses Abschnittes fehlt noch die Beurteilung der Abwehrmaßnahmen und Antitakeover Statutes, welche vor allem in den USA zum Schutz gegen feindliche Übernahmen eingesetzt werden, während in England und bisher auch in Deutschland ihre Anwendbarkeit stark eingeschränkt ist. Da empirische Untersuchungen zeigen, dass diese Schutzmaßnahmen tendenziell eher dem Schutz der Position des Managements als dem Schutz der Aktionäre dienen,[12] ist eine Übertragung der amerikanischen Regelungen in keinem Fall zu empfehlen. Aus diesem Grund ist die Erweiterung des Handlungsspielraums für das Management durch das deutsche Übernahmegesetz kritisch zu hinterfragen und eine Änderung empfehlenswert.

1.2. Besitz einer Kontrollbeteiligung

In der Stufe - Besitz einer Kontrollbeteiligung –, deren länderspezifischen Regelungselemente zusammenfassend weiter unten in Tabelle V-2 dargestellt sind, erschwert sich die Vergleichbarkeit.[13] Während Deutschland mit den Konzernabschnitten im Aktiengesetz Verbindungsformen wie den faktischen Konzern, Unternehmensvertrag bzw. Eingliederung sowie über das Umwandlungsgesetz sämtliche Formen der Umwandlung, wie etwa Formwechsel, Verschmelzung und Spaltung, regelt, beziehen sich in den USA die Abfindungsregelungen vor allem auf die Situation einer "Business Combination". In England dagegen sind durch die Möglichkeit des Zwangserwerbs in der 1. Stufe echte Minderheitsbeteiligungen eher selten, so dass für Minderheitsaktionäre in einer beherrschten "Public Company" nur wenige Abfindungsregelungen vorgegeben sind, da zudem bei börsennotierten Unternehmen die Ausstiegsmöglichkeit über den Markt als ausreichend bewertet wird.

Im Falle der faktischen Konzernierung wird in Deutschland dem kontrollierenden Unternehmen explizit ein Weisungsrecht bei gleichzeitiger Verpflichtung zum Nachteilsausgleich zugesprochen. In den USA und England können die Kontrollaktionäre dagegen nur indirekt, z.B. über die Etablierung von "Interlocking Directors", Weisungen zugunsten der eigenen Gesellschaft erreichen. Den Minderheitsaktionären steht in allen drei Ländern die Möglichkeit zur Klage zur Verfügung, welche jedoch in Deutschland und England aufgrund des Kostenrisikos und anderen Beschränkungen, wie etwa der "Foss v. Harbottle Rule", in den meisten Fällen ungenutzt bleibt. In Deutschland besteht zudem das Problem, dass der Nachweis, dass Schädigungen zu Lasten des beherrschten Unternehmens nicht ersetzt worden sind, enorm schwierig und dadurch der Schutz der Minderheitsaktionäre bei

---

[12] Vgl. Kapitel III, Abschnitt 0 und 2.5.

[13] Vgl. Kapitel II, Abschnitte 3., 4.; Kapitel III, Abschnitte 3., 4.; Kapitel IV, Abschnitte 3., 4.

dieser Art der Beherrschung besonders gering ist.[14] In den USA ist das Risiko einer Klage aus Sicht der Kontrollaktionäre noch am größten, da der Kosten- und Zeiteinsatz aufgrund der Existenz von spezialisierten Anwaltskanzleien und der Möglichkeit sogenannter Sammelklagen für den einzelnen Aktionär geringer ist. Aufgrund dieses Klagerisikos wählen in den USA die meisten kontrollierenden Gesellschaften die Strategie der faktischen Beherrschung ("Freeze-in") relativ selten und entscheiden sich eher für eine "Business Combination".[15] In England sind zusätzlich zur Klagemöglichkeit gesetzliche Schutzmaßnahmen bereitgestellt worden, welche neben der Verfügung einer Zwangsliquidation auch die Anrufung des Gerichts wegen "Unfair Prejudice" beinhaltet.[16] Eine der von den Gerichten am häufigsten gewählte Sanktion ist in diesem Zusammenhang die Abfindung der klagenden Minderheitsaktionäre zu einem fairen Preis, was eine der wenigen Abfindungsregelungen in dieser Stufe in England darstellt.

Explizite Vorschriften zum Vertragskonzern existieren nur in Deutschland, da diese Verbindungsform ausschließlich hier rege Anwendung findet. Die Mängel der bestehenden Vorschriften - wie etwa die Unattraktivität der Ausgleichsregelung, die durchschnittliche Länge der Spruchstellenverfahren, die ungeklärte Situation bei Beendigung von Unternehmensverträgen etc. - sind im deutschen Kapitel hinreichend beschrieben worden, so dass an dieser Stelle ein Verweis nach oben genügen kann.[17]

Die deutschen Vorschriften zur Eingliederung sind einerseits mit den englischen Zwangserwerbsregelungen im Anschluss an ein Übernahmeangebot und andererseits mit den amerikanischen Vorschriften zu den "Business Combinations" zu vergleichen, da letztere sowohl eine Verschmelzung als auch eine Eingliederung darstellen können. Während in Deutschland für die Durchführung einer Eingliederung eine Beteiligung von mehr als 95% des anwesenden Grundkapitals vorliegen muß, ist in England dieser Weg unmittelbar im Anschluss an ein Übernahmeangebot bei Vorliegen einer Zustimmung von 90% aller außenstehenden Aktionäre ohne gesonderte Beschlußfassung durchführbar. Zugleich ist in Deutschland bei der Eingliederung die Abfindung in Form von Aktien vorgeschrieben, da nur bei Abhängigkeit des herrschenden Unternehmens vom abzufindenden Aktionär alternativ eine Barkompensation gewählt werden kann. Zukünftig kann jedoch die Barkompensation über das unter Abschnitt 1.1 bereits angesprochene "Squeeze-out"-Recht erreicht werden. In England hängt dagegen die Kompensation vom vorherigen Übernahmeangebot ab. Das Recht auf gerichtliche Überprüfung ist sowohl in England als auch in Deutschland gegeben, wobei nur in Deutschland eine Herabsetzung der ursprünglich gebotenen Abfindung durch das Gericht verboten ist.

---

[14] Vgl. Kapitel II, Abschnitt 3.2.
[15] Vgl. Kapitel III, Abschnitt 3.3.
[16] Vgl. Kapitel IV, Abschnitt 3.3.3.
[17] Vgl. Kapitel II, Abschnitt 3.3.

Tabelle V-2: Gegenüberstellung der länderspezifischen Regelungen - Besitz einer Kontrollbeteiligung

	Deutschland	USA	England
Explizites Konzernrecht	Ja	Nein	Nein
Vorschriften für faktische Konzernierung			
Weisungsrecht des Kontrollaktionärs	Ja, aber Nachteilsausgleich jeweils zum Jahresende	Nicht explizit, aber indirekte Weisungsmöglichkeiten über	Nicht explizit, aber indirekte Weisungsmöglichkeiten über
Nachteilsausgleich	Vorgeschrieben zum Jahresende, Eingeschränkte Nachprüfbarkeit trotz Berichts- und Prüfungspflichten	Nicht vorgeschrieben, da Schädigungen ohnehin nur indirekt und verdeckt erfolgen	Nicht vorgeschrieben, da Schädigungen ohnehin nur indirekt und verdeckt erfolgen
Abfindungsregelung	Nein	Nein	Recht Minderheitsakt., bei Vorliegen einer Interessenbeeinträchtigung Gericht um Hilfe anzurufen; häufig gewählte Sanktion: Abfindung
Klagerechte der Minderheitsaktionäre	Schadenersatzklagen; Kostenrisiko liegt bei Kläger	Klagemöglichkeit bei Verletzung der Sorgfalts- und Treuepflichten von Kontrollakt. und Leitungs-organen; Kostenrisiko liegt bei Kläger	Stark eingeschränkte Klagemöglichkeit aufgrund der Foss v. Harbottle Regel: Verfügung Zwangsliquidation; Überprüfung durch externe Kontrolleure
Vorschriften zum Vertragskonzern	Ja	Nein, aber auch in der Praxis nur selten	Nein, aber auch in der Praxis nur selten
Mehrheitserfordernisse	Einfache Stimmenmehrheit, 75% des anwesenden GKs		
Zusätzliche Verfahrensvorschriften	Berichts-/Prüfungs-/ Informationspflichten, Eintrag ins HR		
Weisungsrecht	Uneingeschränkt; nur Gläubigerschutzvorschriften		
Ausgleichsregelung	BV/GAV nur gültig bei Vorliegen Ausgleich; Wahlrecht zwischen fest/variabel; Umfang des Ausgleichs umstritten		
Abfindungsregelung	Ja, wobei für Gültigkeit UV nicht zwingend vorgeschrieben; Wahlrecht des herrschenden U. zwischen		

	Aktien/Bargeld (=Freeze-out-Recht); Annahmefrist: 2 Monate; automatische Verlängerung im Falle eines Spruchstellenverfahrens		
Gerichtliche Überprüfbarkeit von Abfindung/ Ausgleich	Ja, Recht auf Spruchstellenverfahren zur Überprüfung; Verbot von "reformatio peius", d.h. nur Verbesserung möglich; Verfahrenskosten werden durch Vertragsparteien getragen; Probleme: Verfahrenslänge, Abfindungsergänzungsanspruch, Verzinsungsregel		
Sonstige Rechte	Recht der Anfechtung, aber nicht wegen Unangemessenheit von Abfindung/ Ausgleich; Schadenersatzansprüche bei Pflichtverletzung		
Kündigung von Unternehmensverträgen	Prinzipiell möglich; Stopp Ausgleichszahlungen, keine nachvertraglichen Verpflichtungen, Weiterführung laufender Spruchstellenverfahren; Unklar: Wirkung a.o. Kündigungsrecht im Anschluss an Spruchverfahren		
Vorschriften zur Eingliederung			
Mehrheitserfordernisse	100%ige Tochter, bzw. Eingliederung per Mehrheitsbeschluss: 95% v. Grundkapital		Eingliederung vergleichbar zum Zwangserwerb im Rahmen eines Übernahmeangebots
Abfindungsregelung	Ja, Wahlrecht des Aktionärs zwischen Bargeld/Aktien bei Abhängigkeit der Hauptgesellschaft, sonst Aktien		
Gerichtliche Überprüfbarkeit der Abfindung	Kein Recht auf Anfechtung bei Unangemessenheit, aber Recht auf Spruchstellenverfahren, siehe Vorschriften zum Vertragskonzern		

Vorschriften zum "Squeeze-out"			
Mehrheits-erfordernisse	"Squeeze-out" möglich bei Vorliegen einer Mehrheits-beteiligung von 95%	"Squeeze-out" nur im Rahmen von Verschmelzungen möglich: siehe weiter unten bei "Freeze-out Merger"	"Squeeze-out" nur möglich direkt im Anschluss an Er-reichen einer 90%-Beteiligung durch öffentliches Angebot
Gerichtliche Überpüfbarkeit	Recht auf Spruchstellen-verfahren; siehe Vorschriften zum Vertrags-konzern; Anfechtung wegen Unangemessenheit ausgeschlossen		Möglichkeit zur Überprüfung von Rechtmäßigkeit und Höhe der Abfindung gegeben; nur selten Erhöhung durch Gericht
Vorschriften zur Verschmelzung/"Business Combinations"			
Mehrheits-erfordernisse	75% des anwesenden Grundkapitals der beteiligten Gesellschaften	Staatenabhängig: zw. 50% und 75% der anwesenden Stimmen, tw. beziehen sich Er-fordernisse auf alle stimmberechtigten Anteile; Verbot von Business Combina-tions bei Vorliegen Freeze-out Statute im Falle einer feind-lichen Übernahme; Zustimmung einer Mehrheit der Min-derheitsaktionäre bei Vorliegen Fair-Price Statute erforderlich	"Special Resolution": 75% der anwesenden Stimmen
Abfindungs-regelung/ Art der Kompensation	In der Regel: Aktientausch Ausnahmen: Barabfindung wahlweise, falls ver-schmelzende Gesellschaften unterschiedliche Rechts-formen aufweisen oder neue Anteile Verfügungs-beschränkungen aufweisen (schriftlicher Widerspruch notwendig)	In der Regel: Aktientausch Ausnahmen: Freeze-out Merger, bei dem es zur Barabfindung ohne Angebot von Aktien kommt; Anwendung "Appraisal Right", wenn Minderheits-akt. mit Umtausch-verhältnis/Höhe der Barabfindung nicht zufrieden ist	In der Regel: Aktientausch Ausnahmen: Bei Reconstruction: Recht auf Barab-findung bei schrift-lichen Widerspruch gegen Unter-nehmensverbindung Bei "Scheme of Arrangement": Recht auf Barab-findung, wenn Gericht Umtausch-verhältnis als unan-gemessen erachtet

Gerichtliche Überprüfbarkeit der Abfindung	Ja, im Rahmen von einem Spruchstellenverfahren; Verfahrenskosten werden von Vertragsparteien getragen; Entscheidung gilt für alle Aktionäre	Ja, im Rahmen der Anwendung des "Appraisal Right"; Verfahrenskosten werden z.T. von Vertragsparteien getragen; Entscheidung gilt nur für klagende Akt.	Ja, im Rahmen von einem Schiedsverfahren; Entscheidung gilt nur für klagende Aktionäre
Sonstige Klagerechte der Minderheitsaktionäre	Anfechtungsrecht, wobei Kostenrisiko beim Kläger liegt und Anfechtung wegen Unangemessenheit Umtauschverhältnis ausgeschlossen ist	"Appraisal Right": Exklusivrecht; in Ausnahmen besteht zusätzliche Möglichkeit zur Überprüfung der Fairness einer Transaktion ("Entire-Fairness-Test")	Gerichtliche Überprüfung des "Scheme of Arrangement"
Vorschriftn zur Bewertung			
Verwendete Verfahren	Ertragswertverfahren	Delaware Block Methode, DCF-Methode, Ratios	Ertragswertverfahren
Relevanz des Börsenkurses	Bisher keine Bedeutung; seit BVerfGe-Urteil 1999 Berücksichtigung vorgeschrieben	Börsenkurs: Untergrenze; z.T. auch als alleiniges Kriterium anerkannt	Börsenkurs: Untergrenze; z.T. auch als alleiniges Kriterium anerkannt
Relevanz von im Vorfeld gezahlten Abfindungen	Keine Berücksichtigung	Bei Vorliegen von Fair-Price-Statutes	Für Zwangsabfindungen gelten vorher gezahlte Übernahmepreise als Untergrenze
Berücksichtigung von Synergievorteilen	Nein, mit Ausnahme von Verlustvorträgen (h.M.)	Abhängig von einzelstaatlichen Vorschriften; in Delaware in gewissen Fällen Aufteilung anerkannt	Für "Public Companies" findet keine Diskussion zu dieser Thematik statt
Kalkulationszinssatz	Risikoloser Zinssatz ergänzt um Risikozuschlag und Inflationsabschlag	CAPM, Dividend Growth Model	Übliche Ansätze: CAPM, Risikozuschlagsmethode
Minderheitenabschläge	Nein	Nein	Nein

Zugleich können die Aktionäre eher eine Erhöhung durch das Gericht erwarten, da bisher die ursprünglich angebotenen Abfindungen vielfach weit unter dem Börsenkurs zum Zeitpunkt der Transaktion lagen und damit ein erheblicher Spielraum für Verbesserungen bestand.[18] In England werden dagegen keine Abfindungen unterhalb des Marktpreises akzeptiert, gleichzeitig Erhöhungen oberhalb des Börsenkurses ebenfalls nur selten angeordnet.

Die länderspezifischen Vorschriften zur Verschmelzung bzw. zu den "Business Combinations" ähneln sich in der Weise, dass die Mehrheitserfordernisse für solche Transaktionen überwiegend bei 75% des anwesenden Grundkapitals bzw. Stimmen liegen.[19] Nur in den USA sind in einigen Staaten derartige Transaktionen bereits bei Vorliegen einer 50%igen Mehrheit durchführbar. Zusätzlich existiert in den USA die Regelung, dass eine "Business Combination" unter bestimmten Bedingungen trotz Vorliegen einer Mehrheit nicht durchgeführt werden darf. Dieses Verbot besteht in allen Bundesstaaten mit einem Business Combination Statute im Falle einer feindlichen Übernahme; bei Zustimmung des Managements wird im Vorfeld einer Übernahme dieses Verbot aufgehoben. Verbunden wird es häufig mit einer Mindestpreisregelung, gemäß derer nach Ablauf der Sperrfrist die Übernahme nur bei Vorliegen eines fairen Abfindungspreises durchgeführt werden kann. Eine weitere Besonderheit des amerikanischen Rechts sind die sogenannten "Fair-Price-Statutes", gemäß denen eine "Business Combination" nur durchgeführt werden darf, wenn die Mehrheit der außenstehenden Aktionäre der Transaktion zustimmt bzw. wenn ein fairer Abfindungspreis, der unter Befolgung bestimmter Regeln gebildet werden muss, angeboten wird. Wie jedoch bereits im amerikanischen Kapitel kritisiert, dienen diese Regelungen ausschließlich der undifferenzierten Verhinderung feindlicher Übernahmen, so dass der Schutz der Aktionäre bei Zusammenarbeit von Management der Zielgesellschaft und kontrollierende Gesellschaft nicht weitreichender als in England oder Deutschland ist.[20]

Unterschiede zwischen den drei Länder bei den Regelungen zur Verschmelzung bestehen in der Art der Kompensation, da in Deutschland ausschließlich die Aktienabfindung zulässig ist und nur in bestimmten Ausnahmefällen dem Aktionär das Recht auf Barabfindung zusteht. Ein "Squeeze-out" ist deshalb bei der Verschmelzung im Gegensatz zum Unternehmensvertrag nicht möglich, da nur im Falle eines Unternehmensvertrags das Wahlrecht beim Abfindenden liegt und der alternativ angebotene Ausgleich für einen wirtschaftlich denkenden Aktionär keine vernünftige Alternative darstellt.[21] Dagegen liegt in den USA das Wahlrecht hinsichtlich der Kompensationsart bei der kontrollierenden Gesellschaft, die sich neben einem "Statutory Merger" oder einem "Stock-for-Stock-Exchange" auch für einen sogenannte "Freeze-out-Merger" entscheiden kann. Den Minderheits-

---

[18] Vgl. Kapitel II, Abschnitt 5.7.

[19] Vgl. Kapitel II, Abschnitt 4.; Kapitel III, Abschnitt 4.; Kapitel IV, Abschnitt 4.

[20] Vgl. Kapitel III, Abschnitt 0, 2.5.

[21] Vgl. Kapitel II, Abschnitt 3.3.

aktionären steht in diesen Fällen das "Appraisal Right" zu, gemäß dem das Recht auf Austritt aus dem Unternehmen gegen Barabfindung sowie die gerichtliche Überprüfung einer gebotenen Abfindung eingefordert werden kann. Im englischen Recht hängt es von der gewählten Verbindungsform ab, wem das Recht zusteht, die Art der Kompensation auszuwählen. Prinzipiell ist die Regelabfindung sowohl bei der "Reconstruction" als auch beim "Scheme of Arrangement" die Abfindung in Form von Aktien. Zusätzlich kann jederzeit freiwillig, wie in den beiden anderen Ländern, die Barabfindung von der herrschenden Gesellschaft angeboten werden. Im Falle der "Reconstruction" besteht das Recht der Minderheitsaktionäre, schriftlich die Barabfindung zu fordern. Beim "Scheme of Arrangement" liegt dieses Recht nicht automatisch vor, sondern die Barabfindung kann nur von einem Gericht zugesprochen werden, wenn es die Transaktion als unangemessen erachtet. In der Praxis trifft letzterer Fall eher selten zu. Zugleich ist festzuhalten, dass der Schutz von Minderheitsaktionären in beherrschten, öffentlich gehandelten Unternehmen relativ schlecht ist, da die Möglichkeiten der negativen Kursbeeinflussung sowie der Vermögensverschiebungen und die damit resultierende Unangemessenheit des Börsenkurses als Abfindung nicht thematisiert werden.

Die gerichtliche Überprüfung der gebotenen Abfindungen ist in Deutschland über das Spruchstellenverfahren, in den USA im Rahmen des "Appraisal Right" sowie mit Hilfe des "Entire-Fairness-Test" und in England über ein Schiedsverfahren möglich. Die Probleme sind ähnlich, da häufig Uneinigkeit über den Umfang der Kostenübernahme besteht, die Verfahren sehr langwierig sind, die Gerichte mit der Überprüfung der Angemessenheit einer Abfindung überfordert sind und es den gerichtlich bestellten Gutachtern (Wirtschaftsprüfer, Investmentbanken) an Unabhängigkeit gegenüber der abfindenden Gesellschaft mangelt. Dieses zeigt sich auch an der Diskussion zur Bewertung, die am intensivsten in Deutschland geführt wird, da hier bis vor kurzem der Börsenkurs als Untergrenze der Abfindung kategorisch abgelehnt wurde und damit eine Begrenzung des Problems nach unten fehlte.[22] In USA und England stellt sich dagegen die Frage, ob nicht bei börsennotierten Unternehmen automatisch der Börsenkurs auch als Obergrenze dienen sollte, da eine Beteiligung der Synergien analog zu Deutschland abgelehnt wird. Gegner eines Börsenkurses als Obergrenze führen jedoch m.E. richtigerweise an, dass bei einer beherrschten Gesellschaft der Börsenkurs durch das Abhängig-keitsverhältnis negativ beeinflußt sein kann, wodurch der eigentliche Wert des Unternehmens, welcher als Basis für die Bewertung dienen sollte, nicht widergespiegelt wird.[23] Zugleich ist es nicht begründbar, warum ein Minderheitsaktionär, welcher bei einem öffentlichen Übernahmeangebot bzw. bei einer Verschmelzung zweier unabhängiger Unternehmen häufig an den Synergien der Transaktion beteiligt wird, bei einer zwangsweisen Abfindung dieses Recht verliert.

---

[22] Vgl. Kapitel II, Abschnitt 5.; Kapitel III, Abschnitt 5.; Kapitel IV, Abschnitt 5.

[23] Vgl. Kapitel III, Abschnitt 4.2.1.4.

2. MODELLRECHNUNGEN ZUR WIRKUNG DER ABFINDUNGS-REGELUNGEN VON DEUTSCHLAND, USA UND ENGLAND

Für die nachfolgenden Modellrechnungen zur Wirkung der Abfindungsregelungen von Deutschland, USA und England sind zur Vereinfachung eine Reihe von Annahmen unterstellt worden:

¶ Untersucht wird jeweils der durch die Transaktionen hervorgerufene Wertverlust bzw. -zuwachs für die einzelnen Beteiligten bezogen auf den tatsächlichen Wert der Aktien eines Unternehmens bei Unabhängigkeit.

¶ Der potentielle Investor Z nutzt sämtliche Freiräume, die ihm die Gesetze einräumen, und ist ausschließlich auf die Maximierung der eigenen Position ausgerichtet.

¶ Möglichkeiten der Aktionärsbeeinflussung mit Hilfe der Medien zur Verbesserung der Entscheidungsposition bleiben unberücksichtigt.

¶ Die Übernahme erfolgt in Absprache mit dem Management der Zielgesellschaft und läuft deshalb "freundlich" ab.

¶ Transaktionskosten werden nicht einbezogen.

¶ Auf die Berücksichtigung der Effekte von Anfechtungsklagen wird an dieser Stelle verzichtet, da diese Rechte in der Praxis selten von Kleinaktionären eingesetzt werden.

¶ In der Stufe "Erwerb einer Kontrollbeteiligung" werden in allen drei Ländern jeweils zwei Fallkonstellationen unterschieden: In Fall 1 steigt der Minderheitsaktionär erst beim öffentlichen Übernahmeangebot ein. In Fall 2 verkauft er bereits alle Aktien zu den am Anfang geltenden Marktpreisen Aktien (Fall 2a) bzw. zumindestens eine Aktie an den Kontrollaktionär (Fall 2b).

¶ Bei der deutschen Modellrechnung wird unterstellt, dass der Kontrollaktionär die Schritte 1 und 2, mit denen er bereits 30% erwirbt, bereits vor dem 31.12.2001 getätigt hat. Damit ist nach den derzeitigen Regelungen des Übernahmegesetzes ein Teilangebot möglich.

¶ Für die USA werden die Regelungen vom Bundesstaat Delaware unterstellt, da in diesem Staat die meisten Gesellschaften inkorporiert sind.

2.1. Ausgangssituation

Das Unternehmen Y stellt die Zielgesellschaft mit folgenden Rahmenbedingungen dar:

¶ Das Unternehmen Y verfügt über 100 außenstehende Aktien, von denen 25 Aktien dem Paketbesitzer PK_Y gehören. Der Rest befindet sich in Streubesitz; der hier betrachtete Minderheitsaktionär M_Y besitzt 5 Aktien.

¶ Der Börsenkurs beträgt vor der Transaktion P_Y=10GE; daraus ergibt sich ein Marktwert MW_Y von 1000GE.

- ¶ Der tatsächliche Wert des Unternehmens Y beträgt U_Y=1200GE (V_Y=12GE), d.h. das Unternehmen wird vom Markt unterbewertet.

Das Unternehmen Z stellt den Aufkäufer mit folgenden Rahmenbedingungen dar:

- ¶ Das Unternehmen Z verfügt über 100 außenstehende Aktien, von denen 5 Aktien dem Minderheitsaktionär M_Z gehören.
- ¶ Der Börsenkurs beträgt P_Z=24GE; daraus ergibt sich ein Marktwert MW_Z von 2400GE, welcher auch dem tatsächlichen Wert des Unternehmens U_Z entspricht.

2.2. Modellrechnung Deutschland

1. Schritt: Aufkauf von 5 Y-Aktien (x_{St}) zu P_Y=10GE vom Streubesitz und 25 Y-Aktien (x_{PK}) vom Paketbesitzer PK_Y zu $P_{PK,Y}$=13GE[24] durch Z. Daraus ergibt sich ein durchschnittlicher Preis D für die Aktien von

(4) $$D = (P_Y * x_{St} + P_{PK,Y} * x_{PK}) / (x_{St} + x_{PK})$$

$$D = (10GE*5 + 13GE*25) / 30 = 12{,}5.$$

2. Schritt: Notwendigkeit der Veröffentlichung der Aufkäufe durch Z; Annahme: P_Y steigt von 10 GE auf 12GE.[25]

3. Schritt: Öffentliches Übernahmeangebot für 30% der noch außenstehenden Aktien zu A_Y=12,5GE pro Aktie; d.h. Zahlung einer Übernahmeprämie von 0,5GE pro Aktie bezogen auf den tatsächlichen Wert von Y. Es wird hier das Erreichen einer einfachen Stimmenmehrheit unterstellt, da aufgrund der schlechten Präsenz bei Hauptversammlungen bereits diese Mehrheit für die meisten Beschlüsse ausreicht. Für den Minderheitsaktionär M_Y entsteht an dieser Stelle das in den länderspezifischen Kapiteln beschriebene Problem des Gefangenendilemmas, da der Aktionär weder Informationen hat, ob die Mehrheit der außenstehenden Aktionäre das Angebot annehmen wird, noch weiß, welchen Wert seine Aktien bei Abhängigkeit annehmen werden. Angesichts des Umstands, dass der Kontrollaktionär bereits vor dem Übernahmeangebot 30% der Aktien besitzt und damit in den meisten Hauptversammlungen die De-facto-Kontrolle ausüben kann, wird für die weiteren Kalkulationen davon ausgegangen, dass der Minderheitsaktionär M_Y das Angebot in jedem Fall annehmen wird, um für möglichst viele Aktien den Preis von 12,5GE zu sichern. Zusätzlich wird unterstellt, dass das Angebot von mehr als 80% der Aktionäre angenommen wird, so dass die Zuteilung pro rata erfolgt und der Minderheitsaktionär M_Y zwei seiner Aktien zu 12,5GE verkaufen kann, wenn er noch nicht im Vorfeld Aktien verkauft hat. Damit besitzt das Unternehmen Z 51 Aktien, d.h. eine 51%ige Beteiligung an Y, zu einem Durchschnittswert D_Y von 12,5 GE.

Zwischenfazit:

---

[24] Der Ansatz $P_{Y,PK} > P_Y$ soll die übliche Praxis der Paketaufschläge widerspiegeln.

[25] Vgl. Kapitel II, Abschnitt 3.2.1.

Der Paketbesitzer PK_Y könnte bei Verkauf seines Pakets einen Wertzuwachs W von

(5) $W_{PK,Y} = (P_{PK,Y}-V_Y)*x_{PK,Y}$

$W_{PK,Y} = (13GE-12GE)*25 = 25GE$ verzeichnen.

Für den Minderheitsaktionär M_Y ist das Geschäft bis zu diesem Zeitpunkt mit einem Wertzuwachs verbunden, falls er nicht im Vorfeld Aktien zu 10 GE verkauft hat.

(6) $W_{M,Y} = (A_Y-V_Y)*x_{M,Y}$

Fall 1: $W_{M,Y} = (12{,}5GE-12GE)*2 = 1GE$

Dieser Wertzuwachs ist jedoch nur dann dauerhaft vorhanden, wenn seine verbleibenden 3 Aktien mindestens ihren Wert behalten, den sie stand-alone vor Aufbau einer Kontrollbeteiligung durch Z hatten (V_Y=12GE).

Für den Fall dass er im Vorfeld des Übernahmeangebots bereits alle Aktien zu 10GE an Z verkauft hat, würde M_Y einen Wertverlust erleiden:

Fall 2a: $W_{M,Y} = (10GE-12GE)*5 = -10GE$

Selbst bei Verkauf von einer Aktie an Z zu 10 GE wäre das Geschäft zu diesem Zeitpunkt für den Minderheitsaktionär M_Y mit einem Wertverlust verbunden:

Fall 2b: $W_{M,Y} = (10GE-12GE)*1 + (12{,}5GE-12GE)*1 = -1{,}5GE$

Für das Unternehmen Z ist das Geschäft sinnvoll, wenn es als Kontrollaktionär aus dem Unternehmen Y einen Wert von mindestens 12,5GE*51 = 637,5GE erzielt, wobei sich dieser sowohl aus dem Wert der Aktien von Unternehmen Y (V_Y*51 Y-Aktien) nach der Transaktion als auch aus Sondervorteilen SV/Synergievorteilen S* zusammensetzen kann.

Exkurs: Es könnte sich jetzt eine Verschmelzung anschließen, bei der z.B. Synergievorteile (S*) in Höhe von 200GE erwartet werden. Unterstellt man nun die in der Praxis sehr übliche Technik, dass die Verschmelzungsrelation auf Basis der Stand-alone-Werte vor Verschmelzung festgelegt wird, würde sich für den Minderheitsaktionär M_Y und für den Kontrollaktionär Z folgende Situation ergeben.

Verschmelzungsrelation $U_Y:U_Z = 1200GE:2400GE = 1:2$

Das neugegründete Unternehmen C würde einen Unternehmenswert von

(7) $U_C = U_Y+U_Z+S^*$

$U_C = 1200GE+2400GE+200GE = 3800GE$

und bei Unterstellung von 100 Aktien einen Wert pro Aktie von 38GE aufweisen. Für den Minderheitsaktionär M_Y, welcher am neuen Unternehmen nur noch 1% statt 3% halten würde, ergibt sich ein Wert in Höhe von 38GE, was folgenden Gesamtwertzuwachs gegenüber der Stand-alone-Lösung bedeutet:

Fall 1: $W_{M,Y} = (12{,}5GE-12GE)*2 + (38GE-(3*12GE)) = 3GE$

Fall 2a: $W_{M,Y} = (10GE-12GE)*5 = -10GE$

Fall 2b: $W_{M,Y} = (10GE-12GE)*1 + (12,5GE-12GE)*1 + (38GE-(3*12GE)) = 0,5GE$

Insgesamt erhalten die außenstehenden Aktionäre von Unternehmen Y einen Anteil an den Synergieeffekten in Höhe von 33GE und einen Anteil am Unternehmen C von 16,3%.

Der Kontrollaktionär Z würde dagegen am neuen Unternehmen C einen Anteil von 83,7% halten, welcher einen Wert von 3179GE und einen Gesamtwertzuwachs von

$W_Z = 3179GE - 2400GE - 51*12,5GE = 142GE$ darstellt.

Für den Minderheitsaktionär M_Z würde sich für seine 5 Aktien ein Wertzuwachs von 142GE*0,05 = 7,1GE ergeben; d.h. aus der ex ante Sicht wäre ein Minderheitsaktionär, unwissend ob er später in Position M_Y oder M_Z sein wird, in jedem Fall bei dieser Transaktion besser gestellt, solange er nicht seine Aktien am Anfang zu 10GE verkauft hat.

An diesem Beispiel wird sichtbar, dass die Förderung von Verschmelzungen immer dann Wertzuwächse für alle Beteiligten erbringt, wenn ein bestimmter Umfang von Synergievorteilen durch die Transaktion generiert und gemäß den Stand-alone-Werten aufgeteilt werden kann.

4. Schritt: Im weiteren wird jedoch unterstellt, dass der Kontrollaktionär Z zunächst seine Machtbefugnisse im Rahmen der faktischen Konzernierung ausnutzt und Vermögensverlagerungen von Unternehmen Y nach Z z.B. in Höhe von SV=100GE vornimmt. Damit liegt der Wert des Unternehmens $U_{Y,E}$ bei 1200GE-100GE = 1100GE und der Wert pro Anteil $V_{Y,E}$ nur noch bei 11GE. Z würde zu diesem Zeitpunkt bereits einen Wertzuwachs in Höhe von

$$(8)\ W_Z = (V_{Y,E}-D)*x_{Z,Y} + SV$$

$$W_Z = (11GE-12,5GE)*51 + 100GE = 23,5GE$$

erzielen können, ohne durch die Transaktion einen positiven Werteffekt für die Gesamtwirtschaft generiert zu haben.

5. Schritt: Als nächster Schritt bietet sich der Abschluss eines Unternehmensvertrags, eine Eingliederung oder eine Verschmelzung an. Bei allen drei Fällen würden die Unternehmensverhältnisse zum Zeitpunkt der Beschlussfassung als Basis für die Bestimmung der Abfindung bzw. Umtauschrelation dienen. Im folgenden wird der Abschluss eines Unternehmensvertrags unterstellt, da die Eingliederung bzw. Verschmelzung auch noch in einem weiteren Schritt erfolgen könnte: Dem Minderheitsaktionär könnte zunächst eine Abfindung zwischen $0GE \leq A_Y \leq 11GE$ angeboten werden, da der Kontrollaktionär keine Sanktionen zu befürchten hat, wenn er eine geringere als die später gerichtlich festgestellte Abfindung anbietet. Der Minderheitsaktionär muss dagegen den langwierigen, zeitintensiven Weg über das Spruchstellenverfahren gehen, welches im positiven aber unter Berücksichtigung der Praxisbeispiele eher unrealistischen Fall die Festsetzung von 11GE pro Anteil erbringen würde, wenn die Sachverständigen den wahren Stand-alone-Wert von Unternehmen Y tatsächlich ermitteln können und der Börsenkurs zu diesem Zeitpunkt ebenfalls in dieser Höhe liegt.[26]

An Tabelle V-3 lässt sich die resultierende Wertverteilung im deutschen Regulierungssystem ablesen. Danach können die deutschen Regelungen zu Wertzuwächsen beim Paketbesitzer PK_Y sowie beim Kontrollaktionär Z und damit auch beim Minderheitsaktionär M_Z führen, während der Streubesitz von Unternehmen Y Wertverluste hinnehmen muss. Darüber hinaus lohnt sich für den Kontrollaktionär die Durchführung der Transaktion aufgrund der Sondervorteile von 100 GE auch dann, wenn er einen Unternehmenswert $U_{Y,E}$ unterhalb von 1100GE aber oberhalb von 1053,92GE erwirtschaftet, da nur gelten muss

(9) $(V_{Y,E} - D) * x_{Z,Y} + SV > 0$

$(V_{Y,E} - 12{,}5GE) * 51 + 100GE > 0$

$V_{Y,E} > 10{,}53GE$, d.h $U_{Y,E} > 1053{,}9GE$

Tabelle V-3: Übersicht Ergebnisse Modellrechnung - Deutschland

Beteiligte	**ex ante Position**	**ex post Position**	**Gewinn/ Verlust**
Paketbesitzer PK_Y	25 Anteile mit $MW_{PK,Y}$ = 250GE $U_{PK,Y}$ = 300GE	Barvermögen = 25*13GE = 325GE	**+25GE**
Minderheitsaktionär M_Y (Fall 1)	5 Anteile mit $MW_{M,Y}$ = 50GE $U_{M,Y}$ = 60GE	Barvermögen = 2* 12,5GE + 3*11GE = 58GE	**-2GE**
Minderheitsaktionär M_Y (Fall 2a)		Barvermögen = 5*10GE = 50GE	**-10GE**
Minderheitsaktionär M_Y (Fall 2b)		Barvermögen = 1*10GE + 1*12,5GE + 3*11GE = 55,5GE	**-4,5GE**
Sonstiger Streubesitz (Fall 1)	70 Anteile mit $MW_{St,Y}$ = 700GE $U_{St,Y}$ = 840GE	Barvermögen = 5* 10GE + 19*12,5GE + 46*11GE = 793,5GE	**-46,5GE**
Sonstiger Streubesitz (Fall 2a)		Barvermögen = 21*12,5GE + 49*11GE = 801,5	**-38,5GE**
Sonstiger Streubesitz (Fall 2b)		Barvermögen = 4*10GE + 20*12,5GE + 46*11GE = 796GE	**-44,5GE**
Kontrollaktionär Z	Barvermögen = 1176,5GE	100 Anteile mit U_Y = 1100GE sowie SV = 100GE	**+23,5GE**
Minderheitsaktionär M_Z	5 Anteile mit $U_{M,Z}$ = 120GE	5 Anteile mit $U_{M,Z}$ = 121,2GE	**+1,2GE**

[26] Wahrscheinlicher ist das Absinken des Börsenkurses, da im Anschluss an den Erwerb einer Kontrollbeteiligung häufig im Börsenkurs ein Minderheitenabschlag enthalten ist.

Gleichzeitig stellt jedoch jeder Wert unterhalb von 1100GE einen gesamtwirtschaftlichen Wertverlust dar, welcher durch die Abfindungsregelungen eigentlich verhindert werden sollte. Aus Sicht des außenstehenden Minderheitsaktionärs, der nicht weiß, ob er sich ex post in der Situation des abfindenden oder abzufindenden Minderheitsaktionärs wiederfindet, sind bei Unterstellung von Risikoneutralität die Abfindungsregelungen als zu schwach zu beurteilen, da der Wertverlust von M_Y selbst im positivsten Fall 1 nicht durch den Wertzuwachs von M_Z ausgeglichen werden kann.

$$E(W_M) = 0{,}5*(-2GE) + 0{,}5*1{,}2GE = -0{,}4GE.$$

2.3. Modellrechnung USA

1. Schritt: Aufkauf von 5 Y-Aktien (x_{St}) zu P_Y=10GE vom Streubesitz und 25 Y-Aktien (x_{PK}) vom Paketbesitzer PK_Y zu $P_{PK,Y}$=13GE[27] durch Z. Daraus ergibt sich ein durchschnittlicher Preis D für die Aktien von

$$(4)\ D = (P_Y * x_{St} + P_{PK,Y} * x_{PK}) / (x_{St} + x_{PK})$$

$$D = (10GE*5 + 13GE*25) / 30 = 12{,}5.$$

2. Schritt: Notwendigkeit der Veröffentlichung der Aufkäufe durch Z; Annahme: P_Y steigt von 10 GE auf 12GE.

3. Schritt: Öffentliches Übernahmeangebot für 30% der noch außenstehenden Aktien zu A_Y=12,5GE pro Aktie. Für den Minderheitsaktionär M_Y entsteht auch bei den amerikanischen Regeln das Problem der freien Entscheidungsfindung. Aus diesem Grund wird hier ebenfalls unterstellt, dass der Minderheitsaktionär M_Y das Angebot in jedem Fall annehmen wird, um für möglichst viele Aktien den Preis von 12,5GE zu sichern. Zusätzlich wird unterstellt, dass das Angebot von mehr als 80% der Aktionäre angenommen wird, so dass die Zuteilung pro rata erfolgt und der Minderheitsaktionär M_Y zwei seiner Aktien zu 12,5GE verkaufen kann, wenn er noch nicht im Vorfeld Aktien verkauft hat. Damit besitzt das Unternehmen Z 51 Aktien, d.h. eine 51%ige Beteiligung an Y, zu einem Durchschnittswert D_Y von 12,5 GE.

Daraus ergeben sich als Zwischenfazit die selben Werte wie in der obigen Modellrechnung zu den deutschen Abfindungsregelungen.

4. Schritt: Während in Deutschland an dieser Stelle nun eine faktische Konzernierung unterstellt wurde, ist in den USA davon auszugehen, dass sich aufgrund des Klagerisikos direkt ein "Freeze-out Merger" anschließt. Für diesen "Freeze-out Merger" ist eine 75%ige Zustimmung erforderlich, die jedoch aufgrund der schlechten Präsenz ebenfalls bereits mit Anteilen von mehr als 50% erreicht werden kann. Da in den USA die Preise des Übernahmeangebots für eine spätere Abfindung im Rahmen eines "Merger" ohne Bedeutung sind, ist davon auszugehen, dass der Kontrollaktionär maximal 12 GE bezahlen muss, da sich der

---

27 Der Ansatz $P_{Y,PK} > P_Y$ soll die übliche Praxis der Paketaufschläge widerspiegeln.

Aktienkurs bei der Beherrschung durch einen Kontrollaktionär eher bei 12GE als bei 13GE einpendeln wird. Zugleich spielen Synergievorteile keine Rolle, so dass bei Unterstellung von Synergievorteilen S* in Höhe von 200GE diese direkt dem Unternehmen Z zufließen.

Die Wirkung auf die einzelnen Positionen lässt sich aus nachfolgender Tabelle V-4 ablesen. Diese Darstellung zeigt, dass sich diese Transaktion für den Kontrollaktionär nur lohnt, wenn er Synergievorteile von mindestens 25,5GE generiert. Sobald dies jedoch der Fall ist, führen die Abfindungsregelungen nicht zu einer Verhinderung von Übernahmen, sondern sie vermeiden vielmehr ineffiziente. Prinzipiell ist davon auszugehen, dass in den USA durch die stärkere Berücksichtigung des Börsenkurses bei der Abfindung und durch die hohen Übernahmeprämien die Position der Aktionäre in Summe besser ist als in Deutschland. Gleichzeitig wird aber auch deutlich, dass der Minderheitsaktionär schlechter gestellt sein kann, falls die Vorteile von M_Z nicht die Nachteile von M_Y in den Fallkonstellationen 2a und 2b ausgleichen.

Tabelle V-4: Übersicht Ergebnisse Modellrechnung - USA

Beteiligte	**ex ante Position**	**ex post Position**	**Gewinn/ Verlust**
Paketbesitzer PK_Y	25 Anteile mit $MW_{PK,Y}$ = 250GE $U_{PK,Y}$ = 300GE	Barvermögen = 25*13GE = 325GE (Schritt 1)	**+25GE**
Minderheitsaktionär M_Y (Fall 1)	5 Anteile mit $MW_{M,Y}$ = 50GE $U_{M,Y}$ = 60GE	Barvermögen = 2* 12,5GE + 3*12GE = 61GE	**+1GE**
Minderheitsaktionär M_Y (Fall 2a)		Barvermögen = 5*10GE = 50GE	**-10GE**
Minderheitsaktionär M_Y (Fall 2b)		Barvermögen = 1*10GE + 1*12,5GE + 3*12GE = 58,5GE	**-1,5GE**
Sonstiger Streubesitz (Fall 1)	70 Anteile mit $MW_{St,Y}$ = 700GE $U_{St,Y}$ = 840GE	Barvermögen = 5* 10GE + 19*12,5GE + 46*12GE = 839,5GE	**-0,5GE**
Sonstiger Streubesitz (Fall 2a)		Barvermögen = 21*12,5GE + 49*12GE = 850,5	**+10,5GE**
Sonstiger Streubesitz (Fall 2b)		Barvermögen = 4*10GE + 20*12,5GE + 46*12GE = 842GE	**+2,0GE**
Kontrollaktionär Z	Barvermögen = 1225,5GE	100 Anteile mit U_Y = 1200GE	**-25,5GE**
Minderheitsaktionär M_Z	5 Anteile mit $U_{M,Z}$ = 120GE	5 Anteile mit $U_{M,Z}$ = 118,7GE	**-1,3GE**

2.4. Modellrechnung England

1. Schritt: Aufkauf von 5 Y-Aktien (x_{St}) zu P_Y=10GE vom Streubesitz und 25 Y-Aktien (x_{PK}) vom Paketbesitzer PK_Y zu $P_{Y,PK}$=13GE durch Z. Daraus ergibt sich ein durchschnittlicher Preis D für die Aktien von

$$(4)'D = (P_Y * x_{St} + P_{Y,PK} * x_{PK}) / (x_{St} + x_{PK})$$

$$D = (10GE*5 + 13GE*25) / 30 = 12{,}5\text{ GE.}$$

2. Schritt: Notwendigkeit der Veröffentlichung der Aufkäufe durch Z; Annahme: P_Y steigt von 10 GE auf 12GE.

3. Schritt: Notwendigkeit eines öffentlichen Pflichtangebots für 100% aller noch außenstehenden Aktien zu A_Y=13GE pro Aktie bei Erreichen einer Beteiligungsquote von 30%. Es wird unterstellt, dass mehr als 90% der außenstehenden Aktionäre das Angebot annehmen, da es sowohl über dem Börsenkurs als auch über dem eigentlichen Wert der Aktien liegt. Ein Angebot unterhalb von 13GE ist nicht möglich, da der Angebotspreis mindestens so hoch sein muss, wie der höchste in den 12 Monaten vor dem Angebot bezahlte Preis. Selbst ohne Vorliegen des Paketkaufs würden die Aktionäre kein Angebot unterhalb von 12GE akzeptieren, da sie durch das nachträgliche Annahmerecht die Möglichkeit zur freien Entscheidungsfindung haben.

4. Schritt: Möglichkeit der verbleibenden Minderheitsaktionäre (7%), nachträgliche Abfindung zu einem Abfindungspreis von 13GE zu fordern. Gleichzeitig verfügt der Kontrollaktionär über das Recht, die verbleibenden Minderheitsaktionäre zwangsweise zu einem Preis von 13GE abzufinden und damit die 100%ige Kontrolle über das Unternehmen zu erreichen. Sollten weniger als 90% der Aktionäre dem Pflichtangebot zustimmen, bleiben dem Kontrollaktionär wiederum die Möglichkeiten der faktischen Konzernierung bzw. einer Verschmelzung. Generell ist jedoch davon auszugehen, dass bei allen Transaktionen, die in einer zeitlichen Nähe (<12 Monate) zum Übernahmeangebot liegen, mindestens ein Preis von 13GE gezahlt werden muss. Ansonsten ist jedoch der Schutz von Minderheitsaktionären in einem beherrschten Unternehmen als relativ gering einzustufen.

Nachfolgende Tabelle fasst die bei einem solchen Vorgehen entstehende Situation zusammen.

Für den Kontrollaktionär Z lohnt sich damit diese Transaktion nur, wenn er in der Lage ist, Synergievorteile von mindestens 82GE zu erwirtschaften. Sollten nicht andere Gründe für den Kauf des Unternehmens, wie etwa das Streben nach Größe und Macht, vorliegen, wird die Transaktion tatsächlich auch nur dann stattfinden. Bei Synergievorteilen S* von 200GE bedeutet dies z.B. einen Wertzuwachs von 112GE für das Unternehmen Z, während die Gesamtwohlfahrt um insgesamt 200GE steigt. Der Minderheitsaktionär M partizipiert an dieser Wertsteigerung dann entweder als abzufindender oder abfindender Aktionär.

Tabelle V-5: Übersicht Ergebnisse Modellrechnung - England

Beteiligte	**ex ante Position**	**ex post Position**	**Gewinn/ Verlust**
Paketbesitzer	25 Anteile mit $MW_{PK,Y}$ = 250GE $U_{PK,Y}$ = 300GE	Barvermögen = 25*13GE = 325GE	**+25GE**
Minderheitsaktionär M_Y, (Fall 1) Minderheitsaktionär M_Y, (Fall 2a) Minderheitsaktionär M_Y, (Fall 2b)	5 Anteile mit $MW_{M,Y}$ = 50GE $U_{M,Y}$ = 60GE	Barvermögen = 5*13GE= 65GE Barvermögen = 5*10GE = 50GE Barvermögen = 1*10GE + 13*4GE = 62 GE	**+ 5GE** **-10GE** **+ 2GE**
Sonstiger Streubesitz (Fall 1) Sonstiger Streubesitz (Fall 2a) Sonstiger Streubesitz (Fall 2b)	70 Anteile mit $MW_{St,Y}$ = 700GE $U_{St,Y}$ = 840GE	Barvermögen = 5* 10GE + 65*13GE = 895GE	**+45GE**
Kontrollaktionär Z	Barvermögen = 1282GE	100 Anteile mit U_Y = 1200GE	**-82GE**
Minderheitsaktionär M_Z	5 Anteile mit $U_{M,Z}$= 120GE	5 Anteile mit $U_{M,Z}$= 115,9GE	**-4,1GE**

KAPITEL VI: GESAMTBEURTEILUNG

Bei einer abschließenden Gesamtbeurteilung der Abfindungsregelungen in Deutschland, USA und England lassen sich zusammenfassend folgende zehn Aussagen treffen:

1. Generell zeigen die Beispiele USA und England sowie die effizienztheoretischen Überlegungen, dass ein weitergehender Minderheitenschutz, welcher bereits bei Erwerb einer Kontrollbeteiligung einsetzt, sich keineswegs negativ auf die Anzahl effizienter Übernahmen auswirken muss, sondern vielmehr der Vermeidung ineffizienter Übernahmen dient.
2. Die Informationsvorschriften im Rahmen eines Kontrollerwerbs sind als Teil einer Abfindungsregelung zu sehen, um Aktionäre vor einem überhasteten Verkauf zu schützen. Die deutschen Publizitätsvorschriften sollten deshalb weiter verschärft werden, um eine verbesserte Transparenz vor allem für die schlechter informierten Minderheitsaktionäre sicherzustellen. Dazu zählt beispielsweise die Einführung stetiger Publizitätspflichten bei Zukäufen von mehr als 1% ab einem bestimmten Schwellenwert von 3% bzw. 5% analog zu den englischen Vorschriften, anstatt der heute geltenden, bei 5%, 10%, 25%, 50% und 75% stufenweise ausgelösten Informationspflichten. Darüber hinaus sollte - dem Beispiel der USA folgend - der Umfang der zu veröffentlichenden Informationen erweitert werden.
3. Durch das Übernahmegesetz ist in Deutschland ein wichtiger Meilenstein für eine verbesserte Konzernbildungskontrolle erreicht worden, da Verfahrens- und Informationsvorschriften für öffentliche Übernahmeangebote sowie die Auslösung des Pflichtangebots ab Erreichen einer 30%-Schwelle gesetzlich vorgeschrieben worden sind. Dennoch weist das Gesetz mit Blick auf die Beseitigung von Zwangswirkungen, die Regulierung von Beteiligungen zwischen 30% und 50% sowie den Handlungsspielraum des Managements bei Abwehrmaßnahmen unverändert Schwächen auf. Diese gilt es, im Rahmen einer Überarbeitung des Gesetzes bzw. bei Einführung einer europäischen Richtlinie zu beseitigen, um einen größtmöglichen Schutz der Minderheitsaktionäre zu erreichen und gleichzeitig den Markt für Unternehmenskontrolle zu fördern.
4. Mit der Verankerung einer "Squeeze-out"-Regelung ab Erreichen einer 95%-Schwelle im Aktiengesetz hat der deutsche Gesetzgeber einen neuen Maßstab gesetzt, da dieses "Squeeze-out"-Recht nicht nur im Anschluss an ein Übernahmeangebot, sondern allgemein anwendbar ist. Mit dieser Regelung wird Kontrollaktionären die Möglichkeit gegeben, bei großer Dominanz verbleibende Minderheitsaktionäre auszuschließen. Dadurch kann die Prozesskomplexität bei der Durchsetzung wichtiger, gesellschaftsrechtlicher Maßnahmen deutlich verringert werden, da keine Anfechtungsklagen außenstehender Aktionäre zu erwarten sind und gleichzeitig eine Reihe gesellschaftsrechtlicher Anforderungen wegfallen. Die Praxis muss jedoch erst zeigen, ob das anzuwendende Spruchstellenverfahren den

Minderheitsaktionären ausreichenden Schutz bietet, um eine angemessene, d.h. eine dem Wert ihrer Anteile entsprechende, Abfindung zu erhalten. Gleichzeitig ist der Gesetzgeber zu kurz gesprungen, da er es unterlassen hat, den Minderheitsaktionären ein vergleichbares Ausstiegsrecht zur Verfügung zu stellen. Dadurch fehlt die Möglichkeit für Minderheitsaktionäre, den Ausstieg aus einem Unternehmen aktiv zu betreiben, wenn ein Marktausstieg aufgrund der Dominanz des Kontrollaktionärs zum eigentlichen Wert der Aktie nicht mehr möglich ist und der Kontrollaktionär selbst nicht an einer Abfindung des Minderheitsaktionärs interessiert ist.

5. Das Beispiel USA zeigt ferner die Wichtigkeit einer europaweit einheitlich geltenden Übernahmeregelung, da ansonsten die Gefahr besteht, dass auch in Europa das "Race to the bottom", d.h. der Kampf um Unternehmen durch Schaffung attraktiver Bedingungen, beginnt. Darüber hinaus erzeugt die Vielzahl von zum Teil sehr unterschiedlichen Übernahmeregelungen aufgrund der entstehenden Prozesskomplexität überhöhte Transaktionskosten bei grenzüberschreitenden Transaktionen in Europa, die bei einer einheitlichen Regelung bzw. bei harmonisierten länderspezifischen Regelungen zu vermeiden wären.

6. Generell sind Abfindungsregelungen für den Fall einer Beherrschung durch den Kontrollaktionär oder bei einer Verschmelzung wichtig, da gerade in diesen Situationen die Minderheitsaktionäre besonders schutzbedürftig sind. Für diese Fälle ist das deutsche Recht am besten angelegt, da in England für die Phase der Kontrollausübung nur sehr begrenzt Regelungen zum Schutz des Minderheitsaktionärs bestehen. Auch die USA liefern hierbei keine positiven Beispiele, da das "Appraisal Right" in der Regel mit ähnlichen Verfahrens- und Bewertungsproblemen wie die deutschen Abfindungsregelungen zu kämpfen hat. Darüber hinaus ist seine Anwendbarkeit bei börsennotierten Unternehmen in vielen Bundesstaaten ausgeschlossen.

7. Die deutschen Regelungen zur faktischen Konzernierung sind unzureichend und liefern Kontrollaktionären die Möglichkeit zu Vermögensverschiebungen zu Lasten der Minderheitsaktionäre. Zur Erhöhung des Minderheitenschutzes sind verschiedene Maßnahmen, wie etwa das Verbot des faktischen Konzerns, die Einschränkung der Handlungsbefugnisse des herrschenden Unternehmens oder die Einführung einer Abfindungsregelung für Minderheitsaktionäre, hinsichtlich ihrer Effizienzwirkungen zu prüfen.

8. Der Vertragskonzern birgt eine Reihe verfahrenstechnischer Probleme. Besonders problematisch sind hierbei die Länge der Spruchstellenverfahren, die mangelnde Attraktivität der Ausgleichszahlung sowie die Probleme bei Kündigung des Unternehmensvertrags. Es ist beispielsweise zu überlegen, ob bei Kündigung des Unternehmensvertrags den Aktionären ein erneutes Abfindungsrecht zur Verfügung stehen sollte. Die Quantifizierung der dann zu zahlenden Abfindung könnte in der Weise erfolgen, dass das bei Kündigung erwirtschaftete Konzernergebnis auf Basis des bei Abschluss des Unternehmensvertrags bestehenden Verhältnisses von Ergebnis des

beherrschten Unternehmens zu Konzernergebnis aufgeteilt werden sollte. Der daraus resultierende Ergebnisanteil für das beherrschte Unternehmen könnte als Kalkulationsgrundlage für die Abfindung dienen.

9. Mit der Bestätigung des Börsenkurses als Untergrenze für Abfindungen ist in Deutschland nur eines der Probleme bei der Bemessung von Abfindungen im Falle von Unternehmensverträgen bzw. Verschmelzungen gelöst worden. Offen ist weiterhin die Frage, inwieweit im Vorfeld einer Abfindung gezahlte Preise bei der Quantifizierung der Abfindung einer Rolle spielen. Dieses Problem hat durch die Einführung der "Squeeze-out"-Regelung noch an Bedeutung gewonnen, da hierbei ebenfalls das Spruchstellenverfahren Anwendung findet und der Börsenkurs bei einer Beherrschung durch den Kontrollaktionär kaum von Aussagekraft ist. Vielmehr sind in diesen Fällen die vorher in einem Übernahmeangebot oder in einer privaten Markttransaktion gezahlten Preise von großer Relevanz. Es ist deshalb empfehlenswert, die ablehnende Haltung gegenüber Referenzpreisen aufzugeben. Darüber hinaus ist ein Richtungswechsel bei der Behandlung von Synergievorteilen notwendig, da nicht nachvollziehbar ist, warum ein Aktionär bei einer normalen Verschmelzung an den Synergievorteilen beteiligt würde, im Falle einer Zwangsabfindung jedoch leer ausgeht. Der in der "Squeeze-out"-Regelung verankerte Ansatz, dass nicht der herrschende Aktionär den Prüfer zu Bestimmung der Abfindung bestellt sondern direkt ein unabhängiges Gericht, sollte auch auf die anderen aktienrechtlichen Abfindungsregelungen übertragen werden. Darüber hinaus ist zu prüfen, inwieweit eine offensichtliche Unangemessenheit von Abfindungen zu sanktionieren ist, um damit auch die Flut von Spruchstellenverfahren zu begrenzen.

10. Durch die Einführung des Übernahmegesetzes in Deutschland ist eine holistische Betrachtung aller Abfindungsregelungen noch notwendiger geworden. Derzeitig werden die verschiedenen Regelungen weitgehend unabhängig voneinander beurteilt. Es ist jedoch wichtig, beim Erwerb und bei Besitz einer Kontrollbeteiligung gleiche Maßstäbe anzusetzen. Wenn also bei einem Übernahmeangebot die in den letzten drei Monaten vor dem Übernahmeangebot gezahlten Preise für die Mindesthöhe und Art der Kompensation entscheidend sind, muss eine ähnliche Regelung auch für den Abschluss eines Unternehmensvertrags bzw. für die Anwendung der "Squeeze-out"-Regelung gelten. Ansonsten besteht die Gefahr, dass immer nach der Kombination von Regelungen gesucht wird, mit der sich die Position der Kontrollaktionäre zu Lasten der Minderheitsaktionäre maximieren lässt.

LITERATURVERZEICHNIS

Adams, M. (1990a), Was spricht gegen eine unbehinderte Übertragbarkeit der in Unternehmen gebundenen Ressourcen durch ihre Eigentümer, in: AG 35.Jg., S. 242-252.

Adams, M. (1990b), Höchststimmrechte, Mehrfachstimmrechte und sonstige wundersame Hindernisse auf dem Markt für Unternehmenskontrolle, in: AG 35.Jg., S. 63-78.

Adams, M. (1997), Stellungnahme zur Aktienrechtsreform 1997 von Prof. Dr. Adams, in: AG Sonderheft, S. 9-26.

Aha, C. (1997), Aktuelle Aspekte der Unternehmensbewertung im Spruchstellenverfahren, in: AG 42.Jg., S. 26-36.

Albach, H. (1966), Probleme der Ausgleichszahlung und der Abfindung bei GAV nach dem Aktiengesetz 1965, in: AG 11.Jg., S. 180-187.

Albertini, F.v. (1983), The Appraisal Remedy: zum Austrittsrecht des Aktionärs im amerikanischen Gesellschaftsrecht, Zürich.

Altmeppen, H. (2001), Neutralitätspflicht und Pflichtangebot nach dem neuen Übernahmegesetz, in: ZIP 22.Jg., S. 1073-1084.

American Law Institute (1994), Principles of Corporate Governance: Analysis and Recommendations, Vol. I und II.

Amihud, Y./ Dodd, P./ Weinstein, M. (1986), Conglomerate Mergers, Managerial Motives and Stockholder Wealth, in: Journal of Banking and Finance 10.Jg., S. 401-410.

Anderson, J./ Keenan, D. (1988), The Financial Service Act Summed Up, in: Accountancy 102.Jg., S. 99-100.

Andrews, W.D. (1965), The Stockholder's Right to Equal Opportunity in the Sale of Shares, in: HLR Bd.78, S. 505-563.

Anjier, J.C. (1991), Antitakeover Statutes, Shareholders, Stakeholders and Risk, in: Louisiana Law Review Bd.51, S. 561-622.

Apelt, T.M. (1984), Der Konzern im englischen Company Law - mit rechtsvergleichenden Betrachtungen zum Aktiengesetz, Steinbach.

App, M. (1995), Das Spruchstellenverfahren bei der Abfindung von Gesellschaftern nach einer Umwandlung, in: BB 50.Jg., S. 267-269.

Aranow, E.R./ Einhorn, H.A./ Berlstein, G. (1977), Developments in Tender Offers for Corporate Control, New York.

Assmann, H.-D. (1995), Verhaltensregeln für freiwillige Übernahmeangebote: Der Übernahmekodex der Börsensachverständigenkommission, in: AG 40.Jg., S. 563-572.

Assmann, H.-D. (1997), Stellungnahme zur Aktienrechtsreform 1997 von Prof. Dr. Heinz-Dieter Assmann, in: AG Sonderheft, S. 100-108.

Assmann, H.-D./ Bozenhardt, F. (1990), Übernahmeangebote als Regelungsproblem zwischen gesellschaftrechtlichen Normen und zivilrechtlich begründeten Verhaltensangeboten, in: Übernahmeangebote, ZGR Sonderheft Nr.9, Assmann, H.-D./ Basaldua, N./ Bozenhardt, F./ Peltzer, M. (Hrsg.), Berlin, New York, S. 1-155.

Axley, F./ Blumstein, R./ McCune, A. (1988), Control Share Statutes, in: Northern Illinois Law Review 8.Jg., S. 237-257.

Ballwieser, W. (1980), Möglichkeiten der Komplexitätsreduktion bei einer prognoseorientierten Unternehmensbewertung, in: ZfbF 32.Jg., S. 50-73.

Ballwieser, W. (1981), Die Wahl des Kalkulationszinsfußes bei der Unternehmensbewertung unter Berücksichtigung von Risiko und Geldentwertung, in: BFuP 33.Jg., S. 97-114.

Ballwieser, W. (1990), Unternehmensbewertung und Komplexitätsreduktion, Wiesbaden.

Ballwieser, W. (1993), Methoden der Unternehmensbewertung, in: Handbuch des Finanzmanagements: Instrumente und Märkte der Unternehmensfinanzierung, Gebhardt, G./Gerke, W./Steiner, M. (Hrsg.), München, S. 151-176.

Ballwieser, W. (1995), Unternehmensbewertung und Steuern, in: Unternehmenstheorie und Besteuerung, Festschrift für Dieter Schneider, Elschen, R./ Siegel, T./ Wagner, F.W. (Hrsg.), Wiesbaden, S. 15-37.

Ballwieser, W. (1998), Unternehmensbewertung mit Discounted Cash-flow Verfahren, in: WP 51.Jg., S. 81-93.

Ballwieser, W./ Leuthier, R. (1986), Betriebswirtschaftliche Steuerberatung: Grundprinzipien, Verfahren und Probleme der Unternehmensbewertung, in: DStR 24.Jg., S. 545-551, S. 604-610.

Bamberg, G./ Coenenberg, A.G. (1994), Betriebswirtschaftliche Entscheidungslehre, München.

Bankmann, J. (1968), Untergrenzen für die Abfindung ausscheidender Minderheitsaktionäre, in: DB 21.Jg., S. 1410-1411.

Basaldua, N. (1990), Der Vorschlag für eine dreizehnte EG-Richtlinie des Rates auf dem Gebiet des Gesellschaftsrechts über öffentliche Übernahmeangebote, in: Übernahmeangebote, ZGR Sonderheft Nr. 9, Assmann, H.-D./ Basaldua, N./Bozenhardt, F./ Peltzer, M. (Hrsg.), Berlin, S. 157-178.

Baumbach, A./ Duden, K./ Hopt, K.J. (1989), Kurzkommentar zum Handelsgesetzbuch, München.

Bäumer, H. (1989), Das Englische Börsenrecht, Frankfurt.

Baums, T. (1989), Übernahmeregeln in der EG, in: ZIP 10.Jg., S. 1376-1381.

Baums, T. (1993), Takeovers Versus Instituitions in Corporate Governance in Germany, in: Contemporary Issues in Corporate Governance, Prentice, D.D./ Holland, P.R.J. (Hrsg.), Oxford, S. 151-183.

Baums, T. (1996), The New Draft Proposal for a Directive on Takeovers - the German Perspective, Arbeitspapier, Universität Osnabrück.

Baums, T. (1997a), Stellungnahme zur Aktienrechtsreform 1997 von Prof. Dr. Baums, in: AG Sonderheft, S. 26-38.

Baums, T. (1997b), Entwurf eines Gesetzes über öffentliche Übernahmeangebote, Arbeitspapier, Universität Osnabrück.

Baums, T. (1999a), Corporate Governance in Germany – System and Current Developments, Arbeitspapier, Universität Osnabrück.

Baums, T. (1999b), Grundzüge einer gesetzlichen Übernahmeregelung, in: Die Übernahme börsennotierter Unternehmen, Rosen, R.V./ Seifert, W.G. (Hrsg.), Frankfurt am Main, S. 165-186.

Baums, T./ Fraune, C. (1995), Institutionelle Anleger und Publikumsgesellschaft: eine empirische Untersuchung, in: AG 40.Jg., S. 97-112.

Baxt, R. (1970), The Unprotected Shareholder and the Compulsory Acquisition of Shares, in: JoBL, S. 86-98.

Bayer, W. (1988), Informationsrechte bei der Verschmelzung von Aktiengesellschaften, in: AG 33.Jg., S. 323-331.

Bayer, W. (1997), 1000 Tage neues Umwandlungsrecht - eine Zwischenbilanz, in: ZIP 18.Jg., S. 1613-1626.

Bayne, D.C. (1969), The Sale-Of-Control Premium: The Disposition, in: CLR 57.Jg., S. 615-658.

Bebchuk, L.A. (1982a), The Case for Faciliating Competing Tender Offers, in: HLR Bd.95, S. 1028-1056.

Bebchuk, L.A. (1982b), The Case for Faciliating Competing Tender Offers: A Reply and Extension, in: SLR Bd.35, S. 23-50.

Bebchuk, L.A. (1985), Toward Undistorted Choice and Equal Treatment in Corporate Takeovers, in: HLR Bd.98, S. 1693-1808.

Bebchuk, L.A. (1986), The Case for Faciliating Competing Tender Offers: a Last Reply, in: JoLE& O 2.Jg., S. 253-277.

Bebchuk, L.A. (1988a), The Sole Owner Standard for Takeover Policy, in: Journal of Legal Studies 17.Jg., S. 197-229.

Bebchuk, L.A. (1988b), The Pressure to Tender, in: Knigths, Raiders and Targets, Coffee, J.C./ Lowenstein, L./ Rose-Ackermann, S. (Hrsg.), New York, S. 371-397.

Bebchuk, L.A. (1993), Efficient and Inefficient Sales of Corporate Control, Discussion Paper No.136; Program: Law and Economics, Harvard Law School, Cambridge.

Bebchuk, L.A. (1994), Efficient and Inefficient Sales of Corporate Control, in: Quarterly Journal of Economics Bd.109, S. 957-993.

Bebchuk, L.A./ Farrell, A. (1999), Federalism and Takeover Law: The Race to Protect Managers from Takeovers, Working Paper, Cambridge.

Bebchuk, L.A./ Kahan, M. (1989), Fairness Opinions: How Fair are They and What Can Be Done About It?, in: Duke Law Journal 27.Jg., S. 27-53.

Bebchuk, L.A./ Kahan, M. (1990), A Framework for Analyzing Legal Policy Towards Proxy Contests, in: CLR 78.Jg., S. 1071-1135.

Bebchuk, L.A./ Kahan, M. (1999), The "Lemons Effect" in Corporate Freeze-outs, Working Paper, New York, Cambridge.

Becker, R. (1988), Die gerichtliche Kontrolle von Maßnahmen bei der Verschmelzung von Aktiengesellschaften, in: AG 33.Jg., S. 223-230.

Becker, R./ Memminger, P. (1999), Anmerkungen zum Entwurf eines Übernahmegesetzes, in: M&A Review, S. 432-438.

Beckmann, R. (1995), Übernahmeangebote in Europa, Münster.

Behrens, P. (1975), Rechtspolitische Grundsatzfragen zu einer europäischen Regelung für Übernahmeangebote, in: ZGR 4.Jg., S. 433-458.

Berger, C./ Allingham, T. (1983), A New Light on Cash-out Mergers: Weinberger Eclipses Singer, in: BL Bd.39, S. 1-24.

Berkovitch, E./ Bradley M./ Khanna, N. (1989), Tender Offer Auctions, Resistance Strategies and Social Welfare, in: JoLE&O 5.Jg., S. 395-412.

Berle, A.A. (1958), "Control" in Corporate Law, in: CoLR 58.Jg., S. 1212-1238.

Berle, A.A./ Means, G. (1932), The Modern Corporation and Private Property, überarbeitet 1968, New York.

Bernhardt, W. (1966), Die Abfindung von Aktionären nach neuem Recht, in: BB 21.Jg., S. 257-261.

Bess, J. (1976), Eine europäische Regelung für Übernahmeangebote, in: AG 21.Jg., S. 169-176, 206-210.

Beveridge, N.P. (1987), Sale of Control at a Premium: Time for Some Changes, in: Western State University Law Review 15.Jg., S. 61-80.

Beyerle, K. (1977), Erfahrungen mit dem Spruchstellenverfahren nach §306 AktG, in: ZGR 6.Jg., S. 650-661.

Beyerle, K. (1978), Notwendige Änderungen im Verfahren der freiwilligen Gerichtsbarkeit nach §306 AktG, in: BB 33.Jg., S. 784-791.

Beyerle, K. (1980), Zur Regelabfindung im Konzernrecht gemäß §305 Abs.2 Nr.1 AktG, in: AG 25.Jg., S. 317-326.

Beyerle, K. (1981), Die Unternehmensbewertung im gerichtlichen Verfahren, Fünfzig Jahre Wirtschaftsprüferberuf, Bericht über die Jubiläumsfachtagung vom 21. bis 23. Oktober 1981 in Berlin, Düsseldorf, S. 247-264.

Bhaghat, S./ Black, B.S. (1998), Board Independence and Long-term Firm Performance, Working Paper.

Bilstein, J. (1999), Die Bewertung eines Unternehmens, in: Die Übernahme börsennotierter Unternehmen, Rosen, R.V./ Seifert, W.G. (Hrsg.), Frankfurt am Main, S. 223-252.

Birds, J./ Boyle, A.J../ Ferran, E./ Villiers, C. (1995), Boyle & Birds' Company Law, Bristol.

Bittlingmayer, G. (1998), The Market for Corporate Control (including Takeovers), Working Paper.

Black, B.S. (1989), Bidder Overpayment in Takeovers, in: SLR Bd.41, S. 597-660.

Black, B.S. (1990), Shareholder Passivity Reexamined, in: MLR Bd.89, S. 520-591.

Black, B.S./ Kraakman, R. (1996), A Self-enforcing Model of Corporate Law, in: HLR Bd.109, S. 1912-1979.

Blair, M. (1995), Ownership and Control: Rethinking Corporate Governance for the Twenty-First Century, Washington.

Blanden, M. (1972), The City Regulations on Mergers and Takeovers, in: Readings on Mergers and Takeovers, Samuels, J.M. (Hrsg.), London, S. 199-217.

Block, D.J./ Barton, N.E./ Roth, A. (1986), State Takeover Statutes: The "Second Generation", in: Securities Regulation Law Journal Bd.13, S. 332-355.

Block, D.J./ Pitt, H.L. (1985), Hostile battles for Corporate Control, New York.

Blumberg, P.I. (1991), Amerikanisches Konzernrecht, in: ZGR 20.Jg., S. 327-372.

Blumberg, P.I. (1995), Problems of Parent and Subsidiary Corporations under State Statutory Law, Boston.

Blumenwitz, D. (1990), Einführung in das anglo-amerikanische Recht, München.

Böcking, H.J. (1994), Das Verbundberücksichtigungsprinzip als Grundsatz ordnungsgemäßer Unternehmensbewertung, in: Bilanzrecht und Kapitalmarkt, Festschrift zum 65. Geburtstag von Adolf Moxter, Ballwieser, W./ Böcking, H.J./ Drukarczyk, J./ Schmidt, R.H. (Hrsg.), Düsseldorf, S. 1407-1434.

Bodewig, T. (1974), Zur Sicherung der Minderheitsrechte außenstehender Aktionäre durch die Vorschriften §§304, 305, 306 AktG, Köln.

Bodewig, T. (1978), Abfindungsergänzungsanspruch bereits abgefundener Aktionäre aufgrund einer Gerichtsentscheidung nach §305 Abs.5 Satz2 AktG, in: BB 33.Jg., S. 1694-1697.

Boetius, J. (1972), Großaktionäre als außenstehende Aktionäre?, in: DB 25.Jg., S. 1220-1222.

Bolte, C. (2001), Squeeze-out: Eröffnung neuer Umgehungstatbestände durch die §§327a ff. AktG?, in: DB 54. Jg., S. 2587-2591.

Böhm, J. (1992), Der Einfluß der Banken auf Großunternehmen, Hamburg.

Booth, R.A. (1988), The Promise of State Takeover Statutes, in: MLR Bd.86, S. 1635-1702.

Booth, R.A. (1989a), State Takeover Statutes Revisited, in: MLR Bd.88, S. 120-129.

Booth, R.A. (1989b), The Problem with Federal Tender Offer Law, in: CLR 77.Jg., S. 707-776.

Born, J.A./ Trahan, E.A./ Faria, H.J. (1993), Golden Parachutes - Incentive Aligners, Management Entrenchers, or Takeover Bid Signals, in: Journal of Financial Research 16.Jg., S. 299-308.

Boros, E.J. (1995), Minority Shareholders Remedies, Oxford.

Börsensachverständigenkommission (1999), Standpunkte der Börsensachverständigenkommission zur künftigen Regelung von Unternehmensübernahmen, Frankfurt.

Borstadt, L./ Zwirlein, T./ Brickley, J. (1991), Defending Against Hostile Takeovers: Impact on Shareholder Wealth, in: Managerial Finance, 17.Jg., S. 25-33.

Bozenhardt, F. (1990), Freiwillige Übernahmeangebote im deutschen Recht, Tübingen.

Braatschi, B. (1996), Die Stellung des freien Aktionärs im freien Konzern, Bern.

Bradley, M. (1980), Interfirm Tender Offers and the Market for Corporate Control, in: JoB Bd.53, S. 345-376.

Bradley, M./ Rosenzweig, M. (1986), Defensive Stock Repurchases, in: HLR Bd.99, S. 1378-1430.

Brealey, R.A./ Myers, S.C. (1991), Principles of Corporate Finance, New York.

Brennan, P. (1985), SEC Rule 14d-8 and Two-Tier Offers, in: Tender offers: Developments and Commentaries, Steinberg, M.I. (Hrsg.), Westport, S. 109-119.

Breuer, R.E. (1995), Internationale Wettbewerbsfähigkeit des Kapitalmarkts wird gestärkt, in: Handelsblatt vom 28.9.1995 Nr. 188, S. 39.

Brudney, V./ Bratton, W.W. (1993), Cases and Materials on Corporate Finance, Westbury, New York.

Brudney, V./ Chirelstein, M.A. (1974), Fair Shares in Corporate Mergers and Takeovers, in: HLR Bd.88, S. 297-346.

Bühner, R. (1990a), Erfolg von Unternehmenszusammenschlüssen der Bundesrepublik Deutschland, Stuttgart.

Bühner, R. (1990b), Unternehmenszusammenschlüsse, Stuttgart.

Bühner, R. (1990c), Reaktionen des Aktienmarktes auf Zusammenschlüsse - Eine empirische Untersuchung, in: ZfbF 42.Jg., S. 295-316.

Bungert, H. (1994), Pflichten des Managements bei der Abwehr von Übernahmeangeboten nach US-amerikanischen Gesellschaftsrecht, in: AG 39.Jg., S. 297-311.

Bungert, H./ Eckert, J. (2000), Unternehmensbewertung nach Börsenwert: Zivilrechtliche Umsetzung der BVerfG-Rechtsprechung, in BB 55.Jg., S. 1845-1849.

Bungert, H. (2001), DAT/Altana: Der BGH gibt Rätsel auf, in BB 56.Jg., S. 1163-1166.

Burgard, U. (1992), Die Offenlegung von Beteiligungen bei der Aktiengesellschaft, in: AG 37.Jg., S. 41-55.

Burkart, M./ Gromb, D./ Panunzi, F. (1998), Block Premia in Transfers of Corporate Control, in: LSE Financial Markets Group Discussion Paper Series No. 286, London.

Burkart, M./ Gromb, D./ Panunzi, F. (1998), Why Higher Takeover Premia Protect Minority Shareholders, in: JoPE 106.Jg., S. 172-204.

Bury, H.M. (1998), Übernahmekodex unter Kritik, FAZ Beilage vom 21.4.1998, B6.

Busch, T. (1993), Der Zinsanspruch des Aktionärs bei unangemessenen Bar-Kompensationsansprüchen gemäß §§ 304 Abs. 3 S.3, 305 Abs. 5 S.2 AktG, in: AG 38.Jg., S. 1-12.

Busse von Colbe, W. (1957), Objektive oder subjektive Unternehmensbewertung, ZfB 27.Jg., S. 113-125.

Busse von Colbe, W. (1964), Zur Maßgeblichkeit des Börsenkurses für die Abfindung der bei einer Umwandlung ausscheidenden Aktionäre, in: AG 9.Jg., S. 263-267.

Busse von Colbe, W. (1981), Gesamtwert der Unternehmung, in: Handwörterbuch des Rechnungswesens 2. Auflage, Kosiol, E. (Hrsg.), Stuttgart, S. 595-606.

Busse von Colbe, W. (1982), Die Resonanz betriebswirtschaftlicher Erkenntnisse zur Unternehmensbewertung in der zivilrechtlichen und steuerlichen Rechtsprechung, in: Steuerberaterjahrbuch 33.Jg., S. 257-274.

Buxbaum, R.M. (1976), The Dissenter's Appraisal Remedy, in: UCLA Law Review 23.Jg., S. 1229-1254.

Buxbaum, R.M./ Schneider, U.H. (1982), Die Fortentwicklung der Aktionärsklage und der Konzernklage im amerikanischen Recht, in: ZGR 11.Jg., S. 199-231.

Byrd, J.W./ Stammerjohan, W.W. (1997), Success and Failure in the Market for Corporate Control: Evidence from the Petroleum Industry, in: FR 32.Jg., S. 635-658.

Cable, J. (1985), Capital Market Information and Industrial Performance; The Role of West German Banks, in: Economic Journal 95.Jg., S. 118-132.

Calio, J.E. (1994), New Appraisals of Old Problems: Reflections on the Delaware Appraisal Proceeding, in: ABLJ 32.Jg., S. 1-68.

Carey, D. (1985), Creative Role for a Small State, in: Financial World 154.Jg., S. 81.

Carney, W.J. (1986), Two-tier Tender Offers and Shark Repellents, in: Midland Corporate Finance Journal 4.Jg., S. 48-56.

Carney, W. J. (1998), The Production of Corporate Law, in: Southern California Law Review 71.Jg., S. 715-780.

Caves, R.E. (1988), Effects of Mergers and Acquisitions on the Economy; an Industrial Organization Perspective, Working Paper.

Chandy, P.R./ Foster, Charles M./ Braswell, Michael K./ Poe, Stephen L. (1995), The Shareholder Wealth Effects of the Pennsylvania Fourth Generation Anti-Takeover Law, in: ABLJ 32.Jg., S. 399-445.

Charkham, J./ Simpson, A. (1999), Fair Shares – The Future of Shareholder Power and Responsibility, Oxford.

Clark, R.C. (1986), Corporate Law, Boston, Toronto.

Claussen, C. (1998), Wie ändert das KonTraG das Aktiengesetz?, in: DB 51.Jg., S. 177-187.

Coates, J.C. (1998), "Fair Value" as a Default Rule of Corporate Law: Minority Discounts in Conflict Transactions, Working Paper.

Coffee, J.C. (1984), Regulating the Market for Corporate Control: A Critical Assessment of the Tender Offer's Role in Corporate Governance, in: CoLR 84.Jg., S. 1145-1296.

Coffee, J.C. (1988), The Uncertain Case for Takeover Reform - an Essay on Stockholders, Stakeholders and Bust-Ups, in: WLR 3.Jg., S. 435-465.

Coffee, J.C. (1993), Institutional Investors as Corporate Monitors: Are Takeovers Obsolete?, in: Takeovers, Institutional Investors and the Modernization of Corporate Laws, Farrar, J.H. (Hrsg.), Melbourne, Oxford, New York, S. 12-105.

Coffee, J.C. (1996), Transfer of Control and the Quest for Efficiency: Can Delaware Law Encourage Efficient Transactions While Chilling Inefficient Ones?, in: Delaware Journal Corporation Law, S. 359-425.

Coleman, J.M. (1984), The Appraisal Remedy in Corporate Freeze-outs: Questions of Valuation and Exclusivity, in: Southwestern Law Journal 38.Jg., S. 775-798.

Comment, R./ Schwert, G.W. (1995), Poison or Placebo? Evidence on the Deterrence and Wealth Effects of Modern Antitakeover Measures, in: JoFE Bd.39, S. 3-43.

Comment, R./ Schwert, W.G. (1997), Hostility in Takeovers: In the Eyes of the Beholder?, Working Paper.

Commons, D.L. (1985), Tender Offer: the Sneak Attack in Corporate Takeovers, Berkeley.

Conner, W.T. (1989), Sword or Shield - The Impact of 3rd Generation State Takeover Statutes on Shareholder Wealth, in: George Washington Law Review 57.Jg., S. 958-993.

Coopers&Leybrand (1989), Barriers to Takeovers in the European Community, in: HMSO: Her Majesty's Stationery Office 2.Jg., London, S. 29-43.

Copeland, T.E./ Weston, F.J. (1988), Financial Theory and Corporate Policy, Reading.

Copeland, T./ Koller, T./ Murrin, J. (1998), Unternehmenswert - Methoden und Strategien für eine wertorientierte Unternehmensführung, Frankfurt, New York.

Cosh, A./ Hughes, A./ Singh, A. (1990), Takeovers and Short-termism in the UK, in: Industrial Policy Paper No.3, S. 1-20.

Cox, J.D./ Langevoort, D.C./ Hillman, R.W. (1991), Securities Regulation: Cases and Materials, New York.

Dann, L.Y./ De Angelo, H. (1983), Standstill Agreements, Privately Negotiated Stock Repurchases, and the Market for Corporate Control, in: JoFE Bd.11, S. 275-300.

Daum, T. (1993), Die unkoordinierte Übernahme einer Aktiengesellschaft, Frankfurt.

Davies, P.L. (1976), The Regulation of Takeovers and Mergers, London.

Davies, P.L. (1987), Management and Adminstration of the Company, in: Palmer's Company Law, Schmitthoff, C.M. (Hrsg.), London, S. 875-1042.

Davies, P.L. (1997), Gower's Principles of Modern Company Law, London.

De Jong, H.W. (1992), Der Markt für Unternehmenskontrolle. Eine historische, theoretische und empirische Analyse, in: Der Markt für Unternehmenskontrollen, Schriften des Vereins für Sozialpolitik Bd.124, Gröner, H. (Hrsg.), Berlin, S. 141-159.

DeAngelo, H./ Rice, E.M. (1983), Antitakeover Charter Amendments and Stockholder Wealth, in: JoFE Bd.11, S. 329-360.

DeAngelo, H./ DeAngelo, L./ Rice, E. M. (1984), Going Private: Minority Freezeouts and Stockholder Wealth, in: JoLE Bd.28, S. 367-401.

Decher, C. (1995), Kölner Umwandlungsrechtstage: Verschmelzung, Spaltung, Formwechsel, Lutter, M.(Hrsg.), Köln.

Drefriez, A. (1999), Takeover Regulation in the United Kingdom, in: Die Übernahme börsennotierter Unternehmen, Rosen, R.v./ Seifert, W.G. (Hrsg.), Frankfurt am Main, S. 29-40.

DeMott, D. (1983), Current Issues in Tender Offer Regulation: Lessons from the British, in: NYULR 58.Jg., S. 945-1029.

DeMott, D. (1988), Comparative Dimensions of Takeover Regulation, in: Knights, Raiders and Targets, Coffee, J.C./ Lowenstein, L./ Rose-Ackermann, S. (Hrsg.), New York, S. 398-435.

DeMott, D. (1997), Agency Principles and Large Block Shareholders, in: Card.LR 19. Jg., S. 321-340.

Demsetz, H. (1983), The Structure of Ownership and the Theory of the Firm, in: JoLE Bd.27, S. 375-390.

Depser, I. (1992), Der Vorschlag der EG-Kommission zur Takeover-Richtlinie im Spiegel der amerikanischen Takeover-Erfahrung, in: RIW 38.Jg., S. 351-361.

Deutsch, J.G. (1983), Weinberger v. UOP: Analysis of a Dissent, in: Corp.LR 6.Jg., S. 29-38.

Deutsche Bundesbank (1998), Kapitalmarktstatistik, Märzheft 1998.

Deutsche Schutzvereinigung für Wertpapierbesitz e.V. (DSW) (1997), Stellungnahme zu dem Regierungsentwurf eines 3. Finanzmarktförderungsgesetzes.

Deutsches Aktieninstitut e.V. (2000), DAI-Factbook 2000, Frankfurt.

Diekgräf, E. (1990), Sonderzahlungen an opponierende Kleinaktionäre im Rahmen von Anfechtungs- und Spruchstellenverfahren, Hamburg.

Dielmann, H.J./ König, A. (1984), Der Anspruch ausscheidender Minderheitsaktionäre auf eine angemessene Abfindung, in: AG 29.Jg., S. 57-66.

Dietrich, H. (1975), Die Tender Offer im Bundesrecht der Vereinigten Staaten, Frankfurt am Main.

Dirksen, D. (1997), Kommentar zum Umwandlungsgesetz, Kallmeyer, H. (Hrsg.), Köln.

Dirrigl, H. (1989), Neue Rechtsprechung zur Verschmelzung und die Verschmelzungsprüfung, WP 42.Jg., 617-620.

Donaldson, D.T. (1979), Gemeinschaftsunternehmen im Konzern- und Kartellrecht - ein englischer Landesbericht, in: Gemeinschaftsunternehmen (Joint Venture-Filiale Commune) im Konzern- und Kartellrecht, Mestmäcker, E.J./ Blaise, J.-B./ Donaldson, D.T., Frankfurt, S. 63-69.

Dörfler, W./ Gahler, W./ Unterstraßer, S./ Wirichs, R. (1994), Probleme bei der Wertermittlung von Abfindungsangeboten - Ergebnisse einer empirischen Untersuchung, in: BB 49.Jg., 156-162.

Dörner, D. (1992), Unternehmensbewertung, Wirtschaftsprüferhandbuch des IdW 10. Auflage, Band II, Düsseldorf.

Drukarczyk, J. (1973), Zum Problem der angemessenen Barabfindung bei zwangsweise ausscheidenden Anteilseignern, in: AG 18.Jg., S. 357-365.

Drukarczyk, J. (1993), Theorie und Politik der Finanzierung, München.

Drukarczyk, J. (1995), DCF-Methoden und Ertragswertmethode - einige klärende Anmerkungen, in: WP 48.Jg., S. 329-334.

Drukarczyk, J. (1996), Unternehmensbewertung, überarbeitet 1997, München.

Drukarczyk, J. (1997), Zur Bewertung von Verlustvorträgen, in: DStR 35.Jg., S. 464-469.

Dufey, G./ Hommel, U./ Riemer-Hommel, P. (1998), Corporate Governance: European vs. US Perspectives in a Global Capital Market, in: Strategisches Euro-Management, Scholz, C./ Zentes, J. (Hrsg.), Stuttgart, S. 45-65.

Easterbrook, F.H./ Fischel, D.R. (1981a), The Proper Role of a Target's Management in Responding to a Tender Offer, in: HLR Bd.94, S. 1161-1204.

Easterbrook, F.H./ Fischel, D.R. (1981b), Takeover Bids, Defensive Tactics and Shareholder's Welfare, in: BL Bd.36, S. 1733-1750.

Easterbrook, F.H./ Fischel, D.R. (1982a), Corporate Control Transactions, in: YLJ Bd.91, S. 698-737.

Easterbrook, F.H./ Fischel, D.R. (1982b), Auctions and Sunk Costs in Tender Offers, in: SLR Bd.35, S. 1-21.

Easterbrook, F.H./ Fischel, D.R. (1991), The Economic Structure of Corporate Law, Cambridge.

Easterbrook, F.H./ Jarrell, G.A. (1984), Do Targets Gain from Defeating Tender Offers?, in: NYULR 59.Jg., S. 277-292.

Ebenroth, C.T./ Eyles, U. (1988), Die Beschränkung von Hostile Takeovers in Delaware, in: RIW 34.Jg., S. 413-426.

Ebke, W. (1991), Konzernierung im US-amerikanischen Recht, in: Das Gesellschaftrecht der Konzerne im internationalen Vergleich, Ein Symposium des Max-Planck-Instituts für ausländisches und internationales Privatrecht, Mestmäcker, E.J/ Behrens, P. (Hrsg.), Baden-Baden, S. 279-327.

Edwards, J.S./ Weichenrieder, A.J. (1999), Ownership Concentration and Share Valuation: Evidence from Germany, Arbeitspapier, Cambridge.

Ehreiser, H.-J. (1973), Der aktienrechtliche Minderheitenschutz, Frankfurt.

Ehricke, U./ Roth, M. (2001), Squeeze-out im geplanten deutschen Übernahmerecht, in: DStR 39.Jg., S. 1120-1127.

Eisenberg, M.A. (1997), The Board of Directors and Internal Controls, in: Card.LR 19.Jg., S. 237-264.

Eisenberg, M.A. (1976), The Structure of the Corporation, Boston.

Elhauge, E. (1992), The Triggering Function of Sale of Control Doctrine, in: University of Chicago Law Review, S. 1465-1532.

Elofson, J. (1997), Should Dead Hand Poison Pills be Sent to an Early Grave?, in: Securities Regulation Law Journal Bd.25, S. 303-343.

Emmanuel, S.L. (1997), Corporations, Larchmont, New York.

Emmerich, V./ Sonnenschein, J. (1992), Konzernrecht: Das Recht der verbundenen Unternehmen bei Aktiengesellschaft, GmbH, Personengesellschaft und Genossenschaft, München.

Engelmeyer, C. (1996), Das Spaltungsverfahren bei der Spaltung von Aktiengesellschaften, in: AG 41.Jg., S. 193-208.

Falkenhausen, B.v. (1987), Das Takeover -Game - Unternehmenskäufe in den USA, in: Festschrift für Ernst C. Stiefel, Lutter, M. (Hrsg.), München, S. 163-195.

Fama, E.F. (1970), Efficient Capital Markets: A Review of Theory and Empirical Work, in: JoF 25.Jg., S. 383-417.

Fama, E.F. (1991), Efficient Capital Markets II, in: JoF 46.Jg., S. 1575-1617.

Fama, E.F./ Jensen, M.C. (1983a), Separation of Ownership and Control, in: JoLE Bd.26, S. 301-325.

Fama, E.F./ Jensen, M.C. (1983b), Agency Problems and Residual Claims, in: JoLE Bd.26, S. 327-349.

Farrar, J.H. (1993a), Fuzzy Law, the Modernization of Corporate Laws and the Privatization of Takeover Regulation, in: Takeovers, Institutional Investors and the Modernization of Corporate Laws, Farrar, J.H. (Hrsg.), Melbourne, Oxford, New York, S. 1-11.

Farrar, J.H. (1993b), The Duties of Controlling Shareholders, in: Takeovers, Institutional Investors and the Modernization of Corporate Laws, Farrar, J.H. (Hrsg.), Melbourne, Oxford, New York, S. 383-401.

Farrar, J.H./ Hannigan, B. (1998), Farrar's Company Law, London, Dublin, Edinburgh.

Feuillat, F. (1996), European Comission Levels the Battlefield, in: Corporate Finance Nr. 139, S. 46-48.

Finanzausschuss des Deutschen Bundestages (2001), Beschlussempfehlung und Bericht zum Gesetzesentwurf der Bundesregierung, BT-Drucksache 14/7477 vom 14. November 2001, Berlin.

Finkelstein, J.A. (1984), Antitakeover Protection Against Two-Tier and Partial Tender Offers: The Validity of Fair Price, Mandatory Bid and Flip-over Provisions under Delaware Law, in: Securities Regulation Law Journal Bd.11, S. 291-331.

Firth, M. (1980), Takeovers, Shareholders Returns and the Theory of the Firm, in: Quartely Journal of Economics Bd.94, S. 235-260.

Fischel, D.R. (1978), Efficient Capital Market Theory, the Market for Corporate Control and the Regulation of Cash Tender Offers, in: Texas Law Review 57. Jg., S. 1-46.

Fischel, D.R. (1983), The Appraisal Remedy in Corporate Law, in: American Bar Foundation Research Journal, S. 875-902.

Fleischer, H. (1997), Die Barabfindung außenstehender Aktionäre nach den §§305 und 320b AktG: Stand-alone Prinzip oder Verbundberücksichtigungsprinzip?, in: ZGR 26.Jg., S. 368-400.

Flume, W. (1969), Abfindung der sogenannten außenstehenden Aktionäre bei Abschluß eines Beherrschungsvertrags, in: DB 22.Jg., S. 1047-1049.

Forst, H. (1994), Zur Bemessung der Sicherung außenstehender Aktionäre gemäß §§304, 305 AktG unter besonderen Berücksichtigung von Investitionsrate und angemessender Abschreibung, in: AG 39.Jg., S. 321-324.

Forster, K.-H. (1980), Zur Ermittlung der angemessenen Abfindung nach §305 AktG, in: AG 25.Jg., S. 45-47.

Franks, J./Broyles, J.E./ Hecht, M.J. (1977), An Industry Study of the Profitability of Mergers in the United Kingdom, in: JoF 32.Jg., S. 1513-1525.

Franks, J./ Harris, R.S./ Mayer, C. (1988), Means of Payment in Takeovers: Results for the United Kingdom and the United States, in: Corporate Takeovers: Causes and Consequences, Auerbach, A.J. (Hrsg.), Chicago, London, S. 221-263.

Franks, J./ Mayer, C. (1990), Capital Markets and Corporate Control: A Study of France, Germany and the UK, in: Economic Policy Bd.5: A European Forum 10, S. 189-231.

Franks, J./ Mayer, C. (1997), Corporate Ownership and Control in the U.K., Germany and France, in: Studies in International Corporate Finance and Governance Systems, Chew, D. (Hrsg.), New York, S. 281-296.

Frazer, P. (1988), The Regulation of Takeovers in Great Britain, in: Knights, Raiders and Targets, Coffee, J.C./ Lowenstein, L./ Rose-Ackermann, S. (Hrsg.), New York, Oxford, S. 436-451.

Gansweid, W. (1977), Zur gerichtlichen Überprüfung der angemessenen Barabfindung nach §305 AktG, in: AG 22.Jg., S. 334-341.

Gaugham, P.A. (1994), Introduction: The Fourth Merger Wave and Beyond, in: Readings in Mergers and Acquisitions, Gaugham, P.A. (Hrsg.), Cambridge, S. 1-14.

Gemeinsamer Standpunkt des Rates (2001) Nr. 1/2001, Amtsblatt C23 vom 24.1.2001.

Gerke, W./ Garz, H./ Oerke, M. (1995), Die Bewertung von Unternehmensübernahmen auf dem deutschen Aktienmarkt, in: ZfbF 47.Jg., S. 805-820.

Gerling, C. (1985), Unternehmensbewertung in der USA, Bergisch-Gladbach.

Gerth, A. (1978), Die Beendigung des Gewinnabführungs- und Beherrschungsvertrags, in: BB 33.Jg., S. 1497-1500.

Gesetzesentwurf der Bundesregierung (2001), Entwurf eines Gesetzes zur Regelung von öffentlichen Angeboten zum Erwerb von Wertpapieren und von Unternehmensübernahmen vom 11.7.2001, Berlin.

Gilman, R./ Chan, P. S. (1990), Mergers and Takeovers, in: Management Decision 28.Jg., S. 26-37.

Gilson, R.J. (1981), A Structural Approach to Corporations: the Case Against Defense Tactics in Tender Offers, in: SLR Bd.33, S. 819-891.

Gilson, R.J. (1982), Seeking Competetive Bids versus Pure Passivity in Tender Offer Defense, in: SLR Bd.35, S. 51-67.

Gilson, R.J./ Black, B.S. (1995), The Law and Finance of Corporate Acquisitions, Supplement in 1998, Westbury, New York.

Gilson, R.J./ Kraakman, R. (1989), Delaware's Intermediate Standard for Defensive Tactics: Is there Substance to Proportionality Review?, in: BL Bd.44, S. 247-274.

Glass, G. (1996), German's Takeover Code Lacks a Cutting Edge, in: Corporate Finance Nr. 136, S. 12-13.

Glatzel, H.-G. (1970), Rechtsvergleichende Betrachtungen zur Stellung der Aktionärsminderheit im englischen Company Law und deutschem Aktienrecht, Bonn.

Gordon, J.N. (1997), Just Say Never? Poison Pill, Deadhand Pills, and Shareholder-Adopted Bylaws: An Essay for Warren Buffet, in: Card.LR 19.Jg., S. 511-552.

Görling, H. (1993), Die Verbreitung zwei- und mehrstufiger Unternehmensverbindungen, in: AG 38.Jg., S. 538-547.

Gottschalk, A. (1988), Der Stimmrechtseinfluß der Banken in den Aktionärsversammlungen von Großunternehmen, in: WSI Mitteilungen, S. 294-304.

Götz, H.-N. (1996), Entschädigung von Aktionären abseits der Kapitalmarktbewegung, in: DB 49.Jg., S. 259-265.

Graham, R.C./ Lefanowicz, C.E. (1998), The Valuation Effects of Majority Ownership for Parent and Subsidiary Shareholders, Working Paper.

Grandjean, B. (1992), Unternehmenszusammenschlüsse und die Verteilung der abnormalen Aktienrenditen zwischen den Aktionären der übernehmenden und übernommenen Gesellschaften - eine empirische Untersuchung, Frankfurt.

Gray, S.J./ McDermott, M.C. (1989), Mega-Merger Mayhem: Takeover Strategies, Battles & Controls, London.

Greene, E.F./ Junewicz, J.J. (1984), A Reappraisal of Current Regulation of Mergers and Acquisitions, in: University of Pennsylvania Law Review 132.Jg., S. 647-739.

Gregory, A./ Hicks, A. (1995), Valuation of Shares: A Legal and Accounting Conundrum, in: JoBL, S. 56-69.

Griffin, P.J./ Tucker, R.J. (1971), The Williams Act, public Law 90-439 - Growing Pains? Some Interpretations with Respect to the Williams Act, in: Howard Law Journal 16.Jg., S. 654-718.

Griggs, L./ Lowry, J.P. (1994), Minority Shareholder Remedies: a Comparative View, in: JoBL, S. 463-487.

Gropper, F.v. (1994), Darstellung einer feindlichen Übernahme in England durch ein deutsches Unternehmen am Beispiel der Übernahme von Century OILS Group plc durch die Fuchs-Gruppe, in: ZfbF 46.Jg., S. 361-389.

Groß, W. (1996), Übernahmekodex für öffentliche Übernahmeangebote: Anerkennung und Rolle des begleitenden Wertpapierdienstleistungsunternehmens, in: DB 49.Jg., S. 1909-1914.

Großfeld, B. (1988), Zweckmäßige Abfindungsklauseln, in: AG 33.Jg., S. 217-223.

Großfeld, B. (2000), Börsenkurs und Unternehmenswert, in: BB 55 Jg., S. 261-266.

Grossman, S.J./ Hart, O.D. (1980a), Takeover Bids, the Free Rider Problem and the Theory of the Corporation, in: Bell Journal of Economics 11.Jg., S. 42-64.

Grossman, S.J./ Hart, O.D. (1980b), Disclosure Laws and Takeover Bids, in: JoF 35.Jg., S. 323-334.

Grunewald, B. (1989), Was bringt der Vorschlag einer 13. EG-Richtlinie über Übernahmeangebote für das deutsche Recht?, in: WM 43.Jg., S. 1233-1239.

Grunewald, B. (1995), Kölner Umwandlungsrechtstage: Verschmelzung, Spaltung, Formwechsel, Lutter, M. (Hrsg.), Köln.

Gullick, J.M. (1987), Ranking and Spicer's Company Law, London.

Haase, K. (1995), Das Recht des aktienrechtlichen Abfindungsergänzungsanspruchs als notwendiger Bestandteil der §§305,306 AktG, in: AG 40.Jg., S. 7-26.

Habersack, M./ Mayer, C. (1997), Der neue Vorschlag 1997 einer Takeover-Richtlinie - Überlegungen zur Umsetzung in das nationale Recht, in: ZIP 18.Jg., S. 2141-2146.

Hackl, J./ Testani, R. A. (1988), Second Generation State Takeover Statutes and Shareholder Wealth, in: YLJ Bd.97, S. 1193-1221.

Hackmann, A. (1987), Unternehmensbewertung und Rechtsprechung, Wiesbaden.

Hadden, T. (1977), Company Law and Capitalism, London.

Hadden, T. (1990), Die Regelung der Konzerne in Großbritannien: Sonderbehandlung im Rahmen des allgemeinen Gesellschaftsrechts, in: Das Gesellschaftrecht der Konzerne im internationalen Vergleich, Ein Symposium des Max-Planck-Instituts für ausländisches und internationales Privatrecht, Mestmäcker, E.J/ Behrens, P. (Hrsg.), Baden-Baden, S. 329-339.

Hahn, D. (1990), Die Regulierung von Übernahmen in der Europäischen Gemeinschaft, in: ZBB 2.Jg., S. 10-21.

Hahn, D. (1992), Die feindliche Übernahme von Aktiengesellschaften, Hamburg.

Halsbury's Laws of England (1996) Bd.7, London.

Hamilton, R.W. (1985), Private Sale of Control Transactions: Where We Stand Today?, in: Case Western Reserve Law Review 36.Jg., S. 248-285.

Hamilton, R.W. (1996), The Law of Corporations in a Nutshell, St. Paul.

Hamilton, R.W. (1997), Corporations, St.Paul.

Hamilton, R.W. (2000), The Law of Corporations in a Nutshell, St. Paul.

Hansen, R.G. (1987), A Theory for the Choice of Exchange Medium in Mergers and Acquisitions, in: JoB Bd.60, S. 75-96.

Happ, W. (1995), Kölner Umwandlungsrechtstage: Verschmelzung, Spaltung, Formwechsel, Lutter, M. (Hrsg.), Köln.

Harrington, J.E./ Prokop, J. (1993), The Dynamics of the Free-Raider Problem in Takeovers, in: Review of Financial Studies 6.Jg., S. 851-882.

Hart, O. (1995), Corporate Governance: Some Theory and Implications, in: Economic Journal 105.Jg., S. 678-689.

Hauschka, C.E./ Roth, T. (1988), Übernahmeangebote und deren Abwehr im deutschen Recht, in: AG 33.Jg, S. 181-196.

Hax, H. (1997), Koreferat zum Referat E. Wenger, R. Hecker, J. Knoesel, in: Finanzmärkte, Gahlen, B./ Hesse, H./ Ramser, H.J. (Hrsg.), Tübingen, S. 147-150.

Hayn, M. (2000), Unternehmensbewertung: Die funktionale Wertkonzeptionen, in: DB 53.Jg., S. 1346-1353.

Hayward, M.L.A./ Hambrick, D.C. (1997), Explaning the Premiums Paid for Large Acquisitions: Evidence of CEO Hubris, in: Administrative Science Quarterly 42.Jg., S. 103-127.

Hazen, T.L. (1996), The Law of Securities Regulation, St. Paul.

Hecker, R. (2000), Regulierung von Unternehmensübernahmen und Konzernrecht, Wiesbaden.

Hecker, R./ Wenger, E. (1995), Der Schutz von Minderheiten im Vertragskonzern, in: ZBB 7.Jg., S. 321-342.

Henze, H. (1998), Treupflichten der Gesellschafter im Kapitalgesellschaftsrecht, in: ZHR Bd.162, S. 186-196.

Hermalin, B./ Schwartz, A. (1996), Buyouts in Large Companies, in: Journal of Legal Studies 25.Jg., S. 351-370.

Hermann, M. (1991), Der Companies Act von 1989 in Großbritannien, in: RIW 37.Jg., S. 378-383.

Heun, W. (1938), Zur Frage der angemessenen Abfindung der bei der Umwandlung ausscheidenden Minderheitsaktionäre, in: Der Wirtschaftstreuhänder 7.Jg., S. 220-223.

Heurung, R. (1997), Teil I: Zur Anwendung und Angemessenheit verschiedener Unternehmenswertverfahren im Rahmen von Umwandlungsfällen; Teil II: Unternehmenswertverfahren im Rahmen von Umwandlungsfällen, in: DB 50.Jg., S. 837-843, S. 888-892.

HFA-Stellungnahme des IDW (1983), Stellungnahme HFA 2/1983: Grundsätze zur Durchführung von Unternehmensbewertungen, in: WP 23.Jg., S. 468-480.

HFA-Stellungnahme des IDW (1969), Angemessene Abfindung und angemessener Ausgleich im Aktienrecht, in: WP 22.Jg., S. 129-133.

Hidding, B. (1997), Going Public - Telokom Jumbo bremste 1996 - 1997 wohl wieder mehr Kandidaten, in: Hoppenstedt - Börsenjahrbuch, Frankfurt.

Hill, Alfred (1957), The Sale of Controlling Shares, in: HLR Bd.70, S. 986-1039.

Hirshleifer, D./ Titman, S. (1990), Share Tendering Strategies and the Success of Hostile Takeover Bids, in: JoPE 98.Jg., S. 295-324.

Hoffmann-Becking, M. (1988), Das neue Verschmelzungsrecht in der Praxis, in: Festschrift für Hans-Joachim Fleck, Goerdeler, R./ Hommelhoff, P./ Lutter, M./ Wiedemann, H. (Hrsg.), Berlin, New York, S. 105-126.

Hoffmann-Becking, M. (1990), Der materielle Gesellschafterschutz: Abfindung und Spruchverfahren, in: ZGR 19.Jg., S. 482-516.

Holderness, C.B./ Sheenan, D.P. (1988), The Role of Majority Shareholders in Publicly Held Corporations, in: JoFE Bd.20, S. 317-346.

Holl, P./ Kyriazis, D. (1997), Agency, Bid Resistance and the Market for Corporate Control, in: Journal of Business Finance & Accounting 24.Jg., S. 1037-1066.

Holligton, R. (1990), Minority Shareholder Rights, London.

Hölzer, H. (1985), USA: Vorschlag zur Aufhebung von Sec.7 Clayton Act, in: Wirtschaft und Wettbewerb 35.Jg., S. 466.

Hommel, U. (1998), Regulating the Market for Corporate Control: Lessons from Germany, in: International Journal of Business, 3.Jg., S. 101-121.

Hommelhoff, P. (1993), Konzerneingangsschutz durch Takeover-Recht?, in: Festschrift für Semler, Bierich, M./ Hommelhoff, P./ Kropff, B. (Hrsg.), Berlin, New York, S. 455-471.

Hommelhoff, P. (1990), Takeover-Richtlinie und europäisches Konzernrecht, in: AG 35.Jg., S. 106-111.

Hopt, K.J. (1982), Merger Control in Germany: Philosophies, Experiences, Reforms, in: European Merger Control - Legal and Economic Analysis on Multinational Enterprises, Hopt, K.J. (Hrsg.), Berlin, New York, S. 71-100.

Hopt, K.J. (1990), Die Regelung der Übernahmeangebote im europäischen Recht, in: Der europäische Binnenmarkt 1992 - Auswirkungen auf die deutsche Finanzwirtschaft, Büschgen, H.E./ Schneider, U.H. (Hrsg.), München, S. 297-313.

Hopt, K.J. (1991), Übernahmeangebote im europäischen Recht, in: Beiträge zum Handels und Wirtschaftrecht, Festschrift für Rittner zum 70. Geburtstag, Löwisch, M./ Schmitt-Leithoff, C./Schmiedel, B. (Hrsg.), München, S. 187-209.

Hopt, K.J. (1997a), Europäisches und deutsches Übernahmerecht, in: ZHR Bd.161, S. 368-420.

Hopt, K.J. (1997b), Stellungnahme zur Aktienrechtsreform 1997 von Prof. Dr. Hopt, in: AG Sonderheft, S. 42-48.

Hüchting, H.-J. (1972), Abfindung und Ausgleich im aktienrechtlichen Beherrschungsvertrag, in: Abhandlungen zum deutschen und europäischen Handels- und Wirtschaftsrecht, Hueck, G./ Lutter, M./ Zöllner, W. (Hrsg.), Köln, Berlin, u.a.

Hüffer, U. (1995), Aktiengesetz, München.

Huggins, S.M. (1986), Advantages of Incorporating in Delaware, in: ABA Banking Journal 78.Jg., S. 120-122.

Hurwitz, M. (1988), New Jersey Shareholders Protection Act: Validity Questioned in Light of CTS Corp. v. Dynamics Corp. of America, in: BL Bd.44, S. 141-157.

Hüttemann, R. (2001), Börsenkurs und Unternehmensbewertung, in: ZGR 30.Jg., S. 454-478.

IDW Standard (2000), Grundsätze zur Durchführung von Unternehmensbewertungen (IDW S 1), in: WP 53.Jg., S. 825-842.

Immenga, U. (1975a), Öffentliche Übernahmeangebote - Eine rechtsvergleichende Untersuchung der Regelungsprobleme, in: Die Schweizerische Aktiengesellschaft 47.Jg., S. 89-103.

Immenga, U. (1975b), Der Preis der Konzernierung, in: Wirtschaftsordnung und Staatsverfassung, Sauermann, H./Mestmäcker, E.J. (Hrsg.), Tübingen, S. 253-267.

Immenga, U. (1992), Öffentliche Übernahmeangebote, in: Öffentliche Übernahmeangebote, Kreuzer, K. (Hrsg.), Baden-Baden, S. 11-34.

Jaggia, S./ Thosar, S. (1995), Contested Tender Offers: An Estimate of the Hazard Function, in: Journal of Business & Economic Statistics 13.Jg., S. 113-119.

Jahera, J.S./ Pugh, W. (1991), State Takeover Legislation - the Case of Delaware, in: JoLE& O 7.Jg., S. 410-428.

Jarrell, G.A./ Bradley, M. (1980), The Economic Effect of Federal and State Regulation of Cash Tender Offers, in: JoLE Bd.23, S. 371-402.

Jarrell, G.A./ Brickley, J.A./ Netter, J.M. (1988), The Market for Corporate Control: The Empirical Evidence since 1980, in: Journal of Economic Perspective Bd.2, S. 49-68.

Jarrell, G.A./ Poulsen, A.B. (1987), Shark Repellents and Stock Prices: The Effect of Antitakeover Amendments since 1980, in: JoFE Bd.19, S. 127-168.

Jenkinson, T./ Ljungqvist, A. (1997), Hostile Stakes and the Role of Banks in German Corporate Governance, Working Paper.

Jensen, M.C. (1984), Takeovers: Folklore and Science, in: HBR 62.Jg., S. 109-121.

Jensen, M.C. (1986), Agency Costs of Free Cash Flow, Corporate Finance and Takeovers, in: American Economic Review Bd.76, S. 323-329.

Jensen, M.C. (1993), The Modern Industrial Revolution, Exit and the Failure of Internal Control Systems, in: JoF 48.Jg., S. 831-880.

Jensen, M.C./ Meckling, W.E. (1976), Theory of the Firm: Managerial Behaviour, Agency Costs and Ownership Structure, in: JoFE Bd.3, S. 305-360.

Jensen, M.C./ Ruback, R.S. (1983), The Market for Corporate Control: The Scientific Evidence, in: JoFE Bd.11, S. 5-50.

John, K./ Senbet, L.W. (1998), Corporate Governance and Board Effectiveness, in: JoF 22.Jg., S. 371-403.

Johnson, L./ Millon, D. (1989a), Missing the Point about State Takeover Statutes, in: MLR Bd.87, S. 846-857.

Johnson, L./ Millon, D. (1989b), Misreading the Williams Act, in: MLR Bd.87, S. 1862-1923.

Johnson, M.S./ Rao, R.P. (1997), The Impact of Antitakeover Amendments on Corporate Financial Performance, in: FR 32.Jg., S. 659-689.

Johnston, A. (1980), The City Takeover Code, London.

Johnstone, A.P. (1997), United Kingdom, in: Protection of Minority Shareholders, Stecher, M.W. (Hrsg.), London, S. 241-257.

Kahan, M. (1993), Sales of Corporate Control, in: JoLE&O 9.Jg., S. 368-379.

Kallfass, H.H. (1991), Ökonomische Analyse der Konzernbildung, in: Das Gesellschaftsrecht im internationalen Vergleich, Mestmäcker, E.J/ Behrens, P. (Hrsg.), Baden-Baden, S. 19-48.

Kallmeyer, H. (1996), Der Übernahmekodex der Börsensachverständigen-kommission, in: AG 41. Jg, S. 169-171.

Kallmeyer, H. (1997a), Die Mängel des Übernahmekodex der Börsensachverständigenkommission, in: ZHR Bd.161, S. 435-454.

Kallmeyer, H. (1997b), Kommentar zum Umwandlungsgesetz, Kallmeyer, H. (Hrsg.), Köln.

Kamar, E. (1998), A Regulatory Competition of Indeterminacy in Corporate Law, Working Paper.

Kamprad, B./ Römer, H.J. (1990), Die Abfindung der außenstehenden Aktionäre bei der Eingliederung durch Mehrheitsbeschluß, in: AG 35.Jg., S. 486-489.

Kanda, H./ Levmore, S. (1985), The Appraisal Remedy and the Goals of Corporate Law, in: UCLA Law Review 32.Jg., S. 429-473.

Kapp, R. (1973), Die Sicherung der außenstehenden Aktionäre durch das Spruchstellenverfahren nach §§304 ff. AktG, in: BB 28.Jg., S. 1514-1516.

Karpoff, J.M./ Malatesta, P.H. (1989), The Wealth Effects of the Second Generation State Takeover Legislation, in: JoFE Bd.25, S. 291-322.

Karpoff, J.M./ Malatesta, P.H. (1990), PA law: State Antitakeover Laws and Stock Prices, in: Financial Analysts Journal 46.Jg., S. 8-10.

Karpoff, J.M./ Malatesta, P.H./ Walkling, R.A. (1996), Corporate Governance and Shareholder Iniatives: Empirical Evidence, in: JoFE Bd.41, S. 365-395.

Keenan, D. (1987), Smith & Keenan's Company Law, London.

Kellermann, N. (1984), Der Interessenschutz von Minderheitsaktionären und Gläubigern im englischen Konzernrecht, Münster.

Kesner, I.F./ Dalton, D.R. (1985), Antitakeover Tactics: Management 42, Stockholders 0, in: Business Horizons 28.Jg., S. 17-25.

Khanna, N. (1997), Optimal Bidding for Tender Offers, in: Journal of Financial Research 20.Jg., S. 323-342.

Kindermann, H.H. (1964), Der Einfluß des Börsenkurses auf die angemessene Abfindung nach §12 UmwG, in: AG 9.Jg., S. 178-181.

Kirchheim, C. (1994), Probleme im Rahmen der Abfindung der Minderheitsaktionäre beim Gewinnabführungs- und Beherrschungsvertrag, Münster.

Kirchner, C. (1985), Ökonomische Überlegungen zum Konzernrecht, in: ZGR 14.Jg., S. 214-234.

Kirchner, C./ Ehricke, U. (1998), Funktionsdefizite des Übernahmekodex der Börsensachverständigenkommission, in: AG 43.Jg., S. 105-116.

Kley, K.-L. (1986), Die Rechtsstellung der außenstehenden Aktionäre bei der vorzeitigen Beendigung von Unternehmensverträgen, München.

Knoll, H.-C. (1992), Die Übernahme von Kapitalgesellschaften unter besonderer Berücksichtigung des Schutzes von Minderheitsaktionären nach amerikanischen, englischen und deutschen Recht, Baden-Baden.

König, W. (1977), Die Vermittlungsfunktion der Unternehmensbewertung, in: Moderne Unternehmensbewertung und Grundsätze ihrer ordnungsgemäßen Durchführung, Bericht von der 1. Kölner BFuP-Tagung am 18. und 19. November 1976 in Köln, Goetzke, W./ Sieben, G. (Hrsg.), Köln, S. 73-89.

König, W./ Zeidler, G. (1996), Die Behandlung von Steuern bei der Unternehmensbewertung, in: DStR 34.Jg., S. 1098-1103.

Körner, M. (2001), Die Neuregelung der Übernahmekontrolle nach deutschem und europäischem Recht - insbesondere zur Neutralitätspflicht des Vorstands, in: DB 54.Jg., S. 367-371.

Koppensteiner, H.-G. (1978), Abfindungsergänzungsansprüche bereits abgefundener Aktionäre aufgrund einer gerichtlichen Entscheidung gemäß §305 Abs.5 Satz 2 AktG, in: BB 33.Jg., S. 769-775.

Koppensteiner, H.-G. (1987), Kölner Kommentar zum AktG, Köln.

Kort, M. (1990), Zur Treuepflicht des Aktionärs, in: ZIP 11.Jg., S. 294-297.

Kraus-Grünewald, M. (1995), Gibt es einen objektivierten Unternehmenswert?, in: BB 50.Jg., S. 1839-1844.

Krause, H. (1996a), Der revidierte Vorschlag einer Übernahmerichtlinie, in: AG 41.Jg., S. 209-217.

Krause, H. (1996b), Obligatorische Übernahmeangebote, Baden-Baden.

Krieger, G. (1995), Kölner Umwandlungsrechtstage: Verschmelzung, Spaltung, Formwechsel, Lutter, M. (Hrsg.), Köln.

Kropff, B. (1969), Festsetzung höherer Ausgleichszahlungen oder einer höheren Abfindung durch das Gericht, in: Das Wertpapier 1969, S. 3-9.

Kübler, F. (1987), Gerichtliche Entscheidungen als Spielsteine der Konzernstrategie?: Zur Problematik des Kündigungsrechts gemäß §§304 Abs.5, 305 Abs.5 Satz 4 AktG, in: Bilanz- und Konzernrecht: Festschrift zum 65. Geburtstag von Reinhard Goerdeler, Havermann, H. (Hrsg.), Düsseldorf, S. 279-294.

Kübler, F. (1997), Stellungnahme zur Aktienrechtsreform 1997 von Prof. Dr. Friedrich Kübler, in: AG Sonderheft, S. 48-52.

Kübler, F./ Schmidt, R.H. (1988), Gesellschaftsrecht und Konzentration, London.

Kühn, W. (1992), Probleme mit Minderheitsaktionären in der Aktiengesellschaft, in: BB 47.Jg., S. 291-299.

Kurth, T. (1987), Aktionärsschutz und öffentliche Angebote, Köln.

Küting, K.-H. (1978), Das Übernahmeangebot als alternative Form des Beteiligungserwerbs, in: BB 33.Jg., S. 1751-1755.

Land, V. (2001), Das neue deutsche Wertpapiererwerbs- und Übernahmegesetz, in: DB 54.Jg., S. 1707-1713.

LaPorta, R./ Lopez-de-Silanes, F./ Shleifer, A./ Vishny, R.W. (1996), Law and Finance, Working Paper.

Lee, T.P. (1989), Takeover Regulation in the UK, Colloque " Les Prises de Participations: L'Example des offres d'achat, Université de Génève, Série Banques et Marchée financiers, April 1989, S. 211-229.

Lee, T.P. (1993), Takeovers - the United Kingdom Experience, in: Takeovers, Institutional Investors and the Modernization of Corporate Laws, Farrar, J.H. (Hrsg.), Melbourne, Oxford, New York, S. 192-202.

Lee, W.-H. (1987), Der Schutz der Minderheitsaktionäre der Obergesellschaft, Münster.

Lehnert, Ingrid (1997), Unternehmensübernahmen in den USA in den 80er Jahren, Wiesbaden.

Lenel, H.O. (1992), Über den Markt für Unternehmenskontrolle, in: Der Markt für Unternehmenskontrollen, Gröner, H. (Hrsg.), Berlin, S. 9-27.

Lerner, J.J. (1990), Did the Time Decision Torpedo the Hostile Bid?, in: Mergers & Acquisitions 24.Jg., S. 41-44.

Letsou, P.V. (1998), The Role of Appraisal in Corporate Law, in: Boston College Law Review 39.Jg., S. 1121-1174.

Li, A.J. (1997), The Meaning of Item Four of Schedule 13D of the Securities Exchange Act of 1934: a New Framework and Analysis, in: BL Bd.52, S. 851-884.

Liebscher, T. (1996), Einschränkung der Verzinslichkeit des Abfindungsanspruchs dissentierender Gesellschafter gemäß §§30 Abs 1 S.2, 208 UmwG; §305 Abs.3 Satz 3, 1.HS AktG, in: AG 41.Jg., S. 455-461.

Liebscher, T. (2001), Das Übernahmeverfahren nach dem neuen Übernahmegesetz, in: ZIP 22.Jg., S. 853-869.

Lingemann, S./ Wasmann, D. (1998), Mehr Kontrolle und Transparenz im Aktien-recht: Das KonTraG tritt in Kraft, in: BB 53.Jg., S. 853-862.

Linn, S.C./ McConnel, J. J. (1983), An Empirical Investigation of the Impact of Anti-Takeover Amendments on Common Stock Prices, in: JoFE Bd.11, S. 361-399.

Lipton, M. (1979), Takeover Bids in the Target's Boardroom, in: BL Bd.35, S. 101-134.

Lipton, M. (1981a), Takeover Bids in the Target's Boardroom: An Update after One Year, in: BL Bd.36, S. 1017-1028.

Lipton, M. (1981b), Takeover Bids in the Target's Boardroom: A Response to Professors Easterbrook and Fischel, in: NYULR 56.Jg., S. 1231-1236.

Lipton, M./ Brownstein, A.R. (1985), Takeover Responses and Director's Responsibilities - An Update, in: BL Bd.40, S. 1403-1430.

Lipton, M./ Panner, M. (1993), Takeover Bids and United States Governance, in: Contemporary Issues in Corporate Governance, Prentice, D.D./ Holland, P.R.J. (Hrsg.), Oxford, S. 115-134.

Loehr, H. (1999), Der freiwillige Übernahmekodex, in: Übernahme börsennotierter Unternehmen, Rosen, R.v./ Seifert, W.G. (Hrsg.), Frankfurt am Main, S. 149-164.

Löhr, D. (1993), Die Grenzen des Ertragswertverfahrens: Kritik und Perspektiven, Frankfurt am Main.

Loss, L./ Seligman, J. (1995), Fundamentals of Securities Regulation, Boston.

Lowry, J./ Edmunds, R. (1998), The Corporate Opportunity Doctrine: The Shifting Boundaries of the Duty and its Remedies, in: MoLR 61.Jg., S. 515-537.

Lüttmann, R. (1992a), Kontrollwechsel in Kapitalgesellschaften: Eine vergleichende Untersuchung des englischen, US-amerikanischen und deutschen Rechts, Baden-Baden.

Lüttmann, R. (1992b), Changes of Corporate Control and Mandatory Bids, in: International Review of Law and Economics, S. 497-516.

Lutter, M. (1988), Zur Abwehr räuberischer Aktionäre, in: Der Betrieb: 40 Jahre, Stuttgart.

Lutter, M. (1989), Die Treuepflicht des Aktionärs, in: ZHR Bd.153, S. 446-471.

Lutter, M. (1990), Zur Reform von Umwandlung und Fusion - Das Konzept und seine Verwirklichung im Diskussionsentwurf, in: ZGR 19.Jg., S. 392-415.

Lutter, M. (1993), Macht und Ohnmacht der Aktionäre - Eine rechtliche Betrachtung -, in: Die deutsche Aktie: Unternehmensfinanzierung und

Vermögenspolitik vor neuen Herausforderungen, Fritsch, U./ Liener, G./ Schmidt, R. (Hrsg.), Stuttgart, S. 209-224.

Lutter, M. (1996), Europäisches Unternehmensrecht, Berlin, New York.

Lutter, M. (1997), Stellungnahme zur Aktienrechtsreform 1997 von Prof. Dr. Marcus Lutter, in: AG Sonderheft, S. 52-57.

Lutter, M. (1998), Treupflichten und ihre Anwendungsprobleme, in: ZHR Bd.162, S. 164-185.

Lutter, M./ Drygala, T. (1995), Wie fest ist der feste Ausgleich nach §304 Abs.2 Satz 1 AktG?, in: AG 40.Jg., S. 48-57.

Luttermann, C. (1999), Zum Börsenkurs als gesellschaftsrechtliche Bewertungsgrundlage, in: ZIP 20. Jg., S. 45-52.

Luttermann, C. (2001), Der "durchschnittliche" Börsenkurs bei Barabfindung von Aktionären und Verschmelzungsrelationen, in: ZIP 22.Jg., S. 869-872.

Lutz, H. (1993), Zum Wert körperschaftssteuerlicher Verlustvorträge bei der Ertragswertermittlung, in: BFuP 45.Jg., S. 66-78.

Mahoney, J.M./ Mahoney, J.T. (1993), An Empirical Investigation of the Effect of Corporate Charter Antitakover Amendments on Stockholder Wealth, in: SMJ 14.Jg., S. 17-31.

Mahoney, J.M./ Sundaramurthy, C./ Mahoney, J.T. (1996), The Differential Impact on Stockholder Wealth of Various Antitakeover Provisions, in: Managerial&Decision Economics 17.Jg., S. 531-549.

Mahoney, P./ Weinstein, M. (1999), The Appraisal Remedy and Merger Premiums, Olin Working Paper No. 99-5, Los Angeles.

Malatesta, P.H./ Thompson, R. (1993), Government Regulation and Structural Change in the Corporate Acquisition Market: the Impact of the Williams Act, in: Journal of Financial and Quantitative Analysis 28.Jg., S. 363-379.

Malatesta, P.H./ Walkling, R.A. (1988), Poison Pill Securities: Stockholder Wealth, Profitability, and Ownership Structure, in: JoFE Bd.20, S. 347-376.

Manne, H.G. (1965), Merger and the Market for Corporate Control, in: JoPE 73.Jg., S. 110-120.

Manning, B. (1962), The Shareholder's Appraisal Remedy: An Essay for Frank Cooker, in: YLJ Bd.72, S. 223-265.

Marsch-Barner, R. (1997), Kommentar zum Umwandlungsgesetz, Kallmeyer, H. (Hrsg.), Köln.

Matschke, M.J. (1981), Unternehmensbewertung in dominierten Konfliktsituationen am Beispiel der Bestimmung der angemessenen Abfindung für den ausgeschlossenen oder ausscheidungsberechtigten Minderheitskapitalgesellschafter, in: BFuP 33.Jg., S. 115-129.

Matschke, M.J. (1986), Geldentwertung und Unternehmensbewertung, in: WP 39.Jg., S. 549-555.

Mattern, F./ Seifert, W./ Streit, C./ Voth, H.-J. (1997), Aktie, Arbeit, Aufschwung, Frankfurt, New York.

Mayer, T./ Zschocke, C. (1996), Der deutsche Übernahmekodex - Inhalt und erste Erfahrungen, in: Bank-Archiv, S. 711-716.

Mayson, S.W./ French, D./ Ryan, C.L. (1987), A Practical Approach to Company Law, Shrewsbury.

McBride, D.C. (1978), Delaware Corporate Law: Judical Scrutiny of Mergers - the Aftermath of Singer v. the Magnavox Company, in: BL Bd.33, S. 2231-2254.

McWilliams, V.B./ Sen, N. (1997), Board Monitoring and Antitakeover Amendments, in: Journal of Financial and Quantitative Analysis 32.Jg., S. 491-505.

Meier-Schatz, C.J. (1985), Managermacht und Machtkontrolle; Bemerkungen zur amerikanischen Debatte um Übernahmeangebote und Markt für Unternehmenskontrolle, in: ZHR Bd.149, S. 76-108.

Meilicke, W. (1972), Ende des Spruchstellenverfahrens nach §§306 AktG, 30 UmwG durch Auskaufen der antragstellenden außenstehenden Aktionäre?, in: DB 25.Jg., S. 663-667.

Meilicke, W. (1974), Die Berechnung der Ausgleichszahlung nach §304 II 1 AktG, in: DB 27.Jg., S. 417-422.

Meilicke, W. (1975), Die Barabfindung für den ausgeschlossenen oder ausscheidungsberechtigten Minderheitskapitalgesellschafter, Berlin, München.

Meilicke, W. (1980), Rechtsgrundsätze zur Unternehmensbewertung, in: DB 33.Jg., S. 2121-2123.

Meilicke, W. (1995), Beendigung des Spruchstellenverfahrens durch Beendigung des Unternehmensvertrages?, in: AG 40.Jg., S. 181-188.

Meilicke, W./ Heidel, T. (2001), Anmerkung zu BGH-Urteil vom 12.3.2001, in: DB 54.Jg., S. 973-975.

Meinhardt, P. (1987), Der Englische Companies Act 1985, in: RIW 33.Jg., S. 10-13.

Meister, B./ Klöcker, I. (1997), Kommentar zum Umwandlungsgesetz, Kallmeyer, H. (Hrsg.), Köln.

Merkt, H. (1991), US-amerikanisches Gesellschaftsrecht, Heidelberg.

Mertens, H.-J. (1990), Förderung von Schutz vor Zwang zu Übernahmeangeboten, in: AG 35.Jg., S. 252-259.

Mertens, H.-J. (1992), Zur Geltung des Stand-Alone-Prinzips für die Unternehmensbewertung bei der Zusammenführung von Unternehmen, in: AG 37.Jg., S. 321-335.

Michalski, L. (1997), Abwehrmechanismen gegen unfreundliche Übernahmeangebote (Unfriendly Takeovers) nach deutschem Recht, in: AG 42.Jg., S. 152-163.

Mikkelson, W.H./ Partch, M.M. (1997), The Decline of Takeovers and Disciplinary Managerial Turnover, in: JoFE Bd.44, S. 205-228.

Miller, G. (1998), Political Structure and Corporate Governance: Some Points of Contrast Between the United States and England, in: Columbia Business Law Review, S. 52-78.

Monti, M. (1999), Vorschlag für eine Richtlinie über Übernahmeangebote, in: Übernahme börsennotierter Unternehmen, Rosen, R.v./ Seifert, W.G. (Hrsg.), Frankfurt am Main, S. 15-28.

Moon, R.W. (1968), Business Mergers and Takeover Bids, London.

Morse, G.K. (1981), Companies, Securities Regulation, in: JoBL, S. 205-208.

Morse, G.K. (1987), Arrangements and Reconstructions, in: Palmer's Company Law, Schmitthoff, C.M. (Hrsg.), London, S. 1131-1210.

Morse, G.K. (1988), Thinking the Unthinkable - Judical Review and the City Panel, in: JoBL, S. 329-333.

Morse, G.K. (1989), Companies, Securities Regulation, in: JoBL, S. 148-150.

Moxter, A. (1983), Grundsätze ordnungsgemäßer Unternehmensbewertung, Wiesbaden.

Müller, H.-F. (1997), Minderheitenschutz im englischen Kapitalgesellschaftsrecht nach ss.459ff. CA 1985, in: RIW 43.Jg., S. 994-997.

Müller, W. (1997), Kommentar zum Umwandlungsgesetz, Kallmeyer, H. (Hrsg.), Köln.

Münstermann, H. (1970), Wert und Bewertung der Unternehmung, Wiesbaden.

Naraschewski, A. (1997), Verschmelzung im Konzern: Ausgleichs- und Abfindungsansprüche außenstehender Aktionäre bei Erlöschen eines Unternehmensvertrages, in: DB 50.Jg., S. 1653-1658.

Nathan, K.S/ O'Keefe, T.B. (1989), The Rise in Takeover Premiums, an Exploratory Study, in: JoFE Bd.23, S. 101-119.

Neye, H.-W. (1995), Kölner Umwandlungsrechtstage: Verschmelzung, Spaltung, Formwechsel, Lutter, M. (Hrsg.), Köln.

Nick, A. (1991), Die Regelung öffentlicher Übernahmeangebote, in: ZfB 61.Jg., S. 859-882.

Nieding, K. (2001), Kein großer Wurf für den Anlegerschutz, in: Börsenzeitung vom 17.10.01, S. 5.

Niemann, C. (1968), Ansprüche der Minderheitsaktionäre bei Abschluß eines Beherrschungs-oder Gewinnabführungsvertrags, Frankfurt a.M..

Niessen, H. (1992), Zur Regelung der öffentlichen Übernahmeangebote durch die europäische Gemeinschaft, in: Öffentliche Übernahmeangebote, Kreuzer, K. (Hrsg.), Baden-Baden, S. 35-54.

Nonnenmacher, R. (1982), Das Umtauschverhältnis bei der Verschmelzung von Kapitalgesellschaften, in: AG 27.Jg., S. 153-158.

o.V. (1984), Protecting Shareholders Against Partial and Two-Tiered Takeovers: The "Poison Pill" Preferred, in: HLR Bd.97, S. 1964-1983.

o.V. (1985), Greenmail: Targeted Stock Repurchases and the Management-Entrenchment Hypothesis, in: HLR Bd.98, S. 1045-1065.

o.V. (1997), 6:1 Tauschangebot ist erfolgreich - Bayerische Banken können fusionieren, in: SZ vom 12.9.1997, S. 21.

o.V. (1997), Machtspiele, in: Manager Magazin 46.Jg. (Mai 1997), S. 46-54.

o.V. (1997), The LGT Guide to World Equity Markets 1997, in: Euromoney Publications PLC and LGT Asset Management, S. 180-189, 486-496.

o.V. (1997), Kodex "untaugliches Instrument", in: BZ vom 17. 10. 1997.

o.V. (1997), Wer nicht hören will, muß fühlen - Kritik am Übernahmekodex zum Schutz der Aktionäre wächst, in: SZ vom 26.7.1997.

o.V. (1997), Der Übernahmekodex wird in Deutschland verschärft, in: FAZ vom 28.10.97.

o.V. (1997), Der Übernahmekodex wird verschärft, in: FAZ vom 22.10.97.

o.V. (1997), Plädoyer für eine bessere Unternehmensaufsicht in Deutschland, in: FAZ vom 13.11.97.

o.V. (1997), Corporate Law - Appraisal Rights, in: HLR Bd.110, S. 1940-1945.

o.V. (1998), Blick durch die Wirtschaft vom 5.3.1998.

o.V. (1998), Takeover Directive in Deadlock, in: Financial Times vom 9.10.1998.

o.V. (1999), Gericht bestätigt vorrangiges Interesse, in: FAZ vom 21.1.1999.

o.V. (1999), Securities Data Company.

o.V. (1999), Börsenkurs als Untergrenze bei Abfindungen, in: SZ vom 11.8.1999.

o.V. (1999), Verfassungsgericht misst Börsenkurs bei Abfindungen größere Bedeutung bei, in BZ vom 11.8.1999.

o.V. (1999), Abfindung nicht unter Börsenkurs, in: Handelsblatt vom 11.8.1999.

o.V. (1999), Milliarden-Honorare für die Berater von Vodafone, in FAZ vom 28.12.1999.

o.V. (2000), Ausschluss von Minderheitsaktionären, in: Handelsblatt vom 10.7.2000.

o.V. (2001), Übernahmekodex läuft aus, in: SZ vom 20.12.2001.

o.V. (2002), EU will Sonderrechte einzelner Aktionäre bei Übernahmen einschränken, in: BZ vom 11.1.2002.

Ogowewo, T.I. (1996), The Underlying Themes of Tender Offer Regulation in the United Kingdom and the United States of America, in: JoBL, S. 463-481.

Ossadnik, W. (1997), Angemessene Synergieverteilung bei der Verschmelzung, in: DB 50.Jg., S. 885-888.

Ossadnik, W./ Maus, S. (1995), Die Verschmelzung im neuen Umwandlungsrecht aus betriebswirtschaftlicher Sicht, in: DB 48.Jg., S. 105-109.

Otto, H.-J. (1988), Übernahmeangebote bei Aktiengesellschaften und Strategien der Abwehr, in: DB 41.Jg. Beilage Nr.12.

Otto, H.-J. (1994), Die Verteilung der Kontrollprämie bei Übernahme von Aktiengesellschaften und die Funktion des Höchststimmrechts, in: AG 39.Jg., S. 167-175.

Paefgen, T.C. (1991), Alle Macht dem Management - Das Paradoxon der US-amerikanischen Anti-Takeover-Gesetzgebung am Beispiel von Pennsylvania, in: AG 36.Jg, S. 41-62.

Paefgen, T.C. (1992), Eine Morphologie des US-amerikanischen Rechts der Aktiengesellschaft, in: AG 37.Jg., S. 169-187.

Pagano, J. (1987), The Constitutionality of Second Generation Takeover Statutes, in: Virginia Law Review 73.Jg., S. 203-242.

Palepu, K.G. (1986), Predicting Takeover Targets: a Methodological and Empirical Analysis, in: Journal of Accounting and Economics 8.Jg., S. 3-35.

Pampinto, S. (1987), Report of the Corporate Governance Service, Investor Responsibility Research Center, Washington.

Papagiannis, I. (1993), Der faktische Aktienkonzern, Münster.

Paul, A. (1993), Corporate Governance in the Context of Takeovers of UK Public Companies, in: Contemporary Issues in Corporate Governance, Prentice, D.D./ Holland, P.R.J. (Hrsg.), Oxford, S. 135-149.

Payne, J. (1998), Bigger and Better Guns for Minority Shareholders?, in: Cambridge Law Journal, S. 36-38.

Peemöller, V. (1993), Stand und Entwicklung der Unternehmensbewertung - eine kritische Bestandaufnahme, in: DStR 31.Jg., S. 409-415.

Peemöller, V./ Popp, M. (1997), Unternehmensbewertung bei ertragssteuerlichen Verlustvorträgen, in: BB 52.Jg., S. 303-309.

Pellens, B. (1994), Aktionärsschutz im Konzern, Wiesbaden.

Peltzer, M. (1989), Hostile Takeovers in der Bundesrepublik Deutschland?, in: ZIP 10.Jg., S. 69-79.

Peltzer, M. (1990), Übernahmeangebote nach künftigem Europarecht und dessen Umsetzung in deutsches Recht, in: Übernahmeangebote; ZGR Sonderheft Nr.9, Assmann,H.-D/ Basaldua,N./Bozenhardt,F/ Peltzer, M. (Hrsg.), Berlin, New York, S. 179-233.

Peltzer, M. (1997a), Stellungnahme zur Aktienrechtsreform 1997 von Prof. Dr. Martin Peltzer, in: AG Sonderheft, S. 90-99.

Peltzer, M. (1997b), Der Kommissionsentwurf für eine 13. Richtlinie über Übernahmeangebote vom 7.2.1996, in: AG 42.Jg., S. 145-151.

Pennington, R.R. (1964), Entwicklungstendenzen im englischen Aktienrecht, in: ZHR Bd.126, S. 338-362.

Pennington, R.R. (1969), Takeover Bids in the United Kingdom, in: American Journal of Company Law 17.Jg., S. 159-193.

Pennington, R.R. (1977), The City Code on Takeovers and Mergers, in: Festschrift für Konrad Duden zum 70. Geburtstag, Pawlowski, H.-M. (Hrsg.), München, S. 379-398.

Pennington, R.R. (1995), Pennington's Company Law, London.

Pentz, A. (1990), Zur Kostenregelung der gerichtlichen Verfahren bei Beherrschungs- und Gewinnabführungsverträgen, in: DB 43.Jg., S. 1317-1318.

Peters, T. (1999), Übertragung von Gesellschaftsvermögen und "Freeze-out" – Konfliktpotential im Minderheitenschutz, in: BB 54.Jg., S. 801-805.

Petzel, A. (1967), Ansprüche der Minderheitsaktionäre bei Unternehmensverbindung und Umwandlung, Göttingen.

Piltz, D.J. (1994), Die Unternehmensbewertung in der Rechtsprechung, Düsseldorf.

Piltz, D.J. (2001), Unternehmensbewertung und Börsenkurs im aktienrechtlichen Spruchstellenverfahren, in: ZGR 30.Jg., 185-213.

Pötzsch, T. (1997), Der Diskussionsentwurf des Dritten Finanzmarktförderungsgesetzes, in: AG 42.Jg., S. 193-199.

Pound, J. (1993), The Rise of the Political Model of Corporate Governance and Corporate Control, in: NYULR 68.Jg., S. 1003-1071.

Prantl, J. (1994), Konzernbildung, Konzernrecht und Minderheitenschutz in Deutschland - eine ökonomische Analyse, Frankfurt, u.a.

Prentice, D.D. (1972a), Takeover Bids - The City Code on Takeovers and Mergers, in: McGill Law Journal Bd.18, S. 385-417.

Prentice, D.D. (1972b), Protection of Minority Shareholders Section 210 of the Companies Act 1948, in: Current Legal Problems Bd.25, S. 124-148.

Prentice, D.D. (1977), Statutes: Companies Act 1976, in: MoLR Bd.40, S. 318-322.

Prentice, D.D. (1986), Minority Shareholder Oppression: Valuation of Shares, in: LQR 102.Jg., S. 179-185.

Prentice, D.D. (1988), The Theory of the Firm: Minority Shareholder Oppression; Sections 459-461 of the Companies Act 1985, in: Oxford Journal of Legal Studies, S. 55-91.

Prentice, D.D (1992), Regulation of Takeover Bids in the United Kingdom, in: Öffentliche Übernahmeangebote, Kreuzer, K. (Hrsg.), Baden-Baden, S. 133-162.

Prowse, S. (1994), Corporate Governance in an International Perspective: A Survey of Corporate Control Mechanisms Among Large Firms in the U.S., U.K., Japan and Germany, in: BIS Economic Papers No. 41, Basel.

Pugh, W.N./ Jahera, J.S. (1990), State Antitakeover Legislation and Shareholders Wealth, in: Journal of Financial Research 13.Jg., S. 221-231.

Puls, R.J. (1995), Securities and Exchange Comission and Other Regulatory Requirements, in: Merger&Acquisition, Morris, J.M. (Hrsg.), New York, S. 299-322.

Rajak, H. (1972), The Opression of Minority Shareholders, in: MoLR Bd.35, S. 156-170.

Ränsch, U. (1984), Die Bewertung von Unternehmen als Problem der Rechtswissenschaften - Zur Bestimmung der angemessenen Abfindung für ausscheidende Kapitalgesellschafter, in: AG 29.Jg., S. 202-212.

Ratner, D.L./ Hazen, T.L. (1997), Securities Regulation: Selected Statutes, Rules and Forms, St. Paul.

Ravelle, J.J. (1981), Corporate Mergers and the Reemergence of Fiduciary Obligations in Delaware, in: ABLJ 19.Jg., S. 177-186.

Reul, J. (1991a), Die Pflicht zur Gleichbehandlung der Aktionäre bei privaten Kontrolltransaktionen, Tübingen.

Reul, J. (1991b), Übernahmeangebote in der ökonomischen Analyse. Zur Kritik des aktuellen Richtlinienvorschlags der EG, Privatrecht und deutsche Einheit, Jahrbuch Junger Zivilrechtswissenschaftler, Baum, H./ Engel, C./ Remien, O./ Wenckstern, M. (Hrsg.), Stuttgart, S. 11-30.

Rieger, W. (1938), Zur Frage der angemessenen Abfindung der bei der Umwandlung ausscheidenden Minderheitsaktionäre, in: Der Wirtschaftstreuhänder 7.Jg., S. 256-258.

Riegger, B. (1999), Der Börsenkurs als Untergrenze der Abfindung?, in: DB 52. Jg., S. 1889-1891.

Riehmer, K. (2001), Praktische Aspekte bei der Planung, Durchführung und Abwicklung eines Übernahmeangebots, in: BB, 56. Jg., Beilage 5, S. 1-16.

Riepe, S. (1994), Das zweite Finanzmarktförderungsgesetz, in: DStR 32.Jg., S. 1236-1240.

Roe, M.J. (1990), Political and Legal Restraints on Ownership and Control of Public Companies, in: JoFE Bd.27, S. 7-41.

Roe, M.J. (1993), Takeover Politics, in: The Deal Decade: What Takeovers and Leveraged Buy-outs Mean for Corporate Governance, Blair, M. (Hrsg.), Washington, S. 320-380.

Roe, M.J. (1994), Strong Managers, Weak owners: The Political Roots of American Corporate Finance, Princeton.

Röhrich, M. (1992), Feindliche Übernahmeangebote: Eine wettbewerbspolitische Beurteilung anhand von Fallstudien aus den USA, Baden-Baden.

Roll, R. (1987), Empirical Evidence on Takeover Activity and Shareholder Wealth, in: Modern Finance and Industrial Economics, Copeland, T. (Hrsg.), New York, Oxford, S. 74-91.

Roll, R. (1994), The Hubris Hypothesis of Corporate Takeovers, in: Readings in Mergers and Acquisitions, Gaugham, P.A. (Hrsg.), Cambridge, S. 44-61.

Romano, R. (1987), The Political Economy of Takeover Statutes, in: Virginia Law Review 73.Jg., S. 111-199.

Romano, R. (1990), The State Competition Debate in Corporate Law, in: Corporate Law and Economic Analysis, Bebchuk, L.A. (Hrsg.), Cambridge, New York, S. 216-254.

Romano, R. (1996), Corporate Law and Corporate Governance, in: Industrial and Corporate Change 5.Jg., S. 277-339.

Rose, F. (2001), Company Law, London.

Ruback, R.S (1988), An Overview of Takeover Defenses, in: Merger and Acquisition, Auerbach, A.J. (Hrsg.), Chicago, S. 49-67.

Rühland, P. (2001), Das Squeeze-out nach dem RefE zum Wertpapiererwerbs- und Übernahmegesetz vom 12.3.2001, in: NZG, S. 448-455.

Ryngaert, M. (1988), The Effect of Poison Pill Securities on Shareholder Wealth, in: JoFE Bd.20, S. 377-417.

Ryngaert, M./ Netter, J. (1990), Shareholder Wealth Effects on the 1986 Ohio Antitakeover Law Revisited - Its Real Effects, in: JoLE&O 6.Jg., S. 253-262.

Sargent, M.A. (1985), Do the Second-Generation State Takeover Statutes Violate the Commerce Clause, in: Corp.LR 8.Jg., S. 3-34.

Schaefer, E. J. (1982), The Fallacy of Weighting Asset Value and Earnings Value in the Appraisal of Corporate Stock, in: Southern CLR 55.Jg., S. 1031-1096.

Schander, A.A. (1997), Abwehrstrategien gegen feindliche Übernahmen und ihre Zulässigkeit im Zuge der Aktienrechtsreform, in: BB 52.Jg., S. 1801-1804.

Schander, A.A. (1998a), Aktienrückkauf und Abwehr von Übernahmeversuchen, in: M&A Review, S. 314-316.

Schander, A.A. (1998b), Braucht Deutschland ein Übernahmegesetz?, in: M&A Review, S. 365-371.

Schander, A.A./ Lucas, J. H. (1997), Die Ad-hoc-Publizität im Rahmen von Übernahmevorhaben, in: DB 50.Jg., S. 2109-2112.

Schenk, G. (1997), Ökonomische Analyse des Minderheitenschutzes im Konzern, in: ZfbF 49.Jg., S. 652-673.

Schildbach, T. (1981), Der Wirtschaftsprüfer als Gutachter in Fragen der Unternehmensbewertung: Möglichkeiten und Grenzen aus der Sicht der Berufspflichten des Wirtschaftsprüfers, in: WP 34.Jg., S. 193-201.

Schildbach, T. (1995), Der Verkäufer und das Unternehmen "wie es steht und liegt" - Zur Unternehmensbewertung aus Verkäufersicht, in: ZfbF 47.Jg., S. 620-632.

Schilling, W.U. (1997), Takeover, Treupflicht & Shareholder Value, in: BB 52.Jg., S. 1909-1913.

Schmalenbach, E. (1966), Die Beteiligungsfinanzierung, Köln, Opladen.

Schmidt, H./ Drukarczyk, J./ Honold, D./ Prigge, S./ Schüler, A./ Tetens, G. (1997), Corporate Governance in Germany, Veröffentlichungen des HWWA Instituts für Wirtschaftsforschung, Baden-Baden.

Schmidt, J. (1977), Das Verfahren gemäß § 306 AktG bei Überprüfungsanträgen außenstehender Aktionäre, Bochum.

Schmidt, J. (1995), Die Discounted Cash-flow-Methode - nur eine kleine Abwandlung der Ertragswertmethode, in: ZfbF 47.Jg., S. 1088-1117.

Schmitthoff, C.M. (1972), Unternehmensverbindungen im englischen Recht, in: Recht und Steuer der Internationalen Unternehmensverbindungen, Lutter, M. (Hrsg.), Bochum, S. 22-29.

Schmitthoff, C.M. (1976), Die Regelung von Takeover Bids im englischen Recht, in: Übernahmeangebote im Aktienrecht, Takeover Bids und Offre publique d'achat sowie die Abfindung der Aktionäre beim Erwerb von Mehrheitsbeteiligungen an Aktiengesellschaften, Schmitthoff, C.M./ Gore, F./ Heinsius,T.(Hrsg.), Frankfurt, S. 7-19.

Schneider, U.H. (1997), Anwendungsprobleme bei den kapitalmarktrechtlichen Vorschriften zur Offenlegung von wesentlichen Beteiligungen an börsennotierten Aktiengesellschaften (§§21ff. WpHG), in: AG 42.Jg., S. 81-87.

Schriefers, M. (1996), Präventiver Schutz vor Unternehmensverbindungen bei GmbH und AG - eine unbillige Hürde oder notwendige Schranke, Mannheim.

Schulenberg, M. (1998), Die Antragsberechtigung gemäß §§15, 305 ff. UmwG und die "Informationslast" des Antragstellers im Spruchstellenverfahren, in: AG 43.Jg., S. 74-82.

Schulman, S.H./ Schenk, A. (1983), Shareholder's Voting and Appraisal Rights in Corporate Acquisition Transactions, in: BL Bd.38, S. 1529-1555.

Schumann, L. (1988), State Regulation of Takeovers and Shareholder Wealth: The Case of New York's 1985 Takeover Statutes, in: Rand Journal of Economics 19.Jg., S. 557-567.

Schuster, S. (1995), Neue Regeln für Übernahmen, in: Die Bank, S. 609-614.

Schutzgemeinschaft der Kleinaktionäre (SdK) (1997), Eine Verbesserung des Übernahmekodex in Sicht, in: Aktionärsreport 11/1997, S. 9-10.

Schutzgemeinschaft der Kleinaktionäre (SdK) (1997), Zu Schwerpunkten des Dritten Finanzmarktförderungsgesetz, in: Aktionärsreport 9/1997, S. 4-5.

Schwartz, A. (1986), Search Theory and the Tender Offer Auction, in: JoLE&O 2.Jg., S. 229-277.

Schwartz, A. (1988a), The Fairness of Tender Offer Prices in UtilitarismenTheory, in: Journal of Legal Studies 17.Jg., S. 165-196.

Schwartz, A. (1988b), The Sole Owner Standard Reviewed, in: Journal of Legal Studies 17.Jg., S. 231-235.

Schwenn, D. (1998), Der Ausgleichs- und Abfindungsanspruch der außenstehenden Aktionäre im Unternehmensvertrag bei Eintritt neuer Umstände, Berlin u.a.

Schwetzler, B. (1996), Zinsänderungen und Unternehmensbewertung: Zum Problem der angemessenen Barabfindung nach §305 AktG, in: DB 49.Jg., S. 1961-1966.

Seetzen, U. (1994), Die Bestimmung des Verschmelzungswertverhältnisses im Spruchstellenverfahren, in: WM 48.Jg., S. 45-51.

Seiler, H.M. (1991), "Freezeout" von Minderheitsaktionären: eine Untersuchung zum Beteiligungsschutz im US-amerikanischen Recht, Köln.

Seisler, H. (1983), Der Anspruch der Minderheitsaktionäre auf angemessene Abfindung, Mannheim.

Seligman, J. (1984), Reappraising the Appraisal Remedy, in: George Washington Law Review 52.Jg., S. 829-871.

Semler, J. (1983), Einschränkung der Verwaltungsbefugnisse in einer Aktiengesellschaft, in: BB 38.Jg., S. 1566-1573.

Shleifer, A./ Vishny, RW. (1990), The Takeover Wave of the 1980s, in: Science 249.Jg., S. 745-749.

Shleifer, A./ Vishny, RW. (1997), A Survey of Corporate Governance, in: JoF 52.Jg., S. 737-783.

Sidak, J.G./ Woodward, S.E. (1990), Corporate Takeovers, the Commerce Clause, and the Efficient Anonymity of Shareholders, in: Northwestern University Law Review 84.Jg., S. 1092-1118.

Siebel, U.R. (1954), Aktie und Aktionär in England, in: ZHR Bd.115, S. 40-52.

Sieben, G. (1966), Der Anspruch auf angemessene Abfindung nach §12 Umwandlungsgesetz: Höchstrichterliche Entscheidungen aus betriebswirtschaftlicher Sicht, in: AG 11.Jg., S. 6-13, 45-58, 83-89.

Sieben, G. (1969), Angemessener Ausgleich und Abfindung bei Abschluß von Beherrschungs- und Gewinnabführungsverträgen, in: Betriebswirtschaftliche Information, Entscheidung und Kontrolle: Festschrift für Münstermann, Wiesbaden, S. 401-418.

Sieben, G. (1995), Unternehmensbewertung: Discounted Cash-flow-Verfahren und Ertragswertverfahren - Zwei völlig unterschiedliche Ansätze ?, in: Festschrift für H. Havermann, Lanfermann, J. (Hrsg.), S. 714-737.

Sieben, G. (1998), Schmalenbachs Auffassung von der Unternehmensbewertung, in: BFuP 50.Jg., S. 189-203.

Sieben, G./ Lutz, H. (1984), Die Bewertung eines ertragsschwachen Unternehmens im Rahmen der Bestimmung der angemessenen Barabfindung beim Abschluss eines Gewinnabführungs- und Beherrschungsvertrags, in: BFuP 36.Jg., S. 566-576.

Sieben, G./ Schildbach, T. (1979), Zum Stand der Entwicklung der Lehre von der Bewertung ganzer Unternehmungen, in: DStR 17.Jg., S. 455-461.

Siegel, M. (1995), Back to the Future - Appraisal Rights in the 21st Century, in: Harvard Journal on Legislation 32.Jg., S. 79-143.

Siepe, G. (1997), Die Berücksichtigung von Ertragssteuern bei der Unternehmensbewertung, in: WP 50.Jg., S. 1-10, 37-44.

Siepe, G. (1998), Kapitalisierungszinssatz und Unternehmensbewertung, in: WP 51.Jg., S. 325-331.

Siepe, G./Dörschell, A./ Schulte, J. (2000), Der neue IDW Standard: Grundsätze zur Durchführung von Unternehmensbewertungen (IDW S 1), in: WP 53.Jg., S. 946-960.

Smith, R.J. (1978), Minority Shareholders and Corporate Irregularities, in: MoLR Bd.41, S. 147-160.

Sommer, A.A. (1985), Hostile Tender Offers: Time for a Review of Fundamentals, in: Tender Offers: Developments and Commentaries, Steinberg, M.I. (Hrsg.), Westport, S. 251-272.

Sonnenschein, J. (1981), Der aktienrechtliche Vertragskonzern im Unternehmensrecht, in: ZGR 10.Jg., S. 429-454.

Sonnenschein, J. (1991), Schutz von Minderheitsgesellschaftern und Gläubigern der abhängigen Gesellschaft, in: Das Gesellschaftrecht der Konzerne im internationalen Vergleich, Ein Symposium des Max-Planck-Instituts für ausländisches und internationales Privatrecht, Mestmäcker, E.J/ Behrens, P. (Hrsg.), Baden-Baden, S. 49-90.

Steinberg, M.I (1985a), Introduction, in: Tender Offers: Developments and Commentaries, Steinberg, M.I (Hrsg.), Westport, S. 3-5.

Steinberg, M.I (1985b), Some Thoughts on Regulation of Tender Offers, in: Tender Offers: Developments and Commentaries, Steinberg, M.I (Hrsg.), Westport, S. 273-303.

Steinberg, M.I. (1987), Stock Exchange Exception to Appraisal and its Ramifications for the Constitutionality of State Takeover Statutes, in: Securities Regulation Law Journal Bd.15, S. 105-108.

Steinberg, M.I (1988a), Should the Feds Take Over State Takeover Laws?, in: Business & Society Review 65.Jg., S. 54-55.

Steinberg, M.I. (1988b), Federal Preemption of State Antitakeover Statutes: The Time for Congressional Action is Now, in: Securities Regulation Law Journal Bd.16, S. 80-85.

Steinhauer, H. (1999), Der Börsenkurs als Bewertungsgrundlage für den Abfindungsanspruch von Aktionären, in: AG 44. Jg., S. 299-307.

Stimpel, W. (1998), Zum Verhältnis von Ausgleichs- und Barabfindungsansprüchen nach §§304, 305 AktG, in: AG 43.Jg., S. 259-264.

Stoll, J. (1989a), Rechtliche Aspekte von "feindlichen" Übernahmen von Aktiengesellschaften, in: BB 44.Jg., S. 301-305.

Stoll, J. (1989b), Zum Vorschlag der EG-Kommission für die 13. EG-Richtlinie auf dem Gebiet des Gesellschaftsrechts über Übernahmeangebote, in: BB 44.Jg., S. 1489-1491.

Stout, L.A. (1990), Are Takeover Premiums Really Premiums? Market Price, Fair Value and Corporate Law, in: YLJ Bd.99, S. 1235-1296.

Streck, M./ Mack, A./ Schwedhelm, R. (1995), Verschmelzung und Formwechsel nach dem neuen Umwandlungsgesetz, in: GmbHRundschau 86.Jg., S. 161-175.

Sugarman, D. (1975), The Minority Shareholder, in: LQR 91.Jg., S. 482-487.

Sundaramurthy, C./ Mahoney, J.M./ Mahoney, J.T. (1997), Board Structure, Antitakeover Provisions, and Stockholder Wealth, in: SMJ 18.Jg., S. 231-245.

Swartz, L.M. (1994), The Impact of State Antitakeover Laws on Security Value, Iowa.

Szewczyk, S.H./ Tsetsekos, G.P. (1992), State Intervention in the Market for Corporate Control: the Case of Pennsylvania Senate Bill 1310, in: JoFE Bd.31, S. 3-23.

Takeover Panel (1998), The Takeover Panel: Report on the year ended 31 March 1998, London.

Teichmann, A. (1995), Kölner Umwandlungsrechtstage: Verschmelzung, Spaltung, Formwechsel, Lutter, M. (Hrsg.), Köln.

Thompson, R.B. (1995), Exit, Liquidity, and Majority Rule: Appraisal's Role in Corporate Law, in: Georgetown Law Journal 84.Jg., S. 1-60.

Thosar, S. (1996), Tender Offers and Target Management Responses: Managerial Entrenchment versus Stockholder Interest Revisited, in: FR 31.Jg., S. 87-104.

Thywissen, J.H. (1979), Das Spruchstellenverfahren im Aktiengesetz und die Wirkungder Entscheidung auf bereits abgefundene Aktionäre, Münster.

Timm, W. (1990), Mißbräuchliches Aktionärsverhalten einschließlich Abfindungs-regelungen, in: Mißbräuchliches Aktionärsverhalten RWS-Forum 4, Timm, W. (Hrsg.), Köln, S. 1-33.

Torres, W.R. (1986), Minority Shareholder Protection in Leveraged Buyouts, in: Securities Regulation Law Journal Bd.13, S. 356-378.

Travlos, N.G. (1987), Corporate Takeover Bids, Methods of Payment and Bidding Firm Stock Returns, in: JoF 42.Jg., S. 942-963.

Triebel, V./ Hodgson, S./ Kellenter, W./ Müller, G. (1995), Englisches Handels- und Wirtschaftsrecht, Heidelberg.

Tunc, A. (1991), Fiduciary Duties of a Dominant Shareholder, in: Groups of Companies, Schmitthoff, C.M./ Wooldridge, F. (Hrsg.), London, S. 1-19.

Turk, T.A./ Zardkoohi, A. (1994), Economic Effects of First Generation State Antitakeover Statutes on Target Shareholders, in: Journal of Economics & Business 64.Jg., S. 325-334.

Übernahmekodex (1995), Übernahmekodex der Börsensachverständigen-kommission vom 14.7.1995 mit Wirkung vom 1.10.1995, Frankfurt.

Übernahmekodex (1997), Übernahmekodex der Börsensachverständigen-kommission vom 14.7.1995, geändert durch Bekanntmachung vom 28.11.1997 mit Wirkung vom 1.1.1998, Frankfurt.

Übernahmekommission (1996), Anmerkungen zum Übernahmekodex der Börsensachverständigenkommission, Frankfurt.

Übernahmekommission (1997), Pressegespräch: Zwei Jahre Übernahmekodex - Eine positive Zwischenbilanz, Pressegespräch am 27.10.1997, Frankfurt.

Übernahmekommission (1999), Bericht der Übernahmekommission: Drei Jahre Übernahmekodex, Frankfurt.

Ü-GE (2001), Entwurf eines Gesetzes zur Regelung von öffentlichen Angeboten zum Erwerb von Wertpapieren und von Unternehmensübernahmen vom 11. Juli 2001 (BT-Drucksache 14/7034), geändert durch BT-Drucksache 14/7477, Berlin.

Van Hulle, C./ Sercu, P. (1991), Bidding, Negotiations and Takeover Prices, in: European Management Journal 9.Jg., S. 186-193.

Varaiya, N.P./ Ferris, K.R. (1987), Overpaying in Corporate Takeovers: The Winner's Curse, in: Financial Analysts Journal 43.Jg., S. 64-70.

Vedder, R.K. (1989), Three Cheers for the Corporate Raider, in: Hostile Takeovers: Issues in Public and Corporate Policy, McKee, D. (Hrsg.), New York, S. 3-15.

Vereins- und Westbank (1997), Aufforderung an die Aktionäre der Bayerischen Hypotheken- und Wechselbank zur Abgabe eines Angebots zum Tausch ihrer Aktien gegen Aktien der Allianz AG, Hamburg.

Vetter, J. (1997), Zum Ausgleich von Spitzenbeträgen bei der Abfindung in Aktien, in: AG 42.Jg., S. 6-17.

Vetter, E. (2000), Squeeze-out in Deutschland, in: ZIP 21. Jg., S. 1817-1824.

Vetter, E. (2001), Börsenkurs und Unternehmensbewertung, in: DB 54.Jg., S. 1347-1353.

Vorenberg, J. (1964), Exclusiveness of the Dissenting Stockholder's Appraisal Right, in: HLR Bd.77, S. 1189.

Weinberg, M.A./ Blank, M.V. (1979), Weinberg and Blank on Takeovers and Mergers, London.

Weir, C. (1997), Corporate Governance, Performance and Takeovers: an Empirical Analysis of UK Mergers, in: Applied Economics 29.Jg., S. 1465-1475.

Weisgerber, T. (1997), Der Übernahmekodex in der Praxis, in: ZHR Bd.161, S. 421-434.

Weisgerber, T. (1998), Das 3. Finanzmarktförderungsgesetz, in: Die Bank, S. 200-206.

Weiss, E.J. (1981), The Law of Take-out Mergers: a Historical Perspective, in: NYULR 56.Jg., S. 624-692.

Weizsäcker, C.C. v. (1987), Der Markt für Unternehmensgebundene Ressourcen, Strukturwandel und Wirtschaftsordnung, Referate des XX. FIW-Symposiums, FIW-Schriftenreihe, S. 31-43.

Wenger, E. (1989), Hostile Takeovers: Wo steht der Feind?, in: WiSt 18. Jg, S. 269.

Wenger, E. (1992), Universalbankensystem und Deptotstimmrecht, in: Der Markt für Unternehmenskontrollen, Gröner, H. (Hrsg.), Berlin, S. 73-118.

Wenger, E. (1993a), Anmerkung zum Beschluß des Kammergerichts Berlin vom 26.8.93, 2W 61111/92, in: ZIP 14.Jg., S. 1622-1625.

Wenger, E. (1993b), Anmerkung zum Beschluß des Landgerichts Stuttgart vom 28.6.93, 2KfH 0 43/91, in: ZIP 14. Jg., S. 1627-1630.

Wenger, E. (1997), Stellungnahme zur Aktienrechtsreform 1997 von Prof. Dr. Ekkehard Wenger, in: AG Sonderheft, S. 57-63.

Wenger, E./ Hecker, R. (1995), Übernahme und Abfindungsregeln am deutschen Aktienmarkt: Eine kritische Bestandaufnahme im internationalen Vergleich, in: ifo-Studien 41.Jg., S. 51-87.

Wenger, E./ Hecker, R./ Knoesel, J. (1997), Abfindungsregelungen und Minderheitenschutz bei börsenartigen Kapitalgesellschaften, in: Finanzmärkte, Gahlen, B./ Hesse, H./ Ramser, H.-J. (Hrsg.), Tübingen, S. 93-145.

Werner, W. (1989), Probleme feindlicher Übernahmeangebote im Aktienrecht, Schriftenreihe der juristischen Gemeinschaft zu Berlin, Berlin, New York.

Werner, W. (1990), Die Behandlung von Verbundeffekten bei der Abfindung nach den §§ 305, 320 AktG, in: Festschrift für E. Steindorff, Baur, J.F./ Hopt, K.J./ Mailänder, K.P. (Hrsg.), Berlin, New York, S. 303-320.

Weston, J.F./ Chung, K.S./ Siu, J.A. (1998), Takeovers, Restructuring, and Corporate Governance, Upper Saddle River.

Wiedemann, H. (1978), Das Abfindungsrecht - ein gesellschaftsrechtlicher Interessensausgleich, in: ZGR 7.Jg., S. 477-497.

Wilhelm, H. (1976), Die Beendigung des Beherrschungs- und Gewinnabführungsvertrages, Köln, Berlin, Bonn, München.

Williamsen, O.E. (1990), Mergers, Acquisitions, and Leveraged Buyouts: an Efficiency Assessment, in: Corporate Law and Economic Analysis, Bebchuk, L.A. (Hrsg.), Cambridge, New York, S. 1-28.

Winnefeld, R. (1975), Zukunftsbezogene Wertfaktoren bei der Ermittlung der Barabfindung nach §305 AktG, in: DB 28.Jg., S. 457-459.

Winter, M. (1995), Kölner Umwandlungsrechtstage: Verschmelzung, Spaltung, Formwechsel, Lutter, M. (Hrsg.), Köln.

Wirth, G./ Weiler, Lothar (1998), Änderungen des Übernahmekodex ab 1.1.1998: Das erweiterte Pflichtangebot, in: DB 51.Jg., S. 117-120.

Wittich, G. (1999), Übernahmen und die Regelungen der Wertpapierhandelsgesetzes, in: Übernahme börsennotierter Unternehmen, Rosen, R.v./ Seifert, W.G. (Hrsg.), Frankfurt am Main, S. 377-394.

Woo, A. (1995), Appraisal Rights in Mergers of Publicly Held Delaware-Corporations -Something Old, Something New, Something Borrowed, and Something Blue, in: Southern California Law Review 68.Jg., S. 719-743.

Wymeersch, E. (1993), The Regulation of Takeover Bids in a Comparative Perspective, Zentrum für Europäisches Wirtschaftsrecht, Bonn.

Xuereb, P.G. (1989), The Rights of Shareholders, Oxford, London, u.a.

Yoder, L.J. (1989), The Corporate Takeover Regulatory Arena, in: Hostile Takeovers: Issues in Public and Corporate Policy, McKee, D. (Hrsg.), New York, S.85-99.

Yoder, L.J. (1991), Antitakeover Regulations: Lessons from the American Experience, in: Managerial Finance 17.Jg., S. 34-39.

Zimmermann, N. (1997), Kommentar zum Umwandlungsgesetz, Kallmeyer, H. (Hrsg.), Köln.

VERZEICHNIS DER ZITIERTEN URTEILE

BayObLG-Urteil (1980), BReg 32, in: AG 25.Jg., S. 76.

BayObLG-Urteil (1995a), 3 ZBR 17/90, in: DB 48.Jg., S. 2590-2593.

BayObLG-Urteil (1995b), 3 ZBR 67/89, in: DB 48.Jg., S. 1703-1704.

BayObLG-Urteil (1996), 3 ZBR 36/91, in: AG 41.Jg., S. 176-180.

BayObLG-Urteil (1998), 3 ZBR 159/94, in: DB 51.Jg., S. 2315-2316.

BGH-Urteil (1973), IV ZR 142/70, in: NJW, S. 509-511.

BGH-Urteil (1978), II ZR 142/76, in: WM 32.Jg., S. 401-406.

BGH-Urteil (1982), Iva ZR 127/80, in: DB 35.Jg., S. 106-108.

BGH-Urteil (1985), II ZR 256/83, in: DB 38.Jg., S. 167-168.

BGH-Urteil (1997), II ZB 9/96, in: DB 50.Jg., S. 1397-1398.

BGH-Urteil (1998), II ZR 12/97, in: DB 51.Jg., S. 1707-1708.

BGH-Urteil (1998), II ZB 5/97, in: DB 51.Jg., S. 872-873.

BGH-Urteil (2001), II ZB 15/00, in: BB 56.Jg., S. 1053-1058.

BVerfGe-Urteil (1962), 1 BvL 16/60, in: BVerfGE 14, S. 263-288.

BVerfGe-Urteil (1999a), 1 BvR 1638/94, in: DB 52.Jg., S. 577-578.

BVerfGe-Urteil (1999b), 1 BvR 1613/94, in: BB 54. Jg., S. 1778-1783.

GB-Urteil, Foss v. Harbottle (1843) 2 Hare 461.

GB-Urteil, Mozley v. Alston (1847) 1 Ph 790.

GB-Urteil, Gray v. Lewis (1873) 8 Ch App 1035.

GB-Urteil, Menier v. Hooper's Telegraph Works (1874) 9 Ch App 350.

GB-Urteil, MacDougall v. Gardiner (1875) 1 Ch D 13.

GB-Urteil, Pender v. Lushington (1877) 6 Ch D 70.

GB-Urteil, Wood v. Odessa Watermarks Co (1889) 42 Ch D 636.

GB-Urteil, Cook v. Deeks [1916] 1 AC 554.

GB-Urteil, Re City Equitable Fire Insurance Co., Ltd [1925] Ch 407.

GB-Urteil, Re Press Caps Ltd. [1949] Ch 434.

GB-Urteil, Edwards v. Halliwell [1950] 2 All ER 1064.

GB-Urteil, Pavlides v. Jensen [1956] Ch 565.

GB-Urteil, S.C.W.S. v. Meyer [1956] AC 324.

GB-Urteil, Re Bugle Press Ltd. [1961] Ch 270.

GB-Urteil, Hogg v. Cramphorn [1967] Ch 252.

GB-Urteil, Re Grierson, Oldham & Adams Ltd [1968] Ch 17.

GB-Urteil, Re Carlton Holdings Ltd [1971] 2 All ER 1082.

GB-Urteil, Ebrahimi v. Westbourne Galleries Ltd [1972] 2 All ER 492.

GB-Urteil, Howard Smith Ltd v. Ampol Petroleum Ltd [1974] AC 821.

GB-Urteil, Wallensteiner v. Moir [1975] 1 All ER 849.

GB-Urteil, Daniels v. Daniels [1978] Ch 406.

GB-Urteil, Prudential Assurance Co. Ltd. v. Newman Industries Ltd. [1980] 2 All ER 841.

GB-Urteil, Coulson, Sanderson & Wand Ltd. v. Wand [1983] 3 BCC 99.

GB-Urteil, Heron International Ltd v. Lord Grade, [1983] BCLC 244.

GB-Urteil, Re a Company [1983] All ER 854.

GB-Urteil, Rolled Steel Products Ltd v. British Steel Corporation [1985] 2 WLR 908.

GB-Urteil, R. v. Panel on Takeovers and Mergers, ex parte Dartafin plc [1987] 1 All ER 564.

GB-Urteil, Re Blue Arrow plc [1987] BCLC 585.

GB-Urteil, Smith v. Croft [1987] 3 BCC 218.

GB-Urteil, Dorchester Finance Co. Ltd. v. Stebbing [1989] BCLC 498.

GB-Urteil, Re Ringtower Holdings plc [1989] BCLC 427.

GB-Urteil, Guiness plc v. Saunders [1990] 1 All ER 652.

GB-Urteil, Dawson International plc v. Coats Patons plc, [1989] BCLC 233, affirmed [1990] BCLC 560.

GB-Urteil, John Crowther Group plc v. Carpets International, [1990] BCLC 460.

GB-Urteil (1991), Re a Company [1991] BCLC 154.

GB-Urteil, Re Elgindata Ltd. [1991] BCLC 959.

GB-Urteil, Re Chez Nico [1992] BCLC 192.

GB-Urteil, Barrett v. Duckett [1995] BCLC 243.

GB-Urteil, Re Saul D. Harrison & Sons plc [1995] BCLC 14.

KG-Urteil Berlin (1993), 2 W 6111/92, in: ZIP 14.Jg., S. 1618-1622.

LG-Urteil Dortmund (1982), 18 AktE 1/78, in: AG 27.Jg., S. 257-258.

LG-Urteil Dortmund (1993), 18 AktE 1/87, in: DB 46.Jg., S. 1916-1917.

LG-Urteil Dortmund (1996), 20 AktE 3/94, in: AG 41.Jg., S. 278-281.

LG-Urteil Dortmund (1996), 20 AktE 2/94, in: AG 41.Jg., S. 427-430.

LG-Urteil Dortmund (1997), 20 AktE 1/94, in: DB 50.Jg., S. 1915-1916.

LG-Urteil Düsseldorf (1997), 31 O 84/95, in: DB 50.Jg., S. 2069-2073.

LG-Urteil Frankfurt (1987), 3/3 0 145/83, in: WuB II A. 306 AktG, S. 969-972.

LG-Urteil Frankfurt (1990), 34 AktE 1/86, in: AG 35.Jg., S. 404-404.

LG-Urteil Frankfurt (1996), 3-03 O 162/88, in: AG 41.Jg., S. 187-190.

LG-Urteil Hamburg (1995), 414 O 54/91, in: AG 40.Jg., S. 517-518.

LG-Urteil Hannover (1977), 22 AktE 1/70, in: AG 22.Jg., S. 346-349.

LG-Urteil Hannover (1979), 26/22 AktE 2/72, in: AG 24.Jg., S. 234-235.

LG-Urteil Köln (1993), 91 O 204/88, in: DB 46.Jg., S. 217-218.

LG-Urteil München (1990), 17 HK 0 17002/82, in: AG 35.Jg., S. 404-407.

LG-Urteil München (1997), 15 HKO 11066/65, in: DB 50.Jg., S. 2013-2015.

LG-Urteil München (2000), 5HKO 19156/98, in: DB 53.Jg., S. 1016-1017.

LG-Urteil Stuttgart (1993), 2 KfH O 43/91, in: ZIP 14.Jg., S. 1625-1630.

LG-Urteil Stuttgart (1997), 25 O 703/96, in: DB 50.Jg., S. 1661-1662.

OLG-Urteil Celle (1973), 9 Wx 1/73, in: DB 26.Jg., S. 1118-1119.

OLG-Urteil Celle (1979), 9 W 2/77, in: AG 24.Jg., S. 230-234.

OLG-Urteil Celle (1998), 9 W 128/97, in: DB 51.Jg., S. 2006-2008.

OLG-Urteil Düsseldorf (1977), 19 W 6/73, in: AG 22.Jg., S. 168-171.

OLG-Urteil Düsseldorf (1988), 19 W 32/86, in: WuB II A. 320 AktG, S. 1141-1149.

OLG-Urteil Düsseldorf (1990), 19 W 6/86, in: AG 35.Jg., S. 397-403.

OLG-Urteil Düsseldorf (1990), 19W13/86, in: AG 35. Jg, S. 490-494.

OLG-Urteil Düsseldorf (1992), 19W3/91, in: AG 37.Jg., S. 200-205.

OLG-Urteil Düsseldorf (1994), 19W1/93, in: DB 47.Jg., S. 1770-1771.

OLG-Urteil Düsseldorf (1998), 19 W 3/93 AktE, in: DB 51.Jg., S. 1454-1457.

OLG-Urteil Düsseldorf (1998), 19 W 3/97, in: DB 51.Jg., S. 462-463.

OLG-Urteil Düsseldorf (1999), 19 W 5/96 AktE, in: DB 52. Jg., S. 681-684.

OLG-Urteil Düsseldorf (2000), 19 W 1/93 AktE, in: DB 53.Jg., S. 1854-1856.

OLG-Urteil Frankfurt (1972), 13 W 182/70, in: NJW, S. 641-644.

OLG-Urteil Frankfurt (1990), 20 W 478/89,in: WuB II A. 306 AktG, S. 455-457.

OLG-Urteil Hamburg (1980), 11W2 /79, in: AG 25.Jg., S. 163-165.

OLG-Urteil Hamm (1963), 8 AR 1/60, in: AG 8.Jg., S. 218-224.

OLG-Urteil Hamm (1987), 8U 59/86, in: AG 32.Jg., S. 38-40.

OLG-Urteil Karlsruhe (1994), 15 W 19/94, in: ZIP 15. Jg., S. 1529-1532.

OLG-Urteil München (1988), 14 U 572/87, in: BB 43.Jg., S. 429-431.

OLG-Urteil München (1998), 7 U 4229/97, in: DB 51.Jg., S. 123-124.

OLG-Urteil Nürnberg (1996), 12 W 3317/95, in: AG 41.Jg., S. 229-230.

OLG-Urteil Stuttgart (2000), 4 W 15/98, in: BB 55.Jg., S. 1313-1314.

OLG-Urteil Zweibrücken (1994), 3 W 76/94, in: DB 47.Jg., S. 1918-1919.

OLG-Urteil Zweibrücken (1995), 3W133/92, in: DB 48.Jg., S. 866-869.

US-Urteil, Insuranshares Corp. v. Northern Fiscal Corp., 35 F.Supp. 22 (E.D.Pa.1940).

US-Urteil, Zahn v. Transamerica Corp. 162 F.2d 36 (3d Cir. 1947).

US-Urteil, Sterling v. Mayflower, 93 A.2d 107 (Del. 1952)

US-Urteil, Perlman v. Feldmann, 219 F.2d 173 (2d Cir. 1955).

US-Urteil, Coyne v. Park&Tilford Distillers Corp., 154 A.2d 893 (Del. 1959).

US-Urteil, Farris v. Glen Alden Corporation, 182 A.2d 22 (Del.Ch. 1962), confirmed 188 A.2d 123 (Del. 1963).

US-Urteil, Stauffer v. Standard Brands Inc., 187 A.2d 78 (Del. 1962).

US-Urteil, Case v. New York Central, 204 N.E. 2d 643 (N.Y. 1965).

US-Urteil, Jones v. H.F. Ahmanson & Co., 460 P.2d 464 (Cal. 1969).

US-Urteil, Sinclair Oil Corp. v. Levien, 280 A.2d 717 (Del. 1971).

US-Urteil, David J. Greene&Co. v. Schenley Industries International, 281 A.2d 30 (Del.Ch. 1971).

US-Urteil, Gimbel v. Signal Companies, Inc. 316 A.2d 599 (Del.Ch. 1974).

US-Urteil, DeBaun v. First Western Bank&Trust Co., 120 Cal.Rptr. 354 (Cal.App., 2d Dis. 1975).

US-Urteil, Santa Fe Industries v. Green, 533 F.2d 1283 (2dCir.1976), revised 430 U.S. 462 (1977).

US-Urteil, Singer v. Magnafox Co., 367 A.2d 1349 (Del.Ch. 1976), revised 380 A.2d 969 (Del.1977).

US-Urteil, Tanzer v. International General Industries, 379 A.2d 1121 (Del.1977).

US-Urteil, Clagett v. Hutchinson, 583 F.2d 1259 (4th Cir. 1978).

US-Urteil, Wellman v. Dickenson, 475 F.Supp. 783 (S.D.N.Y. 1979), affirmed 682 F.2d 355 (2d Cir. 1982).

US-Urteil, Katz v. Bregman, 431 A.2d 1274 (Del.Ch. 1981).

US-Urteil, Edgar v. MITE, 457 U.S. 624 (1982).

US-Urteil, Smith v. Telecommunications, 134 Cal.App.3d 338 (Dist.Ct.App. 1982).

US-Urteil, Weinberger v. UOP Inc., 457 A.2d 712/713 (Del. 1983).

US-Urteil, Hanson Trust PLC v. SCM Corp., 774 F.2d 47 (2d Cir. 1985).

US-Urteil, Moran v. Household International, 500 A.2d 1346 (Del. 1985).

US-Urteil, Revlon Inc. v. MacAndrews&Forbes Holdings, 506 A.2d 173 (Del. 1985).

US-Urteil, Smith v. Van Gorkum, 488 A.2d 858 (Del. 1985).

US-Urteil, Unocal Corp. v. Mesa Petroleum Co., 493 A.2d 946 (Del. 1985).

US-Urteil, Schreiber v. Burlington Northern Inc., 472 U.S. 1 (3d Cir. 1985).

US-Urteil, CTS Corp. v. Dynamics Corp. of America, 481 U.S. 69 (1987).

US-Urteil, Cavalier v. Harnett, 564 A.2d 1137 (Del. 1989).

US-Urteil, Amanda Acquisition Corp. v. Universal Foods Corp., 877 F.2d 496 (7th Cir. 1989).

US-Urteil, Paramount Communications v. Time Inc., 571 A.2d 1140 (Del. 1989).

US-Urteil, Mendell v. Carroll, 651 A.2d 297 (Del.Ch. 1994).

US-Urteil, Kahn v. Lynch Communications, 638 A.2d 1110 (Del. 1994).

US-Urteil, Cede&Co. v. Technicolor, Inc., 684 A.2d 289 (Del. 1996).

Regensburger Beiträge zur betriebswirtschaftlichen Forschung

Herausgegeben vom Institut für Betriebswirtschaftslehre
an der Universität Regensburg

Band 1 Hans Jürgen Drumm / Christian Scholz: Personalplanung. Planungsmethoden und Methodenakzeptanz.

Band 2 Irmgard Obermeier: Statistische Abschlußprüfung. Konzeptionen und Verfahren.

Band 3 Elmar Sinz: Konstruktion betrieblicher Basisinformationssysteme.

Band 4 Peer Biendl: Ablaufsteuerung von Montagefertigungen. Heuristische Reihenfolgeplanung vergierender Auftragsstrukturen mittels Prioritätenregeln – Computergestützte Simulationsstudien der Werkstattfertigung.

Band 5 Franz Böcker / Ahron J. Schwerdt: Die Planung und Kontrolle praxisbezogener betriebswirtschaftlicher Lehre.

Band 6 Rudolf Paulik: Kostenorientierte Reihenfolgeplanung in der Werkstattfertigung. Eine Simulationsstudie.

Band 7 Reinhard Rieger: Unternehmensinsolvenz, Arbeitnehmerinteressen und gesetzlicher Arbeitnehmerschutz.

Band 8 Hans Jürgen Drumm: Individualisierung der Personalwirtschaft. Grundlagen, Lösungsansätze und Grenzen.

Band 1 - 8 erschienen bei Verlag Paul Haupt Bern und Stuttgart

Band 9 Monika Sixt: Dreidimensionale Packprobleme. Lösungsverfahren basierend auf den Meta-Heuristiken Simulated Annealing und Tabu-Suche. 1996.

Band 10 Peter Terhart: Chapter 11 Bankruptcy Code: Eine Alternative für Deutschland? Dokumentation, Analyse und Bewertung des amerikanischen Reorganisationsverfahrens mit einer kritischen Stellungnahme zur neuen deutschen Insolvenzordnung. 1996.

Band 11 Joachim Eigler: Transaktionskosten als Steuerungsinstrument für die Personalwirtschaft. 1996.

Band 12 Frank Richter: Konzeption eines marktwertorientierten Steuerungs- und Monitoringsystems. 1996. 2., überarbeitete und ergänzte Auflage 1999.

Band 13 Georg Stocker: Prämiendifferenzierung bei der Versicherung kommerzieller Bankkredite anhand von Risikoklassen. 1997.

Band 14 Christoph Plein: »Neue« Organisationskonzepte für die Versicherungsunternehmung. Organisationstheoretische Grundlagen und die Verwendbarkeit von Lean Management und Business Reengineering in der Versicherungsunternehmung. 1997.

Band 15 Ernst Eichenseher: Dezentralisierung des Controlling. 1997.

Band 16 Matthias Bauch: Unternehmensinsolvenzen: Prophylaxe und Bewältigung in Frankreich. Darstellung und ökonomische Analyse von *procédure d'alerte, règlement amiable* und *redressement et liquidation judiciaires*. 1997.

Band 17 Andreas Polifke: Adaptive Neuronale Netze zur Lösung von Klassifikationsproblemen im Marketing. Anwendungen und Methodenvergleich von ART-Netzen. 1998.

Band 18 Andreas Listl: Target Costing zur Ermittlung der Preisuntergrenze. Entscheidungsorientiertes Kostenmanagement dargestellt am Beispiel der Automobilzulieferindustrie. 1998.

Band 19 Andreas Schüler: Performance-Messung und Eigentümerorientierung. Eine theoretische und empirische Untersuchung. 1998.

Band 20 Carola Raab-Stahl: Dezentrale Mikroorganisation. Gestaltungsansätze unter dem Leitbild der "Neuen Dezentralisation". 1999.

Band 21 Martin Goller: Aktuelle Vergleichsverfahren in Deutschland. Eine ökonomische Analyse. 2000.

Band 22 Bernhard Baumgartner: Dynamische Aspekte in Markenwahlmodellen. 2000.

Band 23 Alexander Thume: Die Darstellung konzerninterner Verschmelzungen im Konzernabschluß. 2000.

Band 24 Stefan Marcus Schmidt: Corporate Governance in deutschen und amerikanischen Aktiengesellschaften. Eine Untersuchung unter besonderer Berücksichtigung der Bedeutung und der Entstehung der Anteilseignerstrukturen. 2001.

Band 25 Antonia Graff: Elementarrisiken privater Haushalte. Die Handhabung finanzieller Schäden in Deutschland – derzeitige Situation und Verbesserungsvorschläge. 2001.

Band 26 Cinzia Dal Zotto: Die Simultaneität und Permanenz von Personal- und Organisationsentwicklung. 2001.

Band 27 Franz Xaver Gabelsberger: Equity-Bewertung im Jahresabschluß. Bilanzierung von Beteiligungen unter besonderer Berücksichtigung der Informationsfunktion des Jahresabschlusses. 2001.

Band 28 Christian Lechner: The Competitiveness of Firm Networks. 2001.

Band 29 Frank Richter: Kapitalmarktoritentierte Unternehmensbewertung. Konzeption, finanzwirtschaftliche Bewertungsprämissen und Anwendungsbeispiel. 2002.

Band 30 Gerhard Ebinger: Neue Modelle der betrieblichen Altersversorgung. 2001.

Band 31 Marion Steinberger: Multinomiale Logitmodelle mit linearen Splines zur Analyse der Markenwahl. 2002.

Band 32 Thomas M. Ullrich: Endkonsolidierung. Erfolgswirkungen des Ausscheidens von Unternehmen aus dem Konzernverbund und konsolidierungstechnische Abbildung im Konzernabschluß. 2002.

Band 33 Ingo Stangl: Die systemtragenden Änderungen der Unternehmensbesteuerung durch das Steuersenkungsgesetz. 2001.

Band 34 Markus Probst: Neuronale Netze zur Bestimmung nichtlinearer Nutzenfunktionen in Markenwahlmodellen. 2002.

Band 35 Martina Hartl: Kosten- und Erfolgscontrolling in jungen Unternehmen. Konzeption und praktische Umsetzung dargestellt an einer Fallstudie. 2002.

Band 36 Erik Schlumberger: Der Beitrag sonstiger Rückstellungen zum Unternehmenswert. 2002.

Band 37 Florian Biersack: Gestaltung und Nutzung makrostruktureller Flexibilität. 2002.

Band 38 Bettina Orlopp: Abfindungen von Minderheitsaktionären. Eine komparative, ökonomische Analyse zu den Regelungen in Deutschland, USA und England. 2003.

FSC
www.fsc.org
MIX
Papier | Fördert
gute Waldnutzung
FSC® C083411

Kolibri 360 GmbH
Ferdinand-Jühlke-Straße 7
99095 Erfurt, Deutschland
produktsicherheit@kolibri360.de

Druck:
CPI Druckdienstleistungen GmbH
im Auftrag der
Kolibri 360 GmbH
Ferdinand-Jühlke-Str. 7
99095 Erfurt